Ewald Helml

Arbeitnehmer fragen – Betriebsräte antworten
Die 133 wichtigsten Fragen an den Betriebsrat

aktiv im Betriebsrat

Ewald Helml

Arbeitnehmer fragen – Betriebsräte antworten

Die 133 wichtigsten Fragen an den Betriebsrat

6., überarbeitete und wesentlich ergänzte Auflage

Bibliografische Information der Deutschen Nationalbibliothek
Die Deutsche Nationalbibliothek verzeichnet diese Publikation
in der Deutschen Nationalbibliografie; detaillierte bibliografische Daten
sind im Internet über http://dnb.d-nb.de abrufbar.

6., überarbeitete und wesentlich ergänzte Auflage 2018
© 2006 by Bund-Verlag GmbH, Frankfurt am Main
Herstellung: Birgit Fieber
Umschlag: eigensein, Frankfurt am Main
Satz: Dörlemann Satz, Lemförde
Druck: CPI books GmbH, Leck
Printed in Germany 2018
ISBN 978-3-7663-6706-8

Alle Rechte vorbehalten,
insbesondere die des öffentlichen Vortrags,
der Rundfunksendung
und der Fernsehausstrahlung,
der fotomechanischen Wiedergabe, auch einzelner Teile.

www.bund-verlag.de

Vorwort

»Arbeitnehmer fragen – Betriebsräte antworten« stellt Fragen von der Begründung des Arbeitsverhältnisses bis zu dessen Beendigung sowie zum Tarifrecht dar, die in der betrieblichen Praxis immer wieder auf den Betriebsrat zukommen können. Die Sachverhalte sind zumeist aus der Praxis entnommen; sowohl Instanzentscheidungen als auch solche des Bundesarbeitsgerichts wurden herangezogen.
Den jeweiligen Fragen wurde ein Fall vorangestellt, um einen praxisnahen Einstieg in die Problematik zu geben. Die Beantwortung der Frage ist praxisbezogen und bringt die wichtigsten arbeitsrechtlichen Punkte zur Sprache. Zur Vermeidung von Fehleinschätzungen werden für die arbeitsrechtliche Praxis Hinweise gegeben. Sofern veranlasst, sind nach der Antwort wichtige Begriffe erläutert, welche in der Betriebsratsarbeit immer wieder vorkommen. Bei praxisrelevanten Punkten wurden in Bezug auf die Rechtsprechung die Fundstellen angegeben. Die Zitate beschränken sich allerdings auf grundlegende und aktuelle Entscheidungen, insbesondere auf solche der letzten Jahre.
Da dieses Werk auch Fragen zum Schwerbehindertenrecht behandelt, sei an dieser Stelle darauf hingewiesen, dass derzeit von den Landesarbeitsministerien die Umbenennungen der Integrationsämter in Inklusionsämter durchgeführt werden. Damit ist keine Änderung der Aufgaben der Ämter verbunden, sondern lediglich eine Anpassung der Bezeichnung des Amtes an den Wortlaut des aktuellen Schwerbehindertenrechts im Sinne des Bundesteilhabegesetzes.
Dieses Buch erleichtert dem Betriebsrat die tägliche Arbeit bei Fragen der Belegschaft und gibt auch bei etwas schwierigeren Situationen, die immer wieder mal auftreten können, entsprechende arbeitsrechtliche Empfehlungen.
Die sechste Auflage hat wesentliche Teile aktualisiert und auf den neuesten Stand gebracht. Vor allem im Bereich der Rechtsprechung wurden Hinweise auf praxisrelevante Entscheidungen der Arbeitsgerichte eingearbeitet, einschließlich der Tipps für die Umsetzung in der Betriebsrats-

arbeit, insbesondere beim Recht der Vertragsgestaltung, bei der Vertragskontrolle von Formulararbeitsverträgen, beim Befristungsrecht, im Entgeltfortzahlungsrecht, im Urlaubsrecht sowie im gesamten Bereich des Kündigungsrechts. Neu aufgenommen wurde bei den meisten Fragen eine Zusammenfassung der Antwort durch kurze und aussagekräftige Argumente. Leider können nicht in allen Bereichen des Arbeitsrechts stets eindeutige und verbindliche Antworten gegeben werden – zu vielfältig sind die einzustellenden Überlegungen im Einzelfall. In derartigen Situationen wird zumindest die Tendenz aufgezeigt, in welche Richtung die Antworten gehen werden. Anschauliches aktuelles Beispiel hierfür ist die Missbrauchskontrolle bei einer Vielzahl von Verlängerungsverträgen bei sachgrundbefristeten Arbeitsverträgen.

Passau/Rosenheim, im Januar 2018
Ewald Helml

Inhaltsverzeichnis

Vorwort 5
Abkürzungsverzeichnis 15
Literaturverzeichnis 19

A. Fragen zur Begründung des Arbeitsverhältnisses
  I. Grundlagen 21
    1. Wann ist jemand »Arbeitnehmer«? 21
    2. Kommt ein Arbeitsverhältnis auch durch mündliche Abrede zustande oder muss es schriftlich abgeschlossen werden? 28
    3. Werkvertrag oder Scheinwerkvertrag? 31
  II. Formulararbeitsverträge und Vertragsklauseln 37
    4. Was kann in Formulararbeitsverträgen wirksam vereinbart werden? 37
    5. Inwieweit sind Freiwilligkeits- und Widerrufsvorbehalte in Formulararbeitsverträgen zulässig? 54
    6. Können Versetzungsklauseln und Klauseln auf Übertragung einer geringwertigeren Tätigkeit wirksam vereinbart werden? 61
    7. Ist eine Klausel, mit welcher vorübergehend eine höherwertige Tätigkeit übertragen wird, überprüfbar? . 69
  III. Fragerechte 72
    8. Was darf der Arbeitgeber bei der Begründung des Arbeitsverhältnisses fragen? 72
    9. Darf nach einer bestehenden Schwangerschaft gefragt werden? 79
    10. Kann nach einer Schwerbehinderteneigenschaft oder der entsprechenden Antragstellung zulässigerweise gefragt werden? 82
  IV. Auswirkungen anderer Gesetze auf das Arbeitsrecht . . . 87
    11. Welche Auswirkungen hat das Allgemeine Gleich-

Inhaltsverzeichnis

      behandlungsgesetz (AGG) im Falle einer Benachteiligung wegen des Alters? 87
  12. Welche Auswirkungen hat das Allgemeine Gleichbehandlungsgesetz (AGG) im Falle einer Benachteiligung wegen Krankheit?. 99
  13. Welche Rechtsfolgen hat eine Verletzung des Nachweisgesetzes (NachwG)? 102
 V. Betriebsübergang 107
  14. Unter welchen Umständen liegt ein Betriebsübergang vor? 107
  15. Welche Auswirkungen hat ein Widerspruch des Arbeitnehmers beim Betriebs(teil)übergang? 122
  16. Wann liegt eine Kündigung aus Anlass des Betriebsübergangs vor? 129

B. Fragen zum Inhalt des Arbeitsverhältnisses
 I. Lohn 132
  17. Wie soll der Lohn vereinbart werden? 132
  18. Gibt es einen Anspruch auf Lohngleichheit bei gleicher Arbeit? 133
  19. Wie ist der gesetzliche Mindestlohn ausgestaltet? ... 137
  20. Ab welcher Grenze liegt eine sittenwidrig niedrige Vergütung vor? 149
  21. Was versteht man unter einem Akkordlohn? 155
  22. Wann hat der Arbeitnehmer Anspruch auf den Tariflohn?. 157
  23. Was sind freiwillige Leistungszulagen? 161
  24. Welche Klauseln sind hinsichtlich eines Widerrufs von Vergütungsbestandteilen in Formulararbeitsverträgen wirksam? 163
 II. Mehrarbeit, Überstunden, Bereitschaftsdienst, Umkleidezeiten und (Raucher-)Pausen 167
  25. Was sind Mehrarbeit und Überstunden?. 167
  26. Ist der Arbeitnehmer verpflichtet, auf Verlangen Überstunden zu leisten? 170
  27. Wer trägt die Darlegungs- und Beweislast bei Überstunden?. 172
  28. Muss Bereitschaftsdienst bezahlt werden? Wenn ja, in welcher Höhe? 179
  29. Müssen Umkleidezeiten und (Raucher-)Pausen bezahlt werden?. 185

III. Gratifikation/Feiertags- und Sonderzahlung. 190
   30. Wann hat der Arbeitnehmer einen Anspruch auf eine Gratifikation?. 190
   31. Unter welchen Voraussetzungen muss eine Gratifikation wieder zurückgezahlt werden?. 193
   32. Wie ist der Anspruch auf die Feiertagszahlung geregelt?. 197
   33. Wann kann eine Sonderzahlung bei Krankheit gekürzt werden?. 199
IV. Krankheitsbedingte Arbeitsunfähigkeit und Entgeltfortzahlung 201
   34. Wann liegt eine Arbeitsverhinderung aufgrund krankheitsbedingter Arbeitsunfähigkeit vor?. 201
   35. Was ist bei der Anzeigepflicht zu beachten?. 204
   36. Wann hat der Arbeitnehmer eine Erkrankung verschuldet?. 206
   37. Kann der Arbeitgeber ohne Grund die Vorlage der Arbeitsunfähigkeitsbescheinigung schon ab dem ersten Tag der Erkrankung verlangen?. 212
   38. Wie glaubwürdig ist eine Arbeitsunfähigkeitsbescheinigung?. 213
   39. Wie berechnet sich die Höhe der Entgeltfortzahlung? 216
V. Urlaub 218
   40. Ab wann besteht ein Urlaubsanspruch?. 218
   41. Ist der Urlaubsanspruch von einem Fehlverhalten des Arbeitnehmers abhängig?. 220
   42. Wie berechnet sich die Dauer des Urlaubs?. 222
   43. Wie berechnet sich der Urlaub bei teilzeitbeschäftigten Arbeitnehmern?. 225
   44. Wie hoch ist das Urlaubsentgelt?. 226
   45. Wie wird der Urlaub eingebracht?. 228
   46. Darf sich der Arbeitnehmer selbst beurlauben? . . . 232
   47. Bis wann muss der Urlaub genommen werden und unter welchen Voraussetzungen kann er übertragen werden? 235
   48. Kann in einem bestehenden Arbeitsverhältnis der Urlaub wirksam abgegolten werden? 241
   49. Sind auf den Urlaubsanspruch tarifrechtliche Verfallsfristen anwendbar? 242
   50. Können Stundenguthaben und Urlaub in der Kündigungsfrist eingebracht werden? 245

Inhaltsverzeichnis

- VI. Arbeitnehmerhaftung 248
  - 51. Unter welchen Voraussetzungen haftet der Arbeitnehmer für Schäden im Arbeitsverhältnis? .. 248
  - 52. Was versteht man im Arbeitsrecht unter grober Fahrlässigkeit? 254
  - 53. Unter welchen Voraussetzungen tritt keine Haftung bei betrieblichen Schäden ein? 256
  - 54. Gibt es Haftungshöchstgrenzen bei der Arbeitnehmerhaftung? 257
  - 55. Was versteht man unter einer Mankohaftung?.... 259
  - 56. Wer trägt die Detektivkosten des Arbeitgebers? ... 262
- VII. Arbeitgeberhaftung 264
  - 57. Unter welchen Voraussetzungen haftet der Arbeitgeber bei Schäden am Eigentum des Arbeitnehmers? 264
- VIII. Befristung, Teilzeitarbeit und Vertretung 268
  - 58. Welche Befristungsgründe sind zulässig?....... 268
  - 59. Wann sind zeitbefristete Arbeitsverträge zulässig? .. 271
  - 60. Wie ist ein Arbeitsverhältnis kündbar, wenn die Befristung unwirksam sein sollte? 276
  - 61. Gilt das Befristungsrecht auch bei Kleinstbetrieben und für eine Befristung von bis zu sechs Monaten? 278
  - 62. Muss ein befristeter Arbeitsvertrag schriftlich abgeschlossen werden? 280
  - 63. Wann muss der Arbeitnehmer gegen eine Befristung Klage erheben? 284
  - 64. Unter welchen Voraussetzungen besteht ein Anspruch auf Teilzeitarbeit?............... 286
  - 65. Wann liegen entgegenstehende betriebliche Gründe vor? 289
  - 66. Wann besteht ein vorübergehender Bedarf an Arbeitskräften? 294
  - 67. Wann wird eine Einstellung zur Vertretung vorgenommen?...................... 296
  - 68. Wann liegt beim Abschluss von vielen zeitbefristeten Arbeitsverträgen ein rechtsmissbräuchliches Verhalten vor? 302
- IX. Sonstiges.......................... 309
  - 69. Direktionsrecht – kann damit die Bestimmung des Arbeitsorts vorgenommen werden? 309

70. Wie soll eine Kfz-Überlassung im Arbeitsverhältnis geregelt werden? 313
71. Wie regelt sich die Angehörigenpflege im Arbeitsrecht? 316
72. Hat ein schwerbehinderter Arbeitnehmer Anspruch auf eine Beschäftigung, die seinen Fähigkeiten und Leistungen entspricht? 320
73. Sind Videoaufzeichnungen am Arbeitsplatz zulässig? 324
74. Wie weit geht das Recht am eigenen Bild? 328

C. Fragen zur Beendigung des Arbeitsverhältnisses
I. Aufhebungsvertrag 332
75. Müssen Kündigung und Aufhebungsvertrag schriftlich erfolgen? 332
76. Muss bei einem Aufhebungsvertrag mit einer Sperrzeit der Bundesagentur für Arbeit gerechnet werden? 334
77. Kann ein Aufhebungsvertrag widerrufen werden oder gibt es eine Rücktrittsmöglichkeit? Gibt es eine Angemessenheitskontrolle des Vertragsinhalts? ... 338
78. Wann ist ein Aufhebungsvertrag wegen widerrechtlicher Drohung unwirksam? 341
79. Sind Klageverzichtsvereinbarungen wirksam? 345

II. Die Kündigung 352
a) Form[1] und Frist 352
80. Wie eindeutig muss eine Kündigung erklärt werden? 352
81. Kann ein Kündigungsrecht des Arbeitgebers verwirken? 355
82. Wann ist eine Kündigung nichtig, wann ist sie sittenwidrig? 357
83. Wann ist die Betriebsratsanhörung vor der Kündigung fehlerhaft? 359
84. Wann gelten die tariflichen, wann die gesetzlichen Kündigungsfristen? 366
85. Binnen welcher Frist muss eine fristlose Kündigung ausgesprochen werden? 368
86. Wann ist eine fristlose Kündigung möglich, wann eine ordentliche verhaltensbedingte Kündigung? ... 372

---

1 Siehe auch Frage 75.

87. Kann fristlos gekündigt werden, wenn der Arbeitnehmer meint, berechtigt zu sein, die Arbeit zu verweigern? 393
88. Wann liegt eine Konkurrenztätigkeit des Arbeitnehmers in der Kündigungsfrist vor? 396
89. Welche Kündigungsfristen gelten in der Insolvenz? . 399
b) Kündigungsschutz 401
90. Unter welchen Voraussetzungen ist das Kündigungsschutzgesetz anwendbar?. 401
91. Gibt es einen Kündigungsschutz außerhalb des Kündigungsschutzgesetzes? 406
92. Zählen beim persönlichen Anwendungsbereich des Kündigungsschutzgesetzes Zeiten, die als Verleiharbeitnehmer im Betrieb verbracht wurden?. 409
c) Die betriebsbedingte Kündigung. 411
93. Was sind die grundsätzlichen Voraussetzungen einer betriebsbedingten Kündigung?. 411
94. Welche Voraussetzungen gelten beim Wegfall des Arbeitsplatzes? Wie stellt sich die Situation bei der Arbeitnehmerüberlassung dar?. 414
95. Was versteht man unter der Freiheit der unternehmerischen Entscheidung? 418
96. Wann besteht ein Wiedereinstellungsanspruch bei betriebsbedingter Kündigung? 422
d) Die Sozialauswahl 424
97. Wie bestimmen sich die Grundsätze der Sozialauswahl? 424
98. Wie wird der vergleichbare Arbeitnehmerkreis bestimmt?. 428
99. Wie beurteilt sich die Sozialauswahl bei Teilzeitbeschäftigten und Vollzeitbeschäftigten hinsichtlich ihrer Vergleichbarkeit? 431
100. Können einzelne Arbeitnehmer aus der Sozialauswahl herausgenommen werden? 435
101. Wie sind die Auswahlmerkmale zu würdigen?. ... 441
e) Die verhaltensbedingte Kündigung 443
102. Unter welchen Voraussetzungen ist eine verhaltensbedingte Kündigung möglich? 443
103. Reicht ein außerdienstliches Verhalten? 446
104. Wie wird die Interessenabwägung vorgenommen? . 448

105. Gibt es im Kündigungsrechtsstreit prozessuale Verwertungsverbote? 451
f) Die Abmahnung. 454
106. Muss vor einer Kündigung immer abgemahnt worden sein?. 454
107. Wann muss eine Abmahnung vor einer Kündigung ausgesprochen werden? 456
108. Wie oft muss vor der Kündigung abgemahnt werden? 461
109. Was ist eine förmliche, was eine formlose Abmahnung? 465
g) Die personenbedingte Kündigung – insbesondere krankheitsbedingte Kündigung 467
110. Sind Haftstrafen ein personenbedingter Kündigungsgrund?. 467
111. Was sind die Voraussetzungen einer Kündigung wegen häufiger Kurzerkrankungen? 468
112. Wann kann wegen lang dauernder Einzelerkrankung gekündigt werden? 472
113. Wie wirkt es sich aus, wenn die Krankheitszeiten überwiegend betrieblich verursacht sein sollten?. . . 475
114. Wie beurteilt sich die Kündigung bei mehr oder weniger ausgeprägter Leistungsminderung wegen persönlichkeitsbedingter Gründe? 477
115. Wann ist ein betriebliches Eingliederungsmanagement (bEM) durchzuführen und welche Auswirkungen hat ein nicht durchgeführtes Verfahren im Kündigungsschutzprozess? 481
h) Die Änderungskündigung. 487
116. Was versteht man unter einer Änderungskündigung? . 487
117. Wann kann eine Änderungskündigung zur Lohnkostenreduzierung erfolgen? 491
i) Abfindung und Kündigungsschutzklage 495
118. Wie wird eine höhere Abfindung auf das Arbeitslosengeld angerechnet? 495
119. Wann gibt es bei einer betriebsbedingten Kündigung eine Abfindung? 498
120. Wann kann im Kündigungsschutzprozess eine Abfindung festgesetzt werden? 501
121. Kann der Arbeitgeber einem Arbeitnehmer, der auf eine Kündigungsschutzklage verzichtet, eine Abfindung zusagen? 505

Inhaltsverzeichnis

122. Wann muss eine Kündigungsschutzklage erhoben werden? ... 508
j) Sonderkündigungsschutz. ... 512
123. Unter welchen Voraussetzungen besteht der Sonderkündigungsschutz nach dem Schwerbehindertenrecht? ... 512
124. Wann kann die Kündigung eines Schwerbehinderten ausgesprochen werden, wenn erst der Widerspruchsausschuss der beabsichtigten Kündigung zustimmt? ... 516
125. Kann der Arbeitgeber kündigen, wenn das Integrationsamt zugestimmt hat, der Bescheid aber nicht bestandskräftig ist? ... 520
126. Welchen Sonderkündigungsschutz gibt das Mutterschutzgesetz? ... 522
k) Annahmeverzug, Wettbewerbsverbote und Arbeitszeugnis ... 525
127. Unter welchen Voraussetzungen besteht ein Anspruch auf Annahmeverzugslohnzahlung? ... 525
128. Wann darf der Arbeitnehmer nach Beendigung des Arbeitsverhältnisses dem bisherigen Arbeitgeber Konkurrenz machen und wann nicht? ... 533
129. Wie ist ein qualifiziertes Arbeitszeugnis auszugestalten? ... 541

D. Fragen zum Tarifrecht
130. Wann besteht eine Tarifbindung? ... 547
131. Was versteht man unter Ausschlussfristen? ... 549
132. Kann in einem Formulararbeitsvertrag eine Ausschlussfrist von zwei Monaten bei der Geltendmachung und der Einklagung wirksam vereinbart werden? ... 553
133. Welcher Tarifvertrag ist anwendbar, wenn ein Betrieb sich sowohl im Bereich des Einzelhandels als auch im Bereich der Elektroinstallation betätigt? ... 558

Stichwortverzeichnis ... 563

Abkürzungsverzeichnis

Abs.	Absatz
AGB	Allgemeine Geschäftsbedingungen
AGG	Allgemeines Gleichbehandlungsgesetz
ArbG	Arbeitsgericht
ArbGG	Arbeitsgerichtsgesetz
ArbZG	Arbeitszeitgesetz
Art.	Artikel
AÜG	Arbeitnehmerüberlassungsgesetz
BAG	Bundesarbeitsgericht
BB	Betriebs-Berater (Zeitschrift)
BBiG	Berufsbildungsgesetz
BDSG	Bundesdatenschutzgesetz
BEEG	Bundeselterngeld- und Elternzeitgesetz
bEM	betriebliches Eingliederungsmanagement
BetrVG	Betriebsverfassungsgesetz
BVerfG	Bundesverfassungsgericht
BGB	Bürgerliches Gesetzbuch
BSG	Bundessozialgericht
BUrlG	Bundesurlaubsgesetz
BVerwG	Bundesverwaltungsgericht
BZRG	Bundeszentralregistergesetz
DB	Der Betrieb (Zeitschrift)
d. h.	das heißt
EDV	Elektronische Datenverarbeitung
EFZG	Entgeltfortzahlungsgesetz
EGV	Vertrag zur Gründung der Europäischen Gemeinschaft
EU	Europäische Union
EuGH	Europäischer Gerichtshof

Abkürzungsverzeichnis

Fa.	Firma
f.	folgende
ff.	fortfolgende
GewO	Gewerbeordnung
GG	Grundgesetz
ggf.	gegebenenfalls
GmbH	Gesellschaft mit beschränkter Haftung
grds.	grundsätzlich
HGB	Handelsgesetzbuch
InsO	Insolvenzordnung
Kfz	Kraftfahrzeug
KSchG	Kündigungsschutzgesetz
KunstUrhG	Kunsturhebergesetz
LAG	Landesarbeitsgericht
LG	Landgericht
Lkw	Lastkraftwagen
MTV	Manteltarifvertrag
MiLoG	Mindestlohngesetz
MuSchG	Gesetz zum Schutz von Müttern bei der Arbeit, in der Ausbildung und im Studium (Mutterschutzgesetz)
NachwG	Nachweisgesetz
NJW	Neue Juristische Wochenschrift (Zeitschrift)
Nr.	Nummer
NZA	Neue Zeitschrift für Arbeitsrecht (Zeitschrift)
NZA-RR	NZA-Rechtsprechungsreport
PC	Personal Computer
PflegeArbbV	Verordnung über zwingende Arbeitsbedingungen für die Pflegebranche
PflegeZG	Pflegezeitgesetz
Pkw	Personenkraftwagen
Reha	Rehabilitation
Rn.	Randnummer

SGB III	Sozialgesetzbuch, Drittes Buch – Arbeitsförderung
SGB V	Sozialgesetzbuch, Fünftes Buch – Gesetzliche Krankenversicherung
SGB VI	Sozialgesetzbuch, Sechstes Buch – Gesetzliche Rentenversicherung
SGB VII	Sozialgesetzbuch, Siebtes Buch – Gesetzliche Unfallversicherung
SGB IX	Sozialgesetzbuch, Neuntes Buch – Bundesteilhabegesetz vom 23.12.2016 – Teil 3 Besondere Regelungen zur Teilhabe schwerbehinderter Menschen (Rehabilitation und Teilhabe behinderter Menschen)
SGB X	Sozialgesetzbuch, Zehntes Buch – Sozialverwaltungsverfahren und Sozialdatenschutz
SGB XI	Sozialgesetzbuch, Elftes Buch – Soziale Pflegeversicherung
sog.	sogenannte
TVG	Tarifvertragsgesetz
TzBfG	Teilzeit- und Befristungsgesetz
u. a.	unter anderem
usw.	und so weiter
vgl.	vergleiche
z. B.	zum Beispiel
ZPO	Zivilprozessordnung

Literaturverzeichnis

Schaub Arbeitsrechts-Handbuch, 17. Auflage (2017)
Fitting/Engels/Schmidt/Trebinger/Linsenmaier Betriebsverfassungsgesetz mit Wahlordnung, Handkommentar, 29. Auflage (2018)
Richardi Betriebsverfassungsgesetz mit Wahlordnung, Kommentar, 16. Auflage (2018)
Müller-Glöge/Preis/Schmidt Erfurter Kommentar zum Arbeitsrecht, 16. Auflage (2017)
Kempen/Zachert TVG – Tarifvertragsgesetz, 5. Auflage (2014)

A. Fragen zur Begründung des Arbeitsverhältnisses

I. Grundlagen

1. Wann ist jemand »Arbeitnehmer«?

Fall:
Ab dem 2.1.2017 ist Anton Bichler für die Holzproduktionsfirma Wurm als sog. »Subunternehmer« im Speditionsbereich tätig. Er hat einen von Wurm geleasten Lkw erhalten, der das Firmenlogo von Wurm trägt. Bichler hat im Rahmen von etwa sechs bis acht Stunden am Tag alle anfallenden Transporte zu einem fest zugeteilten Kundenstamm zu erledigen. Er bekommt die Waren um ca. 6.00 Uhr neben den Lkw gestellt, die Ladung hat er selbst zu übernehmen und je nach der Größe der Tour ist er zwischen 12.00 und 15.00 Uhr mit der Arbeit fertig. Dann ist es ihm als »Selbstständigen« gestattet, eigene Speditionsaufträge zu erfüllen. Mit diesen erzielt er im Monat einen Umsatz von etwa 600,00 €; die Aufträge halten sich daher in Grenzen. Bichler ist als selbstständiger Gewerbetreibender angemeldet und ist umsatzsteuerpflichtig. Er hat für den Lkw monatlich 320,00 € zu zahlen und erhält für die Arbeitsstunde 22,00 € nebst Umsatzsteuer. Er ist dazu verpflichtet, die Dienstleistung selbst zu erbringen.

Darum geht es:
Ist Bichler im Jahr 2017 tatsächlich »echter Selbstständiger« oder doch Arbeitnehmer der Firma Wurm?

Fragen zur Begründung des Arbeitsverhältnisses

Antwort

Hier geht es um die Klärung des Arbeitnehmerbegriffs. Diese Problematik hat erhebliche Bedeutung, nicht nur für die Frage, ob das Beschäftigungsverhältnis steuer- und sozialversicherungspflichtig ist, sondern auch, ob die arbeitsrechtlichen Arbeitnehmerschutzgesetze, wie etwa das Kündigungsschutzgesetz, die Regelung der Entgeltfortzahlung im Krankheitsfall und das Urlaubsrecht, auf das Beschäftigungsverhältnis anwendbar sind. Der **Arbeitnehmerbegriff** ist anhand der konkreten Umstände des Einzelfalls und unter Berücksichtigung der Rechtsprechung des Bundesarbeitsgerichts zu bestimmen.

Arbeiter und Angestellte sind Personen, die im Rahmen eines Arbeitsverhältnisses weisungsgebundene, abhängige Arbeit gegen Entgelt in einem Betrieb oder einem Unternehmen leisten. Ob ein sog. freier Mitarbeiter Arbeitnehmer ist, hängt immer von der konkreten Ausgestaltung des Vertrags und der tatsächlichen Beschäftigung ab.

Der Status eines Beschäftigten, ob er als Arbeitnehmer oder als »echter Selbstständiger« anzusehen ist, richtet sich danach, wie die Vertragsbeziehungen nach ihrem Geschäftsinhalt objektiv einzuordnen sind; nicht entscheidend ist die von den Parteien gewünschte Rechtsfolge oder die von ihnen gewählte Bezeichnung. Maßgeblich sind immer die **tatsächliche Ausführung** des Vertragsverhältnisses und der jeweilige **Geschäftsinhalt** (BGH 25.6.2002 – X ZR 83/00).

Sollte die tatsächliche Ausführung der Arbeitsleistung von dem abweichen, was im Vertrag geregelt worden ist, dann ist in aller Regel die tatsächliche Ausführung maßgeblich (BAG 20.7.1994 – 5 AZR 627/93). Das bedeutet, dass auch dann jemand Arbeitnehmer sein kann, wenn der Vertrag ihn als sog. »Selbstständigen« bezeichnen sollte.

Für die Abgrenzung eines Arbeitsvertrags von selbstständiger Tätigkeit sind in erster Linie die Umstände der Dienst-/Arbeitsleistung entscheidend, nicht aber die Modalitäten der Entgeltzahlung oder andere formelle Umstände, wie die Abführung von Steuern und Sozialversicherungsbeiträgen und die Führung von Personalakten. Maßgeblich ist nach der Rechtsprechung das Vorliegen einer sog. **persönlichen Abhängigkeit**. Bei der Frage, in welchem Maß der Mitarbeiter persönlich abhängig ist, ist immer die Eigenart der jeweiligen Tätigkeit zu berücksichtigen.

Zu den wesentlichen Merkmalen einer selbstständigen Tätigkeit gehört das Recht, die Dienstleistung nicht in Person, sondern durch Dritte erbringen zu lassen, welche der zur Dienstleistung Verpflichtete frei auswählen und einstellen kann (BAG 16.7.1997 – 5 AZR 312/96). Organisationsanweisungen, welche die Frage regeln, wie diese dritten Personen zu arbeiten haben, können nicht die Annahme eines Arbeitsverhältnisses begründen. Die Organisationsanweisungen sind allerdings von den arbeitsvertraglichen Weisungen zu unterscheiden (BAG 12.12.2001 – 5 AZR 253/00). Hier muss der Beschäftigte die Dienstleistung selbst erbringen, was ein ganz erhebliches Indiz für das Vorliegen des Arbeitnehmerbegriffs ist.

Bei der Abgrenzung zwischen selbstständiger und unselbstständiger Arbeit kommt es des Weiteren nicht auf die vertraglichen Beziehungen an, sondern auf den materiellen Gehalt, also auf die tatsächliche Ausführung der vertraglichen Beziehung. Es ist eine Gesamtschau aller maßgeblichen Umstände des Einzelfalls vorzunehmen. Gewichtige Indizien für die rechtliche Einordnung als Arbeitnehmer sind die Weisungsgebundenheit und die Eingliederung in die Arbeitsorganisation des »Auftraggebers« (BAG 19.11.1997 – 5 AZR 21/97; 22.4.1998 – 5 AZR 191/97).

Gegen eine Selbstständigkeit spricht es, wenn keine Ausgewogenheit zwischen den unternehmerischen Chancen und Risiken besteht (LG München I 15.5.1997 – 17 HKO 759/97; Schaub, Arbeitsrechts-Handbuch, § 8 Rn. 31).

Hier ist der Beschäftigte eindeutig in den Arbeitsbereich von Wurm eingegliedert, von dort aus bekommt er seine »Speditionsanweisungen« und auf dem freien Markt kann er kaum beträchtliche Aktivitäten entfalten, weil er hierfür nur die Nachmittagsstunden zur Verfügung hat.

All dies spricht für die Annahme einer Arbeitnehmereigenschaft.

> **Zusammenfassung:**
> Die Gesamtabwägung der Umstände des Einzelfalls ergibt ziemlich eindeutig, dass vom Arbeitnehmerbegriff auszugehen ist. Die wirtschaftliche Abhängigkeit ist anzunehmen, eine Ausgewogenheit zwischen der erhaltenen Vergütung und der Übernahme eines unternehmerischen Risikos besteht nicht. Für deren Annahme wäre es notwendig, dass eine deutlich höhere Vergütung geleistet werden würde.

Zusammenstellung der Abgrenzungsbegriffe

- Fachliche Weisungsgebundenheit
- Örtliche und zeitliche Weisungsgebundenheit, also Weisungsrecht des Auftraggebers hinsichtlich Ort und Zeit der Arbeitsleistung und Pflicht zum regelmäßigen Erscheinen am Arbeitsort

Fragen zur Begründung des Arbeitsverhältnisses

- Eingliederung in den Betrieb
- Angewiesen sein auf fremdbestimmte Organisation, d. h. Einbindung in eine fremdbestimmte Arbeitsorganisation und Benutzung der betrieblichen Einrichtung (Arbeitsgeräte), Unterordnung bzw. Überordnung bezüglich anderer im Dienste des Auftraggebers stehender Personen, Pflicht zur Übernahme von Vertretungen
- Andererseits begründen Organisationsanweisungen, die den Ablauf von dritter Seite vorgegebener Veranstaltungen regeln, nicht die Annahme eines Arbeitsverhältnisses. Diese sind von arbeitsvertraglichen Weisungen zu unterscheiden.
- Leistungserbringung nur in eigener Person; die tatsächliche Beschäftigung Dritter spricht regelmäßig gegen das Vorliegen der Arbeitnehmereigenschaft. Dies gilt grds. auch für die – nur vertraglich vereinbarte – Berechtigung, Drittpersonen einzuschalten.
- Verpflichtung, angebotene Aufträge anzunehmen, oder das Vorhandensein der Freiheit bei der Annahme von Aufträgen im Sinne dessen, dass auch Aufträge abgelehnt werden können
- Ausübung weiterer Tätigkeiten
- Aufnahme in einen Dienstplan, der ohne vorherige Absprache mit dem Mitarbeiter erstellt wird
- Die Übernahme des Unternehmerrisikos (z. B. durch Vorhandensein eigenen Betriebskapitals, einer eigenen Betriebsstätte, eines Kundenstamms, eigener Mitarbeiter, unternehmerischer Entscheidungsbefugnisse, der Marktorientierung, Gewinnerzielung und Haftung) ist nicht von allzu großer Erheblichkeit, weil sich Arbeitnehmer und Selbstständige nach dem Grad der persönlichen Abhängigkeit unterscheiden.
- Einheitliche Behandlung von Arbeitnehmern, die mit gleichartigen Aufgaben betraut sind
- Berichterstattungspflichten (Verhaltens- und Ordnungsregeln, Überwachung der Beschäftigten)
- Soziale Schutzbedürftigkeit

Wichtige Begriffe

Frachtführer
Wie im Beispielsfall versuchen Arbeitgeber in der Praxis immer wieder, im Bereich von Speditionsaufgaben sog. »Selbstständige« einzusetzen. In vielen Fällen entspricht die tatsächliche Umsetzung der Tätigkeiten allerdings den Kriterien eines Arbeitsverhältnisses. Zum Arbeitnehmerstatus einer Einzelperson als Frachtführer im Güternahverkehr hat das Bundes-

arbeitsgericht (BAG 19.11.1997 – 5 AZR 653/96) klärend Stellung bezogen.
Ein derartiger Frachtführer übt ein selbstständiges Gewerbe aus; dies gilt auch dann, wenn er als Einzelperson nur für einen Spediteur tätig ist und beim Transport ein mit dem Firmenaufdruck des Spediteurs ausgestattetes eigenes Fahrzeug einsetzt. Wird allerdings die Tätigkeit des Transporteurs stärker eingeschränkt, als es aufgrund gesetzlicher Regelungen oder wegen versicherungsrechtlicher Obliegenheiten geboten ist – wie im Beispielsfall durch entsprechende Weisungen –, dann kann und wird die Beschäftigung als ein Arbeitsverhältnis anzusehen sein (Schaub, Arbeitsrechts-Handbuch, § 8 Rn. 39).

Neu eingeführte gesetzliche Regelung
§ 611a BGB Arbeitsvertrag – der Gesetzgeber hat mit dieser gesetzlichen Bestimmung in Abs. 1 den Versuch unternommen, den Arbeitnehmerbegriff zu definieren. Wesentliche neue Aspekte gegenüber der bereits ergangenen Rechtsprechung bringt diese Definition allerdings nicht und auch Zweifelsfälle lassen sich mit ihr nicht immer zuverlässig lösen.

Durch den Arbeitsvertrag wird der Arbeitnehmer im Dienste eines anderen zur Leistung weisungsgebundener, fremdbestimmter Arbeit in persönlicher Abhängigkeit verpflichtet. Das Weisungsrecht kann Inhalt, Durchführung, Zeit und Ort der Tätigkeit betreffen. Weisungsgebunden ist, wer nicht im Wesentlichen frei seine Tätigkeit gestalten und seine Arbeitszeit bestimmen kann. Der Grad der persönlichen Abhängigkeit hängt dabei auch von der Eigenart der jeweiligen Tätigkeit ab. Für die Feststellung, ob ein Arbeitsvertrag vorliegt, ist eine Gesamtbetrachtung aller Umstände vorzunehmen. Zeigt die tatsächliche Durchführung des Vertragsverhältnisses, dass es sich um ein Arbeitsverhältnis handelt, kommt es auf die Bezeichnung im Vertrag nicht an.

Arbeitnehmer ist somit, wer aufgrund eines privatrechtlichen Vertrags (oder eines diesem gleichgestellten Rechtsverhältnisses) über entgeltliche Dienste für einen anderen in persönlicher Abhängigkeit tätig ist. Für die Bestimmung der Arbeitnehmereigenschaft werden zahlreiche Einzelmerkmale verwendet, welche zur Feststellung der persönlichen Abhängigkeit herangezogen werden, in der das wesentliche Merkmal des Arbeitsverhältnisses gesehen wird. Hingegen gibt es für die Abgrenzung von Arbeitnehmern und »freien Mitarbeitern« kein Einzelmerkmal, das aus der Vielzahl möglicher Merkmale unverzichtbar vorliegen muss. Maßgeblich ist immer darauf abzustellen, inwieweit durch Fremdbestimmung der Arbeit in fachlicher, zeitlicher, örtlicher und organisatorischer Hinsicht eine persönliche Abhängigkeit des Dienstleistenden gegeben ist.

Handels- und Versicherungsvertreter
Auch bei Handels- und Versicherungsvertretern stellt sich mitunter diese Abgrenzungsfrage. Hier gelten nach der Rechtsprechung etwas andere Kriterien. Die vertraglichen Pflichten eines Versicherungsvertreters, welche lediglich die Vorgaben aus § 86 HGB konkretisieren oder aus aufsichts- und wettbewerbsrechtlichen Regelungen bestehen, können keine Weisungsabhängigkeit des Arbeitnehmers begründen (BAG 15.12.1999 – 5 AZR 169/99).
Das Bundesarbeitsgericht hat dies für einen Handelsvertreter entschieden, der als selbstständiger Versicherungsvermittler im Sinne der §§ 84 Abs. 1, 92 HGB bezeichnet wurde und damit betraut war, Versicherungen und Bausparverträge zu vermitteln. Im Bereich der Versicherungsgeschäfte ist allein auf diese beiden Merkmale abzustellen und ein Rückgriff auf die weiteren Grundsätze zur Abgrenzung des Arbeitsverhältnisses vom Rechtsverhältnis des freien Mitarbeiters ist nicht erforderlich.

Franchisenehmer/Lizenznehmer
Ob jemand Arbeitnehmer/arbeitnehmerähnliche Person ist oder nicht, richtet sich ausschließlich danach, ob der Betreffende persönlich abhängig ist oder zwar in rechtlicher Hinsicht selbstständig, wirtschaftlich aber abhängig ist. Damit liegt eine vergleichbare Schutzbedürftigkeit wie bei einem Arbeitnehmer vor (BAG 16.7.1997 – 5 AZB 29/96).
Wenn beispielsweise ein Franchisenehmer/Lizenznehmer den Bedingungen unterliegt, welche für dieses Rechtsverhältnis typisch sind (konkrete Beanspruchung aus dem Vertragsverhältnis und die Frage, ob daneben noch andere, nennenswerte Tätigkeiten verrichtet werden können), schließt dies die Annahme eines Arbeitsverhältnisses nicht aus. Es kommt hierbei primär darauf an, inwieweit der Franchisenehmer/Lizenznehmer an den Auftraggeber zeit-, warenbestands- und geschäftsmäßig gebunden ist.

Ehrenamtliche Tätigkeiten und Auftragstätigkeiten in Abgrenzung zur Arbeitstätigkeit
Ehrenamtliche Tätigkeiten sind regelmäßig keine Arbeitsverhältnisse, auch wenn eine mehr oder weniger ausgeprägte »Aufwandsentschädigung« gezahlt wird (BAG 29.8.2012 – 10 AZR 499/11). Im Rahmen einer solchen Tätigkeit ist daher weder eine auf das KSchG gestützte Kündigungsschutzklage noch die Einrechnung dieser Personen bei der Frage

der Geltung des KSchG sinnvoll. Charakteristisch für ein Arbeitsverhältnis ist die Vereinbarung oder jedenfalls die berechtigte Erwartung einer angemessenen Gegenleistung für die versprochenen Dienste, wie sich aus §§ 611, 612 BGB ergibt. Maßgeblich für die Annahme eines Arbeitsverhältnisses ist immer der Austausch von Arbeit und Lohn.
Ob tatsächlich eine berechtigte Vergütungserwartung besteht, beurteilt sich nach der Art der Arbeit und nach den Umständen, unter denen sie geleistet wird (§ 612 Abs. 1 BGB). Auch wenn die Erwerbsabsicht keine notwendige Bedingung für die Arbeitnehmereigenschaft ist, spricht ihr Fehlen im Rahmen einer Gesamtwürdigung doch gegen die Annahme eines Arbeitsverhältnisses. Regelmäßig verfolgt ein Arbeitnehmer das Ziel, für seine Arbeit ein Entgelt zu erhalten. Dass neben diesem materiellen Interesse oftmals auch immaterielle Interessen eine Rolle spielen, schließt nicht aus, die Erwerbsabsicht als wesentliches Merkmal zur Abgrenzung von Tätigkeiten heranzuziehen, die vorwiegend auf ideellen Beweggründen beruhen (BAG 26. 9. 2002 – 5 AZB 19/01).
Dienste können allerdings auch im Rahmen eines Auftrags verrichtet werden. Durch die Annahme eines Auftrags verpflichtet sich der Beauftragte, ein ihm von dem Auftraggeber übertragenes Geschäft für diesen unentgeltlich zu besorgen (§ 662 BGB). Der Auftrag hat mit dem Arbeitsverhältnis gemein, dass der Beauftragte im Zweifel in Person zu leisten hat (§ 664 BGB) und den Weisungen des Auftraggebers unterliegt (§ 665 BGB).
Allerdings bezieht sich das Weisungsrecht des Auftraggebers – anders als das Direktionsrecht des Arbeitgebers nach § 106 GewO – regelmäßig auf einen bestimmten Auftrag. Ein Auftragsverhältnis unterscheidet sich vom Arbeitsverhältnis durch die Unentgeltlichkeit der zu erbringenden Dienste und durch die für beide Seiten bestehende Möglichkeit der grundlosen Beendigung (§ 671 BGB).
Es gibt keinen rechtlichen Grundsatz mit dem Inhalt, dass Dienste (nur) in persönlicher Abhängigkeit ausschließlich aufgrund eines Arbeitsverhältnisses erbracht werden können. Zu beachten ist hier allerdings, dass die Beauftragung zu einer ehrenamtlichen Tätigkeit nicht zur Umgehung zwingender arbeitsrechtlicher Schutzbestimmungen führen darf. Nach der Rechtsprechung des Bundesarbeitsgerichts kann ein Rechtsgeschäft gegen §§ 134, 138 BGB verstoßen, wenn es sich als Umgehung zwingender Rechtsnormen darstellt (BAG 26. 9. 2002 – 5 AZB 19/01).

2. Kommt ein Arbeitsverhältnis auch durch mündliche Abrede zustande oder muss es schriftlich abgeschlossen werden?

Fall:
Anton Adler möchte zum 1.3.2017 bei der Früchteverwertung Pflaume ein Arbeitsverhältnis auf unbestimmte Zeit als Fahrer beginnen. Bei der Einstellung werden die wesentlichen Inhalte des Arbeitsverhältnisses mündlich vereinbart, schriftlich wird dies aber nicht festgehalten. Vereinbarungsgemäß beginnt Adler am 1.3.2017 seine Arbeit. Mitte Juni 2017 kommt es zu Differenzen über die Frage, ob er bei Fahrten über acht Stunden Spesen erhalten muss. Der Arbeitgeber vertritt den Standpunkt, dies sei nicht vereinbart worden. Am 13.8.2017 kündigt die Früchteverwertung das Arbeitsverhältnis unter Einhaltung der Probezeitkündigungsfrist gemäß § 622 Abs. 3 BGB zum 31.8.2017. Adler vertritt den Standpunkt, es sei keine Probezeit vereinbart worden und daher könne die Arbeitgeberin nur zum 15.9.2017 kündigen.

Darum geht es:
Muss ein schriftlicher Arbeitsvertrag vollständig sein:
- Besteht z.B. ein Anspruch auf Spesen, wenn im Arbeitsvertrag Entsprechendes nicht geregelt ist?
- Gilt eine Probezeit als vereinbart, wenn im Arbeitsvertrag keine Rede davon ist?

Antwort

Für den Abschluss des Arbeitsvertrags gilt der Grundsatz der **Formfreiheit**. Das bedeutet, dass ein Arbeitsvertrag auch mündlich wirksam geschlossen werden kann. Außerdem können Arbeitsverträge wirksam auch durch ausdrückliches oder schlüssiges Verhalten abgeschlossen werden. Eine **Ausnahme** gilt nur dann, wenn ein Tarifvertrag etwas anderes vorschreibt – was aber hier nicht der Fall ist. Eine weitere Ausnahme von der Formfreiheit gilt auch im Recht der Berufsausbildung. Hier muss der Ausbildungsvertrag schriftlich abgeschlossen werden (§ 11 BBiG). Diese Bestimmung gilt allerdings ausdrücklich nur für Berufsausbildungsverhältnisse. Weitere gesetzliche Ausnahmen von der Formfreiheit gibt es nicht. Aus Beweisgründen ist immer anzuraten, den Arbeitsvertrag in schriftlicher Form abzuschließen.

Für die Beispielsfrage bedeutet dies, dass der Arbeitsvertrag in wirksamer Weise zustande gekommen ist.

Der Streit geht aber auch um den Inhalt des Arbeitsverhältnisses:
- zum einen, ob bei einer Abwesenheit über acht Stunden am Tag Spesen zugunsten des Arbeitnehmers anfallen;
- zum anderen, mit welcher Frist in den ersten sechs Monaten der Dauer des Arbeitsverhältnisses (Probezeitkündigungsfrist des § 622 Abs. 3 BGB oder lediglich gesetzliche Grundkündigungsfrist) gekündigt werden kann.

Der fehlende schriftliche Arbeitsvertrag erweist sich unter dem Gesichtspunkt der Beweissituation für den Arbeitnehmer als erheblicher Nachteil. Mangels schriftlichen Arbeitsvertrags können beide Punkte nicht sicher geklärt werden.

> **Praxishinweis:**
> Der Abschluss eines schriftlichen Arbeitsvertrags, der alle wesentlichen Punkte des Arbeitsverhältnisses regelt, ist dringend zu empfehlen. Wenn dies nicht erfolgen sollte, kommt es zumeist während der Dauer des Arbeitsverhältnisses zu Streitigkeiten darüber, was tatsächlich geschuldet ist (beispielsweise über die Art der Arbeitsleistung bei Versetzungen).

Hier ist der Arbeitgeber für die Vereinbarung einer Probezeit beweispflichtig, wenn er das Arbeitsverhältnis mit einer Frist von zwei Wochen kündigen möchte. Der Arbeitnehmer hat dann die Beweislast für das Zustandekommen einer Vereinbarung über die Zahlung von Abwesenheitsspesen. Sind für die behaupteten Vereinbarungen keine Zeugen vorhanden oder können sich diese nicht mehr an den Inhalt des mündlich Vereinbarten erinnern, werden beide Punkte unbeweisbar sein.

> **Zusammenfassung:**
> Entgegen einem nach wie vor verbreiteten Irrtum ist der mündlich abgeschlossene Arbeitsvertrag ebenso wirksam wie der schriftliche. Der nur mündlich abgeschlossene Vertrag hat allerdings den Nachteil, dass das NachwG nicht umgesetzt wurde und daher im Konfliktfall nicht klar ist, welche Arbeitsbedingungen gelten sollen. Auch die immer wieder anzutreffende Annahme, ohne schriftlichen Arbeitsvertrag könnten beide Seiten ohne Einhaltung jeglicher Kündigungsfristen das Arbeitsverhältnis lösen, ist unzutreffend.

Fragen zur Begründung des Arbeitsverhältnisses

Wichtige Begriffe

Schriftformklauseln im Arbeitsvertrag?
Haben die Tarifvertragsparteien (Arbeitgeberverband, einzelner Arbeitgeber und Gewerkschaft) für den Abschluss eines Arbeitsvertrags die Schriftform vereinbart oder ist im Tarifvertrag bzw. – was in der arbeitsrechtlichen Praxis von größerer Bedeutung ist – im Arbeitsvertrag die Regelung enthalten, dass Änderungen des Arbeitsvertrags der Schriftform bedürfen, ist Folgendes zu beachten:
Soll die tarifliche oder einzelvertraglich vereinbarte Schriftformklausel konstitutiv wirken oder soll sie lediglich deklaratorische Bedeutung haben? Konstitutiv bedeutet, dass der Arbeitsvertrag und dessen Änderung nur dann wirksam sind, wenn dies schriftlich vereinbart wurde. Deklaratorisch bedeutet, dass auch eine mündliche Abrede wirksam ist und die Schriftformklausel nur die Beweislage verbessern soll.
Eine nur deklaratorische Schriftformklausel ist regelmässig anzunehmen, wenn nach dem Willen der Tarifvertragsparteien/Arbeitsvertragsparteien eine arbeitsrechtliche Vereinbarung auch ohne Einhaltung der Formvorschrift wirksam zustande kommen soll. Dies wird zumeist der Fall sein – ansonsten müsste von der Nichtigkeit des Arbeitsvertrags oder einer Änderungsvereinbarung ausgegangen werden, was ganz erhebliche nachteilige Auswirkungen für den Arbeitnehmer wie auch für den Arbeitgeber haben kann.

Rechtliche Bedeutung der Schriftformklausel in einem Formulararbeitsvertrag – sog. doppelte Schriftformklausel
In vielen Arbeitsverträgen, vor allen solchen, die der Arbeitgeber im Rahmen von Allgemeinen Geschäftsbedingungen einseitig stellt, war und ist immer noch die sog. »doppelte Schriftformklausel« enthalten. Diese lautet sinngemäß wie folgt:

»*Änderungen und Ergänzungen dieses Vertrags sind, auch wenn sie bereits mündlich getroffen wurden, nur wirksam, wenn sie schriftlich festgelegt und von beiden Parteien unterzeichnet worden sind. Dies gilt auch für den Verzicht auf das Schriftformerfordernis.*«

Dertarige Klauseln sind zumindest dann, wenn sie im Rahmen eines formularmäßig vorgegebenen Arbeitsvertrags verwendet werden, nicht als wirksam anzusehen, weil sie den (unzutreffenden) Eindruck erwecken, als wäre eine mündlich vereinbarte Abrede in diesen Situationen grundsätzlich unwirksam. Eine vom Arbeitgeber im Arbeitsvertrag als Allgemeine Geschäftsbedingung aufgestellte »doppelte Schriftformklausel« kann beim Arbeitnehmer durchaus den (nicht zutreffenden) Anschein erwecken, jede spätere vom Vertrag abweichende mündliche Abrede wäre gemäß § 125 Satz 2 BGB nichtig. Das entspricht aber nicht der tatsächlichen Rechtslage (BAG 20. 5. 2008 – 9 AZR 382/07). Nach der Regelung des § 305b BGB haben individuelle Vertragsabreden immer Vorrang vor Allgemeinen Geschäftsbedingungen. Dieses Prinzip des Vorrangs (auch mündlicher) individueller Vertragsabreden setzt sich daher auch gegenüber den sog. »doppelten Schriftformklauseln« durch. Eine zu weit gefasste derartige Klausel in einem Formulararbeitsvertrag ist somit irreführend und benachteiligt deshalb den Arbeitnehmer unangemessen im Sinne von § 307 Abs. 1 BGB.

Vermutung der Richtigkeit und Vollständigkeit des schriftlichen Arbeitsvertrags

Der schriftlich abgeschlossene Arbeitsvertrag hat nach allgemeiner Ansicht die Vermutung der Richtigkeit und Vollständigkeit für sich. Will sich eine Partei des Arbeitsvertrags darauf berufen, dass etwas anderes vereinbart wurde, als im Arbeitsvertrag schriftlich festgelegt ist, muss sie darlegen und im Falle des Bestreitens beweisen, dass mündliche Nebenabreden getroffen wurden und diese auch gültig sind.

Dieser Beweis ist naturgemäß sehr schwierig zu erbringen, weil als Zeugen meist nur Personen in Betracht kommen, die beim Arbeitgeber beschäftigt sind oder waren (Büroangestellte, Personalbeauftragte etc.). Sollte der Beweis dennoch gelingen, sind die mündlichen Vereinbarungen wirksam, es sei denn, eine zwingende – konstitutive – Schriftformklausel war gewollt. Liegt also ausnahmsweise eine solche konstitutive Schriftformklausel vor, sind mündliche Nebenabreden immer unwirksam.

3. Werkvertrag oder Scheinwerkvertrag?

Fall:
Die Kulturstiftung einer großen Deutschen Bank betreibt ein Museum. Seit der Gründung des Museums im Jahr 2006 werden die Leistungen im Bereich Besucherservice, wie Einlass- und Ticketkontrollen, Gruppenkoordination, Garderobenbetreuung, Ausgabe von Audioguides und dergleichen, im Wege von Ausschreibungen an externe Dienstleister vergeben. Seit Mitte des Jahres 2011 wurden

die Aufgaben im Bereich »Besucherservice« von der X-GmbH erledigt, einem Unternehmen, welches Bewachungsaufgaben für verschiedene Auftraggeber wahrnimmt und das bis zum 28.2.2012 eine Erlaubnis zur Arbeitnehmerüberlassung hatte. In der Folgezeit hatte es diese Erlaubnis nicht mehr.

Auf der Grundlage eines Arbeitsvertrags vom 30.6.2015 trat Frau Huber mit Wirkung vom 2.7.2015 in die Dienste der X-GmbH. Der Arbeitsvertrag sieht eine Beschäftigung von Frau Huber als gewerbliche Mitarbeiterin für das Projekt Besucherservice im Museum in Teilzeit zu einem Bruttostundenlohn in Höhe von zunächst 9,50 € vor, zuletzt waren es 10,25 €. Soweit Frau Huber in den Jahren 2015 bis 2017 im Museum tätig wurde, arbeitete sie überwiegend als Gruppenkoordinatorin, teils auch als Aufsicht. In dieser Funktion sind auch eigene Beschäftigte der Kulturstiftung der Bank tätig, die allerdings deutlich mehr an Lohn bekommen.

Frau Huber möchte wissen, ob mit der Kulturstiftung ein Arbeitsverhältnis besteht. Frau Huber vertritt die Ansicht, die X-GmbH hätte sie spätestens seit dem 1.1.2016 ohne Erlaubnis als Arbeitnehmerin überlassen.

Darum geht es:
Wenn die Ansicht von Frau Huber zutreffend sein sollte, dann ist sie Beschäftigte der Kulturstiftung der Bank und kann den Lohn verlangen, der bei den eigenen Beschäftigten der Kulturstiftung üblicherweise gezahlt wird.

Antwort

Die Bestimmung § 10 Abs. 1 Satz 1 AÜG, die hier von Bedeutung ist, fingiert das Zustandekommen eines Arbeitsverhältnisses bei Fehlen einer Erlaubnis des Verleihers zur Arbeitnehmerüberlassung. Nach dieser Regelung gilt ein Arbeitsverhältnis zwischen Entleiher und Leiharbeitnehmer zu dem zwischen dem Entleiher und dem Verleiher für den Beginn der Tätigkeit vorgesehenen Zeitpunkt als zustande gekommen, wenn der Vertrag zwischen Verleiher und Leiharbeitnehmer nach § 9 Nr. 1 AÜG unwirksam ist. Nach § 9 Nr. 1 AÜG sind Verträge zwischen Verleihern und Entleihern sowie zwischen Verleihern und Leiharbeitnehmern dann unwirksam, wenn der Verleiher nicht die nach § 1 AÜG erforderliche Erlaubnis hat. Davon ist hier auszugehen, weil die Erlaubnis nicht mehr vorhanden ist.

Eine Überlassung zur Arbeitsleistung nach § 1 Abs. 1 Satz 1 und Abs. 2 AÜG ist immer dann anzunehmen, wenn einem Entleiher Arbeitskräfte zur Verfügung gestellt werden, die in dessen Betrieb eingegliedert sind und ihre Arbeit nach Weisungen des Entleihers und in dessen Interesse ausführen. Auch davon kann hier ausgegangen werden. Allerdings ist nicht jeder **drittbezogene Arbeitseinsatz** grundsätzlich eine Arbeitnehmerüberlassung im Sinne des AÜG, was die Abgrenzung im Einzelfall durchaus schwierig macht. Notwendiger Inhalt eines Arbeitnehmerüberlassungsvertrags ist die Verpflichtung des Verleihers gegenüber dem Entleiher, diesem zur Förderung von dessen Betriebszwecken Arbeitnehmer zur Verfügung zu stellen. Die Vertragspflicht des Verleihers gegenüber dem Entleiher endet, wenn er den Arbeitnehmer ausgewählt und ihn dem Entleiher zur Verfügung gestellt hat. Alles Weitere wird dann im Einsatzbetrieb geregelt.

Von der Arbeitnehmerüberlassung zu unterscheiden ist die Tätigkeit eines Arbeitnehmers bei einem Dritten **aufgrund eines Werk- oder Dienstvertrags**. In diesen Situationen wird der Unternehmer für einen Anderen tätig. Er organisiert die zur Erreichung eines wirtschaftlichen Erfolgs notwendigen Handlungen nach eigenen betrieblichen Voraussetzungen und bleibt für die Erfüllung der in dem Vertrag vorgesehenen Dienste oder auch für die Herstellung des geschuldeten Werks gegenüber dem Drittunternehmen verantwortlich. Die zur Ausführung des Dienst- oder Werkvertrags eingesetzten Arbeitnehmer unterliegen den Weisungen des Unternehmers. Dies ist hier evident, weil den konkreten Arbeitseinsatz die Kulturstiftung regelt. Der Werkbesteller kann jedoch dem Werkunternehmer selbst oder dessen Erfüllungsgehilfen Anweisungen für die Ausführung des Werks erteilen. Entsprechendes gilt für Dienstverträge. Solche Dienst- oder Werkverträge werden vom AÜG nicht erfasst.

Über die rechtliche Einordnung des Vertrags zwischen dem Dritten und dem Arbeitgeber entscheidet grundsätzlich der **Geschäftsinhalt** und nicht die von den Parteien gewünschte Rechtsfolge oder eine Bezeichnung, die dem tatsächlichen Geschäftsinhalt nicht entspricht. Die Vertragsparteien können das Eingreifen zwingender Schutzvorschriften des AÜG nicht dadurch vermeiden, dass sie einen vom Geschäftsinhalt abweichenden Vertragstyp wählen (BAG 15.4.2014 – 3 AZR 395/11). Der Inhalt der Rechtsbeziehung zwischen dem Vertragsarbeitgeber und dem Dritten ist sowohl auf der Grundlage der ausdrücklichen Vereinbarungen der Vertragsparteien als auch unter Berücksichtigung der praktischen Durchführung des Vertrags zu bestimmen (BAG 20. 9. 2016 – 9 AZR 735/15).

Die Übertragung eines umfassenden Weisungsrechts auf einen Dritten ist geradezu kennzeichnend für einen auf die Überlassung von Arbeitnehmern gerichteten Vertrag. Es ist die Einräumung des Weisungsrechts, welches den Entleiher dazu befähigt, einen Leiharbeitnehmer so einzusetzen, als würde dieser zu ihm in einer arbeitsvertraglichen Beziehung stehen.

Wenn die tatsächliche Durchführung des Vertrags den ausdrücklichen Vereinbarungen der Vertragsparteien widersprechen sollte, dann ist grundsätzlich die **tatsächliche Durchführung maßgebend**. Dies gilt allerdings nur dann, wenn die tatsächliche Durchführung von dem Willen der am Abschluss der vertraglichen Vereinbarung beteiligten Parteien umfasst war. Die Berücksichtigung der praktischen Vertragsdurchführung dient der Ermittlung des wirklichen Geschäftsinhalts, also der Rechte und Pflichten, von denen die Vertragsparteien bei Vertragsabschluss ausgegangen sind.

Zusammenfassung:
Im **Ergebnis** ist festzustellen, dass Frau Huber verlangen kann, dass die Kulturstiftung der Bank sie in ein Arbeitsverhältnis übernimmt. Es liegt somit ein Fall der verdeckten Arbeitnehmerüberlassung vor und entscheidend ist, dass Frau Huber in etwa dieselben Tätigkeiten wie die eigenen Beschäftigten der Kulturstiftung der Bank verrichtet hat, ohne dass eine auch nur irgendwie nachvollziehbare Trennung der Tätigkeiten des eigenen Personals der Kulturstiftung und der »Werkvertragsarbeitnehmer« erkennbar wäre. Wenn allerdings der Entsender über die Erlaubnis nach dem AÜG verfügt hätte, könnte auch der gegenteilige Standpunkt vertreten werden. Wenn sich daher der »entleihende« Arbeitgeber keine Gedanken darüber macht, ob sein Vertragspartner über die Erlaubnis nach dem AÜG verfügt, kann dies für ihn erhebliche Rechtsfolgen haben.

Begriff der verdeckten Arbeitnehmerüberlassung

Die verdeckte Arbeitnehmerüberlassung mit Überlassungserlaubnis wird der Situation einer unerlaubten Arbeitnehmerüberlassung gleichgestellt. Zu diesem Zweck hat der Gesetzgeber in § 1 Abs. 1 Sätze 5 und 6 AÜG die Offenlegungspflichten geregelt. Verleiher und Entleiher haben die Überlassung von Leiharbeitnehmern in ihrem Vertrag ausdrücklich als Arbeitnehmerüberlassung zu bezeichnen, bevor sie den Leiharbeitnehmer überlassen oder tätig werden lassen. Vor der Überlassung haben sie die Person des Leiharbeitnehmers unter Bezugnahme auf diesen Vertrag zu konkretisieren.

Ein Verstoß gegen diese Offenlegungspflichten hat, auch bei Vorliegen einer Überlassungserlaubnis, eine schwerwiegende Folge: Der Arbeitsvertrag zwischen Leiharbeitnehmer und Verleiher ist unwirksam und es wird ein Arbeitsverhältnis zum Entleiher begründet. Etwas anderes ist nur dann anzunehmen, wenn der Arbeitnehmer von der – nach der Gesetzesänderung auch in diesem Fall bestehenden – Möglichkeit, eine Festhaltenserklärung abzugeben, wirksam Gebrauch machen sollte.

Abgrenzung zu Werkverträgen

Wird ein Unternehmer oder eine sonstige Person im Rahmen eines Werkvertrags als »Subunternehmer« tätig, stellt sich zumeist die Problematik, ob diese Tätigkeit tatsächlich selbstständig erbracht wurde oder ob doch tatsächlich eine Leistung der Dienste in persönlicher Abhängigkeit anzunehmen ist, was zur Folge hätte, dass der »Subunternehmer« kein echter Werkunternehmer ist. Ist der Vertrag als Werkvertrag ausgestaltet – wird also ein bestimmtes Arbeitsergebnis geschuldet –, stellt sich allerdings bei der Ausführung heraus, dass tatsächlich ein Arbeitsverhältnis anzunehmen ist, liegt ein sog. »**Scheinwerkvertrag**« vor (= eine Form der Scheinselbstständigkeit).

Die Einzelheiten derartiger Abgrenzungsfragen können sich in der Praxis als schwierig erweisen. Das Arbeitsverhältnis unterscheidet sich von dem Rechtsverhältnis eines selbstständigen Werkunternehmers in erster Linie durch den Grad der persönlichen Abhängigkeit. **Arbeitnehmer** ist regelmäßig, wer seine vertraglich geschuldete Leistung im Rahmen einer von einem Dritten bestimmten Arbeitsorganisation zu erbringen hat und in diese eingegliedert ist, weil er hinsichtlich Ort, Zeit und Ausführung seiner Tätigkeit einem umfassenden Weisungsrecht seines Vertragspartners (Arbeitgebers) unterliegt. Selbstständig tätig wird, wer im Wesentlichen seine Tätigkeit frei gestalten und seine Arbeitszeit frei bestimmen kann.

Bei diesen **Abgrenzungsfragen** ist auf die tatsächliche Ausführung des Vertragsverhältnisses abzustellen und nicht darauf, wie der Vertrag genannt wurde. Für die Klärung der Problematik, ob dann eine Arbeitnehmerüberlassung oder eine werkvertragliche Beziehung vorliegt, ist davon auszugehen, dass Arbeitnehmerüberlassung anzunehmen ist, wenn dem Entleiher Arbeitskräfte zur Verfügung gestellt werden, die er seinen Vorstellungen und Zielen gemäß in seinem Betrieb wie eigene Arbeitnehmer einsetzen kann. Wenn die überlassenen Arbeitnehmer vollständig in den

Betrieb des Entleihers eingegliedert sind und sie die zu erbringenden Arbeiten allein nach dessen Weisungen ausführen, kann regelmäßig von der Arbeitnehmerüberlassung ausgegangen werden. Die Vertragspflicht des Verleihers beschränkte sich auf die Auswahl der Arbeitnehmer und endete damit.

Im Unterschied dazu wird bei einem Werkvertrag oder Dienstvertrag ein Unternehmer für einen anderen Unternehmer tätig. Er organisiert die zur Erreichung eines wirtschaftlichen Erfolgs notwendigen Handlungen nach eigenen betrieblichen Voraussetzungen.

Abgrenzungskriterien im Zweifelsfall

Gegenstand des Werkvertrags können sowohl die Herstellung oder Veränderung einer Sache als auch ein anderer durch Arbeit oder Dienstleistung herbeizuführender Erfolg sein (§ 631 Abs. 2 BGB). Wenn es an einem vertraglich festgelegten abgrenzbaren, dem Auftragnehmer als eigene Leistung zurechenbaren und abnahmefähigen Werk fehlt, kommt ein Werkvertrag kaum in Betracht, weil der »Auftraggeber« dann durch weitere Weisungen den Gegenstand der vom »Auftragnehmer« zu erbringenden Leistung erst bestimmen und damit Arbeit und Einsatz bindend organisieren muss (BAG 25. 9. 2013 – 10 AZR 282/12). Insbesondere in Situationen, in denen Beschäftigte an bestimmten Projekten im Betrieb mitwirken – also mehr oder weniger frei daran arbeiten können, aber doch Vorgaben bezüglich der Qualität und Quantität des Ergebnisses haben –, ist die Abgrenzung zwischen Werkvertrag und Arbeitsvertrag nicht immer einfach.

Ein **Werkunternehmer** ist – anders als der Arbeitnehmer – grundsätzlich selbstständig. Er organisiert die für das Erreichen eines wirtschaftlichen Erfolgs notwendigen Handlungen nach eigenen betrieblichen Voraussetzungen und ist für die Herstellung des geschuldeten Werks gegenüber dem Besteller verantwortlich. Ob ein Werkvertrag, ein Dienst- oder ein Arbeitsverhältnis besteht, zeigt regelmäßig der **wirkliche Geschäftsinhalt**. Zwingende gesetzliche Regelungen für Arbeitsverhältnisse können nicht dadurch beseitigt werden, dass die Vertragsschließenden dem Arbeitsverhältnis eine andere Bezeichnung geben. Richten sich die vom Auftragnehmer zu erbringenden Leistungen nach dem jeweiligen Bedarf des Auftraggebers, kann darin ein Indiz gegen eine werk- und für eine arbeitsvertragliche Beziehung gesehen werden, etwa wenn mit der Bestimmung von Leistungen auch über Inhalt, Durchführung, Zeit, Dauer und Ort der Tätigkeit entschieden wird. Wesentlich bei diesen Abgrenzungsfragen ist, inwiefern Weisungsrechte ausgeübt werden und in welchem Maß der Auftragnehmer in einen Produktionsprozess eingegliedert ist.

II. Formulararbeitsverträge und Vertragsklauseln

4. Was kann in Formulararbeitsverträgen wirksam vereinbart werden?

Fall:
In einem Arbeitsvertrag, der in einem größeren Betrieb, der nicht tarifgebunden ist, bei den Einstellungen stets Verwendung findet, sind für den Bereich der gewerblichen Arbeitnehmer (Arbeiter und Angestellte) u. a. folgende Klauseln enthalten:

...

4. Vergütung

...

4.3. Überstunden
Im monatlichen (Grund-)Gehalt in Höhe von ... € sind die ersten 20 Überstunden im Monat mit enthalten. Ab der 21. Überstunde im Monat werden die angefallenen Überstunden mit ... € pro Überstunde vergütet.

...

7. Dienstwagengestellung
Für dienstliche Fahrten wird dem Arbeitnehmer ein Firmen-Pkw gestellt. Dieser kann nach Absprache in angemessenem Umfang auch privat genutzt werden; der geldwerte Vorteil ist dann entsprechend zu versteuern. Für den Pkw wird vom Arbeitgeber eine Vollkaskoversicherung mit 500,00 € Selbstbeteiligung abgeschlossen. Bei allen fahrlässig verursachten Unfällen – auch bei Dienstfahrten – haftet der Arbeitnehmer (maximal) in Höhe der Selbstbeteiligung der Kaskoversicherung.

...

12. Urlaub
Der Arbeitnehmer hat in den ersten fünf Jahren der Dauer des Arbeitsverhältnisses einen Urlaubsanspruch von 26 Werktagen. Nach Ablauf von jeweils zwei weiteren Jahren verlängert sich der jährliche Urlaub jeweils um einen Werktag, bis ein Anspruch von 30 Werktagen erreicht ist. Im Falle des Eintritts oder Austritts während des Kalenderjahres berechnet sich der Urlaub nach dem Berechnungs-

faktor 1/12 des Gesamtanspruchs für jeden vollen Monat der Beschäftigung.
...
14. Kündigung
Die ersten sechs Monate gelten als Probezeit. Während dieser kann das Arbeitsverhältnis beiderseits mit einer Frist von zwei Wochen gekündigt werden. Nach Ablauf dieser Zeit gelten die gesetzlichen Kündigungsfristen.
...
16. Schadensersatzpflicht
Tritt der Arbeiter/Angestellte das Arbeitsverhältnis nicht an, löst er sein Anstellungsverhältnis vertragsbrüchig auf oder wird der Arbeitgeber durch schuldhaft vertragswidriges Verhalten des Angestellten zur außerordentlichen Lösung des Arbeitsverhältnisses veranlasst, hat der Angestellte an den Arbeitgeber eine Vertragsstrafe in Höhe eines Nettomonatslohns zu zahlen. Ein weiter gehender Schadensersatzanspruch des Arbeitgebers bleibt hiervon unberührt.
...
22. Rückzahlung von Ausbildungskosten
Ausbildungskosten, die der Arbeitgeber für den Arbeitnehmer aufwendet, sind nach dem 1/12-Prinzip zurückzuzahlen, wenn das Arbeitsverhältnis nicht wenigstens noch ein Jahr nach Abschluss der Ausbildung, welche die Kosten verursachte, bestanden hat. Bei einer Kündigung innerhalb dieses Jahreszeitraums muss der Arbeitnehmer den 1/12-Anteil zurückzahlen, den er noch nicht verdient hat.
...
30. Das Anstellungsverhältnis endet mit Vollendung des 65. Lebensjahres, ohne dass es einer Kündigung bedarf.

Darum geht es:
Welche Klauseln – z. B. zu Überstunden, Haftung bei Dienstfahrten, Urlaubsdauer, Schadensersatzpflicht bei Vertragsverletzungen, Rückzahlung von Fortbildungskosten und Regelaltersgrenzen – in einem Arbeitsvertrag können wirksam vereinbart werden und welche nicht?

Antwort

Der hier auszugsweise vorgelegte Musterarbeitsvertrag weist eine Reihe bedenklicher Bestimmungen auf, wie sie in der Vertragspraxis – vor allem bei standardisierten Arbeitsverträgen – immer wieder vorkommen. Daher kann der Arbeitsvertrag nicht in allen Punkten als wirksam angesehen werden.

1. Pauschale Vergütung von Überstunden

Bei der Klausel hinsichtlich der Überstunden, die bis zu einer bestimmten Anzahl im Monatslohn enthalten sein sollen, stellt sich die Frage, ob eine **Angemessenheitskontrolle** der Regelung vorgenommen werden kann. Dies ist dann nicht der Fall, wenn es um eine sog. Hauptleistungspflicht geht, also um eine Regelung, welche die Erbringung der Arbeitsleistung betrifft.

Eine Klausel in Allgemeinen Geschäftsbedingungen, die – wie hier – ausschließlich die Vergütung von Überstunden, nicht aber die Anordnungsbefugnis des Arbeitgebers zur Leistung von Überstunden regelt, ist eindeutig eine sog. Hauptleistungsabrede und deshalb von der Inhaltskontrolle nach § 307 Abs. 1 Satz 1 BGB ausgenommen. Die Regelung in Allgemeinen Geschäftsbedingungen, nach der in dem monatlichen (Grund-)Gehalt die ersten 20 Überstunden im Monat mit enthalten sein sollen, ist **klar und verständlich**, über deren Reichweite und Rechtsfolgen kann es keine Zweifel oder Differenzen geben (BAG 13.10.2011 – 8 AZR 455/10).

Nach der Rechtsprechung ist eine die pauschale Vergütung von Überstunden regelnde Klausel immer nur dann klar und verständlich, wenn sich aus dem Arbeitsvertrag selbst ergibt, welche Arbeitsleistungen in welchem zeitlichen Umfang von der Klausel erfasst werden sollen. Der Arbeitnehmer muss bereits bei Vertragsabschluss erkennen können, was möglicherweise »auf ihn zukommt« und welche Leistungen er für die vereinbarte Vergütung maximal erbringen muss. Nach diesen Grundsätzen ist die Klausel, »... *in der vereinbarten Vergütung sind die ersten 20 Überstunden im Monat mit enthalten* ...«, klar und verständlich. Aus der Formulierung ergibt sich eindeutig, dass mit der Monatsvergütung neben der Normalarbeitszeit bis zu 20 Überstunden abgegolten sind.

Durch die hinreichend bestimmte Festlegung weiß der Arbeitnehmer, was auf ihn zukommt: Er muss für die vereinbarte Vergütung ggf. bis zu 20 Überstunden monatlich ohne zusätzliche Vergütung leisten. Einen allgemeinen Rechtsgrundsatz, dass jede Mehrarbeitszeit oder jede dienstliche Anwesenheit über die vereinbarte Arbeitszeit hinaus zu vergüten ist,

gibt es daher nach der Rechtsprechung der Arbeitsgerichte grundsätzlich nicht (BAG 17. 8. 2011 – 5 AZR 406/10).
Einer **weiter gehenden Inhaltskontrolle** unterliegt diese Regelung allerdings nicht, wie sich aus der Bestimmung des § 307 Abs. 3 Satz 1 BGB ergibt. Hiernach unterfallen Bestimmungen in Allgemeinen Geschäftsbedingungen der uneingeschränkten Inhaltskontrolle lediglich dann, wenn durch sie von Rechtsvorschriften abweichende oder diese ergänzende Regelungen vereinbart werden. Dazu gehören aber nicht Klauseln, die (nur) den Umfang der von den Parteien geschuldeten Vertragsleistung festlegen.
Im Arbeitsverhältnis sind das vor allem die Arbeitsleistung und das Arbeitsentgelt. Es ist nicht die Aufgabe der Arbeitsgerichte, über die Bestimmungen der §§ 305 ff. BGB den »gerechten Preis« der Arbeitsleistung zu ermitteln. Die Klausel, in der vereinbarten Monatsvergütung wären die ersten 20 Überstunden monatlich »mit enthalten«, betrifft daher nur die (Mit-)Vergütung dieser Überstunden, ohne zugleich die Anordnungsbefugnis des Arbeitgebers zur Ableistung von Überstunden zu regeln. Sie ist daher eine Hauptleistungsabrede, die nur die Gegenleistung des Arbeitgebers für die vom Arbeitnehmer erbrachte Arbeitsleistung betrifft. Die Klausel ist daher nicht zu beanstanden und wirksam.

Wichtig für die Praxis: Hauptleistungspflichten sind von der Inhaltskontrolle ausgeschlossen

Bei der Kontrolle von Regelungen in Formulararbeitsverträgen ist stets zu beachten, dass vertragliche Vereinbarungen, welche die **Hauptleistungspflichten** betreffen (= Art und Weise der Arbeitsleistung und die damit in Zusammenhang stehenden Fragen), **nicht** der sog. **Inhaltskontrolle** unterliegen. Derartige Regelungen in Arbeitsverträgen können daher nicht auf ihre inhaltliche »Angemessenheit« überprüft werden, und es ist auch nicht möglich, sie als unwirksam hinzustellen, wenn sie inhaltlich für unangemessen erachtet werden sollten. Dieser Grundsatz kann nicht nur bei Klauseln von Bedeutung werden, die sich mit der Vergütung von Überstunden befassen, sondern er betrifft alle Fälle der Erbringung der Hauptleistungspflichten im Arbeitsverhältnis.
Davon zu unterscheiden ist die Frage, ob eine Regelung **klar und verständlich** ist; diesbezüglich können auch vertragliche Regelungen im Bereich von Hauptleistungspflichten überprüft werden. Wird z. B. in einem Formularvertrag vereinbart: »*... der Arbeitnehmer ist zu Über- und Mehrarbeit bei betrieblicher Veranlassung verpflichtet und erhält dafür keine gesonderte Vergütung ...*«, ist diese Regelung nicht klar und verständlich im

Sinne des § 307 Abs. 1 Satz 2 BGB und daher nach § 307 Abs. 1 Satz 1 BGB unwirksam. Eine die pauschale **Vergütung von Überstunden** regelnde Klausel ist nur dann klar und verständlich, wenn sich aus dem Arbeitsvertrag selbst ergibt, welche Arbeitsleistungen in welchem zeitlichen Umfang von ihr erfasst werden sollen (BAG 8.12.2011 – 6 AZR 397/10).

Die Regelung im Arbeitsvertrag ist im Ergebnis nicht klar und verständlich. Die Bestimmung des Arbeitsvertrags nennt als Bedingung »*bei betrieblicher Veranlassung*«, ohne diese näher zu konkretisieren; dies ist eine zu vage Umschreibung der Voraussetzungen der Leistung von Überstunden. Gar nicht geregelt wurde in dieser Klausel der mögliche Umfang der geschuldeten Über- und Mehrarbeit (Wie viel kann der Arbeitgeber verlangen?). Damit ist die vom Arbeitnehmer ohne eine weitere Vergütung zu leistende Arbeit weder bestimmt noch bestimmbar. Die Klausel ist zu unbestimmt und daher unwirksam, auch wenn sie eine Hauptleistungspflicht, also die Erbringung der Arbeitsleistung, betrifft.

> **Praxishinweis: Zulässigkeit der Abgeltung von Reisezeiten durch das Gehalt in Formulararbeitsverträgen?**
> Verbreitet sind in der arbeitsrechtlichen Praxis Vertragsformulierungen, in denen es heißt: »… Reisezeiten sind mit dem Gehalt des Arbeitnehmers abgegolten …«. Können derartige Regelungen wirksam vorgenommen werden (zu den Reisezeiten siehe Schaub, Arbeitsrechts-Handbuch, § 45 Rn. 54)? Es gilt: Solche vertraglichen Vereinbarungen sind nur in eingeschränkter Form zulässig. Die in Formulararbeitsverträgen enthaltene Klausel, »… Reisezeiten sind mit der Bruttomonatsvergütung abgegolten …«, ist nach der Rechtsprechung intransparent, wenn sich aus dem Arbeitsvertrag nicht ergibt, welche konkrete »Reisetätigkeit« von der vertraglichen Vereinbarung in welchem Umfang erfasst werden soll (BAG 20.4.2011 – 5 AZR 200/10).

Unter dem Begriff der Arbeit ist nicht nur die Tätigkeit zu verstehen, welche als solche den Interessen des Arbeitgebers an der Erledigung der Arbeiten im eigentlichen Sinne dient. Arbeit ist auch die vom Arbeitgeber veranlasste (arbeitsmäßige) Untätigkeit, während derer der Arbeitnehmer am Arbeitsplatz anwesend sein muss und nicht frei über die Nutzung des Zeitraums bestimmen kann, er also weder eine Pause im Sinne des Arbeitszeitgesetzes (ArbZG) noch Freizeit hat. § 21a Abs. 3 ArbZG enthält keine Regelung dessen, was unter Arbeit zu verstehen ist und schließt auch nicht die Vergütung der dort genannten Zeiten aus. Wenn daher der Arbeitnehmer nach getaner Arbeit von einem Einsatz zum nächsten fährt und dort seine Arbeit aufnimmt, ist regelmäßig für diese Zeit Arbeitszeit

Fragen zur Begründung des Arbeitsverhältnisses

anzunehmen – entgegenstehende Vereinbarungen in Formulararbeitsverträgen sind unwirksam.

2. Haftung bei der Dienstwagengestellung

Diese Klausel ist im Ergebnis unwirksam, weil sie von zwingenden Gegebenheiten des Arbeitnehmerhaftungsrechts teilweise abweicht: Sofern auf einer Dienstfahrt ein Unfall im Bereich der **leichtesten Fahrlässigkeit** verursacht wurde, haftet der Arbeitnehmer nicht für den Schaden, auch nicht (maximal) in Höhe der Selbstbeteiligung.

Weil die zwischen den Parteien geschlossene Vereinbarung unwirksam ist, ist sie keine Rechtsgrundlage für eine Haftung des Arbeitnehmers. Die Vereinbarung – soweit sie eine Haftung des Arbeitnehmers auch bei leichtester Fahrlässigkeit begründet – verstößt gegen zwingendes Recht und ist daher insoweit unwirksam. Die teilweise Unwirksamkeit der Vereinbarungen führt dazu, dass diese (insgesamt) nicht wirksam sind. Das Bundesarbeitsgericht geht in seiner Rechtsprechung davon aus, dass die aus der entsprechenden Anwendung von § 254 BGB (= Verteilung des Verschuldens/Mitverschuldens) vom Gericht entwickelten Regeln über die Haftung im Arbeitsverhältnis einseitig zwingendes **Arbeitnehmerschutzrecht** sind. Das bedeutet, dass hiervon einzelvertraglich zulasten des Arbeitnehmers nicht abgewichen werden kann (BAG 27.1.2000 – 8 AZR 876/98).

Im konkreten Fall ist eindeutig eine unzulässige Abweichung von der Rechtsprechung gegeben, weil die Haftung des Arbeitnehmers – zumindest bis zu einer bestimmten finanziellen Größenordnung, und zwar derjenigen der Selbstbeteiligung – für jede Form der Fahrlässigkeit begründet werden sollte, somit auch für die leichteste. Nach den Grundsätzen der beschränkten Haftung des Arbeitnehmers muss dieser bei leichtester Fahrlässigkeit nicht haften.

> **Praxishinweise: Dienstwagengestellung**
> In der Praxis enthalten Regelungen der Dienstwagenüberlassung in Formulararbeitsverträgen häufig Formulierungen, wonach sich der Arbeitgeber vorbehält, die Überlassung des Dienstwagens zu widerrufen, wenn und solange der Pkw für dienstliche Zwecke seitens des Arbeitnehmers nicht benötigt wird. Von Bedeutung wird diese Klausel zumeist dann, wenn der Arbeitnehmer nach Kündigung des Arbeitsverhältnisses von der Arbeitsleistung freigestellt wird. Dann stellt sich die Frage, ob diese Klausel wirksam ist.

Das Bundesarbeitsgericht hält die Vereinbarung für zulässig (BAG 21.3.2012 – 5 AZR 651/10). Das hat zur Folge, dass der Arbeitnehmer den Pkw dann zurückzugeben hat. Die Ausübung des vertraglichen **Rückforderungsrechts** durch den Arbeitgeber steht allerdings im Einzelfall gemäß § 315 BGB unter der Bedingung, dass es in billiger Weise ausgeübt wird, denn die Erklärung des Widerrufs der Nutzung des Dienstwagens stellt eine Bestimmung der Leistung durch den Arbeitgeber nach § 315 Abs. 1 BGB dar. Der Widerruf muss daher im konkreten Fall dem billigen Ermessen entsprechen. Wie sich das »**billige Ermessen**« allerdings konkret beurteilt, kann zumeist eine schwierige Frage werden.

Die Gesamtbewertung der Interessen von Arbeitgeber und Arbeitnehmer kann dazu führen, dass der Arbeitgeber einen Dienstwagen nur unter Einräumung einer sog. **Auslauffrist** zurückfordern darf. Weil der Arbeitnehmer die private Nutzungsmöglichkeit eines Dienstwagens versteuern muss, kann es darauf hinauslaufen, dass der Arbeitnehmer den Pkw noch einige Zeit – trotz der Kündigung und der Freistellung von der Arbeitspflicht – nutzen können muss. Wenn der Arbeitgeber der Pflicht, dem Arbeitnehmer die Nutzung des Dienstwagens zu Privatzwecken weiter zu ermöglichen, nicht nachkommen sollte, dann wird die Leistung wegen Zeitablaufs unmöglich.

Der Arbeitnehmer kann dann nach § 280 Abs. 1 Satz 1 und § 283 Satz 1 BGB (= Vertragspflichtverletzung im Arbeitsverhältnis) einen Anspruch auf Ersatz des dadurch verursachten Schadens haben. Wenn sich der Arbeitgeber schadensersatzpflichtig gemacht haben sollte, gilt folgende Schadensberechnung: Nutzungsausfallentschädigung auf der Grundlage der steuerlichen Bewertung der privaten Nutzungsmöglichkeit mit monatlich 1 % des Listenpreises des Kraftfahrzeugs im Zeitpunkt der Erstzulassung.

3. Urlaubsdauer

Die Urlaubsregelung entspricht in Bezug auf die festgelegten Tage der betrieblichen Praxis im tariffreien Bereich. Allerdings ist die Klausel hinsichtlich der 1/12-Regelung unwirksam, da diese in Teilbereichen gegen zwingendes Gesetzesrecht verstößt.

Der gesetzliche **Mindesturlaubsanspruch** beträgt nach dem Bundesurlaubsgesetz (BUrlG) 24 Werktage, was bei der Fünf-Tage-Woche 20 Arbeitstagen entspricht. Die im Arbeitsvertrag vorgenommene Regelung soll allerdings in allen Fällen der Beendigung des Arbeitsverhältnisses während eines Jahres dazu führen, dass lediglich der entsprechend der Dauer der vollen Monate gegebene gesamte Urlaub bestehen soll.

Für den Fall einer Kündigung in der ersten Jahreshälfte ist die Regelung unproblematisch zulässig. Der Arbeitnehmer hat dann den entsprechenden 1/12-Anteil des Jahresurlaubs. Unzulässig ist die Regelung allerdings, wenn entweder zum 31.7. des Jahres oder zum 31.8. gekündigt wird, weil bei einer Beendigung des Arbeitsverhältnisses in der zweiten Jahreshälfte immer ein Urlaubsanspruch von 20 Arbeitstagen bei einer Fünf-Tage-Woche bestehen muss.

Nach der vertraglichen Regelung würde zum 31.7. des Jahres lediglich folgender Anspruch bestehen: 26 Tage: 12 Monate × 7 volle Monate = 15,17 Tage, also 15 Urlaubstage.

Bei Beendigung zum 31.8. des Jahres berechnet sich nach der Klausel der Anspruch folgendermaßen: 26 Tage: 12 Monate × 8 volle Monate = 17,24 Tage, also 17 Tage.

Erst bei Beendigung zum 30.9. des Jahres würde der Urlaubsanspruch nach der Klausel dem gesetzlichen Mindestanspruch entsprechen: 26 Tage: 12 Monate × 9 volle Monate = 19,5 Tage, die auf 20 aufzurunden sind.

Dies zeigt, dass die Klausel in Bezug auf den Urlaub zumindest insoweit nicht der gesetzlichen Rechtslage entspricht.

4. Kündigung

Die Regelung entspricht der gesetzlichen Vorgabe. Die Kündigungsfrist in der Probezeit kann nach § 622 Abs. 3 BGB auf zwei Wochen herabgesetzt werden.

> **Praxishinweis:**
> Nicht in allen Arbeitsverträgen ist die Probezeitkündigungsfrist so klar geregelt wie im Beispielsfall. Problematisch wird es immer dann, wenn die allgemeinen Kündigungsfristen im Arbeitsvertrag an anderer Stelle geregelt sind wie die Probezeitkündigungsfrist und die Vereinbarung einer Probezeit. Wenn in einem vom Arbeitgeber vorformulierten Arbeitsvertrag in einer Klausel eine Probezeit und in einer anderen Klausel eine Kündigungsfrist festgelegt wird, ohne dass unmissverständlich und klar erkennbar deutlich wird, dass diese ausdrücklich genannte Frist erst nach dem Ende der Probezeit gelten soll, dann ist dies von einem »durchschnittlichen« Arbeitnehmer regelmäßig dahin zu verstehen, dass der Arbeitgeber schon von Beginn des Arbeitsverhältnisses an nur mit dieser Kündigungsfrist, nicht aber mit der zweiwöchigen Probezeitkündigungsfrist des § 622 Abs. 3 BGB (oder ggf. einer kürzeren Probezeitkündigungsfrist nach einer tarifrechtlichen Regelung) kündigen kann (BAG 23.3.2017 – 6 AZR 705/15). Allgemeine Geschäftsbedingungen sind nach dem Inhalt und dem üblichen Sinn so auszulegen, wie sie von einem »durchschnittlichen« nicht

rechtskundigen Arbeitnehmer verstanden werden können. Ein solcher Arbeitnehmer kann allein der Vereinbarung einer Probezeit in einem vom Arbeitgeber vorformulierten Arbeitsvertrag nicht klar und ohne Zweifel entnehmen, dass in der Probezeit die zweiwöchige Kündigungsfrist des § 622 Abs. 3 BGB gelten soll, wenn in einer anderen Klausel des Arbeitsvertrags unter der Überschrift »Beendigung des Arbeitsverhältnisses« eine längere Kündigungsfrist festgelegt ist, aus der allerdings nicht ersichtlich wird, dass diese Kündigungsfristenregelung erst nach Ablauf der Probezeit gelten soll. Dies führt dann immer dazu, dass die Verkürzung der Kündigungsfrist in der Probezeit nicht wirksam vereinbart wurde.

5. Schadensersatzpflicht

Erhebliche Bedenken bestehen gegen die Wirksamkeit der Regelung einer Schadensersatzpflicht im Falle des Vertragsbruchs des Arbeitnehmers. Die Klausel entspricht nicht den Grundsätzen, die vom Bundesarbeitsgericht in Bezug auf die Zulässigkeit einer derartigen Regelung entwickelt wurden.

Zur Absicherung eines Schadensersatzanspruchs bei Nichtantritt der Arbeit und Nichteinhaltung der Kündigungsfrist kann nach allgemeiner Ansicht durchaus eine **Vertragsstrafe** vereinbart werden, bei deren Verwirkung der konkrete Schaden vom Arbeitgeber nicht nachgewiesen werden muss. Eine solche Vereinbarung ist zulässig, wenn sie dem Bestimmtheitsgrundsatz genügt und keine unangemessen hohe Strafe vereinbart wird (BAG 5. 2. 1986 – 5 AZR 564/84).

Für die Bestimmung der angemessenen Höhe der Vertragsstrafe lassen sich keine einheitlichen Kriterien aufstellen; es sind alle Umstände des Einzelfalls zu berücksichtigen. Allgemein wird vertreten, dass bei einer unberechtigten sofortigen Vertragslösung des Arbeitsverhältnisses durch den Arbeitnehmer die Vertragsstrafe das für die Kündigungsfrist des Arbeitnehmers zu zahlende Gehalt in der Regel nicht übersteigen darf.

Auf die formularmäßige Vereinbarung von Vertragsstrafen in Arbeitsverträgen sind die §§ 305 bis 309 BGB anwendbar. Allerdings müssen nach § 310 Abs. 4 Satz 2, Halbsatz 1 BGB die im Arbeitsrecht geltenden Besonderheiten angemessen berücksichtigt werden. Der Ausschluss der Vollstreckbarkeit der Arbeitsleistung nach § 888 Abs. 2 ZPO (= niemand kann durch Zwangsmaßnahmen zur Erbringung der Arbeitsleistung gezwungen werden) ist eine **im Arbeitsrecht geltende Besonderheit**. Dies bedeutet, dass dem Arbeitgeber kein Mittel zur Seite steht, zu erzwingen, dass der Arbeitnehmer tatsächlich arbeitet. Vereinbarungen in Formulararbeitsverträgen von Vertragsstrafen sind daher nicht aufgrund des Klauselverbots nach § 309 Nr. 6 BGB generell unzulässig, die Unwirksamkeit

derartiger Abreden kann sich allerdings im Einzelfall – so wie hier – aus § 307 BGB ergeben (BAG 4.3.2004 – 8 AZR 196/03).
Nach § 307 Abs. 1 Satz 1 BGB sind Bestimmungen in Allgemeinen Geschäftsbedingungen unwirksam, wenn sie den Vertragspartner (hier den Arbeitnehmer) entgegen Treu und Glauben unangemessen benachteiligen. **Unangemessen** ist hierbei jede Beeinträchtigung eines rechtlich anerkannten Interesses des Arbeitnehmers, die nicht durch begründete und billigenswerte Interessen des Arbeitgebers gerechtfertigt ist oder durch gleichwertige Vorteile ausgeglichen wird.
Während der Probezeitkündigungsfrist, die für beide Seiten gilt, kann das Arbeitsverhältnis mit einer Frist von zwei Wochen gelöst werden. In dieser Zeit darf bei einem Vertragsbruch keine pauschale Vertragsstrafe von einem Monatslohn angesetzt werden. Die Klausel ist daher unwirksam, weil in den ersten sechs Monaten die Vertragsstrafe eindeutig zu hoch ist (BAG 23.9.2010 – 8 AZR 897/08).
Richtigerweise muss die Klausel wie folgt formuliert werden: »Tritt der Arbeiter/Angestellte das Arbeitsverhältnis nicht an, löst er sein Anstellungsverhältnis vertragsbrüchig auf oder wird der Arbeitgeber durch schuldhaft vertragswidriges Verhalten des Angestellten zur außerordentlichen Lösung des Arbeitsverhältnisses veranlasst, hat der Angestellte an den Arbeitgeber eine Vertragsstrafe während des Laufs der Probezeit (maximal sechs Monate) in Höhe des Nettoverdienstes/Bruttoverdienstes von zwei Wochen und nach diesem Zeitpunkt eine Vertragsstrafe in Höhe eines Nettomonatslohns/Bruttomonatslohns zu zahlen. Ein weiter gehender Schadensersatzanspruch des Arbeitgebers bleibt hiervon unberührt.«
Wenn die Vertragsstrafe im Formulararbeitsvertrag zu hoch ist, kommt eine geltungserhaltende Reduktion (= Herabsetzung auf das zulässige Maß) nicht in Betracht. Fernerhin ist zu beachten, dass die Pflichtverletzung des Arbeitnehmers, welche den Schadensersatz begründen soll, so klar und eindeutig bezeichnet sein muss, dass sich der Arbeitnehmer darauf einstellen kann. Es genügt nicht, wenn pauschal ein »schuldhaftes vertragswidriges Verhalten des Arbeitnehmers« genannt ist, welches den Arbeitgeber zur fristlosen Kündigung veranlasst haben soll (BAG 21.4.2005 – 8 AZR 425/04).

Zulässigkeit von Vertragsstrafenregelungen in Formulararbeitsverträgen

Mit Vertragsstrafenregelungen bezwecken Arbeitgeber, den Arbeitnehmer zu vertragskonformen Verhalten anzuhalten, insbesondere unberechtigte fristlose Eigenkündigungen auszuschließen und dafür zu sorgen, dass der Arbeitnehmer nicht ohne Kündigung das Arbeitsverhältnis sozusagen von heute auf morgen beendet. Für Vertragsstrafenregelungen könnte man die Anwendbarkeit der Bestimmung des § 309 Nr. 6 BGB in Erwägung ziehen. Nach § 310 Abs. 4 Satz 2 Halbsatz 1 BGB sind allerdings bei der Anwendung auf Arbeitsverträge **die im Arbeitsrecht geltenden Besonderheiten** angemessen zu berücksichtigen. Dies führt dazu, dass § 309 Nr. 6 BGB auf arbeitsvertragliche Vertragsstrafabreden nicht anwendbar ist und sich eine Unwirksamkeit der Vertragsstrafenvereinbarung nur aus § 307 BGB ergeben kann, wobei hier allerdings zum Schutz des Arbeitnehmers ein strenger Maßstab anzulegen ist. Zulässig sind nur Klauseln, die auf die Länge der vom Arbeitnehmer einzuhaltenden Eigenkündigungsfrist – in der Probezeit möglicherweise zwei Wochen oder eine tarifliche Regelung – und sodann vier Wochen zum Monatsende oder zum 15. eines Monats abstellen und die durch die Vertragspflichtverletzung entstandenen Schäden pauschalieren, und zwar (maximal) in Höhe der Bruttovergütung der maßgeblichen Kündigungsfrist.

Eine unangemessene Benachteiligung gemäß § 307 Abs. 1 Satz 1 BGB kann sich hier auch aus der **Höhe der Vertragsstrafe** ergeben. Wird die Vertragsstrafe verwirkt, wenn der Mitarbeiter das Arbeitsverhältnis außerordentlich kündigt, ohne dass ein wichtiger Grund im Sinne von § 626 Abs. 1 BGB vorliegt, sind die Kündigungsfristen, die im Fall einer fristgemäßen Kündigung einzuhalten sind und die für diesen Zeitraum zu zahlende Vergütung die maßgeblichen Abwägungsgesichtspunkte zur Feststellung der Angemessenheit der Höhe der Vertragsstrafe (BAG 17. 3. 2016 – 8 AZR 665/14). Eine Vertragsstrafe, die höher ist als die Arbeitsvergütung, die für die Zeit zwischen der vorzeitigen tatsächlichen Beendigung des Arbeitsverhältnisses und dem Ablauf der maßgeblichen Kündigungsfrist an den Arbeitnehmer zu zahlen gewesen wäre, ist deshalb regelmäßig nicht angemessen.

6. Fortbildungskosten/Ausbildungskosten

Diese Klausel ist unwirksam; sie stellt keine zulässige Vereinbarung zur Rückzahlung von Ausbildungskosten dar. Die Vereinbarung in einem Formulararbeitsvertrag, nach der ein Arbeitnehmer vom Arbeitgeber übernommene Ausbildungskosten in jedem Fall anteilig zurückzuzahlen hat, wenn das Arbeitsverhältnis vor Ablauf einer bestimmten Frist endet, ist zu weit gefasst. Sie ist unwirksam, weil die Rückzahlungspflicht ohne Rücksicht auf den Beendigungsgrund gelten soll (BAG 11. 4. 2006 – 9 AZR 610/05).

Eine solche Rückzahlungsklausel hält einer Inhaltskontrolle nach § 307 BGB nicht stand. Sie benachteiligt den Arbeitnehmer unangemessen, weil sie die Rückzahlungsverpflichtung auch dann auslösen würde, wenn der

Grund für die Beendigung des Arbeitsverhältnisses allein in die Verantwortungs- oder Risikosphäre des Arbeitgebers fällt.
Eine geltungserhaltende Reduktion oder eine ergänzende Vertragsauslegung dieser zu weit gefassten Klausel ist nicht möglich. Das bedeutet, dass die Klausel nicht auf die Fälle beschränkt werden kann, in denen der Beendigungsgrund in die Verantwortungs- oder Risikosphäre des Arbeitnehmers fällt. Die Klausel im Beispielsfall ist nicht nur wenig professionell formuliert, sie beinhaltet auch eine ganz erhebliche Unklarheit: Sollen alle Kündigungen zur Rückzahlung nach dem 1/12-Prinzip führen oder nur arbeitnehmerseitige Kündigungen? Die Klausel ist daher eindeutig unwirksam.

Bei Rückzahlungsklauseln, welche die Fortbildungskosten betreffen, ist fernerhin zu beachten, dass der Arbeitgeber nicht die Rückzahlungspflicht auf alle Fälle des Ausscheidens aus dem Arbeitsverhältnis erstrecken kann; auch insofern hat die Rechtsprechung erhebliche Einschränkungen des Rückzahlungsanspruchs zugunsten des Arbeitnehmers vorgenommen (BAG 28. 5. 2013 – 3 AZR 103/12).

Wichtig: Es ist daher nicht zulässig, wenn der Arbeitgeber die Rückzahlungspflicht nur an das Ausscheiden aufgrund einer Eigenkündigung des Arbeitnehmers innerhalb der vereinbarten Bindungsfrist knüpft. Hier muss nach dem Grund des vorzeitigen Ausscheidens unterschieden werden. Eine Rückzahlungsklausel ist immer nur dann eine ausgewogene Gesamtregelung, wenn es der Arbeitnehmer in der Hand hat, durch eigene Betriebstreue der Rückzahlungsverpflichtung zu entgehen. Verluste aufgrund von Investitionen, die nachträglich wertlos werden, hat grundsätzlich der Arbeitgeber zu tragen. Dazu gehören in diesem Zusammenhang auch die Ausbildungskosten.

Müsste der Arbeitnehmer die in die Aus- und Weiterbildung investierten Betriebsausgaben auch dann erstatten, wenn die Gründe für die vorzeitige Beendigung des Arbeitsverhältnisses ausschließlich dem Verantwortungs- und Risikobereich des Arbeitgebers zuzurechnen sind (wichtigster Fall: der Arbeitsplatz fällt betriebsbedingt weg), würde er mit den Kosten einer fehlgeschlagenen Investition des Arbeitgebers belastet. Sieht eine vertragliche Klausel in einem Formulararbeitsvertrag auch für diesen Fall eine **Rückzahlungspflicht** vor, berücksichtigt diese entgegen § 307 Abs. 1 BGB nicht die Interessen beider Vertragspartner, sondern nur diejenigen des Arbeitgebers. Dadurch wird der Arbeitnehmer unangemessen benachteiligt (BAG 13. 12. 2011 – 3 AZR 791/09).

Praxishinweis zu den Fortbildungskosten:
Die Rechtsprechung geht bei derartigen Fällen von folgenden Grundsätzen aus (BAG 14.1.2009 – 3 AZR 900/07): Es ist zulässig, in vom Arbeitgeber gestellten Allgemeinen Geschäftsbedingungen die Rückzahlung von Fortbildungskosten zu vereinbaren und die Höhe des Rückzahlungsbetrags davon abhängig zu machen, ob der Arbeitnehmer das Arbeitsverhältnis innerhalb einer bestimmten Bindungsdauer beendet. Die Bindungsdauer darf den Arbeitnehmer allerdings nicht entgegen dem Gebot von Treu und Glauben benachteiligen. Ob dies der Fall ist, bestimmt sich nach Regelwerten, die allerdings einzelfallbezogenen Abweichungen zugänglich sind. Gibt der Arbeitgeber eine zu lange Bindungsdauer vor, ist die daran geknüpfte Rückzahlungsklausel grundsätzlich insgesamt unwirksam. Ein Rückzahlungsanspruch besteht dann nicht.
Jedoch kann ausnahmsweise im Wege der **ergänzenden Vertragsauslegung** die unzulässige Bindungsdauer auf eine zulässige zurückgeführt werden, wenn es wegen der einzelfallbezogenen Betrachtung für den Arbeitgeber objektiv schwierig war, die zulässige Bindungsdauer im konkreten Fall zu bestimmen. Verwirklicht sich dieses Prognoserisiko, ist die Bindungsdauer durch ergänzende Vertragsauslegung zu bestimmen. Dies gilt dann, wenn es um einen Genzbereichsfall der zulässigen Dauer der Rückzahlungspflicht geht (Beipiel bei erheblichen Fortbildungskosten und längeren Fortbildungsmaßnahmen: 24 Monate oder 36 Monate Dauer der Rückzahlungszeit zulässig?)

7. Regelaltersgrenzen

Eine Altersgrenze in einem vom Arbeitgeber vorformulierten Arbeitsvertrag, nach der das Arbeitsverhältnis mit der Vollendung des 65. Lebensjahres des Arbeitnehmers enden soll, ist nach der derzeitigen Rechtslage in Bezug auf den Eintritt in das Rentenalter als problematisch anzusehen. Nach der Anhebung des Regelrentenalters wird eine solche Vereinbarung regelmäßig dahin ausgelegt, dass das Arbeitsverhältnis erst mit der Vollendung des für den Bezug einer Regelaltersrente maßgeblichen Lebensalters enden soll (BAG 9.12.2015 – 7 AZR 68/14). Die Vereinbarung des Regelrentenalters ist zumeist sachlich gerechtfertigt, wenn der Arbeitnehmer durch den Bezug einer Rente aus der gesetzlichen Rentenversicherung abgesichert ist. Durch eine einzelvertragliche Altersgrenze wird der Arbeitnehmer nicht wegen des Alters diskriminiert.
Die Rechtfertigung dieser Befristungsabrede ist grundsätzlich nach der im Zeitpunkt des Vertragsschlusses geltenden Rechtslage zu beurteilen. Vor Inkrafttreten des TzBfG hatte das Bundesarbeitsgericht entschieden, dass einzelvertragliche oder kollektivrechtliche, auf das Erreichen des 65. Lebensjahres bezogene Altersgrenzen wirksam sind (BAG 14.8.2002 –

Fragen zur Begründung des Arbeitsverhältnisses

7 AZR 469/01). Endet das Arbeitsverhältnis durch die vereinbarte Altersgrenze, dann verliert der Arbeitnehmer auch den Anspruch auf die Arbeitsvergütung; dieses Ergebnis ist nur zu rechtfertigen, wenn an die Stelle der Arbeitsvergütung der dauerhafte Bezug von Leistungen aus einer Altersversorgung tritt.

Die Anbindung an eine rentenrechtliche Versorgung bei Ausscheiden durch eine Altersgrenze ist damit Bestandteil des Sachgrunds. Die Wirksamkeit der Befristung ist allerdings nicht von der konkreten wirtschaftlichen Absicherung des Arbeitnehmers bei Erreichen der Altersgrenze abhängig. Nach diesen Grundsätzen ist die Altersgrenzenregelung grundsätzlich sachlich gerechtfertigt – sie ist regelmäßig so auszulegen, dass mit ihr gemeint ist der Zeitpunkt, zu dem der Arbeitnehmer die Regelaltersrente erhält.

Angabe der konkreten Höhe der möglichen Rückzahlungskosten erforderlich?

Eine Klausel über die Erstattung von Ausbildungskosten genügt dem **Transparenzgebot** in § 307 Abs. 1 Satz 2 BGB nur dann, wenn die entstehenden Kosten dem Grunde und der Höhe nach im Rahmen des Möglichen und Zumutbaren angegeben sind. Ist eine Vertragsklausel über die Rückzahlung von Fortbildungskosten wegen eines Verstoßes gegen das Transparenzgebot in § 307 Abs. 1 Satz 2 BGB unwirksam, hat der Verwender der Klausel regelmäßig keinen Anspruch auf Erstattung der Fortbildungskosten nach §§ 812 ff. BGB (= ungerechtfertigte Bereicherung).

Eine Rückzahlungsklausel für Weiterbildungskosten entspricht dann dem Transparenzgebot, wenn sie die Voraussetzungen und Rechtsfolgen so genau beschreibt, dass für den Arbeitgeber als Verwender keine ungerechtfertigten Beurteilungsspielräume entstehen und der Arbeitnehmer diese Regelung auch verstehen kann (BAG 6.8.2013 – 9 AZR 442/12). Hier dürfen die Anforderungen allerdings nicht überspannt werden, ansonsten würden solche Regelungen kaum mehr verständlich sein. Eine Rückzahlungsklausel muss zumindest Art und Berechnungsgrundlagen der zu erstattenden Kosten angeben, sonst kann der Arbeitnehmer sein Rückzahlungsrisiko nicht ausreichend abschätzen. Eine präzise Angabe in einem €-Betrag ist daher nicht immer notwendig.

> **Anders ausgedrückt:**
> Der Arbeitnehmer muss dazu in der Lage ein, aufgrund der angegebenen Kriterien **selbst zu berechnen**, was im Falle der **Rückzahlung** auf ihn zukommt.

Der Arbeitgeber ist daher nicht verpflichtet, die Kosten der Ausbildung bei Abschluss der Rückzahlungsvereinbarung exakt der Höhe nach zu beziffern – dies wäre in vielen Fällen auch gar nicht möglich. Von Bedeutung ist hier die Situation, bei der nicht klar ist, wie lange tatsächlich die Ausbildung dauern wird. Die Angaben müssen jedoch derart gestaltet sein, dass der Arbeitnehmer tatsächlich sein Rückzahlungsrisiko abschätzen kann, er also weiß, was auf ihn im Rahmen einer vorzeitigen Kündigung zukommt.

Ohne eine genaue und abschließende Bezeichnung der einzelnen Positionen (etwa Lehrgangsgebühren, Fahrt-, Unterbringungs- und Verpflegungskosten), aus denen sich die mögliche Rückzahlungsforderung zusammensetzt und der Angabe, wie die einzelnen Positionen berechnet werden (z. B. Kilometerpauschale für Fahrtkosten, Tagessätze für Übernachtungs- und Verpflegungskosten), bleibt es für den Arbeitnehmer zumeist unklar, in welcher Größenordnung eine Rückzahlungsverpflichtung auf ihn zukommen kann, wenn er die Ausbildung abbricht und das Arbeitsverhältnis beendet.

Nach § 307 Abs. 1 Satz 1 BGB ist eine formularmäßige Vertragsbestimmung immer dann unangemessen, wenn der Arbeitgeber durch einseitige Vertragsgestaltung missbräuchlich eigene Interessen auf Kosten des Arbeitnehmers durchzusetzen versucht, ohne von vornherein auch dessen Belange hinreichend zu berücksichtigen und ihm einen angemessenen Ausgleich zu gewähren (BAG 21.8.2012 – 3 AZR 698/10). Unterscheidet eine vom Arbeitgeber vorformulierte Regelung in einem Fortbildungsvertrag nicht danach, ob der Grund für die Beendigung des Arbeitsverhältnisses der Sphäre des Arbeitgebers oder der des Arbeitnehmers entstammt, soll sie also auch eingreifen, wenn die Kündigung des Arbeitnehmers durch den Arbeitgeber (mit)veranlasst wurde (wie auch immer man dies in der Praxis abgrenzen sollte), wird der Arbeitnehmer regelmäßig unangemessen benachteiligt und die Klausel ist unwirksam (BAG 18.3.2014 – 9 AZR 545/12).

Die Vorteile der Ausbildung und die Dauer der Bindung müssen in einem angemessenen Verhältnis zueinander stehen. Wollte oder konnte der Arbeitgeber die durch die Fortbildung erlangte weitere Qualifikation des Arbeitnehmers nicht nutzen, dann kann der »Bleibedruck«, den die Dauer der Rückzahlungsverpflichtung auf den Arbeitnehmer ausübt und durch den er in seiner durch Art. 12 GG geschützten Kündigungsfreiheit betroffen wird, nicht gegen ein Interesse des Arbeitgebers an einer möglichst weitgehenden Nutzung der erworbenen Qualifikation des Arbeitnehmers abgewogen werden.

> **Zusammenfassung:**
> Bei Überstundenregelungen und der sonstigen Vertragsgestaltung in Allgemeinen Geschäftsbedingungen ist stets darauf zu achten, dass klar zum Ausdruck kommen muss, wie viele Überstunden mit dem Gehalt abgegolten sein sollen. Sonst weiß der Arbeitnehmer nicht, was auf ihn zukommt. Je überdurchschnittlicher das Gehalt ist, desto mehr Überstunden können vom Gehalt mit erfasst sein. Bei der Überlassung eines Dienst-Pkws muss in Formulararbeitsverträgen darauf geachtet werden, dass bei betrieblich veranlassten Fahrten der Arbeitnehmer nicht bei Schäden haftet, die mit leichtester Fahrlässigkeit verursacht wurden. Bei privat veranlassten Fahrten kann die Haftung für alle fahrlässig verursachten Schäden geregelt werden. Urlaubsrechtliche Regelungen in Formularverträgen kollidieren oftmals – so wie im Fall – mit dem gesetzlichen Mindesturlaubsanspruch, wenn das Arbeitsverhältnis in der zweiten Jahreshälfte gelöst wird, Folge ist auch hier die Unwirksamkeit der Klausel. Vertragsstrafenregelungen, die dem Arbeitnehmer bei einem Vertragsbruch mehr an Schadensersatz auferlegen sollen, als die Vergütung der Länge der einzuhaltenden Kündigungsfrist beträgt, sind unwirksam.

Unzulässigkeit von überraschenden Klauseln

Überraschende Klauseln werden weder in Einzelarbeitsverträgen noch in Musterarbeitsverträgen Bestandteil des Arbeitsvertrags (BAG 29.11.1995 – 5 AZR 447/94). Eine vertragliche Ausschlussfrist wird beispielsweise dann nicht Vertragsinhalt, wenn der Arbeitgeber sie ohne besonderen Hinweis und ohne drucktechnische Hervorhebung unter falscher oder missverständlicher Überschrift einordnet.

Die Rechtsprechung hat dies entschieden für den Fall, dass sich eine vertraglich vereinbarte Ausschlussfrist unter der Überschrift »Lohnabrechnung und Zahlung« findet; die Ansprüche sollten verwirken, wenn bei Ausscheiden oder Unrichtigkeiten in der Abrechnung alle Ansprüche aus dem Arbeitsverhältnis nicht innerhalb von vier Wochen nach Zustellung der Abrechnung geltend gemacht werden. Eine derartige Regelung muss unter dieser Überschrift als überraschend und auch als missverständlich angesehen werden. Abgesehen davon ist die Länge der Frist zur Geltendmachung der Einwendungen auch eindeutig zu knapp.

Praxishinweis: Formulararbeitsverträge und individuell ausgehandelte Arbeitsverträge
Die dargestellten Grundsätze der Kontrolle von Formulararbeitsverträgen werden dann nicht angewendet, wenn es sich beim Arbeitsvertrag um einen individuell ausgehandelten Vertrag handeln sollte. Dies kann aber nur dann angenommen werden, wenn der Arbeitgeber den Inhalt des Arbeitsvertrags in ernsthafter Weise zur verhandlungsmäßigen Disposition stellt, er also bereit ist, den Arbeitsvertrag inhaltlich abzuändern.
Ausgehandelt im Sinne von § 305 Abs. 1 Satz 3 BGB ist eine Vertragsbedingung lediglich dann, wenn der Verwender die betreffende Klausel inhaltlich ernsthaft zur Disposition stellt und dem Verhandlungspartner Gestaltungsfreiheit zur Wahrung eigener Interessen einräumt. Es muss die reale Möglichkeit bestehen, die inhaltliche Ausgestaltung der Vertragsbedingungen zu beeinflussen. Dies setzt voraus, dass sich der Verwender deutlich und ernsthaft zu gewünschten Änderungen der zu treffenden Vereinbarung bereit erklärt (BAG 15.9.2009 – 3 AZR 173/08; BGH 19.5.2005 – III ZR 437/04).

AGB-Kontrolle bei Arbeitsverträgen, wenn die Beschäftigten die deutsche Sprache nicht oder nicht hinreichend beherrschen

In diesem Bereich treten naturgemäß in der Praxis immer wieder Schwierigkeiten auf. Die Unterzeichnung eines in deutscher Sprache abgefassten schriftlichen Arbeitsvertrags darf der Arbeitgeber – darüber besteht kein Zweifel – auch dann als Annahmeerklärung des Beschäftigten verstehen, wenn der Arbeitnehmer die deutsche Sprache nicht oder nicht ausreichend **versteht**. Mit dem Einwand, den Vertrag »nicht recht verstanden zu haben«, kann daher später vom Arbeitnehmer gegen den Inhalt des Arbeitsvertrags nicht vorgegangen werden (BAG 19.3.2014 – 5 AZR 252/12). Dem Zugang eines Vertragsangebots steht daher nicht entgegen, dass der Arbeitnehmer der deutschen Sprache nicht oder zum Verstehen des Vertrags nicht hinreichend kundig ist. Dies ist ein individueller, allein in der Person des Arbeitnehmers liegender und damit unbeachtlicher Umstand. § 305 Abs. 2 BGB findet bei der Kontrolle vorformulierter Vertragsbedingungen im Arbeitsrecht keine Anwendung. Eine analoge Anwendung der Regelung scheidet aufgrund der klaren gesetzgeberischen Entscheidung aus. Der Umstand, dass die arbeitsvertraglichen Klauseln in deutscher Sprache verfasst sind, begründet selbstverständlich auch keinen Überrumpelungseffekt.
Allgemeine Geschäftsbedingungen und auch vorformulierte Arbeitsverträge sind daher grundsätzlich nicht schon deshalb intransparent, weil sie nicht in der Muttersprache des Arbeitnehmers gefasst sind, wenn sie klar und verständlich formuliert sind. Das **Sprachrisiko** trägt immer derje-

nige, der sich auf einen Vertrag in fremder Sprache einlässt. Der aufmerksame und sorgfältige Teilnehmer am Wirtschaftsverkehr, der einen Vertrag in einer ihm unbekannten Sprache schließt, wird das damit übernommene Risiko selbst beseitigen, indem er sich den Inhalt des Vertrags übersetzen lässt. Diese Grundsätze gelten für das gesamte Zivilrecht und daher auch im Arbeitsrecht.

5. Inwieweit sind Freiwilligkeits- und Widerrufsvorbehalte in Formulararbeitsverträgen zulässig?

Fall:
Eine Arbeitnehmerin hat vor drei Jahren einen Formulararbeitsvertrag abgeschlossen, der u. a. folgende Klauseln enthält:
Vergütung und 13. Monatsgehalt
Für die Tätigkeit erhält die Mitarbeiterin während der Probezeit ein Bruttogehalt von monatlich 2 900,00 € einschließlich der Arbeitnehmeranteile zur Sozialversicherung. Nach der Probezeit beträgt das Bruttogehalt monatlich 3 100,00 € einschließlich der Arbeitnehmeranteile zur Sozialversicherung.
Die Zahlung eines 13. Gehalts ist eine freiwillige Leistung der Firma, die anteilig als Urlaubs- und Weihnachtsgeld gewährt werden kann.
…

Darum geht es:
Ist diese Klausel wirksam? Wann ist eine Leistung eine freiwillige Leistung des Arbeitgebers?

Antwort

Mit dieser Klausel will der Arbeitgeber erreichen, dass das 13. Monatsgehalt eine freiwillige Leistung sein sollte, die anteilig als Urlaubs- und Weihnachtsgeld gezahlt werden kann. Es stellt sich die Frage, wie die Klausel zu verstehen ist: Kann der Arbeitgeber über die Zahlung des 13. Monatsgehalts Jahr für Jahr frei entscheiden oder muss er die Leistung erbringen?

Im Beispiel ist der Freiwilligkeitsvorbehalt allerdings nicht als wirksam anzusehen.

Allgemeine Vertragsbedingungen in Formulararbeitsverträgen sind nach ihrem objektiven Inhalt und typischen Sinn einheitlich so auszulegen, wie sie von verständigen und redlichen Vertragspartnern unter Abwägung der Interessen der normalerweise beteiligten Verkehrskreise verstanden werden, wobei die Verständnismöglichkeiten des »durchschnittlichen« Vertragspartners des Arbeitgebers zugrunde zu legen sind.

Ansatzpunkt ist in erster Linie der **Vertragswortlaut**. Wenn dieser nicht eindeutig sein sollte, kommt es für die **Auslegung** entscheidend darauf an, wie der Vertragstext aus Sicht der typischerweise an Geschäften dieser Art Beteiligten zu verstehen ist. Hierbei ist der Vertragswille verständiger und redlicher Vertragspartner zu beachten.

Die Auslegung des Vertrags lässt mehrere Ergebnisse zu. Denkbar ist, dass unmittelbar ein vertraglicher Anspruch auf ein 13. Gehalt begründet worden ist. Die Regelung kann nämlich wie folgt verstanden werden: »*Es wird ein 13. Gehalt als freiwillige Leistung der Firma gezahlt, wobei die Leistung anteilig als Urlaubs- und Weihnachtsgeld gewährt werden kann.*«

Nach dem **Wortlaut** wird die Zahlung eines 13. Gehalts bestimmt, ohne dass sich der Arbeitgeber die jeweilige Entscheidung über die Zahlung vorbehalten hat – also sinngemäß: »... es wird ein 13. Gehalt gezahlt ...«. Ein Vorbehalt besteht ausdrücklich nur insoweit, als dieses 13. Gehalt anteilig als ein Urlaubs- und Weihnachtsgeld gewährt werden kann. Daraus mag für den durchschnittlichen Vertragspartner folgen, dass sich der Arbeitgeber die Entscheidung über die Aufteilung, nicht aber über das »Ob« einer Zuwendung vorbehalten hat. Auch deren Höhe ist mit der Bezeichnung »13. Gehalt« eindeutig bestimmbar (BAG 17.4.2013 – 10 AZR 281/12).

Unerheblich ist, dass die Zahlung eines 13. Gehalts als »freiwillige Leistung« des Arbeitgebers bezeichnet wird. Damit wird lediglich zum Ausdruck gebracht, dass der Arbeitgeber nicht durch Tarifvertrag, Betriebsvereinbarung oder Gesetz zu dieser Leistung verpflichtet ist. Dieser Hinweis des Arbeitgebers genügt für sich genommen nicht, um einen Anspruch auf die Leistung auszuschließen. Der Arbeitgeber muss daher die Leistung des 13. Gehalts erbringen.

Ein arbeitsvertraglicher **Freiwilligkeitsvorbehalt**, der alle künftigen Leistungen unabhängig von ihrer Art und ihrem Entstehungsgrund erfassen soll, benachteiligt den Arbeitnehmer regelmäßig unangemessen im Sinne von § 307 Abs. 1 Satz 1, Abs. 2 Nr. 1 und Nr. 2 BGB und ist deshalb grundsätzlich unwirksam (BAG 14.9.2011 – 10 AZR 526/10). Nach § 307 Abs. 1

Fragen zur Begründung des Arbeitsverhältnisses

Satz 2 BGB kann sich eine unangemessene Benachteiligung auch daraus ergeben, dass die Bestimmung nicht klar und verständlich ist.
Der Verstoß gegen das Gebot der Klarheit der vertraglichen Regelung ist nicht schon dann anzunehmen, wenn der Arbeitnehmer keine oder nur eine erschwerte Möglichkeit hat, die betreffende Regelung zu verstehen. Erst die Gefahr, dass der Arbeitnehmer wegen Passagen im Arbeitsvertrag, die unklar vom Arbeitgeber gestaltet wurden, die ihm zustehenden Rechte nicht wahrnimmt, hat eine unangemessene Benachteiligung zur Folge. Eine solche Situation ist bei der Kombination eines Freiwilligkeitsmit einem Widerrufsvorbehalt regelmäßig gegeben, weil der Arbeitnehmer hier nicht weiß, was denn gelten solle.

> **Zusammenfassung:**
> Die Klausel ist nicht wirksam, weil ein Freiwilligkeitsvorbehalt geregelt wurde, der alle künftig zu erbringenden Leistungen unabhängig vom jeweiligen Entstehungsgrund erfassen soll. Dies ist eine unangemessene Benachteiligung – mit einer derartigen Klausel könnte der Arbeitgeber bei alle künftigen Leistungen unabhängig vom Entstehungsgrund frei entscheiden, ob er sie zahlen will oder nicht.

> **Praxishinweis:**
> In Arbeitsverträgen kommt immer wieder die Regelung vor – bei nicht tariflich geregelten **Sonderzahlungen** –, dass sich der Arbeitgeber die Entscheidungsfreiheit über die **Bemessung der Höhe** der Zahlung vorbehalten will. Zur Zulässigkeit derartiger Regelungen hat das Bundesarbeitsgericht Stellung genommen (BAG 16.1.2013 – 10 AZR 26/12). Eine arbeitsvertragliche Klausel in einem Formulararbeitsvertrag, nach welcher der Arbeitgeber jährlich jeweils neu über die Höhe der Gratifikation entscheidet, verstößt weder gegen das Transparenzgebot noch liegt darin eine unangemessene Benachteiligung. Diese Klauseln sind daher als wirksam anzusehen.

Eine derartige Regelung weicht nicht von der gesetzlichen Rechtslage ab. Vielmehr sieht das Gesetz selbst in bestimmten Situationen einseitige Leistungsbestimmungsrechte vor (§ 315 BGB). Die Gesetzeslage geht davon aus, dass vertragliche Regelungen mit diesem Inhalt einem sachgerechten Bedürfnis des Wirtschaftslebens entsprechen können und nicht von vornherein unangemessen sind.

Die Bestimmung der Höhe der jährlichen Leistung ist – wenn nicht etwas anderes geregeltsein sollte – vom Arbeitgeber nach billigem Ermessen vorzunehmen. Der Arbeitnehmer hat die Möglichkeit, die Entscheidung des Arbeitgebers gerichtlich überprüfen und ggf. durch Urteil treffen zu lassen (bei einem bestehenden Arbeitsverhältnis eine problematische Angelegenheit!). Gegen die mit dem einseitigen Bestimmungsrecht des Arbeitgebers verbundene Gefährdung des Arbeitnehmers hat der Gesetzgeber also durchaus Vorkehrungen getroffen (BAG 29.8.2012 – 10 AZR 385/11).

Die Vertragsbestimmung verstößt auch nicht gegen ungeschriebene Rechtsgrundsätze. Vor allem besteht nicht die Gefahr, dass der Arbeitgeber einerseits die leistungssteuernde Wirkung eines vertraglichen Versprechens für die Zukunft in Anspruch nimmt, andererseits aber die Entscheidung über den Eintritt der Bedingung allein vom eigenen Willen abhängig macht. Die vertragliche Bestimmung setzt keine spezifischen Leistungsanreize für den Arbeitnehmer voraus. Anspruchsvoraussetzung ist meist lediglich der Bestand des Arbeitsverhältnisses an einem bestimmten Tag des Jahres.

Unzulässigkeit eines »doppelten Freiwilligkeitsvorbehalts«

Manche Arbeitgeber versuchen, sich bei zusätzlichen Leistungen im Arbeitsverhältnis, also bei Gratifikations- und/oder sonstigen Sonderzahlungen, dahin gehend »abzusichern«, dass ein doppelter Freiwilligkeitsvorbehalt in die Regelung aufgenommen wird; die Leistung soll hiernach sowohl freiwillig als auch frei widerruflich sein.

Auch dies ist in **Formulararbeitsverträgen** nicht zulässig, denn bei einer Verknüpfung von Freiwilligkeits- und Widerrufsvorbehalt in einem Arbeitsvertrag wird für den Arbeitnehmer nicht hinreichend klar, dass trotz mehrfacher Sonderzahlungen, die ohne weitere Vorbehalte durch den Arbeitgeber erfolgen, ein Rechtsbindungswille für die Zukunft ausgeschlossen bleiben soll (BAG 8.12.2010 – 10 AZR 671/09).

Bei einem arbeitsvertraglichen Freiwilligkeitsvorbehalt entsteht kein Anspruch auf die Leistung. Bei einem Widerrufsvorbehalt hingegen hat der Arbeitnehmer den Anspruch, der Arbeitgeber behält sich allerdings vor, die versprochene Leistung einseitig zu ändern. Dies ist der rechtliche Unterschied zwischen diesen beiden Vorbehalten.

Ob in einer solchen **Kombination** von Freiwilligkeits- und Widerrufsvorbehalt regelmäßig ein zur Unwirksamkeit der gesamten Klausel führender Verstoß gegen das Transparenzgebot des § 307 Abs. 1 Satz 2 BGB liegt, kann in der Praxis zumeist offenbleiben, denn die Kombination von Freiwilligkeits- und Widerrufsvorbehalt führt beim Arbeitnehmer regelmäßig dazu, dass für diesen nicht deutlich wird, dass auch bei mehrfachen (ohne weitere Vorbehalte) erfolgten Zahlungen (etwa einer Weihnachtsgratifikation) ein Rechtsbindungswille für die Zukunft weiterhin ausgeschlossen bleiben soll.

Für den Arbeitnehmer ist es daher nicht klar, ob jegliche künftige Bindung ausgeschlossen sein soll oder lediglich dem Arbeitgeber die Möglichkeit eröffnet werden soll, sich später wieder von der Bindung zu lösen. Ein Widerrufsvorbehalt kann nicht als eine Art »Verstärkung« des Freiwilligkeitsvorbehalts angesehen werden.

Zulässigkeit von Stichtagsregelungen bei Gratifikationen?

Eine Sonderzahlung mit Mischcharakter (= Gratifikation), die auch eine Vergütung für bereits erbrachte Arbeitsleistung darstellt, kann in Formulararbeitsverträgen nicht vom ungekündigten Bestand des Arbeitsverhältnisses zu einem Zeitpunkt außerhalb des Bezugszeitraums der Sonderzahlung abhängig gemacht werden (BAG 18. 1. 2012 – 10 AZR 612/10; BAG 24. 11. 1011 – 2 AZR 429/10).

> **Zusammenfassung:**
> Dies bedeutet: Wenn der Stichtag – bis zu dem die Zahlung bei Beendigung des Arbeitsverhältnisses nicht erfolgen soll oder eine bereits an den Arbeitnehmer geleistete Zahlung von ihm zurückzuzahlen sein sollte – nach dem 31.12. des Jahres liegen sollte, ist die Bestimmung unwirksam.

Die **Stichtagsklausel** steht in derartigen Situationen im Widerspruch zum Grundgedanken des § 611 Abs. 1 BGB, indem sie dem Arbeitnehmer einen bereits erarbeiteten Lohn entzieht. Sie verkürzt außerdem in nicht zu rechtfertigender Weise die Berufsfreiheit des Arbeitnehmers, weil sie die Ausübung seines Kündigungsrechts unzulässig erschweren würde.

Hinweise zu Regelungen von Leistungsbonuszahlungen

Leistungsbonuszahlungen sind in der arbeitsrechtlichen Vertragspraxis meistens so ausgestaltet, dass der Arbeitgeber Jahr für Jahr über den jeweiligen Bonusanspruch zu entscheiden hat. Bei der Berechnung des dem Arbeitnehmer zufließenden Bonus wird zumeist sowohl auf die Ertragslage des Arbeitgebers als auch auf die Leistungen des Arbeitnehmers im jeweiligen Jahr abgestellt. Durch den Abschluss einer jährlichen **Zielvereinbarung** werden die individuellen Leistungsziele, welche der Arbeitnehmer zu erbringen hat, für das jeweilige Jahr konkretisiert. Mitunter werden diese Bonuszahlungen dann auch als »freiwillige Leistungen ohne Rechtsanspruch« bezeichnet. Auch hier stellt sich die Frage nach der Wirksamkeit einer derartigen Regelung.

Bei einem Freiwilligkeitsvorbehalt (Zahlung des Bonus »als freiwillige Leistung ohne Rechtsanspruch«) handelt es sich – wenn die Vereinbarung vom Arbeitgeber vorformuliert wurde – um eine Vertragsbedingung gemäß § 305 Abs. 1 BGB. Der Arbeitgeber will sich mit dieser Vertragsgestaltung ein einseitiges Recht zur Entscheidung über den Bonus vorbehalten. Ist im Arbeitsvertrag geregelt, dass ein Arbeitnehmer einen Leistungsbonus erhalten »kann«, und ist nicht konkret festgelegt, in welcher Höhe und nach welchen Bedingungen ein Bonus gegebenenfalls gezahlt wird, bedarf dies der Ausgestaltung und – falls die Ausgestaltung entsprechenden Spielraum zulässt – einer abschließenden Leistungsbestimmung durch den Arbeitgeber (BAG 19.3.2014 – 10 AZR 622/13).

Wenn etwa in Bezug auf die Ausgestaltung des Bonusanspruchs im Arbeitsvertrag auf eine beim Arbeitgeber bestehende Betriebsvereinbarung über das Bonussystem verwiesen werden sollte, dann macht der Hinweis für den Arbeitnehmer transparent, dass die Bestimmung im Arbeitsvertrag das anwendbare Bonussystem nicht abschließend regeln kann. Erst aus dem gesamten Inhalt der Bestimmung im Arbeitsvertrag und den Bestimmungen der anwendbaren Betriebsvereinbarung ergibt sich, nach welchen Bedingungen sich im jeweiligen Geschäftsjahr die variable Vergütungskomponente bestimmt. Eine derartige Bonusregelung ist zulässig. Die Arbeitsvertragsparteien müssen – auch in Allgemeinen Geschäftsbedingungen – die Ausgestaltung einer Bonusregelung nicht abschließend festlegen.

Eine andere Frage in derartigen Situationen ist allerdings, ob auch der vom Arbeitgeber aufgenommene **Freiwilligkeitsvorbehalt** wirksam ist. Ein Freiwilligkeitsvorbehalt **benachteiligt** den Arbeitnehmer immer dann **unangemessen**, wenn er dem Arbeitgeber das Recht zubilligt, trotz Abschluss einer vergütungsorientierten Zielvereinbarung nach Ablauf der Beurteilungsperiode frei darüber zu entscheiden, ob eine Vergütungszahlung erfolgt oder nicht.

Wenn bei einer Leistungsbestimmung nach einer Dienstvereinbarung sowohl die Leistung des Arbeitnehmers als auch die Ertragslage des Unternehmens bei der Leistungsbestimmung zu berücksichtigen sind, dann müssen die vom Arbeitgeber festgesetzten Mittel für den Bonus eine Größenordnung erreichen, welche den Leistungsbezug des Bonussystems beachtet und die ausreicht, die durch Abschluss von Zielvereinbarungen gewollten und tatsächlich erbrachten Leistungen ausreichend zu vergüten.

Die Leistungsbestimmung entspricht regelmäßig nur dann dem billigen Ermessen, wenn vereinbarte und erreichte persönliche Ziele einen angemessenen Ausdruck in dem festgelegten Leistungsbonus finden. Deshalb kommt, wenn der Arbeitnehmer die Ziele erreicht, nur in Ausnahmefällen (etwa bei einer Finanzkrise in den Jahren 2008 und 2009) eine Festsetzung des Bonus auf »Null« durch den Arbeitgeber in Betracht, ansonsten nicht.

Bereits »erarbeitete« Zahlungen können nicht mehr zurückgefordert werden

Sowohl vom Arbeitgeber vorformulierte Klauseln, in denen sich der Arbeitnehmer verpflichtet, erfolgte Sonderzahlungen – ganz gleich, welche – zurückzuerstatten, wenn er vor einem bestimmten Zeitpunkt das Arbeitsverhältnis von sich aus kündigt, als auch Regelungen, nach denen die Leistung der Sonderzahlung voraussetzt, dass der Arbeitnehmer zu einem bestimmten Zeitpunkt noch im ungekündigten Arbeitsverhältnis steht, dürfen den Arbeitnehmer nicht unangemessen benachteiligen. Eine **unangemessene Benachteiligung** liegt immer dann vor, wenn dem Arbeitnehmer durch eine Bestandsklausel bereits **verdiente Arbeitsvergütung** wieder entzogen werden würde (BAG 22.7.2014 – 9 AZR 981/12). Ein schützenswertes Interesse des Arbeitgebers daran, das Verhältnis von Leistung und Gegenleistung nachträglich zu verändern, gibt es nicht.

Das Bundesarbeitsgericht hat dies entschieden für den Fall der Zahlung eines **Urlaubsgelds**, was auch eine Sonderzahlung ist. Wird das Urlaubsgeld für jeden genommenen Urlaubstag gezahlt, spricht dies gegen eine vom Urlaubsantritt unabhängige Sonderzahlung. Die Anknüpfung an den Urlaubstag bewirkt, dass das Urlaubsgeld dem Erholungszweck des Urlaubs und nicht der Vergütung einer Arbeitsleistung dienen soll. Der Anspruch auf Urlaubsgeld besteht für jeden genommenen und damit entstandenen Urlaubstag und teilt damit den von der Arbeitsleistung unabhängigen Charakter des Urlaubs.

6. Können Versetzungsklauseln und Klauseln auf Übertragung einer geringwertigeren Tätigkeit wirksam vereinbart werden?

Fall:
Eine Arbeitnehmerin kommt zum Betriebsrat und erbittet Rat für folgende Fragen:
»Soeben habe ich bei genauer Durchsicht meines schriftlichen Arbeitsvertrags, den ich vor einem Jahr abgeschlossen habe, gesehen, dass folgende Klauseln enthalten sind:
Ziffer 14
Die Arbeitnehmerin wird als technische Produktionsfacharbeiterin eingesetzt. Sofern es betriebliche Umstände erfordern, hat sie jede andere zumutbare Arbeit im Betrieb zu übernehmen.
Ort der Arbeitsleistung sind die beiden Werke in Hamburg, Alsterallee 10 und 34. Sofern es die Produktion und die Arbeitsauslastung erfordern sollten, kann ein Einsatz auch im Zweigwerk Bremerhaven erfolgen.
Ziffer 17
Die reguläre Arbeitszeit beträgt 39 Stunden in der Woche. Bei schlechter Auslastung kann die Arbeitszeit unter Reduzierung der Vergütung auf 32 Stunden in der Woche herabgesetzt werden. Zu einer derartigen Herabsetzung darf es nach den betrieblichen Gegebenheiten maximal zwölf Wochen im Jahr kommen.
Alle in der Abteilung reden schon davon, dass das Werk I in Hamburg mehr als schlecht ausgelastet ist, und um das Werk II steht es auch nicht viel besser.«

Darum geht es:
Muss ein Arbeitnehmer jede Arbeit in jedem Werk eines Betriebs übernehmen? Muss die Arbeitnehmerin hier befürchten, dass sie für einige Zeit in Bremerhaven arbeiten muss, und zwar mit möglicherweise nur 32 Stunden und einer entsprechenden Reduzierung der Vergütung?

Antwort

Die Fragestellung betrifft die Zulässigkeit einer konkreten örtlichen **Versetzungsklausel** im Arbeitsvertrag, die Pflicht zur Übernahme aller zumutbaren Arbeiten sowie eine Klausel zur Reduzierung der Arbeitszeit und des Lohns bei betrieblichen Gegebenheiten um eine erhebliche Zahl der monatlichen Stunden.

Derartige Klauseln werden immer wieder verwendet, sowohl in Formulararbeitsverträgen als auch in individuell ausgehandelten Vereinbarungen. Bislang wurde bei derartigen Fragen lediglich darauf abgestellt, dass es darauf ankommt, ob durch derartige Maßnahmen der Arbeitgeber nur das Direktionsrecht (§ 106 GewO) umsetzt oder ein erheblicher Eingriff in das Leistungsgefüge im Arbeitsverhältnis anzunehmen ist; wenn dem so sein sollte, könne der Arbeitgeber die Maßnahme nur über das Direktionsrecht umsetzen. Dies ist eine etwas zu pauschale Betrachtung.

1. Zuweisung einer anderen (zumutbaren) Arbeit

Die geringsten Probleme wirft diese Klausel auf – zumindest dann, wenn nicht gleichzeitig (bei Zuweisung einer anderen, zumeist einfacheren oder geringwertigeren Arbeit) die Vergütung reduziert werden soll. Macht der Arbeitgeber von der Klausel Gebrauch und kommt es zu keiner Absenkung der Vergütung, wird lediglich in die Wertigkeit der Arbeit eingegriffen. Kommt es zu einer gerichtlichen Überprüfung der Maßnahme des Arbeitgebers, kann die Zuweisung einer anderen, zumeist geringwertigeren und/oder schwereren Arbeit lediglich auf die Ausübung des billigen Ermessens beim **Direktionsrecht** überprüft werden.

Sofern betriebliche Interessen die Zuweisung einer anderen Arbeit erfordern und der Arbeitgeber dabei die üblichen Billigkeitsgesichtspunkte beachtet hat (Beispiel: eine körperlich schwierigere Arbeit wird nicht dem ältesten und körperlich anfälligsten Arbeitnehmer einer vergleichbaren Gruppe zugewiesen), wird die Billigkeitskontrolle regelmässig ergeben, dass die Maßnahme Bestand hat.

> **Praxishinweis:**
> Eine vorformulierte Klausel, nach welcher ein Arbeitgeber eine andere als die vertraglich vereinbarte Tätigkeit einem Arbeitnehmer »falls erforderlich« und nach »Abstimmung der beiderseitigen Interessen« einseitig zuweisen kann, ist jedenfalls dann eine unangemessene Benachteiligung im Sinne von § 307 BGB, wenn dadurch nicht gewährleistet ist, dass die Zuweisung eine mindestens gleichwertige Tätigkeit zum Gegenstand haben muss (BAG 9.5.2006 – 9 AZR 424/05). Solche Klauseln sind daher nur eingeschränkt wirksam.

2. Örtliche Versetzungsklausel

Mit der örtlichen Versetzungsklausel wird eine vertragliche Rechtslage herbeigeführt, welche der Arbeitgeber ohne diese Klausel nur im Wege der Änderungskündigung herbeiführen könnte. Daher stellt sich die Frage, ob eine entsprechende Versetzungsklausel zulässig ist.

Würde der Standpunkt vertreten, der Arbeitgeber könnte derartige Maßnahmen aufgrund einer vertraglichen Klausel immer nur dann vornehmen, wenn es um die Ausübung das **Direktionsrecht** geht und nicht um die Erforderlichkeit einer **Änderungskündigung**, dann wäre die Klausel nicht zulässig; eine dauerhafte oder längere örtliche Veränderung der Arbeitsleistung von Hamburg nach Bremerhaven könnte der Arbeitgeber nur im Wege der Änderungskündigung vornehmen.

Dies kann aber aus § 2 KSchG (Regelung der Änderungskündigung) nicht entnommen werden. § 2 KSchG bestimmt den Prüfungsmaßstab einer Änderungskündigung und bringt zum Ausdruck, dass durch eine vertragliche Vereinbarung eine Regelung getroffen werden könnte, die ohne diese Vereinbarung einer Änderungskündigung bedürfen würde. Auch eine Versetzung nach dieser Klausel ist also regelmäßig über das Direktionsrecht zu überprüfen, wenn die Maßnahme keine allzu große Änderung in Bezug auf den Ort der Arbeitsleistung beim Arbeitnehmer herbeiführt.

Die Bestimmung eines **bestimmten Orts der Arbeitsleistung** in Kombination mit einer im Arbeitsvertrag durch einen Versetzungsvorbehalt geregelten Einsatzmöglichkeit – etwa im Bereich des gesamten Unternehmens – verhindert regelmäßig die vertragliche Einschränkung auf den im Arbeitsvertrag genannten Ort (BAG 28. 8. 2013 – 10 AZR 569/12). Wenn keine Festlegung des Inhalts oder des Orts der Leistungspflicht vorgenommen wurde, dann ergibt sich der Umfang des Weisungsrechts des Arbeitgebers aus § 106 GewO. Sofern der Arbeitgeber dem Arbeitnehmer einen anderen Arbeitsort als den bisherigen zuweisen sollte, dann unterliegt dies der Ausübungskontrolle gemäß § 106 Satz 1 GewO, § 315 Abs. 3 BGB (= billiges Ermessen muss gewahrt sein).

Beruht die **Weisung** auf einer unternehmerischen Entscheidung, kommt dieser ein erhebliches Gewicht zu. Eine **unternehmerische Entscheidung** führt aber nicht dazu, dass die Abwägung mit Interessen des Arbeitnehmers von vornherein ausgeschlossen wäre und sich die Belange des Arbeitnehmers nur in dem vom Arbeitgeber durch die unternehmerische Entscheidung gesetzten Rahmen durchsetzen könnten.

Fragen zur Begründung des Arbeitsverhältnisses

Praxishinweis:
Diese Klauseln sind in Arbeitsverträgen immer von Bedeutung, wenn der Arbeitgeber den Beschäftigten an einem anderen Ort einsetzen will – sei es vorübergehend oder auf Dauer. Bei der Auslegung der vertraglichen Bestimmungen kommt es darauf an, dass die Bestimmung eines Orts der Arbeitsleistung in Kombination mit einer im Arbeitsvertrag durch Versetzungsvorbehalt geregelten Einsatzmöglichkeit im gesamten Unternehmen grundsätzlich verhindert, dass sich der Ort der Arbeitsleistung – hier das Werk I in Hamburg – konkretisieren würde (BAG 11.4.2006 – 9 AZR 557/05; 13.4.2010 – 9 AZR 36/09; 26.8.2010 – 10 AZR 275/09).

Es macht keinen Unterschied, ob einerseits im Arbeitsvertrag darauf verzichtet wird, den Ort der Arbeitsleistung festzulegen, und dem Arbeitgeber dafür die Festlegung im Rahmen von § 106 GewO vorbehalten bleibt oder ob andererseits im Vertrag der Ort der Erbringung der Arbeitsleistung bestimmt wird, aber dann die Möglichkeit der Zuweisung eines anderen Orts vereinbart wird. In dieser vertraglichen Regelung wird daher nur klargestellt, dass § 106 Satz 1 GewO gelten und eine Versetzungsbefugnis an andere Arbeitsorte bestehen soll (BAG 13.6.2012 – 10 AZR 296/11).

Diese vertraglichen Bestimmungen sind in der Praxis – wenn Unklarheiten auftreten sollten – regelmäßig auszulegen. Die Auslegung des Arbeitsvertrags ergibt meist, dass der jeweilige Einsatzort nicht vertraglich festgelegt ist. Die vertraglichen Klauseln enthalten zumeist keine Festlegung des Arbeitsorts.

Wenn beispielsweise formuliert ist, dass der Einsatzort »grundsätzlich« Frankfurt am Main sein soll und der Arbeitgeber den Arbeitnehmer »auch vorübergehend oder auf Dauer ... an einem anderen Ort ... einsetzen« kann, ist damit klar zum Ausdruck gebracht worden, dass die Bestimmung des Einsatzorts im Arbeitsvertrag lediglich die erstmalige Ausübung des Weisungsrechts in Bezug auf den Arbeitsort darstellt. Daran kann für den Arbeitnehmer in derartigen Situationen kein Zweifel bestehen. Eine derartige Klausel ist daher regelmäßig als wirksam anzusehen.

3. Reduzierung der Arbeitszeit durch das Direktionsrecht

Dies ist der umstrittenste Punkt der arbeitsvertraglichen Regelung. Mit ihr will der Arbeitgeber Folgendes erreichen: Treten Produktionsengpässe auf, soll durch einseitige Entscheidung – durch Ausübung des Direktionsrechts – die wöchentliche Arbeitszeit ganz erheblich herabgesetzt werden können, ohne dass eine Änderungskündigung erforderlich wäre.

Würde man in diesen Fällen davon ausgehen, dass die Ausübung des Direktionsrechts lediglich dahin gehend überprüft werden kann, ob sie nach billigem Ermessen erfolgt ist, wäre die Herabsetzung der Arbeitszeit nur dann unwirksam, wenn für die Reduzierung der Arbeitszeit kein betrieb-

Vereinbarung von (Versetzungs-)Klauseln

licher Grund gegeben ist. Aber: In diesen Fällen würde ein vernünftiger Arbeitgeber die Herabsetzung ohnehin unterlassen.

Mitunter wird in dieser Klausel – zumindest wenn es um Herabsetzungsmöglichkeiten in einer erheblichen Größenordnung geht – eine Umgehung des Kündigungsschutzes in Bezug auf die Erforderlichkeit einer Änderungskündigung gesehen: Ohne diese Klausel könnte der Arbeitgeber die Maßnahme nur mit einer Änderungskündigung umsetzen. Es handelt sich um dieselbe Problematik wie bei Punkt 2, hinzu kommt jedoch die erhebliche Reduzierung der erzielbaren Arbeitsvergütung in dem Zeitraum, in welchem die Arbeitszeit reduziert wird.

Bezüglich dieser strittigen Fragen liegt eine Entscheidung des Bundesverfassungsgerichts vor, die den **Prüfungsmaßstab** der Arbeitsgerichte bei derartigen Fragen weitgehend gebilligt hat (BVerfG 23.11.2006 – 1 BvR 1909/06).

Die Entscheidung enthält folgende grundsätzliche Aussagen:

- Einseitige Leistungsbestimmungsrechte, die dem Arbeitgeber das Recht einräumen, die Hauptleistungspflichten einzuschränken, zu verändern, auszugestalten oder zu modifizieren, unterliegen einer **Inhaltskontrolle**. Sie weichen von dem Grundsatz ab, dass abgeschlossene Verträge einzuhalten sind.
- Die Frage, ob eine **unangemessene Benachteiligung** im Sinne des § 307 Abs. 1 Satz 1 BGB vorliegt, ist auf der Grundlage einer umfassenden Abwägung der berechtigten Interessen der Parteien zu beantworten.
- Hierbei ist das Interesse des Arbeitgebers an der Aufrechterhaltung der Klausel mit dem Interesse des Arbeitnehmers an der Ersetzung der Klausel durch das Gesetzesrecht **abzuwägen.**
- Da der Arbeitnehmer Verbraucher im Sinne von § 310 Abs. 3 BGB ist, müssen bei der Beurteilung der unangemessenen Benachteiligung nach § 307 Abs. 1 und 2 BGB auch die den Vertragsschluss begleitenden Umstände berücksichtigt werden.

Zusammenfassung:
Für die Praxis wichtig hinsichtlich der Höhe des variablen Bestandteils der Vereinbarung: Verfassungsrechtlich ist die Rechtsprechung des Bundesarbeitsgerichts nicht zu beanstanden, dass bis zu 25 % der Arbeitszeit variabel sein können, wenn das tarifliche (Mindest-)Entgelt nicht betroffen sein sollte. Lediglich bei einem über 25 % hinausgehenden Anteil abrufbarer Arbeitsleistung ist eine unangemessene Benachteiligung des Arbeitnehmers gemäß § 307 Abs. 1 Satz 1 BGB anzunehmen.

> **Dies bedeutet:** Wenn nicht mehr als 25 % der Arbeitszeit variabel ausgestaltet werden, ist die vertragliche Klausel wirksam.

4. Wirksamkeit von Klauseln, die eine monatliche Mindestarbeitszeit regeln?

In der Vertragspraxis kommt es immer wieder vor, dass sich der Arbeitgeber den Umfang der monatlichen Arbeitsleistung offenhalten will, vor allem dann, wenn er Auftrags- oder Produktionsschwankungen befürchtet. Dann wird meist die Klausel verwendet, die den Arbeitnehmer »*verpflichtet, im monatlichen Durchschnitt ... Stunden zu arbeiten*«.

Die Klausel ist wegen der anzunehmenden **fehlenden Transparenz** rechtsunwirksam (BAG 21.6.2011 – 9 AZR 238/10). Der Arbeitnehmer weiß nämlich nach dieser Klausel nicht, wie viele Stunden es im jeweiligen Monat sein werden. Auf diese Vertragsklausel ist der sog. »Blue-pencil-Test« nicht anwendbar. Die Verbindung zwischen Stundenangabe und Bestimmung der Arbeitszeit als Durchschnittsarbeitszeit bedingt eine Regelung, die gerade nicht durch die Streichung der Worte »im monatlichen Durchschnitt« in eine Bestimmung der Stundenanzahl und in eine Bestimmung des Berechnungszeitraums für die Ermittlung der durchschnittlichen Monatsarbeitszeit aufgeteilt werden könnte. Daher ist die Klausel insgesamt als unwirksam anzusehen.

Zusätzlich ist bei diesen Klauseln darauf hinzuweisen, dass dann, wenn die genannte monatliche Mindeststundenzahl unter der betrieblich üblichen Vollzeitarbeit liegen sollte, eine Teilzeitvereinbarung zwischen Arbeitgeber und Arbeitnehmer geregelt werden müsste. Wenn eine derartige Teilzeitvereinbarung im Arbeitsverhältnis nicht vereinbart wurde, wird im Zweifel ein Vollzeitarbeitsverhältnis geregelt. Der von dem Arbeitnehmer geschuldete Beschäftigungsumfang ist in derartigen Situationen unter Anwendung des Tarifrechts zu bestimmen. Sollten keine tariflichen Bestimmungen hinsichtlich der Vollzeitarbeitszeit vorhanden oder einschlägig sein, ist die übliche betriebliche Arbeitszeit von Relevanz.

Unklarheiten über die monatlichen Arbeitsstunden

Auch Unklarheiten über die monatlich zu erbringenden Arbeitsstunden können in Formulararbeitsverträgen zur Annahme einer unangemessenen Benachteiligung führen. Eine Arbeitszeitregelung in einem Formularvertrag, die den Arbeitnehmer »verpflichtet, im monatlichen Durchschnitt 150 Stunden zu arbeiten«, ist wegen der vorhandenen Intransparenz rechtsunwirksam.

Der Arbeitnehmer weiß in einer solchen Situation nicht, welche Anzahl von Stunden im Monat auf ihn zukommen wird. Auf diese unzulässige Vertragsklausel ist der sog. »Blue-pencil-Test« nicht anwendbar. Die Verbindung zwischen Stundenangabe und Bestimmung der Arbeitszeit als Durchschnittsarbeitszeit führt zu einer Regelung, die nicht durch die Streichung der Worte »im monatlichen Durchschnitt« in eine Bestimmung der Stundenanzahl und in eine Bestimmung des Berechnungszeitraums für die Ermittlung der durchschnittlichen Monatsarbeitszeit aufgebrochen werden kann (BAG 21.6.2011 – 9 AZR 238/10; hierzu auch Erfurter Kommentar zum Arbeitsrecht/Preis, 230 BGB, §§ 305–310, 56). Diese Klauseln sind daher in Formularverträgen als unzulässig anzusehen.

> **Zusammenfassung:**
> **Örtliche Versetzungsklauseln** in Formulararbeitsverträgen dürfen nicht weitergehend sein als dasjenige, was der Arbeitgeber im Rahmen des Direktionsrechts im bestehenden Arbeitsverhältnis anordnen kann. Wenn dies anders vom Arbeitgeber gesehen werden sollte, dann hätte es zur Folge, dass er Änderungen im Arbeitsvertrag aufgrund der Klausel umsetzen kann, für die er ohne die Klausel eine Änderungskündigung benötigen würde. Dies ist ein Verstoß gegen die gesetzliche Bestimmung des § 2 KSchG (= Änderungskündigung). Variable Bestimmungen in Bezug auf die Zeit der Arbeitsleistung und auch die Vergütung sind nur dann zulässig, wenn maximal 25 % (im Einzelfall bei Einmalleistungen auch 30 % möglich) der Gesamtleistung oder der gesamten Arbeitszeit variabel gestellt werden. Werden diese Grenzen überschritten, ist im Formulararbeitsvertrag die Klausel unwirksam.
> Bei der Prüfung dieser Grenzen ist immer von »unten nach oben« vorzugehen und nicht von »oben nach unten« – **Beispiel:** garantierte Wochenarbeitszeit 30 Stunden, variable Arbeitszeit weitere 10 Stunden in der Woche – die variable Arbeitszeit beträgt daher 33 1/3 % und eine solche Klausel ist daher unwirksam.

> **Praxishinweis: wesentliche Kriterien bei der Prüfung der Wirksamkeit von arbeitsrechtlichen Versetzungsklauseln**
> Bei der Prüfung der Wirksamkeit einer Versetzungsklausel in einem Formu-

Fragen zur Begründung des Arbeitsverhältnisses

lararbeitsvertrag ist zunächst durch Auslegung der genaue Inhalt der vertraglichen Regelungen unter Berücksichtigung aller Umstände des Einzelfalls zu ermitteln (BAG 19.1.2011 – 10 AZR 738/09). Festzustellen ist daher, ob ein bestimmter Tätigkeitsinhalt und der Ort der Tätigkeit vertraglich festgelegt sind und welchen Inhalt ein ggf. vereinbarter Versetzungsvorbehalt hat.

Bei der Auslegung der arbeitsvertraglichen Bestimmungen ist von Bedeutung, dass die Regelung eines Orts, an dem die Arbeitsleistung erbracht werden soll, in Kombination mit einer Regelung, die den Einsatz im gesamten Unternehmen mit einem Versetzungsvorbehalt vorsieht, regelmäßig eine vertragliche Festlegung auf den im Arbeitsvertrag genannten Ort der Arbeitsleistung verhindert.

> **Zusammenfassung:**
> Dies bedeutet: Auch nach Jahren kann sich ein Arbeitnehmer, wenn er bisher stets an einem bestimmten Ort des Arbeitgebers gearbeitet hat, bei einer Versetzung nicht darauf berufen, der bisherige Arbeitsort hätte sich durch langjährige Tätigkeit »konkretisiert«. Es macht keinen Unterschied, ob im Arbeitsvertrag keine Festlegung des Orts der Arbeitsleistung enthalten ist und daher die Zuweisung des Arbeitsorts dem Arbeitgeber im Rahmen des Direktionsrechts möglich ist oder ob der Ort der Arbeitsleistung im Musterarbeitsvertrag zwar bestimmt ist, aber dennoch die Möglichkeit der Zuweisung eines anderen Orts vereinbart wird. In diesem Fall wird lediglich klargestellt, dass § 106 Satz 1 GewO (= das Direktionsrecht) gelten soll und eine Versetzungsbefugnis an andere Arbeitsorte durchaus besteht.

Wenn die Auslegung eines Versetzungsvorbehalts ergeben sollte, dass diese Vertragsklausel inhaltlich der Regelung des § 106 Satz 1 GewO entspricht, unterliegt sie keiner Angemessenheitskontrolle nach § 307 Abs. 1 Satz 1 BGB (BAG 25.8.2010 – 10 AZR 275/09). Die vertragliche Regelung muss allerdings die Beschränkung auf den materiellen Gehalt des Direktionsrechts aus sich heraus erkennen lassen; es dürfen daher insofern keine Unklarheiten bestehen, wie weit die Klausel reicht. Wenn sich beispielsweise der Arbeitgeber vorbehalten sollte, ohne Ausspruch einer Änderungskündigung einseitig die vertraglich vereinbarte Tätigkeit unter Einbeziehung geringwertiger Tätigkeiten zulasten des Arbeitnehmers ändern zu können, ist dies regelmäßig eine unangemessene Benachteiligung im Sinne des § 307 Abs. 2 Nr. 1 BGB.

Wenn daher die Angemessenheitskontrolle zur Unwirksamkeit eines Versetzungsvorbehalts führen sollte, richtet sich der Inhalt des Arbeitsvertrags insofern gemäß § 306 Abs. 2 BGB nach den gesetzlichen Vorschriften. Eine **geltungserhaltende Reduktion** auf ein »angemessenes Maß« der **Versetzungsklausel** ist nicht möglich – sie fällt ersatzlos weg. Was dann bleibt, ist das allgemeine Direktionsrecht des Arbeitgebers. Dieses überlässt dem Arbeitgeber das Weisungsrecht aber nur insoweit, als nicht durch den Arbeitsvertrag festgelegt ist, welche Arbeitsleistung wo zu erbringen ist.

7. Ist eine Klausel, mit welcher vorübergehend eine höherwertige Tätigkeit übertragen wird, überprüfbar?

Fall:
Eine seit vier Jahren beschäftigte Arbeitnehmerin im Einzelhandel kommt zum Betriebsrat und hat folgende Frage: Ich habe in den letzten Jahren – wie im Vertrag vereinbart – ausschließlich als Verkäuferin gearbeitet. Mit Wirkung zum 1.7.2016 habe ich mit meinem Arbeitgeber einen Änderungsvertrag geschlossen, dass ich für die Zeit ab dem 1.7.2016 bis zum 30.6.2017 Verkäuferin und Kassiererin war; dadurch hat sich mein Monatsgehalt um 100,00 € brutto erhöht. Diese Änderungsvereinbarung, welche der Arbeitgeber immer in diesen Fällen verwendet, hat folgenden Wortlaut:
Frau ... wird in der Zeit vom 1.7.2016 bis zum 30.6.2017 als Verkäuferin und Kassiererin beschäftigt und tarifgerecht nach Gehaltsgruppe 3 vergütet. Damit erhöht sich das monatliche Bruttoentgelt von Frau ... von 2115,00 € auf 2215,00 €.
Die neuen Scannerkassen wurden erst Anfang Juni 2017 geliefert und daher bestand für diese 12 Monate, in denen noch die alten Kassen in Gebrauch waren, ein erhöhter Arbeitsbedarf. Jetzt ist diese vorübergehende Übertragung auch der Kassierertätigkeiten abgelaufen und ich bin wieder »nur« Verkäuferin. Ich halte diese Befristung der höherwertigen Tätigkeit für unwirksam, denn auch bei Einsatz der neuen Kassen könnte ich teilweise auch als Kassiererin beschäftigt werden. Der Arbeitgeber will sich nur die Zahlung der 100,00 € im Monat ersparen.

> **Darum geht es:**
> In bestehenden Arbeitsverträgen werden immer wieder vorübergehend höherwertige Tätigkeiten übertragen – fallen diese Vereinbarungen unter das Befristungsrecht oder in die AGB-Kontrolle?

Antwort

Bei dieser Situation ist zunächst zu klären, ob der Kontrollmaßstab der Maßnahme das TzBfG ist oder die Regelung nach der AGB-Kontrolle zu überprüfen ist. Wenn das Befristungsrecht anwendbar wäre, dann würde es in erster Linie darauf ankommen, ob tatsächlich ein sachlicher Grund für diese Maßnahme vorhanden ist – wenn das Recht der Allgemeinen Geschäftsbedingungen anwendbar sein sollte, dann ist der in diesem Rechtsbereich gültige Prüfungsmaßstab von Bedeutung. Man könnte den Standpunkt vertreten, dass es sich hier um eine Befristung von Teilbereichen des Arbeitsverhältnisses handelt im Rahmen eines ansonsten unbefristeten Arbeitsvertrags und daher das TzBfG anwendbar wäre. Diese Lösung beschreitet die Rechtsprechung allerdings nicht.

Vereinbart der Arbeitgeber mit einem unbefristet beschäftigten Arbeitnehmer in einem vom Arbeitgeber vorformulierten Vertrag die befristete Übertragung einer höherwertigen Tätigkeit, dann unterliegt die Befristung grundsätzlich der **Inhaltskontrolle nach § 307 Abs. 1 BGB**. Die Arbeitnehmerin ist eine unbefristet beschäftigte Verkäuferin und sie hat die höherwertige Tätigkeit (auch) einer Kassiererin befristet für zwölf Monate übertragen bekommen. Daher ist in derartigen Situationen zu prüfen, ob diese Vereinbarung eine unangemessene Benachteiligung darstellt. Die Verkäuferin wird durch diese Befristung immer dann nicht unangemessen im Sinne des § 307 Abs. 1 BGB benachteiligt, wenn die befristete Übertragung der Arbeiten (auch) als Kassiererin einen Sachgrund aufweist (BAG 24.2.2016 – 7 AZR 253/14).

Für die bei der **Befristung einzelner Vertragsbedingungen vorzunehmende Inhaltskontrolle** nach § 307 Abs. 1 BGB gelten andere Maßstäbe als für die Befristungskontrolle nach § 14 Abs. 1 TzBfG. Während die Befristung des gesamten Arbeitsvertrags – von den Fällen der Möglichkeit zur sachgrundlosen Befristung einmal abgesehen – dahin zu überprüfen ist, ob sie durch einen sachlichen Grund gemäß § 14 Abs. 1 TzBfG gerechtfertigt ist, unterfällt die Befristung einzelner Vertragsbedingungen nach § 307 Abs. 1 BGB einer **Angemessenheitskontrolle**. Diese wird anhand einer Berücksichtigung und Bewertung rechtlich anzuerkennender

Interessen beider Vertragsparteien vorzunehmen sein. Trotz des unterschiedlichen Prüfungsmaßstabs sind jedoch bei der hier vorzunehmenden Inhaltskontrolle der Befristung einzelner Vertragsbedingungen Umstände, welche die Befristung eines Arbeitsvertrags insgesamt nach § 14 Abs. 1 TzBfG rechtfertigen können, ebenso von Bedeutung. Sie können sich bei der Interessenabwägung nach § 307 Abs. 1 BGB zugunsten des Arbeitgebers auswirken (BAG 7.10.2015 – 7 AZR 945/13).

Wenn der Befristung ein Sachverhalt zugrunde liegen sollte, welcher die Befristung eines Arbeitsvertrags insgesamt mit einem Sachgrund gemäß § 14 Abs. 1 TzBfG rechtfertigen kann, dann überwiegt zumeist das Interesse des Arbeitgebers an der nur befristeten Vereinbarung der Vertragsbedingung das Interesse des Arbeitnehmers an der unbefristeten Vereinbarung. Es kommt daher darauf an, ob ein lediglich nur vorübergehender Arbeitsbedarf bei Kassenarbeiten für die Arbeitnehmerin vorhanden war. Die Beantwortung der Frage hängt davon ab, ob die Arbeitnehmerin ihre Annahme, auch nach der Einführung der neuen Scannerkassen werde sie (teilweise) als Kassiererin benötigt, belegen kann.

Befristete Erhöhungen der Arbeitszeit im Rahmen bestehender unbefristeter Arbeitsverhältnisse

In der Praxis kommt es immer wieder vor, dass im Rahmen bestehender Arbeitsverhältnisse eine befristete Erhöhung der Arbeitszeit im Rahmen von vorformulieren Vertragsgestaltungen vorgenommen wird. Auch diese Regelungen werden nach dem dargestellten Maßstab der Kontrolle nach dem Recht der Allgemeinen Geschäftsbedingungen überprüft; die Befristung einzelner Arbeitsvertragsbedingungen unterliegt daher nicht der Befristungskontrolle nach den Vorschriften des TzBfG, sondern der Inhaltskontrolle nach §§ 305 ff. BGB (BAG 23.2.2016 – 7 AZR 828/13). Die befristete Erhöhung der Arbeitszeit – wenn sie in erheblichem Umfang vorgenommen werden sollte – erfordert Umstände, welche die Befristung des über das erhöhte Arbeitszeitvolumen abgeschlossenen Vertrags nach § 14 Abs. 1 TzBfG rechtfertigen würden.

Die Befristung der Arbeitszeiterhöhung bedarf daher keines Sachgrunds nach § 14 Abs. 1 TzBfG. Sie unterliegt der Inhaltskontrolle nach § 307 Abs. 1 BGB. Wenn die Arbeitszeit befristet in erheblichem Umfang erhöht wird, dann müssen zur Annahme einer nicht unangemessenen Benachteiligung des Arbeitnehmers solche Umstände gegeben sein, welche die Befristung eines gesondert über das erhöhte Arbeitszeitvolumen abgeschlossenen Arbeitsvertrags nach § 14 Abs. 1 TzBfG rechtfertigen können. Eine Arbeitszeiterhöhung in erheblichem Umfang liegt regelmäßig vor, wenn sich das Aufstockungsvolumen auf mindestens 25 % eines entsprechenden Vollzeitarbeitsverhältnisses beläuft. Wenn das Aufstockungsvolumen geringer sein sollte, dann ist mit einer umfassenden Abwägung der beiderseitigen Interessen zu prüfen, ob der Arbeitnehmer durch die Befristung unangemessen benachteiligt wird.

Gegenstand der Inhaltskontrolle ist zwar grundsätzlich die zuletzt vereinbarte Befristung der Arbeitszeiterhöhung, bei der Angemessenheitsprüfung können aber auch die Anzahl der in der Vergangenheit getroffenen befristeten Aufstockungsvereinbarungen und die Gesamtdauer des Aufstockungszeitraums berücksichtigt werden.

III. Fragerechte

8. Was darf der Arbeitgeber bei der Begründung des Arbeitsverhältnisses fragen?

Fall:
Es kommt ein Arbeitnehmer in die Betriebsratssprechstunde und berichtet, dass er bei einem Einstellungsgespräch u. a. gefragt wurde, ob er Schulden habe, in geordneten finanziellen Verhältnissen lebe, ob er in jeder Hinsicht gesund sei, sich der Arbeit auch gewachsen sieht und ob er vielleicht Mitglied einer Sekte ist. Ferner wurde danach gefragt, ob »Vorstrafen vorhanden wären« und ob möglicherweise eine Gewerkschaftsmitgliedschaft anzunehmen wäre.

Darum geht es:
Was kann bei der Einstellung in zulässiger Weise alles gefragt werden?

Antwort

Personenstand und beruflicher Werdegang
Fragen nach dem Personenstand, dem beruflichen Werdegang und die Auskunft, ob der Bewerber in einem ungekündigten Arbeitsverhältnis steht, sind uneingeschränkt zulässig. Der Arbeitgeber hat ein Interesse daran zu erfahren, welche beruflichen Kenntnisse der Bewerber bisher erlangt hat und in welchen Betrieben er bereits gearbeitet hat.

Die Angabe der bisherigen Beschäftigung und unter Umständen auch die Länge der einzuhaltenden Kündigungsfrist ist für den neuen Arbeitgeber insofern von Interesse, als er wissen muss, ab wann er den Bewerber frühestens einstellen kann. Ansonsten kann es vorkommen, dass der mögliche neue Arbeitgeber den Tatbestand des Vertragsbruchs in Bezug auf die Lösung des bisherigen Arbeitsverhältnisses sozusagen fördert.

Vermögensverhältnisse
Dies ist immer dann eine heikle Angelegenheit, wenn der Arbeitnehmer ohne »Gegenwert« verschuldet ist. Manche Arbeitgeber lehnen unter diesen Voraussetzungen die Einstellung auch eines geeigneten Bewerbers ab, weil sie vermuten, dass sich Probleme mit zu befürchtenden Lohnpfändungen stellen können.
Eine Auskunft des Bewerbers hinsichtlich seiner finanziellen Lage, über Lohnpfändungen und Schulden (hierbei vor allem Unterhaltsschulden und Verpflichtungen) ist nur dann zulässig, wenn der Arbeitgeber wegen der für den einzustellenden Arbeitnehmer vorgesehenen Tätigkeit ein berechtigtes Interesse daran hat, dass der Arbeitnehmer geordnete Vermögensverhältnisse hat; dies gilt vor allem dann, wenn es sich beim künftigen Arbeitsplatz um eine besondere Vertrauensstellung handelt (Fitting/Engels/Schmidt/Trebinger/Linsenmaier, Kommentar zum BetrVG, § 94 Rn. 21).
Aber auch dann, wenn keine besondere Vertrauensstellung hinsichtlich der Wahrung der Vermögensverhältnisse des Arbeitgebers vom Stellenbewerber eingenommen werden soll, ist die Frage nach erheblichen (nicht gelegentlichen) Lohnpfändungen, etwa aufgrund bestehender Unterhaltsverpflichtungen, für den Arbeitgeber von Interesse, weil die Bearbeitung von Lohnpfändungen im Lohnbüro beträchtliche Arbeiten verursachen und somit zu einer nachhaltigen Belastung führen kann.

Bisherige berufliche Tätigkeit, berufliche Erfahrungen und der bisherige Verdienst
Fragen nach der bisherigen Berufstätigkeit sind zulässig; der Arbeitgeber hat ein Interesse daran zu erfahren, welche tatsächlichen Qualifikationen der Bewerber besitzt.
Sehr problematisch erscheint allerdings, ob auch nach dem bisherigen Verdienst gefragt werden darf. Das Bundesarbeitsgericht hat diese Auskunft für unzulässig erachtet (BAG 19.5.1983 – 2 AZR 171/81), weil durch die Offenbarung des vormaligen Verdienstes die Verhandlungsposition des Arbeitnehmers hinsichtlich des neuen Verdienstes nicht beeinträchtigt werden darf. Dieser Ansicht ist zuzustimmen.

Fragen zur Begründung des Arbeitsverhältnisses

Nach den Gehaltsvorstellungen kann allerdings ohne Weiteres gefragt werden, wobei sich diese Frage aber – vor allem im tariffreien Bereich – für den Stellenbewerber durchaus problematisch darstellt: Geht er zu »hoch« an die Erwartung des monatlichen Lohns, bekommt er möglicherweise die Arbeit nicht, wenn er einen zu niedrigen Betrag vorschlägt, hat er kaum noch eine Chance, auf den üblichen Lohn zu kommen. Die praktische Bedeutung dieser Frage ist allerdings nicht allzu groß, denn die Anfechtbarkeit eines Arbeitsvertrags gerade deshalb, weil der Arbeitnehmer den bisherigen Verdienst übertrieben hat und somit einen höheren beim neuen Arbeitgeber durchsetzte, wird im Regelfall nicht gegeben sein.

Gesundheitszustand

Die Auskunft nach dem Gesundheitszustand des Stellenbewerbers hat erhebliche praktische Bedeutung. Der künftige Arbeitgeber hat ein großes Interesse daran zu erfahren, ob krankheitsbedingte Beeinträchtigungen der Leistungsfähigkeit auftreten können. Eine entsprechende Frage kann gestellt werden, falls eine schwerwiegende Beeinträchtigung der Arbeitsfähigkeit des Bewerbers vorliegen sollte und diese auch tatsächlich für die Belastbarkeit des Arbeitnehmers und seine Leistungsfähigkeit von Bedeutung sein kann.

Der Bewerber muss selbstverständlich nicht alle möglichen Erkrankungen offenbaren, sondern nur solche, die für die zu verrichtende Arbeit erheblich sind. Aufgrund der Wahrnehmung berechtigter Interessen wird dem Arbeitgeber beim Gesundheitszustand auch ein Fragerecht nach Suchterkrankungen (Alkohol- und Drogensucht) des Stellenbewerbers zuzubilligen sein. Es handelt sich bei diesen Fragen zwar um einen Eingriff in die Persönlichkeitssphäre des Arbeitnehmers, wegen der durch diese Krankheiten möglicherweise eintretenden betrieblichen Auswirkungen ist das Interesse des Arbeitgebers, entsprechend zu fragen, aber als vorhanden anzusehen. Anzugeben sind daher alle Erkrankungen, welche die Arbeitsleistung in erheblichem Maße beeinträchtigen.

Aus der Frage nach bestimmten Erkrankungen oder Leiden des Stellenbewerbers kann je nach den Einzelfallumständen auch auf eine Erkundigung nach einer Behinderung geschlossen werden. Spätestens seit dem Inkrafttreten des Allgemeinen Gleichbehandlungsgesetzes (AGG) ist in diesem Zusammenhang von Bedeutung, dass Fragen nach Erkrankungen im Hinblick auf das Vorliegen einer Behinderung diskriminierungsrelevant sein können (BAG 17. 12. 2009 – 8 AZR 670/08).

Frage nach AIDS

Ein Sonderfall ist die Frage nach einer bestehenden HIV-Infektion; dies kommt bei Bewerbungsgesprächen immer wieder vor. Die Frage gehört nicht zur Erkundigung nach ansteckenden Krankheiten, welche berechtigt ist, da nach dem bisherigen Stand der medizinischen Erkenntnisse die Möglichkeit der Ansteckung bei üblicher betrieblicher Betätigung auszuschließen ist. Sie wird überwiegend als unzulässig betrachtet, da im Stadium der Infektion weder eine Leistungsminderung des Arbeitnehmers noch eine Ansteckungsgefahr bei der betrieblichen Tätigkeit besteht.

Nur ausnahmsweise kann die Frage zulässig sein: Wenn auf dem vorgesehenen Arbeitsplatz die Gefahr einer Ansteckung Dritter besteht, was bei Heil- und Pflegeberufen der Fall sein kann (Fitting/Engels/Schmidt/Trebinger/Linsenmaier, Kommentar zum BetrVG, § 94 Rn. 25, 25a; anderer Ansicht Lichtenberg/Schücking, NZA 1990, 41).

Nach einer akuten, also bereits ausgebrochenen Infizierungserkrankung kann der Arbeitgeber fragen, da nach dem derzeitigen Stand der medizinischen Forschung eine Heilung nicht möglich ist und in mehr oder weniger absehbarer Zeit mit Erkrankungen, die zur Arbeitsunfähigkeit führen, zu rechnen ist. Dies hat aber unweigerlich zur Folge, dass die Einstellungschancen bei Offenbarung dieser Frage gegen Null gehen werden.

Schwerbehinderteneigenschaft und Schwangerschaft

Siehe Fragen 9 und 10.

Verurteilungen und Ermittlungsverfahren

Viele Arbeitgeber legen Wert darauf, vom Bewerber zu erfahren, ob er in der Vergangenheit bereits strafrechtlich in Erscheinung getreten ist oder ob zum Zeitpunkt der Bewerbung ein Ermittlungsverfahren läuft. In Bezug auf eine immer wieder vertretene unbegrenzte Auskunftspflicht nach (allen) Vorstrafen und laufenden Ermittlungsverfahren ergeben sich aus dem Gesichtspunkt der Resozialisierung (vormalig) straffällig gewordener Arbeitnehmer ganz erhebliche Bedenken. Derartige Fragen sind daher nicht generell zulässig.

Das Fragerecht besteht nur, soweit der für den Arbeitnehmer vorgesehene Arbeitsplatz unbedingt erfordert, dass sich der Bewerber bisher einwandfrei führte, und der Arbeitgeber daher zu Recht wissen möchte, ob bereits Verurteilungen vorhanden sind, die an seiner tadellosen Führung zweifeln lassen. Nur dann muss sich der Arbeitnehmer zu dieser Frage erklären. Beispielsweise kann bei einer Kassiererin oder einem Vermögensverwalter die uneingeschränkte Auskunft nach Vorstrafen zulässig sein (BAG 15.1.1970 – 2 AZR 64/69).

Die Frage nach schwebenden Ermittlungsverfahren ist etwa dann zulässig, wenn der Stellenbewerber zur Erbringung der Arbeitsleistung die Fahrerlaubnis benötigt und aufgrund von Strafdelikten zu befürchten ist, dass sie für einige Zeit entzogen wird – vor allem bei Kraftfahrern und Außendienstmitarbeitern ist die Frage daher berechtigt.

Verurteilungen, die im Bundeszentralregister getilgt sind, braucht ein Bewerber auf die pauschale Frage nach dem Vorliegen von **Vorstrafen** regelmäßig nicht anzugeben, auch dann nicht, wenn es um eine Stelle gehen sollte, bei der die getilgte Vorstrafe noch irgendwelche Bedeutung im Arbeitsverhältnis haben könnte (BAG 20. 3. 2014 – 2 AZR 1071/12). Der Arbeitnehmer muss diese Frage nach Vorstrafen nicht so verstehen, dass er Auskunft auch über tilgungsreife oder getilgte Vorstrafen geben sollte. An der Offenbarung entsprechender Verurteilungen hat der Arbeitgeber regelmäßig keinerlei berechtigtes Interesse.

An der Informationsbeschaffung durch eine generelle Frage nach eingestellten Ermittlungsverfahren besteht grundsätzlich kein berechtigtes Interesse des möglichen Arbeitgebers (BAG 23. 10. 2008 – 2 AZR 483/07). Eine solche Frage ist damit im Regelfall nicht erforderlich. Das ergibt sich auch aus den Wertentscheidungen des § 53 BZRG. Eine allein auf die wahrheitswidrige Beantwortung einer solchen Frage sodann später ausgesprochene Kündigung würde deshalb der objektiven Wertordnung des Grundgesetzes, wie sie im Recht auf informationelle Selbstbestimmung zum Ausdruck kommt, widersprechen und die Kündigung wäre nach § 138 Abs. 1 BGB unwirksam.

Fragen nach personenbezogenen Daten vor der Eingehung eines Arbeitsverhältnisses sind regelmäßig dann erforderlich, wenn der künftige Arbeitgeber ein berechtigtes und schutzwürdiges Interesse an der Beantwortung seiner Frage beziehungsweise der Informationsbeschaffung im Hinblick auf die Begründung des Arbeitsverhältnisses hat und das Interesse des Arbeitnehmers an der Geheimhaltung seiner Daten dem Interesse des Arbeitgebers an der Erhebung dieser Daten nicht überwiegen sollte.

Sektenzugehörigkeit

Seit Jahren stellen Arbeitgeber, die eine »Unterwanderung« des Betriebs mit Sektenmitgliedern befürchten, die Frage, ob der Stellenbewerber Mitglied von Sekten ist. Nach diesen muss dann konkret gefragt werden, damit sich der Bewerber hierzu erklären kann. Von Relevanz wurde das Fragerecht des Arbeitgebers bei der Zugehörigkeit des Stellenbewerbers zu Organisationen oder Sekten mit totalitären Tendenzen – ein Bereich, der in letzter Zeit bei Scientology seinen aktuellen Bezug gefunden hat. Aktuell kann diese Frage bei einer Mitgliedschaft in einer terroristischen Ver-

einigung von Relevanz werden (beispielsweise dem IS oder ähnlichen »Organisationen«).
Hier wird üblicherweise darauf abgestellt, dass in Anbetracht der erklärten Absicht mancher Organisationen, erheblichen Einfluss im Wirtschaftsleben zu gewinnen, bei den Betrieben das Bedürfnis besteht, sich gegen eine Beschäftigung von Mitgliedern zu schützen. Das Bundesarbeitsgericht hat in der Entscheidung vom 22.3.1995 (BAG 22.3.1995 – 5 AZB 21/94) darauf abgestellt, dass Scientology keine Religions- oder Weltanschauungsgemeinschaft im Sinne der Art. 140 GG, 137 WRV ist. Die Frage ist daher nicht wegen der ansonsten grundsätzlichen Nichtzulässigkeit der Erkundigung nach der Religionsgemeinschaft unzulässig (Ausnahmen bei kirchlichen Mitarbeitern, vor allem bei sog. Tendenzträgern).
Allgemein zulässig wird die Frage nach Scientology betrachtet, wenn es um die Besetzung von Vertrauensstellungen geht, wobei sich dieser Umstand nicht auf reine Führungspositionen beschränkt. Aber auch in Bezug auf andere Sekten, bei deren Mitgliedern konkrete Störungen im Arbeitsablauf zu befürchten sind (Unterbrechungen der Arbeit zum »Gebet«, Anwerbeversuche bei Arbeitskollegen bis hin zum Abhalten von religiösen Demonstrationen im Betrieb, die sich in der Praxis schon ereignet haben), wird das Fragerecht anzunehmen sein.

Gewerkschaftszugehörigkeit

Ob tatsächlich auch nach der Gewerkschaftszugehörigkeit gefragt werden darf, war lange umstritten (Richardi, Kommentar zum BetrVG, § 94 Rn. 17). Die Meinungen, welche das Fragerecht für nicht zulässig erachten, verweisen auf die Garantie des Art. 9 Abs. 3 GG. Im Allgemeinen wird von einer derartigen Frage abgeraten. Da sowohl der Arbeitgeber wie auch der Arbeitnehmer der Vereinigung/Gewerkschaft jederzeit beitreten und sich auch wieder lösen können, ist das Fragerecht ohnehin wenig sinnvoll.
Lediglich dann, wenn ein Mantel- und/oder Gehaltstarifvertrag nicht allgemeinverbindlich und der Arbeitgeber tarifgebunden ist, erscheint es aus Sicht des Arbeitgebers sinnvoll, nach einer gewerkschaftlichen Organisierung zu fragen, da dann die Tarifverträge auf das Arbeitsverhältnis anwendbar sind. Dies ist dann allerdings eine Frage, die durchaus auch nach einer Einstellung geklärt werden kann.
Aufgrund der Rechtsprechung (BAG 18.11.2014 – 1 AZR 257/13) ist anzunehmen, dass die Gründe der generellen Unzulässigkeit dieser Frage überwiegen. Art. 9 Abs. 3 GG schützt die Gewerkschaft auch davor, der Arbeitgeberseite in einer irgendwann stattfindenden Tarifvertragsver-

handlungssituation Angaben über ihren Organisationsgrad und die Verteilung ihrer Mitglieder in bestimmten Betrieben vorzuenthalten. Verlangt ein Arbeitgeber während laufender Tarifvertragsverhandlungen von seinen Arbeitnehmern die Offenlegung ihrer Gewerkschaftszugehörigkeit, handelt es sich um eine gegen die gewerkschaftliche Koalitionsbetätigungsfreiheit gerichtete Maßnahme. Hieraus wird abzuleiten sein, dass »Befragungen« über die Mitgliedschaft in einer Gewerkschaft auch außerhalb dieses Zeitraums – also generell – unzulässig sind.

Die Verhandlungsstärke einer Arbeitnehmerkoalition hängt grundsätzlich von der Zahl ihrer Mitglieder ab (BVerfG 14.11.1995 – 1 BvR 601/92). Der Organisationsgrad einer Gewerkschaft – wie die Verteilung ihrer Mitglieder in den Betrieben des jeweiligen Tarifgebiets – ist bestimmend für die Wahl der Mittel, die eine Arbeitnehmerkoalition einsetzen kann, um in Tarifverhandlungen mit der Arbeitgeberseite zum Abschluss zu gelangen. Ein solches Mittel ist auch der Arbeitskampf. Welches Arbeitskampfmittel die Arbeitnehmerorganisation in welchem Umfang einsetzt und welches Kampfgebiet sie hierfür wählt, geben vor allem der Organisationsgrad und die betriebliche Zuordnung ihrer Mitglieder vor. Wenn der Arbeitgeberseite diese Daten bekannt sein sollten, dann kann sie sowohl ihre Verhandlungsposition als auch im Falle eines Arbeitskampfs ihre Arbeitskampfmittel hierauf einstellen.

> **Zusammenfassung:**
> Mit anderen Worten ausgedrückt: Wenn der Arbeitgeber weiß, wer **Gewerkschaftsmitglied** ist, dann ist es für ihn zumeist absehbar, wer von den Beschäftigten streiken wird und wer nicht.

Rechtsfolgen einer unzutreffenden Antwort

Die falsche Beantwortung einer dem Arbeitnehmer bei der Einstellung zulässigerweise gestellten Frage kann den Arbeitgeber nach § 123 Abs. 1 BGB dazu berechtigen, den Arbeitsvertrag wegen arglistiger Täuschung anzufechten (BAG 7.7.2011 – 2 AZR 396/10). Das setzt regelmäßig voraus, dass die Täuschung für den Abschluss des Arbeitsvertrags ursächlich war. Wenn die Frage des Arbeitgebers zulässig war und der Arbeitnehmer sie wahrheitsgemäß hätte beantworten müssen, muss der durch die Täuschung des Arbeitnehmers erregte Irrtum für den Abschluss des Arbeitsvertrags beim Arbeitgeber ursächlich gewesen sein.

Der Arbeitgeber darf beispielsweise den Arbeitnehmer bei der Einstellung nach Vorstrafen fragen, wenn und soweit die Art des zu besetzenden Arbeitsplatzes dies »erfordert«, also bei objektiver Betrachtung berechtigt erscheinen lässt. Auch die Frage nach noch anhängigen Straf- oder Ermittlungsverfahren kann zulässig sein, wenn solche Verfahren Zweifel an der persönlichen Eignung des Arbeitnehmers begründen können. Dem steht die in Art. 6 Abs. 2 der Menschenrechtskonvention verankerte Unschuldsvermutung nicht entgegen (BAG 6.9.2012 – 2 AZR 270/11). Eine Einschränkung des Fragerechts kann sich im Einzelfall auch aus dem allgemeinen Persönlichkeitsrecht des Bewerbers, dem Datenschutzrecht oder – in den Fällen abgeschlossener Straf- und Ermittlungsverfahren – der Bestimmung des § 53 BZRG (= getilgte Straftaten) ergeben. Das **Verschweigen** nicht nachgefragter Tatsachen stellt immer nur dann eine Täuschung dar, wenn hinsichtlich dieser Tatsachen eine **Offenbarungspflicht** besteht. Eine solche Pflicht ist anzunehmen, wenn die betreffenden Umstände entweder dem Bewerber die Erfüllung seiner vorgesehenen arbeitsvertraglichen Leistungspflicht von vornherein unmöglich machen oder doch für die Eignung für den in Betracht kommenden Arbeitsplatz von ausschlaggebender Bedeutung sein sollten.

9. Darf nach einer bestehenden Schwangerschaft gefragt werden?

Fall:
Eine Arbeitnehmerin bewirbt sich für eine auf zwei Jahre befristete Stelle als Sekretärin der Geschäftsleitung. Bei der Einstellung wurde sie nach einer Schwangerschaft gefragt, was sie wahrheitswidrig verneint. Drei Wochen nach der Einstellung teilte sie dem Arbeitgeber mit, dass sie seit vier Wochen wisse, dass sie schwanger sei. Ab dem fünften Monat der Schwangerschaft legt sie ein Beschäftigungsverbot eines Arztes vor, der attestierte, dass der Bildschirm am Arbeitsplatz zu stark strahlt und dies dem ungeborenen Kind schaden könne. Daraufhin ficht der Arbeitgeber den Arbeitsvertrag an.

Darum geht es:
War die Frage nach einer bestehenden Schwangerschaft überhaupt zulässig? Muss die Arbeitnehmerin damit rechnen, von »heute auf morgen« den Arbeitsplatz zu verlieren?

Fragen zur Begründung des Arbeitsverhältnisses

Antwort

Die Frage nach einer Schwangerschaft wird nach momentan nahezu einhellig vertretener Ansicht in fast allen Fällen für generell unzulässig gehalten. Vor einiger Zeit wurde dies noch anders gesehen. Eine Entscheidung des Europäischen Gerichtshofs aus dem Jahre 1990 (EuGH 8.11.1990 – C-177/88) brachte eine entscheidende Wende.
Der Europäische Gerichtshof hat entschieden: Ein Arbeitgeber verstößt unmittelbar gegen den Gleichbehandlungsgrundsatz der Art. 2 Abs. 1 und Abs. 3 Satz 1 der Richtlinie 76/207/EWG des Rats vom 9.2.1976 zur Verwirklichung des Grundsatzes der Gleichbehandlung von Männern und Frauen hinsichtlich des Zugangs zur Beschäftigung, zur Berufsausbildung sowie in Bezug auf die Arbeitsbedingungen, wenn er es ablehnt, mit einer von ihm für geeignet befundenen Bewerberin einen Arbeitsvertrag abzuschließen, weil er wegen der Einstellung einer Schwangeren Nachteile zu befürchten hat, die sich aus einer staatlichen Regelung über die Arbeitsunfähigkeit ergeben.

> **Zusammenfassung:**
> Einfacher ausgedrückt bedeutet dies: Der Arbeitgeber begeht einen **Verstoß** gegen das **Gleichbehandlungsgebot**, wenn er eine geeignete Arbeitnehmerin nur deshalb nicht einstellt, weil sie schwanger ist.

Zwar kann nicht übersehen werden, dass in den Zeiten einer Schwangerschaft immer ein etwas größeres Krankheitsrisiko besteht; dies ist aber nicht ausreichend, um die Frage für zulässig zu erachten. Eine Verweigerung der Einstellung aufgrund der finanziellen Auswirkungen der möglichen krankheitsbedingten Fehlzeiten während der Schwangerschaft ist daher eine Weigerung, die im Wesentlichen ihren Grund in der Schwangerschaft als solcher hat. Diese Diskriminierung kann nicht mit den finanziellen Nachteilen gerechtfertigt werden, welche der Arbeitgeber im Fall einer Einstellung einer schwangeren Frau während deren Mutterschaftsurlaub erleiden würde.
Das Bundesarbeitsgericht (BAG 15.10.1992 – 2 AZR 227/92) hat sich der Rechtsprechung des Europäischen Gerichtshofs angeschlossen. Daher ist von der Unzulässigkeit der Frage in fast allen Fällen auszugehen. Wenn ein Arbeitgeber eine Bewerberin für geeignet hält, ist die Verweigerung der Einstellung wegen einer Schwangerschaft stets eine unmittelbare Diskriminierung.

Eine Ausnahme galt nur dann, wenn die Frage aus Gründen des Schutzes der Gesundheit erforderlich war. So hat das Bundesarbeitsgericht (BAG 1.7.1993 – 2 AZR 25/93) entschieden, dass die Frage vor der Einstellung einer Arzthelferin ausnahmsweise dann sachlich gerechtfertigt ist, wenn das Fragerecht objektiv dem gesundheitlichen Schutz der Bewerberin und des ungeborenen Kindes dient. Im konkreten Fall (Arzthelferin in einer Praxis für Labormedizin, die mit infektiösem Material in Berührung kommen kann) war daher davon auszugehen, dass die Frage ausschließlich dem Schutz der Arbeitnehmerin diente. Damit befindet sich die Frage im Bereich der Richtlinie 76/207/EWG und verstößt nicht gegen Diskriminierungsverbote. Aber auch dieser Standpunkt wurde in der aktuellen Rechtsprechung zugunsten eines noch stärkeren Schutzes der betroffenen Arbeitnehmerin modifiziert.

Nach der derzeitigen Rechtsprechung des Bundesarbeitsgerichts ist daher das Fragerecht nach einer **Schwangerschaft** in allen Fällen **unzulässig**, es sei denn, es geht um eine befristete Einstellung und für den Fall der Einstellung würde ein Beschäftigungsverbot greifen, was zur Folge hätte, dass die Arbeitnehmerin überhaupt nicht zur Arbeitsleistung eingesetzt werden könnte (BAG 6.2.2003 – 2 AZR 621/01). Die Arbeitsgerichte müssen die Auslegung innerstaatlichen Rechts so weit wie möglich am Wortlaut und Zweck einschlägiger gemeinschaftsrechtlicher Richtlinien auslegen, um das mit ihnen verfolgte Ziel zu erreichen.

Da die befristet eingestellte Arbeitnehmerin zumindest für einige Zeit arbeiten konnte und im Übrigen der Arbeitgeber die Möglichkeit hat, das ärztliche Beschäftigungsverbot überprüfen zu lassen, war die Frage unzulässig und die wahrheitswidrige Antwort somit unschädlich. Das Arbeitsverhältnis kann somit nicht mit Erfolg vom Arbeitgeber angefochten werden. Die wirtschaftliche Belastung des Arbeitgebers hierdurch ist auch nicht als unverhältnismäßig hoch anzusehen, weil die Arbeitnehmerin entweder nach Ablauf der Schutzfrist die Arbeit wieder aufnimmt oder für einige Zeit Elternzeit nehmen kann.

> **Zusammenfassung:**
> Momentan wird (noch) die Ansicht vertreten, dass dann, wenn es um eine befristete Einstellung geht und wegen eines Beschäftigungsverbots nicht gearbeitet werden kann, dies die einzige Variante ist, in welcher das Fragerecht nach der Schwangerschaft (möglicherweise) zulässig ist. Es kann aber damit gerechnet werden, dass künftig das Fragerecht nach der Schwangerschaft generell für unzulässig erachtet wird.

Fragen zur Begründung des Arbeitsverhältnisses

EU-Richtlinie zum Schwangerenschutz

Nach europäischem Gemeinschaftsrecht ist eine jede Benachteiligung einer schwangeren Bewerberin bei der Einstellung in ein unbefristetes Arbeitsverhältnis wegen eines Verstoßes gegen die Richtlinie 76/207/EWG unzulässig, wenn die Bewerberin nach Ablauf der gesetzlichen Schutzfristen die Arbeit wieder aufnehmen kann. Das gilt auch dann, wenn sie zu Beginn des Arbeitsverhältnisses wegen eines gesetzlichen Beschäftigungsverbots nicht tatsächlich beschäftigt werden kann. Die Benachteiligung würde in derartigen Fällen eindeutig auf dem Geschlecht beruhen.

In Übereinstimmung mit dieser Rechtsprechung ist es daher geboten, dass die Frage des Arbeitgebers nach einer Schwangerschaft vor einer geplanten unbefristeten Einstellung der Frau regelmäßig gegen § 2 Abs. 1, § 3 Abs. 1 Satz 2 AGG verstößt und daher unzulässig ist. Wenn die Frage wahrheitswidrig verneint werden sollte, liegt darin keine arglistige Täuschung im Sinne des § 123 Abs. 1 BGB, was auch dann der Fall ist, wenn für die vereinbarte Tätigkeit (zunächst) ein Beschäftigungsverbot nach dem Mutterschutzgesetz (MuSchG) bestehen sollte.

10. Kann nach einer Schwerbehinderteneigenschaft oder der entsprechenden Antragstellung zulässigerweise gefragt werden?

Fall:
Herr Moser ist seit etwa fünf Jahren wegen der Spätfolgen eines schweren Betriebsunfalls, den er sich bei seinem letzten Arbeitgeber zugezogen hat, mit einem Grad von 50 % behindert und hat einen entsprechenden Ausweis. Auf seine vormalige Tätigkeit als Maurermeister und Bauleiter hatte dies bei seinem früheren Arbeitgeber keinen Einfluss. Nach der Insolvenz des vormaligen Arbeitgebers hat er sich seit sieben Monaten insgesamt zwölfmal erfolglos bei einem neuen Arbeitgeber um eine Stelle bemüht. Er erhält immer die Antwort, dass er zwar fachlich geeignet sei, dass man ihn aber nicht »so recht« brauchen könne. Bei der letzten Bewerbung hat er nichts von der anerkannten Behinderung erwähnt und bekam die Stelle. Vier Wochen später erhielt der Arbeitgeber durch Zufall Kenntnis vom Schwerbehindertenstatus.

Frage nach einer Schwerbehinderung

Darum geht es:
Muss Herr Moser befürchten, dass der Arbeitgeber mit Erfolg sein Arbeitsverhältnis anficht? Kann der Arbeitgeber wegen der Nichtoffenbarung einer bestehenden Schwerbehinderteneigenschaft ein Arbeitsverhältnis anfechten? Muss ein laufendes Antragsverfahren mitgeteilt werden?

Antwort

Bis vor einiger Zeit war unbestritten, dass der Arbeitgeber ohne Einschränkungen nach einer bestehenden Schwerbehinderteneigenschaft, nach einer Gleichstellung und nach dem Grad der Behinderung zulässigerweise fragen darf.

Es hat nämlich auf das zu begründende Arbeitsverhältnis erhebliche Auswirkungen, ob der Bewerber schwerbehindert ist oder nicht: Einem Schwerbehinderten steht Zusatzurlaub zu. Ab dem siebten Monat der Beschäftigung bedarf die Kündigung der Zustimmung des Integrationsamts, was für den Arbeitgeber einschneidende Bedeutung hat.

Aus diesen Umständen wurde bisher hergeleitet, dass der Arbeitgeber ein berechtigtes Interesse daran hat, zu wissen, ob der Bewerber unter den Schutzbereich des Schwerbehindertenrechts fällt oder nicht. Das Bundesarbeitsgericht hat daher in seiner bisherigen Rechtsprechung sich dafür ausgesprochen, dass es mit dem System des Schwerbehindertenschutzes nicht vereinbar ist, wenn schwerbehinderte Menschen aufgrund falscher Angaben über ihren Schwerbehindertenstatus eingestellt werden und erst nach Ablauf der Sechsmonatsfrist dem Arbeitgeber ihre Schwerbehinderung mitteilen, um die entsprechenden Vorteile zu realisieren. Wer den gesetzlichen Schwerbehindertenschutz in Anspruch nimmt, kann nicht darauf angewiesen sein, ihn auf der Grundlage einer »Notlüge« bei der Einstellungsverhandlung zu verwirklichen.

Mittlerweile ist es fraglich, ob daran noch festgehalten werden kann. Im Bundesteilhabegesetz (SGB IX) ist bei den arbeitsrechtlichen Bestimmungen (§§ 161 ff.) ein **verstärkter Schutz** der behinderten Menschen in allen Bereichen, auch bei der Begründung des Arbeitsverhältnisses, geregelt. Hieraus kann geschlossen werden, dass der Arbeitgeber nach wie vor nach Behinderungen und deren körperlichen Auswirkungen fragen darf; das Fragerecht besteht aber regelmäßig nur, wenn es wegen der Behinderung zu einer Beeinträchtigung der auszuübenden Tätigkeit kommt oder kommen kann. Genannt sei hier folgendes Beispiel: Ein Fahrer mit einer

Fragen zur Begründung des Arbeitsverhältnisses

Unterschenkelprothese bewirbt sich auf einen Lkw-Fahrer-Arbeitsplatz. Bisher konnte er trotz seiner Behinderung die Tätigkeit als Fahrer problemlos ausüben. Bei der beabsichtigten Tätigkeit ist aber auch gelegentliches Steigen auf den Kran des Lkw zur Containerentleerung nötig, wobei Gefährdungen für den Arbeitnehmer auftreten können.

In diesem Fall ist von derartigen **Beeinträchtigungen** nicht die Rede, so dass der Arbeitnehmer nicht mit einer erfolgreichen Anfechtung des Arbeitsverhältnisses rechnen muss.

Derzeit stellt das Bundesarbeitsgericht bei dieser Rechtsfrage darauf ab, ob das Arbeitsverhältnis schon unter das Kündigungsschutzgesetz fällt oder ob dies noch nicht der Fall ist (BAG 16.2.2012 – 6 AZR 553/10). Die Frage des Arbeitgebers nach der Schwerbehinderung bzw. einem diesbezüglich gestellten Antrag ist im bestehenden Arbeitsverhältnis jedenfalls nach sechs Monaten, also ggf. nach Erwerb des Behindertenschutzes gemäß §§ 168 ff. SGB IX, zulässig. Das gilt vor allem zur Vorbereitung von beabsichtigten Kündigungen seitens des Arbeitgebers.

> **Zusammenfassung:**
> Die Frage nach der **Schwerbehinderung** im Vorfeld einer Kündigung diskriminiert den Arbeitnehmer nicht wegen seiner Behinderung unmittelbar im Sinne des § 3 Abs. 1 Satz 1 AGG. Auch datenschutzrechtliche Belange stehen der Zulässigkeit der Frage nach einer Schwerbehinderung eindeutig nicht entgegen. Antwortet der Arbeitnehmer wahrheitswidrig auf die ihm rechtmäßig gestellte Frage nach seiner Schwerbehinderung, ist es ihm unter dem Gesichtspunkt des widersprüchlichen Verhaltens verwehrt, sich auf seine Schwerbehinderteneigenschaft zu berufen. Für Neueinstellungen oder Arbeitsverhältnisse, die noch keine sechs Monate Bestand gehabt haben, ist diese Entscheidung allerdings ohne Relevanz.

Wichtige Begriffe

Ziel des Fragerechts

Es geht bei dieser Frage in der Praxis nicht immer darum, ob der schwerbehinderte Bewerber tatsächlich seine Arbeitsleistung ohne Beeinträchtigungen erbringen kann, sondern meist um die Problematik, ob die sonstigen Rechte aus den arbeitsrechtlichen Bestimmungen des SGB IX (Zusatzurlaub, Sonderkündigungsschutz ab dem 7. Monat der Beschäftigung usw.) von Relevanz sind. Viele Arbeitgeber erachten dies als zusätzliche Belastungen und zahlen eher die Ausgleichsabgabe, bevor sie schwerbehinderte Arbeitnehmer einstellen.

Unzulässigkeit diskriminierender Fragen

Nach der EU-Richtlinie zur Festlegung eines allgemeinen Rahmens für die Verwirklichung der Gleichbehandlung in Beschäftigung und Beruf (2000/78/EG) vom 27.11.2000 soll eine Grundlage zur Bekämpfung der Diskriminierung auch wegen einer Behinderung herbeigeführt werden. Wenn im konkreten Einzelfall festgestellt werden kann, dass die Frage gestellt wird, um die Schwerbehinderung eines für den Arbeitsplatz (ansonsten) geeigneten Bewerbers offenzulegen, ist die Frage stets unzulässig. Anders wäre es, wenn es darumgehen würde, spezielle arbeitsplatzbezogene Kriterien aufzuklären, vor allem die körperliche Geeignetheit des Bewerbers. Nach der derzeitigen Rechtslage ist daher im Ergebnis davon auszugehen, dass derartige Fragen als diskriminierend und somit als unzulässig anzusehen sind.

Offensichtlich bestehende Schwerbehinderteneigenschaft

Bereits von der bisherigen, vor dem SGB IX ergangenen Rechtsprechung des Bundesarbeitsgerichts wurde anerkannt, dass die Falschbeantwortung der Frage nach der Schwerbehinderung des Arbeitnehmers den Arbeitgeber dann nicht zur Anfechtung des Arbeitsvertrags berechtigt, wenn die Schwerbehinderteneigenschaft für den Arbeitgeber offensichtlich war und deshalb bei ihm ein Irrtum nicht entstanden sein konnte (BAG 18.10.2000 – 2 AZR 380/99).

Dies folgt daraus, dass der Tatbestand der arglistigen Täuschung nach § 123 Abs. 1 BGB voraussetzt, dass durch die Handlung beim Erklärungsgegner ein Irrtum über den wahren Sachverhalt hervorgerufen wird; zwischen der Täuschungshandlung und dem Irrtum muss ein Kausalzusammenhang bestehen. An einem Irrtum fehlt es allerdings, wenn derjenige, der getäuscht werden soll, die wahren Verhältnisse kennt. In einer derartigen Situation muss daher der betroffene Arbeitnehmer nicht befürchten, seinen Arbeitsplatz durch Anfechtung des Arbeitsvertrags zu verlieren.

> **Praxishinweis: Benachteiligung bei der Einstellung**
> Beweist ein schwerbehinderter Beschäftigter oder Bewerber Indizien, die eine Benachteiligung wegen seiner Behinderung vermuten lassen, trägt der Arbeitgeber nach § 22 AGG die Beweislast dafür, dass kein Verstoß gegen die Bestimmungen zum Schutz vor Benachteiligungen vorliegt (BAG

Fragen zur Begründung des Arbeitsverhältnisses

21.7.2009 – 9 AZR 431/08). Entsprechendes gilt für Hilfstatsachen, auf die sich der schwerbehinderte Bewerber bei einem Schadensersatzprozess berufen kann. Die Vermutung eines Verstoßes gegen das Verbot der Benachteiligung schwerbehinderter Menschen aus § 164 Abs. 2 Satz 1 SGB IX leitet sich in der Praxis regelmäßig aus dem Umstand der unterbliebenen Einladung zum Vorstellungsgespräch entgegen § 165 Satz 2 SGB IX ab. Damit kann es dem Arbeitnehmer gelingen, den Beweis der Benachteiligung zu führen.

Der Entschädigungsanspruch setzt einen Verstoß gegen das in § 164 Abs. 2 Satz 1 SGB IX geregelte Verbot der Benachteiligung schwerbehinderter Beschäftigter voraus. Danach darf der Schwerbehinderte nicht »wegen seiner Behinderung« benachteiligt werden. Die Behinderung muss (mit)ursächlich für die benachteiligende Handlung gewesen sein. Das ist immer dann nicht der Fall, wenn der Arbeitgeber beweisen kann, dass ausschließlich andere Gründe erheblich waren. Diesen Beweis kann er auch mit solchen Gründen führen, welche die Benachteiligung nicht ohne weiteres objektiv sachlich rechtfertigen. Die Bestimmungen in § 164 Abs. 2 Satz 1, § 165 Satz 2 SGB IX in Verbindung mit § 15 Abs. 2 AGG schützen das Recht des Bewerbers auf ein diskriminierungsfreies Bewerbungsverfahren.

Entschädigungsanspruch eines abgelehnten Bewerbers – behauptete Benachteiligung wegen einer Behinderung

Bei diesen Fragen wird es in der gerichtlichen Praxis darauf ankommen, inwieweit ein abgelehnter Bewerber um eine Arbeitsstelle nachweisen kann, dass er wegen einer bestehenden Behinderung nicht für den Arbeitsplatz in Erwägung gezogen wurde, obwohl er die geforderten Arbeiten hätte erbringen können. Es stellt sich hier die Problematik, ob der abgelehnte Bewerber die Gründe der Auswahlentscheidung des Arbeitgebers erfahren kann. Diesen Anspruch hat die Rechtsprechung allerdings – überwiegend – abgelehnt. Ein Arbeitgeber ist nicht dazu verpflichtet, die Beteiligten unverzüglich gemäß § 164 Abs. 1 Satz 9 SGB IX über die Gründe seiner Auswahlentscheidung bei den Bewerbungen zu unterrichten, wenn er die Beschäftigungsquote erfüllt (BAG 21.2.2013 – 8 AZR 180/12).

IV. Auswirkungen anderer Gesetze auf das Arbeitsrecht

11. Welche Auswirkungen hat das Allgemeine Gleichbehandlungsgesetz (AGG) im Falle einer Benachteiligung wegen des Alters?

Fall:
Eine seit Monaten arbeitslose 46-jährige Sekretärin bewirbt sich bei einem Versicherungsbüro, in dem etwa 30 Beschäftigte tätig sind. Sie erfüllt alle beruflichen Anforderungen der ausgeschriebenen Stelle. Nach dem Bewerbungsgespräch erklärt ihr der Geschäftsführer der Gesellschaft:
»Die Anforderungen des Arbeitsplatzes würden Sie wohl schon erfüllen, aber ältere Beschäftigte werden bestimmt immer wieder krank und dies belastet vor allem kleinere Betriebe. Wenn Sie dann wenigstens gut aussehen würden. Sie waren leider vor drei Jahren schwer erkrankt und auch in Bezug auf das Aussehen ist es in unserem Büro mit Publikumsverkehr besser, wenn attraktive, junge Gesichter da sind. Also wird dies leider nichts mit der Arbeit bei uns.«
Die Bewerberin fühlt sich durch das Verhalten des Versicherungsbüros diskriminiert.

Darum geht es:
Welche durchsetzbaren Rechte stehen der Bewerberin wegen einer Benachteiligung wegen ihres Alters nach dem AGG zu?

Antwort

Nach § 1 AGG ist Ziel des Gesetzes, Benachteiligungen aus Gründen der Rasse oder wegen der ethnischen Herkunft, des Geschlechts, der Religion oder Weltanschauung, einer Behinderung, des Alters oder der sexuellen Identität zu verhindern oder zu beseitigen. Im Grundsatz untersagt ist hierbei die unmittelbare Benachteiligung, die mittelbare Benachteiligung, die Belästigung, die sexuelle Belästigung und die Anweisung zur Benachteiligung.
In der konkreten Situation kann eine Benachteiligung wegen des Alters in Betracht kommen, was beim Einstellungsgespräch – das scheiterte – we-

gen der Befürchtungen der Arbeitgeberseite aufgrund vermuteter häufiger Erkrankungen so zum Ausdruck kam. Der Begriff des Alters im Sinne des § 3 Abs. 1 AGG meint eindeutig das Lebensalter.

Nach § 3 Abs. 1 AGG liegt eine unmittelbare Benachteiligung vor, wenn eine Person wegen der in der gesetzlichen Bestimmung genannten Diskriminierungsmerkmale – also auch in Bezug auf das Alter – eine weniger günstige Behandlung erfährt, als eine andere Person in einer vergleichbaren Situation erfährt, erfahren hat oder erfahren würde. Die unmittelbare Benachteiligung setzt allerdings nicht voraus, dass die Person absichtlich handelt, was in der Praxis oftmals übersehen wird.

Zu beachten ist in diesem Zusammenhang, dass das Allgemeine Gleichbehandlungsgesetz nicht nur eine tatsächliche, sondern schon eine hypothetische Benachteiligung untersagt (»... erfahren würde ...«). Damit erfasst das Allgemeine Gleichbehandlungsgesetz nicht nur die Fälle, in denen ein Arbeitnehmer gegenüber einem anderen Arbeitnehmer real benachteiligt wird. Vielmehr greift das Gesetz immer dann ein, wenn ein Arbeitgeber eine Vergleichsperson möglicherweise günstiger behandelt hätte. Im konkreten Fall wird sich daher die (schwierige) Frage stellen, wie eine solche hypothetisch günstigere Behandlung der **Vergleichsperson** ausgesehen hätte und ob dies vom Arbeitgeber zu widerlegen ist. **Dies bedeutet:** Wäre die Stellenbewerberin deutlich jünger gewesen, wäre sie dann von der Personalleitung des Unternehmens eingestellt worden?

In einem bereits bestehenden Arbeitsverhältnis haben Verletzungen des Allgemeinen Gleichbehandlungsgesetzes aus Sicht des Arbeitnehmers folgende Rechtsfolgen:
1. Wenn eine ungerechtfertigte Benachteiligung durch den Arbeitgeber oder Beschäftigte des Arbeitgebers vorliegt, stellt dies zunächst eine **Vertragsverletzung** dar. Darüber hinaus haben die Beschäftigten nach § 13 AGG ein Beschwerde- und nach § 14 AGG ein Leistungsverweigerungsrecht.
2. § 15 Abs. 1 AGG enthält einen Anspruch gegen den Arbeitgeber auf Entschädigung und **Schadensersatz**. Der Arbeitgeber hat dem Arbeitnehmer damit zunächst den ihm entstandenen materiellen Schaden zu ersetzen, soweit ihn ein Verschulden trifft. Eine Begrenzung der Haftung der Höhe nach ist im Gesetz nicht vorgesehen.
3. Nach § 15 Abs. 2 AGG haftet der Arbeitgeber für einen Schaden, der nicht Vermögensschaden ist. Dieser Anspruch ist verschuldensunabhängig. Eine Haftungsbegrenzung der Höhe nach gibt es ebenfalls nicht. Die Entschädigung soll nach dem Gesetzeswortlaut »angemessen« sein, womit nach der Rechtsprechung des Europäischen Gerichts-

hofs Entschädigungen gemeint sind, die eine »abschreckende Wirkung« haben.

> **Zusammenfassung:**
> Ist die Einstellung abgelehnt worden, also ein Arbeitsverhältnis noch nicht begründet worden, kann es bei der Sanktion nur um zwei Möglichkeiten gehen:
> - Gibt es einen **Einstellungsanspruch** oder
> - regelt sich der Verstoß gegen das Allgemeine Gleichbehandlungsgesetz (wenn er sich nachweisen lässt) nach den Kriterien des **Schadensersatzrechts?**
>
> Ein Einstellungsanspruch lässt sich aus dem Allgemeinen Gleichbehandlungsgesetz nicht herleiten – die Bestimmung des § 15 Abs. 6 bringt klar zum Ausdruck, dass dieser Anspruch nicht existiert. Es kann daher nur der Versuch unternommen werden, einen Schadensersatzanspruch wegen der diskriminierenden Nichteinstellung zu realisieren.

> **Praxishinweis: Formulierung von Stellenanzeigen**
> Sofern Stellenanzeigen diskriminierenden Inhalt haben sollten, stellt dies einen Verstoß gegen das Allgemeine Gleichbehandlungsgesetz dar. Allerdings dürfen hier keine überspannten Anforderungen gestellt werden. Beispielsweise ist eine Stellenausschreibung, die für eine Stelle als Kfz-Mechaniker im Kleinbetrieb die Eigenschaften »flexibel und belastbar« aufführt, noch kein Indiz dafür, dass behinderten oder älteren Bewerbern Nachteile drohen würden (LAG Nürnberg 19. 2. 2008 – 6 Sa 675/07).

Wenn sich etwa der Arbeitgeber gegen einen schwerbehinderten Bewerber mit der Begründung entscheiden sollte, dieser Bewerber wäre ihm deswegen als weniger geeignet erschienen, weil er die gesuchte Tätigkeit bisher nur ausgeübt habe, wenn »Not am Mann« gewesen sei, und er dies so wörtlich im Bewerbungsschreiben ausgeführt hat, kann kein Entschädigungsanspruch zugunsten des abgelehnten Bewerbers entstehen.

Zulässigkeit von Stellenanzeigen, die »Junge Bewerber/innen« suchen

Wenn in einer Stellenanzeige »junge« Bewerber gesucht werden, liegt regelmäßig ein Verstoß gegen § 11 AGG vor, weil damit das Alter als Einstellungsvoraussetzung genannt ist. Ein Verstoß gegen die Verpflichtung, einen Arbeitsplatz nicht unter Verstoß gegen das Benachteiligungsverbot aus § 7 Abs. 1 AGG auszuschreiben, kann die Vermutung begründen, die Benachteiligung bei der Stellenbesetzung sei wegen des in der Ausschreibung bezeichneten Merkmals erfolgt (BAG 19.8.2010 – 8 AZR 530/09).

Zur Widerlegung der Vermutung einer Benachteiligung wegen des Alters muss der Arbeitgeber das Gericht davon überzeugen, dass die Benachteiligung gerade nicht auf dem Alter beruht. Er muss daher somit Tatsachen vortragen und ggf. beweisen, aus denen sich ergibt, dass es ausschließlich andere Gründe waren als das Alter, die zu der weniger günstigen Behandlung geführt haben. Dies dürfte für den Arbeitgeber in der Regel nicht allzu einfach werden.

Sofern der – abgelehnte – Bewerber in dieser Situation einen Entschädigungsanspruch gemäß § 15 Abs. 2 Satz 1 AGG geltend macht, setzt dieser weder ein Verschulden des Arbeitgebers voraus noch bedarf es der gesonderten Feststellung, dass tatsächlich ein sog. immaterieller Schaden beim Stellenbewerber entstanden ist. Wenn der Bewerber auch bei benachteiligungsfreier Auswahl nicht eingestellt worden wäre – was in der Praxis immer wieder vorkommt –, wird vom Arbeitsgericht zunächst die Höhe einer angemessenen und summenmässig nicht begrenzten Entschädigung ermittelt und diese dann, wenn sie drei Monatsgehälter übersteigen sollte, gekappt.

Im Rahmen der Geltendmachung eines Schadensersatzanspruchs nach § 15 Abs. 1 AGG trifft den Stellenbewerber immer die konkrete Darlegungs- und Beweislast dafür, dass er als der am besten geeignete Bewerber bei diskriminierungsfreier Auswahl die Stelle erhalten hätte. Das kann in der Praxis eine erhebliche Hürde werden, erfolgreich bei einer Ablehnung Schadensersatzansprüche durchzusetzen.

Darf das Wort »Junior ...« zulässigerweise verwendet werden?

Weil nach den obigen Ausführungen von der Suche nach »jungen Bewerbern« nachhaltig abzuraten ist, findet sich in Stellenanzeigen wie auch bei Bewerbungsgesprächen immer wieder, dass ein »Junior ...« gesucht wird, wobei dieses Wort meist in Zusammenhang mit der Berufsbezeichnung steht. Nach der Bestimmung des § 3 Abs. 1 Satz 1 AGG liegt eine unmittelbare Benachteiligung dann vor, wenn ein Beschäftigter wegen eines in § 1 AGG genannten Grundes (somit auch des Alters) eine weniger günstige Behandlung erfährt, als eine andere Person in einer vergleichbaren Situation erfährt, erfahren hat oder erfahren würde.

> **Zusammenfassung:**
> Eine weniger günstige Behandlung wegen des Alters ist bereits dann gegeben, wenn die Benachteiligung an das Alter anknüpft oder dadurch motiviert ist. Es reicht aus, dass das Alter Teil eines Motivbündels ist, welches die Entscheidung beeinflusst hat, ohne dass es auf ein schuldhaftes Verhalten oder eine Benachteiligungsabsicht ankommt. Allein aus der Bezeichnung von »Junior …« kann dies allerdings nicht immer abgeleitet werden.

Mit der Voranstellung des Wortes »Junior« vor der Stellenbezeichnung wird regelmäßig nicht auf das Alter des gewünschten Stelleninhabers, sondern meist allein auf dessen Stellung in der betrieblichen Hierarchie des möglichen Arbeitgebers hingewiesen (LAG Berlin-Brandenburg 21.7.2011 – 5 Sa 847/11). Das Wort »Junior« bedeutet zwar auch »jung«, wird es aber in Zusammenhang mit einer betrieblichen Stellung verwendet, bedeutet es »von geringerem Dienstalter« bzw. »von niedrigerem Rang«, also zumeist ohne Bezug zum Alter des betreffenden Mitarbeiters.

Mit dieser Bedeutung wird es allgemein auch im Deutschen verwendet, wenn es um die Bezeichnung einer betrieblichen Rangstellung geht. Das Alter der Mitarbeiter spielt hierfür keine Rolle. Inhaber von »Junior«-Positionen sind in der betrieblichen Hierarchie regelmäßig Mitarbeiter, die in einem Team höherrangigen Mitarbeitern unterstellt sind und einen geringeren Verantwortungsbereich als diese haben. Häufig ist ihnen ein »Senior« als Vorgesetzter übergeordnet, ohne dass auch dieser regelmäßig ein höheres Lebensalter haben müsste.

Bewerberstatus

Bei manchen Bewerbungen und den Versuchen, bei Ablehnung einen Schadensersatzanspruch herzuleiten, stellt sich die Frage nach dem Bewerberstatus. Rein formell betrachtet würde er immer vorliegen, wenn sich wer auf eine bestimmte zu besetzende Stelle bewirbt. Allerdings gibt es Situationen, bei denen zwischen den Anforderungen und den tatsächlich vorhandenen Fähigkeiten und Kenntnissen des Bewerbers eine deutliche Diskrepanz liegt.

Für den Bewerberstatus kam es vormals nicht ausschließlich darauf an, ob der Bewerber für die ausgeschriebene Tätigkeit objektiv geeignet ist, wenn nicht ein krasses Missverhältnis zwischen dem Anforderungsprofil der zu vergebenden Stelle und der Qualifikation des Bewerbers gerade die Ernsthaftigkeit seiner Bewerbung in Frage stellen lässt (BAG 19. 8. 2010 – 8 AZR 466/09). Das Vorliegen einer vergleichbaren Situation im Sinne des § 3 AGG setzte voraus, dass der Bewerber objektiv für die Stelle geeignet ist, denn vergleichbar (nicht: gleich) ist die Auswahlsituation nur für Arbeitnehmer, die alle die erforderliche objektive Eignung für die zu besetzende Stelle aufweisen.

Die aktuelle Rechtsprechung sieht diese Punkte etwas anders (BAG 19. 5. 2016 – 8 AZR 470/14). Die »objektive Eignung« des/der Bewerbers/in ist kein Kriterium der »vergleichbaren Situation« oder der vergleichbaren Lage im Sinne von § 3 Abs. 1 und 2 AGG und deshalb nicht (mehr) Voraussetzung für einen Anspruch nach § 15 Abs. 1 und Abs. 2 AGG. Schreibt der Arbeitgeber eine Stelle unter Verstoß gegen § 11 AGG aus, begründet dies die Vermutung gemäß § 22 AGG, dass der/die erfolglose Bewerber/in im Auswahlverfahren wegen eines Grundes gemäß § 1 AGG benachteiligt wurde. § 6 Abs. 1 AGG enthält einen formalen Bewerberbegriff und auf die »subjektive Ernsthaftigkeit« der Bewerbung kommt es nicht an.

> **Zusammenfassung:**
> Der Arbeitgeber kann nicht mit dem Argument eine Schadensersatzklage wegen benachteiligender Stellenausschreibung abwenden, der Interessent hätte die Stelle, wenn er sie bekommen hätte, gar nicht angetreten und er habe gar kein Interesse an der Arbeitsstelle gehabt und sich nur aus anderen Gründen – wegen einer möglichen Entschädigung – beworben.

Kausalzusammenhang erforderlich

Nur wenn ein Kausalzusammenhang zwischen der nachteiligen Behandlung und dem Alter nachgewiesen werden kann, ist eine Diskriminierung im Bewerbungsverfahren zu bejahen. Ein **Kausalzusammenhang** ist anzunehmen, wenn die Benachteiligung an das Alter anknüpft oder durch dieses motiviert ist. Dabei ist es grundsätzlich nicht erforderlich, dass der betreffende Grund das ausschließliche Motiv für das Handeln des Arbeitgebers ist. Ausreichend ist, dass das verpönte Merkmal Bestandteil eines Motivbündels ist, welches die Entscheidung beeinflusst hat. Auf ein schuldhaftes Handeln oder gar eine Benachteiligungsabsicht kommt es nicht an.

§ 22 AGG sieht im Hinblick auf den Kausalzusammenhang eine **Erleichterung der Darlegungslast, eine Absenkung des Beweismaßes und eine Umkehr der Beweislast** vor. Wenn der/die Bewerber/in Indizien beweist, welche eine Benachteiligung wegen eines in § 1 AGG genannten Grundes vermuten lassen, trägt nach § 22 AGG der Arbeitgeber die Beweislast dafür, dass kein Verstoß gegen die Bestimmungen zum Schutz vor Benachteiligung vorgelegen hat. Danach genügt es für den/die Bewerber/in, der/die sich durch eine Verletzung des Gleichbehandlungsgrundsatzes für beschwert hält, in Bezug auf die ihn obliegende Darlegungslast bereits, wenn von ihm Indizien im Rechtsstreit vorgetragen werden, welche mit überwiegender Wahrscheinlichkeit darauf schließen lassen, dass eine Benachteiligung wegen eines in § 1 AGG genannten Grundes erfolgt ist.

> **Beispiel:**
> Ein Indiz für die Vermutung einer unzulässigen altersbedingten Benachteiligung ist bei einem 36-jährigen Akademiker mit Berufserfahrung gegeben, wenn der Arbeitgeber in einer Stellenausschreibung für ein Traineeprogramm »Hochschulabsolventen/Young Professionals« sucht und die Ausschreibung sich ausdrücklich an »Berufsanfänger« richtet (BAG 24.1.2013 – 8 AZR 429/11; LAG Köln 20.11.2013 – 5 Sa 317/13).
> Der Arbeitgeber ist allerdings berechtigt, nur die von der Prüfungsnote her gesehen **besten Bewerber** in die engere Auswahl einzubeziehen, unabhängig davon, ob er bereits bei der Ausschreibung der Stelle ausdrücklich Mindestanforderungen an die Note der Abschlussprüfung des Studiums gestellt hat. Diese Grundsätze gelten entsprechend, wenn es um andere Berufsabschlussprüfungen geht, bei denen sich das Ergebnis in Noten oder Punkten darstellt.

Wann liegt ein Nachteil bei einer Einstellungs- oder Auswahlmaßnahme vor?

Ein Nachteil im Rahmen einer Auswahlentscheidung des Arbeitgebers, vor allem bei einer Einstellung und/oder Übertragung einer höherwertigen Tätigkeit, liegt bereits dann vor, wenn der Beschäftigte nicht in die Auswahl einbezogen wird. Die Benachteiligung ist somit in der Versagung der Chance zu sehen. Der Kausalzusammenhang zwischen nachteiliger Behandlung und Behinderung ist immer dann gegeben, wenn die Benachteiligung an die Behinderung anknüpft oder durch sie motiviert ist (BAG 17.8.2010 – 9 AZR 839/08).

Ausreichend ist es in diesem Zusammenhang, dass die Behinderung Bestandteil eines Motivbündels des Arbeitgebers ist, das seine Entscheidung beeinflusst hat. Es genügt, wenn vom Arbeitgeber unterlassene Maßnahmen objektiv geeignet sind, bestimmten Personen keine oder schlechtere Chancen einzuräumen. Ein schuldhaftes Handeln oder eine Benachteiligungsabsicht ist hierbei nicht erforderlich. Allerdings muss der betroffene Beschäftigte oder der Stellenbewerber nachweisen können, dass eine diskriminierende Benachteiligung tatsächlich gegeben ist.

Anforderungsprofil: Kenntnis der deutschen Sprache in Wort und Schrift

Diese Kriterien werden in Stellenanzeigen und bei Bewerbungsgesprächen immer wieder gestellt. Fraglich ist, ob darin eine **mittelbare Benachteiligung** gesehen werden kann. Eine mittelbare Benachteiligung im Sinne des § 3 Abs. 2 AGG liegt nicht vor, wenn die unterschiedliche Behandlung durch ein rechtmäßiges Ziel sachlich gerechtfertigt ist und die Mittel zur Erreichung dieses Ziels angemessen und erforderlich sind. Verlangt der Arbeitgeber von seinen Arbeitnehmern und daher auch von den Stellenbewerbern Kenntnisse der deutschen Schriftsprache, damit sie schriftliche Arbeitsanweisungen verstehen und die betrieblichen Aufgaben so gut wie möglich erledigen können, verfolgt er damit regelmäßig ein sachlich gerechtfertigtes Ziel (BAG 28. 1. 2010 – 2 AZR 764/08). Eine Diskriminierung – auch eine mittelbare – kann darin nicht gesehen werden.

Rechtmäßige Ziele gemäß § 3 Abs. 2 AGG können nicht diskriminierend sein und sind daher immer als legale Ziele einzuordnen. Dazu gehören auch bestimmte Ziele des Arbeitgebers, etwa betriebliche Notwendigkeiten und Anforderungen an persönliche Fähigkeiten des Arbeitnehmers. Das vom Arbeitgeber mit der Forderung ausreichender Kenntnisse der deutschen Schriftsprache verfolgte Ziel muss somit in Bezug auf die konkreten Notwendigkeiten am Arbeitsplatz bestehen. Wenn sich die berufliche Anforderung der Kenntnis der deutschen Schriftsprache für die Arbeitnehmer ergibt, kann dieses Kriterium gefordert werden.

Der Arbeitgeber hat das durch Art. 12 GG geschützte Recht, der unternehmerischen Tätigkeit so nachzugehen, dass er damit am Markt bestehen kann. Er darf auch die sich hieraus ergebenden beruflichen Anforderungen an seine Mitarbeiter stellen. Wenn er aus nicht willkürlichen Erwägungen schriftliche Arbeitsanweisungen gibt und Schriftkenntnisse voraussetzende Tätigkeiten seiner Arbeiter vorsieht, kann dies nicht beanstandet werden. Es ist nicht Sinn der Diskriminierungsverbote, dem Arbeitgeber eine Arbeitsorganisation vorzuschreiben, die nach seiner Vorstellung zu schlechten Arbeitsergebnissen führt.

Anforderungsprofil: Prüfungsergebnisse

Zulässig ist es, in Stellenausschreibungen Anforderungen an das Ergebnis einer beruflichen Abschlussprüfung der Bewerber zu stellen. Eine Stellenanzeige etwa, die sich an Bewerber mit einem Prüfungsabschluss mit »überdurchschnittlich gut« richtet, verlangt eine »gute« und sodann sogar eine »überdurchschnittlich gute« Prüfung, also nicht nur ein bloß »überdurchschnittliches«, sondern herausragendes Zeugnis (BAG 14. 11. 2013 – 8 AZR 997/12). Wenn somit ein abgelehnter Bewerber wegen der objektiven Ungeeignetheit für die ausgeschriebene Stelle ausscheidet, dann scheitert daran auch ein möglicher Entschädigungsanspruch wegen einer eventuell vorliegenden mittelbaren Diskriminierung. Ein vom konkreten Bewerbungsverfahren losgelöster, einer »Popularklage« ähnelnder Anspruch auf Unterlassung künftiger diskriminierender Ausschreibungen bzw. auf künftige diskriminierungsfreie Neuausschreibungen kann mit dem AGG nicht begründet werden.

Schadensersatzanspruch

Nach § 11 AGG darf ein Arbeitsplatz nicht unter Verstoß gegen § 7 Abs. 1 AGG ausgeschrieben werden. Das AGG knüpft allerdings an einen Verstoß gegen § 11 AGG keine unmittelbaren Rechtsfolgen. Der Arbeitgeber schuldet einem/einer abgelehnten Bewerber/in eine Entschädigung oder Schadensersatz nicht allein deshalb, weil die Stellenausschreibung Formulierungen, insbesondere Anforderungen enthält, welche »auf den ersten Blick« den Anschein erwecken, der Arbeitgeber habe den Arbeitsplatz unter Verstoß gegen § 11 AGG ausgeschrieben.

Wenn der Arbeitgeber allerdings eine Stelle unter Verstoß gegen § 11 AGG ausschreiben sollte, dann kann dies allerdings die Vermutung gemäß § 22 AGG begründen, dass der/die erfolglose Bewerber/in im Auswahl-/Stellenbesetzungsverfahren wegen eines Grundes nach § 1 AGG benachteiligt wurde. Zwar verweist § 11 AGG nur auf § 7 Abs. 1 AGG; dennoch muss die Bestimmung so ausgelegt werden, dass ein Verstoß gegen das Benachteiligungsverbot des § 7 Abs. 1 AGG nicht vorliegt, wenn die mögliche mittelbare Benachteiligung nach § 3 Abs. 2 AGG oder die unmittelbare Benachteiligung nach §§ 8, 9 oder § 10 AGG gerechtfertigt ist.

Dies hat zur Folge, dass bei Formulierungen, insbesondere Anforderungen in Stellenausschreibungen, die eine unmittelbare Benachteiligung wegen eines in § 1 AGG genannten Grundes beinhalten, ein Verstoß gegen § 11 AGG nicht vorliegt, wenn die Diskriminierung nach §§ 8, 9 oder § 10 AGG zulässig ist und dass bei Formulierungen, vor allem Anforderungen in Stellenausschreibungen, die eine mittelbare Benachteiligung wegen eines in § 1 AGG genannten Grundes bewirken können, ein Verstoß gegen § 11 AGG ausscheidet, wenn die Anforderung durch ein rechtmäßiges Ziel sachlich gerechtfertigt und zur Erreichung dieses Ziels angemessen und erforderlich ist. Enthält eine Stellenausschreibung Formulierungen und Anforderungen, die »auf den ersten Blick« den Anschein erwecken, dass der Arbeitgeber den Arbeitsplatz unter Verstoß gegen § 11 AGG ausgeschrieben hat, dann kann dies die Vermutung nach § 22 AGG begründen, der/die erfolglose Bewerber/in wäre im Auswahl-/Stellenbesetzungsverfahren wegen eines in § 1 AGG genannten Grundes benachteiligt worden.

Rechtsmissbrauch darf nicht vorliegen
Sowohl ein Entschädigungsverlangen eines/einer erfolglosen Bewerbers/Bewerberin nach § 15 Abs. 2 AGG als auch sein/ihr Verlangen nach Ersatz des materiellen Schadens nach § 15 Abs. 1 AGG können einem Rechtsmissbrauchseinwand (§ 242 BGB) seitens des Arbeitgebers ausgesetzt sein. Rechtsmissbrauch ist dann anzunehmen, sofern eine Person sich nicht beworben haben sollte, um die ausgeschriebene Stelle zu erhalten, sondern es ihr darum gegangen ist, den formalen Status als Bewerber/in gemäß § 6 Abs. 1 Satz 2 AGG zu erlangen mit dem ausschließlichen Ziel, eine Entschädigung geltend zu machen. Sollte die Ausnutzung einer rechtsmissbräuchlich erworbenen Rechtsposition vorliegen, dann kann der Einwand der unzulässigen Rechtsausübung dem entgegenstehen (BAG 17. 3. 2016 – 8 AZR 677/14). Allerdings führt nicht jedes rechts- oder pflichtwidrige Verhalten zur Unzulässigkeit der Ausübung der hierdurch erlangten Rechtsstellung. Die Darlegungs- und Beweislast für das Vorliegen der Voraussetzungen, die den Einwand des Rechtsmissbrauchs begründen, trägt immer derjenige, der den Einwand geltend macht (BAG 18. 6. 2015 – 8 AZR 848/13), also der Arbeitgeber.

Nach § 1 AGG ist es das Ziel des AGG, Benachteiligungen aus den in dieser Bestimmung genannten Gründen zu verhindern oder zu beseitigen. Nach § 2 Abs. 1 Nr. 1 AGG wird auch der Zugang zur Beschäftigung vom sachlichen Anwendungsbereich des AGG erfasst. Aus diesem Grund fallen nicht nur Beschäftigte gemäß § 6 Abs. 1 Satz 1 AGG, sondern auch **Bewerber** für ein Beschäftigungsverhältnis nach § 6 Abs. 1 Satz 2 AGG unter den persönlichen Anwendungsbereich des Gesetzes, sie gelten danach als Beschäftigte. Mit diesen Bestimmungen hat der Gesetzgeber geregelt, dass nur derjenige den Schutz des AGG vor Diskriminierung beanspruchen kann, der auch tatsächlich Schutz vor Diskriminierung beim Zugang zur Erwerbstätigkeit sucht und eine Person, die mit ihrer Bewerbung nicht die betreffende Stelle erhalten, sondern nur die formale Position eines Bewerbers nach § 6 Abs. 1 Satz 2 AGG erlangen will mit dem alleinigen Ziel,

eine Entschädigung nach § 15 Abs. 2 AGG geltend zu machen, sich nicht auf den durch das AGG vermittelten Schutz berufen kann.
Eine Person, die ihre Position als Bewerber treuwidrig herbeiführt, missbraucht den vom AGG gewährten Schutz vor Diskriminierung. Die Feststellung einer **missbräuchlichen Praxis** erfordert das Vorliegen eines objektiven und eines subjektiven Elements. Hinsichtlich des objektiven Elements muss sich aus einer Gesamtwürdigung der objektiven Umstände ergeben, dass trotz formaler Einhaltung das Ziel dieser Regelung nicht erreicht wurde. In Bezug auf das subjektive Element muss aus einer Reihe objektiver Anhaltspunkte die Absicht ersichtlich sein, sich einen ungerechtfertigten Vorteil aus der Regelung dadurch zu verschaffen, dass die entsprechenden Voraussetzungen willkürlich geschaffen werden.

Hinweise zur Geltendmachung von Ansprüchen wegen Diskriminierung im Arbeitsrecht

1. Der von der Benachteiligung betroffene Arbeitnehmer muss die Ansprüche binnen zwei Monaten ab Kenntniserlangung schriftlich geltend machen. Hieran schließt sich eine Klagefrist von drei Monaten an.
2. Die Beweislast ist in § 22 AGG geregelt. Danach muss der benachteiligte Arbeitnehmer die Indizien beweisen, die eine Benachteiligung vermuten lassen. Das Gesetz gibt dem Arbeitgeber sodann auf zu beweisen, dass kein Verstoß gegen das Allgemeine Gleichbehandlungsgesetz vorliegt.
3. Eine unterschiedliche Behandlung wegen des Alters ist nur insoweit zulässig, soweit sie objektiv, angemessen und durch ein legitimes Ziel gerechtfertigt ist. Hierbei müssen die Mittel zur Erreichung dieses Ziels angemessen und erforderlich sein. Als Sachverhalte werden hierbei von § 10 AGG umfasst:
   - Altersgrenzen für den Zugang zur Beschäftigung und Bildung mit dem Ziel, die berufliche Eingliederung von Jugendlichen, älteren Beschäftigten und Personen mit Fürsorgepflichten zu fördern oder ihren Schutz sicherzustellen
   - Altersgrenzen für die Einstellung
   - Altersgrenzen bei der betrieblichen Altersversorgung
   - Altersgrenzen für die Beendigung eines Beschäftigungsverhältnisses
   - Altersgrenzen bei Sozialplanleistungen

Fragen zur Begründung des Arbeitsverhältnisses

> **Zusammenfassung:**
> Nach diesen Kriterien ist die Nichteinstellung der Stellenbewerberin nicht gerechtfertigt. Ein Schadensersatzanspruch ist dem Grunde nach gegeben. Anhaltspunkte für ein rechtsmissbräuchliches Verhalten der Bewerberin liegen keinesfalls vor.

Beweissituation

Für einen Entschädigungsanspruch nach § 15 Abs. 2 AGG muss immer die Benachteiligung wegen eines in § 1 AGG genannten Grundes erfolgt sein, es ist also ein Kausalzusammenhang erforderlich. Dieser ist dann anzunehmen, wenn die Benachteiligung an einen der in § 1 AGG genannten oder an mehrere der genannten Gründe anknüpft oder dadurch motiviert ist. Ausreichend ist, dass ein in § 1 AGG genannter Grund Bestandteil eines Motivbündels ist, das die Entscheidung beeinflusst hat (BAG 22. 10. 2009 – 8 AZR 642/08). Nach der gesetzlichen Beweisregelung gemäß § 22 AGG genügt es, dass der Arbeitnehmer oder Stellenbewerber im Streitfall Indizien beweisen kann, welche eine Benachteiligung wegen eines in § 1 AGG genannten Grundes vermuten lassen. Sodann trägt der Arbeitgeber die Beweislast dafür, dass kein Verstoß gegen die Bestimmungen zum Schutz vor Benachteiligung vorgelegen hat.

Benachteiligung wegen des Alters

Häufig in der Praxis werden Diskriminierungen wegen des Alters geltend gemacht. Für die Annahme einer mittelbaren Benachteiligung wegen des Alters gemäß § 3 Abs. 2 AGG ist kein statistischer Nachweis erforderlich, dass eine bestimmte Altersgruppe durch die in Frage stehenden Kriterien tatsächlich wegen ihres Alters benachteiligt wird (BAG 18. 8. 2009 – 1 ABR 47/08); dieser wäre in der Praxis auch kaum zu erbringen.

Es ist regelmäßig ausreichend, wenn das Kriterium »Alter« typischerweise geeignet ist, eine Diskriminierung herbeizuführen. Die in der Praxis immer wieder vorkommende Angabe des ersten Berufs-/Tätigkeitsjahres in Stellenausschreibungen (um zu signalisieren, dass bei Neueinstellungen immer nur das »Einstiegsgehalt« gezahlt wird) kann eine mittelbare Benachteiligung wegen des Alters des Stellenbewerbers gemäß § 3 Abs. 2, § 1 AGG sein.

Bei diesem vom Arbeitgeber ausgenommenen Merkmal des ersten Berufs-/Tätigkeitsjahres handelt es sich zwar um ein neutrales Kriterium im Sinne von § 3 Abs. 2 AGG, bei den Ausschreibungen von freien Stellen werden aber die dann eingestellten Arbeitnehmer wegen ihres Lebensalters unterschiedlich betroffen. Das im Sinne einer »Höchstanforderung« verwendete Merkmal schließt somit Arbeitnehmer mit einem höheren Lebensalter von der Bewerbung auf die ausgeschriebenen Arbeitsplätze aus. Dies ist eine Benachteiligung, welche mittelbar auf dem Alter beruht und daher regelmäßig eine nicht gerechtfertigte Ungleichbehandlung.

Damit ist jedoch noch nicht festgestellt, dass es sich um einen »groben Verstoß« des Arbeitgebers gegen seine aus dem Allgemeinen Gleichbehandlungsgesetz ergebenden Pflichten handelt. Ein solcher kann nur dann angenommen werden, wenn es sich um eine objektiv erhebliche und offensichtlich schwerwiegende Pflichtverletzung handelt. Auf ein Verschulden kommt es nicht an.

12. Welche Auswirkungen hat das Allgemeine Gleichbehandlungsgesetz (AGG) im Falle einer Benachteiligung wegen Krankheit?

Fall:
a) Im Versicherungsbüro – Innendienst – arbeitet seit etwa fünf Jahren die Angestellte Berger. Ab dem 1.1.2017 ist sie längerfristig erkrankt. Im Juni 2017 erhält sie eine Kündigung, in der sich u. a. folgender Satz findet:
»... wir sind ein grundsätzlich an der Leistung orientierter Betrieb und können Beschäftigte, die immer wieder und/oder immer länger krank sind, nicht durchschleppen. Daher haben Sie in unserem Betrieb nichts mehr verloren. Wir hoffen, dass Sie für unsere Kündigungsentscheidung Verständnis haben ...«
b) Im Versicherungsbüro arbeitet des Weiteren seit dem 1.1.2017 die Angestellte Eller. Schon in den ersten Monaten des Arbeitsverhältnisses ist sie wegen einer bestehenden Infektionskrankheit immer wieder für kürzere Zeit arbeitsunfähig erkrankt. Ende Mai erhält sie eine – fristgerechte – ordentliche Kündigung zum 30.6.2017, in der sich der Satz findet: »*Leider sind Sie zu oft krank, so dass wir Ihr Arbeitsverhältnis nicht fortsetzen können.*«
Die Beschäftigten fühlen sich durch die Kündigungen wegen ihrer Erkrankungen diskriminiert.

Fragen zur Begründung des Arbeitsverhältnisses

> **Darum geht es:**
> Welche durchsetzbaren Rechte nach dem AGG stehen den Beschäftigten wegen der Kündigungen aufgrund ihrer Erkrankungen zu?

Antwort

Fall a)
Hier stellt sich das Problem, ob das Allgemeine Gleichbehandlungsgesetz den Prüfungsmaßstab der krankheitsbedingten Kündigung – innerhalb des Anwendungsbereichs des Kündigungsschutzgesetzes – verändert hat.
Nach § 2 AGG ist das AGG anzuwenden auf:
- den Zugang zur Erwerbstätigkeit,
- die Beschäftigungs- und Arbeitsbedingungen, die Maßnahmen bei der Ausführung und der Beendigung eines Beschäftigungsverhältnisses sowie den beruflichen Aufstieg,
- den Zugang zur Berufsberatung und alle Formen der Berufsbildung.

Hieraus wäre herzuleiten, dass die Grundsätze des Allgemeinen Gleichbehandlungsgesetzes auch für alle Arten der Kündigung gelten.
Nach der Bestimmung des § 2 Abs. 4 AGG sollen allerdings für Kündigungen ausschließlich die Bestimmungen zum allgemeinen und besonderen Kündigungsschutz gelten. Hierbei zeigt sich ein gewisser Widerspruch zu § 2 Abs. 1 Nr. 2 AGG, der den sachlichen Anwendungsbereich auch für die Beendigung eines Beschäftigungsverhältnisses eröffnet. Man könnte hier argumentieren, dass unter den Begriff der »Beendigung eines Beschäftigungsverhältnisses« auch Aufhebungsverträge, Befristungen oder auflösende Bedingungen fallen und daher mit »Beendigung« nicht ausschließlich Kündigungen gemeint sein müssen. Eine solche Argumentation wirft jedoch wiederum erhebliche Schwierigkeiten auf, weil damit die Vertragsfreiheit bei den Aufhebungsverträgen berührt sein kann.

> **Zusammenfassung:**
> Für den Bereich der Kündigungen sind die Regelungen des Kündigungsschutzrechts maßgeblich. Die Wirksamkeit der Kündigung beurteilt sich daher in erster Linie nach dem Prüfungsmaßstab des KSchG.

Praxishinweis:
Ein Anspruch des Arbeitnehmers nach § 15 Abs. 2 AGG gegen den Arbeitgeber auf Entschädigung wegen eines Nichtvermögensschadens aufgrund eines Verstoßes gegen das Benachteiligungsverbot setzt nach der Rechtsprechung des Bundesarbeitsgerichts (BAG 22.1.2009 – 8 AZR 906/07) kein schuldhaftes Verhalten des Arbeitgebers voraus. Als Voraussetzung für einen Entschädigungsanspruch nach § 15 Abs. 2 AGG ist es daher nicht zwingend erforderlich, dass der Arbeitnehmer in seinem allgemeinen Persönlichkeitsrecht verletzt worden ist. Bei einem Verstoß des Arbeitgebers gegen das Benachteiligungsverbot ist grundsätzlich das Entstehen eines immateriellen Schadens beim Arbeitnehmer anzunehmen, welcher zu einem Entschädigungsanspruch führt.

Fall b)
Hier stellt sich die Problematik, ob außerhalb des KSchG (dies ist noch nicht anwendbar, weil zum Zeitpunkt der Kündigung das Arbeitsverhältnis noch keine sechs Monate bestanden hatte) gegen die Wirksamkeit der Kündigung Einwendungen erhoben werden können. Eine ordentliche Kündigung, die einen Arbeitnehmer, auf den das KSchG (noch) keine Anwendung findet, aus einem der in § 1 AGG genannten Gründe diskriminiert, ist nach § 134 BGB, § 7 Abs. 1, §§ 1, 3 AGG unwirksam. § 2 Abs. 4 AGG steht dem nicht entgegen. Welche Bedeutung der Bestimmung des § 2 Abs. 4 AGG zukommt, nach der »für Kündigungen ausschließlich die Bestimmungen zum allgemeinen und besonderen Kündigungsschutz« gelten, ist derzeit ziemlich umstritten (BAG 19.12.2013 – 6 AZR 190/12).
Bei der Arbeitnehmerin kommt es daher darauf an, ob durch die Kündigung tatsächlich gegen Benachteiligungsverbote des AGG verstoßen wurde. § 2 Abs. 4 AGG regelt für Kündigungen lediglich das Verhältnis zwischen dem Allgemeinen Gleichbehandlungsgesetz und dem KSchG sowie den speziell auf Kündigungen zugeschnittenen Bestimmungen. Die zivilrechtlichen Generalklauseln werden dagegen von § 2 Abs. 4 AGG nicht erfasst. Der Diskriminierungsschutz des AGG geht diesen Klauseln vor und verdrängt sie.

Zusammenfassung:
Ordentliche Kündigungen während der Wartezeit und in Kleinstbetrieben sind unmittelbar am Maßstab des AGG zu messen. Dies ergibt sich aus der Gesetzgebungsgeschichte und dem Zweck des § 2 Abs. 4 AGG. Das AGG regelt aber nicht selbst, welche Rechtsfolge eine nach § 2 Abs. 1 Nr. 2 AGG unzulässige Benachteiligung hat. Die

Rechtsfolge ergibt sich aus § 134 BGB. Die Beschäftigte kann sich daher grundsätzlich darauf berufen, dass sie möglicherweise durch die Kündigung diskriminiert wurde. Ob ihr das gelingen wird, erscheint allerdings sehr unwahrscheinlich. Dazu müsste die Kündigungserklärung diskriminierende Wirkung haben. Irgendwelche Anhaltspunkte dafür, woraus diese hergeleitet werden könnten, sind im Beispielsfall nicht erkennbar.

Praxishinweis:
Der Gesetzgeber wollte mit § 2 Abs. 4 AGG für Kündigungen nur das Verhältnis zwischen dem AGG und dem KSchG sowie den auf Kündigungen zugeschnittenen Bestimmungen, zu denen die zivilrechtlichen Generalklauseln in §§ 138, 242 BGB nicht gehören, regeln. Mit dem Gesetzeswortlaut soll klargestellt werden, dass die Vorschriften des KSchG unberührt bleiben. Der Praxis sollte verdeutlicht werden, dass Rechtsstreite bei Kündigungen auch in Zukunft vorwiegend nach dem KSchG zu entscheiden sein werden.

13. Welche Rechtsfolgen hat eine Verletzung des Nachweisgesetzes (NachwG)?

Fall:
Ein Arbeitnehmer arbeitet seit dem 1.1.2013 bei einem Industriebetrieb im Metallbereich mit etwa 50 Beschäftigten. Ein schriftlicher Arbeitsvertrag wurde zu Beginn des Arbeitsverhältnisses zwar abgeschlossen, dieser enthält aber keine Angaben zur genauen Art der zu erbringenden Arbeitsleistung und auch nicht, ob und ggf. ab welcher Zahl Überstundenzuschläge gezahlt werden und ob auf das Arbeitsverhältnis ein Tarifvertrag Anwendung findet.
Im März 2017 leistet der Arbeitnehmer 38 Überstunden. Im April 2017 wurden – aufgrund eines Versehens der Buchhaltung – 15 Montagestunden nicht auf der Lohnabrechnung gutgeschrieben. Zum 31.8.2017 beendet er sein Arbeitsverhältnis durch Eigenkündigung, da er sich beruflich verändern will. Am 30.9.2017 macht er die 38 Überstunden und die fehlenden 15 Stunden vom April 2017 erstmals beim Arbeitgeber schriftlich geltend.

Der Arbeitgeber entgegnet, es könne zwar sein, dass der Anspruch auf Zahlung von 15 Montagestunden bestanden hätte, allerdings sehe der kraft beiderseitiger Tarifgebundenheit für das (beendete) Arbeitsverhältnis geltende Manteltarifvertrag vor, dass alle gegenseitigen Ansprüche aus dem Arbeitsverhältnis binnen drei Monaten verfallen, wenn sie nicht vorher schriftlich geltend gemacht werden. Diese Frist habe der Arbeitnehmer eindeutig verstreichen lassen. Der Tarifvertrag liege in einer Mappe im Büro aus und habe von jedem Arbeitnehmer eingesehen werden können.
Bei den Überstunden führt der Arbeitgeber zusätzlich aus, dass er sie bestreite, offenbar versuche der Arbeitnehmer hier, mit der Arbeitszeit »etwas zu schummeln«.
Der Arbeitnehmer meint, dass weder auf die Überstunden noch auf die Montagestunden die Ausschlussfrist zur Anwendung komme, weil weder im Arbeitsvertrag noch in einem – ohnehin nicht vorhandenen – schriftlichen Arbeitsnachweis die Geltung des Tarifvertrags dokumentiert sei.

Darum geht es:
Welche Rechtsfolgen hat es, wenn weder ein vollständiger schriftlicher Arbeitsvertrag abgeschlossen noch ein entsprechender Arbeitsnachweis durch den Arbeitgeber ausgestellt und ausgehändigt wurde?

Antwort

Im Jahr 1995 ist das Gesetz über den Nachweis der für ein Arbeitsverhältnis geltenden wesentlichen Bestimmungen (Nachweisgesetz – NachwG) in Kraft getreten. Maßgeblicher Inhalt ist die Verpflichtung des Arbeitgebers, dem Arbeitnehmer bis spätestens einen Monat nach dem vereinbarten Beginn des Arbeitsverhältnisses eine schriftliche, vom Arbeitgeber unterzeichnete Niederschrift über die wesentlichen Vertragsbedingungen auszuhändigen. Bei Änderung der wesentlichen Vertragsbedingungen hat der Arbeitgeber den Arbeitnehmer erneut schriftlich zu unterrichten. Konkret fordert das **NachwG** Informationen über folgende Punkte:
- Name und Anschrift der Parteien des Arbeitsvertrags
- Zeitpunkt des Beginns des Arbeitsverhältnisses
- bei befristeten Arbeitsverhältnissen die vorhersehbare Dauer des Arbeitsverhältnisses

Fragen zur Begründung des Arbeitsverhältnisses

- den Arbeitsort oder, falls der Arbeitnehmer nicht nur an einem bestimmten Arbeitsort tätig werden soll, den Hinweis darauf, dass der Arbeitnehmer an verschiedenen Orten eingesetzt werden kann
- eine kurze Charakterisierung oder Beschreibung der vom Arbeitnehmer zu verrichtenden Tätigkeit
- die Zusammensetzung und die Höhe des Arbeitsentgelts einschließlich der Zuschläge, der Zulagen, Prämien und Sonderzahlungen sowie anderer Bestandteile des Arbeitsentgelts und deren Fälligkeit
- die vereinbarte Arbeitszeit
- die Dauer des jährlichen Erholungsurlaubs
- die Fristen für die Kündigung des Arbeitsverhältnisses
- ein in allgemeiner Form gehaltener Hinweis auf die Tarifverträge, Betriebs- oder Dienstvereinbarungen, die auf das Arbeitsverhältnis anzuwenden sind.

Das Gesetz bezweckt, durch die Verpflichtung, die maßgeblichen Arbeitsbedingungen schriftlich zu fixieren und eine größere Rechtssicherheit im Arbeitsverhältnis zu bewirken. Das ist vor allem für diejenigen Arbeitnehmer von Bedeutung ist, die keinen schriftlichen Arbeitsvertrag abgeschlossen haben.

In der arbeitsrechtlichen Praxis wird gegen diese Verpflichtung nach wie vor immer wieder verstoßen. Wenn dem so sein sollte dann hat der Verstoß zur Konsequenz, dass der Arbeitnehmer mit Rechtsfolgen konfrontiert ist (hier: die Geltung der Ausschlussfrist), mit denen er möglicherweise gar nicht rechnete, weil er sie in den meisten Fällen nicht kannte. Hier hat der Arbeitnehmer mit der Geltendmachung der restlichen Ansprüche der Monate März und April 2017 bis Ende September 2017 abgewartet – was zur Folge hat, dass seine Zahlungsansprüche verfallen sind, wenn die Ausschlussfrist anwendbar ist, auf die sich der Arbeitgeber beruft. Weder im Arbeitsvertrag noch in einem schriftlichen Arbeitsnachweis erfolgte der Hinweis auf die Geltung des Tarifvertrags.

Nach der Rechtsprechung (BAG 23.1.2002 – 4 AZR 56/02) ist den Erfordernissen des NachwG hinsichtlich einer tariflichen Ausschlussfrist Genüge getan, wenn nach § 2 Abs. 1 Nr. 10 NachwG auf die Anwendbarkeit des einschlägigen Tarifvertrags hingewiesen wird. Ein Hinweis darauf reicht aus; der Inhalt der tariflichen Norm muss nicht näher dargelegt werden. Hier hat der Arbeitgeber nicht entsprechend auf die tarifliche Norm hingewiesen und daher seine Pflicht aus dem Nachweisgesetz missachtet.

Rechtsfolge könnte nun sein, dass der Lauf der Ausschlussfrist nicht begann, weil gegen das Nachweisgesetz verstoßen wurde. Danach wären die Ansprüche nicht verfallen. **Aber:** Dem hat sich die Rechtsprechung nicht angeschlossen. Sie stellt darauf ab, dass auch bei einem Verstoß gegen das NachwG die anwendbaren tariflichen Ausschlussfristen gelten, allerdings aus dem – hiernach verfallenen – Lohnanspruch ein Schadensersatzanspruch werden kann. Voraussetzung ist allerdings, dass der Arbeitgeber den Verfall der Ansprüche verschuldet hat, was in derartigen Situationen zumeist angenommen werden kann. Hiernach können die – an sich verfallenen – Lohnansprüche als Schadensersatzansprüche geltend gemacht werden.

Dass der Tarifvertrag tatsächlich im Büro des Arbeitgebers nach § 8 TVG ausgelegen hat, ändert daran nichts, da der Schutzzweck des NachwG und des Tarifvertragsgesetzes unterschiedlich sind. § 8 TVG ist eine Ordnungsvorschrift.

Zusammenfassung:

In der Praxis kommt es immer wieder vor, dass bei Arbeitsaufnahme und auch später kein schriftlicher Arbeitsvertag abgeschlossen wird. Sofern das Arbeitsverhältnis einem Tarifvertrag unterfallen sollte, sind die Auswirkungen nicht allzu gravierend, weil vieles in diesem geregelt sein wird. Wenn kein Tarifvertrag zur Anwendung kommt und später Streitigkeiten über den Inhalt des Arbeitsvertrags entstehen sollten, kann die Frage, was tatsächlich vereinbart wurde, kaum mehr mit einer Beweisaufnahme geklärt werden. Sollten tatsächlich Zeugen beim Vertragsabschluss zugegen gewesen sein, dann ist es nachvollziehbar, dass nach gewisser Zeit die Erinnerung an das Vereinbarte verloren geht. Die eingeschränkte Beweiserleichterung kommt dem Arbeitnehmer zugute, als nach dieser vermutet wird, dass die üblicherweise geltenden Vertragsbedingungen im Arbeitsverhältnis vereinbart sein sollten. Dass deren Feststellung allerdings oftmals mehr als problematisch ist, muss nicht näher erläutert werden. Daher ist nachhaltig anzuraten, auf einen schriftlichen Arbeitsvertrag hinzuwirken.

Wichtige Begriffe

Wann besteht ein Schadensersatzanspruch?

Ist in einem Tarifvertrag eine Ausschlussfrist geregelt und ist der Tarifvertrag kraft vertraglicher Bezugnahme auf das Arbeitsverhältnis anwendbar, genügt der Arbeitgeber seiner Nachweispflicht nach § 2 Abs. 1 Satz 1

Nr. 10 NachwG (nur) mit einem entsprechenden schriftlichen Hinweis auf den Tarifvertrag.

Ein besonderer Hinweis auf die Ausschlussfrist ist lediglich erforderlich, wenn sich die Ausschlussfrist allein aus einer einzelvertraglichen Vereinbarung ergibt. Dem Arbeitnehmer kann dann gegen den Arbeitgeber – anders als bei einer Verletzung des § 8 TVG – wegen einer nicht rechtzeitig erfolgten Aushändigung der ordnungsgemäßen Niederschrift oder des Arbeitsvertrags mit der Regelung der wesentlichen Vertragsbedingungen ein Schadensersatzanspruch nach §§ 280 Abs. 1, 249 BGB zustehen (BAG 17. 4. 2002 – 5 AZR 89/01). Schaden im Sinne des § 249 BGB ist das Erlöschen der Vergütungsansprüche des Arbeitnehmers. Da der Schadensersatzanspruch auf eine Wiederherstellung des Zustands ohne das schädigende Ereignis gerichtet ist, kann der Arbeitnehmer vom Arbeitgeber verlangen, so gestellt zu werden, als sei der Vergütungsanspruch nicht nach der Ausschlussfrist verfallen.

Rechtsfolgen der Verletzung des NachwG

Im NachwG sind die Rechtsfolgen von Verstößen des Arbeitgebers gegen die im Gesetz normierten Pflichten nicht ausdrücklich geregelt. Es ist davon auszugehen, dass der Gesetzgeber keine speziellen Sanktionsregelungen geschaffen hat. Die Nachweispflicht aus §§ 2, 3 NachwG ist eine selbstständig einklagbare Nebenpflicht des Arbeitgebers, die innerhalb eines Monats zu erfüllen ist. In der Praxis wird ein derartiges Klageverfahren dem Arbeitnehmer wenig bringen, weil er damit rechnen muss, dass der Arbeitgeber das Arbeitsverhältnis noch vor dem Eingreifen des KSchG kündigen wird.

Zugunsten des Arbeitnehmers kann in derartigen Situationen zumindest von einer **Beweiserleichterung** ausgegangen werden. Sollte der Arbeitgeber die Verpflichtungen aus dem NachwG verletzen, um dadurch das Entstehen eines Beweismittels zu verhindern, kann das Fehlen des Beweismittels als ein Indiz für die zu beweisende Tatsache bewertet werden. Schließt man sich dem Standpunkt an, dass die Verletzung des NachwG zu einer Beweiserleichterung führt, kann sich der Arbeitgeber nicht mehr darauf berufen, es wäre etwas anderes vereinbart worden. Die Rechtsfolge kann allerdings nur eintreten, wenn der Arbeitnehmer plausible Arbeitsbedingungen vorträgt.

Welchen Einfluss hat die EU-Nachweisrichtlinie auf Überstunden?

Die Richtlinie 91/533/EWG des Rats vom 14. 10. 1991 (= Nachweisrichtlinie) regelt die Pflichten des Arbeitgebers zur Unterrichtung des Arbeitnehmers über die für seinen Arbeitsvertrag oder sein Arbeitsverhältnis

geltenden Bedingungen. Sie bezieht sich allerdings nur auf die regulären Vereinbarungen des Arbeitsverhältnisses, nicht auf die Leistung von Überstunden. Dies wurde von der Rechtsprechung des Europäischen Gerichtshofs eindeutig geklärt (EuGH 8.2.2001 – C-350/99).
Vor allem bei Abmahnungen und Kündigungen wegen der Weigerung der Leistung von Überstunden durch den Arbeitnehmer kommt es immer wieder vor, dass über das Bestehen einer Verpflichtung des Arbeitnehmers zur Erbringung der Überstunden gestritten wird. Der Europäische Gerichtshof hat aus Art. 2 Abs. 1 dieser Richtlinie die Verpflichtung des Arbeitgebers abgeleitet, den Arbeitnehmer von einer Regelung in Kenntnis zu setzen, nach der auf die bloße Anordnung hin die Verpflichtung besteht, Überstunden zu leisten.

V. Betriebsübergang

14. Unter welchen Umständen liegt ein Betriebsübergang vor?

Fall:
Der Elektronikbetrieb »ABS-Soft« mit etwa 1500 Beschäftigten ist aufgrund der Konkurrenzsituation in beträchtliche wirtschaftliche Schwierigkeiten geraten. Die Banken fordern eine »massive Konzentration auf das wesentliche Kerngeschäft« und Einsparungen in Bezug auf die Personalsituation. Sie drohen damit, ansonsten keine Kredite mehr zu geben und die überzogenen Konten fällig zu stellen. Die Firmenleitung und der Betriebsrat wollen alles tun, um den Forderungen nachzukommen. Hierzu sind als Nächstes folgende Maßnahmen geplant:
1. Die Kantine des Hauptwerkes E (1100 Beschäftigte) wird nicht mehr vom eigenen Personal betrieben, sondern von einem externen Pächter. Dieser möchte das Angebot an Speisen und Getränken straffen und effizienter gestalten – ihm wird geraten, möglichst preisgünstig zu wirtschaften. Der Pächter zahlt lediglich eine (geringe) feste monatliche Pacht und kann im Übrigen frei wirtschaften. Der Betriebsrat und die betroffenen, bisher in der Kantine beschäftigten Arbeitnehmer wollen wissen, ob sie vom Pächter zu übernehmen sind.

Fragen zur Begründung des Arbeitsverhältnisses

2. Als besonders unwirtschaftlich hat sich der Fernverkehr der Waren zu den Hauptabnehmern erwiesen. Daher werden alle zwölf Sattelzüge verkauft, und zwar an die OTL-Spedition mit Sitz in Frankfurt. Diese will nur neun der Fahrer übernehmen, nicht aber alle zwölf, weil drei der Fahrer »schon zu alt und zu häufig krank« wären. Ist der Verkauf der zwölf Sattelzüge an die Spedition ein Teilbetriebsübergang?

Darum geht es:
Liegt ein Teilbetriebsübergang vor beim
1. Pächterwechsel in der Kantine des Werkes E?
2. »Verkauf« von zwölf Sattelzügen des Fernverkehrs im Werk B an ein Frankfurter Speditionsunternehmen?
Wie sind die Informationspflichten bei einem Betriebsübergang ausgestaltet?

Antwort

Liegt ein Betriebsübergang vor, hat der Betriebs(teil)erwerber die betroffenen Arbeitsverhältnisse zu übernehmen. Daher ist zu prüfen, ob tatsächlich ein **Betriebs(teil)übergang** vorliegt. Die Frage ist in § 613a Abs. 1 BGB nur unvollständig geregelt; das Gesetz definiert nicht, unter welchen Voraussetzungen ein Betriebs(teil)übergang angenommen werden kann. Der Begriff wird lediglich erwähnt.

Erforderlich für einen Betriebs(teil)übergang ist, dass die sachlichen oder immateriellen Betriebsmittel durch Rechtsgeschäft auf den neuen Betriebsinhaber übergehen – und zwar insoweit, als dieser tatsächlich die Möglichkeit bekommt, den Betrieb/Betriebsteil mit seiner Zwecksetzung unter Verwendung der vom vorherigen Betriebsinhaber gesetzten technischen und organisatorischen Voraussetzungen im Wesentlichen unverändert fortzusetzen.

Diese Definition ist nicht sonderlich präzise; mit ihr können relativ eindeutige Sachverhalte zwar sicher eingeordnet werden, aber nicht »Problemfälle«, wie sie hier vorliegen. Daher muss in unklaren Fällen immer der Versuch unternommen werden, die funktionsfähige Betriebseinheit konkret zu bestimmen.

Eine vollständige **Identität** zwischen dem bisherigen und dem vom Erwerber fortgeführten Betrieb (Betriebsteil) ist nicht erforderlich. Auch wenn lediglich einzelne Betriebsmittel, wie dies bei Punkt 2 der Fall ist, übergehen, kann ein Betriebsübergang vorliegen. Notwendig ist dann al-

lerdings, dass die übertragenen Gegenstände noch eine organisatorische Einheit bilden (BAG 3. 7. 1986 – 2 AZR 68/85). Nachdem bisher der Fernverkehr mit zwölf Sattelschleppern eine Art Organisationseinheit bildete, kann hier wohl (noch) ein Betriebsteil angenommen werden.
Schwieriger gestaltet sich die Rechtslage in Bezug auf die Kantine. Hier liegt der typische Fall der Fremdvergabe einer vormals selbst erledigten Arbeit vor. Der Pächter soll im Wesentlichen die Kantine weiterführen wie bisher, allerdings wirtschaftlicher und nach Möglichkeit auch deutlich kostengünstiger. Da die vorhandene Kücheneinrichtung und die sonstigen Gerätschaften weitergenutzt werden, kann auch insofern von einem Teilbetriebsübergang ausgegangen werden.

> **Zusammenfassung:**
> Das hat zur Folge, dass sowohl der Erwerber der zwölf Sattelzüge als auch der Pächter der Kantine die bisherigen Arbeitnehmer übernehmen müssen, dass also nicht nur neun, sondern alle zwölf Lkw-Fahrer einen Übernahmeanspruch haben, ebenso wie alle bisher in der Kantine beschäftigten Arbeitnehmerinnen und Arbeitnehmer.

Hinweise für die Abgrenzung Betriebs(teil)übergang/Übernahme von einzelnen Gegenständen:

- Die wirtschaftliche Einheit muss hinsichtlich der Tätigkeit auf Dauer angelegt sein; die Einheit ist die organisatorische Gesamtheit von Personen und Sachen zur Ausübung der wirtschaftlichen Tätigkeit mit der vorgegebenen Zielsetzung.
- Beim Übergang kommt es auf alle Umstände des Einzelfalls an – welche Betriebsmittel werden übertragen, wie beurteilt sich der Wert der betrieblichen Aktiva, sofern solche vorhanden sind.
- Bei Betrieben, in denen es in erster Linie auf die Arbeitskraft ankommt, ist entscheidend, ob der wesentliche Teil der Belegschaft übernommen wurde/wird.
- Zu prüfen ist, ob die Rechtsbeziehungen zu den Auftraggebern/Kunden mit übergehen. Die Rechtsprechung des Europäischen Gerichtshofs und die EU-Richtlinien zur Definition des Betriebsübergangs stellen im Wesentlichen auf folgende Kriterien ab:
  - konkrete Art des Unternehmens oder Betriebs
  - Übergang oder Nichtübergang der materiellen Aktiva (etwa: Gebäude, bewegliche Güter und dergleichen)
  - Wert der immateriellen Aktiva zum Übertragungszeitpunkt (For-

derungen, Stellung im produzierenden Gewerbe oder Dienstleistungsbereich)
- Übernahme oder Nichtübernahme der Hauptbelegschaft
- Übergang oder Nichtübergang der Kundschaft
- Ähnlichkeit der Tätigkeit/Dienstleistung vor und nach Übergang
- Dauer der eventuellen Unterbrechung

Praxishinweis zum Begriff des Teilbetriebsübergangs:
Die Bestimmung des § 613a BGB setzt für die Annahme eines Teilbetriebsübergangs voraus, dass die übernommenen Betriebsmittel bereits beim früheren Betriebsinhaber die Qualität eines Betriebsteils hatten. Es reicht für die Annahme des Übergangs von Betriebsmitteln daher nicht aus, wenn der Erwerber mit einzelnen bislang nicht teilbetrieblich organisierten Betriebsmitteln einen Betrieb oder Betriebsteil gründet. Fernerhin ist es erforderlich, dass der Erwerber gerade die wesentlichen Betriebsmittel des Teilbetriebs übernimmt (BAG 16.2.2006 – 8 AZR 204/05).

Ein Betriebs(teil)übergang gemäß § 613a Abs. 1 Satz 1 BGB liegt daher immer dann vor, wenn die für den Betrieb verantwortliche natürliche oder juristische Person, welche die Arbeitgeberverpflichtungen gegenüber den Beschäftigten eingeht, im Rahmen vertraglicher Beziehungen wechselt und die in Rede stehende Einheit nach der Übernahme durch den neuen Inhaber ihre Identität bewahrt (BAG 25.8.2016 – 8 AZR 53/15). Bei der Prüfung, ob eine solche Einheit die Identität bewahrt, müssen sämtliche den betreffenden Vorgang kennzeichnenden Tatsachen im Rahmen einer Gesamtbewertung berücksichtigt werden. Wenn es im Wesentlichen auf die menschliche Arbeitskraft ankommt, dann kann eine strukturierte Gesamtheit von Arbeitnehmern trotz des Fehlens nennenswerter Vermögenswerte eine wirtschaftliche Einheit darstellen. Sofern eine betriebliche Einheit ohne nennenswerte Vermögenswerte funktioniert, kann die Wahrung ihrer Identität nach ihrer Übernahme nicht von der Übernahme derartiger Vermögenswerte abhängen. Die Beibehaltung der Identität der wirtschaftlichen Einheit ist immer dann anzunehmen, wenn der neue Betriebsinhaber nicht nur die betreffende Tätigkeit weiterführt, sondern auch einen nach Zahl und Sachkunde wesentlichen Teil des Personals übernimmt. Kommt es nicht im Wesentlichen auf die menschliche Arbeitskraft an, weil die Tätigkeit in erheblichem Umfang materielle Betriebsmittel erfordert, ist bei der Einordnung der Rechtslage zu berücksichtigen, ob diese Betriebsmittel vom alten auf den neuen Inhaber übergegangen sind. Die Rechtsprechung des Bundesarbeitsgerichts definiert den Begriff der Betriebsübernahme wie folgt:

Ein Betriebsübergang nach Art. 1 Nr. 1 Buchst. b der Richtlinie EG 23/2001 ist anzunehmen, wenn die »organisierte Zusammenfassung von Ressourcen zur Verfolgung einer wirtschaftlichen Haupt- oder Nebentätigkeit« ihre Identität bewahrt. Dabei ist nicht so sehr auf die konkrete Organisation der verschiedenen Produktionsfaktoren durch den Unternehmer abzustellen als vielmehr auf den Zusammenhang der Wechselbeziehung und gegenseitigen Ergänzung, der die Produktionsfaktoren verknüpft und dazu führt, dass sie bei der Ausübung einer bestimmten wirtschaftlichen Tätigkeit ineinandergreifen. Bei einer Eingliederung der übertragenen Einheit in die Struktur des Erwerbers fällt der Zusammenhang dieser funktionellen Verknüpfung der Wechselbeziehung und gegenseitigen Ergänzung zwischen den für einen Betriebsübergang maßgeblichen Faktoren nicht zwangsläufig weg.

Die Wahrung der »organisatorischen Selbstständigkeit« ist allerdings nicht notwendig, wohl aber die Beibehaltung des Funktions- und Zweckzusammenhangs zwischen den verschiedenen übertragenen Faktoren, der es dem Erwerber erlaubt, diese Faktoren, auch wenn sie in einer anderen Organisationsstruktur eingegliedert werden, zur Verfolgung einer bestimmten wirtschaftlichen Tätigkeit zu nutzen. Sind keine in ihrem Funktions- und Zweckzusammenhang beibehaltenen Faktoren des Betriebsveräußerers in die Organisationsstruktur des Betriebserwerbers eingegliedert worden, spricht dies gegen die Annahme eines Betriebsübergangs. Kommt es bei der Frage, ob ein Betriebsübergang vorliegt, bei den betroffenen Betrieben im Wesentlichen auf die menschliche Arbeitskraft an, kann die Gesamtheit von Arbeitnehmern trotz des Fehlens nennenswerter materieller oder immaterieller Vermögenswerte eine wirtschaftliche Einheit darstellen. Die Wahrung der Identität der wirtschaftlichen Einheit istgegeben, wenn der neue Betriebsinhaber nicht nur die betreffende Tätigkeit weiterführt, sondern auch einen nach **Zahl und Sachkunde wesentlichen Teil des Personals** übernimmt. Hingegen stellt die bloße Fortführung der Tätigkeit durch einen anderen (Funktionsnachfolge) ebenso wenig einen Betriebsübergang dar wie die reine Auftragsnachfolge (BAG 19.3.2015 – 8 AZR 150/14).

Wichtige Begriffe

Von der Eigenart des jeweiligen Betriebs hängt es ab, welche **Betriebsmittel** für die Fortführung wesentlich sind. Die rein begriffliche Einordnung als Dienstleistungs-, Produktions- oder Mischbetrieb ist nicht entscheidend; eine schematische, einheitliche Behandlung aller bestimmten Betriebsarten (etwa Dienstleistungsbetriebe) ist nicht möglich (BAG

Fragen zur Begründung des Arbeitsverhältnisses

9.2.1994 – 2 AZR 781/93; 27.7.1994 – 7 ABR 37/93). Mit welcher Zielsetzung der Betriebserwerber den Betrieb fortführen will, ist bei der Anwendbarkeit des § 613a Abs. 1 BGB unerheblich. So kommt es im Fall der Kantine nicht darauf an, dass der Erwerber ein anderes Wirtschaftskonzept aufstellen will (und dies auch tun muss), um den Betriebsteil rentabel zu betreiben.

Definition des Begriffs der wirtschaftlichen Einheit

Ein Betriebsübergang im Sinne des § 613a Abs. 1 BGB ist anzunehmen, wenn ein neuer Rechtsträger die wirtschaftliche Einheit unter Wahrung ihrer (bisherigen) Identität fortführt (siehe Kantinenbeispiel). Bei einem Produktionsbetrieb ist es für die Annahme der Wahrung der wirtschaftlichen Einheit entscheidend, ob der Erwerber die beim Veräußerer gebildete betriebliche Struktur übernimmt oder ob er die Produkte mittels der in seinem Betrieb bestehenden Organisation fortführt und die übernommenen Wirtschaftsgüter in die vorhandene Organisation seiner Produkte eingliedert (BAG 16.5.2002 – 8 AZR 319/01).

Gegen die Identität der wirtschaftlichen Einheit spricht es, wenn der **Betriebszweck** sich ändert und statt der ursprünglichen Produktion nunmehr eine ganz andere im Vordergrund steht, wenn also die Produktion wesentlich umstrukturiert wird.

Bei der Prüfung, ob eine wirtschaftliche Einheit ihre **Identität** bewahrt, müssen sämtliche den Vorgang kennzeichnenden Tatsachen berücksichtigt werden. Dazu gehören

- die Art des Unternehmens oder Betriebs,
- der mögliche Übergang der materiellen Betriebsmittel,
- der Wert der immateriellen Aktiva zum Zeitpunkt des Übergangs,
- die etwaige Übernahme der Hauptbelegschaft durch den neuen Inhaber,
- der mögliche Übergang der Kundschaft sowie
- der Grad der Ähnlichkeit zwischen den vor und nach dem Übergang verrichteten Tätigkeiten und die Dauer einer eventuellen Unterbrechung dieser Tätigkeiten.

Diese Umstände sind immer nur Teilaspekte der vorzunehmenden Gesamtbewertung und können daher nicht isoliert betrachtet werden (BAG 21.8.2014 – 8 AZR 468/13).

Dem Übergang eines gesamten Betriebs steht der Übergang eines **Betriebsteils** gleich. Dies ist unabhängig davon anzunehmen, ob die übergegangene wirtschaftliche Einheit ihre Selbstständigkeit bei der Struktur des Erwerbers wahrt oder dies nicht der Fall sein sollte. Es reicht aus, wenn die funktionelle Verknüpfung zwischen den übertragenen Produktionsfaktoren beibehalten und es dem Erwerber ermöglicht wird, diese Faktoren zu nutzen, um derselben oder einer gleichartigen wirtschaftlichen Tätigkeit nachzugehen.

Ein Betriebsübergang im Sinne des § 613a BGB setzt somit die Wahrung der Identität einer auf gewisse Dauer angelegten, hinreichend strukturierten und selbstständigen wirtschaftlichen Einheit voraus. Dabei kommt es auf eine Gesamtwürdigung aller Umstände des Einzelfalls an. Für einen Betriebsübergang ist es jedoch nicht erforderlich, dass der Übernehmer die konkrete Organisation der verschiedenen übertragenen Produktionsfaktoren beibehält, sondern nur, dass die funktionelle Verknüpfung der Wechselbeziehung und gegenseitigen Ergänzung der Produktionsfaktoren beibehalten wird.

Es muss daher stets – wenn sich der Arbeitnehmer auf die Bestimmung des § 613a Abs. 1 BGB berufen will – eine **wirtschaftliche Einheit** nachgewiesen werden können; dann stellt sich die Frage der Wahrung ihrer Identität und somit die Frage eines Betriebs(teil)übergangs. Ohne Klärung der Identität der wirtschaftlichen Einheitist keine klare Entscheidung möglich, ob ein Betriebs(teil)übergang tatsächlich vorliegt. Es kann hier nicht allein ein Teilaspekt – etwa die Frage einer Übernahme von Personal bei einem eher betriebsmittelarmen Betrieb – der vorzunehmenden Gesamtbewertung herausgegriffen und isoliert betrachtet werden (BAG 22. 1. 2015 – 8 AZR 139/14).

Ein **Dienstleistungsunternehmen**, bei dem die menschliche Arbeitskraft im Mittelpunkt steht, verliert diese Eigenart nicht dadurch, dass zur Erbringung der Dienstleistung ein bestimmtes arbeitsmäßiges Hilfsmittel (etwa bestimmte Maschinen oder für die Beschäftigten) unverzichtbar ist. Wenn es um die Übernahme eines Auftrags geht, was für sich allein betrachtet keinen Betriebsübergang darstellen kann, müssen die einzelne Umstände darauf geprüft werden, ob sie durch die Auftragsnachfolge ausgelöst werden (BAG 19. 3. 2015 – 8 AZR 150/14).

Die **Auftragsnachfolge** wird wie folgt definiert:
- identischer Auftraggeber,
- nahtlose oder fast nahtlose Fortsetzung des Auftrags und
- eine große Art der Ähnlichkeit der Tätigkeiten.

Gewichtung der Abgrenzungskriterien
Bei der Prüfung, ob eine derartige Betriebseinheit ihre Identität bewahrt, müssen sämtliche den betreffenden Vorgang kennzeichnenden Tatsachen im Rahmen einer Gesamtbewertung berücksichtigt werden. Dazu gehören
- die Art des Unternehmens oder Betriebs

- der etwaige Übergang der materiellen Betriebsmittel wie Gebäude und bewegliche Güter
- der Wert der immateriellen Aktiva im Zeitpunkt des Übergangs
- die etwaige Übernahme der Hauptbelegschaft durch den neuen Inhaber
- der etwaige Übergang der Kundschaft
- der Grad der Ähnlichkeit zwischen den vor und nach dem Übergang verrichteten Tätigkeiten
- die Dauer einer eventuellen Unterbrechung dieser Tätigkeiten.

Wenn es im Wesentlichen auf die **menschliche Arbeitskraft** ankommen sollte, dann kann eine Gesamtheit von Arbeitnehmern trotz des Fehlens nennenswerter materieller oder immaterieller Vermögenswerte eine wirtschaftliche Einheit darstellen. Sofern eine Einheit ohne nennenswerte Vermögenswerte – also ausschließlich mit den Arbeitnehmern – funktioniert, dann kann die Wahrung ihrer Identität nach ihrer Übernahme nicht von der Übernahme derartiger Vermögenswerte abhängen (BAG 25. 8. 2016 – 8 AZR 53/15).

> **Praxishinweis:**
> Für die Einordnung der Übernahme des (wesentlichen) Personals im Rahmen einer vorzunehmenden Gesamtbewertung ist es von Bedeutung, auch die Identität einer wirtschaftlichen Einheit zu bestimmen. Erst mit deren Kenntnis kann die Frage beurteilt werden, ob bei einer vorhandenen Identität die wirtschaftliche Einheit gemäß § 613a Abs. 1 BGB angenommen werden kann. Es reicht somit bei betriebsmittelarmen Betrieben nicht aus, nur zu behaupten, ein bestimmter Prozentsatz der un- oder der angelernten Arbeitnehmer und/oder der Facharbeiter wäre übernommen worden und daher wäre von den Rechtsfolgen der Betriebsübernahme auszugehen.
> Wenn der Betriebserwerber oder der Teilbetriebserwerber nach der Übernahme organisatorische Umstrukturierungen betreiben sollte, steht dies der Annahme einer Betriebsübernahme nicht entgegen, es sei denn, die bisherige Organisationsstruktur findet seine vollständige Auflösung.

Betriebsteilübergang und Zuordnung der Arbeitnehmer

Es hängt von der Struktur des Betriebs oder Betriebsteils ab, welcher nach Zahl und Sachkunde zu bestimmende Teil der Belegschaft übernommen werden muss, um die Rechtsfolgen des § 613a BGB auszulösen. Wenn die Arbeitnehmer einen geringen Qualifikationsgrad haben sollten, muss regelmäßig eine hohe Anzahl von ihnen weiterbeschäftigt werden, um auf einen Fortbestand der Arbeitsorganisation schließen zu können.

Ist ein Betrieb stärker durch Spezialwissen und durch die Qualifikation der Arbeitnehmer geprägt, kann es neben anderen Kriterien auch ausreichen, dass wegen ihrer Sachkunde wesentliche Teile der Belegschaft übernommen werden. Entscheidend ist regelmäßig, ob der weiterbeschäftigte Belegschaftsteil vor allem aufgrund seiner Sachkunde, seiner Organisationsstruktur und auch aufgrund seiner relativen Größe im Grundsatz funktionsfähig bleibt.

> **Praxisbeispiel:**
> Übernimmt der neue Betriebsinhaber mehr als die Hälfte der in einem IT-Service-Betrieb beschäftigten IT-Servicetechniker, EDV-Servicemitarbeiter und Führungskräfte, kann aufgrund des vorhandenen hohen Qualifikationsgrades dieser Beschäftigten die Übernahme eines wesentlichen Teils des Personals angenommen werden.
> Für die Zuordnung eines Arbeitnehmers zu einem Betriebsteil ist darauf abzustellen, ob er in den (nicht) übergegangenen Betrieb oder Betriebsteil tatsächlich eingegliedert war. Es reicht nicht aus, wenn er Tätigkeiten für den übertragenen Teil verrichtet hat, ohne in dessen Struktur eingebunden gewesen zu sein. Auf vertragliche Vereinbarungen zwischen dem Betriebsveräußerer und Betriebserwerber kommt es bei der Zuordnung eines Arbeitnehmers zu einem Betriebsteil nicht an, sondern immer auf die **tatsächlichen Verhältnisse**, also den Schwerpunkt der Tätigkeit des Arbeitnehmers.

Übergang eines Teilbetriebs

Bei der Teilbetriebsübernahme einer wirtschaftlichen Einheit, welche die Voraussetzungen des Betriebsteils im Sinne des § 613a Abs. 1 BGB erfüllt, tritt der Erwerber in die Rechte und Pflichten der Arbeitsverhältnisse mit den Arbeitnehmern ein, die in dieser Einheit tätig waren. In derartigen Fällen ist es aber notwendig, den Teilbetrieb von der Übernahme (zumeist durch Kauf) einzelner Vermögensgüter abzugrenzen. Denn die Übernahme einzelner Vermögensgüter fällt nicht mehr unter den Begriff der Betriebsübernahme.

Ein selbstständig übergangsfähiger Betriebsteil kann nur angenommen werden, wenn innerhalb des betrieblichen Gesamtzwecks ein Teilzweck verfolgt wird. Eine betriebliche Teilorganisation liegt nach der Rechtsprechung des Bundesarbeitsgerichts (BAG 16.8.1999 – 8 AZR 718/98) nicht bereits dann vor, wenn lediglich einzelne Betriebsmittel ständig dem betreffenden Teilzweck zugeordnet sind, auf Dauer in bestimmter Weise eingesetzt werden und dieselben Arbeitnehmer ständig die entsprechenden Arbeiten ausführen.

Fragen zur Begründung des Arbeitsverhältnisses

Betriebsübergang und Auftragsnachfolge
Ob beispielsweise bei einer Schließung und Neueröffnung eines Einzelhandelsgeschäfts die Identität der wirtschaftlichen Einheit gewahrt ist, hängt von der Gesamtwürdigung aller Umstände des Einzelfalls ab. Im Vordergrund steht dabei der Erhalt der regelmäßig durch Geschäftslage, Warensortiment und Betriebsform geprägten Kundenbeziehungen (BAG 2.12.1999 – 8 AZR 796/98). Maßgeblich sind daher stets die Verhältnisse des Einzelfalls.

Rechtsgeschäftlicher Übergang
Die Rechtsfrage wird relevant, wenn ein Pachtverhältnis beendet und der Betrieb von dem neuen Verpächter fortgeführt wird (sofern im Beispielsfall später einmal der Pächter wechselt). Anerkannt ist, dass sämtliche Fälle der Verpachtung hierunter fallen (BAG 17.3.1987 – 1 ABR 47/85). Die Rückgabe eines verpachteten Betriebs an den Verpächter stellt auch dann einen Betriebsübergang dar, wenn der Verpächter die Leitungsmacht zuvor nicht ausgeübt hat und selbst keine entsprechenden Betriebe führt (BAG 27.4.1995 – 8 AZR 197/94).

Wann hat sich der Betriebsübernahmetatbestand verwirklicht?
In vielen Situationen ist es nicht immer einfach, den konkreten Zeitpunkt zu bestimmen, wann sich tatsächlich der Betriebs- oder Teilbetriebsübergang verwirklicht hat. In Übereinstimmung mit der Rechtsprechung des Europäischen Gerichtshofs ist als Zeitpunkt eines Betriebsübergangs der Tag anzusehen, an dem die Inhaberschaft, mit der die Verantwortung für den Betrieb der übertragenen Einheit verbunden ist, vom Veräußerer auf den Erwerber übergeht. Die Inhaberschaft geht immer dann über, wenn der neue Betriebsinhaber die wirtschaftliche Einheit nutzt und fortführt.
Erfolgt die Übernahme der Betriebsmittel in mehreren Schritten, ist der Betriebsübergang jedenfalls in dem Zeitpunkt erfolgt, in dem die wesentlichen, zur Fortführung des Betriebs erforderlichen Betriebsmittel übergegangen sind und die Entscheidung über den Betriebsübergang nicht mehr rückgängig gemacht werden kann (BAG 27.10.2005 – 8 AZR 568/04). Die Frage, welche Betriebsmittel wesentlich oder unverzichtbar sind, hängt von der Eigenart des Betriebs ab.

Situation in der Verleiharbeit
Schwierigkeiten können auftreten, wenn im Bereich der Arbeitnehmerüberlassung geklärt werden muss, ob ein Betriebsübernahmetatbestand vorliegt. Bei Arbeitnehmerüberlassungsbetrieben wird es sich zumeist

um betriebsmittelarme Betriebe handeln – die sächlichen Betriebsmittel haben regelmäßig keine allzu große Bedeutung. Prägend sind regelmäßig der Kundenstamm und die Geschäftsbeziehungen.

Bei Leiharbeitsunternehmen ist bei der Frage, ob eine Übernahme eines Betriebsteils vorliegt, mangels einer abgrenzbaren Organisationsstruktur auf die Besonderheiten der gewerblichen Arbeitnehmerüberlassung einzugehen, anstatt lediglich zu überlegen, ob tatsächlich der Organisationsstruktur nach eine wirtschaftliche Einheit vorgelegen hat, welche übernommen worden ist. Es istvion Bedeutung, ob die vom Veräußerer übertragenen Betriebsmittel eine einsatzbereite Gesamtheit dargestellt haben, die als solche dazu ausgereicht hat, die für die wirtschaftliche Tätigkeit des Unternehmens charakteristischen Dienstleistungen ohne Inanspruchnahme anderer wichtiger Betriebsmittel oder anderer Unternehmensteile erbringen zu können (BAG 12.12.2013 – 8 AZR 1023/12).

Die Tätigkeit von Leiharbeitsunternehmen ist dadurch geprägt, dass sie entleihenden Unternehmen Arbeitnehmer vorübergehend zur Verfügung stellen, damit diese dort verschiedene Aufgaben entsprechend den Bedürfnissen und nach Anweisung des Entleihunternehmens wahrnehmen. Die Ausübung derartiger Tätigkeiten erfordert überwiegend Fachkenntnisse, eine geeignete Verwaltungsstruktur zur Organisation des Verleihens der Arbeitnehmer und das Vorhandensein der Leiharbeitnehmer, welche sich in die entleihenden Unternehmen integrieren und für diese die geforderten Aufgaben wahrnehmen können. Weitere bedeutende Betriebsmittel sind für die Ausübung der wirtschaftlichen Tätigkeiten nicht notwendig.

Informationspflichten des Arbeitgebers beim Betriebsübergang

Von besonderer Bedeutung sind aufgrund der Rechtsprechung des Bundesarbeitsgerichts die vom Arbeitgeber zu beachtenden Informationspflichten bei einem Betriebsübergang. Sie müssen entweder vom bisherigen oder vom neuen Betriebsinhaber ordnungsgemäß erfüllt werden – ansonsten beginnt die **Widerspruchsfrist** für den Arbeitnehmer nicht zu laufen. Das Gesetz stellt folgende Kriterien auf (§ 613a Abs. 5 BGB), wobei die Unterrichtung in Textform zu geschehen hat. Unterrichtet werden muss über:

- den Zeitpunkt oder den geplanten Zeitpunkt des Übergangs,
- den Grund des Übergangs,
- die rechtlichen, wirtschaftlichen und sozialen Folgen des Betriebsübergangs für die Arbeitnehmer,
- die hinsichtlich der Arbeitnehmer in Aussicht genommenen Maßnahmen.

Der Arbeitnehmer soll durch die Unterrichtung über einen Betriebsübergang nach § 613a Abs. 5 BGB eine ausreichende Entscheidungsgrundlage für die Ausübung oder Nichtausübung des Widerspruchsrechts erhalten. Ob die Unterrichtung ordnungsgemäß und die Tatsachen korrekt dargestellt sind, wird im Streitfall vom Arbeitsgericht überprüft. Der Betriebsveräußerer und der Erwerber sind für die Erfüllung der Unterrichtungspflicht grundsätzlich darlegungs- und beweispflichtig.

Wichtig: keine individuelle Unterrichtung erforderlich
Der Gesetzeswortlaut fordert keine individuelle Unterrichtung der einzelnen vom Betriebsübergang betroffenen Arbeitnehmer. Notwendig ist allerdings, dass eine konkrete, betriebsbezogene Darstellung in einer auch für einen juristischen Laien möglichst verständlichen Sprache erfolgt. Eine standardisierte Information (die alle betroffenen Beschäftigten bekommen) muss etwaige Besonderheiten des Arbeitsverhältnisses erfassen.

Sonstige Kriterien einer ordnungsgemäßen Information
Neben den gesetzlichen Unterrichtungsgegenständen des § 613a Abs. 5 BGB ist dem Arbeitnehmer stets Klarheit über die **Identität des Erwerbers** zu verschaffen. Hierzu gehören grundsätzlich die genauere Bezeichnung und die Angabe des Sitzes bzw. der Adresse des Erwerbers. Auch ist der Gegenstand des Betriebsübergangs mitzuteilen.

Des Weiteren ist der Grund für den Betriebsübergang anzugeben. Hiermit ist in der Regel auch der konkrete **Rechtsgrund** für den Betriebsübergang gemeint, wie Kaufvertrag, Pachtvertrag, Umwandlung und dergleichen. Im Hinblick auf den Sinn und Zweck der Unterrichtung, dem vom Betriebsübergang betroffenen Arbeitnehmer eine ausreichende Grundlage für seine Entscheidung über die Ausübung oder Nichtausübung des Widerspruchsrechts zu geben, sind die zum Übergang führenden **unternehmerischen Erwägungen** zumindest schlagwortartig anzugeben – soweit sie sich auf den Arbeitsplatz auswirken können.

Fernerhin ist eine Information über die rechtlichen, wirtschaftlichen und sozialen **Folgen** des Übergangs für die Arbeitnehmer nötig. Der Inhalt der Unterrichtung richtet sich insoweit nach dem Kenntnisstand, den die zur Unterrichtung Verpflichteten im Zeitpunkt der Unterrichtung hatten. Dazu gehört ein Hinweis auf den Eintritt des Übernehmers in die Rechte und Pflichten aus dem bestehenden Arbeitsverhältnis, auf die Gesamtschuldnerschaft des Übernehmers und des Veräußerers nach § 613a Abs. 2 BGB und grundsätzlich auch eine Information über die kündigungsrechtliche Situation.

Zu den beim Übernehmer geltenden Rechten und Pflichten gehören regelmäßig auch die mögliche weitere Anwendbarkeit tariflicher und betrieblicher Normen und die Frage, inwieweit die beim Veräußerer geltenden Tarifverträge und Betriebsvereinbarungen die beim Erwerber geltenden Tarifverträge und Betriebsvereinbarungen ablösen. Wegen dieses Zwecks der Unterrichtung ist der Arbeitnehmer auch über die Folgen zu informieren, welche im Fall eines Widerspruchs zur Anwendung kommen sollten (BAG 13. 7. 2006 – 8 AZR 305/05).

Bei diesem Punkt können schwierigere Rechtsfragen auftreten. Der bisherige Inhaber oder der neue Arbeitgeber müssen dann kompetenten Rechtsrat einholen, wenn ihnen die Kenntnisse dieser Materie fehlen sollten. Eine Unterrichtung über komplexe Rechtsfragen ist im Rahmen des § 613a Abs. 5 BGB dann nicht fehlerhaft, wenn der Arbeitgeber bei angemessener Prüfung der Rechtslage – die ggf. die Einholung von Rechtsrat über die Rechtsprechung beinhaltet – rechtlich vertretbare Positionen gegenüber dem Arbeitnehmer kund tut (BAG 13. 7. 2006 – 8 AZR 305/05).

Unterrichtung auch über mögliche Sozialplanpflicht

Im Hinblick auf den Sinn und Zweck der Unterrichtung, dem Arbeitnehmer eine ausreichende Entscheidungsgrundlage für die (mögliche) Ausübung oder Nichtausübung des Widerspruchsrechts zu geben, ist auch über die Folgen eines Widerspruchs zu informieren, wie z. B. über beabsichtigte Kündigungen seitens des Veräußerers und die Anwendung eines möglicherweise bestehenden Sozialplans, wenn sich aus diesem Ansprüche für den Arbeitnehmer ergeben können. Wenn keine Pflicht zum Abschluss eines Sozialplans nach § 112a Abs. 2 BetrVG besteht, dann muss in einem Unterrichtungsschreiben auf diesen Umstand zur Information der Arbeitnehmer ausdrücklich hingewiesen werden (BAG 14. 11. 2013 – 8 AZR 824/12). Der Arbeitgeber hat die Arbeitnehmer so zu informieren, dass sie sich über die Person des Übernehmers und über die in § 613a Abs. 5 BGB genannten Umstände ein Bild machen können. Durch die Unterrichtung muss eine ausreichende Wissensgrundlage für die Ausübung oder Nichtausübung des Widerspruchsrechts nach § 613a Abs. 6 BGB geschaffen werden.

Unterrichtung über mögliche mittelbare Folgen des Übergangs

Der Inhalt der Unterrichtung richtet sich nach dem Kenntnisstand des Veräußerers und des Erwerbers zum Zeitpunkt der Unterrichtung. § 613a Abs. 5 BGB erfordert eine Information des Arbeitnehmers auch über die mittelbaren Folgen eines Betriebsübergangs, wenn die ökonomischen Rahmenbedingungen des Betriebsübergangs zu einer gravierenden Gefährdung der wirtschaftlichen Absicherung der Arbeitnehmer beim neuen Betriebsinhaber führen, so dass dies als ein Kriterium für einen möglichen Widerspruch der Arbeitnehmer gegen den Übergang ihrer Arbeitsverhältnisse anzusehen ist.

Zu den wirtschaftlichen Folgen gehören auch solche Veränderungen, die sich nicht als rechtliche Folge unmittelbar den Bestimmungen des § 613a Abs. 1 bis 4 BGB entnehmen lassen. »Maßnahmen« sind hierbei alle durch den bisherigen oder neuen Betriebsinhaber geplanten erheblichen Änderungen der rechtlichen, wirtschaftlichen oder sozialen Situation der vom Übergang betroffenen Arbeitnehmer. Solche Maßnahmen sind frühestens dann in Aussicht genommen, wenn sie bereits das Stadium der konkreten Planungen erreicht haben (BAG 10.11.2011 – 8 AZR 430/10).

Besteht seitens des Arbeitgebers keine Absicht, im Fall des Widerspruchs mehrerer Arbeitnehmer ein Interessenausgleichsverfahren vorzunehmen und einen Sozialplan abzuschließen und ist der Arbeitgeber hierzu aufgrund zu geringer Anzahl der Arbeitnehmer auch nicht verpflichtet, dann ist die fehlende Unterrichtung über derartige Maßnahmen nach § 613a Abs. 5 BGB unschädlich.

Unterrichtung über die Identität des Übernehmers
Bei der Unterrichtung nach § 613a Abs. 5 BGB muss auch über die Identität des Betriebserwerbers so informiert werden, dass die unterrichteten Arbeitnehmer in die Lage versetzt werden, über ihren möglichen neuen Arbeitgeber Erkundigungen einzuholen (BAG 23.7.2009 – 8 AZR 538/08). Dies hat das Bundesarbeitsgericht entsprechend festgestellt. Dadurch soll den von einem Betriebs(teil)übergang betroffenen Beschäftigten die Entscheidung der Frage erleichtert werden, ob sie dem Übergang des Arbeitsverhältnisses widersprechen oder nicht.

Zu den hiernach erforderlichen Informationen gehört bei Gesellschaften die Firma, die Angabe eines Firmensitzes, um das zuständige Handelsregister einsehen zu können, und die Angabe einer Geschäftsadresse, an die ggf. ein Widerspruch gerichtet werden kann. Der Inhalt der Unterrichtung nach § 613a Abs. 5 BGB richtet sich nach dem Kenntnisstand des Betriebsveräußerers und Betriebserwerbers zum Zeitpunkt der Unterrichtung. Soweit im Zeitpunkt der Unterrichtung Einzelheiten zum Betriebserwerber nicht mitgeteilt werden können, weil dieser – was die Rechtsperson betrifft – erst noch zu gründen ist, muss dies bei der Unterrichtung entsprechend offengelegt werden.

Zusammenfassung:
Nur die ordnungsgemäße Unterrichtung nach § 613a Abs. 5 BGB setzt die Widerspruchsfrist des § 613a Abs. 6 BGB in Gang; dazu muss diese Unterrichtung vollständig und richtig sein. Sie kann auch nach einem Betriebsübergang vervollständigt werden, ist aber stets in der gesetzlich vorgeschriebenen Form vorzunehmen und im Falle einer Vervollständigung aus Gründen der Rechtsklarheit auch als solche zu bezeichnen, damit die Arbeitnehmer vom dann eintretenden Beginn der Widerspruchsfrist gegen den Übergang des Arbeitsverhältnisses Kenntnis erlangen.

Schutzzweck des § 613a BGB und »Umgehungsverträge«

Der Schutzzweck des § 613a Abs. 1 Satz 1 BGB ist nicht nur der Erhalt des Arbeitsplatzes bei einem Betriebsübergang, sondern auch die Sicherung der Fortdauer des Arbeitsverhältnisses. Das Gesetz regelt nicht nur, dass der Betriebserwerber der neue Arbeitgeber wird, sondern es legt auch fest, dass der Erwerber in die Rechte und Pflichten aus den im Zeitpunkt des Übergangs bestehenden Arbeitsverhältnissen eintritt. Damit gewährt § 613a Abs. 1 Satz 1 BGB auch einen Schutz des Inhalts der Arbeitsverhältnisse.

Eine Umgehung des § 613a BGB liegt stets vor, wenn der Arbeitnehmer mit dem Hinweis auf eine geplante Betriebsveräußerung und bestehende Arbeitsplatzangebote des Betriebserwerbers veranlasst wird, sein Arbeitsverhältnis mit dem Betriebsveräußerer selbst zu kündigen oder mit diesem einen Auflösungsvertrag zu schließen, um mit dem Betriebserwerber neue Arbeitsverträge abschließen zu können (BAG 21. 7. 2009 – 9 AZR 431/08). Sofern der Aufhebungsvertrag nicht zur endgültigen Beendigung des Arbeitsverhältnisses führen sollte, sondern zur Veränderung des Inhalts des Arbeitsverhältnisses – regelmäßig zuungunsten der betroffenen Beschäftigten –, ist von einer Unwirksamkeit der Vereinbarung auszugehen.

Eigenkündigung des Arbeitnehmers bei Betriebsübergang

Aufgrund der bestehenden Vertragsfreiheit können Arbeitgeber und Arbeitnehmer grundsätzlich auch im Rahmen des § 613a BGB die Kontinuität des Arbeitsvertrags beenden, und zwar mit einem Aufhebungsvertrag. Da der Arbeitnehmer dem Übergang des Arbeitsverhältnisses auf den Betriebserwerber nach § 613a Abs. 6 BGB widersprechen und so den Eintritt der Rechtsfolgen des § 613a BGB verhindern kann, gibt es keinen Schutz vor einvernehmlicher Beendigung des Arbeitsverhältnisses ohne sachlichen Grund. Wenn der Arbeitnehmer einen derartigen Vertrag abschließen sollte, muss er sich daher genau überlegen, was er tut. Hat er ihn unterzeichnet, kann er sich – wenn es ihn später reuen sollte – nicht einfach daraus wieder lösen, indem er behauptet, der Arbeitgeber hätte gar nicht kündigen können und daher wäre der Vertrag nichtig.

Der Abschluss eines Aufhebungsvertrags mit einem Betriebsveräußerer ist trotz eines anschließend erfolgten Betriebsübergangs immer wirksam, wenn der Aufhebungsvertrag auf das endgültige Ausscheiden des Arbeitnehmers aus dem Betrieb gerichtet ist (BAG 27. 9. 2012 – 8 AZR 826/11).

§ 613a BGB wird allerdings grundsätzlich dann umgangen, wenn der Aufhebungsvertrag die Beseitigung der Kontinuität des Arbeitsverhältnisses bei gleichzeitigem Erhalt des Arbeitsplatzes bezweckt, weil zugleich ein neues Arbeitsverhältnis vereinbart wurde oder dem Arbeitnehmer klar war, dass er vom Betriebserwerber (neu) eingestellt wird. Diese Kriterien sind für den Fall, dass der Arbeitnehmer vom Arbeitgeber vor einem Betriebsübergang zum Ausspruch einer Eigenkündigung veranlasst worden ist, entsprechend anzuwenden.

Ein Aufhebungsvertrag ist daher – von den sonstigen Wirksamkeitsvoraussetzungen einmal abgesehen – nur dann wirksam, wenn er zur endgültigen Beendigung des Arbeitsverhältnisses führt. Es wird dann vom Verhandlungsgeschick des Arbeitnehmers abhängen, welche Abfindung er – der Höhe nach – aushandeln wird. In schwierigeren Situationen ist hier kompetenter Rechtsrat einzuholen, um nachteilige Vereinbarungen zu vermeiden.

15. Welche Auswirkungen hat ein Widerspruch des Arbeitnehmers beim Betriebs(teil)übergang?

Fall:
Die Beschäftigten der Büroabteilung einer großen Spedition erfahren im Rahmen der Informationen vor dem Betriebsübergang, dass beabsichtigt ist, das vollständige Büro einem externen Anbieter von Bürodienstleistungen zu übertragen. Betroffen hiervon sollen 22 Arbeitnehmerinnen und Arbeitnehmer sein. Daraufhin fassen na-

hezu alle Beschäftigten (bis auf eine Angestellte) den Entschluss, dem Übergang des Arbeitsverhältnisses zu widersprechen. Der Arbeitgeber hält dies für eine unzulässige Maßnahme, weil das Widerspruchsrecht zur Verhinderung der Teilbetriebsübertragung ausgeübt werde.
Der Betriebsrat möchte wissen, welche Ansicht hier die zutreffende ist.

Darum geht es:
Ist ein institutioneller Missbrauch beim Widerspruchsrecht möglich?

Antwort

Nach dem Gesetzeswortlaut erfolgt der Übergang des Arbeitsverhältnisses beim Betriebsübergang automatisch, was bedeutet, dass es auf den Willen des Veräußerers, des Erwerbers oder des Arbeitnehmers nicht ankommt. In Umsetzung der EG-Richtlinie 2001/23 hat der Gesetzgeber die Abs. 5 und 6 des § 613a BGB eingefügt. Wenn ein Betriebsübernahmetatbestand vorliegt, hat entweder der bisherige oder der neue Arbeitgeber den oder die betroffenen Arbeitnehmer in Textform vom Vorliegen des Betriebsübergangs zu unterrichten.

Nach der Information haben die betroffenen Arbeitnehmer einen Monat Zeit, den Widerspruch gegen den Übergang der Arbeitsverhältnisse zu erklären, wobei die Frist für die Ausübung des Widerspruchsrechts beginnt, wenn eine sachgerechte Information durch den bisherigen oder neuen Betriebsinhaber erfolgt ist. Der Widerspruch ist vom Arbeitnehmer schriftlich zu erklären und kann sowohl dem bisherigen als auch dem neuen Betriebsinhaber gegenüber ausgesprochen werden.

Der Widerspruch gegen den Übergang des Arbeitsverhältnisses nach § 613a Abs. 5 BGB bedarf zu seiner Wirksamkeit **keines sachlichen Grundes**, daher ist auch eine Begründung im Einzelfall nicht erforderlich. Dieser Grundsatz ist auch dann anzunehmen, wenn mehrere oder (so wie hier) die meisten der betroffenen Arbeitnehmerinnen/Arbeitnehmer den Widerspruch erklären. Der Widerspruch ist regelmäßig nicht auf die Verhinderung der Veränderungen von Arbeitsbedingungen oder auf die Abwehr einer arbeitgeberseitigen Maßnahme ausgerichtet, sondern bezweckt
1. die Verhinderung des Arbeitgeberwechsels und damit
2. das Aufrechterhalten des bisherigen Status.

Daher ist der Widerspruch auch zulässig, wenn ihn fast alle der betroffenen Beschäftigten erklären, auch wenn dadurch eine Drucksituation für den Arbeitgeber entstehen sollte (BAG 30. 9. 2004 – 8 AZR 462/03; Erfurter Kommentar zum Arbeitsrecht/Preis, BGB 230§ 613a Rn. 110).

Der Widerspruch darf allerdings nach der Rechtsprechung des Bundesarbeitsgerichts nicht missbraucht werden. Die Ausübung ist daher einer **Rechtsmissbrauchskontrolle** nach § 242 BGB zu unterziehen. Die Rechtsausübung ist dann rechtsmissbräuchlich, wenn ihr kein schutzwürdiges Eigeninteresse des Arbeitnehmers zugrunde liegt, sie als Vorwand für das Erreichen vertragsfremder oder unerlaubter Zwecke dient oder nur den Zweck hat, dem Arbeitgeber einen Schaden zuzufügen.

> **Zusammenfassung:**
> Üben die meisten der betroffenen Arbeitnehmer das Widerspruchsrecht aus, kann sich daher aus dem Zweck der Widerspruchsausübung ein rechtsmissbräuchliches Handeln der Beschäftigten ergeben, sofern die Widersprüche nicht schwerpunktmäßig auf die Verhinderung des Arbeitgeberwechsels abzielen, sondern beispielsweise von der Motivation getragen sind, den Betriebsübergang als solchen zu verhindern oder aber Vergünstigungen zu erzielen, auf welche die Arbeitnehmer eindeutig keinen Rechtsanspruch haben.

Im Beispielsfall wird also, wenn es zu einer gerichtlichen Auseinandersetzung kommen sollte, geklärt, mit welcher Motivation die kollektiven Widersprüche erklärt wurden. Dass eine Vielzahl der Beschäftigten das gesetzlich zugestandene Recht des Widerspruchs ausgeübt hat, begründet noch nicht ein rechtsmissbräuchliches Verhalten. Ist es aber nachweisbar, dass der Grund der Widersprüche war, die Übertragung dieses Betriebsteils insgesamt zu verhindern, müsste dies als rechtsmissbräuchlich angesehen werden.

Wie wirkt sich der Widerspruch gegen den Übergang des Arbeitsverhältnisses auf eine nachfolgende betriebsbedingte Kündigung aus?

Widerspricht der Arbeitnehmer, muss er zumeist damit rechnen, dass ihn der bisherige Arbeitgeber nicht mehr so ohne weiteres beschäftigen kann. Vor allem dann, wenn kein geeigneter Arbeitsplatz im Betrieb, der dem Veräußerer verbleibt, mehr vorhanden ist, stellt sich die Frage, ob der Arbeitgeber sodann eine Kündigung ausspricht.

Widerspruch des Arbeitnehmers beim Betriebs(teil)übergang

Nach der derzeitigen Rechtsprechung des Bundesarbeitsgerichts können sich auch die Arbeitnehmer, die einem Übergang ihrer Arbeitsverhältnisse auf einen Betriebserwerber nach § 613a BGB widersprechen, bei einer nachfolgenden, vom Betriebsveräußerer erklärten Kündigung auf eine mangelhafte Sozialauswahl nach § 1 Abs. 3 Satz 1 KSchG berufen. Nach der vormaligen Ansicht der Rechtsprechung wurden bei der Prüfung der sozialen Auswahlgesichtspunkte die Gründe für den Widerspruch berücksichtigt; diese Ansicht hat das Bundesarbeitsgericht aufgegeben (BAG 31.5.2007 – 2 AZR 276/06). Der einem Betriebsübergang widersprechende Arbeitnehmer übt ein ihm zugebilligtes Recht aus. Sein Widerspruchsrecht ist weder an eine Begründung gebunden noch müssen objektiv vernünftige Gründe vorliegen.

Das Widerspruchsrecht des Arbeitnehmers darf nicht dadurch entwertet werden, dass ihm über den Umweg einer späteren Kündigung oder anlässlich einer Sozialauswahl bei einer solchen Kündigung eine Begründung für sein vorheriges, auch begründungslos zulässiges Verhalten abverlangt wird. Eine Eingrenzung der in die Sozialauswahl einzubeziehenden vergleichbaren Arbeitnehmer auf die »aus guten Gründen« widersprechenden Arbeitnehmer kann deshalb aus dem Gesetz nicht abgeleitet werden. Wenn der Widerspruch rechtswirksam erfolgt ist, muss der Arbeitnehmer so gestellt werden, als habe der Betriebsübergang nicht stattgefunden. In diesem Fall steht er wieder im »Verteilungswettbewerb« um die vorhandenen Arbeitsplätze im Betrieb nach den von Gesetzes wegen vorgesehenen Kriterien.

Die Gründe für den Widerspruch des Arbeitnehmers gegen einen Betriebs(teil)übergang können auch nicht über § 1 Abs. 3 Satz 2 KSchG Berücksichtigung finden. Nach dieser Regelung besteht die Möglichkeit, einzelne Arbeitnehmer in die Sozialauswahl nicht einzubeziehen, wenn ihre Weiterbeschäftigung, vor allem wegen ihrer Kenntnisse, Fähigkeiten und Leistungen oder zur Sicherung einer ausgewogenen Personalstruktur des Betriebs, im berechtigten betrieblichen Interesse liegt. Dies stellt allerdings keine Möglichkeit dafür dar, alle Arbeitnehmer, die vom Betriebs(teil)übergang nicht betroffen waren, nicht in die Sozialauswahl einzubeziehen und damit letztlich den Kreis der für eine Kündigung in Betracht zu ziehenden Arbeitnehmer auf die Widersprechenden zu beschränken. Eine solche Nichtberücksichtigung dieser Arbeitnehmer kann auch nicht allein auf die Sicherung einer ausgewogenen Personalstruktur gestützt werden.

Widerspruch ist an keinen sachlichen Grund gebunden
Der Widerspruch nach § 613a Abs. 6 BGB bedarf für seine Wirksamkeit weder einer Begründung noch eines sachlichen Grundes. Um die Ausübung des Widerspruchsrechts als treuwidrig erscheinen zu lassen, müssen daher zusätzliche Umstände vorliegen, etwa die Verfolgung unlauterer Zwecke oder eine Schädigungsabsicht (BAG 19.3.2009 – 8 AZR 722/07). Ein unlauteres Ziel wird mit dem Widerspruch nicht schon dann verfolgt, wenn es dem Arbeitnehmer nicht ausschließlich darum geht, den endgültigen Arbeitgeberwechsel als solchen zu verhindern, sondern er in Erwägung zieht, dem Betriebserwerber den Abschluss eines Arbeitsvertrags zu für ihn günstigeren Bedingungen anzubieten.

Widerspruch kann nur dem bisherigen oder dem neuen Betriebsinhaber gegenüber erklärt werden
Der Widerspruch nach § 613a Abs. 6 BGB ist gegenüber dem neuen Inhaber oder dem bisherigen Arbeitgeber zu erklären; er richtet sich gegen den letzten Übergang des Arbeitsverhältnisses infolge des letzten Betriebsübergangs. Im Übrigen ist ein Widerspruch gegen den Übergang des Arbeitsverhältnisses nicht möglich (BAG 24.4.2014 – 8 AZR 369/13). Der Widerspruch gegenüber dem vormaligen Arbeitgeber ist nicht statthaft, und zwar auch dann nicht, wenn in kurzer zeitlicher Folge mehrere Betriebsübernahmetatbestände aufgetreten sein sollten. Bezogen auf den Betriebsübergang ist damit der bisherige Arbeitgeber immer derjenige, der vor dem aktuellen Arbeitgeber den Betrieb oder den Betriebsteil hatte. Das Widerspruchsrecht nach § 613a Abs. 6 BGB ist ein Gestaltungsrecht. Gestaltet werden kann nur ein bestehendes Rechtsverhältnis, also das Arbeitsverhältnis, welches bei der Ausübung des Widerspruchs besteht.

Rechtlage bei einem »Zwischenerwerb«
Bei mehreren hintereinander geschalteten Betriebs(teil)übergängen ist die Einschätzung der Rechtslage, zu welchem Zeitpunkt welcher Widerspruch zu überlegen und ggf. zu erklären ist, oftmals schwierig; diese Fragen können eine kompetente Rechtsberatung erfordern. Hier können nur die Grundlagen dieses zumeist komplexen Sachverhalts dargestellt werden. Neuer Inhaber gemäß § 613a Abs. 6 Satz 2 BGB ist immer derjenige, der beim letzten Betriebsübergang den Betrieb erworben hat. »Bisheriger Arbeitgeber« kann daher nur der sein, welcher bis zum letzten Betriebsübergang – also vor dem neuen Inhaber – den Betrieb innehatte (BAG 19.11.2015 – 8 AZR 773/14). Sollte es daher nach einem Betriebsübergang zu einem weiteren Betriebsübergang kommen und hat der Arbeit-

nehmer bis dahin dem mit dem vorangegangenen Betriebsübergang verbundenen Übergang seines Arbeitsverhältnisses nicht widersprochen, dann verliert der vormalige Arbeitgeber seine Eigenschaft als »bisheriger« Arbeitgeber gemäß § 613a Abs. 6 Satz 2 BGB an den Zwischenerwerber. Will der Arbeitnehmer mit einem Widerspruch den Fortbestand des Arbeitsverhältnisses mit dem vormaligen Arbeitgeber bewirken, muss er deshalb zunächst dem an den weiteren Betriebsübergang geknüpften Übergang seines Arbeitsverhältnisses auf den neuen Inhaber widersprechen.

Das Recht, dem wegen des vorangegangenen Betriebsübergangs eingetretenen Übergang des Arbeitsverhältnisses zu widersprechen, kann allerdings bereits erloschen sein. Dies ist regelmäßig der Fall, wenn der Arbeitnehmer im Rahmen der Unterrichtung nach § 613a Abs. 5 BGB von den dort genannten Personen

- über den mit dem letzten und dem vorangegangenen Betriebsübergang verbundenen jeweiligen Übergang seines Arbeitsverhältnisses,
- unter Mitteilung des Zeitpunktes oder des geplanten Zeitpunkts,
- sowie des Gegenstandes des Betriebsübergangs
- und des Betriebsübernehmers
- in Textform in Kenntnis gesetzt wurde
- und er dem infolge des vorangegangenen Betriebsübergangs eingetretenen Übergang seines Arbeitsverhältnisses
- nicht binnen einer Frist von einem Monat nach Zugang der Unterrichtung über den infolge des weiteren Betriebsübergangs eintretenden Übergang seines Arbeitsverhältnisses widersprochen hat.

Weitere Voraussetzung ist, dass diese Monatsfrist noch vor dem weiteren Betriebsübergang abgelaufen ist.

Kommt es daher nach einem Betriebsübergang zu einem weiteren Betriebsübergang und hat der Arbeitnehmer bis dahin dem an den vorangegangenen Betriebsübergang geknüpften Übergang seines Arbeitsverhältnisses nicht widersprochen, verliert der vormalige Arbeitgeber seine Eigenschaft als »bisheriger« Arbeitgeber an den Zwischenerwerber. Will der Arbeitnehmer in einem solchen Fall mit einem Widerspruch einen Fortbestand des Arbeitsverhältnisses mit dem vormaligen Arbeitgeber bewirken, muss er immer zunächst erfolgreich dem mit dem letzten Betriebsübergang verbundenen Übergang seines Arbeitsverhältnisses auf den neuen Inhaber widersprechen. Nur dann können der vormalige Arbeitgeber seine Stellung als »bisheriger Arbeitgeber« und der Zwischenerwerber seine Eigenschaft als »neuer Inhaber« – beides auf den vorangegangenen Betriebsübergang bezogen – wiedererlangen.

Praxishinweis:
Das Widerspruchsrecht als Gestaltungsrecht bringt durch die Erklärung des Widerspruchs durch den Arbeitnehmer zum Ausdruck, dass er nicht zum neuen Inhaber mit dem Arbeitsverhältnis wechseln will. Diesen Unwillen zu wechseln kann er auch gegenüber dem bisherigen Arbeitgeber erklären, ohne damit zugleich zum Ausdruck zu bringen, dass er hinsichtlich eines vorausgegangenen ersten Betriebsübergangs einen Widerspruch nicht mehr erklären wird. Eine analoge Anwendung des § 613a Abs. 6 Satz 2 BGB in Form auch eines gegenüber einem früheren Arbeitgeber bestehenden Widerspruchsrechts kommt nicht in Betracht (BAG 21.8.2014 – 8 AZR 619/13; BAG 11.12.2014 – 8 AZR 943/13).

Auch wenn bei rasch hintereinander stattfindenden Betriebs(teil)übergängen bei einem der Informationsschreiben in den vergangenen Übergangssituationen Fehler vorliegen sollten, haben diese keine Auswirkungen mehr. Maßgeblich ist nur die Rechtssituation beim bisherigen und beim neuen Inhaber des Betriebs oder des Betriebsteils.

Rechtsfolgen des Betriebsübergangs

Der Betriebserwerber tritt in die zum Zeitpunkt des Betriebsübergangs bestehenden Arbeitsverhältnisse ein. Die Arbeitsverhältnisse bestehen in unverändertem Zustand fort, einschließlich der vorhandenen Versorgungsanwartschaften. Der neue Arbeitgeber wird Schuldner aller bisher entstandenen Pflichten. Der bisherige Arbeitgeber verliert alle Rechte aus dem Arbeitsverhältnis und er haftet für die bis zum Betriebsübergang entstandenen Verpflichtungen dem Arbeitnehmer weiter.

Die durch Tarifverträge geregelten Rechte und Pflichten werden Inhalt des Arbeitsverhältnisses zwischen dem neuen Inhaber und dem Arbeitnehmer und sie dürfen vor Ablauf eines Jahres nach dem Zeitpunkt des Betriebsübergangs zum Nachteil des Arbeitnehmers nicht mehr geändert werden. Diese tarifvertraglichen Regelungen wirken nicht normativ auf das Arbeitsverhältnis bei einem nicht (mehr) tarifgebundenen Arbeitnehmer ein, sondern werden Bestandteil des Arbeitsvertrags.

Die Bestimmung des § 613a Abs. 1 Satz 2 BGB sorgt daher – ausgehend von den Verhältnissen im Zeitpunkt des Betriebsübergangs – für eine **Besitzstandswahrung** auf der arbeitsvertraglichen Ebene. Spätere tarifvertragliche Änderungen werden allerdings nicht mehr erfasst, und zwar auch dann nicht, sofern sie rückwirkend gelten sollen (BAG 13.9.1994 – 3 AZR 148/94).

Praxishinweis:
Widerspricht der Arbeitnehmer dem Übergang seines Arbeitsverhältnisses, trägt er stets das Risiko, dass für ihn kein Beschäftigungsbedarf beim Be-

triebsveräußerer mehr besteht, weil aufgrund des Betriebsübergangs sein bisheriger Betrieb entweder nicht mehr oder zumindest nicht mehr mit all den bisherigen Arbeitsplätzen existiert (BAG 21.2.2013 – 8 AZR 877/11). Der Arbeitgeber ist in dieser Situation grundsätzlich nicht dazu verpflichtet, dem Arbeitnehmer dieses Risiko dadurch zu nehmen, dass er ihn in einen anderen Betrieb seines Unternehmens versetzt. Dies gilt auf jeden Fall dann, wenn er den anderen Betrieb ebenfalls bereits an einen Betriebserwerber veräußert hat und er diesem – nach Abschluss der Übernahmevereinbarungen – einen zusätzlich zu übernehmenden Arbeitnehmer »verschaffen« würde.

Aus dem gesetzlichen Schutz des Arbeitnehmers vor betriebsbedingten Arbeitgeberkündigungen gemäß § 1 Abs. 2 Satz 2 Nr. 1 Buchst. b KSchG kann nicht die Verpflichtung des Arbeitgebers abgeleitet werden, einen Arbeitnehmer, der einem gemäß § 613a Abs. 1 BGB auf den Erwerber übergegangen Betrieb zugeordnet war, einem anderen Betrieb oder einem anderen Betriebsteil zuzuordnen, wenn er dem Übergang seines Arbeitsverhältnisses auf den Erwerber widersprochen hat.

Dies gilt vor allem für Situationen, in denen eine analoge Anwendung des Rechtsgedankens des § 1 Abs. 2 Satz 2 Nr. 1 Buchst. b KSchG dazu führen würde, dass der Arbeitnehmer ein Wahlrecht hätte, von welchem der Betriebserwerber gemäß § 613a BGB er »übernommen« werden möchte. Daher ist bei derartigen Fällen nachhaltig anzuraten, genau zu überlegen, ob es tatsächlich sinnvoll ist, den Widerspruch gegen den Übergang des Arbeitsverhältnisses zu erklären.

16. Wann liegt eine Kündigung aus Anlass des Betriebsübergangs vor?

Fall:
Eine Angestellte einer Hotelkette hat dem Übergang ihres Arbeitsverhältnisses auf den Betriebsteilerwerber widersprochen, weil sie ihn – was in der Tat zu befürchten war – für unzuverlässig in finanzieller Hinsicht hielt. Fünf Wochen nach dem Teilbetriebsübergang eines Hotels auf den Erwerber erhält sie vom bisherigen Arbeitgeber die Kündigung, die damit begründet wurde, dass für sie keine Arbeit mehr in der Verwaltung der verbliebenen Hotels vorhanden wäre. Die Angestellte ist der Meinung, dass dies nur ein vorgeschobener Grund sei und der eigentliche Grund die Verärgerung des Arbeitgebers über ihren Widerspruch gewesen sei.

Fragen zur Begründung des Arbeitsverhältnisses

> **Darum geht es:**
> Wann wurde eine Kündigung vom Betriebsübergang veranlasst?

Antwort

Was unter einer Kündigung aus Anlass des Betriebsübergangs zu verstehen ist, kann in der Rechtspraxis erhebliche Schwierigkeiten aufwerfen. Sofern der bisherige oder der neue Betriebsinhaber mehr oder weniger eindeutig die Motivation für die Kündigung erklären sollte, dürfte die **Anlasskündigung** relativ einfach in einer gerichtlichen Auseinandersetzung nachzuweisen sein und der Verstoß gegen § 613a Abs. 4 BGB liegt dann auf der Hand. Allerdings hüten sich die meisten Arbeitgeber davor, die (eigentliche) Motivation für die Kündigung zu offenbaren. Dann wird aus Sicht des betroffenen Arbeitnehmers die Sache erheblich problematischer.

Die gesetzliche Regelung des Kündigungsverbots bezweckt den Schutz des Arbeitnehmers gegenüber Kündigungen aus Anlass von Veränderungen im Unternehmensbereich und soll die Umgehung des Bestandsschutzes durch Kündigungen, die aus diesem Grund ausgesprochen werden, verhindern. Anders als das Kündigungsschutzgesetz gilt § 613a Abs. 4 BGB ohne Rücksicht auf die Größe des Betriebs und auf die Dauer des Arbeitsverhältnisses für alle Kündigungen aus diesem Anlass. Anlasskündigungen sind daher auch in Kleinstbetrieben unzulässig und sie sind ebenfalls unwirksam, wenn sie in den ersten sechs Monaten des Bestands des Arbeitsverhältnisses erklärt werden.

Eine Anlasskündigung wird regelmäßig angenommen, wenn zwischen dem Betriebsübergang und der Kündigung ein enger zeitlicher Zusammenhang besteht und für die Kündigung das wesentliche Motiv der Betriebsübergang war. Wenn allerdings der Arbeitgeber zum (möglicherweise) eigentlichen Motiv der Kündigung keine verfänglichen Angaben macht und die Kündigung plausibel begründen kann, wird die Annahme einer unzulässigen Anlasskündigung aus Sicht des Arbeitnehmers schwierig.

> **Zusammenfassung:**
> Wenn die Kündigung in einem **engen zeitlichen Zusammenhang** mit der Vollziehung des Betriebsübergangs steht, besteht regelmäßig eine erhebliche, wenn auch vom Arbeitgeber widerlegbare Ver-

mutung für eine Anlasskündigung. Nach Ablauf von fünf Wochen wird der enge zeitliche Zusammenhang zumeist nicht mehr gegeben sein. Es kommt bei der Beantwortung der Frage also darauf an, ob die Voraussetzungen für eine betriebsbedingte Kündigung tatsächlich vorliegen oder lediglich vorgeschoben wurden. Ein enger zeitlicher und sachlicher Zusammenhang ist aber zumeist anzunehmen, wenn beispielsweise eine Klinik zum 1.1.2018 übernommen wird und innerhalb der ersten 14 Tage nach der Übernahme etwa 1/5 der Arbeitnehmer gekündigt werden.

Klagefrist

Da gemäß § 4 KSchG alle Rechtsunwirksamkeitsgründe einer Kündigung binnen der Dreiwochenfrist geltend gemacht werden müssen, muss der Arbeitnehmer auch bei Anlasskündigungen – wenn er Einwendung gegen die Wirksamkeit der Kündigung erheben sollte – die Klageerhebungsfrist einhalten.

Wenn die Frist abgelaufen ist, wird die Wirksamkeit der Kündigung angenommen. Bei Versäumung der Frist besteht die Möglichkeit der nachträglichen Zulassung der Kündigungsschutzklage (§ 5 KSchG), diese ist allerdings an strenge Voraussetzungen gebunden. Mit der Unkenntnis der Frist kann die nachträgliche Zulassung nicht begründet werden.

Umgehung des Kündigungsschutzes anlässlich eines Betriebsübergangs ist unzulässig

Schutzzweck des § 613a Abs. 1 Satz 1 BGB ist nicht ausschließlich der Erhalt des Arbeitsplatzes bei einem Betriebsübergang und die Sicherung der Fortdauer des Arbeitsverhältnisses. Das Gesetz bestimmt nicht nur, dass der Betriebserwerber der neue Arbeitgeber wird, sondern legt auch fest, dass er in die Rechte und Pflichten aus den im Zeitpunkt des Übergangs bestehenden Arbeitsverhältnissen eintritt. Damit gewährt § 613a Abs. 1 Satz 1 BGB auch einen Schutz des Inhalts der Arbeitsverhältnisse (BAG 21.7.2009 – 9 AZR 431/08). Eine Umgehung des § 613a BGB liegt daher immer dann vor, wenn der Arbeitnehmer mit dem Hinweis auf eine geplante Betriebsveräußerung und bestehende Arbeitsplatzangebote des Betriebserwerbers veranlasst werden sollte, sein Arbeitsverhältnis mit dem Betriebsveräußerer selbst zu kündigen oder mit diesem einen Auflösungsvertrag zu schließen, um mit dem Betriebserwerber neue Arbeitsverträge abschließen zu können.

B. Fragen zum Inhalt des Arbeitsverhältnisses

I. Lohn

17. Wie soll der Lohn vereinbart werden?

Fall:
Der Arbeitgeber ist nicht tarifgebunden und der einzustellende Arbeitnehmer ist auch nicht Mitglied der tarifschließenden Gewerkschaft. In einem schriftlichen Arbeitsvertrag ist bei der Lohnhöhe lediglich die Regelung enthalten: »Kfz-Monteurtätigkeit 13,50 € Bruttostundenlohn.«
Der Arbeitnehmer übt häufig auch Tätigkeiten eines Facharbeiters im Bereich der Kfz-Elektronik aus. Diese Tätigkeiten werden im Betrieb üblicherweise mit 14,00 € vergütet. Mündlich hat der Geschäftsführer bei der Einstellung zugesagt, wenn er »vorwiegend im Elektronikbereich arbeite, dann bekomme er den höheren Stundenlohn«. Der Arbeitgeber vertritt später allerdings den Standpunkt, allein maßgeblich sei, was im Arbeitsvertrag steht, und das wären nun mal 13,50 € brutto je Stunde.

Darum geht es:
Wann kann ein höherer Lohn als der vereinbarte gefordert werden? Kann der Arbeitnehmer hier für seine höherwertige Arbeit mit Erfolg 14,00 € in der Stunde fordern?

Antwort

Der schriftlich abgeschlossene Arbeitsvertrag begründet nach allgemeiner Ansicht die Vermutung der Richtigkeit und Vollständigkeit. Will sich eine Seite des Arbeitsvertrags darauf berufen, dass etwas anderes vereinbart wurde, als in dem Wortlaut des Arbeitsvertrags festgelegt ist, muss sie darlegen und im Falle des Bestreitens beweisen, dass **mündliche Nebenabreden** getroffen wurden und diese auch gültig sind. Gelingt dieser Beweis, sind die mündlichen Vereinbarungen wirksam, es sei denn, dass eine zwingende Schriftformklausel gewollt war. Das bedeutet für den konkreten Fall, dass der Arbeitnehmer beweisen können muss, dass für die höherwertigen Arbeiten tatsächlich 14,00 € brutto in der Stunde vereinbart wurden.

> **Zusammenfassung:**
> In Anbetracht des Umstands, dass bei den Einstellungsvereinbarungen und beim Abschluss des schriftlichen Arbeitsvertrags im Allgemeinen nur der Arbeitgeber oder der Personalverantwortliche und der Arbeitnehmer anwesend sein werden, ergeben sich hier aus Sicht des Arbeitnehmers erhebliche Beweisschwierigkeiten. Die gerichtliche Durchsetzung der Differenzforderung kann daher nicht empfohlen werden.

Klarheit der Formulierung

Aufgrund der oben genannten Vermutung der Richtigkeit und Vollständigkeit der Lohnvereinbarung ist es anzuraten, schon beim Abschluss des Arbeitsvertrags darauf zu achten, dass die konkrete Tätigkeit und die vom Arbeitgeber geschuldete Vergütung präzise vereinbart werden. Bei der Lohnregelung ist auf eine entsprechende Klarheit der Formulierung zu achten.

18. Gibt es einen Anspruch auf Lohngleichheit bei gleicher Arbeit?

> **Fall:**
> In einem nicht tarifgebundenen Ausbaubetrieb, der deutschlandweit tätig ist, erhalten Facharbeiter in der »Anlernphase«, die in den Arbeitsverträgen auf zwei Jahre festgelegt ist, 95 % der regulären Vergütung vergleichbarer, bereits länger beschäftigter Arbeitnehmer. Zum Betriebsrat kommt der Arbeitnehmer Schindler und fragt an, ob dies auch für ihn gilt: Er war vorher über zehn Jahre bei

einem Wettbewerber des Arbeitgebers tätig und hat in diesen zehn Jahren alle Ausbauarbeiten auf Großbaustellen ausgeführt.
Daher ist bei ihm die »Anlernphase« eine unangebrachte Angelegenheit, weil er ab dem ersten Tag alle Arbeiten fachgerecht erledigen konnte – er berichtet auch, dass er schon nach einigen Wochen habe feststellen müssen, dass einige der Stammarbeiter auch nach zehn Jahren nicht ganz den Stand der Qualifizierung hätten wie er. Der Arbeitgeber vertritt aber dennoch den Standpunkt, »Vertrag ist Vertrag«.

Darum geht es:
Hat der Arbeitnehmer einen durchsetzbaren Anspruch auf Lohngleichheit mit den beim Arbeitgeber schon länger beschäftigten Arbeitnehmern?

Antwort

Weil im tariffreien Bereich die geringfügige Absenkung des Gehalts für neu eingestellte Mitarbeiter dem Grunde nach einen sachlichen Grund haben wird, kann dem Mitarbeiter nur dann ein Anspruch auf die Vergütung der schon länger beschäftigten Mitarbeiter zugesprochen werden, wenn er aus dem **allgemeinen arbeitsrechtlichen Gleichheitsgrundsatz** hergeleitet werden könnte. Dies würde aber voraussetzen, dass dieser Grundsatz besteht und es sich hierbei um eine konkrete Anspruchsgrundlage handelt. Zu unterscheiden ist zwischen dem **Gleichbehandlungsgrundsatz** und dem sog. Gleichheitssatz. Nur der Gleichbehandlungsgrundsatz kann als eine Anspruchsgrundlage herangezogen werden.
Aus dem Grundsatz »Gleicher Lohn für gleiche Arbeit« kann nach der Rechtsprechung der Arbeitsgerichte regelmäßig kein Anspruch auf Zahlung einer bestimmten Vergütungshöhe hergeleitet werden. Das Bundesarbeitsgericht (BAG 21.6.2000 – 5 AZR 806/98) hat hierzu entschieden, dass es eine allgemeine Anspruchsgrundlage dieses Inhalts im deutschen Arbeitsrecht nicht gibt. Die Bestimmung des § 612 Abs. 3 BGB wäre bedeutungslos, wenn es einen den Grundsatz der Vertragsfreiheit einschränkenden überpositiven Rechtssatz mit diesem Inhalt gäbe. In Vergütungsfragen besteht somit die **Vertragsfreiheit**, die durch rechtliche Bindungen wie Diskriminierungsverbote und tarifliche Mindestentgelte eingeschränkt ist.

> **Zusammenfassung:**
> Da sich der betroffene Arbeitnehmer auf diese vertragliche Klausel eingelassen hat und der allgemeine Grundsatz »Gleicher Lohn für gleiche Arbeit« nicht existiert, besteht eine Bindung an die vertragliche Klausel. Man könnte allenfalls daran denken zu argumentieren, dass im konkreten Fall aufgrund der Berufserfahrung durch die vorherige Tätigkeit die Absenkung auf 95 % der Vergütung der Beschäftigten in der konkreten Ausgestaltung als zu lange anzusehen ist. Allerdings ist hier zu berücksichtigen, dass dann, wenn es in diesem Punkt zu keiner Einigung zwischen Arbeitgeber und Arbeitnehmer kommt, ein (gerichtlicher) Streit hierüber das Arbeitsverhältnis erheblich belasten kann.

Der Arbeitnehmer wäre besser beraten gewesen, wenn er zum Zeitpunkt der Einstellung seine bereits erworbene Qualifikation herausgestellt und zur Sprache gebracht hätte, dass er deshalb allenfalls eine wesentlich kürzere Absenkungsphase akzeptiert hätte. Dies kann aber bei einem Arbeitgeber, der über die Qualifikation eines Bewerbers noch nicht so Bescheid weiß, dazu führen, dass die Einstellung ganz unterbleibt.

Reichweite des Gleichbehandlungsgrundsatzes im Arbeitsrecht

Der Gleichbehandlungsgrundsatz gebietet dem Arbeitgeber, seine Arbeitnehmer oder Gruppen von Arbeitnehmern, die sich in vergleichbarer Lage befinden, bei Anwendung einer selbst gesetzten Regelung gleich zu behandeln. Damit verbietet der Gleichbehandlungsgrundsatz nicht nur die willkürliche Schlechterstellung einzelner Arbeitnehmer innerhalb der Gruppe, sondern auch eine sachfremde Gruppenbildung. Im Bereich der Arbeitsvergütung ist er trotz des Vorrangs der Vertragsfreiheit anwendbar, wenn Arbeitsentgelte durch eine betriebliche Einheitsregelung generell angehoben werden und der Arbeitgeber die Leistungen nach einem bestimmten erkennbaren und generalisierenden Prinzip gewährt, indem er bestimmte Voraussetzungen oder Zwecke festlegt (BAG 15. 7. 2009 – 5 AZR 486/08).

Dem Arbeitgeber ist es daher nicht gestattet, einzelne Arbeitnehmer oder Gruppen von ihnen aus unsachlichen Gründen von einer Erhöhung der Arbeitsentgelte auszuschließen. Eine sachfremde Benachteiligung liegt dann nicht vor, wenn sich nach dem Leistungszweck Gründe ergeben, die es unter Berücksichtigung aller Umstände rechtfertigen, diesen Arbeitnehmern Leistungen, die anderen Arbeitnehmern gewährt wurden, vorzuenthalten.

Die Zweckbestimmung ergibt sich vorrangig aus den tatsächlichen und rechtlichen Voraussetzungen, von deren Vorliegen und Erfüllung die Leistung abhängig gemacht wird. Die Differenzierung zwischen der begünstigten Gruppe und den benachteiligten Arbeitnehmern ist dann sachfremd, wenn es für die unterschiedliche Behandlung keine sachlich gerechtfertigten Gründe gibt.

Steht eine Gruppenbildung fest, hat der Arbeitgeber die Gründe für die Differenzierung offenzulegen und so substantiiert darzutun, dass die Beurteilung möglich ist, ob die Gruppenbildung sachlichen Kriterien entspricht. Liegt ein Verstoß gegen den Gleichbehandlungsgrundsatz vor, ist der Arbeitgeber verpflichtet, die Regel auf alle Arbeitnehmer anzuwenden und diese entsprechend zu begünstigen. Der benachteiligte Arbeitnehmer hat Anspruch auf die vorenthaltene Leistung.

Maßregelungsverbot des § 612a BGB

Nach der Bestimmung des § 612a BGB darf der Arbeitgeber einen Arbeitnehmer bei einer Vereinbarung oder einer Maßnahme nicht benachteiligen, weil der Arbeitnehmer in zulässiger Weise seine Rechte ausübt. Nach der Rechtsprechung der Arbeitsgerichte liegt eine Benachteiligung nicht nur dann vor, wenn der Arbeitnehmer eine Einbuße erleidet, sondern auch dann, wenn ihm Vorteile vorenthalten werden, die der Arbeitgeber Arbeitnehmern gewährt, falls sie diese Rechte nicht ausüben.

Das Maßregelungsverbot ist allerdings nur dann verletzt, wenn zwischen der Benachteiligung und der Rechtsausübung ein unmittelbarer Zusammenhang besteht. Die Ablehnung eines Antrags auf Änderung des Arbeitsvertrags stellt die Ausübung eines bestehenden Rechts dar. Das Benachteiligungsverbot soll den Arbeitnehmer in seiner Willensfreiheit bei der Entscheidung darüber schützen, ob er ein Recht ausüben will oder nicht. Insoweit schränkt § 612a BGB die Vertrags- und Gestaltungsfreiheit des Arbeitgebers ein.

19. Wie ist der gesetzliche Mindestlohn ausgestaltet?

> **Fall:**
> Eine Arbeitnehmerin, die im Reinigungsbereich eines Computersoftwarebetriebs tätig ist, schließt zum 1.1.2017 einen Arbeitsvertrag ab, in dem sich folgende Formulierung findet:
> »*Der Stundenlohn beträgt 8,34 € brutto. Fernerhin erhält die Arbeitnehmerin eine Zahlung pro geleisteter Arbeitsstunden in Höhe von zusätzlich 0,50 €. Dieser Teil der Zahlung stellt eine Sonderzahlung dar und wird statt einer einmaligen jährlichen Zahlung jeweils zum 30.11. eines Jahres monatlich anteilig geleistet.*«
> Die Arbeitnehmerin will wissen, ob damit ihre Ansprüche aus dem Mindestlohngesetz in der Höhe des Mindestlohnes ab dem 1.1.2017 von 8,84 € erfüllt sind oder ob ihr ein Stundenlohn von 8,84 € brutto zuzüglich der vereinbarten 0,50 € pro Stunde zusteht.
>
> **Darum geht es:**
> Was ist beim Mindestlohn anzurechnen und was nicht?

Antwort

Die Regelungen des Mindestlohngesetzes (MiLoG) geben einen allgemeinen Grundlohn vor, der als solcher die unterste Grenze für die Entlohnung von Arbeitnehmern bildet. Nach der Bestimmung des § 3 Satz 1 MiLoG sind Vereinbarungen unwirksam, die den gesetzlichen Mindestlohn unterschreiten. Mindestlohnwidrige Vereinbarungen in Arbeitsverträgen werden nicht im Sinne einer Geltungserhaltung dahin gehend angepasst, dass der Mindestlohn als vereinbart gelten sollte. Die Vergütungsvereinbarung ist als unwirksam anzusehen und an die Stelle dieser Vergütungsvereinbarung tritt die Bestimmung des § 612 BGB.

Das bedeutet, dass der Arbeitgeber damit nicht mehr allein den Mindestlohn schuldet, sondern die übliche Vergütung, die im Wirtschaftsgebiet unter der jeweiligen Branche für vergleichbare Tätigkeiten bezahlt wird, was häufig darauf hinauslaufen wird, dass fachlich und räumlich maßgebliche Tarifverträge in Bezug auf die Höhe des Arbeitslohns als Anhaltspunkt dienen. Hinsichtlich der arbeitsvertraglichen Gestaltung ist darauf zu achten, dass der Lohn den Mindestlohn entweder überschreiten oder zumindest diesen erreichen muss. Bei einer Lohnhöhe von (derzeit) 8,84 € muss das in transparenter Weise klargestellt werden, damit spätere Erhöhungen des Mindestlohns nachvollziehbar sind. Dies bedeutet in der Praxis, dass jeder Arbeitgeber, der einem Arbeitnehmer weniger als 8,84 € in der Stunde zahlt, eine Anpassung des Arbeitsvertrags in Bezug auf die Vergütung zum 1.1.2017 durchführen muss.

> **Zusammenfassung:**
> Weil im konkreten Fall ein Lohn von insgesamt 8,84 € vereinbart wurde, ergeben sich hieraus keine Probleme. Fraglich ist allerdings, wie der Umstand zu werten ist, dass ein Teilbestandteil von 0,50 € je Stunde als eine anteilige Sonderzahlung bezeichnet wurde. Da die laufende Vergütungszahlung pro Stunden genau beim Mindestlohn von 8,84 € liegt, sprechen die besseren Argumente dafür, dass trotz der »Aufspaltung« des Lohnes der Mindestlohn erfüllt wird.

Geltungsbereich des MiLoG

Die Bestimmungen des MiLoG, welche absichern sollen, dass ein Arbeitnehmer zum maßgeblichen Fälligkeitszeitpunkt tatsächlich den Mindestlohn erhält, gelten für alle Beschäftigten, ganz gleich, was im Einzelfall der Beschäftigte jeweils verdient. In der praktischen Umsetzung bedeutet dies, dass es für die Mehrzahl der Arbeitnehmer zu einer Aufspaltung der Vergütung in einen Mindestlohnrelevanten und einen darüber hinausgehenden Teil kommen muss. Von Bedeutung ist in diesem Zusammenhang, dass das MiLoG keine Öffnungsklausel zu Gunsten von Tarifverträgen enthält; wenn in tariflichen Regelungen mindestlohnwidrige Gehaltssätze vereinbart sein sollten, sind diese gemäß § 3 Satz 1 MiLoG unwirksam.

Rechtsnatur des Mindestlohns: eigenständiger gesetzlicher Anspruch

Der Mindestlohnanspruch ist ein gesetzlicher Anspruch, der eigenständig neben den arbeits- oder tarifvertraglichen Entgeltanspruch tritt. Erfüllt ist der Anspruch auf den gesetzlichen Mindestlohn, wenn die für den Kalendermonat gezahlte Bruttovergütung die Summe erreicht, welche sich aus der Multiplikation der Anzahl der in diesem Monat tatsächlich geleisteten Arbeitsstunden mit dem gesetzlichen Mindestlohn ergibt. Die Erfüllung tritt mit Zahlung des Bruttoarbeitsentgelts ein; auch verspätete

Zahlungen können Erfüllungswirkung haben (BAG 25.5.2016 – 5 AZR 135/16).
Der Anspruch auf den gesetzlichen Mindestlohn entsteht daher mit jeder geleisteten Arbeitsstunde. Das MiLoG schafft in seinem Geltungsbereich eine eigenständige Anspruchsgrundlage. Den Anspruch auf gesetzlichen Mindestlohn haben alle Arbeitnehmer, auch wenn ihre durch Arbeits- oder Tarifvertrag geregelte Vergütung über diesem liegt. Wenn die vom Arbeitgeber tatsächlich gezahlte Vergütung den gesetzlichen Mindestlohn nicht erreichen sollte, dann begründet dies einen Anspruch auf Differenzvergütung, wenn der Arbeitnehmer in der Abrechnungsperiode für die geleisteten Arbeitsstunden im Ergebnis nicht mindestens den in § 1 Abs. 2 Satz 1 MiLoG vorgesehenen Bruttolohn erhält.

Mindestlöhne nach anderen gesetzlichen Bestimmungen, insbesondere hinsichtlich der Sittenwidrigkeitsgrenze
Nach der Rechtsprechung des Bundesarbeitsgerichts (hierzu Fall 20) liegt zwischen der Arbeitsleistung und dem Arbeitslohn immer dann ein auffälliges Missverhältnis im Sinne des § 138 BGB vor, wenn die Arbeitsvergütung nicht einmal zwei Drittel des in der betreffenden Branche und Wirtschaftsregion üblicherweise gezahlten Tariflohns erreichen sollte. In diesem Zusammenhang muss allerdings noch eine subjektive Komponente der Sittenwidrigkeit hinzukommen. Dies ist nicht mehr erforderlich, wenn eine Unterschreitung 50 % oder mehr betragen sollte. Wenn die Sittenwidrigkeit anzunehmen ist, tritt an die Stelle der nichtigen Lohnvereinbarung die Bestimmung des § 612 Abs. 2 BGB im Sinne der üblichen Vergütung.
Diese Rechtsprechung besteht unabhängig neben dem Mindestlohn fort. Ein Arbeitslohn, der tatsächlich vereinbart wurde, kann also auch in einem auffälligen Missverhältnis zur Arbeitsleistung stehen, wenn er über den Mindestlohn hinausgehen sollte. Maßgeblich sind hierbei die Umstände des Einzelfalls. Bei der Bestimmung des § 138 BGB ist es nicht maßgeblich, dass die Vergütung – abstrakt gesehen – unter einer bestimmten Mindestgrenze liegt, sondern dass sie in keinem Verhältnis zum objektiven Wert der Leistung des Arbeitnehmers steht. Dies bedeutet etwa, dass in Branchen, in denen relativ hohe Löhne gezahlt werden, die Sittenwidrigkeitsgrenze schneller eintreten kann als in Bereichen, in denen die Löhne niedriger angesetzt sind. Fernerhin ist von Relevanz, dass die sittenwidrige Vereinbarung, wenn sie vorliegen sollte, nicht etwa nur auf das Niveau des Mindestlohns angehoben werden könnte, sondern hier das nach § 612 BGB übliche Entgelt maßgeblich ist. Die Lohnunter-

grenze von 8,84 € ist allerdings in diesem Zusammenhang stets zu beachten.

> **Beispiel:**
> Wenn in einem Branchenbereich für eine bestimmte Tätigkeit üblicherweise ein Tariflohn von 14,50 € gezahlt werden sollte, sind Arbeitslöhne, die unter 9,50 € liegen, regelmäßig sittenwidrig, wenn die subjektive Komponente hinzukommt. Erhält ein Arbeitnehmer also lediglich 9,00 €, kann er nach der Rechtsprechung des Bundesarbeitsgerichts eine Anhebung seiner Vergütung auf 14,00 € beanspruchen. Erforderlich ist in diesem Zusammenhang allerdings stets, dass auch die erforderliche subjektive Komponente bei der sittenwidrigen Lohngestaltung dargelegt werden kann.

Verhältnis zu Landestariftreuegesetzen

Keinen Einfluss nimmt das MiLoG auf die vorhandenen Landestariftreuegesetze, die Mindestlohnvorgaben enthalten, von denen allerdings derzeit einige zum Gegenstand einer Vorlage zum EuGH gemacht worden sind, obwohl deren Europarechtskonformität an sich als naheliegend anzusehen ist (Bayreuther, Der gesetzliche Mindestlohn, NZA 2014, 867; Däubler, NZA 2014, 694). Soweit die jeweiligen Landestariftreuegesetze einen Mindestlohn von 8,84 € vorgeben sollten, sind sie lediglich als deklaratorisch anzusehen. § 2 Abs. 3 MiLoG stellt klar, dass diese gesetzliche Regelung nur subsidiäre Geltung gegenüber höheren Mindestlohnvorgaben beansprucht. Der Gesetzgeber hat mit dem Gesetzeserlass lediglich von seiner konkurrierenden Gesetzgebung nach Art. 74 Abs. 1 Nr. 12 GG Gebrauch gemacht. Die einschlägigen Landesgesetze sind dem Kompetenzziel des Art. 74 Abs. 1 Nr. 11 GG, dem Recht der Wirtschaft, zuzuordnen.

Regelung der Vergütung pro Arbeitszeitstunde und mindestlohnwirksame Leistungen

Eine problematische Angelegenheit der Umsetzung des Mindestlohngesetzes wird es sein zu bestimmen, welche Zahlungen des Arbeitgebers mindestlohnwirksam sind, und vor allem, welcher Referenzzeitraum für die Lohnberechnung, die immer auf die Höhe des Stundenlohns hinauslaufen wird, maßgeblich ist. Weil Mindestlöhne nach der Entsenderichtlinie auf ausländische Dienstbringer erstreckt werden müssen, wird letztendlich das Europarecht darüber entscheiden, welche Leistungen des Arbeitgebers mit dem Mindestlohnanspruch des Arbeitnehmers verrechnet werden dürfen und bei welchen Leistungen dies nicht der Fall sein wird.

Grundsätzlich wird gemäß § 1 Abs. 2 MiLoG davon auszugehen sein, dass der gesetzliche Mindestlohn von 8,84 € je Arbeitszeitstunde zu zahlen ist. Wenn man dies wörtlich nimmt, müsse der Arbeitgeber jede geleistete Arbeitsstunde mit 8,84 € vergüten. Eine ausnahmelose Umsetzung dieses Grundsatzes könnte zum Zusammenbruch von variablen Vergütungssystemen und insbesondere Akkord- und Prämienlohnsystemen führen; zumindest im niedrigeren Lohnbereich, denn beim Prämien- und Stücklohnsystem könnte auch der Standpunkt vertreten werden, dass der betreffende Arbeitnehmer für die geleistete Arbeitszeit, ohne auf die Produktivität abzustellen, gar nichts bekommen würde. Dass dies der Gesetzgeber nicht gewollt hat, ist evident.

Somit spricht sich die vorherrschende Ansicht dafür aus, dass es allein auf das Verhältnis zwischen dem tatsächlich an den Arbeitnehmer gezahlten Lohn und dessen geleistete Arbeitszeit ankommt und somit der jeweilige Kalendermonat der maßgebliche Bezugszeitraum sein muss (Bayreuther, NZA 2014, 867). In der Praxis wird von folgender Umsetzung auszugehen sein: Der jeweils im Kalendermonat gezahlte Bruttoarbeitslohn muss die Anzahl der in diesem Monat geleisteten Bruttoarbeitsstunden multipliziert mit 8,50 € erreichen. Wenn dies nicht der Fall sein sollte, liegt ein Verstoß gegen das MiLoG vor. Unerheblich wird in diesem Zusammenhang sein, wie der Arbeitgeber oder die Parteien des Arbeitsvertrags die einzelnen Leistungen bezeichnen beziehungsweise auf welcher Basis und mit welcher Methode der tatsächlich an den Arbeitnehmer ausbezahlte Lohn ermittelt wird.

Der Mindestlohn ist nach § 1 Abs. 2 Satz 1 MiLoG »je Zeitstunde« festgesetzt. Das MiLoG macht den Anspruch daher nicht von der zeitlichen Lage der Arbeit oder den mit der Arbeitsleistung verbundenen Umständen oder Erfolgen abhängig. Mindestlohnwirksam sind daher alle im arbeitsvertraglichen Austauschverhältnis erbrachten Entgeltzahlungen mit Ausnahme der Zahlungen, die der Arbeitgeber ohne Rücksicht auf eine tatsächliche Arbeitsleistung des Arbeitnehmers erbringt oder die auf einer besonderen gesetzlichen Zweckbestimmung beruhen (BAG 25.5.2016 – 5 AZR 135/16; 21.12.2016 – 5 AZR 374/16).

Hiernach sind auch Zuschläge für Arbeit an Sonn- und Feiertagen mindestlohnwirksam. Sie sind ein erbrachtes Arbeitsentgelt und werden gerade für die tatsächliche Arbeitsleistung gewährt. Einer besonderen gesetzlichen Zweckbestimmung unterliegen Sonn- und Feiertagszuschläge nicht. Anders als für während der Nachtzeit geleistete Arbeitsstunden begründet das Arbeitszeitgesetz keine besonderen Zahlungspflichten des Arbeitgebers für Arbeit an Sonn- und Feiertagen. Neben einer Mindestzahl beschäftigungsfreier Sonntage (§ 11 Abs. 1 ArbZG) sieht § 11 Abs. 3

Fragen zum Inhalt des Arbeitsverhältnisses

ArbZG als Ausgleich für Sonn- und Feiertagsarbeit lediglich Ersatzruhetage vor (BAG 24. 5. 2017 – 5 AZR 431/16).

> **Beispiel:**
> Wenn der Arbeitnehmer beim Arbeitgeber mit einer monatlichen Arbeitszeit von 98 Stunden beschäftigt ist, er im Juli nach Absprache mit dem Arbeitgeber zwei weitere Arbeitsstunden als Überstunden leistet und die Parteien vereinbart haben, dass beide Überstunden mit dem Arbeitslohn abgegolten sein sollten, stellt sich die Rechtslage wie folgt dar:
> Der Monatslohn des Arbeitnehmers erfüllt mit der Auszahlung des Gehalts für den Monat die Mindestlohnverpflichtung. Denn es sind insgesamt 100 Stunden gewesen und bei 100 Stunden multipliziert mit dem Faktor von 8,84 € ergibt sich ein Betrag von 884,00 €. Allerdings kann in diesem Zusammenhang die Frage maßgeblich werden, ob die Vereinbarung, dass bei dieser Lohnhöhe zwei Überstunden vom Grundgehalt erfasst sind, tatsächlich wirksam ist.
> Wenn der Monatslohn lediglich 866,32 € betragen sollte, würde der Arbeitgeber seine Mindestlohnverpflichtung nicht erfüllen, dann schuldet er die Vergütung für diese beiden Überstunden.

Berücksichtigung von Sonderzahlungen, Gratifikationen und Provisionen

Nach der Rechtsprechung des EuGH und des BAG ist anerkannt, dass nur solche Zahlungen in Bezug auf einen Mindestlohn geleistet werden, die tatsächlich und unwiderruflich zum Fälligkeitszeitpunkt an den Arbeitnehmer ausbezahlt werden. Dies bedeutet, dass reine zusätzliche Gehaltszahlungen, etwa ein anteiliges zusätzliches Monatsgehalt, als reguläre Gehaltszahlung mindestlohnwirksam anzusehen sind. Leistungen des Arbeitgebers, etwa Gratifikationen, die unter einem Vorbehalt, insbesondere einem Rückzahlungsvorbehalt stehen, werden nicht berücksichtigungsfähig sein. Dieser Grundsatz gilt ohne Rücksicht darauf, ob ein derartiger Rückzahlungsvorbehalt nach den Regelungen der AGB-Kontrolle bei einem Formulararbeitsvertrag in wirksamer oder unwirksamer Weise vereinbart wurde, weil er sich auf einen Entgeltbestandteil beziehen würde, der als unmittelbare Gegenleistung für geleistete Arbeit erbracht wird (BAG 12. 4. 2011 – 1 AZR 412/09).

Nach vorherrschender Ansicht wird davon ausgegangen, dass eine Anrechnung von aufgesparten Gratifikationen oder sonstigen Sonderzahlungen mit Entgeltcharakter auf den Mindestlohn dann ausscheidet, wenn die Leistung erst zu einem bestimmten Zeitpunkt zur Zahlung erfolgt. Bei einem reinen 13. Monatsgehalt, das also ausschließlichen Entgeltcharakter hat und daher vom Arbeitgeber prinzipiell (auch) monatlich anteilig gezahlt werden könnte, ist es somit problematisch, dass ausschließlich auf einen bestimmten Zahlungszeitpunkt abgestellt wird, wenn bei der Zahlung regelmässig der Vergütungscharakter anzunehmen ist. Sollte es über derartige Fragen zum Streit kommen, dann ist dem Arbeitnehmer anzuraten, den genauen Zweck der Zahlung (reiner Vergütungscharakter, Treueprämien und Bleibeprämine oder Mischcharakter aus beidem – wie bei der Grantifikation) zu klären.

Mindestlohn und Bereitschaftsdienste
Bereitschaftszeiten sind grundsätzlich mit dem gesetzlichen Mindestlohn zu vergüten (BAG 29.6.2016 – 5 AZR 716/15; Erfurter Kommentar zum Arbeitsrecht/Franzen, MiLoG 460 § 1 Rn. 4). Der Anspruch auf den gesetzlichen Mindestlohn entsteht mit jeder geleisteten Arbeitsstunde. Dies erfordert im arbeitsgerichtlichen Streitfall immer die schlüssige Darlegung der tatsächlich geleisteten Arbeitsstunden, somit auch der möglicherweise angefallenen Bereitschaftsdienstzeiten. Der Mindestlohn ist für alle Stunden zu zahlen, während derer der Arbeitnehmer die gemäß § 611 Abs. 1 BGB geschuldete Arbeit erbringt. Bereitschaftszeit ist vergütungspflichtige Arbeit im Sinne von § 611 Abs. 1 BGB. Die Vergütungspflicht des MiLoG differenziert nicht nach dem Grad der tatsächlichen Inanspruchnahme zur Arbeit. Sofern Bereitschaftsdienstzeiten tariflich oder arbeitsvertraglich nur anteilig als Arbeitszeit berücksichtigt werden sollten, ändert dies nichts daran, dass jede so erbrachte Zeitstunde mit dem gesetzlichen Mindestlohn zu vergüten ist.

Anrechnung von Provisionen?
Ob Provisionen angerechnet werden können, dürfte davon abhängen, ob sie zum Fälligkeitszeitpunkt tatsächlich und unwiderruflich ausbezahlt wurden. Bei vermögenswirksamen Leistungen ist man sich derzeit darüber einig, dass sie bei der Mindestlohnfrage nicht zu berücksichtigen sind, weil der Arbeitnehmer über diese Zahlungen nicht zeitnah verfügen kann.

Rechtslage bei Zulagen und Zuschlägen
Bei diesen Leistungen des Arbeitgebers wird davon auszugehen sein, dass sie dann auf die Mindestlohnverpflichtung anzurechnen sind, wenn sie nach der Zweckbestimmung jeweils als Gegenleistung für die Arbeitsleistung anzusehen sind. Zahlungen werden nur dann nicht berücksichtigt, wenn sie das Verhältnis zwischen der üblichen Lohnleistung des Arbeitnehmers zu dessen Nachteil verändern.

Fragen zum Inhalt des Arbeitsverhältnisses

In diesem Zusammenhang wird der Standpunkt vertreten, dass folgende Leistungen nicht zu berücksichtigen sind:
- Zulagen für quantitative oder qualitative Mehrarbeit, Zuschläge, die für Arbeiten an besonderen Zeiten (nachts) und an Sonn- und Feiertagen gezahlt werden, Wechsel- und Schichtzulagen, Überstundenzuschläge, Zuschläge für Arbeiten unter besonders beschwerlichen, belastenden, gefährdenden Umständen (BAG 18.4.2012 – 4 AZR 139/10). Ob das allerdings überzeugend ist, erscheint fraglich, denn der Mindestlohn kann sich kaum auf eine sogenannte Normalleistung beziehen. Die Differenzierung zwischen Normalleistung und Zusatzleistung entspricht mehr der Idee einer allgemeinen Unterlohngrenze, die für jeden Arbeitnehmer und für jede Tätigkeit Geltung beansprucht.
- Eine Übereinstimmung besteht dahin gehend, dass Zahlungen nicht in den Mindestlohn einzubeziehen sind, die als ein reiner Aufwendungsersatz anzusehen sind, Zahlungen, mit denen Unterkunfts- und Entsendekosten ausgeglichen werden, einschließlich der Entsendezulagen, soweit sie der Erstattung der beim Arbeitnehmer tatsächlich angefallenen Entsendekosten, etwa Reisekosten, dienen.

Zusammenfassung:
Der Arbeitgeber erfüllt den Anspruch auf den gesetzlichen Mindestlohn immer dann, wenn die für einen Kalendermonat gezahlte Bruttovergütung den Betrag erreicht, der sich aus der Multiplikation der Anzahl der in diesem Monat tatsächlich geleisteten Arbeitsstunden ergibt (BAG 21.12.2016 – 5 AZR 374/16). Es gilt in diesem Bereich ein umfassender Entgeltbegriff, so dass alle im Gegenseitigkeitsverhältnis stehenden Geldleistungen des Arbeitgebers dazu führen, den Mindestlohnanspruch des Arbeitnehmers zu erfüllen. Von den erbrachten Entgeltzahlungen des Arbeitgebers fehlt daher nur diesen Zahlungen die Erfüllungswirkung, die der Arbeitgeber ohne Rücksicht auf eine tatsächliche Arbeitsleistung des Arbeitnehmers erbringt oder die auf einer besonderen gesetzlichen Zweckbestimmung beruhen (BAG 25.5.2016 – 5 AZR 135/16). Dies hat zur Folge, dass auch eine vom Arbeitgeber gezahlte **Leistungszulage** Erfüllungswirkung hat. Das MiLoG macht den Anspruch nicht von den mit der Arbeitsleistung verbundenen Erfolgen abhängig. Der Begriff der »Normalleistung« hat keinen Eingang in den Wortlaut des MiLoG gefunden. Die Leistungszulage ist eine im Gegenseitigkeitsverhältnis stehende Geldleistung des Arbeitgebers. Mit dieser

Zahlung vergütet der Arbeitgeber die Arbeitsleistung; einer besonderen gesetzlichen Zweckbestimmung unterliegt die Leistungszulage regelmäßig nicht (BAG 6. 9. 2017 – 5 AZR 317/16).

Beispiel:
Wenn ein ungelernter Produktionshelfer einen Grundlohn von derzeit 7,60 € für 160 Stunden im Monat erhält und zusätzlich, da er in Wechselschicht tätig ist, eine pauschale monatliche Schichtzulage von 200,00 € bekommt, kann problematisch werden, ob der Arbeitgeber tatsächlich den Mindestlohn zahlt. Soweit Grundlohn und Schichtzulagen unwiderruflich zum Fälligkeitszeitpunkt vom Arbeitgeber ausbezahlt werden sollten, kommt dieser seiner Mindestlohnverpflichtung nach. Denn 7,56 € mit 160 Stunden multipliziert ergibt 1 216,00 €, dazu ist die Zulage von 200,00 € anzurechnen, was einen Betrag von 1 416,00 € ergibt und einen Stundenlohn von 8,85 €; der derzeitige Mindestlohn von 8,84 € ist somit erfüllt. Wenn hingegen die Schichtzulage nicht zu berücksichtigen wäre, hätte der Arbeitnehmer einen Nachzahlungsanspruch von 1,24 € pro Stunde, insgesamt also 198,40 € im Monat.

Fälligkeit des Lohns, Rechtslage bei Arbeitszeitkonten und Wertguthaben

Nach der Bestimmung des § 2 Abs. 1 Satz 1 Nr. 1 MiLoG ist der Arbeitgeber verpflichtet, dem Arbeitnehmer den Mindestlohn für sämtliche tatsächlich geleisteten Arbeitsstunden zum Fälligkeitszeitpunkt zu zahlen. Soweit keine Vereinbarung geregelt wurde, greift Satz 2 der Regelung die Bestimmung des § 614 BGB auf. Allerspätestens wird die Vergütung am letzten Bankarbeitstag in Frankfurt des Monats fällig, der auf den Monat folgt, in dem die Arbeitsleistung erbracht wurde. Diese Regelung wird in der Praxis allerdings selten relevant werden, da im Arbeitsvertrag die Fälligkeit der Vergütung regelmäßig zu einem früheren Zeitpunkt vereinbart ist. Zumeist kann sich der frühere Fälligkeitszeitpunkt auch aus § 614 BGB ergeben.

§ 2 Abs. 2 MiLoG enthält eine Öffnungsklausel zu Gunsten von Arbeitszeitkonten. Hiernach kann dem Arbeitnehmer Arbeitszeit, die über die vertraglich vereinbarte Arbeitszeit hinausgeht, auf ein schriftlich vereinbartes oder auf Basis einer Betriebsvereinbarung oder eines Tarifvertrags eingerichtetes Arbeitszeitkonto gutgeschrieben werden. Dieses ist innerhalb von 12 Monaten nach der monatlichen Erfassung auszugleichen. Die

Gutschriften dürfen nicht mehr als maximal 50 % der vertraglich vereinbarten Arbeitszeit betragen.

Ausschlussfristen, Ausschlussklauseln, Verzicht und Verwirkung des Anspruchs

Diese Bereiche können künftig in Bezug auf den gesetzlichen Mindestlohn erhebliche rechtliche Differenzen auslösen. Nach § 3 Satz 3 MiLoG ist die Verwirkung des Mindestlohnanspruchs ausgeschlossen und nach Satz 2 kann der Arbeitnehmer auf ihn nur durch gerichtlichen Vergleich verzichten. Auch diese gesetzlichen Regelungen, die ihr Vorbild in § 4 Abs. 4 Satz 1 und 2 und § 8 Abs. 3 Satz 1 und 2 Arbeitnehmerentsendegesetz haben, können dazu führen, dass es in mindestlohnüberschreitenden Arbeitsverhältnissen zu einer Aufspaltung in einen mindestlohnbezogenen und einen darüber hinaus gehenden Vergütungsteil kommen kann.

§ 3 Satz 1 MiLoG ermöglicht eine geltungserhaltende Reduktion voll umfänglicher Ausschlussklauseln, da mindestlohnwidrige Abreden ausweislich des Gesetzeswortlauts nur insoweit unwirksam sind, als sie den Anspruch auf den Mindestlohn auch tatsächlich beschränken. Hierzu kommt, dass sich die Rechtsprechung des Bundesarbeitsgerichts (BAG 20.6.2013 – 8 AZR 280/12) auf die vorliegende Konstellation übertragen lässt, wonach in Allgemeinen Geschäftsbedingungen enthaltene Ausschlussklauseln nicht bereits deshalb als unwirksam anzusehen sind, weil sie sich auch auf die an sich nicht beschränkbare Vorsatzhaftung des Arbeitgebers erstrecken. Das Bundesarbeitsgericht begründet diesen Standpunkt damit, dass »durchschnittliche« Arbeitsvertragsparteien angesichts der eindeutigen Gesetzeslage die Vorsatzhaftung des Arbeitgebers bei Vertragsschluss regelmäßig gar nicht angedacht haben und sie daher mit der Ausschlussfrist auch nicht erfassen wollen.

Wenn der Arbeitgeber sich dieser Problematik stellen will, er also besondere Vorsicht walten lassen möchte, dann ist anzuraten, dass in Formulararbeitsverträgen die Mindestlohnansprüche des Arbeitnehmers ausdrücklich aus einer vereinbarten Ausschlussfrist ausgenommen werden, wobei dann zu bedenken ist, dass konsequenterweise auch Ansprüche aus tariflichen Rechten im Sinne des § 4 Abs. 4 Satz 3 TVG beziehungsweise Ansprüche bei Vorsatzhaftung des Arbeitgebers auszuschließen sind.

Ausnahmen

1. Praktikanten

Regelmäßig haben auch Praktikanten Anspruch auf den gesetzlichen Mindestlohn, § 22 Abs. 1 Satz 2 MiLoG. Allerdings hat das Gesetz zahlreiche Ausnahmen geregelt, so dass der vermeintliche Grundtatbestand in der Realität kaum Bedeutung haben dürfte, von einer Beweislastregelung einmal abgesehen. Satz 2 dieser Regelung enthält erstmals eine gesetzgeberische Definition des Praktikanten im Arbeitsrecht. Hiernach ist Praktikant, wer sich nach der tatsächlichen Ausgestaltung und Durchführung des Vertragsverhältnisses einer betrieblichen Tätigkeit nur für eine begrenzte Dauer und dies nur zum Erwerb praktischer Kenntnisse und Erfahrungen zur Vorbereitung auf eine berufliche Tätigkeit unterzieht, ohne dass es sich dabei um Berufsausbildung im Sinne des Berufsbildungsgesetzes oder um eine damit vergleichbare praktische Ausbildung handeln würde. Praktika, die auf Grund einer schulrechtlichen Bestimmung, Ausbildungsordnung oder einer hochschulrechtlichen Bestimmung verpflichtenden Charakter haben (etwa das Sechs-Monats-Berufspraktikum beim Studium Bauingenieur), sind hierbei erfasst. Der Gesetzgeber hat sämtliche schul-, studien- und prüfungsbegleitende Praktika, aber auch solche, die als Voraussetzung der Aufnahme einer bestimmten Ausbildung oder eines Studiums verpflichtend vorgeschrieben sind, sowie Praktika im Rahmen einer Ausbildung an einer gesetzlich geregelten Berufsakademie aufgenommen.

Fernerhin sind Praktika von bis zu drei Monaten Dauer, die zur Orientierung für eine Berufsausbildung oder in Bezug auf die Aufnahme eines Studiums dienen, vom Mindestlohn ausgenommen. Gleiches gilt für freiwillige Praktika, die begleitend zu einer Berufs- oder Hochschulausbildung abgeleistet werden, um einen inhaltlichen Bezug zur jeweiligen Ausbildung herzustellen. Hierbei ist zusätzlich die Voraussetzung, dass mit dem Praktikanten nicht bereits zuvor, also niemals zuvor, ein die Regelzeit erschöpfendes Praktikumsverhältnis bestanden hat. Fernerhin zählt die Teilnahme an einer Einstiegsqualifizierung nach § 54a SGB III oder einer Berufsausbildung nach §§ 68–70 Berufsbildungsgesetz nicht zu den mindestlohnpflichtigen Tätigkeiten.

2. Auszubildende und Ehrenamtliche

Weil das Mindestlohngesetz keine Regelungen in Bezug auf die Vergütung von Auszubildenden enthält, folgt hieraus, dass Auszubildende nicht in einem Arbeitsverhältnis mit dem Ausbildungsunternehmen stehen, was in § 22 Abs. 3 MiLoG deklaratorisch klargestellt wird. Fernerhin erfasst das Gesetz nicht die Beschäftigung von ehrenamtlich tätigen Personen. Was allerdings darunter zu verstehen ist, wird im Gesetz nicht definiert. Ehrenamtlicher ist nach den sozialgesetzlichen Regelungen, wer ein öffentliches Amt im weiteren Sinne begleitet, Amtsträger einer privaten, meist gemeinnützigen Organisation ist, im Gesundheitswesen oder in der Wohlfahrtspflege tätig wird oder sonst eine Tätigkeit übernommen hat, die sich ihrem Gesamteindruck nach als Ausdruck eines bürgerlichen Engagements erweist.

3. Jugendliche und Langzeitarbeitslose

Das Mindestlohngesetz findet fernerhin keine Anwendung auf Kinder und Jugendliche unter 18 Jahren ohne abgeschlossene Berufsausbildung. Sinn der Regelung ist, junge Menschen nachhaltig in den Arbeitsmarkt zu integrieren. Der Mindestlohn soll keinen Anreiz setzen, zu Gunsten einer mit dem Mindestlohn vergüteten Beschäftigung auf eine Berufsausbildung zu verzichten.

4. Zeitungszusteller

§ 24 Abs. 2 MiLoG regelt für Zeitungszusteller eine Übergangsphase; nach Satz 2 ist ein Zeitungszusteller ein Arbeitnehmer, der dem Kunden ausschließlich periodische Zeitungen und Zeitschriften zustellt. Die Ausnahme kann also nicht eingreifen, wenn der Arbeitnehmer neben Zeitungen auch Briefe oder andere Waren zustellen sollte oder auch nur Wurfsendungen, etwa Werbesendungen verteilt. Briefdienstleister sind daher von dieser Regelung nicht erfasst. Für Zeitungszusteller beträgt der Mindestlohn in den Jahren 2015 und 2016 75 bzw. 85 % des grundsätzlichen Mindestlohns, 2017 erhalten die Zeitungszusteller den Mindestlohn von 8,50 €. Der Gesetzgeber hat diese Ausnahme damit begründet, dass eine sofortige Einführung des Mindestlohns in strukturschwachen Regionen die Zustellung von Zeitungen beeinträchtigen könnte, was möglicherweise mit der Pressefreiheit des Art. 5 GG unvereinbar wäre.

20. Ab welcher Grenze liegt eine sittenwidrig niedrige Vergütung vor?

Fall:
Anton Huber ist seit dem 1.1.2017 angestellter Koch bei der Gaststätte »Tennisstube« Spiegelau, dem Vereinsheim des örtlichen Tennisvereins. Bereits bei Begründung des Arbeitsverhältnisses äußerte der Inhaber des Vereinsheims, Herr Lendl, zu Huber, dass die Geschäfte unterschiedlich und eher schlecht gingen und er daher keinesfalls den Tariflohn für einen Koch in Vollzeit zahlen könne. Da Anton Huber mit seinen schon 54 Jahren vor der Aufnahme der Tätigkeit über Jahre arbeitslos war und ihm selbst bewusst war, das er zwar ausgebildeter Koch ist, sich seine Kochkünste aber in Grenzen halten, war er mit einer monatlichen Vergütung von 1200,00 € brutto einverstanden. Die monatliche durchschnittliche Arbeitszeit wurde auf 140,00 Stunden festgelegt. Bei der Einstellung sagte ihm Lendl zu, dass er mal besser und mal schlechter ausgelastet wäre und er schlichtweg nicht mehr als die angebotenen 1200,00 € brutto im Monat zahlen könne. Es können auch Zeiten anfallen, in denen er nicht recht ausgelastet wäre, weil die Gäste kaum was essen würden, sondern eher was trinken – vor allem nach Turnieren. Mit dieser Lohnvereinbarung wurde der Arbeitsvertrag abgeschlossen. Der Tariflohn des nicht auf das Arbeitsverhältnis anwendbaren Gehaltstarifvertrags hätte im Jahre 2013 1735,00 € brutto für einen Koch mit über drei Jahren Berufserfahrung betragen.
Zum 1.7.2017 ergibt sich für Huber eine andere Arbeitsmöglichkeit bei einer betrieblichen Kantine, die sich zum einen an den Tariflohn anlehnt, zum anderen eher »einfache Küche« anbietet statt etwas gehobener Speisen wie im Vereinsheim. Huber kündigt fristgerecht bei Lendl und nimmt die neue Stelle an.
Der Arbeitnehmer möchte wissen, ob möglicherweise die bei Lendl gezahlte Vergütung als sittenwidrig niedrig anzusehen ist und er einen Anspruch auf die üblicherweise geschuldete Vergütung hat. Unterstellt wird, dass die durchschnittliche monatliche Arbeitszeit von 140 Stunden zu keinem Zeitpunkt der Dauer des Arbeitsverhältnisses überschritten wurde.

Darum geht es:
Wo liegen die Grenzen der Sittenwidrigkeit bei einer getroffenen Lohnvereinbarung?

Fragen zum Inhalt des Arbeitsverhältnisses

Antwort

In den letzten Jahren kam es vermehrt zu Streitigkeiten über die Vergütungshöhe und vor allem über die Frage, ab welcher Unterschreitung gegenüber der üblichen oder tariflichen Lohnsituation von einer Sittenwidrigkeit der Vergütung ausgegangen werden muss. Vormals hat sich die Rechtsprechung des Bundesarbeitsgerichts nicht dazu veranlasst gesehen, eine bestimmte prozentuale Grenze festzulegen. Gesicherte Erkenntnis war lediglich, dass bei einer Unterschreitung von mehr als 40 % (unter Tariflohn) zumeist von einem **Lohnwucher** im strafrechtlichen Sinne auszugehen ist – das hat der Bundesgerichtshof im Rahmen eines Strafverfahrens so entschieden.

Arbeitsrechtlich problematisch waren und sind diejenigen Fälle, in denen gegenüber dem Tariflohn oder dem üblichen Lohn etwa 25 bis 35 % weniger gezahlt wird. Um hier eine Rechtssicherheit herbeizuführen, hat sich das Bundesarbeitsgericht (BAG 22. 4. 2009 – 5 AZR 436/08) dafür ausgesprochen, eine prozentuale Grenze einzuführen, bei deren Unterschreitung regelmäßig anzunehmen ist, dass die Vergütung sittenwidrig niedrig ist. Maßgeblich ist nach dieser Rechtsprechung regelmäßig die **Unterschreitung um ein Drittel** des tariflichen oder üblicherweise gezahlten Lohns.

Gemäß § 138 Abs. 2 BGB ist ein Rechtsgeschäft – und somit auch eine arbeitsrechtliche Vergütungsvereinbarung – immer dann nichtig, wenn sich jemand unter Ausbeutung der Zwangslage, der Unerfahrenheit oder des Mangels an Urteilsvermögen eines anderen für eine Leistung Vermögensvorteile versprechen oder gewähren lässt, die in einem auffälligen Missverhältnis zu der Leistung stehen.

Die Regelung gilt auch für das auffällige Missverhältnis zwischen dem Wert der Arbeitsleistung und der Lohnhöhe in einem Arbeitsverhältnis. Ein wucherähnliches Geschäft liegt nach § 138 Abs. 1 BGB vor, wenn Leistung und Gegenleistung in einem auffälligen Missverhältnis zueinander stehen und weitere sittenwidrige Umstände, etwa eine verwerfliche Gesinnung des durch den Vertrag objektiv Begünstigten, hinzutreten. Bei der Beurteilung derartiger Situationen kommt es daher nicht nur auf die Höhe der Vergütung an, sondern auch auf die Motivation, aus der heraus die – zu niedrige – Vergütung vereinbart wird. Es muss gegenüber dem Arbeitnehmer eine verwerfliche Gesinnung in Bezug auf die Vereinbarung der Lohnhöhe zum Ausdruck kommen.

> **Zusammenfassung:**
> Zwei Drittel vom maßgeblichen Tariflohn in Höhe von 1735,00 € brutto ist ein Wert von 1156,67 € brutto. Die konkrete Lohnvereinbarung beläuft sich auf 1200,00 €. Sie ist daher – noch – nicht als sittenwidrig niedrig anzusehen.

Praxishinweise:
Bei der Beurteilung der Frage, ob eine arbeitsvertragliche Vergütungsvereinbarung sittenwidrig niedrig ist oder nicht, kommt es nach der Rechtsprechung immer auf den **gesamten Zeitraum** an und nicht nur auf die Verhältnisse zum Zeitpunkt des Abschlusses des Arbeitsvertrags. Eine Entgeltvereinbarung kann auch bei Vertragsabschluss (gerade) noch wirksam sein, jedoch im Laufe der Zeit, wenn sie nicht an die allgemeine Lohn- und Gehaltsentwicklung angepasst wird, gegen § 138 BGB verstoßen. Bei einem unter Umständen jahrelang oder gar jahrzehntelang dauernden Arbeitsverhältnis kann nicht allein an die Verhältnisse bei Vertragsschluss angeknüpft werden und die weitere Entwicklung unberücksichtigt bleiben. Im Beispielsfall bedeutet dies: Sollte der Tariflohn, der als Vergleichsbasis heranzuziehen ist, über 1800,00 € steigen, wird die Vergütungsvereinbarung aus dem Jahr 2017 sittenwidrig.

Auffälliges Missverhältnis von Lohn und Arbeitsleistung

Ein auffälliges Missverhältnis zwischen Leistung und Gegenleistung liegt im Arbeitsrecht immer dann vor, wenn die Arbeitsvergütung nicht einmal zwei Drittel eines in der betreffenden Branche und Wirtschaftsregion üblicherweise gezahlten Tariflohns erreicht. Das auffällige Missverhältnis bestimmt sich stets nach dem **objektiven Wert** der Leistung des Arbeitnehmers. Ausgangspunkt der Frage der sachgerechten Lohnhöhe sind in der Regel die Tariflöhne des jeweiligen Wirtschaftszweigs. Sie drücken den objektiven Wert der Arbeitsleistung aus, wenn sie in dem betreffenden Wirtschaftsgebiet üblicherweise gezahlt werden. Entspricht der Tariflohn dagegen nicht der verkehrsüblichen Vergütung, sondern liegt diese unterhalb des Tariflohns, ist von dem allgemeinen Lohnniveau im Wirtschaftsgebiet auszugehen.

Abschläge beim Wert der Arbeitsleistung von Arbeitnehmern mit besonders einfachen Tätigkeiten oder mit erheblichen Leistungsdefiziten müssen auch dann in Betracht zu ziehen sein, wenn der als Vergleichsmaßstab dienende Tarifvertrag auf diese Personen keine Rücksicht nimmt. Das gilt vor allem für Fälle, in denen der Arbeitnehmer zu den einschlägigen Tarifbedingungen regelmäßig überhaupt keinen Arbeitgeber finden würde.

Besondere Umstände sind ggf. auch sonstige geldwerte oder nicht geldwerte Arbeitsbedingungen. Diese können für die erforderliche Gesamtbetrachtung gerade in Grenzfällen von Bedeutung sein. Wirken sich nichtberücksichtigungsfähige tarifliche Zusatzleistungen praktisch erheblich aus, können sie im Einzelfall zu einer Korrektur der Zwei-Drittel-Grenze führen.

Die Annahme eines Lohnwuchers erfordert, dass der »Wucherer« – hier der Arbeitgeber – die beim anderen Teil bestehende Schwächesituation (Zwangslage, Unerfahrenheit, mangelndes Urteilsvermögen, erhebliche Willensschwäche) ausbeutet, also sie sich in Kenntnis vom Missverhältnis der beiderseitigen Leistungen bewusst zunutze macht. Dies muss immer bei der Beurteilung derartiger Fragen festgestellt werden.

Das wucherähnliche Rechtsgeschäft setzt bei einer sittenwidrig niedrigen Vergütung voraus, dass der Arbeitgeber Kenntnis vom Missverhältnis der beiderseitigen Leistungen hat. Seine verwerfliche Gesinnung ist nicht nur dann zu bejahen, wenn er als der wirtschaftlich oder intellektuell Überlegene die schwächere Lage des anderen Teils bewusst zu seinem Vorteil ausnutzt, sondern auch, wenn er sich leichtfertig der Einsicht verschließt, dass sich der andere nur wegen seiner schwächeren Lage oder unter dem Zwang der Verhältnisse auf den ungünstigen Vertrag einlässt. Ein besonders auffälliges Missverhältnis zwischen Leistung und Gegenleistung beim Arbeitslohn spricht ohne weiteres für eine verwerfliche Gesinnung des Arbeitgebers.

Zuordnung zum jeweiligen Wirtschaftsbereich erforderlich

Um die Problemkreise der möglicherweise sittenwidrigen Vergütungsvereinbarung zutreffend einzuordnen, kommt es darauf an, welchem Wirtschaftskreis der Arbeitgeber angehört. Die bei der Ermittlung eines auffälligen Missverhältnisses zwischen Leistung und Gegenleistung im Sinne von § 138 BGB notwendige Zuordnung des Betriebs des Arbeitgebers zu einem bestimmten Wirtschaftszweig richtet sich nach der durch Unionsrecht vorgegebenen Einordnung der Wirtschaftszweige (BAG 18. 4. 2012 – 5 AZR 630/10). Der objektive Tatbestand sowohl des Lohnwuchers (§ 138 Abs. 2 BGB) als auch des wucherähnlichen Geschäfts (§ 138 Abs. 1 BGB) setzt immer ein auffälliges Missverhältnis zwischen Leistung und Gegenleistung voraus, wobei der Wirtschaftskreis des Arbeitgebers mit den Löhnen im vergleichbaren Wirtschaftskreis zu vergleichen ist.

Bei unter 50% der durchschnittlichen Vergütung ist stets Sittenwidrigkeit gegeben, bei über 50% muss die verwerfliche Benachteiligungsabsicht des Arbeitgebers hinzukommen

Falls ein auffälliges Missverhältnis im Sinne von § 138 Abs. 1 BGB vorliegt, weil der Wert der Arbeitsleistung den Wert der Gegenleistung um mehr als 50%, aber weniger als 100% übersteigt, bedarf es zur Annahme der Nichtigkeit der Vergütungsabrede zusätzlicher Umstände, aus denen geschlossen werden kann, der Arbeitgeber habe die Not oder einen anderen den Arbeitnehmer hemmenden Umstand in verwerflicher Weise zu seinem Vorteil ausgenutzt (BAG 16. 5. 2012 – 5 AZR 268/11). Wenn allerdings der Wert einer Arbeitsleistung (mindestens) doppelt so hoch ist wie der Wert der Vergütung, führt dieses besonders grobe Missverhältnis dazu, dass die verwerfliche Gesinnung des Arbeitgebers im Sinne von § 138 Abs. 1 BGB unterstellt wird – der Arbeitnehmer muss sie dann im Vergütungsprozess nicht mehr darlegen.

Ein Teil der Arbeitsstunden wird vom Arbeitgeber nicht bezahlt

In der Vertragspraxis kommen auch Klauseln vor, die regeln, dass beispielsweise 40 Stunden in der Woche zu arbeiten sind und lediglich 35 Arbeitsstunden bezahlt werden. Auch hier kann die Frage auftreten, ab welcher Größenordnung der vereinbarten unbezahlten Stunden die Regelung sittenwidrig ist und ob eine derartige Vereinbarung überhaupt als zulässig angesehen werden kann. Eine vertragliche Vereinbarung, dass die regelmäßige Arbeitszeit 40 Stunden wöchentlich beträgt, von denen aber nur 35 Stunden vergütet werden, und dass für die Differenz zur regelmäßigen/betrieblichen Arbeitszeit von 35 Stunden keine gesonderte Vergütung bezahlt wird, ist nicht deswegen grundsätzlich sittenwidrig, weil einzelne Arbeitsstunden – scheinbar – unentgeltlich zu erbringen sind (BAG 17. 10. 2012 – 5 AZR 792/11).

Ob der Wert der Arbeitsleistung dann in einem auffälligen Missverhältnis zur Vergütung steht, kann nur im Rahmen einer Gesamtbetrachtung beurteilt werden. Es wird also darauf abgestellt, wie viele Stunden der Arbeitnehmer insgesamt in der Woche zu arbeiten hat, welche Vergütung er erhält und ob der sich hieraus zu errechnende Stundenlohn als sittenwidrig niedrig anzusehen ist.

Für die Beurteilung ist stets maßgeblich die üblicherweise geschuldete Vergütung

Die Sittenwidrigkeit einer Vergütungsvereinbarung ist nicht nach dem gesetzlichen Mindestlohn, sondern der üblichen Vergütung zu beurteilen. Wenn allerdings der Wert der Arbeitsleistung (mindestens) doppelt so hoch sein sollte wie der Wert der Vergütung, dann liegt regelmäßig eine verwerfliche Gesinnung des Arbeitgebers vor (BAG 18.11.2015 – 5 AZR 814/14). Ein wucherähnliches Geschäft ist anzunehmen, wenn Leistung und Gegenleistung in einem auffälligen Missverhältnis zueinander stehen und weitere sittenwidrige Umstände, also eine verwerfliche Gesinnung des Arbeitgebers, hinzutreten.

Sofern die Entgeltvereinbarung gegen § 138 BGB verstößt, dann schuldet der Arbeitgeber gemäß § 612 Abs. 2 BGB die übliche Vergütung. Bei arbeitsvertraglichen Vergütungsvereinbarungen kommt es auf den jeweils streitgegenständlichen Zeitraum an. Das Missverhältnis ist stets dann auffällig, wenn es ohne weiteres »ins Auge springt«. Wenn daher die Vergütung nicht einmal zwei Drittel eines in dem Wirtschaftszweig üblicherweise gezahlten Tarifentgelts sein sollte, dann liegt eine ganz erhebliche, ohne weiteres ins Auge fallende und regelmäßig nicht mehr hinnehmbare Abweichung vor. Gleiches gilt, wenn das Tarifentgelt nicht maßgeblich sein sollte, die vereinbarte Vergütung allerdings mehr als ein Drittel unter dem Lohnniveau liegen sollte, das sich für die Arbeit in der Wirtschaftsregion gebildet hat. Von der Üblichkeit der Tarifvergütung kann in diesem Bereich immer dann ausgegangen werden, wenn mehr als 50 % der Arbeitgeber eines Wirtschaftsgebiets tarifgebunden sind oder wenn die organisierten Arbeitgeber mehr als 50 % der Arbeitnehmer eines Wirtschaftsgebiets beschäftigen.

Sittenwidrigkeit der Vergütungsvereinbarung und Mindestlohnanspruch sind verschiedene rechtliche Punkte

Die Sittenwidrigkeit einer Vergütungsvereinbarung ist daher grundsätzlich nicht nach dem gesetzlichen Mindestlohn, sondern regelmäßig nach der üblichen Vergütung der jeweiligen Tätigkeit zu beurteilen. Ein wucherähnliches Geschäft liegt nach § 138 Abs. 1 BGB vor, wenn Leistung und Gegenleistung in einem auffälligen Missverhältnis zueinander stehen und weitere sittenwidrige Umstände, etwa die verwerfliche Gesinnung des durch den Vertrag Begünstigten – also des Arbeitgebers – hinzutreten. Wenn die Entgeltabrede gegen § 138 BGB verstößt, dann schuldet der Arbeitgeber gemäß § 612 Abs. 2 BGB die übliche Vergütung. Das auffällige Missverhältnis bestimmt sich stets nach dem objektiven Wert der Arbeitsleistung des Arbeitnehmers (BAG 18.11.2015 – 5 AZR 814/14). Im unteren Lohnsektor kann es durchaus Situationen geben, bei denen sowohl die Sittenwidrigkeit der Vergütungsvereinbarung anzunehmen ist als auch ein Verstoß gegen das MiLoG gegeben ist, im darüber liegenden Bereich kann die Sittenwidrigkeit festgestellt werden, ohne dass gleichzeitig ein Verstoß gegen den Mindestlohn anzunehmen sein muss.

Akkordlohn

Besonderheiten im Berufsbildungsrecht
Im Berufsbildungsrecht gelten etwas andere Grundsätze – hier ist die Bestimmung des § 17 Abs. 1 Satz 1 BBiG maßgeblich. Die Regelung begründet allerdings keine Pflicht, die – wenn sie vorhanden sein sollte – relevante tarifliche Ausbildungsvergütung zu vereinbaren. § 17 Abs. 1 BBiG und § 138 BGB haben unterschiedliche Regelungszwecke, was bedeutet: Eine Ausbildungsvergütung, die so hoch ist, dass sie noch nicht (nach den obigen Ausführungen) gegen die guten Sitten verstößt, ist damit noch nicht als angemessen anzusehen. Eine die Grenze von 80 % unterschreitende Ausbildungsvergütung ist regelmäßig nicht mehr angemessen.

Die Ausbildungsvergütung hat verschiedene Funktionen. Sie soll den Auszubildenden und seine unterhaltsverpflichteten Eltern bei der Lebenshaltung finanziell unterstützen, die Heranbildung eines ausreichenden Nachwuchses an qualifizierten Fachkräften gewährleisten und die Leistungen des Auszubildenden in gewissem Umfang »entlohnen«. Die gerichtliche Überprüfung der vereinbarten Ausbildungsvergütung erstreckt sich somit darauf, ob die vereinbarte Vergütung die Mindesthöhe erreicht, die als noch angemessen anzusehen ist. Ob dieser Grundsatz gewahrt wurde, ist unter Abwägung der beuiderseitigen Interessen und unter Berücksichtigung der besonderen Umstände des Einzelfalls festzustellen. Wichtigster Anhaltspunkt für die Bemessung der Vergütung sind die einschlägigen Tarifverträge (BAG 29. 4. 2015 – 9 AZR 108/14).

21. Was versteht man unter einem Akkordlohn?

Fall:
Zur Steigerung der Produktivität möchte ein Arbeitgeber bei ab dem 1. 1. 2018 neu eingestellten Arbeitnehmern in einer neu errichteten Betriebsabteilung die Regelung einführen, dass diese Beschäftigten ausschließlich nach Stückzahl der produzierten Produkte bezahlt werden.
An den Betriebsrat wird die Frage gestellt, ob die Bezahlung nach der Stückzahl der produzierten Ware sinnvoll erscheint und wie eine derartige Lohnvereinbarung ausgestaltet werden soll.

Darum geht es:
Unter welchen Voraussetzungen ist eine Vereinbarung von Akkordlohn sinnvoll?

Fragen zum Inhalt des Arbeitsverhältnisses

Antwort

Die Vereinbarung einer Akkordlohnvergütung kommt in der betrieblichen Praxis realistischerweise nur dann in Betracht, wenn sich die Arbeitsabläufe in bestimmter Weise stets wiederholen. Fernerhin ist erforderlich, dass der Arbeitnehmer auch tatsächlich dazu in der Lage ist, durch eine Steigerung seiner Arbeitsleistung die Menge der Produktion zu beeinflussen (Schaub, Arbeitsrechts-Handbuch, § 64 Rn. 2 ff.). Der Akkord kann sich in diesen Fällen aus der Stückzahl, aus der produzierten Menge (Gewicht), nach der bearbeiteten Fläche oder dem Maß der Arbeitsleistung bestimmen.

Zunächst muss die sog. Vorgabezeit bestimmt werden. Darunter versteht man die Sollzeit, die der Arbeitnehmer zur ordnungsgemäßen Ausführung der ihm übertragenen Arbeit unter den betriebsüblichen Bedingungen bei Normalleistung benötigt. Sodann muss die Normalleistung festgelegt werden. Das ist diejenige Leistung, welche ein voll oder zumindest durchschnittlich geeigneter und geübter Arbeitnehmer auf Dauer und im Durchschnitt bei täglicher Schichtarbeit ohne Gesundheitsschädigung erbringen kann, wenn er die in der Vorgabezeit berücksichtigten Zeiten für persönliche Bedürfnisse und Erholung (Pausen und sonstige einzukalkulierende Unterbrechungen) einhält.

Bei **Betriebsvereinbarungen** über den Akkordlohn ist zu beachten, ob eine Tarifbindung besteht oder nicht, ob in der Vereinbarung auf einen Tarifvertrag Bezug genommen werden soll oder ob es lediglich darum geht, die Rahmenregelungen eines Tarifvertrags durch detaillierte Bestimmungen auszufüllen. Eine möglicherweise vorhandene Sperrwirkung eines Tarifvertrags muss beachtet werden – das bedeutet, dass weder durch Betriebsvereinbarung noch durch einzelarbeitsvertragliche Regelung eine vom Tarifvertrag nachteilige Abweichung zu Lasten des Arbeitnehmers getroffen werden kann.

> **Zusammenfassung:**
> Die Sache stellt sich also nicht so einfach dar, als dass nur die Regelung getroffen werden kann, bei welcher am Tag, in der Woche oder im Monat produzierten Stückzahl sich welche Vergütung ergibt.

22. Wann hat der Arbeitnehmer Anspruch auf den Tariflohn?

Fall:
Ein neu eingestellter Arbeitnehmer kommt zum Betriebsrat mit folgender Frage: »Zum 1.1.2017 habe ich meine Arbeit als Industriearbeiter aufgenommen. Als Vergütung wurden 12,20 € im Arbeitsvertrag vereinbart. Nach einigen Wochen habe ich von Arbeitskollegen erfahren, dass die meisten den Tariflohn in Höhe von 13,78 € brutto erhalten. Steht dieser Lohn auch mir zu?«

Darum geht es:
Wann ist der tarifliche Lohn zu zahlen?

Antwort

Die Zahlung des Tariflohns setzt voraus, dass der jeweilige Lohntarifvertrag oder die Lohnvereinbarung im Tarifvertrag auf das Arbeitsverhältnis anwendbar ist. Das kann unter folgenden Voraussetzungen angenommen werden:
1. Der Tarifvertrag, in welchem die Löhne enthalten sind, ist für allgemeinverbindlich erklärt worden – dann wirkt er normativ.
2. Beide Parteien, also sowohl der Arbeitgeber als auch der Arbeitnehmer, sind tarifgebunden. Dies bedeutet, dass der Arbeitgeber Mitglied des Arbeitgeberverbands sein muss und der Arbeitnehmer Gewerkschaftsmitglied.
3. Die Anwendbarkeit des Tarifvertrags wurde im Arbeitsvertrag ausdrücklich geregelt.
4. Der Tarifvertrag gilt nach den Grundsätzen der betrieblichen Übung.
5. Die Geltung des Tarifvertrags ergibt sich nach den Kriterien des Gleichbehandlungsgrundsatzes.

Problematisch wird die Frage immer dann, wenn es in der arbeitsrechtlichen Praxis um die Punkte 4 und 5 geht. Dann sind die Voraussetzungen des Rechtsinstituts der betrieblichen Übung und des Gleichbehandlungsgrundsatzes zu prüfen.

Fragen zum Inhalt des Arbeitsverhältnisses

Wichtige Begriffe

Betriebliche Übung

Aufgrund betrieblicher Übung (BAG 23.6.1988 – 6 AZR 137/86) kann ein Tarifvertrag zur Anwendung kommen, wenn der Arbeitgeber bei allen vergleichbaren Arbeitnehmern die wesentlichen Arbeitsbedingungen nach dem Tarifvertrag regelt. Erforderlich ist, dass der Arbeitgeber die entsprechenden tariflichen Leistungen mindestens dreimal wiederholt und vorbehaltlos gewährt hat und hierdurch für den Arbeitnehmer ein Vertrauenstatbestand dahin gehend entstanden ist, dass sich der Arbeitgeber auch in Zukunft binden will. Aufgrund dieser Willenserklärung, die von den Arbeitnehmern stillschweigend angenommen wird, erwachsen die vertraglichen Ansprüche auf die üblich gewordenen Arbeitsbedingungen.

Definition nach der Rechtsprechung des Bundesarbeitsgerichts (17.11.2009 – 9 AZR 765/08)

Die **betriebliche Übung** ist die regelmäßige Wiederholung bestimmter Verhaltensweisen des Arbeitgebers, aus denen die Arbeitnehmer darauf schließen dürfen, dass ihnen eine Leistung oder Vergünstigung auf Dauer gewährt werden soll. Das als Vertragsangebot zu wertende Verhalten des Arbeitgebers wird von den Arbeitnehmern angenommen, indem sie die Leistung widerspruchslos entgegennehmen.

Entscheidend für die Entstehung des Anspruchs ist nicht der Verpflichtungswille des Arbeitgebers. Maßgeblich ist hierbei, wie die Arbeitnehmer die Erklärung oder das Verhalten des Arbeitgebers nach Treu und Glauben unter Berücksichtigung aller Begleitumstände verstehen mussten. Der Arbeitgeber kann sich im Hinblick auf Einmalleistungen daher durch eine betriebliche Übung binden.

Ein Anspruch aus betrieblicher Übung kann auch dann entstehen, wenn die an eine Reihe von Arbeitnehmern geleisteten Zahlungen den übrigen Arbeitnehmern nicht mitgeteilt und im Betrieb nicht allgemein veröffentlicht werden. Es ist hier von dem allgemeinen Erfahrungssatz auszugehen, dass solche begünstigenden Leistungen der Belegschaft bekannt werden. Eine verbindliche Regel, ab welcher Anzahl von Leistungen an Dritte ein Arbeitnehmer darauf schließen darf, er solle ebenfalls begünstigt werden, gibt es nicht. Hierfür ist auf Art, Dauer und Intensität der Leistungen abzustellen. Zu berücksichtigen ist ferner die Zahl der Leistungsfälle im Verhältnis zur Belegschaftsstärke oder zur Stärke einer begünstigten Gruppe.

Gleichbehandlungsgrundsatz

Auch dieser kann eine Anspruchsgrundlage für die Leistung darstellen. Das ist dann der Fall, wenn der Arbeitgeber in Bezug auf die Zahlung der Vergütung allen Beschäftigten oder einer nach objektiven Merkmalen abzugrenzenden Gruppe von Arbeitnehmern den Tariflohn gewährt. Wenn dies der Fall ist, kann der Arbeitgeber nicht andere Arbeitnehmer willkürlich vom Bezug ausschließen (Schaub, Arbeitsrechts-Handbuch, § 112 Rn. 5 ff.). Der Gleichbehandlungsgrundsatz gebietet es, die Voraussetzungen der Gewährung der Leistung derart abzugrenzen, dass ein Arbeitnehmer hiervon nicht aus sachfremden oder willkürlichen Gründen ausgeschlossen bleibt.

Sofern es bei der Lohnhöhe zu einer Gruppenbildung kommen sollte – dahin gehend, dass verschiedene Gruppen unterschiedliche Löhne erhalten –, muss diese Gruppenbildung durch sachliche Gründe legitimiert sein und die Abgrenzung darf nicht unsachlich oder willkürlich sein. Ein auf sachwidrigen oder gesetzeswidrigen Unterscheidungsmerkmalen beruhender Ausschluss einiger Arbeitnehmer vom üblichen, tariflichen Lohnniveau löst den Anspruch aus dem Gleichbehandlungsgrundsatz aus.

Anforderungen an den Gleichbehandlungsgrundsatz bei der Lohnbemessung nach der Rechtsprechung des Europäischen Gerichtshofs (EuGH 28. 2. 2013 – C-427/11, »Kenny«)

- Arbeitnehmer verrichten eine gleiche oder gleichwertige Arbeit, wenn sie unter Zugrundelegung einer Gesamtheit von Faktoren (wie Art der Arbeit, Ausbildungsanforderungen und Arbeitsbedingungen) als in einer vergleichbaren Situation befindlich angesehen werden können, was vom nationalen Gericht zu beurteilen ist.
- Im Rahmen einer mittelbaren Entgeltdiskriminierung muss der Arbeitgeber eine sachliche Rechtfertigung des festgestellten Entgeltunterschieds zwischen den Arbeitnehmern, die sich für diskriminiert halten, darlegen können.
- Die Rechtfertigung des Arbeitgebers für den Entgeltunterschied, der auf eine Diskriminierung aufgrund des Geschlechts hindeuten kann, muss sich auf die Vergleichspersonen beziehen.

Praxishinweise:
Der arbeitsrechtliche Gleichbehandlungsgrundsatz erfordert vom Arbeitgeber, wenn es um Fragen der Lohngestaltung geht, die Arbeitnehmer oder Gruppen der Arbeitnehmer, die sich in vergleichbarer Lage befinden, bei der Anwendung einer von ihm selbst aufgestellten Regel gleich zu be-

handeln. Es ist nicht nur die willkürliche Schlechterstellung einzelner Arbeitnehmer innerhalb einer Gruppe unzulässig, sondern auch eine sachfremde Gruppenbildung (BAG 21.8.2012 – 3 AZR 81/10; BAG 17.6.2014 – 3 AZR 757/12). Werden für mehrere Arbeitnehmergruppen unterschiedliche Leistungen vorgesehen, dann verlangt der Gleichbehandlungsgrundsatz, dass diese Unterscheidung sachlich gerechtfertigt ist.

Maßgeblich für die Beurteilung, ob für die unterschiedliche Behandlung ein hinreichender Sachgrund besteht, ist vor allem der Regelungszweck. Dieser muss die Gruppenbildung rechtfertigen. Gerechtfertigt ist die Gruppenbildung zum Zweck der unterschiedlichen Lohngestaltung immer dann, wenn es einem legitimen Zweck dient und zur Erreichung dieses Zwecks erforderlich und angemessen ist. Sofern die unterschiedliche Behandlung nach dem vom Arbeitgeber vorgesehenen Zweck der Leistung sachlich nicht gerechtfertigt ist, kann der benachteiligte Arbeitnehmer verlangen, nach Maßgabe der begünstigten Arbeitnehmergruppe behandelt zu werden.

Umsetzung des Gleichbehandlungsgrundsatzes bei Lohnfragen

Der Gleichbehandlungsgrundsatz verlangt vom Arbeitgeber, die Arbeitnehmer oder Gruppen von Arbeitnehmern, die sich in vergleichbarer Lage befinden, bei Anwendung einer selbst gesetzten Regelung gleich zu behandeln. Damit verbietet der Gleichbehandlungsgrundsatz nicht nur die willkürliche Schlechterstellung einzelner Arbeitnehmer innerhalb der Gruppe, sondern auch eine **sachfremde Gruppenbildung** (BAG 15.7.2009 – 5 AZR 486/08). Im Bereich der Arbeitsvergütung ist er trotz des Vorrangs der Vertragsfreiheit immer dann anwendbar, wenn Arbeitsentgelte durch eine betriebliche Einheitsregelung generell angehoben werden und der Arbeitgeber die Leistungen nach einem bestimmten erkennbaren und generalisierenden Prinzip gewährt, indem er bestimmte Voraussetzungen oder Zwecke festlegt.

Der Arbeitgeber kann einzelne Arbeitnehmer oder Gruppen von ihnen etwa aus unsachlichen Gründen nicht von einer Erhöhung der Arbeitsentgelte ausschließen. Eine sachfremde Benachteiligung liegt allerdings dann nicht vor, wenn sich nach dem Leistungszweck Gründe ergeben, die es unter Berücksichtigung aller Umstände rechtfertigen, diesen Arbeitnehmern die den anderen gewährte Leistung nicht zu geben.

Die Differenzierung zwischen der begünstigten Gruppe und den benachteiligten Arbeitnehmern ist stets dann nicht durch berechtigte Gründe gerechtfertigt, wenn es für die unterschiedliche Behandlung keine sachlich nachvollziehbaren Ursachen gibt. Wenn eine Gruppenbildung erfolgt sein sollte, muss der Arbeitgeber die Gründe für die Differenzierung offenlegen und so erläutern, dass die Arbeitnehmer nachprüfen können, ob die Gruppenbildung sachlichen Kriterien entspricht. Liegt ein Verstoß gegen den Gleichbehandlungsgrundsatz vor, ist der Arbeitgeber verpflichtet, die Regel auf alle Arbeitnehmer anzuwenden und diese entsprechend zu begünstigen. Der benachteiligte Arbeitnehmer hat dann einen Anspruch auf die nicht gewährte Leistung.

23. Was sind freiwillige Leistungszulagen?

Fall:
Ein seit einem Jahr tätiger Industriearbeiter kommt zum Betriebsrat und fragt nach, warum einige der Arbeitnehmer in der Abteilung eine sog. freiwillige Leistungszulage bekommen. Er will wissen, um was es sich bei dieser Zahlung eigentlich handelt und ob sie ihm auch zustehen kann.
Ein anderer Arbeitnehmer, der diese Zulage bekommt, will wissen, ob der Arbeitgeber diese einfach widerrufen kann, zumal sich auch Arbeitnehmer, die sie berechtigterweise nicht bekommen, nach der Zahlung erkundigt hätten.

Darum geht es:
Was ist eine freiwillige Leistungszulage und wann hat man einen Anspruch darauf? Kann der Arbeitgeber die freiwillige Leistungszulage widerrufen?

Antwort

Leistungszuschläge werden vom Arbeitgeber zur Anerkennung besonderer Leistungen des Arbeitnehmers erbracht. Sie haben ihre Rechtsgrundlage in kollektivrechtlichen Vereinbarungen, in einer entsprechenden Regelung im Einzelarbeitsvertrag, in der betrieblichen Übung oder im Gleichbehandlungsgrundsatz (Schaub, Arbeitsrechts-Handbuch, § 69 Rn. 25). Im Beispielsfall ist daher zunächst zu prüfen, wie die Regelung des Bezugs dieser freiwilligen Leistungszulage ausgestaltet ist.
Es ist zulässig, diese Leistungszulagen unter dem Vorbehalt des jederzeitigen Widerrufs zu zahlen. Das erfolgt in der arbeitsrechtlichen Praxis regelmäßig dann, wenn der Arbeitgeber keine **Bindungswirkung** für die

Zukunft wünscht. Zu beachten ist, dass die freiwillig gezahlten Leistungszulagen nicht nach freiem Belieben des Arbeitgebers widerrufen werden können. Selbst dann, wenn sich der Arbeitgeber den Widerruf ausdrücklich vorbehalten hat, ist dieser nur in den Grenzen des billigen Ermessens zulässig.

Sofern die Zahlung mit einem Widerrufsvorbehalt versehen war, kann der von einem eventuellen Widerruf betroffene Arbeitnehmer einwenden, der Widerruf entspreche nicht dem billigen Ermessen. Dies ist aber bei Weitem kein so ausgeprägter gerichtlicher Schutz vor dem Verlust der Zahlung wie derjenige der Änderungskündigung bei einer wesentlichen Verschlechterung der Arbeitsbedingungen. Eine Leistungsbestimmung – und daher auch der Widerruf – entspricht immer dann dem billigen Ermessen, wenn die wesentlichen Umstände des Falls berücksichtigt sind und die beiderseitigen Interessen in angemessener Form gegeneinander abgewogen wurden. Ob dies tatsächlich geschehen ist, können die Arbeitsgerichte überprüfen.

> **Zusammenfassung:**
> Die Vereinbarung eines **Widerrufvorbehalts** nach freiem Ermessen des Arbeitgebers ist grundsätzlich dann unzulässig, wenn sich der Widerruf auf Bestandteile der laufenden Vergütung bezieht (= also die fest vereinbarte oder tariflich geregelte Vergütung), denn der Arbeitnehmer kann nicht zugleich auf den Schutz kündigungsrechtlicher Vorschriften (Änderungskündigungsschutzklage gemäß § 2 KSchG) und den gerichtlichen Schutz der Billigkeitskontrolle gemäß § 315 BGB verzichten.

Die Vereinbarung von Widerrufsvorbehalten darf auch bei freiwilligen Zulagen nach der insofern eindeutigen Rechtsprechung des Bundesarbeitsgerichts nicht zur Umgehung kündigungsrechtlicher Vorschriften führen (BAG 13. 5. 1987 – 5 AZR 125/86).

> **Praxishinweis:**
> Ein Arbeitgeber darf nach der Rechtsprechung des Bundesarbeitsgerichts bei allen Sonderzahlungen – auch bei Leistungszulagen – grundsätzlich, ohne einen Verstoß gegen den arbeitsrechtlichen Gleichbehandlungsgrundsatz zu begehen, unterschiedliche Arbeitsbedingungen berücksichtigen und eine geringere Arbeitsvergütung einer Arbeitnehmergruppe

durch eine Sonderzahlung teilweise oder vollständig kompensieren (BAG 1.4.2009 – 10 AZR 353/08).
In einem solchen Fall der »Kompensation« verstößt der Arbeitgeber auch nicht gegen das Maßregelungsverbot des § 612a BGB. Der Zweck einer Sonderzahlung erschöpft sich allerdings nicht in einer teilweisen Kompensation der mit den Änderungsverträgen für die Arbeitnehmer verbundenen Nachteile, wenn aus der Herausnahme von Arbeitnehmern, die sich zum Stichtag in einem gekündigten Arbeitsverhältnis befanden, deutlich wird, dass der Arbeitgeber mit der Sonderzahlung auch vergangene und künftige Betriebstreue honorieren wollte.

24. Welche Klauseln sind hinsichtlich eines Widerrufs von Vergütungsbestandteilen in Formulararbeitsverträgen wirksam?

Fall:
Ein Arbeitnehmer ist seit dem 1.1.2015 beim Arbeitgeber im Außendienst beschäftigt. Der Arbeitsvertrag ist ein sog. Formulararbeitsvertrag, also ein mehrfach verwendetes Vertragsmuster. Auf das Arbeitsverhältnis finden die Bestimmungen des einschlägigen Tarifvertrags Anwendung.
In Bezug auf die Vergütung wurden im Arbeitsvertrag folgende Punkte geregelt:
»Die Firma behält sich vor, alle übertariflichen Bestandteile in seinem Lohn – gleich, welcher Art – bei einem Aufrücken in eine höhere Altersstufe in der Lohngruppe oder in eine höhere Tarifgruppe teilweise oder ganz anzurechnen.
Abgesehen davon hat die Firma das Recht, diese übertariflichen Lohnbestandteile jederzeit unbeschränkt zu widerrufen und mit etwaigen Tariferhöhungen zu verrechnen.
Auch jede andere Leistung, die über die in den Tarifverträgen festgelegten Leistungen hinausgeht, ist jederzeit unbeschränkt widerruflich und begründet keinen Rechtsanspruch für die Zukunft.«
Mit Schreiben vom 7.12.2017 hat der Arbeitgeber unter Bezugnahme auf den arbeitsvertraglichen Widerrufsvorbehalt die übertarifliche Zulage zum Monatsentgelt und auch die arbeitstägliche Fahrtkostenerstattung mit Wirkung zum 1.1.2018 widerrufen. Der Arbeitgeber begründet den Widerruf mit seiner mittlerweile ver-

Fragen zum Inhalt des Arbeitsverhältnisses

schlechterten wirtschaftlichen Situation. Ein entsprechendes Widerrufsschreiben erhielten alle acht Arbeitnehmer der Beklagten. Der Arbeitnehmer möchte wissen, ob der Arbeitgeber die übertariflichen Lohnbestandteile uneingeschränkt widerrufen kann. Außerdem möchte er geklärt haben, ob der Widerruf so wirksam ist und er sich damit abfinden muss. Da er in einem Kleinbetrieb arbeitet, möchte der Arbeitnehmer zunächst nur über die Rechtslage informiert werden und nach Möglichkeit eine gerichtliche Auseinandersetzung vermeiden.

Darum geht es:
Inwieweit können übertarifliche Lohnbestandteile uneingeschränkt widerrufen werden?

Antwort

Weil es sich beim Arbeitsvertrag des Arbeitnehmers um einen vielfach verwendeten Vertrag handelte, ist das Recht der Allgemeinen Geschäftsbedingungen auf den Arbeitsvertrag anwendbar (§§ 305 ff. BGB). Regelungen in **Allgemeinen Geschäftsbedingungen** sind stets dann rechtsunwirksam, wenn sie den Vertragspartner des Verwenders (= im Arbeitsrecht also den Arbeitnehmer) entgegen Treu und Glauben unangemessen benachteiligen.

Somit ist zu prüfen, ob eine derartige unangemessene Benachteiligung anzunehmen ist. Eine solche kann sich daraus ergeben, dass die Bestimmung nicht klar und verständlich ist (§ 307 Abs. 1 BGB). Nach § 307 Abs. 2 BGB ist eine unangemessene Benachteiligung im Zweifel anzunehmen, wenn eine Bestimmung mit wesentlichen Grundgedanken der gesetzlichen Regelung, von der abgewichen wird, nicht zu vereinbaren ist oder wesentliche Rechte oder Pflichten, die sich aus der Natur des Vertrags ergeben, so einschränkt, dass die Erreichung des Vertragszwecks gefährdet ist.

In Allgemeinen Geschäftsbedingungen ist es unwirksam, wenn der Verwender (= der Arbeitgeber) regeln will, dass er die zugesagte Leistung (hier die Vergütung) ändern oder von ihr abweichen kann. Wirksam kann eine solche Regelung nur sein, wenn die Vereinbarung der Änderung oder Abweichung unter Berücksichtigung der Interessen des Arbeitgebers für den Arbeitnehmer zumutbar ist (§ 308 Nr. 4 BGB).

> **Zusammenfassung:**
> Der **Widerrufsvorbehalt**, welcher in den Arbeitsvertrag aufgenommen wurde, sollte nach dem Sinn der Regelung das Recht des Arbeitgebers festlegen, die versprochenen Leistungen hinsichtlich der Vergütung zumindest in Teilbereichen (Zulage und Fahrtkostenerstattung) einseitig zu ändern. Dies wäre nur dann möglich, wenn es sich bei diesen Leistungen des Arbeitgebers eindeutig um freiwillige Leistungen (im Sinne einer Leistung ohne Rechtsanspruch, solange noch nicht gezahlt ist, und eines jederzeitigen Rechts, die Leistung einzustellen) handeln würde. Sofern ein ausdrücklicher Widerrufsvorbehalt und eine Anrechnungs- und Verrechnungsmöglichkeit geregelt werden, kann die Leistung des Arbeitgebers nicht als eine rein freiwillige angesehen werden.

Das Bundesarbeitsgericht hat in einem gleich gelagerten Fall die Klausel deshalb beanstandet und als unwirksam angesehen, weil der Widerruf der zusätzlichen Leistungen grundlos erfolgen konnte (BAG 12.1.2005 – 5 AZR 364/04). Wie in allen Bereichen des Zivilrechts muss auch im Arbeitsverhältnis immer ein **Grund für die Ausübung des Widerrufsrechts** bestehen. Jede andere Regelung müsste im Ergebnis als viel zu unbestimmt und nicht kontrollierbar angesehen werden. Die Klausel ist daher rechtsunwirksam.

Wichtige Begriffe

Zumutbarkeit einer derartigen Klausel
Unabhängig davon, ob der vom Arbeitgeber angegebene Grund als sachlich, hinreichend, triftig oder schwerwiegend bezeichnet wird, muss jedenfalls die vorzunehmende **Interessenabwägung** stets zu einer **Zumutbarkeit** der Klausel für den Arbeitnehmer führen. Das richtet sich nach der Art und Höhe der Leistung, die widerrufen werden soll, nach der Höhe des verbleibenden Verdienstes sowie nach der Stellung des Arbeitnehmers im Unternehmen. Unter Berücksichtigung aller Gesichtspunkte muss der vereinbarte Widerrufsgrund den Widerruf rechtfertigen.

Gründe des Widerrufs müssen geregelt und nachvollziehbar sein
Folgende Anforderungen muss eine derartige Widerrufsklausel erfüllen, dass sie wirksam ist:

Fragen zum Inhalt des Arbeitsverhältnisses

1. Sowohl die Voraussetzungen als auch der Umfang der vorbehaltenen Änderungen müssen möglichst genau konkretisiert werden. Es muss für den Arbeitnehmer ersichtlich sein, welche Änderungen auf ihn zukommen können.
2. Die widerrufliche Leistung muss außerdem nach Art und Höhe eindeutig sein, damit der Arbeitnehmer erkennen kann, was er ggf. zu erwarten hat. Diese Anforderung lässt sich auch angesichts der Besonderheiten des Arbeitsrechts (§ 310 Abs. 4 Satz 2 BGB) im Regelfall erfüllen.
3. Bei den Voraussetzungen der Änderung, also den Widerrufsgründen, muss in der vertraglichen Regelung zumindest die **Richtung** angegeben werden, aus welchen Gründen der Widerruf möglich sein soll (wirtschaftliche Gründe, Leistung oder Verhalten des Arbeitnehmers).
4. Welches die Gründe für einen Widerruf sind, ist bei der konkreten Ausübung des Widerrufsrechts keineswegs selbstverständlich und daher für den betroffenen Arbeitnehmer durchaus von Bedeutung.
5. Der Grad der Störung muss konkretisiert werden (mögliche Gründe für eine Störung: wirtschaftliche Notlage des Unternehmens, negatives wirtschaftliches Ergebnis der Betriebsabteilung, nicht ausreichender Gewinn, Rückgang bzw. Nichterreichen der erwarteten wirtschaftlichen Entwicklung, unterdurchschnittliche Leistungen des Arbeitnehmers, schwerwiegende Pflichtverletzungen).

Anforderungen an eine zulässige Widerrufsregelung

Das Recht des Arbeitgebers, von der im Arbeitsvertrag versprochenen Leistung abzuweichen, ist in Formulararbeitsverträgen immer **nur dann wirksam** vereinbart, wenn der Vorbehalt nach der Bestimmung des § 308 Nr. 4 BGB unter Berücksichtigung der Interessen des Arbeitgebers auch dem Arbeitnehmer **zumutbar** ist (BAG 13.4.2010 – 9 AZR 113/09). Die Zumutbarkeit aus Sicht des Arbeitnehmers wird angenommen, wenn es für den Widerruf einen sachlichen Grund gibt und dieser sachliche Grund bereits in der Änderungsklausel beschrieben ist – und zwar so, dass dies der Arbeitnehmer auch verstehen kann. Das Widerrufsrecht muss aus Sicht des Arbeitgebers wegen der gegebenen unsicheren Entwicklung der Verhältnisse als Möglichkeit der Vertragsanpassung auch notwendig sein.

Die Widerrufsregelung hat allerdings nicht nur klar und verständlich zu sein (§ 307 Abs. 1 Satz 2 BGB); sie darf auch den Arbeitnehmer nicht unangemessen benachteiligen. Die Regelung muss daher klar zum Ausdruck bringen, dass der Widerruf durch den Arbeitgeber nicht ohne Grund erfolgen kann. Die Änderung muss angemessen und zumutbar sein. Der

Maßstab der § 307 Abs. 1 und 2 BGB, § 308 Nr. 4 BGB hat daher in der Vertragsklausel klar zum Ausdruck zu kommen. Der Grund des Widerrufs muss so konkret beschrieben werden, dass der Arbeitnehmer verstehen kann, was ihn ggf. erwartet. Der Arbeitnehmer muss klar erkennen können, unter welchen Voraussetzungen er mit einem Widerruf rechnen muss. Werden diese Kriterien nicht umgesetzt, ist eine Widerrufsklausel bereits aus formellen Gründen rechtsunwirksam.

II. Mehrarbeit, Überstunden, Bereitschaftsdienst, Umkleidezeiten und (Raucher-)Pausen

25. Was sind Mehrarbeit und Überstunden?

Fall:
Ein Speditionsarbeiter, dessen vertraglich festgelegte Arbeitszeit sich auf 40 Stunden/Woche beläuft, kommt zum Betriebsrat und teilt mit, dass er seit Monaten an manchen Abenden einige Stunden länger da sein müsse, weil ein externer Lkw-Fahrer auf einer sehr überlasteten und »baustellenbelasteten« Autobahn immer später komme und diese Ladung im Lager verstaut werden müsse, bis sie am nächsten Tag auf Kleinspediteure verteilt werde.

Darum geht es:
Sind diese Überstunden-Zeiten als Arbeitszeit anzusehen? Unter welchen Voraussetzungen besteht ein Zahlungsanspruch für Überstunden?

Antwort

Mehrarbeit ist die über die gesetzliche Arbeitszeit (nach den Regelungen des Arbeitszeitgesetzes) hinausgehende Arbeitszeit, **Überstunden** sind die über die regelmäßige betriebliche Arbeitszeit hinaus geleistete Arbeit (Schaub, Arbeitsrechts-Handbuch, § 69 Rn. 10ff.). Hinsichtlich der gesetzlichen Höchstarbeitszeit sind folgende Punkte zu beachten: Die werktägliche Arbeitszeit von acht Stunden kann nach § 3 Satz 2 ArbZG auf bis zu zehn Stunden verlängert werden, wenn innerhalb von sechs Kalendermonaten oder innerhalb von 24 Wochen im Durchschnitt acht Stunden werktäglich nicht überschritten werden. Eine Überschreitung dieser Grenzen dürfte im Beispielsfall nicht anzunehmen sein, weil die zusätzlichen Stunden nur gelegentlich anfallen.

> **Zusammenfassung:**
> Zur Regelung der Vergütungspflicht des Arbeitgebers in Bezug auf die Überstunden sind keine besonderen gesetzlichen Bestimmungen vorhanden. Hinsichtlich der Höhe der Überstundenzahlung und der möglicherweise anfallenden Zuschläge ist zunächst zu prüfen, ob im Einzelarbeitsvertrag oder im einschlägigen Tarifvertrag eine Bestimmung enthalten ist. Wenn dies nicht der Fall ist, sind Überstunden wie reguläre Arbeit zu zahlen.

Was muss nachgewiesen werden können, um die Überstunden im Prozess beweisen zu können?

Ein Arbeitnehmer klagt die Vergütung von Mehrarbeitsstunden oder Überarbeit ein. Er hat sich – was die betreffenden Zeiten angeht – im Betrieb bzw. im zugewiesenen Arbeitsbereich aufgehalten und kann das auch nachweisen. Im Rechtsstreit ist es Sache des Arbeitgebers, näheren Aufschluss darüber zu verschaffen, warum es sich entgegen erstem Anschein nicht um vergütungspflichtige Anwesenheitszeiten gehandelt haben soll (BAG 16. 5. 2012 – 5 AZR 347/11; ArbG Berlin 2. 11. 2012 – 28 Ca 13586/12).

Die betriebliche Anwesenheit eines Arbeitnehmers begründet im Regelfall die Vermutung, dass diese auch jeweils notwendig gewesen ist. Soweit es in diesem Zusammenhang auf die »Duldung« entsprechender Mehr-/Überarbeit durch den Arbeitgeber ankommen sollte (wenn also der Arbeitnehmer die ausdrückliche Anordnung der Stunden nicht beweisen wird können), kann der Arbeitgeber nicht mit Erfolg vortragen, er habe die vom Arbeitnehmer dargelegten Umstände gar nicht gekannt, wenn die betreffenden Zeiten in vom Arbeitgeber selbst geführten Aufstellungen – meist in einer Zeiterfassung – dokumentiert sind. Der Arbeitgeber kann in diesem Zusammenhang nicht einfach behaupten, er hätte von den möglicherweise geleisteten Überstunden gar nichts gewusst.

Überstundenschätzung durch das Gericht möglich?

Die Vergütung der Überstunden setzt entweder eine entsprechende arbeitsvertragliche Vereinbarung oder eine Vergütungspflicht nach § 612 Abs. 1 BGB voraus. Wenn arbeitsvertraglich die Zahlung von Überstunden weder vereinbart noch ausgeschlossen worden sein sollte (was in der Praxis der häufigste Fall ist), dann wird als Anspruchsgrundlage für den Überstundenanspruch des Arbeitnehmers die Bestimmung des § 612 Abs. 1 BGB in Betracht kommen. Danach gilt eine Vergütung als stillschweigend vereinbart, wenn die Arbeitsleistung nur gegen eine Vergütung zu erwarten ist. § 612 Abs. 1 BGB bildet nicht nur in den Fällen, in denen überhaupt keine Vergütungsvereinbarung getroffen wurde, die Rechtsgrundlage, sondern auch für den Anspruch, wenn der Arbeitnehmer auf Veranlassung des Arbeitgebers quantitativ mehr arbeitet, als von der Vergütungsabrede erfasst ist (BAG 18.5.2011 – 5 AZR 181/10; 25.3.2015 – 5 AZR 602/13). Die nach § 612 Abs. 1 BGB erforderliche – objektive – Vergütungserwartung beim Arbeitnehmer ergibt sich regelmässig daraus, dass im betreffenden Wirtschaftszweig die Vergütung von Überstunden – ggf. mit einem Mehrarbeitszuschlag – entweder tariflich vorgesehen ist oder allgemein branchenüblich ist.

> **Zusammenfassung:**
> Die Vergütung von Überstunden setzt fernerhin voraus, dass der Arbeitnehmer diese tatsächlich geleistet hat und die Überstundenleistung vom Arbeitgeber veranlasst war oder ihm zuzurechnen ist. Für diese Voraussetzungen – einschließlich der Anzahl geleisteter Überstunden – trägt der Arbeitnehmer die Darlegungs- und Beweislast. Wenn allerdings feststeht, dass Überstunden auf Veranlassung des Arbeitgebers geleistet worden sind, der Arbeitnehmer aber seiner Darlegungs- oder Beweislast für jede einzelne Überstunde nicht in jeder Hinsicht genügen kann, dann hat das Arbeitsgericht den Umfang geleisteter Überstunden nach § 287 Abs. 2 und Abs. 1 Satz 1 und Satz 2 ZPO zu **schätzen.**

Nach § 287 Abs. 1 ZPO entscheidet das Gericht unter Würdigung aller Umstände nach seiner Überzeugung, ob ein Schaden entstanden ist und wie hoch er ist. Das Verfahrensrecht nimmt dabei in Kauf, dass das Ergebnis der Schätzung mit der Wirklichkeit möglicherweise nicht (ganz) übereinstimmt; allerdings soll die Schätzung möglichst nahe an die Realität herankommen. Eine Schätzung muss dann unterbleiben, wenn sie mangels jeglicher konkreter Anhaltspunkte vollkommen »in der Luft hinge« und daher willkürlich wäre. Die Vorschrift erlaubt daher auch die Schätzung des Umfangs von Erfüllungsansprüchen, somit auch bei Überstunden.

Fragen zum Inhalt des Arbeitsverhältnisses

Praxishinweise:
Eine Überstundenschätzung kann das Arbeitsgericht daher immer dann vornehmen, wenn aufgrund unstreitigen Parteivorbringens, eigenen Sachvortrags des Arbeitgebers oder des vom Gericht für wahr erachteten Sachvortrags des Arbeitnehmers feststeht, dass Überstunden geleistet wurden, weil die dem Arbeitnehmer vom Arbeitgeber zugewiesene Arbeit generell nicht ohne die Leistung von Überstunden zu erbringen war. Kann der Arbeitnehmer nicht jede einzelne Überstunde belegen (etwa weil zeitnahe Arbeitszeitaufschreibungen fehlen sollten, der Arbeitgeber das zeitliche Maß der Arbeit nicht kontrolliert hat oder Zeugen nicht zur Verfügung stehen), kann und muss das Gericht das Mindestmaß geleisteter Überstunden schätzen, sofern dafür ausreichende Anknüpfungstatsachen vorliegen. Jedenfalls wäre es in dieser Situation nicht gerechtfertigt, aufgrund des vom Arbeitgeber dem Arbeitnehmer zugewiesenen Umfangs der Arbeit dem betroffenen Arbeitnehmer jede Überstundenvergütung zu versagen. Diese von der Rechtsprechung des Bundesarbeitsgerichts entwickelten Grundsätze haben im Bereich der Überstundenklagen eine deutliche Beweiserleichterung zugunsten der Arbeitnehmer gebracht; wenn auch nur für den Fall, dass das Gericht zumindest davon überzeugt ist, dass ein Teil der geltend gemachten Überstunden nachgewiesen wurde und im Übrigen eine Schätzung erfolgen kann.

26. Ist der Arbeitnehmer verpflichtet, auf Verlangen Überstunden zu leisten?

Fall:
In einer Abteilung eines Industriebetriebs zeichnet sich am Dienstag einer Woche ab, dass die Produktion bis Freitag nur mit je sechs Überstunden für die betroffenen 25 Arbeitnehmer zu erledigen ist; es handelt sich um einen fristgebundenen Auftrag, der bis spätestens Samstag 8.00 Uhr fertig sein muss, weil er dann abgeholt wird. Der Betriebsrat hat in einer abgeschlossenen Betriebsvereinbarung Überstunden bis zu 15 Stunden/Monat je Mitarbeiter generell zugestimmt.
Der Arbeitnehmer Müller kommt in die Sprechstunde des Betriebsrats und erklärt, dass er damit nicht einverstanden ist. Mittwoch und Donnerstag habe er nach Ende der regulären Arbeitszeit etwas anderes vor und am Freitag um 15.00 Uhr möchte er wegfahren.

Verpflichtung zu Überstunden

Gerade dieser Arbeitnehmer wird aber als Techniker unbedingt benötigt.

Darum geht es:
Muss der Arbeitnehmer hier Überstunden machen? Unter welchen Voraussetzungen kann ein Arbeitnehmer die Erbringung von Überstunden verweigern?

Antwort

Hier stellt sich die Frage, welche Konsequenzen die **Verweigerung betriebsnotwendiger Überstunden** für den betroffenen Arbeitnehmer hat. Da die erforderliche Zustimmung durch den Betriebsrat im Sinne einer generellen Einverständniserklärung bis zu einer bestimmten – hier nicht überschrittenen – Grenze der Dauer der Überstunden im Monat gegeben ist, können aus der betriebsverfassungsrechtlichen Sicht des Mitbestimmungsrechts keine Schwierigkeiten entstehen. Hier geht es ausschließlich um die Problematik, ob die Nichterfüllung der vom Arbeitgeber dringend gewünschten Überstunden als eine arbeitsrechtliche Pflichtwidrigkeit angesehen werden muss.

Zusammenfassung:
Dies hängt davon ab, ob der Arbeitnehmer in derartigen Situationen verpflichtet werden kann, Überstunden bis zu einem bestimmten Maß zu leisten oder ob er sich auf die Position zurückziehen kann, er schulde nur die reguläre Arbeitsleistung und er sei zu keiner weiter gehenden Arbeitserbringung verpflichtet. Die Anordnung von Überstunden durch den Arbeitgeber stellt nach allgemeiner Ansicht eine **Sonderverpflichtung** im Arbeitsverhältnis dar, die über den arbeitsvertraglich vorgesehenen Regelumfang der Arbeitsleistung hinausgeht.

Wenn sich ein Arbeitnehmer weigern sollte, die angeordneten Überstunden zu leisten, kann das durchaus im Rahmen einer Rüge im Arbeitsverhältnis (also einer Abmahnung) und im Extremfall auch kündigungsrechtlich relevant werden. Regelmäßig stellt die Weigerung des betroffenen Arbeitnehmers, dringend erforderliche Überstunden zu leisten, eine

Arbeitspflichtverletzung dar, die aber regelmäßig nicht so schwer einzustufen ist, als wenn der Arbeitnehmer die Erfüllung der regulären Arbeitszeit rechtsgrundlos verweigert.

Wichtige Begriffe

Verpflichtung zur Arbeitsleistung
Ein Grund für eine verhaltensbedingte Kündigung (LAG Köln 27.4.1999 – 13 Sa 1380/98) kann vorliegen, wenn
- Überstunden in zulässiger Weise angeordnet wurden und dringend erforderlich waren und
- sich der Arbeitnehmer geweigert hat, diese Überstunden zu leisten, und
- der Arbeitnehmer einschlägig abgemahnt wurde.

Hat der Arbeitnehmer allerdings bereits in der Zeit vor den streitigen Überstunden solche in erheblichem Maß geleistet, kann die Weigerung, auch wenn sie zu Unrecht erfolgt sein sollte, nach den Umständen des Einzelfalls lediglich ein minder schwerer Fall der Störung im Leistungsbereich sein. Dies hätte zur Folge, dass der Ausspruch einer Abmahnung oder einer Kündigung eher ausscheidet.

Betrieblicher Lösungsversuch sachgerecht
Wenn der Arbeitnehmer im Beispielsfall in den Monaten und Wochen zuvor keine oder zumindest keine umfangreicheren Überstunden leisten musste, kann er durchaus verpflichtet sein, die betrieblich notwendigen Überstunden im geforderten Umfang zu leisten. Der Betriebsrat wird dies klarzustellen haben und kann auch einen Vermittlungsversuch dahin gehend unternehmen, dass dem betroffenen Arbeitnehmer – sofern möglich – diese Stunden durch Freizeitausgleich einige Zeit später abgegolten werden.

27. Wer trägt die Darlegungs- und Beweislast bei Überstunden?

Fall:
Im Fall 25 hat der Speditionsarbeiter jeweils etwa drei Stunden in der Woche an einem Abend länger gearbeitet, weil einer der Lkw-Fahrer bei einer bestimmten Route immer zu spät gekommen ist.

Darlegungs- und Beweislast bei Überstunden

Als es um die Bezahlung der Überstunden geht, nimmt der Arbeitgeber lapidar den Standpunkt ein, eine Zahlung erfolge nicht, da diese Verspätungen bestritten werden – auf jeden Fall aber in der vom Arbeitnehmer geltend gemachten Größenordnung. Wenn es tatsächlich an einigen Tagen der Fall gewesen sein sollte, habe der Arbeitnehmer in der Zeit bis zum Eintreffen des Lkw nicht gearbeitet, sondern ausgiebig Zeitung gelesen, seinen Pkw geputzt oder andere private Dinge erledigt, denn Arbeit wäre in der Wartezeit ohnehin nicht vorhanden gewesen. Der Arbeitnehmer kommt in dieser Angelegenheit zum Betriebsrat und will wissen, wer im Fall einer gerichtlichen Auseinandersetzung über diese Stunden was beweisen muss.

Darum geht es:
Welche Nachweise muss der Arbeitnehmer im Prozess erbringen, wenn er Überstunden geltend macht?

Antwort

Für den Beweis von Überstunden gelten folgende, vom Bundesarbeitsgericht entwickelte **Grundsätze der Darlegungs- und Beweislast** (BAG 4.5.1994 – 4 AZR 445/93 und 17.4.2002 – 5 AZR 644/00). Diese haben mittlerweile »gewohnheitsrechtlichen« Status und werden von allen Arbeitsgerichten so umgesetzt. Daher ist der Arbeitnehmer gehalten, sich daran zu orientieren:
1. Der Arbeitnehmer muss darlegen und im Fall des Bestreitens durch den Arbeitgeber – so wie im Beispielsfall geschehen – durch geeignete Beweismittel beweisen, dass er über die gesetzlich zulässige oder betriebliche Arbeitszeit gearbeitet hat. Die Mehrarbeits- oder Überstunden müssen – vor allem dann, wenn zwischen Anfall und Geltendmachung ein längerer Zeitraum liegt – nachvollziehbar unter Beweis gestellt werden. Hierbei sind die Stunden genau anzugeben, damit die zeitliche Lage verdeutlicht wird. Der pauschale Vortrag etwa, es seien »zehn Stunden je Monat« angefallen, kann nicht genügen.
2. Eigene Aufzeichnungen des Arbeitnehmers können grundsätzlich nicht ausreichen, es sei denn, dass der Arbeitgeber die Richtigkeit der Aufstellungen bestätigt hat. Für jede der geltend gemachten Stunden muss das geeignete Beweismittel vorgetragen werden. Hier kommt ein

Arbeitnehmer naturgemäß in Beweisnöte, der die Überstunden ohne Zeugen erbracht hat.
3. Der Arbeitnehmer muss fernerhin darlegen und bei einer Auseinandersetzung beim Bestreiten durch den Arbeitgeber auch beweisen, dass die Mehrarbeit vom Arbeitgeber angeordnet oder geduldet worden ist. Hierbei ist zu beachten, dass die Anordnung von Mehrarbeit in der arbeitsrechtlichen Praxis auch konkludent erfolgen kann, indem der Arbeitgeber dem Arbeitnehmer eine Arbeitsleistung zuweist, die nur bei Überschreitung der regelmäßigen betrieblichen Arbeitszeit geleistet werden kann, und er die Erwartung der baldigen Erledigung zum Ausdruck bringt. Beruft sich der Arbeitnehmer darauf, dass der Arbeitgeber die Erbringung von Überstunden geduldet hat, dann sind diese nach Tag und Uhrzeit näher zu bezeichnen und in den Einzelheiten darzulegen (LAG Baden-Württemberg 20. 1. 1993 – 12 Sa 76/92).

Praxishinweis:
Für die Darlegung und den Beweis der Leistung von Überstunden gelten die gleichen Grundsätze wie für die Behauptung des Arbeitnehmers, die geschuldete (Normal-)Arbeit verrichtet zu haben, wenn die Vergütung für die üblicherweise geschuldete Arbeit streitig sein sollte. Verlangt der Arbeitnehmer aufgrund arbeitsvertraglicher Vereinbarung, tarifvertraglicher Verpflichtung des Arbeitgebers oder nach § 612 Abs. 1 BGB Arbeitsvergütung für Überstunden, hat er zunächst außergerichtlich und dann im Rechtsstreit darzulegen und bei einem Bestreiten des Arbeitgebers auch zu beweisen, dass er Arbeit in einem die Normalarbeitszeit übersteigenden zeitlichen Umfang verrichtet hat.
Hierbei genügt der Arbeitnehmer der **Darlegungslast**, wenn er vorträgt, an welchen Tagen er von wann bis wann Arbeit geleistet oder sich auf Weisung des Arbeitgebers zur Arbeit bereitgehalten hat (BAG 16.5.2012 – 5 AZR 347/11). Auf diesen Vortrag muss der Arbeitgeber im Rahmen einer gestuften Darlegungslast substantiiert erwidern und im Einzelnen vortragen, welche Arbeiten er dem Arbeitnehmer zugewiesen hat und an welchen Tagen der Arbeitnehmer von wann bis wann diesen Weisungen – nicht – nachgekommen ist. Diese Grundsätze dürfen jedoch nach der Rechtsprechung nicht schematisch angewendet werden, sondern bedürfen stets der Berücksichtigung der im konkreten Fall zu verrichtenden Tätigkeit und der jeweiligen betrieblichen Abläufe.

Genaue Darlegung im Rahmen eines Schriftsatzes

Die Darlegung der Leistung von Überstunden durch den Arbeitnehmer und die substantiierte Erwiderung hierauf durch den Arbeitgeber haben im Rechtsstreit entsprechend § 130 Nr. 3 und Nr. 4 ZPO ausschließlich in Schriftsätzen zu erfolgen. Beigefügte Anlagen zum Schriftsatz können den schriftsätzlichen Vortrag lediglich erläutern oder belegen, verpflichten das Gericht aber nicht, sich die unstreitigen oder streitigen Arbeitszeiten aus den Anlagen selbst zusammenzusuchen. **Das bedeutet:** Der Kläger muss stets die wesentlichen Beweismittel für die angefallenen Überstunden und die jeweilige Lage der Überstunden genau – wie im Folgenden ausgeführt – darlegen. Ansonsten droht die Überstundenklage zu scheitern.

Zusammenfassung:
Der Arbeitnehmer genügt immer dann der Darlegungslast für die Leistung von Überstunden, wenn er schriftsätzlich vorträgt, an welchen Tagen er von wann bis wann Arbeit geleistet oder sich auf Weisung des Arbeitgebers zur Arbeit bereitgehalten hat. Ein **Kraftfahrer**, dem vom Arbeitgeber bestimmte Touren zugewiesen werden, genügt seiner Darlegungslast für die Leistung von Überstunden, wenn er vorträgt, an welchen Tagen er welche Tour wann begonnen und wann beendet hat. Bei Fahrern oder Beifahrern im Sinne des § 21a Abs. 1 ArbZG sind die Aufzeichnungen nach § 21a Abs. 7 ArbZG geeignete Mittel der Rekonstruktion und Darlegung erbrachter Arbeitszeiten. Der Nachweis der Unrichtigkeit der Aufzeichnungen ist allerdings für den Arbeitgeber nicht ausgeschlossen (BAG 21.12.2016 – 5 AZR 362/16). Fahrerkarten und deren Auslesung können im Rechtsstreit hilfreich für den Arbeitnehmer sein, hier ist aber immer auch zu bedenken, ob als weitere Erkenntnis einer Auslesung es zu einer Dokumentation von Lenkzeitüberschreitungen kommt.

Wichtige Begriffe

Nachvollziehbares Klagevorbringen
Eine substantiierte Geltendmachung von Überstunden kann nur dann angenommen werden, wenn der Klagevortrag diesen Erfordernissen entspricht. Bei der Klage auf Vergütungszahlung müssen die Zeiträume, für welche die Vergütung gefordert wird, kalendermäßig bezeichnet werden, andernfalls ist der Gegenstand des erhobenen Anspruchs nicht ausreichend bezeichnet (BAG 5.9.1995 – 3 AZR 58/95).

Fragen zum Inhalt des Arbeitsverhältnisses

Beispiel einer gerichtlichen Geltendmachung:
… Eingeklagt werden 34 Überstunden zu je 13,00 € brutto. Der Kläger arbeitete in der Zeit vom 14. 3. bis 15. 4. 2017 in folgendem Umfang über die betriebliche Arbeitszeit:
14. 3. 2017: 16.30 bis 18.30
15. 3. 2017: 16.30 bis 18.30
16. 3. 2017: 15.00 bis 17.00
… usw.
Beweis: Für die Überstunden der 11. Kalenderwoche die Arbeitskollegen Huber, … (Anschrift), und Meier, … (Anschrift), für die 12. Kalenderwoche die in der Firma tätigen Leiharbeiter Eder und Flieger, zu laden über die Firma …
Die benannten Arbeitnehmer werden bei ihrer Einvernahme den Anfall der Überstunden voll bestätigen können, weil sie zur selben Zeit wie der Kläger Überstunden geleistet haben.
Die Überstunden wurden – bis auf diejenigen vom 31. 3. 2017 bis 11. 4. 2017 – vom Betriebsleiter der Beklagten angeordnet.
Beweis: Vernehmung des Herrn Stich, Betriebsleiter, zu laden über die Beklagte.
Vom 29. 3. 2017 bis 9. 4. 2017 waren die Überstunden betriebsnotwendig und von der Beklagten geduldet. Kurz vor Arbeitsende musste an diesen beiden Tagen ein Lastwagen der Spedition …, Hamburg, entladen werden, weil er sofort wieder den Rückweg nach Hamburg antrat. Die Entladung des Lkw hat jeweils zwei Stunden gedauert.
Beweis: Die Herren Raser und Schnell, Lastwagenfahrer, zu laden über die Spedition …, Hamburg, deren Vernehmung im Wege der Rechtshilfe angeregt wird.

Die Anordnung der Überstunden durch den Arbeitgeber oder betriebliche Notwendigkeit müssen nachgewiesen werden
Neben der Überstundenleistung setzt der Anspruch auf Überstundenvergütung voraus, dass die Überstunden vom Arbeitgeber angeordnet, gebilligt, geduldet oder jedenfalls zur Erledigung der geschuldeten Arbeit notwendig gewesen sind und der Arbeitnehmer dies auch entsprechend darlegen kann. Für eine ausdrückliche Anordnung von Überstunden muss der Arbeitnehmer vortragen, wer wann auf welche Weise wie viele Überstunden angeordnet hat. Konkludent ordnet der Arbeitgeber Überstunden an, wenn er dem Arbeitnehmer Arbeit in einem Umfang zuweist, der unter Ausschöpfung der persönlichen Leistungsfähigkeit des Arbeitnehmers nur durch die Leistung von Überstunden zu bewältigen ist (BAG 10. 4. 2013 – 5 AZR 122/12). Dazu muss der Arbeitnehmer darlegen,

dass eine bestimmte angewiesene Arbeit innerhalb der Normalarbeitszeit nicht zu leisten oder ihm zur Erledigung der aufgetragenen Arbeiten ein bestimmter Zeitrahmen vorgegeben war, der nur durch die Leistung von Überstunden eingehalten werden konnte.

Mit der Billigung von Überstunden ersetzt der Arbeitgeber durch eine nachträgliche Genehmigung die fehlende vorherige Anordnung schon geleisteter Überstunden. Der Arbeitnehmer muss in diesem Bereich darlegen, wer wann auf welche Weise zu erkennen gegeben hat, mit der Leistung welcher Überstunden einverstanden zu sein. Die Duldung von Überstunden heißt, dass der Arbeitgeber in Kenntnis einer Überstundenleistung diese hinnimmt und nicht gegen die Leistung von Überstunden einschreitet, sie daher entgegennimmt. Dazu muss der Arbeitnehmer ausführen, von welchen wann geleisteten Überstunden der Arbeitgeber auf welche Weise wann Kenntnis erlangt hat und dass es im Anschluss daran zu einer weiteren Überstundenleistung gekommen ist.

Darlegungs- und Beweislast bei Ausfahrertätigkeiten und vergleichbaren Arbeitsaufgaben

Bei derartigen Beschäftigungsverhältnissen kommt es in der Praxis immer wieder zu Streitigkeiten über den Anfall von Überstunden, zumeist in bereits beendeten Arbeitsverhältnissen. Wie ausgeführt genügt der Arbeitnehmer der ihm obliegenden Darlegungslast für die Leistung von Überstunden, wenn er schriftsätzlich vorträgt, an welchen Tagen er von wann bis wann Arbeit geleistet oder sich auf Weisung des Arbeitgebers zur Arbeit bereitgehalten hat. Anders als beim Lkw-Güterverkehr steht bei Kurier- und Speditionsdiensten in vielen Fällen keine Fahrerkarte zur Verfügung. Ein Kraftfahrer, dem vom Arbeitgeber bestimmte Touren zugewiesen werden, erfüllt seine Darlegungslast für die Leistung von Überstunden in diesem Bereich dann, wenn er vorträgt, an welchen Tagen er welche Tour wann begonnen und wann beendet hat (BAG 21.12.2016 – 5 AZR 362/16). Mehr kann in einer derartigen Situation nicht verlangt werden. Bei Fahrern oder Beifahrern im Sinne des § 21a Abs. 1 ArbZG sind die Aufzeichnungen nach § 21a Abs. 7 ArbZG geeignete Mittel der Rekonstruktion und Darlegung erbrachter Arbeitszeiten. Wenn im Arbeitsvertrag eine Arbeitszeit im erlaubten Umfang vereinbart ist, dann fallen bei Fahrern und Beifahrern im Sinne des § 21a Abs. 1 ArbZG Überstunden dann und in dem Umfang an, in dem im Ausgleichzeitraum des § 21a Abs. 4 ArbZG im Durchschnitt 48 Stunden wöchentlich überschritten werden.

Auf diesen Vortrag hin muss der Arbeitgeber im Rechtsstreit über die Überstunden gemäß der gestuften Darlegungslast substantiiert erwidern und vortragen, welche Arbeiten er dem Arbeitnehmer zugewiesen hat und an welchen Tagen der Arbeitnehmer von wann bis wann diesen Weisungen – nicht – nachgekommen ist (BAG 10.4.2013 – 5 AZR 122/12). Wenn der Arbeitgeber hierzu nichts Sachgerechtes vortragen sollte, dann gilt der Sachvortrag des Arbeitnehmers als zugestanden (§ 138 Abs. 3 ZPO). Maßgeblich sind bei diesen Fragen immer die zu verrichtenden Arbeitsleistungen und auch die konkreten betrieblichen Abläufe (BAG 16.5.2012 – 5 AZR 347/11).

Festgehalt und Provisionen

Rechtliche Probleme können auftreten, wenn es um mögliche Überstundenansprüche von Beschäftigten geht, die ein Festgehalt und umsatzabhängige Vergütungen (Provisionen etc.) erhalten. Sofern der Arbeitnehmer die arbeitszeitbezogene Vergütung und zusätzlich für einen Teil seiner Arbeitsaufgaben in erheblichem Maß Provisionen bekommt, lässt sich das Bestehen einer objektiven Vergütungserwartung für Überstunden nicht ohne Hinzutreten besonderer Umstände oder einer Üblichkeit in dieser Branche, in welcher der Arbeitnehmer tätig ist, begründen (BAG 27.6.2012 – 5 AZR 530/11). Wenn keine besonderen Umständen oder die Branchenüblichkeit vom Arbeitnehmer nachgewiesen werden kann, kann eine Überstundenvergütung nur mit Erfolg verlangt werden, wenn sie arbeitsvertraglich vereinbart ist.

Einen allgemeinen Rechtsgrundsatz in dem Sinne, dass jede Mehrarbeitszeit über die vereinbarte Arbeitszeit hinaus zu vergüten ist, gibt es nicht. Die **Vergütungserwartung** muss immer anhand eines objektiven Maßstabs unter Berücksichtigung der Verkehrssitte, der Art, des Umfangs und der Dauer der Dienstleistung sowie der Stellung von Arbeitnehmer und Arbeitgeber zueinander bestimmt werden, ohne dass es auf deren persönliche Ansichten ankommen kann.

Die Vergütungserwartung kann sich im Einzelfall daraus ergeben, dass im betreffenden Wirtschaftsbereich Tarifverträge gelten, die für vergleichbare Arbeiten eine Vergütung von Überstunden vorsehen. Die nach § 612 Abs. 1 BGB erforderliche Vergütungsvereinbarung ist daher in vielen Bereichen des Arbeitslebens gegeben. Darlegungs- und beweispflichtig für das Bestehen einer Vergütungserwartung ist immer der Arbeitnehmer, weil er die Vergütung für die Überstunden begehrt.

Überstunden bei EDV-mäßiger Erfassung

Eine Angabe der Tageszeit der Überstunden bei gerichtlichen Auseinandersetzungen ist regelmäßig entbehrlich, wenn der Arbeitgeber über die Arbeitszeit an jedem einzelnen Tag EDV-mäßige Erfassungen erstellt.

Dann kann angenommen werden, dass die Aufzeichnung der geleisteten Stunden aus Sicht des Arbeitgebers hinreichend ausgeführt wurde, und der Arbeitnehmer kann sich auf diese Aufzeichnungen in einem Streit über den Anfall dieser Stunden berufen (ArbG Limburg 5. 8. 2002 – 1 Ca 1159/01).

Überstundenzuschläge

In manchen Tarifverträgen ist ein Überstundenzuschlag bei Überschreitung der regelmäßigen Arbeitszeit von vollzeitbeschäftigten Arbeitnehmern vorgesehen. Hier stellt sich die Frage, ob **Teilzeitbeschäftigten** der Überstundenzuschlag schon bei Überschreitung der vertraglich (verringerten) Arbeitszeit zustehen kann. Der Europäische Gerichtshof hat zu dieser Rechtsfrage den Standpunkt vertreten, dass Art. 1 der Richtlinie 75/117 EWG vom 10. 2. 1975 zur Angleichung der Rechtsvorschriften der Mitgliedsstaaten über die Anwendung des Grundsatzes des gleichen Entgelts für Männer und Frauen nicht untersagt, dass ein Tarifvertrag die Zahlung von Überstundenzuschlägen nur bei Überschreiten der tariflich für Vollzeitbeschäftigte festgelegten Regelarbeitszeit vorsieht.

Teilzeitbeschäftigte Arbeitnehmer haben den Anspruch auf die Mehrarbeitszuschläge daher nur dann, wenn die Arbeitszeit die regelmäßige Vollzeitarbeitszeit überschreitet. Es stellt sich dann die Frage, ob dieses Ergebnis eine unzulässige Diskriminierung der weiblichen Beschäftigten darstellt, die prozentual von dieser Rechtsfolge häufiger betroffen sind als männliche Arbeitnehmer.

28. Muss Bereitschaftsdienst bezahlt werden? Wenn ja, in welcher Höhe?

Fall:
Ein Betriebsschlosser hat regelmäßig jeden dritten Samstag in der Zeit von 8.00 bis 18.00 Uhr Bereitschaftsdienst. Dieser gestaltet sich so, dass er auf dem Betriebsgelände anwesend sein muss und telefonisch zum möglichen Einsatz gerufen wird. Was er in der Zeit des Nichteinsatzes tut, ist gleichgültig, er darf sich nur nicht von dem Firmengelände entfernen. Regelmäßig liest er während der Zeit, in der keine Arbeiten anfallen, Bücher oder er baut an seinem aufwendigen Modellbauschiff »Mayflower« weiter; den Bausatz mit über

10 000 Teilen hat er mit Einverständnis des Arbeitgebers mitgebracht.
Im Monat August 2017 war er an zwei Samstagen eingeteilt; von den 20 Stunden waren acht Stunden Arbeitseinsatz und zwölf Stunden »Wartezeit«.
Für den Arbeitseinsatz erhält er den tariflichen Stundenlohn nebst Samstagszuschlägen (insgesamt 16,00 € brutto je Stunde), für die »Wartezeit« pauschal 10,00 € die Stunde.
Er will zwar keinen Ärger mit dem Arbeitgeber, fragt aber beim Betriebsrat an, wie hier die Rechtslage ist.

Darum geht es:
Besteht ein Vergütungsanspruch für Bereitschaftsdienste, die im Arbeitsbereich des Arbeitgebers verbracht werden müssen? Muss der Arbeitnehmer hier für die gesamte Zeit der Anwesenheit auf dem Betriebsgelände an den Samstagen den tariflichen Stundenlohn nebst den Zuschlägen erhalten?

Antwort

Im Arbeitszeitrecht sind folgende Begriffe von der üblichen, vollen Arbeitsleistung abzugegrenzen: **Rufbereitschaft, Bereitschaftsdienst** und **Arbeitsbereitschaft**. Diese werden aus Sicht des Arbeitszeitrechts und auch vergütungsrechtlich zumindest teilweise anders als die übliche, volle Arbeitsleistung behandelt. Zur Erklärung sollen zunächst die Begriffe definiert werden:
Die **Arbeitsbereitschaft** wird von der Rechtsprechung des Bundesarbeitsgerichts definiert als »Zeit wacher Achtsamkeit im Zustand der Entspannung«. Der Arbeitnehmer ist am Arbeitsort anwesend und erbringt zwar nicht seine volle Tätigkeit, muss aber bereit sein, jederzeit in den Arbeitsprozess einzugreifen. Arbeitsbereitschaft liegt etwa vor, wenn die Arbeitnehmer eines Einsatzwagens eines Rettungsdienstes zwischen den einzelnen Einsätzen ihre Wartezeit in der Zentrale des Rettungsdienstes verbringen. Die Abgrenzung von Vollarbeit und bloßer Arbeitsbereitschaft ist oftmals schwer zu treffen und ist im Einzelfall nach dem Inhalt der vertraglich geschuldeten Leistung zu bestimmen. Die Arbeitsbereitschaft fällt unter den Begriff der Arbeitszeit nach dem Arbeitszeitgesetz.

> **Zusammenfassung:**
> Der Begriff des **Bereitschaftsdienstes** ist anzunehmen, wenn sich der Arbeitnehmer an einem vom Arbeitgeber bestimmten Ort aufzuhalten hat und – sobald erforderlich – seine Arbeit aufnehmen kann. Nicht gefordert wird beim Bereitschaftsdienst eine wache Achtsamkeit. Ob der Bereitschaftsdienst als Arbeitszeit im Sinne des Arbeitszeitgesetzes anzusehen ist, war in letzter Zeit umstritten. Die Vergütungspflicht besteht allerdings eindeutig, wenn im Arbeitsvertrag, in einem Tarifvertrag oder in einer Betriebsvereinbarung Regelungen zur Vergütungsfrage enthalten sind.

Unter der **Rufbereitschaft** ist die Verpflichtung des Arbeitnehmers zu verstehen, an einem von ihm frei wählbaren Ort, der dem Arbeitgeber mitzuteilen ist, erreichbar zu sein und auf Anforderung die Arbeit alsbald aufzunehmen. Die Vergütungspflicht der Rufbereitschaft ist anzunehmen, wenn dies im Arbeits- oder Tarifvertrag oder in einer Betriebsvereinbarung geregelt ist. Sobald der Arbeitnehmer während der Bereitschaft auf Anforderung aktiv die angeforderte Arbeitsleistung erbringt, handelt es sich um Arbeitszeit mit einem bestehenden Vergütungsanspruch für den Arbeitnehmer.

Im vorliegenden Fall muss sich der betreffende Arbeitnehmer auf dem Betriebsgelände während der Zeiten aufhalten, so dass hier eindeutig Bereitschaftsdienst vorliegt. Daher stellt sich die Frage, ob der Bereitschaftsdienst, in welchem der Arbeitnehmer nicht zur Arbeit herangezogen wurde, überhaupt als Arbeitszeit zu vergüten ist. Und wenn die Frage grundsätzlich zu bejahen ist dann geht es um die Höhe der Vergütung.

Bei dieser Frage kann nicht nur auf das deutsche Arbeitsrecht abgestellt werden, sondern es müssen auch EU-Richtlinien einbezogen werden. So definiert die Richtlinie 93/104/EG zum Arbeitszeitrecht die Arbeitszeit als eine Zeitspanne, während derer ein Arbeitnehmer gemäß den einzelstaatlichen Rechtsvorschriften und/oder Gepflogenheiten arbeitet, dem Arbeitgeber zur Verfügung steht, seine Tätigkeit ausübt oder Aufgaben wahrnimmt.

> **Zusammenfassung:**
> Nach einer Entscheidung des Europäischen Gerichtshofs (EuGH 3.10.2000 – C-303/98, »SIMAP«) hierzu ist der **Bereitschaftsdienst**, den die Ärzte der Teams zur medizinischen Grundversorgung **in Form persönlicher Anwesenheit** in der Gesundheitseinrichtung leisten, **insgesamt als Arbeitszeit** und ggf. als Überstundenerbringung im Sinne der Richtlinie 93/104/EG anzusehen. Beim Bereitschaftsdienst **in Form ständiger Erreichbarkeit** ist nur die Zeit, die für die tatsächliche Erbringung von Leistungen bei der medizinischen Grundversorgung aufgewandt wird, als Arbeitszeit anzusehen.

Nach diesen Kriterien ist also der in der Einrichtung oder im Betrieb des Arbeitgebers verbrachter Bereitschaftsdienst grundsätzlich als Arbeitszeit anzusehen. Das bedeutet, dass diese Zeiten des Bereitschaftsdienstes, in denen kein Einsatz zur Arbeit erfolgt, zu vergüten sind.

Damit ist aber noch nicht die **Höhe** der zu zahlenden Vergütung geklärt. Diese muss nach der Rechtsprechung des Bundesarbeitsgerichts nicht unbedingt in der Größenordnung der Vergütung für erbrachte Arbeit liegen, sondern es können auch niedrigere Vergütungen vereinbart werden; die Vergütung muss aber eine angemessene Honorierung der »Wartezeit« auf den Einsatz sein.

Um hier eine Größenordnung zu geben, soll darauf verwiesen werden, dass etwa 50 bis 70% der regulären Vergütung für die »Wartezeit« durchaus als angemessen erscheinen, je nach den Umständen des Einzelfalls. Sofern eine tarifliche oder arbeitsvertragliche Regelung existieren sollte, wonach diese Stunden mit dem regulären Stundenlohn vergütet werden müssen, geht dies als eine speziellere Regelung vor. Ansonsten ist die üblicherweise für diese Zeiten geschuldete Vergütung maßgeblich.

Wichtige Begriffe

Auslegung der EG-Richtlinie im Einzelfall

Die europarechtliche Richtlinie 93/104/EG steht der Regelung eines Mitgliedsstaats entgegen, die beinhaltet, dass – nach geltendem Tarifvertrag oder einer darauf basierenden Betriebsvereinbarung – nur Bereitschaftsdienstzeiten zu vergüten sind, in denen der Arbeitnehmer tatsächlich eine berufliche Tätigkeit ausgeübt hat, obwohl der Bereitschaftsdienst in Form persönlicher Anwesenheit in der Einrichtung des Arbeitgebers zu leisten ist. Fernerhin darf eine solche Kürzung der täglichen Ruhezeit nicht zu einer Überschreitung der in Art. 6 der Richtlinie festgesetzten Höchstdauer der wöchentlichen Arbeitszeit führen.

Der Europäische Gerichtshof hat entschieden, dass etwas anderes lediglich dann anzunehmen ist, wenn der Arbeitnehmer **Bereitschaftsdienst** in der Form leistet, dass er ständig erreichbar ist, **ohne** dass er zur **Anwesenheit** im Arbeitsbereich des Arbeitgebers verpflichtet wird. Selbst wenn in dieser Situation der Arbeitnehmer dem Arbeitgeber in zeitlicher Hinsicht zur Verfügung stehen muss, kann er in der Zeit, in welcher er sich nicht im Arbeitsbereich des Arbeitgebers aufhält, freier über die Zeit verfügen und eigenen Interessen nachgehen, so dass in diesen Situationen dann nur die Zeit, in der tatsächlich gearbeitet wird, als Arbeitszeit anzusehen ist.

Die Begriffe der Arbeitszeit und der Ruhezeit im Sinne der Richtlinie 93/104/EG können nicht nach den Regelungen der Gesetze der Mitgliedsstaaten der Europäischen Union ausgelegt werden. Sie stellen gemeinschaftsrechtliche Begriffe dar, wie der Europäische Gerichtshof ausdrücklich hervorgehoben hat. Die Begriffe müssen anhand objektiver Merkmale unter Berücksichtigung des Regelungszusammenhangs und des Zwecks der Richtlinie eingeordnet werden. Nur unter diesen Bedingungen kann erreicht werden, dass eine einheitliche Anwendung in sämtlichen Mitgliedsstaaten durchgeführt wird.

Maßgeblich dafür, dass der im konkreten Fall vom Arbeitnehmer geleistete Bereitschaftsdienst die charakteristischen Merkmale der Arbeitszeit im Sinne der Arbeitszeitrichtlinie aufweist, ist nach Ansicht des Europäischen Gerichtshofs, dass sich der Arbeitnehmer an einem vom **Arbeitgeber bestimmten Ort** aufhält (regelmäßig ein Ort im Zusammenhang mit der Möglichkeit der sofortigen Arbeitserbringung). Er muss gerade an diesem Ort zur Verfügung stehen, um ggf. sofort die Arbeitsleistung erbringen zu können.

Darlegungs- und Beweislast beim Bereitschaftsdienst
Die Darlegungs- und Beweislast für überobligatorische Arbeitsleistung während des Bereitschaftsdienstes beurteilt sich nach den für die Vergütung von Überstunden entwickelten Grundsätzen. In beiden Situationen macht der Arbeitnehmer geltend, dass er über die Normalleistung hinaus Leistungen erbracht und hierfür vom Arbeitgeber keine oder keine angemessene Vergütung erhalten hat.

Der Arbeitnehmer, der die Vergütung solcher Mehrleistungen fordert, muss im Einzelnen darlegen, an welchen Tagen und zu welchen Tageszeiten er über die übliche Arbeitszeit hinaus gearbeitet hat, wenn dies streitig sein sollte. Er muss vortragen, von welcher Normalarbeitszeit er ausgeht, dass er tatsächlich gearbeitet und welche (geschuldete) Tätigkeit er ausgeführt hat. Je nach Einlassung des Arbeitgebers besteht eine abgestufte Darlegungs- und Beweislast.

Kein gesetzlicher Anspruch auf regulären Stundenlohn

Der Arbeitgeber ist nicht verpflichtet, dem Arbeitnehmer für jede Bereitschaftsdienststunde (mindestens) die für eine reguläre Arbeitsstunde geschuldete Vergütung zu zahlen. Der Bereitschaftsdienst ist also keine volle Arbeitsleistung, sondern eine Aufenthaltsbeschränkung, die mit der Verpflichtung verbunden ist, bei Bedarf unverzüglich tätig zu werden. Damit unterscheidet sich dieser Dienst seinem Wesen nach von der vollen Arbeitstätigkeit, die vom Arbeitnehmer eine ständige Aufmerksamkeit und Arbeitsleistung verlangt. Der deutliche Unterschied rechtfertigt es, für den Bereitschaftsdienst eine andere Vergütung vorzusehen als für die Vollarbeit.

Bereitschaftsdienste und Mindestgehalt im pflegerischen Bereich

In diesem Bereich, insbesondere bei der Kranken- oder Altenpflege in einem pflegerischen Betrieb, können sich Probleme sowohl mit dem Mindestlohn als auch mit der Frage von Bereitschaftsdiensten ergeben. Dies ist regelmäßig dann der Fall, wenn der im häuslichen Bereich Beschäftigte neben der vereinbarten Arbeitszeit weiterhin anwesend sein sollte und – bei Bedarf – auch zusätzlich pflegerische oder sonstige Arbeitsleistungen erbringt. In diesem Zusammenhang ist die Bestimmung des § 2 der Verordnung über zwingende Arbeitsbedingungen für die Pflegebranche (PflegeArbbV) von Bedeutung. Das Mindestentgelt nach § 2 PflegeArbbV ist nicht nur für Vollarbeit, sondern auch für Arbeitsbereitschaft und Bereitschaftsdienst zu zahlen (BAG 19.11.2014 – 5 AZR 1101/12).

Das Mindestentgelt nach § 2 PflegeArbbV ist »je Stunde« festgelegt. Damit knüpft die Norm das Entgelt an einen bestimmten Euro-Betrag in Relation zu einer bestimmten Zeiteinheit (zumeist Stunde oder Monat) bzw. dem Umfang der in einer bestimmten Zeiteinheit zu leistenden Arbeit an die »vergütungspflichtige Arbeitszeit« an. Diese Anknüpfung an die vergütungspflichtige Arbeitszeit bestätigt § 3 Abs. 1 Satz 1 PflegeArbbV, der die Fälligkeit des Mindestentgelts »für die vertraglich vereinbarte Arbeitszeit« regelt. Damit ist das Mindestentgelt in der Pflegebranche zu zahlen für die **vertraglich vereinbarte Arbeitszeit**, also für alle Stunden, während derer der Arbeitnehmer innerhalb der vereinbarten Arbeitszeit die geschuldete Arbeit erbringt. § 2 PflegeArbbV stellt weder auf die Art der Tätigkeit noch auf die Intensität der Arbeit (Vollarbeit, Arbeitsbereitschaft, Bereitschaftsdienst) ab.

Wenn der Anwendungsbereich der PflegeArbbV eröffnet ist, weil der Arbeitnehmer in einem Pflegebetrieb überwiegend pflegerische Tätigkeiten in der Grundpflege nach § 14 Abs. 4 Nr. 1 bis 3 SGB XI verrichtet, muss daher das Mindestentgelt auch für die nicht pflegerischen (Zusammenhangs-)Tätigkeiten (wie z. B. im Bereich der hauswirtschaftlichen Versorgung) und für alle Formen von Arbeit gezahlt werden. Dieser Umstand ist bei weitem nicht allen Betrieben von Pflegeeinrichtungen so bekannt.

29. Müssen Umkleidezeiten und (Raucher-)Pausen bezahlt werden?

Fall:
In einem großen Einzelhandelsunternehmen, das sich im oberen Preissegment bei Kleidung und Textilien betätigt, verlangt der Arbeitgeber von den Beschäftigten im Verkauf, dass Männer ausschließlich Anzüge in einer vom Betrieb vorgegebenen Stoffgestaltung (dunkelblau mit gelben Nadelstreifen), eine passende Krawatte mit deutlich sichtbarem Firmenlogo und ein weißes Hemd während der Arbeit tragen, für Frauen gilt dieselbe Stoffart bei Kostümen oder Hosenanzügen, und statt der Krawatte wird ein Tuch vorgegeben nebst weißer Bluse, und dazu müssen schwarze Lackschuhe getragen werden. Die Kleidung stellt der Arbeitgeber, und es ist den Beschäftigten gestattet, die Kleidungsstücke auch im privaten Bereich zu nutzen, wovon allerdings schon wegen des auffälligen Stoffes niemand Gebrauch macht. Das Umkleiden vor und nach der Arbeit dauert etwa fünf Minuten. Die davon betroffenen Beschäftigten wollen wissen, ob diese Zeiten als Arbeitszeiten gelten.
Fernerhin wird an den Betriebsrat folgende Frage herangetragen: Es versteht sich von selbst, dass während der Arbeit nicht geraucht werden darf – bisher hat der Arbeitgeber kürzere Raucherpausen auf einem Balkon des Gebäudes geduldet, und es musste nicht die Zeit der jeweiligen Pause erfasst werden. Jetzt wurde ab dem 2.1.2018 von der Geschäftsführung angeordnet, dass bei diesen Pausen die Zeiten als »Nichtarbeitszeiten« erfasst werden müssen. Die davon betroffenen Beschäftigten vertreten den Standpunkt,

Fragen zum Inhalt des Arbeitsverhältnisses

dass das wohl nicht möglich wäre, da man sich darauf eingestellt habe, dass dies bisher immer anders war und die Arbeitszeit gerade nicht unterbrochen wurde.

Darum geht es:
Sind in einer derartigen Situation die Umkleidezeiten Arbeitszeiten und können die Beschäftigten bei den Raucherpausen sich darauf berufen, es wäre eine betriebliche Übung entstanden, dass diese Unterbrechungen der Arbeit nicht erfasste werden müssen und das das auch weiterhin so gehandhabt wird.

Antwort

1. Umkleidezeiten

Umkleidezeiten gehören immer dann zur vertraglich geschuldeten Arbeitsleistung, wenn das Umkleiden einem Bedürfnis des Arbeitgebers dient und nicht zugleich ein eigenes Bedürfnis erfüllt. Das ist grundsätzlich bei einer besonders auffälligen Dienstkleidung der Fall. An der Erkennbarkeit seines Arbeitgebers gegenüber Dritten hat der Arbeitnehmer außerhalb seiner Arbeitszeit eindeutig kein objektiv feststellbares eigenes Interesse, daher tragen in diesem Betrieb die Beschäftigten diese doch relativ auffällige Arbeitskleidung nur während der Arbeit. Zur Arbeitszeit zählt bei besonderer Auffälligkeit der Arbeitskleidung auch das Zurücklegen des Weges von der Umkleide- zur Arbeitsstelle.

Das Ankleiden mit einer vorgeschriebenen Arbeitskleidung ist immer dann nicht lediglich fremdnützig und damit nicht Arbeitszeit, wenn sie zu Hause angelegt und – ohne besonders auffällig zu sein – auf dem Weg zur Arbeitsstätte getragen werden kann. An der ausschließlichen Fremdnützigkeit fehlt es auch, wenn es dem Arbeitnehmer gestattet ist, eine an sich besonders auffällige Dienstkleidung außerhalb der Arbeitszeit zu tragen und er sich entscheidet, diese nicht im Betrieb an- und abzulegen.

Zusammenfassung:
Hier verhält es sich anders: Es handelt sich um eine durchaus auffällige Arbeitskleidung, wenn der Arbeitnehmer im Verkaufsraum aufgrund der Ausgestaltung seiner Kleidungsstücke ohne weiteres als Arbeitnehmer seines Arbeitgebers erkannt werden kann. Eine

> derartige Zuordnungsmöglichkeit besteht auch bei einer eher unauffälligen Farbgestaltung der Dienstkleidung, wenn auf dieser ein Emblem oder Schriftzüge angebracht sind, die aufgrund ihrer Bekanntheit in der Öffentlichkeit mit einem bestimmten Arbeitgeber in Verbindung gebracht werden. Hierfür kommt es – unabhängig von der Größe der Schriftzüge oder Logos – nur auf deren Erkennbarkeit an (BAG 17.11.2015 – 1 ABR 76/13).

2. (Raucher-)Pausen

Als Anspruchsgrundlage, dass die bisherige Praxis bleibt, könnte das Rechtsinstitut der betrieblichen Übung in Betracht kommen. Hat der Arbeitgeber während sog. Raucherpausen, für die die Arbeitnehmer ihren Arbeitsplatz bisher verlassen durften, das Entgelt weitergezahlt, ohne die genaue Häufigkeit und Dauer der jeweiligen Pausen zu kennen, weil die Zeiten der Pausen vom Arbeitgeber nicht erfasst wurden, dann können die davon betroffenen Arbeitnehmer nicht darauf vertrauen, dass der Arbeitgeber diese Praxis weiterführt. Ein Anspruch aus betrieblicher Übung entsteht nicht (LAG Nürnberg 5.11.2015 – 5 Sa 58/15).

Die **betriebliche Übung** ist die regelmäßige Wiederholung bestimmter Verhaltensweisen des Arbeitgebers, aus denen die Arbeitnehmer oder die Arbeitnehmer einer bestimmten Gruppe schließen können, ihnen soll eine Leistung oder Vergünstigung auf Dauer gewährt werden. Aus diesem als Vertragsangebot zu wertenden Verhalten des Arbeitgebers, das von den Arbeitnehmern in der Regel stillschweigend angenommen wird, ergeben sich vertragliche Ansprüche des Arbeitnehmers auf die üblich gewordenen Leistungen. Eine betriebliche Übung ist für jeden Bereich im Arbeitsrecht vorstellbar, der arbeitsvertraglich in einer derart allgemeinen Form geregelt werden kann. Entscheidend für die Entstehung eines Anspruchs ist nicht der Verpflichtungswille des Arbeitgebers, sondern es ist maßgeblich, wie der Arbeitnehmer die Erklärung oder das Verhalten des Arbeitgebers nach Treu und Glauben unter Berücksichtigung aller Begleitumstände verstehen durfte. Die betriebliche Übung kann auch durch Duldung des Arbeitgebers entstehen (BAG 19.3.2014 – 5 AZR 954/12; 11.4.2006 – 9 AZR 500/05).

In derartigen Situationen wird allerdings kaum die betriebliche Übung nachzuweisen sein, mit der Rechtsfolge, dass die Beschäftigten künftig die Pausen zeitlich erfassen müssen und sie nicht mehr vergütet bekommen. Es liegt in derartigen Fällen schon keine regelmäßige Wiederholung bestimmter Verhaltensweisen vor. Der Arbeitgeber hat sich hier gerade nicht gleichförmig verhalten (BAG 11.11.2014 – 3 AZR 849/11). Der Arbeitgeber hat hier bis zum 31.12.2017 keinen Lohnabzug für die Raucherpausen vorgenommen, dies geschah jedoch unabhängig von der jeweiligen Häufigkeit und Länge der Pausen. Eine **gleichförmige Gewährung** bezahlter Raucherpausen mit bestimmter Dauer ist damit wohl nicht verbunden.

Hat der Arbeitgeber von einer betrieblichen Handhabung keine ausreichende Kenntnis und ist dies den Arbeitnehmern erkennbar, fehlt es schon an einem hinreichend bestimmten Angebot einer Leistung durch den Arbeitgeber (Schaub, Arbeitsrechts-Handbuch, § 110 Rn. 11). Die Situation ist ähnlich wie bei der privaten Nutzung der betrieblichen Telefonanlagen, des E-Mail-Servers oder des Internets. Die Arbeitnehmer konnten somit gerade nicht davon ausgehen, der Arbeitgeber werde die Raucherpausen »wie bisher« weiterhin unter Fortzahlung der Vergütung gestatten. Dies gilt insbesondere, wenn eine bestimmte Handhabung nur vom Arbeitgeber geduldet wird.

> **Zusammenfassung:**
> Bei den Umkleidezeiten kommt es immer darauf an, wie vom Außenbereich die Erkennbarkeit der Zugehörigkeit zu einem bestimmten Arbeitgeber gesehen wird. Hier mag es zwar keine besonders auffällige Arbeitskleidung sein, aber die Zuordenbarkeit zum Arbeitgeber ist eindeutig gegeben. Die Umkleidezeiten werden daher Arbeitszeiten sein. Das Rechtsinstitut der betrieblichen Übung kann bei den Raucherpausen nicht zugunsten der Beschäftigten eingreifen; sie müssen daher künftig die Zeiten erfassen und bekommen sie nicht vergütet.

Wichtige Begriffe

Betriebliche Übung erfordert regelmäßig einen Zusammenhang mit der Arbeitsleistung

Die Zahlung der Raucherpausen steht fernerhin in keinem Zusammenhang mit der Arbeitsleistung, sondern es soll im Ergebnis eine Nichtarbeit bezahlt werden. Ohne sonstige gesetzliche, tarifliche oder vertragliche Rechtsgrundlage bedarf es aber ganz besonderer Anhaltspunkte, dass die Arbeitnehmer darauf vertrauen dürfen, vom Arbeitgeber für bestimmte Zeiten ohne jegliche Gegenleistung bezahlt zu werden. Dies gilt vor allem dann, wenn die Arbeitnehmer selbst über Häufigkeit und Dauer der Pausen bestimmen dürfen. Die gesetzlich vorgeschriebenen Pausen des Arbeitszeitgesetzes sind ohne sonstige Rechtsgrundlage unbezahlte Pausen.

Aspekte des Gesundheitsschutzes
Allgemein bekannt ist, dass Rauchen der Gesundheit abträglich ist. Den Arbeitgeber trifft eine Verpflichtung, die Gesundheit der Mitarbeiter zu schützen und auch präventiv Gesundheitsgefahren vorzubeugen. Auch der Betriebsrat hat die Aufgabe des Gesundheitsschutzes für die Mitarbeiter (§ 87 Abs. 1 Nr. 7 BetrVG). Mit einer Bezahlung der Raucherpausen würde der Arbeitgeber aber gerade nicht im Sinne des Gesundheitsschutzes tätig werden; er würde Anreize setzen, die Gesundheit der Mitarbeiter zu gefährden und das Risiko von krankheitsbedingten Ausfällen zu erhöhen. Auch aus diesem Grund werden die Arbeitnehmer auf die Fortsetzung der Bezahlung der Raucherpausen durch den Arbeitgeber nicht vertrauen können.

Schutz vor Passivrauchen
Hier soll auch der Schutz vor dem Passivrauchen am Arbeitsplatz kurz dargestellt werden, wie er von der Rechtsprechung mittlerweile entwickelt wurde (BAG 10.5.2016 – 9 AZR 347/15). Nach § 5 Abs. 2 Arbeitsstättenverordnung hat der Arbeitgeber nicht rauchende Beschäftigte in Arbeitsstätten mit Publikumsverkehr nur insoweit vor den Gesundheitsgefahren durch Passivrauchen zu schützen, als die Natur des Betriebs und die Art der Beschäftigung es zulassen. Dies kann dazu führen, dass er nur verpflichtet ist, die Belastung durch Passivrauchen zu minimieren, nicht aber sie gänzlich auszuschließen. Gemäß § 5 Abs. 1 Satz 1 Arbeitsstättenverordnung müssen die nicht rauchenden Beschäftigten wirksam vor den Gesundheitsgefahren durch Tabakrauch geschützt werden. Der Gesetzgeber ist damit davon ausgegangen, dass Tabakrauch zwangsläufig die Gesundheit gefährdet.
Es war Ziel des Gesetzgebers, die bestehenden Rechtsunsicherheiten zu beseitigen. Diese könnten sich insbesondere daraus ergeben, dass ansonsten bei Streitigkeiten im Einzelfall festgestellt werden müsste, ob das Passivrauchen nach der Konzentration und der zeitlicher Belastung zu einer Gesundheitsgefährdung führt. In den Erholungsräumen müssen geeignete Maßnahmen zum Schutz der Nichtraucher vor Belästigungen durch Tabakrauch geschaffen werden. Damit schützt § 5 Arbeitsstättenverordnung vor jeder Form des Passivrauchens. Im Übrigen wurde § 5 Abs. 1 Satz 2 zur Umsetzung der Tabakrahmenkonvention der Weltgesundheitsorganisation eingefügt.

III. Gratifikation/Feiertags- und Sonderzahlung

30. Wann hat der Arbeitnehmer einen Anspruch auf eine Gratifikation?

Fall:
Im zweiten Jahr der Beschäftigung fällt einem Arbeitnehmer auf, dass er an Weihnachten bisher keine Gratifikation bekommen hat. Während er dies im ersten Jahr noch darauf zurückführte, dass er erst neun Monate beschäftigt war, hat er im Jahr darauf keine Erklärung hierfür. Bei zahlreichen Gesprächen mit Arbeitskollegen bekommt er mit, dass bis auf die im laufenden Jahr neu eingestellten Arbeitnehmer alle Beschäftigten eine Gratifikation bekamen, allerdings in unterschiedlicher Höhe. Da er dieses System der Zahlung nicht versteht, beschwert er sich beim Betriebsrat über diese »eklatante Ungleichbehandlung«.

Darum geht es:
Hat der Arbeitnehmer hier einen Zahlungsanspruch? Wann kann ein Arbeitnehmer von einer Gratifikationszahlung ausgenommen werden?

Antwort

Um die Frage beantworten zu können, ist zuerst zu prüfen, welche Anspruchsvoraussetzung für die Gratifikationszahlung in Betracht kommen kann. Für die Zahlung einer Sonderzuwendung besteht weder kraft Gesetzes oder Gewohnheitsrechts noch aus der Fürsorgepflicht des Arbeitgebers eine Anspruchsgrundlage. Damit der Leistungsanspruch entsteht, muss stets eine einschlägige Rechtsgrundlage vorhanden sein. Es kommen folgende Anspruchsgrundlagen in Betracht:
Tarifrechtliche Anspruchsgrundlage: Die Sonderzahlung ist im Rahmen einer tariflichen Regelung enthalten. In manchen Branchen wurden von den Tarifvertragsparteien spezielle Tarifverträge über die Sonderzuwendungen ausgehandelt. Im Regelfall stellt die Zahlung dann eine Vergütung der im Bezugszeitraum geleisteten Arbeit dar. War der Arbeitnehmer während des ganzen Jahres arbeitsunfähig erkrankt, wird der Anspruch entfallen, da er zumindest auch die Honorierung vergangener Ar-

beitsleistung beabsichtigt. Die Antwort kann durch Überprüfung der tarifrechtlichen Situation gegeben werden.

Betriebsvereinbarung: Eine Betriebsvereinbarung regelt die Zahlung; dies ist nur möglich, wenn eine tarifliche Regelung nicht besteht (§ 77 Abs. 3 BetrVG). Daher kommt diese Anspruchsgrundlage in der arbeitsrechtlichen Praxis sehr selten in Betracht, da meist keine »Öffnungsklausel« für eine Regelung durch Betriebsvereinbarung bestehen dürfte.

Arbeitsvertragliche Regelung: Es wurde eine einzelvertragliche Vereinbarung über die Voraussetzungen der Zahlung und die Höhe der Leistung abgeschlossen. Sofern der Betriebsrat den Inhalt des Arbeitsvertrags nicht kennen sollte, ist dieser auf eine entsprechende Regelung hin zu überprüfen.

Betriebliche Übung: Aufgrund betrieblicher Übung (BAG 23.6.1988 – 6 AZR 137/86) besteht der Zahlungsanspruch hinsichtlich der Gratifikation, wenn der Arbeitgeber die Leistung mindestens dreimal wiederholt und vorbehaltlos gewährt hat und hierdurch für den Arbeitnehmer ein Vertrauenstatbestand dahin gehend entstanden ist, dass sich der Arbeitgeber auch in Zukunft binden will. Dieser Begriff erfasst die regelmäßige Wiederholung bestimmter Verhaltensweisen des Arbeitgebers, aus denen die Arbeitnehmer schließen können, ihnen solle eine Leistung oder eine Vergünstigung auf Dauer gewährt werden.

Aufgrund dieser Willenserklärung, die von den Arbeitnehmern stillschweigend angenommen wird, erwachsen die vertraglichen Ansprüche auf die üblich gewordenen Vergünstigungen. Wird die jährliche Zahlung mit dem Freiwilligkeitsvorbehalt versehen, erwirbt der Arbeitnehmer dadurch lediglich einen Anspruch auf Zahlung der Leistung für das Jahr, in welchem der Arbeitgeber die Leistung angekündigt hat. Diese Anspruchsgrundlage hilft aber hier nicht weiter, weil der betroffene Arbeitnehmer noch kein einziges Mal die Gratifikation erhalten hat. Daher ist der Anwendungsbereich der betrieblichen Übung nicht gegeben.

Gleichbehandlungsgrundsatz: Ein Anspruch aufgrund des arbeitsrechtlichen Gleichbehandlungsgrundsatzes kann entstehen, wenn der Arbeitgeber entweder allen Beschäftigten oder einer nach objektiven Merkmalen abzugrenzenden Gruppe von Arbeitnehmern eine Gratifikation gewährt. Wenn dies der Fall ist, kann der Arbeitgeber nicht bestimmte Arbeitnehmer willkürlich vom Bezug ausschließen (Schaub, Arbeitsrechts-Handbuch, § 78 Rn. 31 ff.). Der Gleichbehandlungsgrundsatz erfordert es, die Voraussetzungen der Zahlung der Gratifikation derart abzugrenzen, dass ein Arbeitnehmer hiervon nicht aus sachfremden oder willkürlichen Gründen ausgeschlossen bleibt (BAG 9.9.1981 – 5 AZR 1182/79).

Fragen zum Inhalt des Arbeitsverhältnisses

Die Bildung von Arbeitnehmergruppen, welche unterschiedliche Leistungen erhalten sollen, muss durch sachliche Gründe gerechtfertigt sein. Die Abgrenzung darf nicht unsachlich oder willkürlich vorgenommen werden. Ein auf sachwidrigen oder gesetzeswidrigen Unterscheidungsmerkmalen beruhender Ausschluss bestimmter Arbeitnehmer von der Gratifikation löst den Anspruch aus dem Gleichbehandlungsgrundsatz aus.

Auf eine entsprechende Anfrage hin wird daher der Arbeitgeber darzulegen haben, warum er den betreffenden Arbeitnehmer vom Bezug der Gratifikation ausgeschlossen hat und ob sachliche Gründe hierfür vorhanden sind. Lassen sich keine berechtigten Gründe erkennen, ist der Ausschluss dieses Arbeitnehmers willkürlich und der Zahlungsanspruch besteht – zumindest in der Höhe, in der Arbeitnehmer mit vergleichbarer Tätigkeit die Gratifikation erhalten haben.

Zusage eines Weihnachtsgelds und Freiwilligkeitsvorbehalt

> **Zusammenfassung:**
> Wenn ein Arbeitgeber einem Arbeitnehmer in einem von ihm vorformulierten Arbeitsvertrag ausdrücklich zusagt, jedes Jahr ein Weihnachtsgeld in bestimmter Höhe zu zahlen, ist es widersprüchlich, wenn der Arbeitgeber die Zahlung des Weihnachtsgelds in derselben oder in einer anderen Vertragsklausel an einen Freiwilligkeitsvorbehalt bindet (BAG 10.12.2008 – 10 AZR 1/08).

Sofern ein auf eine Sonderzahlung bezogener Freiwilligkeitsvorbehalt unwirksam sein sollte, weil er der Zusage des Arbeitgebers widerspricht, die Sonderzahlung jedes Jahr in einer bestimmten Höhe zu leisten, kann der unwirksame Freiwilligkeitsvorbehalt auch bei Verträgen, die vor dem 1.1.2002 (= Zeitpunkt des Inkrafttretens der Schuldrechtsreform) abgeschlossen wurden, nicht im Wege einer ergänzenden Vertragsauslegung in einen Widerrufsvorbehalt umgedeutet werden. Das betrifft allerdings lediglich Regelungen in zeitlich weit zurückliegenden Verträgen und wird in der Praxis eher seltener vorkommen.

31. Unter welchen Voraussetzungen muss eine Gratifikation wieder zurückgezahlt werden?

Fall:
In den jeweils vertraglich ausgehandelten Arbeitsverträgen der Arbeitnehmer ist geregelt, dass die Weihnachtsgratifikation in Höhe eines Monatsgehalts zurückzuzahlen ist, wenn das Arbeitsverhältnis vom Arbeitnehmer bis zum 31.1. des Folgejahres gekündigt wird. Da sich eine Arbeitnehmerin ab Mitte Dezember von einem neuen Vorgesetzten schikaniert fühlt und einige Gespräche mit der Geschäftsführung aus ihrer Sicht zu keiner Besserung der Situation führen, kündigt sie am 28.12. zum 31.1. des nächsten Jahres. Als dann der Arbeitgeber das Rückzahlungsverlangen stellt, wendet sie ein, sie könne nichts für diese Entwicklung; der Arbeitgeber hätte dafür sorgen müssen, dass der Vorgesetzte sein schikanöses Verhalten aufgebe. Sie werde jedenfalls die Gratifikation nicht freiwillig zurückzahlen.

Darum geht es:
Muss der Arbeitnehmer die Gratifikation zurückzahlen? Unter welchen Voraussetzungen muss eine Gratifikation zurückgezahlt werden?

Antwort

Rückzahlungsklauseln bis zu einem bestimmten Zeitpunkt sind bei Gratifikationen durchaus üblich und rechtlich zulässig. Es kommt im Einzelfall darauf an, wie sie ausgestaltet wurden. Der Anspruch auf eine Sonderzahlung kann nach der Rechtsprechung des Bundesarbeitsgerichts davon abhängig gemacht werden, dass der Arbeitnehmer während des gesamten Bezugszeitraums im Arbeitsverhältnis gestanden hat (BAG 26.4.1990 – 6 AZR 278/88). Der Arbeitgeber kann frei entscheiden, ob er den Arbeitnehmern neben dem Arbeitsentgelt eine zusätzliche Sonderleistung zukommen lässt; nach dem Grundsatz der Vertragsfreiheit kann er auch die Voraussetzungen für den Bezug der freiwilligen Leistung festlegen. Daher kann im Arbeitsvertrag in wirksamer Weise geregelt werden, dass Arbeitnehmer von der Gratifikationszahlung ausgeschlossen sind, die am Stichtag in einem gekündigten Arbeitsverhältnis stehen.

Fragen zum Inhalt des Arbeitsverhältnisses

> **Zusammenfassung:**
> Im konkreten Fall knüpft die Rückzahlungsklausel an eine arbeitnehmerseitige Kündigung mit der Maßgabe an, dass die Leistung zurückzuzahlen ist, wenn bis zum 31.1. des Folgejahres das Arbeitsverhältnis durch Kündigung beendet wird. Diese Rückzahlungsklausel ist in ausgehandelten Arbeitsverträgen nach der bisherigen Rechtsprechung zulässig.

Es stellt sich des Weiteren die Frage, ob sich aufgrund des Umstands etwas ändert, dass das Arbeitsverhältnis von der Arbeitnehmerin deshalb gekündigt wurde, weil sie sich von einem Vorgesetzten ungerecht behandelt fühlte. Im vertraglichen Wortlaut ist nicht darauf abgestellt, weswegen die Beschäftigte kündigte; erfasst sind alle Fälle der Eigenkündigung. Dass möglicherweise der Kündigungsgrund aus der Sphäre des Arbeitgebers/ seines Repräsentanten in der Person des Vorgesetzten entstanden ist, kann daher nicht berücksichtigt werden.

Damit sie die Gratifikation behalten darf, hätte der Arbeitnehmerin nur die Alternative zur Verfügung gestanden, noch einige Zeit durchzuhalten und so zu kündigen, dass das Arbeitsverhältnis zum 15.2. (wenn möglich) oder zu einem späteren Zeitpunkt beendet wird.

Wichtige Begriffe

Hinreichende Bestimmtheit der Klausel

Bei Rückzahlungsklauseln gilt bei allen Verträgen der Grundsatz, dass diese verständlich und sachgerecht formuliert ausgestaltet sein müssen. Eine arbeitsvertragliche Rückzahlungsklausel in Bezug auf eine Weihnachtsgratifikation ist immer dann unwirksam, wenn sie weder die Voraussetzungen für die Rückzahlungspflicht noch einen eindeutig bestimmten Zeitraum für die Bindung des Arbeitnehmers festlegt (BAG 14.6.1995 – 10 AZR 25/94). Eine Klausel, die zu unbestimmt ist, kann nicht dadurch ihre Wirksamkeit erlangen, dass der Standpunkt vertreten würde, dann sollten im Übrigen die von der Rechtsprechung entwickelten Grundsätze gelten.

Vereitelung des Anspruchs

Wenn die Anspruchsgrundlage für die Leistung einer Sonderzahlung regelt, dass das Arbeitsverhältnis an einem bestimmten Tag (zumeist: 1.12.

eines Jahres) ungekündigt bestehen muss, kann in bestimmten Fällen eine treuwidrige Vereitelung des Anspruchs angenommen werden. Das ist etwa dann anzunehmen, wenn der Arbeitgeber die Kündigung allein deshalb unter Überschreiten der gesetzlichen oder tariflichen Mindestfrist für die ordentliche Kündigung deutlich vor der Frist (also mit zu langer Kündigungsfrist) ausgesprochen hat, um den Anspruch auszuschließen (BAG 3.3.1999 – 7 AZR 672/97).

Eine solche Konstellation ist anzunehmen, wenn bei einer maßgeblichen Kündigungsfrist von zwei Monaten zum Monatsende der Arbeitgeber das Arbeitsverhältnis zum 30.4. des Folgejahres beenden will und bei einer bestehenden Stichtagsregelung zum 1.12. des laufenden Jahres die Kündigung bereits im Oktober mit einer von ihm verlängerten Kündigungsfrist von fünf Monaten zum Monatsenede ausspricht, mithin zum 30.4. des Folgejahres. Zweck dieser Maßnahme des Arbeitgebers ist es in solchen Situationen lediglich, die Verpflichtung zur Leistung der Sonderzahlung zu umgehen, auch dann, wenn der Arbeitgeber darauf hinweisen sollte, er habe »freiwillig zugunsten des Arbeitnehmers eine viel längere als die gesetzliche Kündigungsfrist angenommen«.

Situation bei Formulararbeitsverträgen

Bei Formulararbeitsverträgen findet allerdings bei Sonderzahlungen mit Mischcharakter – wozu die Gratifikation gehört – eine **Inhaltskontrolle** der Stichtagsregelung statt. Wenn die Sonderzahlung auch Vergütung für erbrachte Arbeitsleistung enthält, muss der Stichtag für eine Rückzahlung beim Ausspruch einer Kündigung innerhalb des **Bezugszeitraums** liegen, also spätestens vor dem 31.12. des Jahres. Ansonsten würde dem Arbeitnehmer ein bereits erarbeiteter Lohnbestandteil wieder entzogen (BAG 13.11.2013 – 10 AZR 848/12). Es ist daher bei diesen Rechtsfragen dahin gehend zu unterscheiden, ob es um einen individuell ausgehandelten Arbeitsvertrag oder einen Formularvertrag geht.

Seit den Entscheidungen vom 18.1.2012 (10 AZR 612/10 und 10 AZR 667/10) vertritt das Bundesarbeitsgericht den Standpunkt, dass bei einer **Sonderzahlung mit Mischcharakter**, die auch eine Vergütung für bereits erbrachte Arbeitsleistung darstellt (was bei der Gratifikation ganz eindeutig der Fall ist), zumindest in Allgemeinen Geschäftsbedingungen die Leistung der Zahlung nicht vom ungekündigten Bestand des Arbeitsverhältnisses zu einem Zeitpunkt außerhalb des Bezugszeitraums der Sonderzahlung (nach dem 31.12. des laufenden Jahres) abhängig gemacht werden kann. Wenn dem so sein sollte, dann steht die Stichtagsklausel im Widerspruch zum Inhalt des § 611 Abs. 1 BGB, indem sie dem Arbeitnehmer bereits erarbeiteten Lohn wieder entzieht. Sie behindert außerdem die nach Art. 12 Abs. 1 GG geschützte Berufsfreiheit des Arbeitnehmers, weil sie die Ausübung seines Kündigungsrechts unzulässig erschwert.

Unterscheidung zwischen Regelungen in Tarifverträgen, Betriebsvereinbarungen und solchen in Formulararbeitsverträgen

Die Weihnachtsgratifikation stellt, wenn eine Rückzahlungsverpflichtung bei einem vorzeitigen Ausscheiden mit ihr verbunden ist, nicht lediglich auf die Belohnung erbrachter Arbeitsleistung ab, sondern sie ist immer auch ein Anreiz für die weitere Betriebstreue. Mit ihr sollen die Arbeitnehmer künftig für eine bestimmte Zeit an den Betrieb gebunden werden. Wenn in derartigen Situationen der Formulararbeitsvertrag eine Rückzahlungsverpflichtung auch für den Fall einer vor Ablauf der Vertragsbindungsfrist ausgesprochenen betriebsbedingten Kündigung durch den Arbeitgeber vorsehen sollte, dann wäre es dem Arbeitnehmer nicht mehr möglich, durch seine Betriebstreue der Rückzahlungspflicht zu entgehen. Aufgrund dieses »Investitionscharakters« (wie das BAG dies ausdrückt) der Weihnachtsgratifikation ist es erforderlich, die Rechtsprechung, welche bei der Rückzahlung von Fortbildungskosten entwickelt wurde, auch auf die Rückzahlungsvereinbarungen bei einer Weihnachtsgratifikation zu übertragen.

Das Bundesarbeitsgericht (25. 4. 1991 – 6 AZR 183/90; für den Fall einer tariflichen Regelung 4. 5. 1999 – 10 AZR 417/98) hat klargestellt, dass die Bestimmung in einer Betriebsvereinbarung, wonach Mitarbeiter von der Gratifikationszahlung ausgeschlossen sind, die am Stichtag – konkret am 30. November des Jahres – in einem gekündigten Arbeitsverhältnis stehen, auch für den Fall einer betriebsbedingten Kündigung gelten muss. Bei einer derartigen Stichtagsregelung handelt es sich regelmässig nicht um eine rechtsmissbräuchliche Gestaltung, denn die im BetrVG geregelte Normsetzungsbefugnis erlaubt es den Betriebspartnern (= Gewerkschaften und Arbeitgeberverbänden), Voraussetzungen für den Bezug von freiwilligen Leistungen zu setzen. Dazu gehört auch das Kriterium einer künftigen Betriebstreue. Auf die Art der Verhinderung dieser Voraussetzung kommt es nicht an, sofern diese selbst nicht rechtswidrig sein sollte.

Wenn es allerdings um die Frage einer möglicherweise anzunehmenden unangemessenen Benachteiligung durch eine Rückzahlungsklausel in einem formularmäßigen Arbeitsvertrag geht, dann kann dieser Standpunkt nicht vertreten werden. Hier erscheint es bereits fraglich, ob die zur Wirksamkeit einer Betriebsvereinbarung vertretene Auffassung auf den Fall einer Individualabrede überhaupt übertragbar ist (verneinend LAG Rheinland-Pfalz 13. 7. 2007 – 6 Sa 315/07). Bei der Individualarbeitsvertragskontrolle ist eine unangemessene Benachteiligung stets dann anzunehmen, wenn das Arbeitsverhältnis aufgrund betriebsbedingter Kündigung beendet wird. Es ist nicht zulässig, die Rückzahlungspflicht an jeden Fall des Ausscheidens des Arbeitnehmers zu knüpfen, der innerhalb der in der vertraglichen Regelung vorgesehenen Bleibefrist stattfindet; hier muss nach dem Grund des vorzeitigen Ausscheidens unterschieden werden. Eine Rückzahlungsklausel stellt somit lediglich dann eine ausgewogene Gesamtregelung dar, wenn es der Arbeitnehmer in der Hand hat, ihr durch eigene Betriebstreue zu entgehen.

32. Wie ist der Anspruch auf die Feiertagszahlung geregelt?

Fall:
Eine Beschäftigte im Einzelhandel hätte am 30.12.2017 in der Zeit von 8.00 bis 14.00 Uhr bei der Regalauffüllung in einem Discounter arbeiten sollen. Um 9.15 Uhr bekam sie während der Arbeit von Freunden eine SMS, dass man sich um 11.00 Uhr zur Abfahrt zu einer Silvesterfeier nach Kitzbühel treffe. Da ihr klar ist, dass sie am Arbeitsplatz benötigt wird, sieht sie bei der Personalleitung von der Frage ab, ob sie gehen könne, sondern geht klammheimlich. Um 10.00 Uhr wird dies bemerkt und niemand im Betrieb weiß, wo sie ist. Anfang Januar kommt der Sachverhalt auf und der Arbeitgeber verweigert für den 1.1.2018 wie auch den 30.12.2017 ab 9.00 Uhr die Feiertagszahlung und die Lohnzahlung.
Sie fragt beim Betriebsrat nach, ob dies in Bezug auf den Feiertag seine Richtigkeit habe, und er antwortet ihr, sie solle froh sein, dass sie nicht abgemahnt oder ihr gar gekündigt wurde. Ist die Antwort des Betriebsrats zutreffend?

Darum geht es:
Wann darf der Arbeitgeber die Zahlung des Feiertagslohns verweigern?

Antwort

Nach § 2 Abs. 1 EFZG hat der Arbeitgeber für die Arbeitszeit, die infolge eines gesetzlichen Feiertags ausfällt, den Verdienst zu zahlen, welchen der Arbeitnehmer ohne den Feiertag erhalten hätte. Der **Entgeltanspruch** besteht allerdings nur dann, wenn der Feiertag die alleinige Ursache des Arbeitsausfalls ist. Wenn der Anspruch besteht, berechnet sich die Vergütung nach dem Lohnausfallprinzip; der Arbeitnehmer hat also Anspruch auf alle diejenigen Lohnbestandteile, welche er erhalten hätte, wenn er gearbeitet hätte. Ein Provisionsausfall ist im Regelfall anhand des Durchschnittsverdiensts des letzten Jahres zu schätzen.

Der Anspruch auf Feiertagslohnzahlung ist jedoch dann ausgeschlossen, wenn der Arbeitnehmer am letzten Arbeitstag vor oder am ersten Arbeitstag nach dem Feiertag unentschuldigt fehlt, § 2 Abs. 3 EFZG. **Unentschuldigt fehlt** der Arbeitnehmer,

- wenn er sich nicht rechtzeitig entschuldigt hat,
- wenn er nicht von der Arbeit freigestellt wurde,
- wenn er keine berechtigten Gründe für das Fernbleiben hat oder
- wenn er die Gründe nicht unverzüglich dem Arbeitgeber mitteilt.

Der Anspruch auf Lohnzahlung an Feiertagen setzt voraus, dass der Arbeitnehmer am Tag vor oder nach dem Feiertag mindestens die Hälfte der Arbeitszeit ordnungsgemäß gearbeitet hat.

> **Zusammenfassung:**
> Diese Voraussetzungen sind im Beispielsfall nicht gegeben. Die Beschäftigte hat sich kurz nach 9.15 Uhr vom Arbeitsplatz an diesem Tag verabschiedet, ohne dass ihr hierfür ein entschuldigender Grund zugestanden hätte. Private Belange sind selbstverständlich kein anerkannter Entschuldigungsgrund. Die Antwort des Betriebsrats ist als zutreffend anzusehen.

Die Arbeitnehmerin hätte aufgrund der Schwere des Fehlverhaltens durchaus mit einer Abmahnung und – wenn sich ein ähnlicher Vorfall schon einmal ereignet haben sollte – nach einschlägiger Abmahnung mit Kündigungsandrohung auch (im Wiederholungsfall) mit einer Kündigung rechnen müssen.

33. Wann kann eine Sonderzahlung bei Krankheit gekürzt werden?

Fall:
Die Arbeitnehmerin Dorner kommt in die Sprechstunde des Betriebsrats und berichtet Folgendes:
»Wie dem Betriebsrat sicher bekannt ist, haben wir im Arbeitsvertrag eine Klausel, dass für jeden Tag einer Krankheit die Sonderzahlung (13. Monatsgehalt) um 1/50 gekürzt werden kann. Im Jahr 2013 war ich leider 45 Tage erkrankt, so dass ich von der Sonderzahlung 1/10 bekommen habe. Dies empfinde ich als sehr ungerecht, weil ich 20 der 45 Tage wegen eines Betriebsunfalls gefehlt habe. Dafür kann ich nichts, weil mich eine Arbeitskollegin fahrlässigerweise verletzte.«
Die Arbeitnehmerin möchte vom Betriebsrat wissen, ob diese Kürzungsquote für die Sonderzahlung überhaupt zulässig ist. Sie habe gehört, dass die gesetzliche Regelung eine etwas andere sein soll.

Darum geht es:
Sind Kürzungsregelungen bei Sonderzahlungen wegen Krankheitstagen generell zulässig?

Antwort

Die Arbeitnehmerin hat zwei Fragen angesprochen: ob die Kürzungsregelung auch bei krankheitsbedingten Fehlzeiten zur Anwendung kommt, welche auf Betriebsunfällen beruhen, und ob im konkreten Fall die Kürzungsquote zulässig ist.
Die **Kürzungsmöglichkeit** der Sonderzahlungen **für Zeiten der Arbeitsunfähigkeit** kann im Arbeitsvertrag in wirksamer Weise geregelt werden; dies hat die Bestimmung des § 4a EFZG so vorgesehen. Die gesetzliche Bestimmung betrifft alle Arten der Sondervergütung, sofern es sich um solche handelt, die freiwillig unter dem Vorbehalt des Widerrufs geleistet werden. Durch § 4a EFZG wird eine Grundlage sowohl für Regelungen in Tarifverträgen und Betriebsvereinbarungen als auch für einzelvertragliche Vereinbarungen (so wie hier der Fall) geschaffen. Der Gesetzgeber hat allerdings nichts dazu geregelt, ob dies auch bei Krankheitszeiten gelten soll, die bei einem Arbeitsunfall eintreten.

> **Zusammenfassung:**
> § 4a EFZG steht einer Vereinbarung im Arbeitsvertrag nicht entgegen, mit der die Sondervergütung auch für Arbeitsunfähigkeitstage gekürzt werden soll, die auf einem **Arbeitsunfall** beruhen (BAG 15.12.1999 – 10 AZR 626/98). Nur in seltenen Ausnahmefällen kann die Berufung des Arbeitgebers auf diese Kürzungsmöglichkeit als treuwidrig angesehen werden. Ein Treuwidrigkeitstatbestand im Sinne des § 242 BGB kann dann in Betracht zu ziehen sein, wenn der Arbeitgeber den Arbeitsunfall des Arbeitnehmers und daher auch seine Arbeitsunfähigkeit schuldhaft verursacht hat.

Danach ist die Arbeitnehmerin zu befragen; regelmäßig dürfte aber ein derartiges Verschulden des Arbeitgebers nicht angenommen werden können. Dies könnte lediglich dann der Fall sein, wenn der Arbeitgeber einen Arbeitnehmer zu Arbeiten einsetzt, die er eindeutig nicht bewältigen kann, und es so zu Verletzungen von Arbeitskollegen kommt.

Die **Kürzung** einer Sondervergütung ist nach Satz 2 des § 4a EFZG nicht in uneingeschränkter Höhe zulässig.

> **Zusammenfassung:**
> Der Arbeitgeber darf für jeden Tag der Arbeitsunfähigkeit infolge Krankheit die Sondervergütung um höchstens ein Viertel des Arbeitsentgelts, das im Jahresdurchschnitt auf einen Arbeitstag entfällt, kürzen. Damit soll verhindert werden, dass bereits geringe krankheitsbedingte Fehlzeiten zu einer unangemessenen hohen Kürzung oder sogar zum Wegfall der gesamten Sondervergütung führen. Diese gesetzliche Regelung hat allerdings den Nachteil, dass sie nicht auf den ersten Blick offenbart, bis zum welchem Bruchteil eine Kürzungsquote als zulässig anzusehen ist.

> **Dazu folgendes Beispiel:**
> Beträgt etwa der durchschnittliche tägliche Arbeitsverdienst 80,00 € und wird eine Sonderzahlung von 1 200,00 € geleistet, kann sie ab 60 Tagen der Erkrankung vollständig gekürzt werden. Der vom Gesetzgeber festgelegte Maßstab knüpft daher nicht an eine Kürzungsrate pro Fehltag an, sondern an 1/4 des Verdienstes (im Jahresdurchschnitt) eines Arbeitstages.

Der Betriebsrat wird der Arbeitnehmerin mitteilen, dass sie die monatliche Vergütung und die Sonderzahlung so rechnerisch in das Verhältnis setzen muss, dass geprüft werden kann, ob pro Tag mehr oder weniger als 1/4 des Tagesverdienstes gekürzt wird. Wenn die Arbeitnehmerin vollschichtig arbeitet und ein volles Gehalt als 13. Monatsgehalt (= Sonderzahlung) erhält, wird die zulässige Kürzungsquote (je nach Gehaltsbestandteilen) zwischen 1/70 und 1/75 liegen. Die hier gegebene Quote von 1/50 hat die Vermutung in sich, dass sie zu hoch ist.

Nur eine zulässig formulierte vertragliche Vereinbarung über die Kürzung ist wirksam. Eine Quote, die zu allzu großen und daher unzulässigen Kürzungen führt, kann in Formulararbeitsverträgen keinesfalls auf das »zulässige, gesetzliche« Maß zurechtgelegt werden, weil es bei Formulararbeitsverträgen keine geltungserhaltende Reduktion (= Auslegung auf das zulässige Maß) gibt. Aber auch bei Einzelarbeitsverträgen, also solchen, die individuell ausgehandelt sind, gilt der Grundsatz, dass eine zu hohe Kürzungsquote, die der gesetzlichen Regelung nicht entspricht, unwirksam ist und nicht auf das »gesetzliche Maß« reduziert werden kann.

IV. Krankheitsbedingte Arbeitsunfähigkeit und Entgeltfortzahlung

34. Wann liegt eine Arbeitsverhinderung aufgrund krankheitsbedingter Arbeitsunfähigkeit vor?

Fall:
Ein Arbeitnehmer, der im Außendienst beschäftigt ist, verunglückt an einem Sonntag beim Radfahren. Zunächst weiß er nicht genau, was ihm fehlt. Er hat allerdings heftige Schmerzen. Am darauf folgenden Montag und Dienstag versucht er, nachdem er den Arbeitgeber vom Radunfall informiert hat, die wichtigsten Montageaufträge bei Kunden zu erfüllen. Wegen eines zunächst nicht erkannten Rippenbruchs gelingt ihm dies aber kaum. Am Mittwoch lässt er sich im Krankenhaus untersuchen, und dort werden zwei Rippenbrüche und ein angebrochener Arm bemerkt. Er ist daraufhin für drei Wochen krankgeschrieben.

Fragen zum Inhalt des Arbeitsverhältnisses

> **Darum geht es:**
> War der Arbeitnehmer auch schon am Montag und Dienstag, an denen er versuchte, seine Arbeit zu erfüllen, arbeitsunfähig erkrankt? Unter welchen Voraussetzungen besteht eine zur Arbeitsunfähigkeit führende Krankheit?

Antwort

Der Anspruch auf Entgeltfortzahlung besteht nur dann, wenn die Arbeitsverhinderung ausschließlich infolge der auf Krankheit beruhenden Arbeitsunfähigkeit eingetreten ist. Für die Entgeltfortzahlung sind nur Erkrankungen im medizinischen Sinne von Bedeutung, die dem Arbeitnehmer die Erbringung der Arbeitsleistung unmöglich machen. Eine Krankheit im rechtlichen Sinne liegt vor, wenn die Notwendigkeit einer ärztlichen Behandlung besteht und die Arbeitsunfähigkeit verursacht wird (BAG 9.1.1985 – 5 AZR 415/82).

Der Zusammenhang ist anzunehmen, wenn es dem Arbeitnehmer aufgrund der Erkrankung nicht möglich ist, die geschuldete Leistung zu erbringen, oder wenn sie ihm vernünftigerweise nicht mehr zugemutet werden kann. Die Erkrankung bedingt auch dann die Arbeitsunfähigkeit, wenn sich bei einer Weiterarbeit der Zustand des Arbeitnehmers verschlimmern würde oder aufgrund ärztlichen Rates ein Rückfall verhindert werden soll (Schaub, Arbeitsrechts-Handbuch, § 98 Rn. 21 f.). Ob tatsächlich Arbeitsunfähigkeit vorliegt oder nicht, bestimmt sich nach den objektiv gegebenen Gesichtspunkten. Die Kenntnis oder die subjektive Wertung des Arbeitnehmers ist hierfür nicht ausschlaggebend. Maßgeblich ist stets, ob die vom Arzt nach objektiven medizinischen Kriterien anzustellende Bewertung das Vorliegen der Arbeitsunfähigkeit ergibt (BAG 26.7.1989 – 5 AZR 301/88).

> **Zusammenfassung:**
> Unter Anwendung der dargelegten Kriterien wird hier bereits ab dem Montag von einer Arbeitsunfähigkeit auszugehen sein. Mit den erlittenen Verletzungen ist es nahezu unmöglich, die Arbeitsleistung als Arbeitnehmer im Außendienst zu erbringen. Der entgeltfortzahlungsrechtliche Anspruch besteht daher bereits ab diesem Tag und es ist unschädlich, dass die Bescheinigung erst einige

> Tage später dies so attestiert. Maßgeblich sind die tatsächlichen Verhältnisse der Nichterbringbarkeit der Arbeitsleistung.

Weitere Fälle der Arbeitsunfähigkeit

Nach § 3 Abs. 2 EFZG gilt als unverschuldete Arbeitsunfähigkeit im Sinne des Entgeltfortzahlungsrechts auch eine Arbeitsverhinderung, die infolge einer nicht rechtswidrigen Sterilisation oder eines nicht rechtswidrigen Abbruchs der Schwangerschaft eintritt. Dieselbe Rechtsfolge gilt für einen Schwangerschaftsabbruch, wenn dieser innerhalb von zwölf Wochen nach der Empfängnis durch einen Arzt vorgenommen wird, die Frau den Abbruch verlangt und der Arzt durch eine Bescheinigung nachgewiesen hat, dass sich die Arbeitnehmerin mindestens drei Tage vor dem Eingriff von einer anerkannten Beratungsstelle hat beraten lassen.

Teilarbeitsfähigkeit und Teilarbeitsunfähigkeit gibt es nicht

In der Praxis gibt es immer wieder Schwierigkeiten – vor allem bei weniger schweren Erkrankungen –, ob der Arbeitnehmer tatsächlich für die ganze Zeit der Krankschreibung arbeitsunfähig ist oder er zumindest halbtags oder stundenweise arbeiten könnte; fernerhin meinen einige Arbeitgeber in derartigen Situationen, dass trotz der Krankschreibung der Arbeitnehmer leichtere Arbeiten (etwa nicht anstrengende Büroarbeiten durch den Außendienstmonteur) verrichten könnte. Nach allgemeiner Ansicht kann der Begriff Arbeitsunfähigkeit/Arbeitsfähigkeit aber nicht aufgespalten werden, weder zeitlich noch arbeitsmäßig.

Das Bundesarbeitsgericht vertritt zu Recht den Standpunkt, dass es im Entgeltfortzahlungsrecht **keine** gesondert zu behandelnde **Teilarbeits(un)fähigkeit** gibt (BAG 29. 1. 1992 – 5 AZR 37/91). Arbeitsfähigkeit und Arbeitsunfähigkeit schließen sich gegenseitig aus. Eine mögliche teilreduzierte Arbeit ist daher nicht mehr die geschuldete Leistung des Arbeitnehmers. Daher führt eine (beispielsweise stundenmäßig) reduzierte Arbeitsfähigkeit in rechtlicher Hinsicht immer zur vollen Arbeitsunfähigkeit.

Darlegungs- und Beweislast bei Entgeltfortzahlung im Krankheitsfall

Die Darlegungs- und Beweislast des Arbeitnehmers für die Anspruchsvoraussetzungen des § 3 Abs. 1 Satz 1 EFZG umfasst neben der Arbeitsunfähigkeit – was klar ist, dass diese der Arbeitnehmer nachweisen muss –

auch den Beginn und das Ende dieses Zeitraums. Der Anspruch auf Entgeltfortzahlung ist auch dann auf die Dauer von sechs Wochen beschränkt, wenn während bestehender Arbeitsunfähigkeit eine neue Krankheit auftritt, die ebenfalls Arbeitsunfähigkeit zur Folge hat (Grundsatz der Einheit des Verhinderungsfalls). Ein neuer Entgeltfortzahlungsanspruch entsteht nur dann, wenn die erste krankheitsbedingte Arbeitsverhinderung bereits zu dem Zeitpunkt beendet war, in dem die weitere Erkrankung zu einer erneuten Arbeitsunfähigkeit führt (BAG 25. 5. 2015 – 5 AZR 318/15).

Sofern es unstreitig sein sollte oder wenn der Arbeitgeber gewichtige Gründe dafür vorbringt, dass die Arbeitsunfähigkeit auf einer Krankheit beruht, die bereits vor dem ärztlich attestierten Beginn der Arbeitsunfähigkeit bestanden hat, und zu einer Krankheit, wegen der der Arbeitnehmer bereits durchgehend sechs Wochen arbeitsunfähig war, hinzugetreten ist, dann muss der Arbeitnehmer den von ihm behaupteten Beginn der »neuen« krankheitsbedingten Verhinderung beweisen können, was letztendlich eine medizinische Frage sein wird. In Zweifelsfällen endet die Arbeitsunfähigkeit am Ende des in der Arbeitsunfähigkeitsbescheinigung angegebenen Kalendertags.

35. Was ist bei der Anzeigepflicht zu beachten?

Fall:
Ein Arbeitnehmer erkrankt am Montag an einer schweren Erkältung. Da er sofort zum Arzt gehen will, ruft er gegen 7.00 Uhr einen Arbeitskollegen an, er solle um 7.30 Uhr beim Arbeitgeber Bescheid sagen, dass er auf jeden Fall heute, wenn nicht sogar länger, erkrankt ist. Bedauerlicherweise vergisst dies der Arbeitskollege, weil er beim Betreten des Betriebsgeländes von einer interessanten Neuigkeit abgelenkt wird und er bis Arbeitsschluss nicht mehr daran denkt. Erst als er wieder auf dem Nachhauseweg ist, denkt er daran und verständigt das Lohnbüro.
Telefonische Nachfragen des Arbeitgebers beim erkrankten Arbeitnehmer bleiben den ganzen Tag erfolglos, weil der zunächst konsultierte Arzt eine Lungenentzündung nicht ausschließen kann und den Arbeitnehmer ins Krankenhaus schickt. Erst am Abend kommt er wieder zurück, mit einer Krankschreibung für eine Woche, die er

Anzeigepflicht

auf dem Nachhauseweg in den Briefkasten des Arbeitgebers einlegt. Der Betrieb ist zu diesem Zeitpunkt schon geschlossen.
Weil den ganzen Tag bis zum späten Nachmittag nicht ermittelt werden konnte, was mit dem Arbeitnehmer los ist, wurde eine Abmahnung wegen nicht rechtzeitiger Anzeige der Erkrankung ausgestellt.

Darum geht es:
Ist die Abmahnung wegen nicht rechtzeitiger Anzeige der Erkrankung wirksam? Wie wird die Anzeigepflicht bei eingetretener Krankheit erfüllt?

Antwort

Für die Arbeitnehmer besteht nach § 5 Abs. 1 Satz 1 EFZG die Verpflichtung, dem Arbeitgeber die Arbeitsverhinderung infolge der Krankheit ohne schuldhaftes Zögern anzuzeigen. Regelmäßig wird die Anzeige der Erkrankung zu Beginn der Arbeitszeit am ersten Tag der Erkrankung zu erfolgen haben. Eine Form ist hierbei nicht vorgeschrieben, sie kann mündlich, schriftlich, telefonisch oder durch Übermittlung von Bekannten oder Arbeitskollegen erfolgen. Dies hat der Arbeitnehmer auch getan, allerdings hat der Arbeitskollege bis zum späteren Nachmittag es vergessen, die Mitteilung sofort an den Arbeitgeber weiterzuleiten.

Zusammenfassung:
Es stellt sich die Frage, ob das Vergessen des Arbeitskollegen dem erkrankten Arbeitnehmer zuzurechnen ist. Bedient sich ein erkrankter Arbeitnehmer zur Überbringung der Meldung der Krankheit eines Arbeitskollegen sozusagen als Boten, dann hat er sich dieses Verschulden der Nichtmitteilung zurechnen zu lassen.

Ob das Fehlverhalten hier als so schwerwiegend angesehen werden kann, dass es eine Abmahnung rechtfertigt, hängt von den Umständen des Einzelfalls ab. Vor allem kommt es darauf an, ob es dem Arbeitnehmer sozusagen »zur Sicherheit« zumutbar gewesen wäre, um 8.00 Uhr selbst beim Arbeitgeber anzurufen. Wenn nicht krankheitsbedingte Gründe entgegenstehen, kann dies mit erheblicher Wahrscheinlichkeit angenommen

Fragen zum Inhalt des Arbeitsverhältnisses

werden. In der konkreten Situation dürfte aber zumindest eine Abmahnung **mit Kündigungsandrohung** als eine etwas zu unverhältnismäßige Maßnahme anzusehen sein.

Wichtige Begriffe

Nachweispflicht
Von der Anzeigepflicht ist die Nachweispflicht zu unterscheiden. Unter dem Begriff der Nachweispflicht wird die rechtzeitige Einreichung der Arbeitsunfähigkeitsbescheinigung beim Arbeitgeber verstanden. Diese Pflicht ist in § 5 Abs. 1 Satz 2 EFZG geregelt. Der Arbeitnehmer ist verpflichtet, wenn die Arbeitsunfähigkeit länger als drei Kalendertage dauert, sie spätestens am darauf folgenden Arbeitstag durch eine ärztliche Bescheinigung nachzuweisen. Die Ärzte stellen die Bescheinigungen zumeist auf Formblättern aus.

Folgebescheinigung
Sofern die Arbeitsunfähigkeit länger dauert, als in der Erstbescheinigung angegeben ist, ist eine neue Arbeitsunfähigkeitsbescheinigung vorzulegen (Folgebescheinigung).

36. Wann hat der Arbeitnehmer eine Erkrankung verschuldet?

Fall:
Ein Arbeitnehmer will an einem Samstag bei seiner häuslichen Baustelle auf der Terrasse Granitplatten verlegen. Um sie zu schneiden, leiht er sich bei einem Bekannten einen leistungsfähigen Winkelschleifer aus. Da er allerdings kein rechter Experte ist, kauft er in einem Baumarkt Trennscheiben mit einem für den Winkelschleifer zu großen Durchmesser. Das hat zur Folge, dass sich das Schutzsystem für den Winkelschleifer nicht mehr anbringen lässt. Der Arbeitnehmer vertraut auf die Qualität der gekauften Scheiben und schneidet die Platten ohne Schutz. Eine der Scheiben war möglicherweise von minderer Qualität, und mit dieser versucht der Arbeitnehmer, eine besonders große Platte zu schneiden. Die Scheibe bricht und ein Teil verletzt den Fuß des Arbeitnehmers schwer. Er ist für vier Wochen arbeitsunfähig krankgeschrieben.

Als der Arbeitgeber erfährt, wie sich der Arbeitnehmer die Verletzung zugezogen hat, vertritt er den Standpunkt, für ein derart »dilettantisches« Verhalten werde keine Entgeltfortzahlung geleistet. Es wisse doch wirklich jeder, dass Trennscheiben brechen können und immer wieder auch brechen und es hätte auf jeden Fall der Schutz verwendet werden müssen. Wenn er schon unbedingt ohne Schutz Steine schneiden wolle, dann hätte er auf jeden Fall eine Diamanttrennscheibe benutzen müssen. Bei einer solchen hätte das Arbeiten ohne Schutz gerade noch riskiert werden können. Aber diese wäre ihm beim Kauf offenbar zu teuer gewesen und stattdessen habe er »asiatische Billigscheiben« ohne Schutz eingesetzt. Ein derartiges Fehlverhalten könne daher nicht zulasten des Arbeitgebers gehen.

Darum geht es:
Hat der Arbeitnehmer die Arbeitsunfähigkeit selbst verschuldet? Wann ist Verschulden gegen sich selbst anzunehmen, was den entgeltfortzahlungsrechtlichen Anspruch ausschließt?

Antwort

§ 3 Abs. 1 EFZG regelt, dass den Arbeitnehmer an der Entstehung der Erkrankung kein Verschulden treffen darf. Es ist aber nicht näher definiert, wie der Begriff des Verschuldens zu verstehen ist. Die vorherrschende Ansicht im Entgeltfortzahlungsrecht versteht unter dem Begriff nicht ein Verschulden im Sinne des allgemeinen Zivilrechts (alle Fälle der Fahrlässigkeit), sondern der Begriff ist als ein »Verschulden gegen sich selbst« auszulegen. Die Entgeltfortzahlung ist somit lediglich dann ausgeschlossen, wenn der Arbeitnehmer seine Arbeitsunfähigkeit zu vertreten hat. Daher wird der Anspruch auf Entgeltfortzahlung nicht bereits durch »kleinere« Verstöße ausgeschlossen, die erfahrungsgemäß einem jeden Menschen unterlaufen können.

Zusammenfassung:
Der Anspruch entfällt stets dann, wenn der Arbeitnehmer grob gegen das von einem verständigen Menschen im eigenen Interesse zu erwartende Verhalten verstoßen hat. In diesen Fällen wäre es nicht sachgerecht, den Arbeitgeber mit den Kosten der Entgeltfortzah-

> lung im Krankheitsfall zu belasten. Der Unfall hat sich hier im Privatbereich ereignet. Der Arbeitnehmer ist zwar durchaus mit gewisser Sorglosigkeit vorgegangen, weil es allgemein bekannt ist, dass Schutzeinrichtungen bei Maschinen des Handwerkerbedarfs auch zu verwenden sind. Er vertraute allerdings auf die – dann doch nicht vorhandene – Qualität der Trennscheiben.

Bei Verwendung einer Stahlscheibe mit Diamantsplittern wäre die Arbeit ohne Schutz zwar ebenfalls (zumindest im gewerblichen Bereich) ein Verstoß gegen die Arbeitssicherheitsbestimmungen, aber wohl kein allzu schwerwiegender, weil diese Scheiben regelmäßig nicht auseinander brechen. Bei anderen Trennscheiben, vor allem bei billigeren Produkten, muss stets mit Schäden gerechnet werden. Das Verhalten dürfte an der Grenze zum Verschulden gegen sich selbst liegen. Bei einer gerichtlichen Auseinandersetzung wird es auch darauf ankommen, wie das Arbeitsgericht dieses durchaus erhebliche Fehlverhalten der eigenen Sorgfaltspflicht im Privatbereich von der Schwere her wertet.

Wichtige Fälle aus der Praxis

- Bei allgemein auftretenden Erkrankungen liegt regelmässig kein Verschulden vor; etwas anderes ist nur dann vertretbar, wenn Medikamente gegen den ärztlichen Rat in übergroßer Menge eingenommen werden, etwa bei unkontrolliertem Einnehmen von Tabletten zur Erzielung eines gewünschten Erfolges.
- Verkehrsunfälle begründen nur bei grob fahrlässigem Verhalten ein Verschulden im Sinne des Entgeltfortzahlungsrechts. Das Bundesarbeitsgericht (BAG 11.11.1987 – 5 AZR 497/86; 7.8.1991 – 5 AZR 410/90) hat die Frage des Verschuldens eines alkoholkranken Arbeitnehmers bei einer unfallbedingten Arbeitsunfähigkeit wegen einer Trunkenheitsfahrt angenommen, weil ein Alkoholkranker, der über seinen Zustand Bescheid weiß, sich über die Gefahren einer Trunkenheitsfahrt bewusst sein müsse. Wenn er dennoch das Fahrzeug zur Fahrt zur oder von der Arbeitsstätte benutzt, setzt er sich unbeherrschbaren Gefahren und einem besonders hohen Verletzungsrisiko aus. Dies ist dem Arbeitnehmer im Fall einer hieraus resultierenden Arbeitsunfähigkeit als Verschuldensvorwurf zu machen. Diese Grundsätze gelten auch, wenn der Arbeitnehmer den Alkoholkonsum nicht

steuern kann, weil bereits das Krankheitsbild eines Alkoholikers vorliegt, der Arbeitnehmer aber dazu in der Lage gewesen wäre, die Fahrt mit dem Kfz zu vermeiden (LAG Hessen 23. 7. 1997 – 1 Sa 2416/96).
- Das Fahren ohne eine vorgeschriebene Sicherheitseinrichtung kann im Allgemeinen nicht wegen der Entstehung der Verletzung und Krankheit, sondern wegen ihrer Schwere ein Verschulden begründen. Stets ist hierbei auf die konkreten Umstände des Einzelfalls abzustellen und auf die Frage, ob das Fehlen der Schutzeinrichtung für die Erkrankung ursächlich oder zumindest wesentlich verschlimmernd war.
- **Sportunfälle** sind nach allgemeiner Ansicht verschuldet, wenn es sich um eine Sportart handelt, welche die Leistungsfähigkeit des Sporttreibenden wesentlich übersteigt oder die Sportart mit einer völlig unzureichenden Ausrüstung ausgeführt wird. Die Rechtsprechung ist hier zurückhaltend; sogar Drachenfliegen oder Wildwasserkanu wurden nicht als gefährliche Sportarten eingestuft. Hingegen hat das Arbeitsgericht Hagen (ArbG Hagen 15. 9. 1989 – 4 Ca 648/87) das »Kick-Boxen« als gefährliche Sportart gewertet und eine Arbeitsunfähigkeit, die auf Verletzungen bei dieser Sportart beruht, als selbstverschuldet angesehen. Aufgrund der bei dieser Angriffssportart erlaubten Techniken ist das Verletzungsrisiko für die Sportler unübersehbar groß. Bei Sportunfällen kommt es daher – entgegen der vormals vertretenen Ansicht – nicht auf die sog. »Gefährlichkeit« der Sportart an (diese kann außer bei extremen Sportarten kaum allgemein definiert werden), sondern darauf, wie die Sportart tatsächlich ausgeübt wird und ob sie mit der individuellen Leistungsfähigkeit des die Sportart Ausübenden vereinbar ist.
- **Betriebsunfälle** sind lediglich bei grob fahrlässiger Verletzung der Unfallverhütungsvorschriften verschuldet, etwa bei verbotswidriger Benutzung einer Kreissäge, beim Nichttragen eines Schutzhelms, wenn Gefahr von oben droht usw. Der Arbeitgeber muss den Arbeitnehmer über die besonderen Gefahren belehrt haben, wenn sie nicht ganz offensichtlich vorhanden sind. Wenn etwa ein gelernter Fliesenleger bei Betonverlegearbeiten keine Knieschützer oder sonstige Schutzeinrichtungen anlegt, sondern mit ungeschützter Haut arbeitet, diese Arbeiten kniend ausgeführt werden müssen und der Arbeitnehmer die Tätigkeit selbst dann noch fortsetzt, wenn sich die Haut schon gerötet hat, liegt ein Verschulden im Sinne des Entgeltfortzahlungsrechts vor (ArbG Passau 18. 11. 1988 – 2 Ca 344/88 D). Die Benutzung von völlig ungeeigneten Schutzmaßnahmen – im konkreten Fall war es eine dünne Styroporplatte – kann an der Annahme eines Verschuldens nichts ändern.

- Bei Unfällen im **Privatbereich** kommt es stets auf die Umstände des Einzelfalls an. Streichelt etwa ein Arbeitnehmer einen Hund, obwohl er vom Hundehalter auf die Bissigkeit des Tieres hingewiesen wurde, und kommt es zur Arbeitsunfähigkeit wegen eines Hundebisses, handelt der Arbeitnehmer schuldhaft im Sinne des § 3 EFZG mit der Folge, dass er den Anspruch auf die Entgeltfortzahlung verliert (ArbG Wetzlar 4.4.1995 – 1 Ca 589/94).
- Trunksucht, Alkoholabhängigkeit und **Alkoholismus** können je nach den konkreten Umständen des Einzelfalls ausnahmsweise verschuldet sein, regelmäßig sind sie es allerdings nicht. Da die Alkoholabhängigkeit im medizinischen Sinne eine Erkrankung darstellt und in rechtlicher Hinsicht wie jede andere Erkrankung zu behandeln ist, kann nicht stets Verschulden angenommen werden. Bei allen mit der Alkoholabhängigkeit zusammenhängenden Fragen der Entgeltfortzahlung spielt die Problematik des Verschuldens die zentrale Rolle. Die aktuelle Rechtsprechung des Bundesarbeitsgerichts (8.3.2015 – 10 AZR 99/14) neigt zu der Ansicht, dass bei alkoholbedingten Erkrankungen beim Rückfall regelmäßig kein Verschulden gegen sich selbst angenommen werden kann. Wird ein Arbeitnehmer infolge einer Alkoholabhängigkeit arbeitsunfähig krank, kann nach dem Stand der medizinischen Erkenntnisse zumeist nicht von einem schuldhaften Verhalten gemäß § 3 Abs. 1 Satz 1 EFZG ausgegangen werden. Im Falle eines Rückfalls nach einer erfolgreich durchgeführten Therapie wird die Multikausalität der Alkoholabhängigkeit sich häufig in den Ursachen eines Rückfalls widerspiegeln und deshalb ein schuldhaftes Verhalten im entgeltfortzahlungsrechtlichen Sinn nicht festzustellen sein.
  Weil es jedoch keine gesicherten wissenschaftlichen Erkenntnisse gibt, die in diesem Fall ein Verschulden gemäß § 3 Abs. 1 Satz 1 EFZG generell ausschließen, kann nur ein fachmedizinisches Gutachten genauen Aufschluss über die willentliche Herbeiführung des Rückfalls geben. Schuldhaft in diesem Sinne handelt nur der Arbeitnehmer, der in erheblichem Maße gegen die von einem verständigen Menschen im eigenen Interesse zu erwartende Verhaltensweise verstößt. Das Bundesarbeitsgericht geht daher nach dem Stand der wissenschaftlichen Erkenntnisse nicht (mehr) davon aus, dass bei einem Rückfall regelmäßig ein Verschulden angenommen werden kann. Allerdings kann aufgrund der Umstände des Einzelfalls nicht ausgeschlossen werden, dass in der konkreten Situation doch (ausnahmsweise) ein Verschulden vorliegt.
- Der **Alkoholismus als eine Krankheit** ist nicht heilbar in dem Sinne, dass die Krankheit und ihre Ursachen ein für alle Mal beseitigbar wä-

ren. Auch nach durchgeführter Therapie besteht weiter ein mehr oder weniger ausgeprägtes Rückfallrisiko. Die Beurteilung des Behandlungserfolgs hängt in dieser Situation dabei maßgeblich von Art und Dauer der Therapie sowie von Interventionen zur Rückfallbewältigung ab. Die statistischen Erhebungen variieren demzufolge. Als Anhaltspunkt kann angenommen werden, dass nach stationärer Entwöhnungsbehandlung etwa 50 % der Alkoholabhängigen ein Jahr nach der Behandlung durchgehend alkoholabstinent sind. Nach anderen Untersuchungen sind etwa 50 % der Personen, die an einer Alkoholentwöhnungstherapie teilgenommen haben, nach 5 und 10 Jahren abstinent, etwa die Hälfte von ihnen hatte zwischenzeitlich jedoch einen oder mehrere Rückfälle.

- Behauptet der Arbeitgeber unter Vortrag entsprechender Anhaltspunkte, dass eine Arbeitsunfähigkeit auf einem **verschuldeten Rückfall** nach durchgeführter erfolgreicher Therapie beruht, muss sich der Arbeitnehmer im Rechtsstreit über die Entgeltfortzahlung hierzu erklären. Bei entsprechendem Beweisangebot hat er sich im Rahmen seiner Mitwirkungspflicht auch einer ärztlichen Begutachtung zur Frage der schuldhaften Herbeiführung des Rückfalls zu unterziehen und insoweit eine Entbindung von der ärztlichen Schweigepflicht vorzunehmen. Lehnt er dies ab, gilt der Einwand des Arbeitgebers als zugestanden und es ist von einer verschuldeten Arbeitsunfähigkeit gemäß § 3 Abs. 1 Satz 1 EFZG auszugehen. Kennt der Arbeitgeber die Ursachen der Arbeitsunfähigkeit nicht, hat sich der Arbeitnehmer auf eine entsprechende Befragung des Arbeitgebers wahrheitsgemäß auch zu der Frage zu äußern, ob ein Rückfall in die Alkoholabhängigkeit vorliegt. Allerdings bestehen kein Fragerecht des Arbeitgebers nach den Gründen des Rückfalls und keine entsprechende Auskunftspflicht des Arbeitnehmers.

Pflicht zum gesundheitsfördernden Verhalten?

Ein arbeitsunfähig erkrankter Arbeitnehmer hat sich immer so verhalten, dass er bald wieder gesund wird und an seinen Arbeitsplatz zurückkehren kann. Er hat alles zu unterlassen, was seine Genesung verzögern könnte. Er muss insoweit auf die schützenswerten Interessen des Arbeitgebers Rücksicht nehmen, die sich aus der Verpflichtung zur Entgeltfortzahlung ergeben (BAG 2. 3. 2006 – 2 AZR 53/05).

Eine Verletzung dieser Frage kann auch zur Kündigung führen. Die schwerwiegende Verletzung dieser Rücksichtnahmepflicht kann regelmäßig eine ordentliche Kündigung begründen, sie kann im Einzelfall auch eine außerordentliche Kündigung aus wichtigem Grund rechtfertigen.

Ein pflichtwidriges Verhalten des Arbeitnehmers liegt immer dann vor, wenn er bei bescheinigter Arbeitsunfähigkeit den Heilungserfolg durch genesungswidriges Verhalten gefährdet. Dies ist nicht nur dann anzunehmen, wenn er nebenher bei einem anderen Arbeitgeber arbeitet, sondern kann auch dann gegeben sein, wenn er Freizeitaktivitäten nachgeht, die mit der Arbeitsunfähigkeit nur schwer in Einklang zu bringen sind.

37. Kann der Arbeitgeber ohne Grund die Vorlage der Arbeitsunfähigkeitsbescheinigung schon ab dem ersten Tag der Erkrankung verlangen?

Fall:
Eine Beschäftigte eines Call-Centers hat folgende Frage an den Betriebsrat:
»Im Betrieb, der etwa 300 Beschäftigte hat, gibt es wohl immer wieder erhebliche Probleme mit Krankmeldungen an den Freitagen und Montagen. Offenbar ist es bei den ›Call-Agents‹ sehr beliebt, sich kurzfristig an diesen Tagen krank zu melden. Daher möchte die Geschäftsführung bei allen ›Call-Agents‹ – zu denen ich auch gehöre –, welche im letzten Jahr mit mehr als drei Krankmeldungen an Einzeltagen, vor allem an den Freitagen und den Montagen, aufgefallen sind, die Anordnung treffen, dass sie ab dem ersten Tag der Arbeitsunfähigkeit eine Arbeitsunfähigkeitsbescheinigung vorlegen müssen.
In letzter Zeit war ich leider auch einige Male an Montagen und an Freitagen erkrankt, aber dafür kann ich doch nichts. Ich bin bestimmt keine ›Krankmacherin‹. Ich will daher wissen, ob der Arbeitgeber für diese Anordnung einen sachlichen Grund braucht.«

Darum geht es:
Kann der Arbeitgeber verlangen, dass ein Arbeitnehmer ab dem ersten Tag der Arbeitsunfähigkeit eine Arbeitsunfähigkeitsbescheinigung vorlegen muss? Braucht er dafür einen sachlichen Grund?

Antwort

Der Arbeitgeber kann entgegen der Ansicht der Arbeitnehmerin die Anordnung treffen. Die Ausübung des dem Arbeitgeber nach § 5 Abs. 1 Satz 3 EFZG eingeräumten Rechts, von dem Arbeitnehmer die Vorlage einer ärztlichen Bescheinigung über das Bestehen der Arbeitsunfähigkeit und deren voraussichtliche Dauer schon vom ersten Tag der Erkrankung an zu verlangen, ist ohne Angabe von Gründen möglich.

Die Ausübung des dem Arbeitgeber nach § 5 Abs. 1 Satz 3 EFZG eingeräumten Rechts steht mithin nicht in einem sog. gebundenen Ermessen des Arbeitgebers, was bedeutet, dass der Arbeitgeber für diese Anordnung keinen nachvollziehbaren sachlichen Grund benötigt. Das folgt aus dem Fehlen von Ausübungsvoraussetzungen in der Norm selbst und wird wiederum bestätigt durch die Entstehungsgeschichte der Bestimmung. Wenn der Arbeitgeber »in jedem Fall« die Möglichkeit haben soll, eine Bescheinigung der Arbeitsunfähigkeit ab dem ersten Tag der Erkrankung zu verlangen, kann nicht vertreten werden, dass das Verlangen des Arbeitgebers nach einer Vorlage am ersten Tag der Erkrankung einer Art von »Billigkeitskontrolle« zu unterwerfen ist (BAG 14.11.2012 – 5 AZR 886/11).

Daher kann der Arbeitgeber auch **ohne konkreten Verdacht**, dass bei kürzeren Erkrankungen bei den Beschäftigten nicht immer eine Krankheit vorliegt, die zur Arbeitsunfähigkeit führen sollte, die ärztliche Bescheinigung schon ab dem ersten Tag der Krankheit verlangen.

38. Wie glaubwürdig ist eine Arbeitsunfähigkeitsbescheinigung?

Fall:
Ein Arbeitnehmer eines städtischen Bauhofs ist insgesamt vier Wochen arbeitsunfähig krankgeschrieben, weil er sich am Fuß eine größere Verletzung nähen lassen musste und bei der Wundheilung Komplikationen aufgetreten sind. In der vierten Woche der Krankschreibung wird er dienstags vom Personalleiter gesehen, wie er eine ausgedehnte Wanderung unternimmt. Der Leiter des Bauhofs vertritt den Standpunkt, wer um die zwei Stunden wandern kann, kann auch arbeiten, und veranlasst, dass von diesem Dienstag bis zum kommenden Montag, an dem der Beschäftigte wieder die Arbeit antritt, die Entgeltfortzahlung nicht mehr geleistet wird.

Fragen zum Inhalt des Arbeitsverhältnisses

> **Darum geht es:**
> Unter welchen Voraussetzungen ist eine Arbeitsunfähigkeitsbescheinigung unglaubwürdig und kann vom Arbeitgeber mit Erfolg angezweifelt werden? Inwieweit können außerdienstliche Umstände im Verhalten des Arbeitnehmers berücksichtigt werden?

Antwort

Eine ärztliche Bescheinigung der Arbeitsunfähigkeit hat nach allgemeiner Ansicht die **Vermutung der Richtigkeit** für sich, so dass bei deren Vorlage zunächst vom Nachweis der Arbeitsunfähigkeit auszugehen ist. Würde dies anders gesehen, müsste der Arbeitnehmer damit rechnen, dass der Arbeitgeber die Bescheinigung anzweifelt und zunächst keine Entgeltfortzahlung leistet. Dies wäre sehr unpraktikabel, und vor allem hätte es zur Folge, dass der betroffene Arbeitnehmer – zumindest bei längeren Erkrankungen – schnell in wirtschaftliche Probleme geraten könnte.

Die ärztliche Arbeitsunfähigkeitsbescheinigung ist eine Privaturkunde im Sinne der ZPO. Der Arbeitgeber hat allerdings in einem Rechtsstreit die Möglichkeit, darzulegen und zu beweisen, dass der Arzt den Begriff der Arbeitsunfähigkeit nicht richtig angewandt oder verkannt hat oder dass er möglicherweise eine zu lange Krankheitsdauer attestiert hat. Er kann auch vortragen, dass Umstände gegeben sind, die zu erheblichen Zweifeln Anlass geben, dass der Arbeitnehmer tatsächlich arbeitsunfähig erkrankt war. Wenn der Beweiswert der ärztlichen Krankschreibung tatsächlich erschüttert sein sollte, muss der Arbeitnehmer die weiteren Beweise dafür erbringen, dass er tatsächlich arbeitsunfähig erkrankt war.

> **Zusammenfassung:**
> Im Beispielsfall kommt es daher darauf an, ob der ausgedehnte Spaziergang mit der Krankheitssituation vereinbar war, und zwar in dem Sinne, dass keinerlei Verzögerung der Gesundung beziehungsweise keine Gefährdung der Gesundung eingetreten ist. Diese Frage wird im Streitfall durch eine ärztliche Stellungnahme beantwortet. Wenn sich also herausstellen sollte, dass durch den ausgedehnten Spaziergang die Gesundung gefährdet wurde oder dies tatsächlich zu negativen Folgen führte, ist die Glaubwürdigkeit der Bescheinigung zumindest ab diesem Tag erschüttert.

Glaubwürdigkeit der ärztlichen Arbeitsunfähigkeitsbescheinigung

Seit dem Urteil des Bundesarbeitsgerichts vom 15. 7. 1992 (5 AZR 312/91) sind die Kontroversen über den Beweiswert der Arbeitsunfähigkeitsbescheinigung zumindest juristisch beendet (wenn auch nicht immer in der betrieblichen Praxis). Das Bundesarbeitsgericht hat festgestellt, dass die ordnungsgemäß ausgestellte Arbeitsunfähigkeitsbescheinigung einen hohen Beweiswert hat. Dieser ergibt sich aus der Lebenserfahrung.

Der Arbeitgeber, der die Arbeitsunfähigkeitsbescheinigung nicht akzeptieren will, muss – sofern es zu einer gerichtlichen Auseinandersetzung kommen sollte – im Rechtsstreit Umstände darlegen und auch beweisen, die zu ernsthaften und begründeten Zweifeln an der behaupteten krankheitsbedingten Arbeitsunfähigkeit Anlass geben. Sind solche Umstände dargetan und ggf. auch bewiesen, ist eine Abwägung sämtlicher Umstände des Einzelfalls erforderlich, die für oder gegen die Erkrankung in der fraglichen Zeit sprechen. Dabei kann es den Arbeitnehmer treffen, einen weiteren Beweis für die Arbeitsunfähigkeit zu erbringen. Dieses Instrumentarium reicht nach der Ansicht des Bundesarbeitsgerichts zu Recht aus, um Missbräuche zu verhindern.

> **Praxishinweis zur möglichen kündigungsrechtlichen Relevanz der »Ankündigung« einer Erkrankung:**
> Die Ankündigung einer Erkrankung kann in der Praxis zu erheblichen Problemen führen. Hier ist immer von Bedeutung, ob der Arbeitnehmer lediglich Krankheiten ankündigt, bei denen er schon Symptome bei sich bemerkt hat und mit einer Verschlimmerung rechnet, die zur Arbeitsunfähigkeit führen kann, oder ob die Ankündigung dazu dient, etwas anderes zu erreichen, beispielsweise einige Urlaubstage, die der Arbeitgeber bisher nicht bewilligt hat.

Beeinträchtigungen der Glaubwürdigkeit der Arbeitsunfähigkeitsbescheinigung

Die Ankündigung einer künftigen, im Zeitpunkt der Ankündigung nicht bestehenden Erkrankung durch den Arbeitnehmer für den Fall, dass der Arbeitgeber einem unberechtigten Verlangen nach Gewährung von Urlaub nicht entsprechen sollte, ist regelmäßig ohne Rücksicht auf eine später möglicherweise tatsächlich auftretende Krankheit an sich geeignet, einen wichtigen Grund zur außerordentlichen Kündigung anzunehmen (BAG 12. 3. 2009 – 2 AZR 251/07).

War der Arbeitnehmer im Zeitpunkt der Ankündigung allerdings bereits objektiv erkrankt, ohne dies dem Arbeitgeber zu offenbaren, scheidet eine Pflichtverletzung des Arbeitnehmers zwar nicht von vornherein aus, eine mit der Erklärung verbundene Störung des Vertrauensverhältnisses zwischen Arbeitnehmer und Arbeitgeber ist dann aber eindeutig weniger schwerwiegend. In einer solchen Situation kann nicht ohne weiteres von einer erheblichen, eine außerordentliche Kündigung rechtfertigenden Pflichtverletzung ausgegangen werden.

Beruft sich der Arbeitnehmer gegenüber einer auf die Androhung einer Erkrankung gestützten Kündigung darauf, er wäre im Zeitpunkt der Ankündigung seiner künftigen Erkrankung bereits objektiv krank gewesen, ist er im Rahmen der Behauptungslast gehalten, vorzutragen, welche konkreten Krankheiten bzw. Krankheitssymptome im Zeitpunkt der Ankündigung vorgelegen haben und weshalb er darauf schließen durfte, auch noch am Tag der begehrten Freistellung arbeitsunfähig zu sein. Erst wenn der Arbeitnehmer insoweit seiner Darlegungslast nachgekommen ist und ggf. die ihn behandelnden Ärzte von der Schweigepflicht entbunden hat, muss der Arbeitgeber aufgrund der ihm obliegenden Beweislast für das Vorliegen eines die Kündigung rechtfertigenden wichtigen Grundes den Vortrag des Arbeitnehmers widerlegen.

Derartige »Ankündigungen« ohne die konkreten Hinweise auf Symptome einer sich abzeichnenden Erkrankung sollten daher vom Arbeitnehmer nicht abgegeben werden, um den Bestand des Arbeitsverhältnisses nicht zu gefährden.

39. Wie berechnet sich die Höhe der Entgeltfortzahlung?

Fall:
Eine Arbeitnehmerin kommt zum Betriebsrat und hat folgende Frage:»Wegen eines unverschuldeten Unfalls im Straßenverkehr war ich eine Woche krankgeschrieben. Der Arbeitgeber hat Entgeltfortzahlung gezahlt, aber bei der Lohnabrechnung dieses Monats habe ich festgestellt, dass nur die durchschnittliche Stundenzahl berücksichtigt wurde. Ich hätte doch diese Wochen fünf Überstunden gehabt, wenn ich hätte arbeiten können. Müssen diese auch mit einbezogen werden?«

Darum geht es:
Werden bei der Entgeltfortzahlung auch die Überstunden mit eingerechnet?

Antwort

Die gesetzliche Regelung des § 4 Abs. 1 EFZG beinhaltet, dass bei der Entgeltfortzahlung das modifizierte Lohnausfallprinzip zur Anwendung kommt. Maßgeblich ist daher allein die individuelle Arbeitszeit des erkrankten Arbeitnehmers. Maßgeblich ist, welche Arbeitszeit tatsächlich aufgrund der Arbeitsunfähigkeit ausgefallen ist. Sofern Schwankungen der individuellen Arbeitszeit gegeben sind, ist eine vergangenheitsbezogene Betrachtung geboten (BAG 21. 11. 2001 – 5 AZR 296/00). Entscheidend ist hierbei der Durchschnitt der vergangenen zwölf Monate. Sofern im Arbeitsvertrag eine feste Monatsvergütung vereinbart ist, ist diese grundsätzlich auch im Krankheitsfall fortzuzahlen. Der Arbeitgeber kann allerdings einwenden, mit dem Festlohn wären vereinbarungsgemäß bestimmte Überstunden oder bestimmte tarifliche Überstundenzuschläge abgegolten (BAG 26. 6. 2002 – 5 AZR 153/01).

> **Zusammenfassung:**
> Dies bedeutet, dass die Arbeitnehmerin den Grundlohn erhält. Damit ist aber noch nicht die Frage der Zahlung der Überstunden geklärt. Man könnte den Standpunkt vertreten, dass die Überstunden auch zu zahlen sind, denn schließlich war sie fest zur Leistung dieser zusätzlichen Arbeitsstunden eingeteilt. Dem ist aber nicht so.

Von der Entgeltfortzahlung ausdrücklich ausgenommen ist nach § 4 Abs. 1a EFZG das zusätzlich für Überstunden gezahlte Entgelt. Unter diesen Überstundenbegriff fallen nicht nur die Überstundenzuschläge, sondern auch die Grundvergütung für Überstunden, die zusätzlich zum regulären Arbeitsentgelt gezahlt wird. Bei diesem Begriff der Überstunden ist die individuelle, regelmäßige Arbeitszeit des Arbeitnehmers von Bedeutung. Daher können die Überstunden aufgrund der gesetzgeberischen Entscheidung nicht berücksichtigt werden.

Wichtige Begriffe

Grundgehalt und Provisionen

Zum Arbeitsentgelt im Sinne des Entgeltfortzahlungsrechts gehört immer die jeweilige Grundvergütung. Dies gilt auch dann, wenn Teile des Lohns in anderer Form, etwa als Urlaubsentgelt, gezahlt werden. Sofern sich die Vergütung nach Grundgehalt und Provisionen regelt, kann der

Arbeitnehmer Geschäftsabschlüsse während der Krankheit nicht tätigen und daher die Provision nicht verdienen.
Zur Berechnung der Provision ist auf einen durchschnittlichen, geschätzten Anspruch abzustellen (BAG 20. 9. 2006 – 10 AZR 439/05). Schwanken die Provisionen, ist der längerfristige Bezugszeitraum zugrunde zu legen und anhand dessen wird die Berechnung des Durchschnittsverdienstes vorgenommen. Leistungszulagen und -prämien sind als Arbeitsentgelt einzuordnen; Gleiches gilt für Anwesenheitsprämien, die gezahlt werden, wenn der Arbeitnehmer eine bestimmte Zeit nicht gefehlt hat.

Rechtslage bei einer Sonderzahlung
Im Rahmen der Berechnung der Höhe der Entgeltfortzahlung kann sich, wenn vertraglich ein 13. Monatsgehalt (= reines Monatsgehalt, keine Gratifikation) als leistungsbezogene Sonderzahlung vereinbart wurde, die Problematik der Zahlungspflicht des Arbeitgebers ergeben. Anhaltspunkt für die rechtliche Beurteilung der Frage ist die Auslegung des Arbeitsvertrags hinsichtlich der Vergütungszahlung.
Ergibt die Auslegung, dass es sich bei dem 13. Monatsgehalt um einen Vergütungsbestandteil handelt, der Teil der Gegenleistung für die Tätigkeit des Arbeitnehmers ist, besteht der Anspruch für die maximale Zeit (= sechs Wochen) der Entgeltfortzahlung. Er ist allerdings nicht gegeben für Krankheitszeiten, in denen die gesetzliche Entgeltfortzahlung bereits abgelaufen ist. Dieses Ergebnis tritt kraft Gesetzes ein, es bedarf daher keiner entsprechenden Kürzungsabrede (BAG 21. 3. 2001 – 10 AZR 28/00).

V. Urlaub

40. Ab wann besteht ein Urlaubsanspruch?

Fall:
Ein Arbeitnehmer war vier Monate beschäftigt. Davon war er zwei Monate krankgeschrieben, da sich drei Wochen nach Aufnahme der Tätigkeit ein schwerer Arbeitsunfall ereignete mit erheblichen Verletzungsfolgen für den betreffenden Arbeitnehmer. Als nach vier Monaten im beiderseitigen Einverständnis das Arbeitsverhältnis beendet wird, vertritt der Arbeitgeber den Standpunkt, einen Urlaubsabgeltungsanspruch habe der Arbeitnehmer nicht, weil er so gut wie nicht gearbeitet habe.

> **Darum geht es:**
> Wann entsteht der Urlaubsanspruch in einem kurzen Arbeitsverhältnis?

Antwort

Die Ansicht des Arbeitgebers ist unzutreffend; der Urlaubsanspruch besteht dem Grunde nach, soweit er noch nicht durch Gewährung der Urlaubstage eingebracht wurde. Einen Anspruch auf Erholungsurlaub haben alle Arbeitnehmer und die zur Berufsausbildung Beschäftigten (§§ 1, 2 BUrlG). Es kommt hierbei auf den rechtlichen Bestand des Arbeitsverhältnisses an, nicht auf den tatsächlichen. Unabhängig von der Urlaubsfrage ist der Umstand, an wie vielen Tagen während der vier Monate der Beschäftigungsdauer der Arbeitnehmer tatsächlich gearbeitet hat. Der Urlaubsanspruch ist als ein Anspruch des Arbeitnehmers auf Freistellung von der Arbeit anzusehen, und für das Bestehen des Anspruchs ist der Umfang der Arbeitsleistung des Arbeitnehmers im Urlaubsjahr unerheblich (BAG 2. 10. 1987 – 8 AZR 166/86).

> **Zusammenfassung:**
> Der sich errechnende Urlaubsanspruch entsteht unabhängig davon, ob der Arbeitnehmer in dem Urlaubsjahr lange krank war, und er bleibt erhalten, wenn der Arbeitgeber langfristig seine Arbeitsleistung nicht erbracht hat.

Diese Rechtsprechung führt zu keinen unangemessenen Belastungen des Arbeitgebers, da der Urlaubsanspruch an das Urlaubsjahr gebunden ist, sofern nicht die Voraussetzungen der Übertragung auf den 31. 3. des Folgejahres vorliegen. Sofern der Arbeitnehmer erwerbsunfähig im Sinne des Sozialversicherungsrechts sein sollte, ist die Verwirklichung des Urlaubsanspruchs nicht ausgeschlossen, wenn der Arbeitnehmer noch arbeitsfähig ist.

> **Zusammenfassung:**
> Im konkreten Fall wird also der dem Arbeitnehmer rechnerisch zustehende Urlaubsanspruch für vier volle Monate zu gewähren sein,

mithin 1/3 des gesamten Jahresurlaubsanspruchs. Weil der Urlaub nicht mehr eingebracht werden konnte, ist er abzugelten.

41. Ist der Urlaubsanspruch von einem Fehlverhalten des Arbeitnehmers abhängig?

Fall:
Ende August 2017 hat eine Arbeitnehmerin noch einen restlichen Urlaubsanspruch von zehn Tagen. Diese wollte sie eigentlich über Weihnachten/Silvester 2017/2018 einbringen. Am 30.8.2017 kam es zwischen der Arbeitnehmerin und dem Arbeitgeber zu einem heftigen Streit um die Frage, ob das von ihm vor einiger Zeit auch in den Gängen angeordnete Rauchverbot sinnvoll ist. In vollständiger Verärgerung darüber, dass ihr auf dem Gang das Rauchen untersagt wurde, kündigte sie wutentbrannt das Arbeitsverhältnis noch am gleichen Tag fristlos in schriftlicher Form.
Trotz intensiver Bemühungen fand der Arbeitgeber vor dem 30.9.2017 keinen Ersatz. Daher musste ein Auftrag in der Produktion an einen Subunternehmer weitergegeben werden. Hierdurch entstand ein Gewinnausfall von 1000,00 €. Wegen dieses Schadensersatzes bringt der Arbeitgeber den Urlaub nicht zur Abgeltung.

Darum geht es:
Kann erhebliches Fehlverhalten des Beschäftigten dazu führen, dass der Urlaub erlischt?

Antwort

Die Antwort auf die Frage ist rechtlich eindeutig, wirtschaftlich kann sie aber zu dem Ergebnis führen, dass der Arbeitnehmerin der Urlaubsanspruch doch nicht zusteht, weil mit einem eventuell bestehenden Schadensersatzanspruch aufgerechnet werden kann.

> **Zusammenfassung:**
> Entstandene Urlaubsansprüche bleiben grundsätzlich von einem Fehlverhalten des Arbeitnehmers unberührt. So kann der Arbeitnehmer die Abgeltung des noch offenen Resturlaubs auch dann verlangen, wenn er das Arbeitsverhältnis – so wie hier – unberechtigt fristlos gekündigt hat oder wenn er eigenmächtig von der Arbeit ferngeblieben ist.

Dass der Sachverhalt keinen fristlosen Grund für eine Eigenkündigung darstellt, muss nicht näher erläutert werden. Nur weil die Arbeitnehmerin auf ein bestehendes betriebliches Rauchverbot auch in den Gängen hingewiesen wurde, bestand noch kein Anlass, selbst das Arbeitsverhältnis außerordentlich zu kündigen. Ihr hätte es selbstverständlich freigestanden, eine ordentliche Kündigung auszusprechen, für eine außerordentliche Kündigung ist dies aber kein Anlass.

Weil die Beschäftigte das Arbeitsverhältnis in unberechtigter Weise fristlos kündigte, machte sie sich dem Grunde nach schadensersatzpflichtig. Sofern ein Schadensersatzanspruch bestehen sollte, kann der Arbeitgeber mit diesen Ansprüchen wegen der unberechtigten fristlosen Auflösung des Arbeitsverhältnisses gegenüber dem Urlaubsabgeltungsanspruch aufrechnen. Dies ist allerdings nur dann möglich, wenn der Abgeltungsanspruch pfändbar ist.

Wichtiger Begriff

Pfändbarkeit des Abgeltungsanspruchs
Weil es sich beim Urlaubsabgeltungsanspruch um eine Geldforderung des Arbeitnehmers gegen den Arbeitgeber gemäß § 7 Abs. 4 BUrlG handelt, ist für die Pfändung des Anspruchs das Verfahren nach §§ 829 ff. ZPO maßgeblich. Voraussetzung für den wirksamen Pfändungsbeschluss ist, dass die Forderung der Pfändung zugänglich ist und die Pfändungsschutzgrenzen beachtet werden. Eindeutig gesetzlich geregelt ist in diesem Zusammenhang lediglich die Unpfändbarkeit des Urlaubsgelds, also der zusätzlich zur Vergütung an den Arbeitnehmer gezahlten Leistung des Arbeitgebers während des Urlaubs (§ 850a Nr. 2 ZPO; BAG 28.8.2001 – 9 AZR 611/99).
Die Urlaubsvergütung ist nach der aktuellen Rechtsprechung des Bundesarbeitsgerichts ebenso pfändbar wie das Arbeitsentgelt. Der **Abgeltungs-**

anspruch ist in rechtlicher Hinsicht der Ersatz für die wegen der Beendigung des Arbeitsverhältnisses nicht mehr mögliche Befreiung von der Arbeitspflicht. Es ist im Hinblick auf die Pfändbarkeit der Urlaubsabgeltung kein Grund ersichtlich, die Urlaubsabgeltung anders zu behandeln als das reguläre Urlaubsentgelt.

Der Anspruch ist übertragbar und als Geldforderung nach § 851 Abs. 2 ZPO der Pfändung unterworfen. Das bedeutet, dass dann, wenn die Voraussetzungen einer schuldhaften Vertragspflichtverletzung und des nachgewiesenen Schadens gegeben sein sollten, der Arbeitgeber zumeist gegen den Abgeltungsanspruch aufrechnen und ihn somit auch pfänden kann.

42. Wie berechnet sich die Dauer des Urlaubs?

Fall:
In dem auf das Arbeitsverhältnis anwendbaren Tarifvertrag ist geregelt, dass der Urlaubsanspruch im dritten Beschäftigungsjahr 28 Werktage beträgt, und zwar bei der Berechnung mit der 5-Tage-Woche. Im Arbeitsvertrag ist auf den Tarifvertrag Bezug genommen, der Urlaubsanspruch wurde in einer eigenständigen Vereinbarung aufgenommen und es ist geregelt, dass der Anspruch 30 Tage beträgt, allerdings unter Zugrundelegung der 6-Tage-Woche.
Ein Arbeitnehmer, der dies als verwirrend empfindet, kommt zum Betriebsrat und bittet um die Klärung der Frage, was denn gelten solle.

Darum geht es:
Wie berechnet sich der Urlaubsanspruch, wenn mehrere Anspruchsgrundlagen in Betracht kommen?

Antwort

Zu unterscheiden ist zwischen dem gesetzlichen und dem tariflichen oder einzelvertraglich vereinbarten Urlaub. Der gesetzliche Urlaubsanspruch beträgt gemäß § 3 Abs. 1 BUrlG mindestens 24 Werktage; Werktage sind hierbei alle Tage, die nicht Sonn- oder Feiertage sind, also auch die Samstage. Staatlich anerkannte Feiertage sind nicht einzurechnen. Dieser ist hier weder durch die tarifliche noch durch die vertragliche Regelung berührt, da sowohl die tarifliche als auch die vertragliche Regelung höhere Ansprüche vorsehen als die gesetzliche.

Wichtig ist, dass vom gesetzlichen Mindesturlaubsanspruch nicht zuungunsten des Arbeitnehmers abgewichen werden kann, weder durch Arbeitsvertrag noch durch Tarifvertrag. Die Frage ist hier, ob der tarifliche oder der einzelvertraglich vereinbarte Urlaub zur Geltung kommt. Der tarifliche Anspruch ist höher, weil 28 Tage Jahresurlaub bei der Fünf-Tage-Woche etwas mehr sind als 30 Tage unter Zugrundelegung der Sechs-Tage-Woche.

Zusammenfassung:
Wenn der Tarifvertrag auf das Arbeitsverhältnis anwendbar ist – wie hier –, kann eine vertragliche Regelung den Urlaub nur verlängern, nicht hingegen verkürzen. Die arbeitsvertragliche Regelung weicht daher zuungunsten des Arbeitnehmers von der tariflichen ab. Da auf den Tarifvertrag im Arbeitsvertrag Bezug genommen wurde und er anwendbar ist, regelt sich die Dauer des Urlaubs nach Tarifrecht.

Wichtige Begriffe

Arbeitstage und Werktage als Maßeinheit
Ein Urlaubsanspruch des Arbeitnehmers, der nach Werktagen bemessen ist, muss in Arbeitstage umgerechnet werden, wenn die Arbeitszeit für den Arbeitnehmer nicht auf alle Werktage einer Woche verteilt ist. 24 Werktage entsprechen, auf Arbeitstage bezogen, einem Urlaubsanspruch von 20 Arbeitstagen. Auf diese Art ist der Anspruch im Sinne des gesetzlichen Mindestanspruchs zu berechnen, wenn der Arbeitnehmer betriebsüblich an Samstagen nicht arbeitet. Das Gleiche gilt, wenn es um höhere tarifliche oder vertragliche Ansprüche geht.

Höhere Anspruchsgrundlage ist maßgeblich
Sofern tariflich oder einzelvertraglich ein höherer Urlaubsanspruch vereinbart sein sollte, ist die Anspruchsgrundlage für die konkrete Berechnung des Urlaubs maßgeblich. Während bei einzelvertraglichen Urlaubsregelungen selten Streitigkeiten hinsichtlich der konkret vereinbarten Zahl der Tage auftreten, kann die Problematik bei der Verweisung auf tarifliche Bestimmungen zu Unklarheiten führen. Dies ist der Fall, wenn

der Einzelarbeitsvertrag sinngemäß die Klausel enthält, dass sich »der Jahresurlaub nach den Bestimmungen des (einschlägigen) Tarifvertrags« richtet.

Sofern dies so geregelt wird, kann der Arbeitnehmer die Vereinbarung regelmäßig als eine Verweisung auf den gesamten tariflichen Regelungskomplex Urlaub verstehen. Wenn die in Bezug genommenen urlaubsrechtlichen Regelungen des Tarifvertrags beispielsweise ein (gegenüber dem Grundgehalt) erhöhtes Urlaubsentgelt vorsehen, wird mit dem Abschluss des Arbeitsvertrags der Arbeitgeber zur Anwendung dieser tariflichen Regelung verpflichtet.

Ist die Vereinbarung eines unterschiedlichen Urlaubsanspruchs je nach dem Alter des Beschäftigten rechtlich zulässig?

In der betrieblichen Praxis kommt es immer wieder vor, dass bei neu eingestellten Beschäftigten bei den jüngeren Arbeitnehmern etwas weniger Urlaubstage vereinbart werden als bei solchen, die schon seit Jahren oder gar Jahrzehnten Berufserfahrung haben. Diese Praxis kann sich nur auf den übergesetzlichen Urlaub beziehen. Hier stellt sich die Frage, ob eine derartige Differenzierung des Urlaubsanspruchs nach dem Alter als zulässig angesehen werden kann. Gewährt ein Arbeitgeber älteren Arbeitnehmern jährlich mehr Urlaubstage als den jüngeren, so kann diese unterschiedliche Behandlung wegen des Alters unter dem Gesichtspunkt des Schutzes älterer Beschäftigter nach § 10 Satz 3 Nr. 1 AGG zulässig sein. Dem Arbeitgeber steht bei freiwilligen zusätzlichen Leistungen ein Gestaltungs- und Ermessensspielraum zu. Ab einem bestimmten Alter ist ein gesteigertes Erholungsbedürfnis »eher nachvollziehbar«. Die Altersgrenze von 58 Lebensjahren wird hier als allgemein zulässig angesehen (BAG 18.11.2014 – 1 AZR 257/13).

Die Regelung ist somit geeignet den in § 10 Satz 3 Nr. 1 AGG beschriebenen Gesetzeszweck zu fördern. Die Geeignetheit ist nicht deshalb zu verneinen, weil ein gestiegener Erholungsbedarf unter Umständen nicht vollständig, sondern nur teilweise ausgeglichen werden sollte. Gerade angesichts des vom Arbeitgeber bei einer freiwilligen Leistung selbst gesetzten Dotierungsrahmens wäre die Beschränkung auf einen Teilausgleich nachvollziehbar und zulässig. Diese Grundsätze gelten entsprechend, wenn es um vergleichbare tarifliche Regelungen mit ähnlichem Inhalt gehen sollte.

43. Wie berechnet sich der Urlaub bei teilzeitbeschäftigten Arbeitnehmern?

Fall:
Eine Arbeitnehmerin hat folgende Arbeitszeiten:
Ungerade Wochen: Mittwoch und Donnerstag 8.00 bis 12.00 Uhr und 13.00 bis 17.00 Uhr
Freitag: 8.00 bis 11.45 Uhr und 12.30 bis 15.00 Uhr
Gerade Wochen: Montag: 8.00 bis 12.30 Uhr und 13.30 bis 18.00 Uhr
Dienstag: 8.00 bis 12.00 Uhr und 13.00 bis 17.30 Uhr
Ihr vertraglicher Urlaubsanspruch beträgt 30 Tage.
Sie möchte für drei volle Wochen Urlaub nehmen, und zwar wie folgt:
1. Woche (ungerade Woche:) Montag und Dienstag habe sie ohnehin frei und Urlaub für Mittwoch bis Freitag,
2. Woche: ganz (gerade Woche),
3. Woche (ungerade Woche): Montag und Dienstag habe sie ohnehin frei und für Mittwoch bis Freitag benötige sie Urlaub.
Sie ist der Ansicht, dass sie hierfür acht Urlaubstage brauche und ihr daher für das laufende Jahr noch 22 Tage zustehen.

Darum geht es:
Wie wird der Urlaub bei Teilzeitarbeit berechnet?

Antwort

Die Arbeitnehmerin sieht die Sache nicht ganz zutreffend. Wenn sie diesen Urlaub einbringt, reduziert sich ihr Urlaubskonto im betreffenden Jahr von 15 (30 Tage dividiert durch 2, da ihre Arbeitszeit auf 50 % der regulären Arbeitszeit reduziert ist) auf 7,5 Tage (15 Tage, dividiert durch 2).
Wenn der Urlaubsanspruch eines teilzeitbeschäftigten Arbeitnehmers zu berechnen ist, wird eine Umrechnung nach der Dreisatzmethode vorgenommen. Sofern es an einer tariflichen Urlaubsregelung fehlen sollte, sind die allgemeinen Grundsätze der Berechnung des Urlaubsanspruchs bei den Teilzeitarbeitnehmern zugrunde zu legen, deren regelmäßige Arbeitszeit auf weniger als fünf Arbeitstage einer Woche verteilt ist (BAG 27. 1. 1987 – 8 AZR 579/84).

Fragen zum Inhalt des Arbeitsverhältnisses

Die Arbeitstage, welche ein Arbeitnehmer im Vollzeitarbeitsverhältnis als Urlaub beanspruchen kann, und die Arbeitstage, an denen der teilzeitbeschäftigte Arbeitnehmer seine Tätigkeit verrichtet, sind rechnerisch derartig zueinander in Beziehung zu setzen, dass bei Verteilung der Arbeitszeit auf weniger als fünf Arbeitstage die Gesamtdauer des Urlaubs durch die Zahl der regelmäßigen Arbeitstage (meist fünf, wenn etwa der Tarifvertrag dies vorsieht) geteilt und mit der Zahl der für den teilzeitbeschäftigten Arbeitnehmer maßgeblichen Arbeitstage in der Woche multipliziert wird (BAG 14. 2. 1991 – 8 AZR 97/90).

> **Zusammenfassung:**
> Die Arbeitszeit der Arbeitnehmerin ist auf die Hälfte der regulären Arbeitszeit reduziert, sie arbeitet in einem zeitlichen Turnus, so dass nach Ablauf von zwei Wochen das Arbeitszeitmodell wieder von vorn beginnt. Ihr steht daher ein Anspruch auf insgesamt 15 Freistellungstage zu. Für die drei Wochen des gewünschten Urlaubs muss sie sich daher 7,5 Tage anrechnen lassen.

44. Wie hoch ist das Urlaubsentgelt?

> **Fall:**
> Eine Arbeitnehmerin, die in den drei Monaten vor einer Urlaubsgewährung von vier Wochen insgesamt 24 Überstunden leistete und eine einmalige Leistungsprämie von 500,00 € (für die Arbeit der letzten sechs Monate) im Monat vor der Urlaubsgewährung erhielt, stellt bei der Lohnabrechnung des betreffenden Monats fest, dass sich die Urlaubsvergütung ausschließlich nach der Grundvergütung berechnete.
> Sie kommt zum Betriebsrat und fragt an, ob bei der Berechnung der durchschnittlichen Vergütung nicht auch die Überstunden und die Sonderzahlung – möglicherweise auch nur anteilig, auf das Halbjahr als Bezugszeitraum hochgerechnet – hätten Berücksichtigung finden müssen.
>
> **Darum geht es:**
> Wie bemisst sich das Urlaubsentgelt? Können bei der Urlaubsvergütung auch Überstunden mit eingerechnet werden?

Antwort

Das Urlaubsentgelt bemisst sich regelmäßig nach dem durchschnittlichen Arbeitsverdienst, welcher dem Arbeitnehmer in den letzten 13 Wochen vor dem Beginn des Urlaubs abgerechnet und ausbezahlt wurde (§ 11 Abs. 1 Satz 1 BUrlG). Auch in diesem Zusammenhang gilt das Lohnausfallprinzip. Es ist die gesamte Vergütung einschließlich der vermögenswirksamen Leistungen und der Zulagen maßgeblich (Schaub, Arbeitsrechts-Handbuch, § 104 Rn. 117 ff.). Unberücksichtigt bleiben allerdings Aufwandsentschädigungen und Spesen.

Einmalige tarifliche oder arbeitsvertragliche Zahlungen sind allerdings nur dann für die Berechnung der Urlaubsvergütung heranzuziehen, wenn sie wegen ihrer zeitlichen Zuordnung dem Entgelt des Arbeitnehmers im Bezugszeitraum hinzuzurechnen sind (BAG 21. 7. 1988 – 8 AZR 331/86). Es kommt also darauf an, ob die Auslegung der tariflichen Ausgleichszahlung ergibt, dass diese eine pauschale Lohnerhöhung für einen bestimmten Zeitraum ist.

Tarifliche und arbeitsvertragliche Sonderzahlungen und vermögenswirksame Leistungen, die einem Arbeitnehmer unabhängig von der Gewährung des Urlaubs gezahlt werden, sind in die Berechnung des Durchschnittslohns nach § 11 Abs. 1 Satz 1 BUrlG nicht mit einzubeziehen (BAG 17. 1. 1991 – 8 AZR 644/89). Diese Zahlungen können nicht als eine Gegenleistung für die Tätigkeit im einzelnen Abrechnungszeitraum angesehen werden, sondern der Arbeitgeber erbringt sie als eine einmalige Leistung, welche an die Betriebszugehörigkeit anknüpft.

> **Zusammenfassung:**
> Daher stellt sich die Problematik, ob die Leistungsprämie im Einzelfall als eine Sonderzahlung anzusehen ist. Sofern sie den Charakter einer sowohl die Betriebszugehörigkeit als auch die Arbeitsleistung honorierenden Zahlung hat, kommt eine Berücksichtigung nicht in Betracht. Ist die Zahlung ausschließlich eine (zusätzliche) Vergütung der Arbeitsleistung der letzten sechs Monate, kann sie anteilig berücksichtigt werden. Sie muss dann aber auf den Durchschnittsverdienst der letzten 13 Wochen umgerechnet werden. Somit ist der Rechtsgrund der Zahlung näher zu klären.

Die Überstunden finden bei der Berechnung des Urlaubsentgelts keine Berücksichtigung; dies hat der Gesetzgeber in § 11 Abs. 1 Satz 1 BUrlG ausdrücklich so geregelt. Es ist daher immer nur das tarifliche oder arbeitsvertraglich vereinbarte Grundgehalt für die Berechnung der Vergütung für genommene Urlaubsansprüche maßgeblich. Die Rechtslage ist hier also dieselbe wie bei der Entgeltfortzahlung.

45. Wie wird der Urlaub eingebracht?

Fall:
Ein Arbeitsverhältnis wird einvernehmlich zum 30. 9. 2017 beendet. Der Arbeitnehmer wird unter Fortzahlung der Vergütung ab dem 1. 9. 2017 widerruflich von der Arbeitsleistungspflicht freigestellt. Der Arbeitgeber ist der Ansicht, dass damit auch der restliche Urlaub (10 Tage) sowie die Ansprüche auf ein Freizeitguthaben des Arbeitnehmers eingebracht wären. Dies bestreitet der Arbeitnehmer und macht nach dem 30. 9. 2017 den Abgeltungsanspruch für zehn Urlaubstage geltend und ebenso die ihm nach den tatsächlichen Verhältnissen zustehenden 20 Stunden aus dem Arbeitszeitguthaben.

Darum geht es:
Stehen ihm diese Abgeltungsansprüche zu? Muss Urlaub bei widerruflicher Freistellung eingebracht werden?

Antwort

Hier ist zwischen der Rechtslage beim Urlaub und dem Zeitguthaben zu unterscheiden. Zur Festlegung der zeitlichen Lage des Urlaubs bedarf es grundsätzlich einer **Erfüllungshandlung des Arbeitgebers**. Er ist hierbei gemäß § 315 BGB gehalten, nach billigem Ermessen zu entscheiden. Gemäß § 7 Abs. 1 BUrlG sind die Urlaubswünsche des Arbeitnehmers zu berücksichtigen. Bei der Festlegung sind die Wünsche des Arbeitnehmers mit den betrieblichen Belangen und den Wünschen der anderen Arbeitnehmer abzustimmen. Wenn allerdings das Arbeitsverhältnis schon beendet ist und es nur mehr um die Schlussabwicklung geht, könnte vertreten werden, dass in derartigen Situationen der Arbeitnehmer mit der Einbringung des Urlaubs in natura in der Kündigungsfrist einverstanden ist.

Diesem Standpunkt hat sich aber die Rechtsprechung nicht angeschlossen. Wenn der Arbeitnehmer **widerruflich** bis zum Ende des Arbeitsverhältnisses von der Arbeitspflicht freigestellt sein sollte und in der Freistellungsphase der restliche Urlaub eingerechnet werden soll, muss dies so ausdrücklich zwischen den Parteien des Arbeitsverhältnisses vereinbart werden.

> **Zusammenfassung:**
> Hier gilt folgender **Grundsatz**: Eine widerrufliche Freistellung des Arbeitnehmers von der Arbeitspflicht ist generell nicht geeignet, den Urlaubsanspruch zu erfüllen. Zur Erfüllung des Urlaubsanspruchs bedarf es einer Freistellungserklärung des Arbeitgebers. Diese ist nur dazu in der Lage, das Erlöschen des Urlaubsanspruchs zu bewirken, wenn der Arbeitnehmer erkennen muss, dass der Arbeitgeber ihn zum Zweck des selbstbestimmten Erholungsurlaubs von der Arbeitspflicht freistellen will. Das kann auch dadurch geschehen, dass der Arbeitgeber den Arbeitnehmer unter Anrechnung auf Urlaubsansprüche von der Arbeit freistellt.

Notwendig ist allerdings stets die endgültige, nicht unter dem Vorbehalt eines Widerrufs stehende Befreiung des Arbeitnehmers von der Arbeitspflicht. Nur dann ist es dem Arbeitnehmer möglich, die ihm aufgrund des Urlaubsanspruchs zustehende Freizeit uneingeschränkt selbstbestimmt zu nutzen. Das ist allerdings nicht gewährleistet, wenn der Arbeitnehmer während der Freistellung jederzeit damit rechnen muss, wieder zur Arbeit gerufen zu werden (BAG 19. 5. 2009 – 9 AZR 433/08). Nur bei einer unwiderruflichen Freistellung kann die Einbringung des restlichen Urlaubs ohne Vereinbarung in Betracht kommen.

Daher ist in derartigen Situationen zwischen dem Urlaubsanspruch und dem Anspruch auf Freizeitausgleich zu unterscheiden. Nach dem BUrlG besteht kein Anspruch des Arbeitgebers gegen den Arbeitnehmer, den gewährten Urlaub abzubrechen oder zu unterbrechen. Wird demgegenüber zum Abbau eines zugunsten des Arbeitnehmers bestehenden Zeitsaldos Freizeitausgleich gewährt, handelt es sich regelmäßig nur um eine Weisung zur Verteilung der Arbeitszeit im Sinne von § 106 Satz 1 GewO. Mit der Bestimmung der zeitlichen Lage der Arbeitsleistung wird zugleich auch die Zeit bestimmt, während derer ein Arbeitnehmer keine Arbeit zu leisten hat. Beide Festlegungen unterliegen dem Weisungsrecht des Arbeitgebers nach § 106 Satz 1 GewO. Das ermöglicht es dem Arbeitgeber,

die im Arbeitsvertrag nur rahmenmäßig umschriebene Leistungspflicht im Einzelnen nach Zeit, Art und Ort nach billigem Ermessen im Sinne von § 315 Abs. 3 BGB zu bestimmen.
Mit dem Vorbehalt der widerruflichen Freistellung zum Abbau eines Arbeitszeitguthabens weist der Arbeitgeber nur auf die gesetzliche Regelung hin. Er erklärt, für die Zeit des Freistellungszeitraums nicht auf sein Weisungsrecht nach § 106 Satz 1 GewO zu verzichten und den Arbeitnehmer ggf. auch im Freistellungszeitraum zur Arbeitsleistung auffordern zu können. Das ist rechtlich nicht zu beanstanden, denn das Weisungsrecht des Arbeitgebers umfasst nicht nur die Befugnis, den Arbeitnehmer an bestimmten Tagen von der Arbeit freizustellen, sondern auch das Recht, ihn an bisher »freien« Tagen zur Arbeitsleistung heranzuziehen.

Praxishinweis:
Sowohl bei gerichtlichen als auch bei außergerichtlichen Vergleichen zur gütlichen Beilegung von Bestandsstreitigkeiten wie auch bei allen anderen Fällen der Auflösung des Arbeitsverhältnisses im beiderseitigen Einvernehmen ist es daher sachgerecht, dass sich Arbeitnehmer und Arbeitgeber darüber verständigen, ob der Arbeitnehmer bis zum Ablauf der ordentlichen Kündigungsfrist weiterbeschäftigt werden soll und ob in dieser Zeit der Urlaub eingerechnet wird. Wenn ausdrücklich die Einbringung des Urlaubs geregelt wird, können weder bei der unwiderruflichen noch bei der widerruflichen Freistellung spätere Streitigkeiten auftreten.

Wichtige Begriffe

Einbringung des Urlaubs in der Kündigungsfrist: sie muss eindeutig erfolgen
Häufig kommt es sowohl bei einer widerruflichen als auch bei einer unwiderruflichen Freistellung zu Streitigkeiten hinsichtlich der Einbringung der restlichen Urlaubsansprüche in der Kündigungsfrist. Der Arbeitgeber kann den Urlaubsanspruch des gekündigten Arbeitnehmers durch eine unwiderrufliche Freistellung von der Arbeitspflicht bis zur Beendigung des Arbeitsverhältnisses erfüllen. Dazu muss allerdings die Erklärung hinreichend deutlich erkennen lassen, dass durch die Freistellung tatsächlich der Urlaubsanspruch erfüllt werden soll. Nur dann ist für den Arbeitnehmer erkennbar, dass der Arbeitgeber als Schuldner des Urlaubsanspruchs die geschuldete Leistung bewirken will und nicht nur als Gläubiger der Arbeitsleistung auf deren Einbringung verzichtet (BAG 14.3.2006 – 9 AZR 11/05).

Praxishinweis:
Der Arbeitgeber erfüllt den Urlaubsanspruch des Arbeitnehmers lediglich durch eine unwiderrufliche Befreiung des Arbeitnehmers von der Arbeitspflicht. Die Unwiderruflichkeit ist hierbei die zwingende Rechtsfolge der Urlaubserteilung. Sie muss allerdings nicht vom Arbeitgeber gesondert erklärt werden. Behält sich der Arbeitgeber bei der Urlaubserteilung den Widerruf vor, fehlt die zur Erfüllung des Urlaubsanspruchs notwendige Freistellungserklärung.

Billigkeitskontrolle bei der Urlaubsfestlegung
Wenn die Festlegung des Urlaubszeitpunkts nicht der Billigkeit entsprechen sollte, weil die Interessen des Arbeitnehmers nicht angemessen berücksichtigt wurden, ist sie gemäß § 315 Abs. 3 Satz 1 BGB für den Arbeitnehmer unverbindlich. Der Arbeitnehmer kann gegen die Festsetzung Klage erheben und entscheiden lassen, in welchem Zeitraum der Urlaub genommen werden kann. Hieraus folgt, dass der Arbeitnehmer in derartigen Fällen stets gehalten ist, die Festlegung des Urlaubs im Klageweg herbeizuführen, was auch im Wege der einstweiligen Verfügung geschehen kann, wenn Verfügungsanspruch und Verfügungsgrund vorhanden sind.

Urlaubsfestlegung und Betriebsurlaub
Es ist nicht unbillig, wenn der Arbeitgeber für die gesamte Belegschaft einheitlich Urlaub einführt (Betriebsurlaub; Schaub, Arbeitsrechts-Handbuch, § 104 Rn. 98 ff.). Bei der Festlegung des Betriebsurlaubs ist der Betriebsrat über ein zwingendes Mitbestimmungsrecht im Sinne des § 87 Abs. 1 Nr. 5 BetrVG beteiligt. Kommt bei der Festlegung des Betriebsurlaubs eine Einigung zwischen Betriebsrat und Arbeitgeber nicht zustande, entscheidet die Einigungsstelle.

Urlaub bei Kurzarbeit auf Null
In manchen Bereichen wird aufgrund der angespannten wirtschaftlichen Situation über Monate eine Kurzarbeit auf null vorgenommen. Hier kann die Frage auftreten, wie es sich bei derartigen Phasen der Kurzarbeit mit den zum Zeitpunkt der Einführung der Kurzarbeit bestehenden Urlaubsansprüchen des betroffenen Arbeitnehmers verhält.
Wegen der arbeitsvertraglichen Pflicht des Arbeitgebers, den Arbeitnehmer im vereinbarten Umfang zu beschäftigen und zu vergüten, bedarf die Einführung von Kurzarbeit entweder einer entsprechenden Vereinbarung zwischen den Parteien oder einer besonderen kollektivrechtlichen Grundlage. Das Direktionsrecht des Arbeitgebers ist nicht ausreichend,

um die Kurzarbeit sozusagen einseitig anordnen zu können. Nach der Bestimmung des § 87 Abs. 1 Nr. 3 BetrVG hat der Betriebsrat bei der vorübergehenden Verkürzung oder Verlängerung der betriebsüblichen Arbeitszeit mitzubestimmen.

Die Rechtsprechung des Bundesarbeitsgerichts (BAG 16. 12. 2008 – 9 AZR 164/08) vertritt in diesen Situationen folgenden Standpunkt: Eine Betriebsvereinbarung über die Einführung der Kurzarbeit, welche die Arbeitszeit auf null verringert, befreit den Arbeitnehmer auch dann von seiner Arbeitspflicht, wenn der Arbeitgeber vor Einführung der Kurzarbeit für die Zeit der Kurzarbeit Urlaub gewährt hat. Deshalb kann der mit der Festsetzung des Urlaubs bezweckte Leistungserfolg, den Arbeitnehmer von der Arbeitspflicht für die Dauer des Urlaubs zu befreien, nicht eintreten. Es liegt somit eine nachträgliche Unmöglichkeit gemäß § 275 Abs. 1 BGB vor. Der Arbeitnehmer hat gegen den Arbeitgeber einen Anspruch auf Ersatzurlaub nach § 283 Satz 1, § 280 Abs. 1, § 275 Abs. 1, § 249 Abs. 1 BGB. Die Haftung des Arbeitgebers ist nur ausgeschlossen, wenn er die Unmöglichkeit nicht zu vertreten haben sollte. Führt der Arbeitgeber aus betrieblichen Gründen Kurzarbeit ein, hat er die hierdurch nachträglich eingetretene Unmöglichkeit zu vertreten.

> **Zusammenfassung:**
> Kann ein geplanter Urlaub wegen der Einführung der Kurzarbeit auf null nicht genommen werden, besteht ein Ersatzurlaubsanspruch als ein Schadensersatzanspruch. Sollte sich eine längere Kurzarbeitsphase abzeichnen, ist daher aus Sicht der betroffenen Beschäftigten anzuraten, den restlichen Urlaub demnächst in der Kurzarbeitsphase einzuplanen. Ist voraussichtlich die Zeit der Kurzarbeit auf null überschaubar, kann der Urlaub nach dieser Zeit genommen werden.

46. Darf sich der Arbeitnehmer selbst beurlauben?

Fall:
Ein Arbeitnehmer beendet zum 30. 9. 2017 sein Arbeitsverhältnis durch Eigenkündigung. Den restlichen Urlaubsanspruch von 16 Tagen möchte er im September 2017 in der Kündigungsfrist einbringen. Der Arbeitgeber ist mit dieser Einbringung nicht einverstan-

den, weil im September noch wichtige Terminarbeiten zu erledigen sind. Er verweist darauf, dass der neu eingestellte Nachfolger erst zum 1.10.2017 in den Betrieb kommt und auch dann, wenn er früher anfangen würde, nicht die erforderlichen Kenntnisse für die Arbeiten habe, da er erst eingearbeitet werden müsse. Der Urlaub werde daher abgegolten.
Da es zu keiner Einigung kommt, arbeitet der Arbeitnehmer für einige Tage weiter und bleibt die restlichen zwölf Werktage vom Arbeitsplatz weg. Der Arbeitgeber erachtet dies als eine Vertragspflichtverletzung und droht mit Schadensersatz.

Darum geht es:
Kann ein Selbstbeurlaubungsrecht des Arbeitnehmers angenommen werden?

Antwort

Der Arbeitnehmer ist grundsätzlich nicht berechtigt, eigenmächtig den Urlaub anzutreten. Dies gilt nach allgemeiner Ansicht auch dann, wenn der Arbeitgeber den Urlaub trotz der Geltendmachung nicht erteilt und das Urlaubsjahr bzw. der Übertragungszeitraum sich seinem Ende nähert (Schaub, Arbeitsrechts-Handbuch, § 104 Rn. 58f.). Das Bundesarbeitsgericht (BAG 20.1.1994 – 2 AZR 521/93) geht davon aus, dass dann, wenn der Arbeitnehmer eigenmächtig einen vom Arbeitgeber nicht genehmigten Urlaub antritt, er die arbeitsvertraglichen Pflichten verletzt und ein derartiges Verhalten regelmäßig geeignet ist, einen wichtigen Grund zur fristlosen Kündigung darzustellen.
Eine Möglichkeit des Arbeitnehmers, sich selbst zu beurlauben, kann wegen des umfassenden Systems des gerichtlichen Rechtsschutzes nicht angenommen werden. Wenn also der Arbeitnehmer den gewünschten Urlaub in der geforderten Zeit nicht bekommt, ist gerichtliche Hilfe zur Durchsetzung des Urlaubs in Anspruch zu nehmen. Dies gilt immer dann, wenn das Arbeitsverhältnis auf unbestimmte Zeit fortbesteht.

Zusammenfassung:
Im **Beispielsfall** geht es aber um die Einbringung des Urlaubs in der Kündigungsfrist, also die Durchsetzung des Grundsatzes der Urlaubsgewährung in natura. Man könnte hier durchaus den Stand-

> punkt vertreten, dass der Einbringung des Urlaubs in der Kündigungsfrist in natura der Vorzug zu geben und daher ausnahmsweise in dieser Situation ein Selbstbeurlaubungsrecht anzuerkennen ist. Dies wird allerdings auch in derartigen Fällen regelmäßig nicht anerkannt. Will der Arbeitnehmer die Einbringung des Urlaubs erreichen, muss er den Anspruch mit einer einstweiligen Verfügung geltend machen. Bei besonderer Eilbedürftigkeit entscheidet das Arbeitsgericht innerhalb kürzester Zeit.

Wichtige Begriffe

Ausnahmefall: Selbstbeurlaubung

Problematisch ist die Möglichkeit der Selbstbeurlaubung, wenn sich der Urlaub des vergangenen Jahres der Verfallfrist nähert und der Arbeitgeber sich weigert, den Urlaub zu gewähren. Als Beispiel sei der Fall genannt, dass der Arbeitnehmer seinen Urlaub aus dem letzten Jahr bis zum 31. 3. des Folgejahres einbringen will, der Arbeitgeber dies aber aus betrieblichen Gründen ablehnt, ohne dass er die Verlängerung des Übertragungszeitraums über den 31. 3. des Folgejahres hinaus anbietet.

Grundsätzlich ist davon auszugehen, dass der Urlaubsanspruch die Urlaubsbewilligung durch den Arbeitgeber nicht überflüssig macht. Zu einem eigenmächtigen Urlaubsantritt ist der Arbeitnehmer somit auch dann nicht berechtigt, wenn die Weigerung des Arbeitgebers, den Urlaub zu gewähren, nicht durch berechtigte Gründe im Sinne des § 7 Abs. 1 BUrlG veranlasstsein sollte. Eine Ausnahme kann nur dann in Erwägung gezogen werden, wenn aus der unberechtigten Ablehnung des Arbeitgebers der Verlust des Urlaubsanspruchs droht, weil sich das Ende des Urlaubsjahres oder des Übertragungszeitraums nähert (LAG Rheinland-Pfalz 25. 1. 1991 – 6 Sa 829/90). Es ist nicht der Entscheidung des Arbeitgebers überlassen, den Urlaubsanspruch zu vereiteln, wenn nicht die Voraussetzungen des § 7 Abs. 1 BUrlG vorliegen.

Ein Selbstbeurlaubungsrecht kann allenfalls angenommen werden, wenn die Weigerung des Arbeitgebers zur Erteilung nicht gerechtfertigt ist und infolge der Weigerung der Verlust des Urlaubsanspruchs droht und der Arbeitnehmer keine erfolgversprechende Möglichkeit hat, auf andere Weise als durch Selbstbeurlaubung den Anspruch zu verwirklichen.

47. Bis wann muss der Urlaub genommen werden und unter welchen Voraussetzungen kann er übertragen werden?

Fall:
Ein Arbeitnehmer, der seit etwa sechs Jahren bei einem Betrieb mit 150 Beschäftigten in der Produktion beschäftigt ist, kommt Ende Juli 2017 zum Betriebsrat und hat folgendes Anliegen:
»Es geht um meine Urlaubsansprüche. Ich fürchte, da könnte es Ärger mit dem Arbeitgeber geben. Bis einschließlich 2014 war insoweit zwar alles in Ordnung; ich konnte meinen Urlaub immer vollständig einbringen. Anders wurde dies allerdings 2015. Seit Anfang 2015 habe ich bis heute keinen einzigen Tag Urlaub mehr genommen. Grund hierfür war vor allem, dass ich im Herbst 2015 in einen schweren Autounfall verwickelt war, welcher eine lange Arbeitsunfähigkeit vom 1.10.2015 bis zum 18.11.2016 nach sich zog. Im Anschluss daran habe ich keine Zeit gefunden, mir Gedanken über einen Urlaub zu machen. Ab März 2017 kamen ja ohnehin noch die ganzen Überstunden hinzu. Aber auch in den Vormonaten war die Arbeitssituation schon angespannt. Da hätte mir die Arbeitgeberin sicherlich sowieso keinen Urlaub bewilligt.
Im Rahmen einer verbalen Auseinandersetzung mit dem Personalleiter am 6.6.2017 wurde nun von ihm behauptet, dass meine Urlaubsansprüche für die vergangenen Jahre verfallen seien. Das empfinde ich als ›ungerecht‹, wenn dies trotz meiner Arbeitsunfähigkeit so der Fall wäre. Dies empfinde ich nicht sachgerecht, denn ich hätte doch in der Zeit wegen der vorhandenen »vielen Arbeit« ohnehin keinen Urlaub nehmen können.
Ich würde daher gerne wissen, wie viele Urlaubstage ich jetzt beanspruchen könnte, wenn ich noch dieses Jahr ausgiebig in Urlaub gehen würde.«

Darum geht es:
Was sind die Voraussetzungen für eine Urlaubsübertragung nach längerer Krankheit?

Antwort

Was den Jahresurlaub für die Jahre 2015 und 2016 betrifft, muss mitgeteilt werden, dass dieser zwischenzeitlich ersatzlos verfallen ist. Nach den gesetzlichen Bestimmungen verfällt der Jahresurlaub grundsätzlich mit Ablauf des Kalenderjahres, wenn nicht dringende betriebliche Gründe oder Gründe in der Person des Arbeitnehmers eine Übertragung erfordern, § 7 Abs. 3 Satz 2 BUrlG. Dies war aufgrund der Arbeitsunfähigkeit der Fall, so dass der Urlaubsanspruch 2015 in vollem Umfang zunächst in das nächste Jahr übertragen wurde. Zwar bestimmt die Regelung des § 7 Abs. 3 Satz 3 BUrlG, dass der Urlaub in diesem Fall bis zum 31. März des Folgejahres, hier also bis zum 31.3.2016, hätte genommen werden müssen. Weil der Arbeitnehmer aber auch während dieses Übertragungszeitraums arbeitsunfähig erkrankt war und damit den Urlaub nicht nehmen konnte, wäre nach dieser gesetzlichen Regelung eigentlich der Urlaubsanspruch verfallen.

Diese Rechtsfolge verstößt nach Ansicht des Europäischen Gerichtshofs (EuGH 20.1.2009 – C 350/06, »Schultz-Hoff«) gegen das Europäische Unionsrecht und die aktuelle Rechtsprechung des Bundesarbeitsgerichts legt die Bestimmung des § 7 Abs. 3 und Abs. 4 BUrlG daher im Wege einer richtlinienkonformen Auslegung so aus, dass bei einer fortdauernden Arbeitsunfähigkeit bis zum 31. März des Folgejahres – also während des Übertragungszeitraums – kein Verfall mehr eintreten kann. Allerdings bewirkt dies nicht, dass der Urlaubsanspruch unbegrenzt – über Jahre hinweg – weiter übertragen wird. Vielmehr kommen dann auch im Folgejahr wieder die gesetzlichen Regelungen nach § 7 Abs. 3 BUrlG zur Anwendung, was bedeutet, dass der Anspruch wiederum befristet ist.

Zusammenfassung:
Nach der Rechtsprechung des Bundesarbeitsgerichts bezieht sich die Bestimmung des § 7 Abs. 3 Satz 1 BUrlG nicht nur auf den für das laufende Jahr neu entstandenen Urlaub, sondern ebenso auf den wegen der längeren Erkrankung übertragenen Urlaub aus dem Vorjahr. Das bedeutet im konkreten Fall, dass nach dem Ende der Arbeitsunfähigkeit und damit ab 19.11.2016 der Urlaub aus den Jahren 2015 und 2016 hätte genommen werden können. Die restlichen Tage, die zunächst nicht mehr eingebracht werden konnten, wurden daher somit zunächst in das Folgejahr übertragen. Diese sind dann allerdings – da sie nicht geltend gemacht wurden – mit Ablauf des 31.3.2017 verfallen, was sich aus der Bestimmung des § 7 Abs. 3 Satz 3 BUrlG eindeutig ergibt.

Mit dem Argument, der Arbeitgeber hätte in dieser Zeit ohnehin wegen der »vielen Arbeit« keinen Urlaub bewilligt, kann kein anderes Ergebnis herbeigeführt werden. Soweit der Arbeitnehmer in derartigen Situationen vermuten sollte, dass der Arbeitgeber diesen Urlaub sicherlich nicht genehmigt hätte, kann diese Vermutung dem Verfall des Urlaubs nicht entgegenstehen. Der Arbeitgeber hätte – wenn der Urlaub beantragt worden wäre – nämlich die Urlaubswünsche verbindlich berücksichtigen müssen.

Aufgrund der Vorgaben des Art. 7 der Richtlinie 88/2003/EG ist § 7 Abs. 3 BUrlG zwar unionsrechtskonform dahingehend auszulegen, dass der gesetzliche Urlaub nicht erlischt, wenn der Arbeitnehmer bis zum Ende des Urlaubsjahres und/oder des Übertragungszeitraums erkrankt und deshalb arbeitsunfähig ist. Die unionsrechtskonforme Auslegung hat jedoch lediglich zur Folge, dass der aufrechterhaltene Urlaubsanspruch zu dem im Folgejahr entstandenen Urlaubsanspruch hinzutritt und damit erneut dem Fristenregime des § 7 Abs. 3 BUrlG unterfällt.

Wenn die Arbeitsunfähigkeit auch am 31. 3. des zweiten auf das Urlaubsjahr folgenden Jahres fortbestehen sollte (also 15 Monate nach Ablauf des Jahres, in dem der Urlaub entstanden ist), erfordert auch das Unionsrecht keine weitere Aufrechterhaltung des Urlaubsanspruchs (BAG 16. 10. 2012 – 9 AZR 63/11). Der zunächst für maximal 15 Monate aufrechterhaltene Urlaubsanspruch erlischt daher zu diesem Zeitpunkt. Aufgrund der Vorgaben des Art. 7 der Richtlinie 2003/88/EG des Europäischen Parlaments und des Rates über die Arbeitszeitgestaltung (Arbeitszeitrichtlinie) ist § 7 Abs. 3 BUrlG unionsrechtskonform dahin gehend auszulegen, dass der gesetzliche Urlaub nicht erlischt, wenn der Arbeitnehmer bis zum Ende des Urlaubsjahres und/oder des Übertragungszeitraums erkrankt und deshalb arbeitsunfähig ist (BAG 24. 3. 2009 – 9 AZR 983/07). Die unionsrechtskonforme Auslegung hat allerdings nur zur Folge, dass der aufrechterhaltene Urlaubsanspruch zu dem im Folgejahr entstandenen Urlaubsanspruch hinzutritt und damit erneut dem Fristenregime des § 7 Abs. 3 BUrlG unterfällt (BAG 10. 2. 2004 – 9 AZR 116/03). Der Arbeitnehmer kann daher lediglich die ihm noch zustehenden Urlaubstage des Jahres 2017 geltend machen und einbringen.

Praxishinweis:
Die Rechtslage bei der Übertragung von Urlaubsansprüchen aus dem alten Urlaubsjahr in das Folgejahr und bis zu einem Zeitraum von insgesamt 15 Monaten hat die vormalige Rechtslage vollständig verändert. Zu beachten ist in diesem Zusammenhang, dass die geänderte Rechtsprechung nur den gesetzlichen Mindestanspruch und den gesetzlichen Zusatzanspruch

Fragen zum Inhalt des Arbeitsverhältnisses

für schwerbehinderte Arbeitnehmer betrifft, aber regelmäßig nicht den zusätzlichen arbeitsvertraglich vereinbarten Urlaub uimnd zumeist auch nicht den tariflichen Urlaub, der über dem gesetzlichen Mindestanspruch liegt. Letzrtebnanntes hängt von der Auslegung der jeweiligen tariflichen Bestimmung ab – trifft sie diesbezüglich eine eigenständige Regelung oder nicht.

Konsequenzen der neuen Rechtsprechung für den Urlaubsanspruch – Anwendung der Befristungsgrundsätze des Urlaubs des Folgejahres

Weil der gesetzliche Mindesturlaubsanspruch aus dem bisherigen Urlaubsjahr nicht erlischt, wenn er wegen Arbeitsunfähigkeit des Arbeitnehmers nicht bis zum Ablauf des Übertragungszeitraums (= 31. 3. des jeweiligen Folgejahres) eingebracht werden konnte, entsteht kein »Urlaubsanspruch sui generis«, der losgelöst von allen urlaubsrechtlichen Befristungsregelungen bis zur Beendigung des Arbeitsverhältnisses – also binnen unbefristeter Zeit – vom Arbeitnehmer geltend gemacht werden könnte. Die »Übertragung« dieses gesetzlichen Urlaubsanspruchs bedeutet nach allgemeinem Verständnis, dass der übertragene Urlaub zu dem Urlaubsanspruch des kommenden Jahres hinzutritt. Er unterliegt dann denselben Verfallsfristen wie dieser. Der übertragene Urlaubsanspruch ist gegenüber dem Urlaubsanspruch, den der Arbeitnehmer zu Beginn des folgenden Urlaubsjahres erwirbt, nicht privilegiert.

Der aus früheren Zeiträumen stammende Urlaubsanspruch erlischt somit genauso wie der Anspruch, der zu Beginn des folgenden Urlaubsjahres neu entstanden ist, wenn der zunächst arbeitsunfähig erkrankte Arbeitnehmer im Kalenderjahr einschließlich des Übertragungszeitraums so rechtzeitig gesund wird, dass er in der verbleibenden Zeit seinen Urlaub nehmen hätte können.

Praxishinweis:
Wenn beispielsweise der Arbeitnehmer wegen einer längeren Erkrankung den Urlaub 2016 nicht nehmen konnte und bis zum 31.5.2017 arbeitsunfähig erkrankt war, kann der übertragene Urlaub bis maximal zum 31.3.2018 eingebracht werden und er kommt zum Urlaub des Jahres 2016 hinzu. Das bedeutet aber nicht, dass sich der Arbeitnehmer tatsächlich bis zum 31.3.2018 Zeit lassen kann, sich um das Einbringen des übertragenen Urlaubs zu kümmern.
Der Arbeitnehmer muss zwar nicht sofort nach dem 31.5.2017 den Urlaub einbringen, aber – unterstellt, der Arbeitnehmer ist bis Ende 2017 nicht mehr erkrankt – bis zum 31.12.2017 müssen der aus dem Vorjahr übertra-

gene sowie der Urlaub des laufenden Jahres 2017 eingebracht werden. Der Arbeitnehmer hat sich daher rechtzeitig darum zu kümmern, an welchen Tagen er den Urlaub nehmen will.

Der wegen Arbeitsunfähigkeit des Arbeitnehmers bis zum Ablauf des Übertragungszeitraums nicht verwirklichte Urlaubsanspruch ist daher weiter zu übertragen. Der nicht erloschene gesetzliche Urlaubsanspruch tritt dem Urlaub des Folgejahres hinzu. Für ihn gelten dann die gleichen Grundsätze wie für den Urlaub des Folgejahres.

Wird der Arbeitnehmer wieder arbeitsfähig, ist der übertragene Urlaubsanspruch grundsätzlich auf das Folgejahr bzw. den dann noch nachfolgenden Übertragungszeitraum befristet. Er ist in diesem Zeitrahmen zu verwirklichen. Er erlischt spätestens mit Ablauf des 31.3. des zweiten Folgejahres, auch dann, wenn die Erfüllung des Urlaubsanspruchs bis zum Ablauf seiner Befristung wiederum infolge Arbeitsunfähigkeit des Arbeitnehmers nicht möglich gewesen sein sollte.

Urlaubsansprüche und Tod des Arbeitnehmers

Der Urlaubsanspruch eines verstorbenen Arbeitnehmers ging nach der bisherigen Rechtsprechung mit dem Tod unter und konnte sich nicht in einen Abgeltungsanspruch im Sinne von § 7 Abs. 4 BUrlG umwandeln. Urlaubsansprüche kamen zum Erlöschen – auch wenn sie bereits zu Lebzeiten des Arbeitnehmers bei Gericht streitig geworden sein sollten –, wenn das Arbeitsverhältnis durch den Tod des Arbeitnehmers endet (BAG 12.3.2013 – 9 AZR 532/11). Fall das Arbeitsverhältnis durch den Tod des Arbeitnehmers endet, geht mithin der Urlaubsanspruch unter, die Beendigung des Arbeitsverhältnisses kann daher nicht ursächlich dafür sein, dass der Urlaubsanspruch nicht mehr erfüllt werden kann.

Unerheblich war insofern, ob der verstorbene Arbeitnehmer bis zur Beendigung des Arbeitsverhältnisses arbeitsunfähig krank war oder dies nicht der Fall war. Der Arbeitnehmer erwirbt zu seinen Lebzeiten kein »Anwartschaftsrecht« auf Urlaubsabgeltung, das nach dem Erbfall zu einem Vollrecht erstarken würde, noch besteht ein werdendes Recht, das als vermögenswertes Recht nach § 1922 Abs. 1 BGB auf seine Erben übergeht.

Der Anspruch kann zum Schadensersatzanspruch werden

Wenn der übertragene Urlaub wirksam vom Arbeitnehmer geltend gemacht wurde, vom Arbeitgeber aber trotz Erfüllbarkeit nicht gewährt wird, ist der Urlaubsanspruch mit Ablauf seiner Befristung erloschen; an dessen Stelle tritt allerdings beim Verzug des Arbeitgebers ein Ersatzurlaubsanspruch als Schadensersatz (BAG 11.4.2006 – 9 AZR 523/05). Dieser Schadensersatzanspruch unterliag weder der gesetzlichen (§ 7 Abs. 3 BUrlG) noch einer tariflichen Befristung. Der Schadensersatzanspruch auf Ersatzurlaubsgewährung unterfällt allerdings der regelmäßigen dreijährigen arbeitsrechtlichen Verjährungsfrist des § 195 BGB.

Aufgrund der Rechtsprechung des EuGH (12.6.2014 – C-118/13) hat sich der Anspruch der Erben auf Abgeltung der vom verstorbenen Arbeitnehmer nicht genommenen Urlaubstage geändert, wobei diese Entscheidung in Auslegung des Art. 7 der EG-Richtlinie 88/2003 erfolgt ist. Art. 7 der Richtlinie 2003/88/EG ist nach der Ansicht des EuGH dahin gehend auszulegen, dass er einzelstaatlichen Rechtsvorschriften entgegensteht, wonach der Anspruch auf bezahlten Jahresurlaub ohne Begründung eines Abgeltungsanspruchs für nicht genommenen Urlaub untergeht, wenn das Arbeitsverhältnis durch den Tod des Arbeitnehmers endet. Eine solche Abgeltung kann nicht davon abhängen, dass der Betroffene im Vorfeld einen Antrag gestellt hat.

Zusammenfassung:
Nach der Auffassung des EuGH ist der nach dem Tod des Arbeitnehmers noch vorhandene Urlaub an die Erben abzugelten.

Hinweispflicht des Arbeitgebers auf restliche Urlaubsansprüche, wenn sich das Ende des Übertragungszeitraums nähert?

Ein umstrittener Punkt in der Rechtsprechung ist die Frage, ob der Arbeitgeber in Situationen, in denen sich der restliche Urlaubsanspruch des Arbeitnehmers dem Ende des Übertragungszeitraums nähert und der Urlaub – weil der Arbeitnehmer derzeit arbeitsfähig ist – noch eingebracht werden könnte, den Arbeitnehmer auf diesen Umstand hinweisen muss oder einfach zu seinen Gunsten abwarten kann, bis der Urlaub möglicherweise verfallen ist. Bisher gab es im Urlaubsrecht keine Verpflichtung des Arbeitgebers, den Arbeitnehmer auf den bevorstehenden Verfall von Ansprüchen hinzuweisen, weder beim Eingreifen einer tariflichen Ausschlussfrist noch dann, wenn sich das Ende des maximalen Übertragungszeitraums nach längerer Krankheit nähern sollte.

Die Rechtsfrage hat das LAG Berlin/Brandenburg jetzt anders entschieden (12.6.2014 – 21 Sa 221/14). Der Arbeitgeber ist dazu verpflichtet, den Urlaubsanspruch von sich aus zu erfüllen. Dies ergibt sich daraus, dass der gesetzliche Urlaubsanspruch dem Gesundheitsschutz der Beschäftigten dient. Wenn man der Rechtsprechung des Bundesarbeitsgerichts, dass der gesetzliche Urlaubsanspruch nach § 7 Abs. 3 BUrlG befristet ist und mit Fristablauf verfällt, folgt, dann haben Beschäftigte einen Schadensersatzanspruch in Form eines **Ersatzurlaubsanspruchs,** wenn der Arbeitgeber den Urlaubsanspruch nicht rechtzeitig erfüllen sollte. Eine Ausnahme hiervon kann nur dann bestehen, wenn der Arbeitgeber die Nichterfüllung nicht zu vertreten haben sollte, was in der Praxis eher selten der Fall sein dürfte. Es bleibt abzuwarten, ob sich diese Ansicht in der Rechtsprechung durchsetzen wird.

48. Kann in einem bestehenden Arbeitsverhältnis der Urlaub wirksam abgegolten werden?

Fall:
Ein Arbeitnehmer hat im Oktober einen übertragenen, alten Urlaub und einen Urlaub vom laufenden Jahr in Höhe von insgesamt 62 Tagen angespart. Da er weiterhin im Betrieb benötigt wird, will er vom Arbeitgeber eine Abgeltung des Anspruchs. Dies geschieht im Monat November 2017.

Darum geht es:
Ist die Urlaubsabgeltung in einem bestehenden Arbeitsverhältnis rechtlich zulässig?

Antwort

Auch wenn es in der Praxis – vor allem in kleineren Betrieben – immer wieder so geschieht – die Abgeltung eines Urlaubsanspruchs in einem bestehenden Arbeitsverhältnis ist in rechtlicher Hinsicht nichtzulässig. Während eines bestehenden Arbeitsverhältnisses ist der Urlaub stets in natura, also durch Gewährung der Freistellungstage, zu bewilligen, und zwar auch dann, wenn entweder dem Arbeitgeber oder dem Arbeitnehmer oder beiden die Abgeltung lieber wäre. Ziel des Bundesurlaubsgesetzes ist es, die Arbeitskraft des Beschäftigten zu erhalten und einen Freiraum zur Freizeitgestaltung zu ermöglichen.
Der Arbeitnehmer kann sich daher nach der gesetzlichen Intention den Urlaub nicht »abkaufen« lassen, auch dann nicht, wenn ihm das Entgelt lieber wäre als die bezahlte Freizeit. Solange das Arbeitsverhältnis besteht,

ist die Abgeltung des Urlaubs nach § 134 BGB unwirksam (Schaub, Arbeitsrechts-Handbuch, § 104 Rn. 111).

> **Zusammenfassung:**
> Wenn der Arbeitgeber gegen das Abgeltungsverbot in einem bestehenden Arbeitsverhältnis verstoßen sollte, hat er den Urlaub nachträglich zu gewähren, ohne den Betrag der Urlaubsabgeltung zurückfordern zu können; dies folgt aus §§ 814, 817 Satz 2 BGB. Hat allerdings der Arbeitnehmer rechtsmissbräuchlich mitgewirkt, besteht der Anspruch auf Freizeitgewährung nicht mehr. Dies dürfte immer dann anzunehmen sein, wenn beide Parteien – so wie hier – dies wollten.

49. Sind auf den Urlaubsanspruch tarifrechtliche Verfallsfristen anwendbar?

> **Fall:**
> Ein Arbeitnehmer beendet sein Arbeitsverhältnis zum 31.7.2017. Er war in einem Metallbetrieb beschäftigt, in dem kraft Allgemeinverbindlichkeit der Tarifvertrag der Metallindustrie des Bundeslandes galt und weiterhin gilt. Er erhielt mit der Lohnabrechnung des Monats Juli 2017 den – unstreitig – noch offenen Urlaubsanspruch des Jahres 2015 von 18 Tagen. Der Tarifvertrag sieht für den Arbeitnehmer einen Urlaub von 30 Tagen im Jahr vor.
> Aus dem Jahre 2016 waren noch weitere 10 Tage Urlaub offen. Diese wurden durch ausdrückliche Vereinbarung bis (maximal) zum 31.8.2017 übertragen. Daran hat bei der Erstellung der Schlussabrechnung im Lohnbüro Ende Juli 2017 allerdings niemand mehr gedacht und dem Arbeitnehmer ist es zunächst auch nicht aufgefallen, dass dieser »alte« Urlaub nicht auf der Lohnabrechnung enthalten war.
> Der Tarifvertrag sieht eine Ausschlussfrist von zwei Monaten zur schriftlichen Geltendmachung, 14 Tage zum Überlegen und eine weitere Frist von zwei Monaten zum Einklagen vor.
> Ende Dezember 2017 erinnert sich der Arbeitnehmer wieder an die restlichen Urlaubstage 2016 und rechnet nach, ob tatsächlich alles abgegolten wurde – hier merkt er ziemlich schnell, dass der gesetz-

liche Mindesturlaubsanspruch 20 Tage beträgt, weil er doch zum 31.7.2017 ausgeschieden ist. Er fragt an, ob er die zwölf Tage (zehn der übertragenen Urlaubstage aus 2016 und die restlichen zwei aus 2017) noch als Abgeltung bekommen kann.

Darum geht es:
Inwieweit können tarifliche Ausschlussfristen Urlaubsansprüche zum Erlöschen bringen?

Antwort

Sowohl bei den zwei Urlaubstagen 2017 als auch beim übertragenen Urlaub 2016 hängt die Beantwortung der Frage davon ab, ob die Ausschlussfrist zur Anwendung kommt. Wenn dies bejaht werden sollte, sind die Ansprüche auf jeden Fall verfallen, weil sowohl eindeutig die erste Stufe zur Geltendmachung als auch mit ganz erheblicher Wahrscheinlichkeit die zweite Stufe zum Einklagen der restlichen Urlaubsforderungen verstrichen sind (Letztgenanntes hängt von der Fälligkeit und Erteilung der Lohnabrechnung ab).

Zusammenfassung:
Sowohl der Urlaubsanspruch als auch der Abgeltungsanspruch unterliegen nach allgemeiner Ansicht den **tariflichen Verfallsfristen**. Der Abgeltungsanspruch fällt nach Ansicht des Bundesarbeitsgerichts auch dann hierunter, wenn der Arbeitnehmer in der Erwartung, es werde beim nächsten Arbeitgeber noch ein voller Urlaubsanspruch entstehen, von der Geltendmachung oder von der Einklagung abgesehen hat.

Auch die bloße Unkenntnis des Bestehens der restlichen Forderung, die hier vorgelegen haben dürfte, schützt nicht davor, dass die Ausschlussfrist zu laufen beginnt. Die Ansprüche bestehen daher nicht mehr.

Gesetzlicher Mindesturlaubsanspruch und Vergleichsabschluss/Ausschlussfristen

In der Praxis kommt es immer wieder vor, dass zum Zeitpunkt der Beendigung des Arbeitsverhältnisses, etwa nach einer arbeitgeberseitigen

Kündigung, zugunsten des Beschäftigten noch ein Urlaubsanspruch besteht, der abgegolten werden hätte können. Arbeitnehmer und Arbeitgeber schließen sodann über die Beendigung des Arbeitsverhältnisses eine einvernehmliche vertragliche Regelung ab (zumeist einen Abwicklungsvertrag, ggf. mit der Vereinbarung einer Abfindung), der Urlaubsanspruch wird hierbei nicht einbezogen und der Vergleich endet mit einer umfassenden **Abgeltungsklausel**. Nach Vertragsabschluss merkt der Arbeitnehmer, dass mit der Abgeltungsklausel möglicherweise auch die restlichen gesetzlichen Urlaubsansprüche beseitigt wurden.

Wenn der Arbeitnehmer nach der Beendigung des Arbeitsverhältnisses tatsächlich die Möglichkeit gehabt hätte, die Abgeltung des ihm zustehenden gesetzlichen Mindesturlaubs in Anspruch zu nehmen, und wenn er einen Vertrag mit einer Ausgleichsklausel abschließt, wonach sämtliche Ansprüche aus dem Arbeitsverhältnis »erledigt« sind, erfasst diese Klausel grundsätzlich auch den Urlaubsabgeltungsanspruch. Der Wirksamkeit einer solchen Vereinbarung stehen weder § 13 Abs. 1 Satz 3 BUrlG noch Art. 7 der Arbeitszeitrichtlinie entgegen (BAG 14.5.2013 – 9 AZR 844/11; 8.4.2014 – 9 AZR 550/12).

§ 13 Abs. 1 Satz 3 BUrlG stellt sicher, dass der Arbeitnehmer im laufenden Arbeitsverhältnis den Anspruch auf den gesetzlichen Mindesturlaub hat. Nach der Rechtsprechung ist der Anspruch auf Urlaubsabgeltung ein reiner Geldanspruch und nicht mehr das Surrogat des Urlaubsanspruchs (Aufgabe der Surrogatstheorie). Somit unterfällt der Anspruch auf Abgeltung auch den maßgeblichen Ausschlussfristen. Wenn der Arbeitnehmer den Anspruch auf Urlaubsabgeltung nicht vor Ablauf einer Ausschlussfrist geltend macht, dann muss der Arbeitgeber den Anspruch nicht mehr erfüllen. Hier ist der Arbeitnehmer im eigenen Interesse gehalten, vor Abschluss des Vertrags die Urlaubsansprüche vom Arbeitgeber zu fordern oder – wenn es um eine Ausschlussfrist geht – darauf zu achten, dass die Urlaubsansprüche innerhalb der maßgeblichen Ausschlussfrist geltend gemacht werden. Dies muss vor allem dann beachtet werden, wenn der Beschäftigte nach längerer Arbeitsunfähigkeit aus dem Arbeitsverhältnis ausscheiden sollte (BAG 8.4.2014 – 9 AZR 550/12).

Entsteht ein Urlaub auch im suspendierten Arbeitsverhältnis?

Sofern Arbeitgeber und Arbeitnehmer – aus welchen Gründen auch immer – die Suspendierung der Arbeitspflichten vereinbaren sollten, ist dies ohne Einfluss auf das Entstehen des Urlaubsanspruchs. Etwas anderes gilt nur, wenn ausdrücklich geregelt wird, dass eine unwiderrufliche Freistellung unter **Anrechnung der Urlaubsansprüche** vorgenommen werden sollte. Sofern die Vertragsparteien (nur) einen unbezahlten Sonderurlaub vereinbaren sollten, dann hindert diese Suspendierung der wechselseitigen Hauptpflichten grundsätzlich nicht das Entstehen der gesetzlichen Urlaubsansprüche. Für das Entstehen des Urlaubsanspruchs ist nur das Bestehen eines Arbeitsverhältnisses die Voraussetzung. Der gesetzliche Urlaubsanspruch steht nicht unter der Bedingung, dass der Arbeitnehmer im Bezugszeitraum tatsächlich eine Arbeitsleistung erbracht hat.

50. Können Stundenguthaben und Urlaub in der Kündigungsfrist eingebracht werden?

Fall:
Ein seit etwa sechs Jahren beschäftigter Arbeitnehmer möchte sich beruflich verändern und spricht Mitte März mit seinem Arbeitgeber über die einvernehmliche Beendigung des Arbeitsverhältnisses. Der Arbeitgeber möchte diesem Wunsch nicht entgegenstehen und man kommt überein, das Arbeitsverhältnis einvernehmlich zum 30.6.2017 aufzulösen. Weil der Arbeitnehmer seinen Nachfolger am Arbeitsplatz einarbeiten soll, wird zusätzlich vereinbart, dass er noch bis zum 15.5.2017 die Arbeitsleistung erbringt und dann den – unstreitig vorhandenen und übertragenen – Resturlaub des Jahres 2016 in Höhe von 10 Tagen und den anteiligen Urlaub von 2017 in Höhe von weiteren 15 Tagen einbringt, ebenso wie die Ansprüche des Arbeitszeitguthabens von 30 Stunden. Ab dem 16.5.2017 wird eine widerrufliche Freistellung bis zum Ende des Arbeitsverhältnisses vereinbart.
Die Vereinbarung im schriftlichen Aufhebungsvertrag wurde auf Wunsch des Arbeitgebers in Bezug auf die Urlaubseinbringung »widerruflich« gestaltet, da sich der Arbeitgeber vorbehalten wollte, den Arbeitnehmer zurückzuholen, wenn der neu eingestellte Arbeitnehmer am Arbeitsplatz nicht klarkommen sollte. Dazu ist es allerdings nicht gekommen, der neu eingestellte Beschäftigte hat die Arbeiten gut ausgeführt.
Der das Arbeitsverhältnis beendende Arbeitnehmer will wissen, ob damit der Urlaub und der Zeitguthabenanspruch tatsächlich eingebracht sind – schließlich habe er damit rechnen müssen, zurückgeholt zu werden.

Fragen zum Inhalt des Arbeitsverhältnisses

> **Darum geht es:**
> Werden Gutstunden und restliche Urlaubsansprüche in der Kündigungsfrist eingebracht?

Antwort

Dieser in der Praxis immer wieder vorkommende Sachverhalt betrifft zwei Fragen: Die erste ist, ob der Urlaub auch bei einer widerruflichen Freistellung eingebracht ist, die zweite betrifft die Problematik, ob dies bei einer Freistellungsvereinbarung genauso zu sehen ist.

> **Zusammenfassung:**
> Zu unterscheiden ist hier zwischen der widerruflichen und der unwiderruflichen Freistellung:

- Bei der widerruflichen Freistellung kann der Arbeitnehmer auf Verlangen des Arbeitgebers bis zum Ablauf der Kündigungsfrist zur Arbeit zurückgeholt werden, mit der Folge, dass die Urlaubstage, die dann nicht mehr eingebracht werden können, abgegolten werden müssen.
- Bei der unwiderruflichen Freistellung scheidet diese Möglichkeit des Arbeitgebers aus.

Zumindest beim Urlaub unterscheidet die Rechtsprechung hier zwischen einer widerruflichen und einer unwiderruflichen Freistellung.
Bei dieser Problematik ist zwischen dem Urlaubsanspruch und dem Anspruch auf Freizeitausgleich zu unterscheiden (BAG 19.5.2009 – 9 AZR 433/08); nach dem Bundesurlaubsgesetz besteht kein Anspruch des Arbeitgebers gegen den Arbeitnehmer, den gewährten Urlaub abzubrechen oder zu unterbrechen. Wird demgegenüber zum Abbau eines zugunsten des Arbeitnehmers bestehenden Zeitsaldos ein Freizeitausgleich gewährt, handelt es sich regelmäßig nur um eine Weisung zur Verteilung der Arbeitszeit im Sinne von § 106 Satz 1 GewO. Mit der Bestimmung der Zeit der Arbeitsleistung wird zugleich auch die Zeit bestimmt, während derer ein Arbeitnehmer keine Arbeit zu leisten hat.
Beide Festlegungen unterliegen daher dem Weisungsrecht des Arbeitgebers nach § 106 Satz 1 GewO. Das Weisungsrecht ermöglicht es dem Arbeitgeber, die im Arbeitsvertrag nur grob umschriebene Leistungspflicht

im Einzelnen nach Zeit, Art und Ort nach billigem Ermessen im Sinne von § 315 Abs. 3 BGB zu bestimmen.

Mit dem Vorbehalt der widerruflichen Freistellung zum Abbau eines Arbeitszeitguthabens weist der Arbeitgeber somit nur auf die gesetzliche Regelung hin. Er erklärt, für die Zeit des Freistellungszeitraums nicht auf sein Weisungsrecht nach § 106 Satz 1 GewO zu verzichten und den Arbeitnehmer ggf. auch im Freistellungszeitraum zur Arbeitsleistung auffordern zu können. Das ist rechtlich nicht zu beanstanden, denn das Weisungsrecht des Arbeitgebers umfasst nicht nur die Befugnis, den Arbeitnehmer an bestimmten Tagen von der Arbeit freizustellen, sondern auch das Recht, ihn an bisher »freien« Tagen zur Arbeitsleistung heranzuziehen.

Eine nur widerruflich vorgenommene Freistellung des Arbeitnehmers (ganz gleich, ob sie einseitig ist oder einvernehmlich vereinbart wird, so wie hier) von der Arbeitspflicht ist grundsätzlich nicht geeignet, den Urlaubsanspruch des Arbeitnehmers zu erfüllen. Zur Erfüllung des Urlaubsanspruchs bedarf es einer Freistellungserklärung des Arbeitgebers. Diese ist nur geeignet, das Erlöschen des Urlaubsanspruchs zu bewirken, wenn der Arbeitnehmer erkennen kann, dass der Arbeitgeber ihn zum Zwecke des selbstbestimmten Erholungsurlaubs von der Arbeitspflicht freistellen will.

Notwendig ist hierbei stets die endgültige, nicht unter dem Vorbehalt eines Widerrufs stehende Befreiung des Arbeitnehmers von der Arbeitspflicht. Nur dann ist es dem Arbeitnehmer möglich, die ihm aufgrund des Urlaubsanspruchs zustehende Freizeit uneingeschränkt selbstbestimmt zu nutzen. Das ist nicht gewährleistet, wenn der Arbeitnehmer während der Freistellung jederzeit damit rechnen muss, wieder zur Arbeit gerufen zu werden.

Zusammenfassung:
Zeitguthabenansprüche werden auch bei einer widerruflichen Freistellung in der Kündigungsfrist wirksam eingebracht, die (restlichen) Urlaubsansprüche nur dann, wenn die Freistellung unwiderruflich ist. Da im konkreten Fall die Freistellung nur widerruflich war, muss der Urlaub noch abgegolten werden.

Praxishinweis: Beschäftigungsverbote und Urlaubsnahme
Diese Frage wird dann von Bedeutung, wenn eine Arbeitnehmerin zunächst – etwa am Jahresanfang – ihren Urlaub für das Jahr bereits geplant

und mit dem Arbeitgeber festgelegt hat und dann es in der Zeit, in der sie Urlaub einbringen wollte, wegen einer eingetretenen Schwangerschaft (zusätzlich) zu einem Beschäftigungsverbot kommt. Ein tätigkeitsbezogenes generelles Beschäftigungsverbot nach §§ 11 MuSchG 2018 verhindert die Einbringung des Urlaubs, und zwar auch dann, wenn der Urlaubszeitraum bereits vor Eintritt des Beschäftigungsverbots zwischen dem Arbeitgeber und der Arbeitnehmerin festgelegt war und der Arbeitgeber der Arbeitnehmerin keine zumutbare anderweitige Ersatztätigkeit zugewiesen hat. § 24 Satz 2 MuSchG 2018 bestimmt die Unvereinbarkeit von Urlaub und einer (vollständigen) Arbeitsbefreiung infolge eines mutterschutzrechtlichen Beschäftigungsverbots, was zur Folge hat, dass das Risiko der Leistungsstörung durch ein in den festgelegten Urlaubszeitraum fallendes Beschäftigungsverbot dem Arbeitgeber zufällt (BAG 8.9.2016 – 9 AZR 575/15). Dieser Urlaub wird daher nicht gleichzeitig zum Beschäftigungsverbot eingebracht, sondern er bleibt der Arbeitnehmerin erhalten.

Wenn allerdings der Urlaub entweder zum Jahresende oder spätestens zum 31.3. des Folgejahres verfallen wäre, dann würde dies der Arbeitnehmerin in den meisten Situationen so gut wie nichts bringen. Daher regelt Bestimmung des § 17 Satz 2 MuSchG 2018 beim mutterschutzrechtlichen Beschäftigungsverbot eine Ausnahme vom Grundsatz des § 7 Abs. 3 Satz 3 BUrlG, wonach der Erholungsurlaub im laufenden Kalenderjahr (oder zumindest im Übertragungszeitraum bis zum 31.3. des Folgejahres) gewährt und genommen werden muss. Die Regelung gilt für alle – also generelle und individuelle – Beschäftigungsverbote und daher auch für tätigkeitsbezogene generelle Beschäftigungsverbote gemäß § 11 MuSchG 2018, also in Fällen, in denen der Arbeitgeber der Arbeitnehmerin keine zumutbare Ersatztätigkeit zuweist oder dies nicht tun kann.

VI. Arbeitnehmerhaftung

51. Unter welchen Voraussetzungen haftet der Arbeitnehmer für Schäden im Arbeitsverhältnis?

Fall:
Ein seit etwa fünf Jahren im Betrieb beschäftigter Schreiner ist in der Fertigung von Türen beschäftigt. Die Türen werden weitgehend automatisch hergestellt, lediglich die Maßangaben müssen bei jeder Tür eingegeben werden. Die Arbeit führte der Arbeitnehmer zur

Haftung des Arbeitnehmers für Schäden im Arbeitsverhältnis

vollen Zufriedenheit des Arbeitgebers aus. Bei einem eiligen Auftrag für ein Haus der »Städtischen Wohnungsaufbau GmbH« (Altbausanierung) kam es zu einem folgenschweren Fehler: Entgegen der üblichen Praxis bezogen sich die Größenangaben hinsichtlich der Höhe der Türen nicht auf das Normmaß nach Fußbodenaufbau, sondern es waren die unterschiedlichen Höhen der renovierten Fußböden der einzelnen Wohnungen zu berücksichtigen (Laminat, Massivparkett etc.). Bei der Montage der Türen stellte sich heraus, dass etwa 50 % der Türen wegen der nicht mehr richtigen Höhe der Türklinken um bis zu drei Zentimeter nicht mehr den Normangaben entsprachen.

Bei der Abnahme der Türen bemerkte der Architekt dies und rügte den Mangel. Um weitere Schäden zu vermeiden, einigte man sich darauf, dass diese Türen einschließlich des Einbaus nicht in Rechnung gestellt werden. Ein Ausbau und Einbau von passenden Türen wäre vermutlich noch wesentlich teurer gekommen. Der Schaden beläuft sich bei 20 Türen auf 7500,00 €.

Der Arbeitgeber teilt dem Arbeitnehmer mit, dass er dafür hafte und der Nettoschaden (ohne Gewinnspanne) in monatlichen Raten von 300,00 € von seinem Gehalt abgezogen werde.

Der Arbeitnehmer kommt zum Betriebsrat und fragt an, ob dies möglich ist; er habe sich sicherlich fahrlässig falsch verhalten, aber dies könne doch jedem einmal passieren. Zumindest möchte er erreichen, dass er weit weniger abgezogen bekommt.

Darum geht es:
Wann haftet der Arbeitnehmer für verschuldete Schäden bei der Erbringung der Arbeitsleistung?

Antwort

Der Arbeitnehmer hat hier in fahrlässiger Weise nicht auf die im Einzelfall zu beachtenden Maßangaben geachtet und daher einen beträchtlichen Schaden beim Arbeitgeber verursacht. Wäre bei betrieblich veranlassten Schäden ausschließlich der Maßstab des Zivilrechts maßgeblich (Haftung für alle Fälle der Fahrlässigkeit), müsste der betroffene Arbeitnehmer den Schaden voll übernehmen.

Fragen zum Inhalt des Arbeitsverhältnisses

> **Zusammenfassung:**
> Dieses Ergebnis ist unbillig. Daher hat die Rechtsprechung einen anderen Haftungsmaßstab im Arbeitsverhältnis entwickelt. Dieser gilt bei allen Fällen der Schlechtleistung im Arbeitsverhältnis. Unter dem Begriff der Schlechtleistung sind alle Arbeitsvertragsverletzungen (Schlechterbringung der Arbeitsleistung und Verletzung von Nebenpflichten) zu verstehen.

Der Arbeitnehmer kommt in diesen Situationen seiner Arbeitspflicht zwar nach, er erbringt aber eine mangelhafte Arbeitsleistung. Diese ist immer dann gegeben, wenn der Arbeitgeber durch die Arbeitsleistung in irgendeiner Form geschädigt wird. Im Verhältnis zwischen Arbeitgeber und Arbeitnehmer ist im Regelfall § 280 Abs. 1 BGB die Anspruchsgrundlage und § 619a BGB regelt die Beweislast bei der Haftung des Arbeitnehmers.

Erste Voraussetzung für die Anwendbarkeit der Grundsätze der Arbeitnehmerhaftung ist, dass der Schaden bei einer **betrieblichen Tätigkeit** entstanden ist. Davon kann hier bei der Produktion der Türen ausgegangen werden. Die Haftungsverteilung bei Schäden, die durch betriebliche Tätigkeiten entstehen, beurteilt sich nach den von der Rechtsprechung des Bundesarbeitsgerichts entwickelten Kriterien (BAG 24.11.1987 – 8 AZR 524/82):

> **Zusammenfassung:**
> - Schäden, die der Arbeitnehmer bei allen betrieblichen Tätigkeiten grob fahrlässig verursacht hat, muss er allein tragen.
> - Andere Schäden, die bei normaler Fahrlässigkeit eintreten, sind im Regelfall zwischen Arbeitgeber und Arbeitnehmer zu verteilen. Hierbei sind die Gesamtumstände von Schadensanlass und Schadensfolge nach Billigkeitsgrundsätzen und Zumutbarkeitskriterien gegeneinander abzuwägen.
> - Bei geringer Schuld des Arbeitnehmers – also wenn leichteste Fahrlässigkeit anzunehmen ist – hat der Arbeitgeber die Schäden allein zu tragen.

Haftung des Arbeitnehmers für Schäden im Arbeitsverhältnis

Es kommt also bei der Beurteilung der Haftung des Schadens auf die Umstände des Einzelfalls an. Grobe Fahrlässigkeit dürfte auszuschließen sein, denn dem Arbeitnehmer ist ein Fehler unterlaufen, der zwar im Ergebnis einen erheblichen Schaden herbeigeführt hat, aber die Maßangaben waren bei diesem Produktionsauftrag anders angegeben als üblich und hier kann daher eine Verwechslung – wenn sie auch nicht vorkommen sollte – durchaus passieren.

Ob leichteste oder normale, leichte Fahrlässigkeit gegeben ist, hängt von allen Umständen des Einzelfalls ab, die in derartigen Situationen aufzuklären sind. Auch wenn normale leichte Fahrlässigkeit gegeben sein sollte, liegt das **Verschulden** im unteren Bereich, so dass allenfalls eine anteilige Haftung in Höhe von etwa 1/4 bis 1/5 des Schadens vertretbar erscheint. Auf keinen Fall haftet der Arbeitnehmer in einer derartigen Situation voll.

Wichtige Begriffe

Betrieblich veranlasster Schaden
Es muss für den Anwendungsbereich des Arbeitnehmerhaftungsrechts immer ein bei der betrieblichen Tätigkeit eingetretener Schaden vorliegen. Sofern keine betrieblich veranlassten Tätigkeiten gegeben sind, gelten diese Grundsätze nicht. So ist beispielsweise eine »Spaßfahrt« eines Arbeitnehmers mit einem Gabelstapler im Betrieb nicht betrieblich veranlasst und demzufolge auch nicht privilegiert (BAG 18.4.2002 – 8 AZR 348/01).

Einzelfallabwägung
Ob und in welchem Umfang der Arbeitnehmer an den Schadensfolgen zu beteiligen ist, richtet sich nach einer Abwägung der Gesamtumstände, wobei vor allem Schadensanlass und Schadensfolgen abzuwägen sind. Zu den maßgeblichen Umständen, die ein unterschiedliches Gewicht haben können, gehören
- der Grund des dem Arbeitnehmer zur Last fallenden Verschuldens,
- die Gefahrgeneigtheit der Arbeit,
- die Höhe des Schadens,
- ein vom Arbeitgeber einkalkuliertes oder versicherbares Risiko,
- die Stellung des Arbeitnehmers im Betrieb und
- die Höhe des Arbeitsentgelts, in dem möglicherweise auch eine Risikoprämie mit enthalten ist.
- Auch können unter Umständen die persönlichen Verhältnisse des Arbeitnehmers, wie die Dauer der Betriebszugehörigkeit, das Lebensal-

ter, die Familienverhältnisse und das bisherige Verhalten, zu berücksichtigen sein.

Verantwortlichkeit mehrerer Arbeitnehmer

Haben schlechte Arbeitsleistungen oder anderes Fehlverhalten weiterer Mitarbeiter den Schaden mit verursacht, kann dies die Haftung des Arbeitnehmers im Einzelfall abschwächen, weil der Arbeitgeber für das Verschulden der anderen Mitarbeiter wie für eigenes haftet (§ 278 BGB). Die Haftung des Arbeitnehmers wird aber dann nicht abgeschwächt, wenn ihm die alleinige Verantwortung übertragen war. Das ist vor allem für Vorarbeiter oder sonstige Beschäftigte mit Leitungsstellung erheblich. Wenn diese Personen von Fehlleistungen von Mitarbeitern etwas mitbekommen, ist daher sofortiges Einschreiten geboten.

Versicherbarkeit des Risikos

Bei vielen, aber bei Weitem nicht allen in der betrieblichen Praxis möglichen Schäden kann sich der Arbeitgeber – und in manchen Fällen auch der Arbeitnehmer – durch Versicherungen absichern. Sofern der Arbeitnehmer gegen die Folgen grober Fahrlässigkeit haftpflichtversichert sein sollte, hängt es nach der Rechtsprechung des Bundesarbeitsgerichts von der Art der Versicherung ab, ob der Arbeitnehmer voll oder beschränkt haftet.

Handelt es sich um eine gesetzlich vorgeschriebene Haftpflichtversicherung (z. B. eine vorgeschriebene Berufshaftpflichtversicherung), kann sich der Arbeitnehmer nicht auf eine Haftungsbeschränkung berufen. Hier überlagert der gesetzliche Schutz der Pflichtversicherung die Grundsätze der beschränkten Arbeitnehmerhaftung. Wenn sich der Arbeitnehmer hingegen freiwillig haftpflichtversichert haben sollte, sind die Grundsätze der beschränkten Arbeitnehmerhaftung anzuwenden. Ihre Anwendung kann nicht davon abhängig sein, ob zufälligerweise eine private Haftpflichtversicherung besteht oder nicht (BAG 25. 9. 1997 – 8 AZR 288/96).

Beweislastverteilung, Mitverschulden des Arbeitgebers

Gemäß § 619a BGB liegt die Darlegungs- und Beweislast dafür, dass ein Arbeitnehmer vorwerfbar seine Pflichten aus dem Arbeitsvertrag verletzt hat und nach § 280 Abs. 1 BGB zum Schadensersatz verpflichtet ist, beim Arbeitgeber. Dies gilt sowohl für die Pflichtverletzung als auch für das Vertretenmüssen des Arbeitnehmers. Die Verpflichtung zum Schadensersatz sowie der Umfang des Ersatzes nach § 254 Abs. 1 BGB sind zusätzlich davon abhängig, inwieweit der Schaden vorwiegend vom Arbeitnehmer als dem Schädiger oder vom Geschädigten verursacht worden ist. Was ein eventuelles Mitverschulden betrifft, möglicherweise auch veranlasst durch ein Organisationsdefizit beim Arbeitgeber, kommt es zumeist auf die Mitarbeiterführungs- und Kontrollaufgaben des Vorgesetzten des Arbeitnehmers an. Sind möglicherweise keine der Sorgfaltspflicht entsprechenden Kontrollmaßnahmen ergriffen worden und hat der Arbeitgeber dafür einzustehen oder ist ihm ein pflichtwidriges Unterlassen von anderen Beschäftigten zuzurechnen, dann ist dies je nach den Umständen im Hinblick auf Dauer und Umfang des Fehlverhaltens zu Lasten des Arbeitgebers zu berücksichtigen (BAG 21. 5. 2015 – 8 AZR 116/14). Dies kann etwa angenommen werden, wenn komplizierte Schweißarbeiten durchgeführt werden müssen, mit denen die Arbeitnehmer teilweise überfordert sind und kein Vorarbeiter abgestellt wurde, der über die notwenige Erfahrung in diesen Arbeiten verfügt.

Die **Beweislast** für die zur Anwendung des § 254 BGB (= Mitverschulden) führenden Umstände, also auch für die Ursächlichkeit eines Mitverschuldens, trägt der Schädiger, also der Arbeitnehmer. Allerdings darf vom Arbeitnehmer hier nichts Unmögliches verlangt werden. Er kann daher verlangen, dass der Geschädigte an der Beweisführung mitwirkt, soweit es sich um Umstände aus seiner Sphäre handelt, beispielsweise die Darlegung, was zur Schadensminderung unternommen worden ist. Die Frage des mitwirkenden Verschuldens ist hierbei keinesfalls mit den stets zu berücksichtigenden Grundsätzen über die Beschränkung der Arbeitnehmerhaftung durch entsprechende Anwendung des § 254 BGB zu vermischen – dies ist eine andere Rechtsfrage (siehe oben).

Benutzung eines Pkw auf Anweisung des Arbeitgebers

In der Praxis kommt es auch immer wieder zu Streitigkeiten über Haftungsfragen, die daraus entstehen, dass der Arbeitgeber den Arbeitnehmer angewiesen hat, zu Teilbereichen der Arbeit den eigenen Pkw zu benutzen, und bei betrieblich veranlassten Fahrten kommt es zu vom Arbeitnehmer verschuldeten Schäden am Pkw. In entsprechender Anwendung des § 670 BGB muss der Arbeitgeber dem Arbeitnehmer an dessen Fahrzeug entstandene Unfallschäden ersetzen, wenn das Fahrzeug mit Billigung des Arbeitgebers in dessen Betätigungsbereich eingesetzt wurde (BAG 28. 10. 2010 – 8 AZR 647/09).

Ein Ersatzanspruch des Arbeitnehmers ist allerdings auch hier bei einer grob fahrlässigen Schadensverursachung regelmäßig ausgeschlossen. Bei mittlerer Fahrlässigkeit ist der Schaden grundsätzlich anteilig unter Berücksichtigung der Gesamtumstände des Einzelfalls nach Billigkeitsgrundsätzen und Zumutbarkeitsgesichtspunkten zu verteilen. Ein Arbeitnehmer, der vollen Aufwendungsersatz entsprechend § 670 BGB für einen erlittenen Unfallschaden verlangt, muss darlegen und ggf. beweisen können, dass er den Schaden nicht schuldhaft, d. h. vorsätzlich oder normal fahrlässig, sondern allenfalls leicht fahrlässig verursacht hat.

52. Was versteht man im Arbeitsrecht unter grober Fahrlässigkeit?

Fall:
Die Arbeitnehmerin Berta Müller ist beim Verkehrsbetrieb Adler seit etwa fünf Jahren im Büro als Disponentin tätig, gelegentlich führt sie eilige Speditionsaufträge auch selbst aus. An einem Montag Ende November 2017 fiel ein Fahrer aus und sie bekam den Auftrag, eine sehr eilige Ladung Medikamente von Hamburg nach Oldenburg zu transportieren. Da sie noch niemals im städtischen Krankenhaus in Oldenburg war, musste sie den dichten Straßenverkehr und das Navigationssystem beachten. Weil sie sich einmal verfahren hatte und plötzlich vor einem Hindernis stand, bremste sie mit voller Wucht ab. Dabei wurde eine Schachtel mit teuren Medikamenten gegen die Rückwand des Transporters geschleudert und der Inhalt ging zu Bruch. Die Medikamente hatten einen Einkaufswert von 9000,00 €.
Der Arbeitgeber vertritt den Standpunkt, sie hätte besser aufpassen müssen, auf jeden Fall hätte sie vorsichtiger fahren müssen und der Schaden sei daher mit grober Fahrlässigkeit verursacht. Sie kommt zum Betriebsrat und fragt an, ob sie mit einer Ersatzpflicht rechnen müsse.

Darum geht es:
Wann wurde ein Schaden grob fahrlässig verursacht?

Antwort

Ob tatsächlich im Einzelfall grobe Fahrlässigkeit gegeben ist, richtet sich nach den Umständen des Geschehens. Grobe Fahrlässigkeit wird allgemein angenommen, wenn die verkehrserforderliche Sorgfalt vom Arbeitnehmer in besonders schwerem Maße verletzt wird, wenn also das nicht

Beachtung findet, was im konkreten Fall jedem einleuchten müsste, und wenn einfachste, ganz nahe liegende Überlegungen nicht angestellt wurden (zivilrechtliche Definition seit Reichsgericht in Zivilsachen, Band 163, 104 ff.).

Es muss eine Sorgfaltspflichtverletzung in ungewöhnlich hohem Maß gegeben sein, wobei eine grobe und auch subjektiv schlechthin unentschuldbare Pflichtverletzung vorzuliegen hat. Das Bundesarbeitsgericht (BAG 1. 12. 1988 – 8 AZR 65/84; Erfurter Kommentar zum Arbeitsrecht/Preis, 230 BGB § 619a Rn 15 f., 18 ff.) hat grobe Fahrlässigkeit etwa in Fällen bejaht, wenn ein als Bauleiter tätiger Arbeitnehmer gestattet, an einem von ihm zu beaufsichtigenden Bauvorhaben Arbeiten vorzunehmen, bei denen es vom genehmigten Plan zu einer erheblichen Abweichung kommt und die Standsicherheit des Bauwerks gefährdet wird. Im konkreten Fall wurde der Durchmesser eines Kanals um das Doppelte vergrößert, ohne eine erforderliche Stützmauer anzubringen. Das führte zum Einsturz eines Teils eines Hauses.

> **Zusammenfassung:**
> Ein derart schwerer Verschuldensvorwurf kann der Arbeitnehmerin nicht gemacht werden. Sie hätte zwar ihre volle Aufmerksamkeit dem Straßenverkehr widmen müssen, so dass sie mit der wertvollen Ladung nicht plötzlich und heftig abbremsen muss, eine derartige Situation kann aber im Straßenverkehr immer wieder eintreten.

Zu überlegen ist hier auch, dass der Arbeitgeber gehalten gewesen wäre, bei der Beladung des Transporters dafür zu sorgen, dass Schachteln mit besonders wertvollen Medikamenten derart verstaut werden, dass sie beim plötzlichen heftigen Bremsen nicht gegen die Innenwand fallen können. Gegebenenfalls hätte er die Arbeitnehmerin auch darauf hinweisen können, dass ein besonders wertvolles Transportgut im Transporter ist und dass die Sicherung dieser Schachtel besonders überprüft werden soll. Es spricht einiges für die Annahme normaler, leichter Fahrlässigkeit im unteren Bereich des Haftungsmaßstabs. Auf keinen Fall haftet die Arbeitnehmerin für den vollen Schaden.

53. Unter welchen Voraussetzungen tritt keine Haftung bei betrieblichen Schäden ein?

Fall:
Der Sachverhalt stellt sich wie der vorherige dar. Dem Arbeitgeber ist bekannt, dass die Arbeitnehmerin nicht über eine Fahrerlaubnis für einen Transporter über 7,5 t verfügt. Das Gefährt hat mit der Ladung (etliche Paletten Sondennahrung und Lebensmittel für die Klinik sind ebenfalls geladen) 14 t. Da kein weiterer Fahrer mit einer Lkw-Fahrerlaubnis im Betrieb ist, weist der Arbeitgeber die Arbeitnehmerin an, dennoch zu fahren und sich nicht »erwischen« zu lassen. Die Ladung muss unverzüglich in der Klinik ankommen. Es passiert auch hier ein Unfall.

Darum geht es:
Wann entfällt die Haftung des Arbeitnehmers?

Antwort

Die Arbeitnehmerin haftet nicht. Dem Arbeitgeber war bekannt, dass sie nicht die erforderliche Fahrerlaubnis für den Transporter besaß.

Zusammenfassung:
Wenn dem Arbeitgeber bekannt ist, dass der Beschäftigte eine bestimmte, zugewiesene Arbeit nicht erbringen darf, weil eine behördliche Erlaubnis fehlt, darf er diese Arbeit nicht zuweisen. Kommt es dennoch zu einem Schaden, trägt er hierfür die alleinige Verantwortung. Die Situation ist nicht anders zu sehen, als wenn der Arbeitgeber die Arbeitnehmerin mit einem nicht verkehrstauglichen oder gar nicht versicherten Transporter auf den Weg geschickt hätte. Derartige Umstände liegen in der ausschließlichen Verantwortlichkeit des Arbeitgebers.

Wichtiger Begriff

Freistellungsanspruch
Besondere Haftungsumstände gelten, sofern der Arbeitgeber dem Arbeitnehmer ein nicht versichertes oder nicht verkehrstüchtiges Fahrzeug zur Verfügung stellt oder ihm bekannt ist, dass der Arbeitnehmer nicht die erforderliche Fahrerlaubnis besitzt, wie dies hier der Fall war. Sofern nicht nur Schäden beim Arbeitgeber eintreten sollten, sondern Drittschäden (Beispiel: beim Transport wird ein Radfahrer angefahren und erheblich verletzt), kann der Arbeitnehmer verlangen, von den Rückgriffsansprüchen der in diesen Fällen nicht oder nicht voll zur Leistung verpflichteten Pflichtversicherung freigestellt zu werden. Dies gilt auch dann, wenn der Unfall grob fahrlässig verursacht wurde (BAG 23.6.1988 – 8 AZR 300/85).

54. Gibt es Haftungshöchstgrenzen bei der Arbeitnehmerhaftung?

Fall:
Zwei Arbeitnehmer eines Gartenbaubetriebs erhalten den Auftrag, bei einem Kunden eine große Eiche zu fällen, weil diese zu nahe am Haus steht und das Fundament beschädigen kann. Sie unterschätzen bei der Fällung des Baumes – in im Nachhinein betrachtet unerklärlicher Weise – das Gewicht des Stammes und meinen, dass es gelingt, den schon schief stehenden Baum auf einmal umzusägen und mit einer Seilwinde in die richtige Fallrichtung zu ziehen. Das Seil reißt beim Fall des Baumes und dieser fällt in die andere Richtung. Dort befindet sich am Nachbargrundstück ein wenige Tage zuvor neu erworbener, noch nicht zugelassener und daher auch nicht vollkaskoversicherter Pkw der Marke BMW 740. Dieser wird irreparabel beschädigt. Der Neuwert des Pkw beträgt 112 000,00 €.
Der Betrieb ist gegen Schäden dieser Art haftpflichtversichert, aber aus Kostengründen mit einer Selbstbeteiligung von 15 000,00 €. Er macht die beiden Beschäftigten als Gesamtschuldner für die nicht gedeckten 15 000,00 € verantwortlich.
Diese wenden sich an den Betriebsrat, sie könnten niemals so viel zahlen; sie würden netto jeweils nur etwa 2100,00 € verdienen, und

jeder habe so viele Unterhaltspflichten, dass »netto ohnehin kaum mehr was übrig bleibe«. Sie sehen zwar ein, dass sie sich leider sehr unvernünftig verhalten hätten, diese Dimension des Schadens wäre allerdings existenzvernichtend.

Darum geht es:
Kann auch bei grober Fahrlässigkeit im Einzelfall eine Haftungsbeschränkung angenommen werden? Gibt es bei existenzbedrohenden Schäden Haftungshöchstgrenzen?

Antwort

Je nach den Umständen des Einzelfalls wird hier mit erheblicher Wahrscheinlichkeit von einer groben Fahrlässigkeit ausgegangen werden müssen. Dass eine schwere Eiche, die noch dazu schon schief steht, nicht gegen die Fallrichtung umgeschnitten werden kann, wenn sie nur mit einer Seilwinde gesichert ist, müsste jedem Gartenbauer einleuchten. Die Beschäftigten hätten – was ihnen offenbar selbst klar ist – den Baum stückweise zersägen und abtragen müssen.

Wenn der Schaden bei der Ausübung einer Tätigkeit entsteht, deren Schadensrisiko derart hoch ist, dass der Arbeitnehmer typischerweise nicht dazu in der Lage ist, Risikovorsorge zu betreiben oder einen eingetretenen Schaden zu ersetzen, wirkt sich dies zulasten des Arbeitgebers aus (BAG 12.10.1989 – 8 AZR 276/88). Beim Arbeitgeber ist ein durch das schädigende Ereignis eintretender hoher Vermögensverlust umso mehr dem Betriebsrisiko zuzurechnen, sofern dieser einkalkuliert oder durch Versicherungen (ohne Rückgriffsmöglichkeiten gegenüber dem Arbeitnehmer) abwendbar ist.

Zusammenfassung:
In den Fällen der groben Fahrlässigkeit kommen Haftungserleichterungen zugunsten des Arbeitnehmers in Betracht, wenn der Verdienst des Beschäftigten in einem deutlichen Missverhältnis zum verwirklichten Schadensrisiko der Tätigkeit steht. Nur dann, wenn der zu ersetzende Schaden nicht erheblich über einem Monatsgehalt liegen sollte, besteht nach der Rechtsprechung des Bundesarbeitsgerichts zur Anwendung der Regelung der Haftungsbegrenzung keine Notwendigkeit (BAG 12.11.1998 – 8 AZR 221/97).

Der Gesamtschaden wie auch der nicht durch die Versicherung geregelte Teil des Schadens liegen in einem deutlichen Missverhältnis zum Einkommen der Arbeitnehmer. Nach den Umständen des Einzelfalls wird davon auszugehen sein, dass eine maximale Haftung der Arbeitnehmer jeweils mit etwa drei bis vier Bruttogehältern eintritt. Alles andere wäre für den Arbeitnehmer existenzvernichtend.

Ob eine Entlastung des Arbeitnehmers in Betracht zu ziehen ist und wie weit diese zu gehen hat, ist aufgrund einer Abwägung zu entscheiden, die das Gericht nach Feststellung aller hierfür maßgebenden Umstände nach § 287 ZPO vornehmen muss. Von Bedeutung kann dabei sein, ob der Verdienst des Arbeitnehmers in einem deutlichen Missverhältnis zum verwirklichten Schadensrisiko der Tätigkeit steht. Eine allgemeine Haftungsbeschränkung auf drei Bruttomonatsverdienste des Arbeitnehmers besteht dabei nicht, da die Entscheidung über eine solche starre Haftungshöchstgrenze dem Gesetzgeber vorbehalten bleibt (BAG 15.11.2012 – 8 AZR 705/11).

55. Was versteht man unter einer Mankohaftung?

Fall:
Eine Arbeitnehmerin, die seit Jahren in einem größeren Kaufhaus in verschiedenen Einsatzbereichen arbeitete und die eine Ausbildung als Einzelhandelskauffrau abgeschlossen hat, übernahm zum 1.3.2017 die Leitung des Getränkemarkts. Neben ihr arbeiten zwei Helferinnen. Sie erhält den Tariflohn des Einzelhandels, aber ohne Mankozulage. Nach drei Monaten wird Ende Mai festgestellt, dass nach dem EDV-mäßig erfassten Warenbestand für etwa 690,00 € Getränke und Leergut fehlen.

Die Arbeitnehmerin kann sich dies nicht erklären; sie ist der Ansicht, dass sie immer Waren und Kasse ordnungsgemäß betreut habe. Es kann aber durchaus sein, dass die beiden Helferinnen beim Eintippen der Waren Fehler gemacht haben, vor allem beim zurückgenommenen Leergut und beim Kassieren. Der Arbeitgeber will Schadensersatz.

Darum geht es:
Was ist eine Mankohaftung? Wann haftet man bei Waren- und Geldfehlbeständen?

Antwort

Manko ist ein Schaden, den der Arbeitgeber dadurch erleidet, dass ein seinem Arbeitnehmer anvertrauter Warenbestand oder eine von ihm geführte Kasse eine Fehlmenge oder einen Fehlbestand aufweist. Die Mankohaftung des Arbeitnehmers kann auf einer besonderen Mankohaftungsvereinbarung zwischen Arbeitgeber und Arbeitnehmer beruhen oder auf allgemeinen Haftungsbestimmungen.

Eine Haftung des Arbeitnehmers kann lediglich dann entstehen, wenn eine Schlechterbringung der Arbeitsleistung gegeben ist. Insofern unterscheidet sich die Mankohaftung nicht von den anderen Fällen der Arbeitnehmerhaftung. Es kommt allerdings bei der Mankohaftung zusätzlich darauf an, ob die Tätigkeit des Arbeitnehmers gewisse selbstständige Momente in Bezug auf die Disposition über die Waren und Geldbestände aufweist – dann kann die Haftung aus Sicht des Arbeitgebers leichter begründet werden.

Die Rechtsprechung differenziert bei der Mankohaftung zwischen Arbeitnehmern, denen eine selbstständige Tätigkeit wirtschaftlicher Art übertragen ist, und solchen Beschäftigten, die unselbstständige Arbeit ausüben. Bei der Haftung der selbstständigen Arbeitnehmer weist der Arbeitsvertrag einen Doppeltypus auf, so dass neben den arbeitsvertraglichen Vorschriften der §§ 611 ff. BGB auch das Verwahrungs- und Auftragsrecht heranzuziehen ist. Hiernach hat der Arbeitgeber im Haftungsfall darzulegen und zu beweisen, dass er dem Arbeitnehmer bestimmte Waren zur eigenen Verwahrung übertragen hat. Wenn dies nicht der Fall ist, gelten die herkömmlichen Grundsätze der Arbeitnehmerhaftung einschließlich der Darlegungs- und Beweislast – der Arbeitgeber ist dann für alle den Schadensersatz begründenden Umstände darlegungs- und beweispflichtig.

> **Zusammenfassung:**
> Es kommt daher für die Beantwortung der Frage darauf an, wie weit der Arbeitnehmerin die selbstständige Führung des Getränkeabholmarkts innerhalb des Einzelhandelsbereichs übertragen wurde. Wenn sie keinen eigenen Entscheidungsspielraum bei Einkauf und Verkauf der Waren hatte, ist von unselbstständiger Tätigkeit auszugehen. **Dann gelten die allgemeinen Grundsätze:** Der Arbeitgeber muss als Anspruchsteller das Verschulden und den dadurch verursachten Schaden voll beweisen. Dies dürfte für ihn sehr schwierig sein.

Wichtige Begriffe

Beweislast für das Verschulden bei unselbstständiger Tätigkeit

Die vom Bundesarbeitsgericht entwickelte Rechtsprechung zur Beschränkung der Arbeitnehmerhaftung (vor allem zum innerbetrieblichen Schadensausgleich) gilt auch, wenn der Arbeitgeber den Arbeitnehmer nach den Grundsätzen des § 280 Abs. 1 BGB wegen Kassen- oder Warenfehlbeständen in Anspruch nimmt und die Pflichtwidrigkeit aus der Verwahrung oder Verwaltung abgeleitet wird. Das Verschulden des Arbeitnehmers und die Tatsachen, die den Grad des Verschuldens begründen, sind vom Arbeitgeber immer darzulegen und konkret zu beweisen, wenn er mit Erfolg einen Schaden nachweisen will.

Die Rechtsprechung des Bundesarbeitsgerichts geht davon aus, dass der Arbeitgeber bei der Mankohaftung die Beweislast hinsichtlich des Schadens und der Kausalität hat (BAG 30. 5. 1974 – 2 ABR 17/74). Dies bedeutet, dass die »einfache Behauptung« eines buchmäßigen Schadens nicht ausreichend sein kann. Derartige Behauptungen stellen keinen hinreichend substantiierten Sachvortrag dar.

Eingeschränkte Zulässigkeit einer vertraglichen Vereinbarung

Aufgrund der arbeitsrechtlichen Vertragsfreiheit sind Mankoabreden, auf welche der Schadensersatzanspruch des Arbeitgebers gestützt werden kann, grundsätzlich zulässig, wenn die Haftungsvereinbarung eine sachgerechte, den Eigenarten des Betriebs und der Art der Beschäftigung angepasste Beweislastverteilung enthält oder eine vom Verschulden des Arbeitnehmers unabhängige Haftung für seinen Arbeits- und Kontrollbereich beinhaltet (BAG 29. 1. 1985 – 3 AZR 570/82). In der Praxis sind dies die von der Arbeitgeberseite verwendeten Klauseln aber zumeist nicht.

Unwirksamkeit der Mankoabrede

Die Mankoabrede kann aus folgenden Gründen unwirksam sein:
- Verstoß gegen § 138 BGB (= Verbot der Sittenwidrigkeit einer Vereinbarung). Dies ist der Fall, wenn der Arbeitnehmer durch die Abrede unangemessen benachteiligt wird, wenn der Arbeitnehmer überhaupt nicht die Möglichkeit hat, Mankoschäden in wirksamer Weise zu verhindern, oder wenn der Arbeitnehmer für die Übernahme des Haftungsrisikos keine Gegenleistung erhält (z. B.: »Der Arbeitnehmer haftet für alle Fälle des Warenmankos, es sei denn, er kann nachweisen, dass der Fehlbestand auf Diebstahl beruht«).
- Verstoß gegen § 242 BGB (= Treu und Glauben). Dieser ist anzunehmen, wenn dem Arbeitnehmer ein besonderes Risiko auferlegt wird,

ohne dass dies durch besondere wirtschaftliche Vorteile ausgeglichen wird, er also keinen finanziellen Ausgleich bekommt.
- Verstoß gegen § 4 Abs. 3 TVG (= zwingende Wirkung eines Tarifvertrags). Wenn auf das Arbeitsverhältnis ein Lohn- oder Gehaltstarifvertrag anwendbar ist, kann die Mankohaftungsklausel dazu führen, dass der Tariflohn unterschritten wird. Mit dem Tarifgehalt werden immer nur die übliche Arbeitsleistung und das in jedem Arbeitsverhältnis vorhandene Haftungsrisiko abgegolten. Erhält der Arbeitnehmer somit kein übertarifliches Gehalt und keine Mankohaftungszuschläge, kann bei einer Inanspruchnahme eine unzulässige Tariflohnunterschreitung gegeben sein.

56. Wer trägt die Detektivkosten des Arbeitgebers?

Fall:
In der Kantine eines größeren Industriebetriebs stehen einige Beschäftigte im Verdacht, dass sie gelegentlich auf »eigene Rechnung« Speisen und Getränke der Besucher der Kantine abwickeln. Trotz intensiver interner Recherchen gelingt es der Firmenleitung nicht, sicher herauszubekommen, wer hinter der betrügerischen Aktion steckt. Sämtliche interne Klärungsversuche verlaufen im Sand und bringen kein konkretes Ergebnis.
Um die Sache aufzuklären, entschließt sich die Firmenleitung, einen Detektiv, getarnt als »Küchenpraktikant«, einzusetzen. Dieser bekommt am dritten Tag seines Einsatzes mit, welche zwei Beschäftigten die unerlaubten und betrügerischen Handlungen zu Lasten des Arbeitgebers begehen und welcher finanzielle Schaden im Laufe eines Monats dadurch dem Arbeitgeber entsteht. Der Detektiv stellt für seinen Einsatz 27 Stunden zu je 80,00 € in Rechnung.

Darum geht es:
Müssen die beiden überführten Arbeitnehmer die Kosten des Detektivs tragen? Unter welchen Voraussetzungen hat ein Arbeitnehmer dem Arbeitgeber entstandene Detektivkosten zu ersetzen?

Antwort

Nach der Rechtsprechung des Bundesarbeitsgerichts (26. 9. 2013 – 8 AZR 1026/12) hat der Arbeitnehmer wegen der Verletzung arbeitsvertraglicher Pflichten (Anspruchsgrundlage ist hier die Bestimmung § 280 Abs. 1 BGB) dem Arbeitgeber die durch das Tätigwerden eines Detektivs entstandenen notwendigen Kosten zu ersetzen, wenn der Arbeitgeber aufgrund eines konkreten Tatverdachts einem Detektiv die Überwachung des Arbeitnehmers überträgt und der Arbeitnehmer einer vorsätzlichen Vertragspflichtverletzung überführt wird. Der Schadensersatzanspruch besteht also nur, wenn der **Anfangsverdacht** einer unerlaubten Handlung oder sonstigen erheblichen Vertragspflichtverletzung konkret gegen einen oder einige Beschäftigten einer Arbeitnehmergruppe gerichtet ist. Sofern allerdings die Ermittlungen des Detektivs ganz allgemein in »alle möglichen Richtungen« gehen sollten, ist regelmäßig kein Schadensersatzanspruch begründbar. Da sich im Beispielsfall der Verdacht konkret auf einige (wenige) Beschäftigte richtete, müssen die überführten Täter damit rechnen, den Schadensersatz zu zahlen.

Wichtige Begriffe

> **Zusammenfassung:**
> Bei diesen angefallenen Detektivkosten handelt es sich um keine Vorsorgekosten, die unabhängig von konkreten schadensstiftenden Ereignissen als ständige Betriebsausgabe vom Arbeitgeber zu tragen wären, sondern um konkrete Schadensersatzposten. Nach § 249 BGB erstreckt sich die Schadensersatzpflicht auf alle Aufwendungen des Geschädigten, soweit diese nach den Umständen des Falles als notwendig anzusehen sind. Dazu gehört auch die Abwehr drohender Nachteile, wenn sich insofern konkrete Verdachtsmomente ergeben.

Die Bestimmung des § 254 BGB verlangt von einem Geschädigten – hier also dem Arbeitgeber – die Rücksichtnahme auf das Interesse des Schädigers an der Geringhaltung des Schadens. Daraus folgt, dass der Arbeitgeber nur für die Maßnahmen Erstattungsansprüche hat, die ein vernünftiger, wirtschaftlich denkender Arbeitgeber nach den Umständen des Einzelfalles zur Beseitigung der Störung bzw. zur Schadensverhütung nicht nur als zweckmäßig, sondern auch als erforderlich ergriffen haben würde (BAG 28. 5. 2009 – 8 AZR 226/08).

> **Zusammenfassung:**
> Je größer der bereits eingetretene oder drohende wirtschaftliche Schaden für den Arbeitgeber ist, desto eher ist er berechtigt, auch umfangreichere Ermittlungen durch eine externe Person durchführen zu lassen, wenn die internen Ermittlungen zu keinem Ergebnis führen.

Grundsätzlich kommt eine Erstattungspflicht hinsichtlich der Detektivkosten auch in Betracht, wenn die ermittelten Tatsachen zu einem so schwerwiegenden Verdacht einer vorsätzlichen Vertragspflichtverletzung führen, dass eine deswegen ausgesprochene Kündigung im Sinne einer Verdachtskündigung als begründet angesehen werden muss. Es geht also hier nicht nur um die Situationen, in denen durch die externen Ermittlungen die Taten nachgewiesen werden konnten, sondern auch um diejenigen, bei denen sich ein hinreichender Tatverdacht herausgestellt hat.

VII. Arbeitgeberhaftung

57. Unter welchen Voraussetzungen haftet der Arbeitgeber bei Schäden am Eigentum des Arbeitnehmers?

> **Fall:**
> Der Leiter der EDV-Abteilung einer großen Spedition in Frankfurt kommt zum Betriebsrat und hat folgende Frage:
> »Wie Sie bestimmt wissen, war in der Nacht vom 18. auf den 19. 1. 2018 durch einen Eisregen und dann auch noch durch überfrierende Nässe auf den Straßen im Raum Frankfurt Glatteis. Wie üblich bin ich gegen 6.30 Uhr auf dem Betriebsgelände eingetroffen. Ich war schon etwas spät dran, weil ich äußerst vorsichtig fahren musste. Mein Pkw, ein Mercedes Benz der E-Klasse, ist mit Winterreifen ausgestattet und verfügt über ABS. Auf dem Weg zum Fir-

menparkplatz musste ich rechts einbiegen. Dort war offenbar – was ich wegen der Dunkelheit nicht sehen konnte – eine Eisglätte und mein Auto rutschte mit dem linken Vorderreifen gegen einen Granitrandstein. Dadurch sind nicht nur Blechschäden entstanden, sondern auch die Spur war verzogen. Der Schaden beläuft sich auf etwa 3000,00 €.

Ich bin der Meinung, dass auf dem Weg gestreut sein hätte müssen, denn der Arbeitgeber hat eine Verkehrssicherungspflicht, wenn er einen Firmenparkplatz zur Verfügung stellt. Auch bin ich entsprechend langsam gefahren. Dass es zu einem Schaden kam, habe ich daher nicht zu vertreten. Kann ich mit Erfolg diesen Schaden vom Arbeitgeber verlangen?«

Darum geht es:
Unter welchen Voraussetzungen haftet der Arbeitgeber für Schäden, die dem Arbeitnehmer auf dem Weg zur Arbeit entstehen?

Antwort

Der Arbeitnehmer hat zwar recht, dass dem Arbeitgeber hinsichtlich der den Beschäftigten zur Verfügung gestellten Parkplätzen und dem Weg dorthin eine Verkehrssicherungspflicht trifft und er dafür verantwortlich ist, dass diese gefahrlos benutzt werden können. Im konkreten Fall würde die Annahme einer sofortigen Streupflicht allerdings zu weit gehen, so dass kein Schadensersatzanspruch bestehen kann.

Die **allgemeine Verkehrssicherungspflicht** in Bezug auf den Weg zum Parkplatz fordert vom Arbeitgeber, die den Arbeitnehmern zur Verfügung gestellten Parkplätze und den Weg dorthin in einem verkehrssicheren und gefahrlosen Zustand zu halten. Das bedeutet, dass der Arbeitgeber dafür Sorge tragen muss, dass die durch die Benutzung des Parkplatzes und auf dem Weg dorthin drohenden Gefahren für die Fahrzeuge auf ein den Arbeitnehmern – wie auch ggf. den sonstigen Nutzern der Wege und der Parkplätze – zumutbares Mindestmaß zurückgeführt werden. Sowohl der Weg zum Parkplatz als auch der Parkplatz selbst muss technisch in seiner Anlage und den Regelungen seiner Benutzung den billigerweise zu stellenden Anforderungen genügen. Die Verkehrssicherungspflicht des Arbeitgebers erstreckt sich hierbei auf solche Gefahren, die vom Weg zum Parkplatz und vom Parkplatz selbst und somit von der Art seiner Benutzung ausgehen. Hierbei muss auch dafür Sorge getragen werden, dass die Streupflicht erfüllt wird. Grundsätzlich ist daher davon auszugehen, dass den Arbeitgeber seine Fürsorgepflicht auch hinsichtlich des Eigentums der Arbeitnehmer trifft, das diese notwendigerweise oder berechtigterweise zur Arbeit mitbringen. Wenn der Arbeitgeber den Arbeitnehmern Parkplätze zur Verfügung stellt, muss er nach den allgemeinen Grundsätzen für die Verkehrssicherheit des Parkplatzes einstehen.

> **Zusammenfassung:**
> Die Fürsorgepflicht würde eindeutig überspannt werden, wenn der Arbeitgeber verpflichtet wäre, die zum Parkplatz fahrenden und auf dem Parkplatz abgestellten Fahrzeuge der Arbeitnehmer auch vor solchen Schäden zu bewahren, vor denen der Eigentümer eines Pkw sich auch sonst im Straßenverkehr kaum wirksam schützen kann. Dies bedeutet, dass grundsätzlich der Arbeitnehmer das Risiko für sein Eigentum selbst zu tragen hat, wenn das von ihm für den Weg zur Arbeitsstelle benutzte Kraftfahrzeug auf dem Parkplatz und auf dem Weg dorthin keinen anderen Risiken ausgesetzt ist als solchen, die es auch bei dem sonstigen Gebrauch durch den Arbeitnehmer als Halter treffen (BAG 25. 6. 1975 – 5 AZR 260/74).

Inhalt und Umfang der winterlichen Räum- und Streupflicht richten sich nach der zivilrechtlichen Rechtsprechung danach, wie die konkreten Umstände des Einzelfalls gestaltet sind. Demgemäß sind Art und Wichtigkeit des Verkehrswegs ebenso zu berücksichtigen wie seine Gefährlichkeit und die Stärke des zu erwartenden Verkehrs; wobei an die Sicherung des Fußgängerverkehrs grundsätzlich strengere Anforderungen zu stellen sind als an die Sicherung des Autoverkehrs (OLG Hamm 12. 9. 2012 – 11 U 94/11; OLG Hamm 30. 9. 2003 – 9 U 86/03). In diesem Zusammenhang ist zu beachten, dass die den Kommunen obliegende Räum- und Streupflichten bei Verkehrsflächen, welche der Arbeitgeber zur Benutzung der Arbeitnehmer ausweist, nicht uneingeschränkt gelten können. Die Streupflicht steht sowohl in räumlicher als auch in zeitlicher Hinsicht unter dem Vorbehalt des Zumutbaren, so dass es auf die Leistungsfähigkeit des Sicherungspflichtigen ankommt (BGH 9. 10. 2003 – III ZR 8/03). Grundsätzlich ist davon auszugehen, dass jeder Verkehrsteilnehmer – auch und gerade im Winter – sich den erkennbar gegebenen Straßenverhältnissen anpassen muss (OLG München 22. 7. 2010 – 1 U 1804/10). Für verkehrsunbedeutende Wege, für die ein echtes Verkehrsbedürfnis auch unter Berücksichtigung der Erwartungshaltung der Benutzer nicht erkennbar ist, besteht hiernach grundsätzlich keine Streupflicht (BGH 9.10.2003 – III ZR 8/03).

Aus diesen Gründen wird eine Schadensersatzpflicht des Arbeitgebers für den am Pkw entstandenen Schaden nicht angenommen werden können. Auf die Frage, ob der Arbeitnehmer tatsächlich beim Einbiegen zum Parkplatz Schrittgeschwindigkeit oder etwas schneller in die Kurve gefahren ist und daher wegen der Eisglätte mit dem Pkw wegrutschte und gegen einen Randstein gestoßen ist, kommt es daher nicht mehr an.

Praxishinweise: Haftung des Arbeitgebers, wenn Schäden an eingebrachten Sachen entstehen
Wenn der Arbeitnehmer bei der Arbeitsleistung an verwendeten eigenen Gegenständen und insbesondere am eigenen, betrieblich genutzten Pkw Schäden erleidet (nicht bei der Fahrt zur Arbeit, sondern bei Fahrten anlässlich der Erbringung der Arbeitsleistung), hat der Arbeitgeber die an den Gegenständen entstandenen (Unfall-)Schäden zu ersetzen. Dies gilt, wenn das Arbeitsmittel oder der Pkw mit Billigung oder auf Anweisung des Arbeitgebers in dessen Betätigungsbereich eingesetzt wurden. Ein Einsatz im Betätigungsbereich des Arbeitgebers wird immer dann angenommen, wenn ohne den Einsatz des Arbeitsmittels der Arbeitgeber eigenes Werkzeug oder ein eigenes Fahrzeug hätte einsetzen müssen und ihn damit die Unfallgefahr bzw. die Schädigungsgefahr treffen würde.
Grundsätzlich hat bei einem betrieblichen Einsatz dieser Gegenstände der Arbeitgeber das Schadensrisiko zu tragen. Durch Vereinbarung einer besonderen Vergütung für die Nutzung kann geregelt werden, dass das Schadensrisiko beim Arbeitnehmer wie bei der Nutzung im Eigeninteresse bleibt. Diese besondere Vergütung muss als adäquate Gegenleistung zur Abdeckung des Unfallrisikos bezahlt werden. Ein mögliches Verschulden des Arbeitnehmers ist nach § 254 BGB (= Regelung des Mitverschuldens) zu berücksichtigen, wobei hier ebenfalls die Grundsätze der Beschränkung der Arbeitnehmerhaftung zur Anwendung kommen. Der Umstand, dass über den Einsatz eines Pkw oder eines Nutzfahrzeugs zwischen Arbeitgeber und Arbeitnehmer ein Mietvertrag abgeschlossen wurde, ändert daran nichts (BAG 17.7.1997 – 8 AZR 480/95). Die Mietzahlung deckt regelmäßig nicht Schäden ab, die ausschließlich bei der Erfüllung der arbeitsvertraglichen Pflichten eingetreten sind.
Benutzt der Arbeitnehmer zur Erledigung der Arbeit seinen privaten Pkw und zahlt der Arbeitgeber ihm die nach Steuerrecht anerkannte Kilometerpauschale, hat der Arbeitgeber für die Kosten der Rückstufung in der Haftpflichtversicherung, die durch einen bei der Erbringung der Arbeitsleistung verschuldeten Unfall verursacht worden sind, nur einzutreten, wenn dies ausdrücklich vereinbart worden ist. Das ist in der Praxis eher selten der Fall. Bei der Vereinbarung einer Kilometerpauschale und bei freier Entschei-

dung des Arbeitnehmers, welchen Pkw er benutzt, ist im Zweifel davon auszugehen, dass mit der Zahlung der Kilometerpauschale auch eventuell eintretende Rückstufungserhöhungen in der Haftpflichtversicherung abgedeckt sind.

Der Arbeitgeber hat die Verpflichtung, die berechtigterweise auf das Betriebsgelände eingebrachten Sachen des Arbeitnehmers durch zumutbare Maßnahmen vor Beschädigung durch Dritte zu schützen. Wie weit diese Pflicht geht, ist im Einzelfall nach Treu und Glauben unter Berücksichtigung der betrieblichen und der örtlichen Verhältnisse zu bestimmen. Im Fall einer schuldhaften Verletzung dieser Pflichten haftet der Arbeitgeber auf Schadensersatz. Stellt der Arbeitgeber einen Firmenparkplatz zur Verfügung, hat er für dessen Verkehrssicherheit zu sorgen und die durch die Benutzung des Parkplatzes drohenden Gefahren für die angestellten Fahrzeuge auf ein zumutbares Mindestmaß zurückzuführen.

Werkunternehmer, die auf dem Betriebsgelände Arbeiten ausführen und nur aufgrund besonderer Umstände mit dem Eigentum des Arbeitnehmers in Berührung kommen, sind keine Erfüllungsgehilfen des Arbeitgebers (BAG 25.2.2000 – 8 AZR 518/99). Das Bundesarbeitsgericht hat dies für den Fall entschieden, dass Arbeiten eines Werkvertragsunternehmers, der auf dem Betriebsgelände tätig war, bei Lackieren einen Lacknebel verursachten, der sich auf dem Mitarbeiterparkplatz niedergeschlagen hat und einige Pkws der Arbeitnehmer schädigte. Eine Schadensersatzklage gegen den Arbeitgeber kann in diesen Situationen keinen Erfolg haben.

VIII. Befristung, Teilzeitarbeit und Vertretung

58. Welche Befristungsgründe sind zulässig?

Fall:
Eine Arbeitnehmerin kommt mit einem befristet abgeschlossenen Vertrag zum Betriebsrat und fragt, welche Gründe der Befristung anerkannt sind. In ihrem Vertrag steht lediglich »Befristung für die Zeit vom 1.1.2017 bis zum 31.10.2017 für die erkrankte Arbeitnehmerin Anna Bichler«. Reicht dies aus, um eine wirksame Befristung annehmen zu können?

Darum geht es:
Welche Gründe für eine Befristung sind zulässig?

Antwort

Der Gesetzgeber hat die Zulässigkeit der befristeten Arbeitsverträge in § 14 Abs. 1–3 des Teilzeit- und Befristungsgesetzes (TzBfG) geregelt. In § 14 Abs. 1 TzBfG sind **Regelbeispiele** für die Zulässigkeit der Befristung mit Sachgrund genannt, der Gesetzestext ist aber nicht abschließend. In § 14 Abs. 2 TzBfG ist die Zeitbefristung geregelt, in § 14 Abs. 2a TzBfG eine Ausnahmebestimmung für neu gegründete Betriebe und in § 14 Abs. 3 TzBfG die erleichterte Möglichkeit des Abschlusses befristeter Arbeitsverträge für ältere Arbeitnehmer. Damit hat sich der Gesetzgeber einen Abbau der Arbeitslosigkeit bei älteren Arbeitnehmern erhofft, der aber bisher nicht nachhaltig eingetreten ist. Der Europäische Gerichtshof hat allerdings die Möglichkeit der sachgrundlosen Befristung bei Arbeitnehmern ab 52 Jahren für gemeinschaftsrechtswidrig erklärt (22.11.2005 – C-144/04, »Mangold«).

Die einzelnen beispielhaft aufgezählten Gründe betreffen folgende sachlichen Rechtfertigungen für eine Befristung: vorübergehender betrieblicher Bedarf, Befristung im Anschluss an eine Ausbildung oder das Studium, Vertretung des Arbeitnehmers, Eigenart der Arbeitsleistung, Befristung zur Erprobung, Gründe in der Person des Arbeitnehmers, Vergütung aus befristeten Haushaltsmitteln, Befristung aufgrund eines gerichtlichen Vergleichs.

> **Zusammenfassung:**
> Die konkret vorgenommene Befristung fällt unter den Begriff der Vertretung des Arbeitnehmers und ist daher als ein wirksamer Befristungsgrund anzusehen. Bei der Vertretungsbefristung kommen die **unmittelbare Vertretung** (= der Vertreter wird unmittelbar auf den zu vertretenden Arbeitsplatz eingesetzt), die **mittelbare Vertretung** (= der Arbeitgeber setzt einige Beschäftigte mit vergleichbarer Tätigkeit betriebsintern um und besetzt den zuletzt freiwerdenden Arbeitsplatz mit dem befristet Eingestellten) und die sog. **gedankliche Vertretung** (= der Vertretende nimmt zumindest diese Arbeiten wahr, die auch die zu vertretende Arbeitskraft ausgeübt hat) in Betracht (hierzu genauer Fragen 64 und 65).

Der Sachgrund der Vertretung setzt immer eine Prognose über den voraussichtlichen Wegfall des Vertretungsbedarfs durch die Rückkehr des zu vertretenden Mitarbeiters voraus. Entsteht der Vertretungsbedarf bei-

spielsweise durch Krankheit, Urlaub oder Freistellung, dann kann der Arbeitgeber regelmäßig damit rechnen, dass der zu vertretende Arbeitnehmer seine arbeitsvertraglichen Pflichten künftig wieder erfüllen wird, es sei denn, dass er dem Arbeitgeber bereits vor dem Abschluss des befristeten Arbeitsvertrags mit dem Vertreter verbindlich erklärt hat, dass er die Arbeit nicht wieder aufnehmen wird (BAG 29.4.2015 – 7 AZR 310/13).
Bei Vertretungsbefristungen geht der Streit zwischen Arbeitnehmer und Arbeitgeber zumeist darum, ob die vertretene Person tatsächlich in absehbarer Zeit wieder auf den Arbeitsplatz zurückkehren wird. Die Einschätzung des Arbeitgebers über den voraussichtlichen Wegfall des Vertretungsbedarfs durch die Rückkehr des Vertretenen ist in derartigen Situationen **Teil des Sachgrunds der Vertretung.** Erforderlich ist, dass der Arbeitgeber bei Abschluss des befristeten Vertrags mit der Rückkehr der Stammkraft rechnen durfte. Bei einer »Abordnungsvertretung« (= ein Beschäftigter wird auf eine andere Stelle vorübergehend versetzt oder er unterbricht das Arbeitsverhältnis für eine bestimmte Zeit) muss der Arbeitgeber bei der anzustellenden Prognose alle Umstände des Falls berücksichtigen. Dazu gehören nicht nur etwaige Erklärungen der abgeordneten Stammkraft über ihre Rückkehrabsichten, sondern auch die Planungs- und Organisationsentscheidungen des Arbeitgebers. Diese Anforderungen sind auch dann von Bedeutung, wenn der Vertretungsbedarf auf einer zeitlich begrenzten Reduzierung der Arbeitszeit der Stammkraft und fernerhin darauf beruht, dass diese mit dem verbleibenden Arbeitszeitvolumen in einen anderen Arbeitsbereich abgeordnet wurde (BAG 12.4.2017 – 7 AZR 436/15).

Befristung zur Aus- und Weiterbildung

Die Aus- und Weiterbildung eines Arbeitnehmers kann die Befristung eines Arbeitsvertrags rechtfertigen. Dies gilt aber dann nicht, wenn der Arbeitnehmer durch die Beschäftigung in dem Arbeitsverhältnis keine besonderen über die mit der Berufstätigkeit verbundene Berufserfahrung hinausgehenden Kenntnisse oder Qualifikationen erwerben kann. Die Aus- oder Weiterbildung eines Arbeitnehmers kann daher die Befristung eines Arbeitsvertrags sachlich rechtfertigen. Das setzt voraus, dass dem Arbeitnehmer durch die Tätigkeit zusätzliche Kenntnisse und Erfahrungen vermittelt werden, die durch die übliche Berufstätigkeit nicht erworben werden können (BAG 22.4.2009 – 7 AZR 96/08). Dies kann auch dann der Fall sein, wenn die Ausbildung nicht nur theoretische Kenntnisse vermittelt, sondern hauptsächlich dazu dient, bereits erworbene theoretische Kenntnisse in die Praxis umzusetzen.

Allerdings reicht die allgemeine Aus- und Weiterbildung, die mit nahezu jeder mehrjährigen Berufsausübung einhergeht, nicht aus, um die Befristung eines Arbeitsvertrags zu rechtfertigen. Erforderlich ist in derartigen Situationen immer, dass ein bestimmtes Ausbildungsziel systematisch verfolgt wird und die dem Arbeitnehmer vermittelten Kenntnisse, Erfahrungen oder Fähigkeiten auch außerhalb der Organisation des Arbeitgebers beruflich verwertbar sind. Weil es für die Wirksamkeit der Befristung auf die Umstände bei Abschluss des befristeten Arbeitsvertrags ankommt, muss auch zu diesem Zeitpunkt feststehen, welches Ausbildungsziel die Parteien mit der Beschäftigung verfolgen.

59. Wann sind zeitbefristete Arbeitsverträge zulässig?

Fall:
Eine Arbeitnehmerin kommt zum Betriebsrat und hat folgende Frage: Ich möchte wissen, ob die Befristung meines Arbeitsverhältnisses für die Zeit vom 1.1.2017 bis zum 31.12.2017 rechtswirksam ist oder ob ich mich darauf berufen kann, dass ich bereits unbefristet beschäftigt bin. Im Vertrag, der am 20.12.2016 schriftlich abgeschlossen wurde, steht u.a. die zeitliche Befristung und was von einer Neueinstellung. Das ist wohl nur bedingt richtig. In der Zeit vom 1.1.2013 bis zum 31.12.2013 war ich schon einmal bei der Arbeitgeberin tätig, und damals im Arbeitsvertrag stand was von einer Vertretung als Grund der Befristung. Bei der jetzigen Befristung steht nur drin: »Zeitbefristung für ein Jahr bei erstmaliger Einstellung«. Ist das so zutreffend?

Darum geht es:
Unter welchen Voraussetzungen kann ein zeitbefristeter Arbeitsvertrag abgeschlossen werden, und steht der Umstand entgegen, dass die Arbeitnehmerin im Jahr 2013 schon einmal befristet beschäftigt war?

Fragen zum Inhalt des Arbeitsverhältnisses

Antwort

Zeitbefristete Arbeitsverträge sind nach der Bestimmung des § 14 Abs. 2 TzBfG zulässig, wenn das Beschäftigungsverhältnis für maximal zwei Jahre abgeschlossen wurde, wobei der Vertrag auch so gestaltet werden kann, dass zunächst ein kürzerer abgeschlossen wird und eine höchstens dreimalige Verlängerung erfolgt. Im Unterschied zu den Sachgrundbefristungen muss hier für die Vornahme der Befristung des Arbeitsverhältnisses kein sachlicher Grund gegeben sein. Nach der gesetzgeberischen Intention sollte das so sein, dass eine Zeitbefristung nur dann abgeschlossen werden kann, wenn mit demselben Arbeitgeber vorher zu keinem Zeitpunkt ein unbefristeter oder befristeter Vertrag bestanden hat. Das würde allerdings ein erhebliches Einstellungshindernis darstellen. Deshalb hat die Rechtsprechung das an sich lebenslange Verbot, einen zeitbefristeten Arbeitsvertrag abzuschließen, wenn vorher schon ein Arbeitsverhältnis bestanden hat, erheblich gelockert: Wenn der zeitliche Abstand größer ist als drei Jahre, dann kann nach der Rechtsprechung erneut ein zeitbefristeter Arbeitsvertrag wirksam abgeschlossen werden.

Eine »Zuvor-Beschäftigung« nach § 14 Abs. 2 Satz 2 TzBfG ist somit immer dann nicht gegeben, wenn das frühere Arbeitsverhältnis mehr als drei Jahre zurückliegt. Das folgt aus der Auslegung der Bestimmung (BAG 6. 4. 2011 – 7 AZR 716/09). Der Wortlaut und die Interpretation des § 14 Abs. 2 Satz 2 TzBfG ergeben bei der Frage der zeitlichen Dauer zwischen einem vorangegangenen und einem neuen – sachgrundlos befristeten – Arbeitsverhältnis kein bestimmtes Auslegungsergebnis. Die Gesetzesgeschichte deutet eher auf ein zeitlich unbeschränktes Verständnis des Verbots der Vorbeschäftigung. Gründe der Praktikabilität und Rechtssicherheit und vor allem der Normzweck sprechen hingegen für ein zeitlich begrenztes Verständnis des Vorbeschäftigungsverbots. Der Gesetzeszweck des § 14 Abs. 2 Satz 2 TzBfG erschließt sich allerdings erst in Zusammenhang mit § 14 Abs. 2 Satz 1 TzBfG. Die in § 14 Abs. 2 Satz 1 TzBfG eröffnete Möglichkeit zur sachgrundlosen Befristung von Arbeitsverträgen soll einerseits dem Arbeitgeber ermöglichen, auf eine unsichere und schwankende Auftragslage und wechselnde Marktbedingungen durch Neueinstellungen flexibel zu reagieren; andererseits soll die befristete Beschäftigung für den Arbeitnehmer vor der Arbeitslosigkeit schützen und eine Brücke zur Dauerbeschäftigung sein. Dieses Argument ist durchaus richtig, denn viele Arbeitsverhältnisse werden nach Befristungen in unbefristete Beschäftigungsverhältnisse umgewandelt.

Durch die Gesetzesregelung soll auch verhindert werden, dass die durch § 14 Abs. 2 Satz 1 TzBfG eröffnete Möglichkeit der sachgrundlosen Befristung zu »Kettenverträgen« missbraucht wird. Gesetzeszweck ist daher nicht die Verhinderung befristeter Arbeitsverträge und auch nicht die Verhinderung sachgrundlos befristeter Arbeitsverträge, sondern die **Verhinderung von »Befristungsketten«**. Eine verfassungsorientierte Auslegung erfordert somit ein Verständnis des Verbots der Vorbeschäftigung in dem Sinn, dass es zeitlich eingeschränkt sein muss. Ein zeitlich völlig unbeschränktes Verbot würde die Autonomie der Arbeitsvertragsparteien und die Berufsfreiheit des Arbeitnehmers in übermäßiger Weise beschränken. Das damit verbundene Einstellungshindernis wäre auch unter Berücksichtigung des mit § 14 Abs. 2 Satz 2 TzBfG verfolgten Schutzzwecks nicht gerechtfertigt. Das Bundesarbeitsgericht hat hier auf die dreijährige Verjährung im Arbeitsrecht hingewiesen und den Standpunkt vertreten, dass nach Ablauf dieser Zeit erneut eine sachgrundlose Befristung möglich ist.

Zusammenfassung:
Wenn man sich der Rechtsprechung des Bundesarbeitsgerichts anschließt, dann ist die Zeitbefristung der Arbeitnehmerin im Beispielsfall wirksam. Es würde daher wenig Sinn machen, gegen die Befristung gerichtlich vorzugehen. Es muss allerdings darauf hingewiesen werden, dass eine Reihe von Instanzgerichten dieser Meinung nicht folgt und sich mehr oder weniger ausgeprägt für ein lebenslanges Verbot von einer Zeitbefristung ausspricht, wenn vorher bereits ein unbefristetes oder befristetes Arbeitsverhältnis bestanden hat.

Praxishinweise:
Von der Möglichkeit, die maximal zwei Jahre bei zugelassenen Zeitbefristungen auf mehrere Verträge aufzuspalten, kann Gebrauch gemacht werden. Hierbei muss aber aus Sicht des Arbeitgebers beachtet werden, dass es bei den Verlängerungsverträgen zu keinen Änderungen der Arbeitsbedingungen kommt. Der Ursprungsvertrag kann daher lediglich verlängert werden, aber nicht abgeändert und die Verlängerungen bis zur maximalen Dauer von zwei Jahren müssen spätestens vor Ablauf der jeweils letzten Befristung abgeschlossen sein. Wenn der Arbeitgeber darauf nicht achten sollte, dann besteht regelmäßig ein unbefristetes Arbeitsverhältnis.

Tarifliche Regelungen können den Rahmen der zulässigen Zeitbefristungen größer gestalten

Nach der Regelung des § 14 Abs. 2 Satz 3 TzBfG haben Tarifvertragsparteien (= Arbeitgeberverbände, der einzelne Arbeitgeber und Gewerkschaften) die Möglichkeit, die Höchstdauer der Befristung und die Anzahl der Vertragsverlängerungen abweichend von § 14 Abs. 2 Satz 1 TzBfG festzulegen, also eine längere Gesamtdauer festzulegen und auch mehr als drei Verlängerungen zuzulassen. Davon wird in der Praxis vereinzelt Gebrauch gemacht, seitens der Gewerkschaften aber immer nur dann, wenn der Standpunkt vertreten wird, dass dies aus branchenspezifischen Gründen (Beispiel: Bewachungsgewerbe) erforderlich sein sollte. Der Gestaltungsspielraum der Tarifvertragsparteien ist nach dem Gesetzeswortlaut nicht eingeschränkt, aber dennoch gelten nach der Rechtsprechung hier Grenzen.

Wenn ein Tarifvertrag die sachgrundlose Befristung von Arbeitsverträgen bis zu einer Gesamtdauer von fünf Jahren bei fünfmaliger Verlängerungsmöglichkeit zulässt, dann hält sich dies (noch) im Rahmen zulässigen Gestaltungsrahmens nach § 14 Abs. 2 Satz 3 TzBfG (BAG 26.10.2016 – 7 AZR 140/15). Die den Tarifvertragsparteien dadurch eröffnete Möglichkeit, die Höchstdauer der Befristung und/oder die Anzahl der Vertragsverlängerungen abweichend von § 14 Abs. 2 Satz 1 TzBfG festzulegen, gilt somit nicht völlig unbegrenzt. Die Grenze der tariflichen Regelungsbefugnis ist nach der Rechtsprechung des Bundesarbeitsgerichts erreicht bei der Festlegung der Dauer eines sachgrundlos befristeten Arbeitsvertrags auf maximal sechs Jahre und der höchstens neunmaligen Verlängerung bis zu dieser Gesamtdauer. Nach dem systematischen Gesamtzusammenhang und dem Sinn und Zweck des TzBfG kann die Befugnis der Tarifvertragsparteien, sachgrundlose Befristungen über die Grenzen des § 14 Abs. 2 Satz 1 TzBfG hinaus zu ermöglichen, nicht völlig schrankenlos gelten. Daher wurde diese Einschränkung vom Bundesarbeitsgericht herausgestellt. Es ist davon auszugehen, dass sich die Tarifvertragsparteien an die Rechtsprechung halten.

Zulässigkeit von Verkürzungen nur mit sachlichem Grund

In diesem Zusammenhang ist auch darauf zu verweisen, dass eine Abänderung einer Zeitbefristung im Sinne einer Verkürzung vom Arbeitgeber nur mit einem Sachgrund vorgenommen werden kann. Hier geht es um die Situation, dass der Arbeitgeber zunächst einen – wirksamen – zeitbefristeten Vertrag abschließt und dann feststellt, dass dieser wohl zu lange abgeschlossen wurde. Aus seiner Sicht ist es in derartigen Situationen naheliegend, dem Arbeitnehmer einen »Verkürzungsvertrag« zur Unterschrift vorzulegen. Man könnte hier meinen, dass dann, wenn der zeitbefristete Vertrag zulässig ist, auch der Verkürzungsvertrag ohne Sachgrund zulässig sein sollte. Dem ist allerdings nicht so. Eine Befristung, mit der die Laufzeit eines sachgrundlos befristeten Arbeitsvertrags verkürzt wird, bedarf immer eines **sachlichen Grundes** gemäß § 14 Abs. 1 TzBfG (BAG 14.12.2016 – 7 AZR 49/15). Eine Vereinbarung, mit welcher die Verkürzung der Laufzeit eines sachgrundlos befristeten Arbeitsvertrags vereinbart wird, unterliegt daher immer der Befristungskontrolle.

Das Anschlussverbot des § 14 Abs. 2 Satz 2 TzBfG erfasst nicht nur vorherige Arbeitsverhältnisse, die bereits beendet sind. Vielmehr verbietet die Vorschrift die Vereinbarung einer Befristung ohne Sachgrund auch während eines laufenden Arbeitsverhältnisses mit Ausnahme der in § 14 Abs. 2 Satz 1 TzBfG vorgesehenen Vertragsverlängerungen. Sachgrundlose Befristungen sind nur im Rahmen des § 14 Abs. 2 TzBfG zulässig. Insoweit hat der Gesetzgeber die Privatautonomie zugunsten des Arbeitnehmerschutzes eingeschränkt. Wenn die Voraussetzungen des § 14 Abs. 2 TzBfG nicht vorliegen, bleibt es bei dem in § 14 Abs. 1 TzBfG geregelten Grundsatz, dass die Befristung eines sachlichen Grundes bedarf. Eine nachträgliche Befristung, mit der die Laufzeit eines befristeten Arbeitsvertrags abgekürzt wird, ist daher ohne Sachgrund in keiner Situation zulässig, weil eine derartige – verkürzende – Befristungsabrede nicht bei einer Neueinstellung getroffen wird und es sich auch nicht um eine Vertragsverlängerung handelt. Sollte der Arbeitgeber sich zu einer derartigen Maßnahme entschließen und der Arbeitnehmer diese unterzeichnen, kann der Arbeitnehmer im Rahmen einer Entfristungsklage sich darauf berufen, dass hierfür kein sachlicher Grund vorgelegen hat. Ob der sachliche Grund anzunehmen ist oder nicht, hängt von den Umständen des Einzelfalls ab.

60. Wie ist ein Arbeitsverhältnis kündbar, wenn die Befristung unwirksam sein sollte?

Fall:
Die Arbeitnehmerin aus Frage 58 hat auch noch eine weitere Frage:
Unterstellt, eine Befristung wurde nicht wirksam vorgenommen, wann ist das Arbeitsverhältnis dann ordentlich kündbar – erst nach Ablauf der (gewollten) Befristung oder jederzeit?

Darum geht es:
Wann ist ein Arbeitsverhältnis kündbar, wenn die Befristung nicht wirksam ist?

Antwort

Ist die Befristung des Arbeitsverhältnisses rechtsunwirksam und hat der Arbeitgeber von der Möglichkeit des § 15 Abs. 3 TzBfG, sich für die Laufzeit des befristet vereinbarten Arbeitsverhältnisses eine ordentliche Kündigungsmöglichkeit vorzubehalten, keinen Gebrauch gemacht, kann nur der Arbeitnehmer – nicht allerdings der Arbeitgeber – vor dem vereinbarten Befristungsende kündigen. Der Arbeitgeber kann dagegen eine ordentliche Kündigung nur mit Wirkung zum Zeitpunkt des ursprünglich geplanten Fristablaufs erklären. Für ihn gilt damit eine Mindestbefristungsdauer (§ 16 Satz 1 TzBfG).

Zusammenfassung:
Sofern die Befristung allein **wegen fehlender Schriftform** gemäß § 14 Abs. 4 TzBfG unwirksam sein sollte, können beide Vertragsparteien, also auch der Arbeitgeber, unabhängig von einer Vereinbarung nach § 15 Abs. 3 TzBfG zu einem Zeitpunkt vor dem vereinbarten Ende des befristeten Arbeitsvertrags ordentlich kündigen (BAG 23. 4. 2009 – 6 AZR 533/08). Der Arbeitgeber kann daher auch das nicht wirksam befristete Arbeitsverhältnis jederzeit ordentlich kündigen. Von den Bestimmungen des Teilzeit- und Befristungsgesetzes darf nach § 22 Abs. 1 TzBfG grundsätzlich zugunsten des Arbeitnehmers abgewichen werden. Hat sich der Arbeitgeber gemäß § 15 Abs. 3 TzBfG das Recht zur ordentlichen Kün-

> digung vorbehalten, gilt dieses Kündigungsrecht nach § 16 Satz 1 TzBfG auch bei Unwirksamkeit der Befristungsabrede weiter.

Befristungsvereinbarung und AGB-Kontrolle
Für die sachliche Rechtfertigung der Befristung ist das TzBfG grundsätzlich als eine Sonderregelung zur Inhaltskontrolle nach § 307 BGB anzusehen. **Dies bedeutet:** Auch bei vorformulierten Arbeitsverträgen ist der Inhalt von Befristungsvereinbarungen ausschließlich am Maßstab der §§ 14 ff. TzBfG zu prüfen. Die AGB-Kontrolle hat daher bei befristeten Arbeitsverträgen nicht die Bedeutung wie bei anderen vertraglichen Bestimmungen, die in Formulararbeitsverträgen verwendet werden.
Die Befristungsvereinbarung unterliegt daher nicht der Prüfung, ob die Vereinbarung nach den AGB-Regelungen (§§ 305 ff. BGB) angemessen ist. Der Arbeitnehmer kann daher nicht mit Erfolg gegen eine Befristung einwenden, sie wäre in der konkreten Situation eine **unangemessene Benachteiligung**. Für die Befristung des gesamten Arbeitsvertrags ist allerdings von Bedeutung, dass das Teilzeit- und Befristungsgesetz nicht bestimmt, ob eine formularmäßig vereinbarte Befristung Vertragsbestandteil wird oder ob dies nicht der Fall ist. Für die Beurteilung dieser Frage sind die Bestimmungen des § 305 Abs. 1 und der §§ 305a bis c, § 306, § 306a BGB heranzuziehen.
Vertragliche Vereinbarungen einer Befristung im Rahmen Allgemeiner Geschäftsbedingungen unterliegen hiernach der AGB-Kontrolle im Hinblick auf die Transparenz der Regelung und ob sie eine überraschende Klausel darstellen. Dies wird aber in der Praxis eher seltener angenommen werden können, weil befristete Arbeitsverträge lediglich vereinzelt unklar formuliert werden und die Befristung als solche – schon wegen der Zahl der abgeschlossenen Befristungen – selten als eine überraschende Klausel angesehen werden kann.

Ausnahmen und Verstöße gegen das Transparenzgebot
Enthält beispielsweise ein Formulararbeitsvertrag neben einer drucktechnisch hervorgehobenen Befristung für die Dauer eines Jahres im nachfolgenden Text ohne drucktechnische Hervorhebung eine weitere Befristung des Arbeitsvertrags zum Ablauf der sechsmonatigen Probezeit, ist die Probezeitbefristung regelmäßig eine überraschende Klausel, die nach § 305c Abs. 1 BGB nicht Vertragsbestandteil wird und damit nicht zur Beendigung des Arbeitsverhältnisses führt.

Eine derartige Vertragsbestimmung verstößt außerdem gegen das in § 307 Abs. 1 BGB normierte Transparenzgebot, da sie für einen durchschnittlichen Arbeitnehmer nicht mit der gebotenen Eindeutigkeit erkennen lässt, zu welchem Zeitpunkt das Arbeitsverhältnis enden soll (BAG 4. 8. 2011 – 6 AZR 436/10).

61. Gilt das Befristungsrecht auch bei Kleinstbetrieben und für eine Befristung von bis zu sechs Monaten?

Fall:
Ein Arbeitgeber mit regelmäßig fünf Beschäftigten stellt als Ersatz für einen ausgeschiedenen Arbeitnehmer den Maschinentechniker Biller ein, und zwar für ein Jahr befristet auf den Dauerarbeitsplatz des ausgeschiedenen Beschäftigten. Die Befristung wird schriftlich vereinbart, ein sachlicher Grund besteht nicht. Da momentan im Sommer 2017 ein vermehrter Arbeitsbedarf besteht, wird fernerhin der Schlosser Müller für sechs Monate eingestellt.
Der Arbeitgeber vertritt den Standpunkt, beide Befristungen wären ohne weitere Begründungen wirksam, da er einen Kleinstbetrieb habe – was zutreffend ist – und das Kündigungsschutzgesetz durch die Befristungen daher nicht umgangen werden könne. Daher »interessiere« ihn bei den Einstellungen das Teilzeit- und Befristungsgesetz gar nicht. Bei Müller komme auch noch der Umstand dazu, dass eine Befristung von bis zu sechs Monaten Dauer niemals den Kündigungsschutz umgehen kann, denn bis zur Dauer von sechs Monaten finde das Kündigungsschutzgesetz auf kein Arbeitsverhältnis Anwendung.

Darum geht es:
Wie ist der persönliche und fachliche Anwendungsbereich des Befristungsrechts?

Antwort

Die Antwort auf die Frage hängt davon ab, ob das Befristungsrecht des Teilzeit- und Befristungsgesetzes auch in Kleinstbetrieben und bei Arbeitsverhältnissen zur Anwendung kommt, die bis zur maximalen Dauer von sechs Monaten befristet sind. Das Besondere hierbei ist, dass in diesen Fällen eine eventuelle Kündigung nicht nach dem Maßstab des Kündigungsschutzgesetzes überprüft werden kann, weil es nicht zur Anwendung kommt. Die Ansicht des Arbeitgebers ist allerdings nicht zutreffend. Das Befristungsrecht kommt unabhängig von der Frage zur Anwendung, ob auf das Arbeitsverhältnis das Kündigungsschutzgesetz anwendbar ist oder nicht.

Im Befristungsrecht vor dem Teilzeit- und Befristungsgesetz war es allgemeine Ansicht, dass der sachliche Grund für den Abschluss eines befristeten Arbeitsverhältnisses nur dann erforderlich war, wenn durch die nur vorübergehende Beschäftigung Kündigungsschutznormen, vor allem hierbei das Kündigungsschutzgesetz, zum Nachteil des Arbeitnehmers umgangen werden konnten. Hierauf kommt es aber nach derzeitiger Rechtslage nicht mehr an.

Zusammenfassung:
Nach der Zwecksetzung des Teilzeit- und Befristungsgesetzes ist auch für die Befristung von Arbeitsverhältnissen in Betrieben, die nicht den Zählfaktor der fachlichen Anwendbarkeit des Kündigungsschutzgesetzes erreichen, sowie bei größeren Betrieben in den ersten sechs Monaten des Bestandes des Arbeitsverhältnisses entweder ein sachlicher Grund notwendig oder es handelt sich um eine Neueinstellung. Der Arbeitgeber befindet sich daher in einem Rechtsirrtum. Ob die Befristungen wirksam sind oder nicht, kann daher anhand der Bestimmungen des Teilzeit- und Befristungsgesetzes überprüft werden. Die Zulässigkeit der Befristungen hängt davon ab, ob es sich bei den beiden Beschäftigten jeweils um eine Neueinstellung handelt und – wenn dem nicht so sein sollte – ob sachliche Gründe für die Befristungen der Arbeitsverhältnisse vorhanden sind.

62. Muss ein befristeter Arbeitsvertrag schriftlich abgeschlossen werden?

Fall:
Ein Arbeitgeber beabsichtigt, eine Arbeitnehmerin in der Zeit vom 1.7.2017 bis zum 31.12.2017 zur Krankheitsvertretung einzustellen. Nachdem die Bedingungen des Arbeitsverhältnisses vereinbart wurden, übergibt er ihr einen nicht unterzeichneten schriftlichen Arbeitsnachweis, der dem Nachweisgesetz entspricht und in dem die Befristung ausdrücklich enthalten ist. Zu einer weiteren Vereinbarung kommt es nicht mehr.
Mitte Dezember 2017 fragt die Arbeitnehmerin beim Betriebsrat an, ob ihr Arbeitsverhältnis tatsächlich abläuft oder ob sie die Fortsetzung mit Erfolg betreiben kann.

Darum geht es:
Gibt es ein Schriftformerfordernis bei der Befristung eines Arbeitsverhältnisses?

Antwort

Die Befristung des Arbeitsverhältnisses bedarf zwingend der Schriftform; mündliche Befristungsabreden sind unwirksam. Diese Schriftformklausel ist in § 14 Abs. 4 TzBfG geregelt. Nicht der Arbeitsvertrag insgesamt bedarf der Schriftform (= beiderseitige Unterzeichnung), sondern lediglich die **Befristungsabrede**. Bei dieser Formvorschrift handelt es sich um ein gesetzliches Schriftformerfordernis im Sinne des § 126 BGB. Das bedeutet, dass die Unterzeichnung der Befristungsabrede durch die Parteien des Arbeitsvertrags auf ein und derselben Urkunde erfolgen muss. Weil hier keine Unterzeichnung der Befristungsabrede vorliegt, ist die Befristung nicht wirksam vorgenommen worden, und es besteht ein unbefristeter Arbeitsvertrag.

Zusammenfassung:
Dies muss die Arbeitnehmerin aber – wenn der Arbeitgeber die Rechtsfolge nicht akzeptieren sollte – binnen drei Wochen nach Ablauf der Befristung (hier spätestens zum 21.1.2018) beim Arbeits-

gericht geltend machen, weil ansonsten die Wirksamkeit der Befristung angenommen werden würde.

Hinweis für die Vertragsgestaltung
Die Befristung eines Arbeitsvertrags bedarf zu ihrer Wirksamkeit nach § 14 Abs. 4 TzBfG immer der Schriftform. Nach § 126 Abs. 2 Satz 1 BGB muss die Befristungsvereinbarung von beiden Parteien auf derselben Vertragsurkunde unterzeichnet sein. Diesen Anforderungen ist entsprochen, wenn der Arbeitgeber in einem von ihm unterzeichneten, an den Arbeitnehmer gerichteten Schreiben den Abschluss eines befristeten Arbeitsvertrags anbietet und der Arbeitnehmer das Vertragsangebot durch Unterzeichnung desselben Schriftstücks annimmt.
Vereinbaren beispielsweise die Parteien während der Laufzeit eines für ein Jahr sachgrundlos befristeten Arbeitsvertrags dessen Verlängerung um ein Jahr und treffen sie wenige Tage danach eine Vereinbarung über die Änderung der vertraglich geschuldeten Tätigkeit und Vergütung, nimmt dies der zuvor getroffenen Abrede nicht den Charakter einer Vertragsverlängerung im Sinne von § 14 Abs. 2 Satz 1 TzBfG. Wenn die Änderung der Arbeitsbedingungen nicht im Zusammenhang mit der Vertragsänderung, sondern davor oder danach erfolgen sollte, ist dies befristungsrechtlich nicht von Bedeutung (BAG 26. 7. 2006 – 7 AZR 514/05).

Wichtige Begriffe

Normeninhalt und Reichweite der Schriftformklausel
§ 14 Abs. 4 TzBfG und die Formvorschrift des § 2 NachwG haben eindeutig unterschiedliche Regelungsinhalte. Nach der Regelung des Teilzeit- und Befristungsgesetzes bedarf die Befristung zu ihrer Wirksamkeit der Schriftform in Sinne des § 126 BGB. Sie ist nach dem Gesetzeswortlaut nicht erfüllt, wenn nur der Arbeitgeber für seine Erklärung die Schriftform wahrt.
Gemäß § 125 Satz 1 BGB ist eine Befristungsabrede, die dem gesetzlich normierten Schriftformerfordernis nicht genügt, nichtig, mit der Folge, dass der Arbeitsvertrag nach § 16 Satz 1 TzBfG als auf unbestimmte Zeit geschlossen gilt. Vereinbaren die Parteien vor Vertragsbeginn zunächst nur mündlich die Befristung des Arbeitsvertrags und halten sie die mündlich getroffene Befristungsabrede in einem nach Vertragsbeginn unterzeichneten Arbeitsvertrag schriftlich fest, ist die zunächst mündlich

vereinbarte Befristung nach § 14 Abs. 4 TzBfG, § 125 Satz 1 BGB nichtig, so dass bei Vertragsbeginn ein unbefristetes Arbeitsverhältnis entsteht. Die spätere schriftliche Niederlegung der zunächst nur mündlich vereinbarten Befristung führt nicht dazu, dass die zunächst formnichtige Befristung rückwirkend wirksam wird (BAG 16. 4. 2008 – 7 AZR 1048/06; 13. 6. 2007 – 7 AZR 700/06).

Wenn man auf das Schutzinteresse des Arbeitnehmers abstellen würde, könnte man daran durchaus Zweifel haben. Gemäß § 2 NachwG hat nur der Arbeitgeber die wesentlichen Vertragsbedingungen schriftlich niederzulegen; dazu gehört auch eine Befristung des Arbeitsverhältnisses. Beim **Nachweisgesetz** handelt es sich daher (lediglich) um eine deklaratorische Formvorschrift, während § 14 Abs. 4 TzBfG eine konstitutive (= zwingende) Regelung enthält. Wenn beispielsweise der Arbeitgeber dem Arbeitnehmer ein Fax hinsichtlich der befristeten Einstellung übersendet, mag dies dem Nachweisgesetz genügen, nicht aber § 14 Abs. 4 TzBfG.

Ausnahmefall: Arbeitgeber macht die Befristung von der Vertragsunterzeichnung abhängig

Die Rechtslage ist allerdings anders zu beurteilen, wenn der Arbeitgeber den Abschluss eines befristeten Arbeitsvertrags von der Unterzeichnung der Vertragsurkunde durch den Arbeitnehmer abhängig machte. Hat der Arbeitgeber bei den Vertragsverhandlungen den Abschluss des befristeten Arbeitsvertrags ausdrücklich unter den Vorbehalt eines schriftlichen Vertragsschlusses gestellt oder dem Arbeitnehmer die schriftliche Niederlegung des Vereinbarten angekündigt, ist diese Erklärung aus der Sicht des Arbeitnehmers dahingehend zu verstehen, dass der Arbeitgeber dem sich aus § 14 Abs. 4 TzBfG ergebenden Schriftformgebot entsprechen will und seine auf den Vertragsschluss gerichtete Erklärung nur durch die Schriftformklausel in Bezug auf den abzuschließenden Vertrag angenommen werden kann.

Dies gilt auch dann, wenn der Arbeitgeber dem Arbeitnehmer ein von ihm bereits unterschriebenes Vertragsformular mit der Bitte um **Unterzeichnung** übersendet. Auch in diesen Fällen macht der Arbeitgeber hinreichend deutlich, dass der Vertrag nur bei Wahrung des Schriftformerfordernisses des § 14 Abs. 4 TzBfG zustande kommen soll. Sofern der Arbeitnehmer vor diesem Zeitpunkt die Arbeit bereits beginnen sollte, besteht nur ein faktisches Arbeitsverhältnis, weil es an der Abgabe der zum Vertragsschluss erforderlichen übereinstimmenden Willenserklärungen fehlt.

Praxishinweis: Schriftform der Befristung bei Arbeitsaufnahme vor Zugang der vom Arbeitgeber unterzeichneten Fassung des Arbeitsvertrags an den Arbeitnehmer

Werden mehrere gleichlautende Urkunden erstellt, was in der Praxis immer wieder vorkommt, dann genügt es, wenn jede Seite des Vertrags die für die andere Seite bestimmte Urkunde unterzeichnet (§ 126 Abs. 2 Satz 2 BGB). Die Schriftform ist allerdings dann nicht gewahrt, wenn der Arbeitgeber dem Arbeitnehmer vor Vertragsbeginn eine von ihm nicht unterzeichnete Befristungsvereinbarung übergibt, der Arbeitnehmer den Vertrag unterzeichnet und an den Arbeitgeber zurückgibt, der Arbeitnehmer zu dem vereinbarten Vertragsbeginn die Arbeit aufnimmt und ihm der auch vom Arbeitgeber unterzeichnete Vertrag erst zu einem späteren Zeitpunkt (also nach Aufnahme der Arbeit) zugeht. Wenn das geschehen sollte, dann ist der Arbeitsvertrag nicht bereits durch die Unterzeichnung des Vertrags durch den Arbeitnehmer, sondern durch die Entgegennahme der Arbeitsleistung des Arbeitnehmers durch den Arbeitgeber zustande gekommen. Die Befristung ist dann nicht schriftlich abgeschlossen worden mit der Folge, dass der Arbeitsvertrag nach § 16 Satz 1 TzBfG als auf unbestimmte Zeit geschlossen gilt (BAG 14.12.2016 – 7 AZR 797/14).

Wenn das geschieht, dann muss der Arbeitnehmer nicht davon ausgehen, dass der Vertragsschluss unter dem Vorbehalt der beiderseitigen Unterzeichnung des Vertrags stehen sollte. Die Schriftform des § 14 Abs. 4 TzBfG wird nicht allein durch die bloße Unterzeichnung der vom Arbeitnehmer bereits unterschriebenen Vertragsurkunde durch den Arbeitgeber vor Vertragsbeginn gewahrt. Erforderlich ist, dass dem Arbeitnehmer der auch vom Arbeitgeber unterzeichnete Vertrag vor der Aufnahme der Arbeit zugeleitet wird. Der Zugang der auch vom Arbeitgeber unterzeichneten Vertragsurkunde bei dem Arbeitnehmer nach Aufnahme der Tätigkeit führt daher nicht zur Heilung des Formmangels.

Fortsetzung eines befristeten Vertrags, insbesondere im Bereich der Arbeitnehmerüberlassung

In der Praxis kommt durchaus vor, dass über das Ende eines befristeten Vertrags weitergearbeitet wird. Die Gründe hierfür können vielfältig sein, sie reichen vom beiderseitigen oder einseitigen Irrtum über die Daten eines zeitbefristeten Vertrags bis hin zu fehlerhaften Annahmen über Sachgründe und wie lange sie vorliegen. Nach § 15 Abs. 5 TzBfG gilt ein Arbeitsverhältnis als auf unbestimmte Zeit verlängert, wenn es nach Ablauf der Zeit, für die es eingegangen ist, mit Wissen des Arbeitgebers fortgesetzt wird und der Arbeitgeber nicht unverzüglich widerspricht. Arbeitgeber gemäß § 15 Abs. 5 TzBfG ist hier nicht jeder Vorgesetzte, sondern der Arbeitgeber selbst. Seiner Kenntnis steht die Kenntnis der zum Abschluss von Arbeitsverträgen berechtigten Vertreter (zumeist die Personalleitung) gleich (BAG 28. 9. 2016 – 7 AZR 377/14).

Bei **befristet eingestellten Leiharbeitnehmern** kann dies zu Problemen führen in Bezug auf die Frage, wer der Arbeitgeber und die Personalabteilung sind, weil die Arbeitsanweisungen regelmäßig vom Einsatzbetrieb kommen und es bei weiteren Zuweisungen von Arbeit über die Befristung hinaus zur Fortsetzung des Arbeitsverhältnisses kommen kann. Auch bei Leiharbeitsverhältnissen ist der Verleiher als der Vertragsarbeitgeber, nicht aber der Entleiher der Arbeitgeber im Sinne von § 15 Abs. 5 TzBfG. Der Kenntnis des Verleihers steht das Wissen des Entleihers von einer Weiterarbeit des Leiharbeitnehmers nur gleich, wenn der Verleiher den Entleiher zum Abschluss von Arbeitsverträgen bevollmächtigt hat – was in der Praxis eher selten der Fall sein wird – oder wenn ihm dessen Handeln nach den Grundsätzen der Duldungs- oder Anscheinsvollmacht zurechenbar ist. Dem Verleiher ist es auch nach Treu und Glauben möglich, sich auf seine Unkenntnis von der Weiterarbeit des Leiharbeitnehmers zu berufen, wenn er den Entleiher nicht über die Befristung des Arbeitsverhältnisses mit dem Leiharbeitnehmer unterrichtet. Der Verleiher muss also in diesen Fällen auf die Einstellung der Tätigkeit des Leiharbeitnehmers bei Ablauf des befristeten Vertrags hinwirken.

63. Wann muss der Arbeitnehmer gegen eine Befristung Klage erheben?

Fall:
Im Sachverhalt von Frage 60 erhält die Arbeitnehmerin vom Betriebsrat die richtigen Auskünfte. Daraufhin verhandelt sie Anfang 2018 mit dem Arbeitgeber über eine unbefristete Fortsetzung des Arbeitsverhältnisses. Die Verhandlungen führen aber zu keinem greifbaren Ergebnis. Nur vage deutet der Personalleiter an, dass die Beschäftigungsmöglichkeiten im Januar »ganz schlecht« aussehen würden und man im Februar »weitersehe«. Irgendwelche Zusagen macht der Personalleiter nicht.
Frustriert über dieses Ergebnis begibt sich die Arbeitnehmerin am 27. 1. 2018 zu einem Rechtsanwalt und beauftragt ihn, gegen die Befristung gerichtlich vorzugehen.

Klage gegen eine Befristung

Darum geht es:
Welche Frist zur Erhebung einer Klage gegen die Befristung ist zu beachten? Gibt es bei Fristversäumnis die Möglichkeit einer nachträglichen Zulassung der Klage?

Antwort

In § 17 TzBfG ist geregelt, dass die Unwirksamkeit der Befristung eines Arbeitsvertrags nur mit einer innerhalb von drei Wochen nach dem vereinbarten oder eingetretenen Ende des Arbeitsverhältnisses beim Arbeitsgericht erhobenen Klage geltend gemacht werden kann. Dies ist eine wichtige Bestimmung in Bezug auf die Frist zur Klageerhebung. Sofern die rechtzeitige Geltendmachung der Rechtsunwirksamkeit einer Befristung nicht vorgenommen wird (ganz gleich, aus welchen Gründen), gilt sie nach § 17 TzBfG als von Anfang an rechtswirksam.

Bezüglich der nachträglichen Zulassung verspäteter Klagen und der dadurch verlängerten Anrufungsfrist gelten die §§ 5 und 6 KSchG entsprechend. Dies ist allerdings nur dann möglich, wenn der Arbeitnehmer ohne Verschulden gehindert war, rechtzeitig Klage zu erheben. Vor allem die Situationen der Unkenntnis der Frist fallen nicht hierunter.

Zusammenfassung:
Im Beispielsfall war die Frist schon abgelaufen, als sich die Arbeitnehmerin zum Anwalt begab. Die Chancen der nachträglichen Zulassung sind schlecht: Dass mit dem Arbeitgeber Verhandlungen über die Fortsetzung des Arbeitsverhältnisses oder eine Wiedereinstellung geführt werden, hemmt nicht den Fristablauf. Weil der Personalleiter nichts Verbindliches zusagte, kann auch nicht auf eine Einstellungszusage/Wiedereinstellungszusage abgestellt werden. Anhaltspunkte für ein unverschuldetes Verhalten in Bezug auf die Versäumung der Dreiwochenfrist sind nicht ersichtlich.

Klagefrist gilt für alle Befristungskontrollen
Die Klagefrist des § 17 TzBfG gilt für sämtliche Fälle der gerichtlichen Überprüfung von Befristungen, also nicht nur für die Situationen, in denen tatsächlich ein sachlicher Grund im Sinne der Sachgrundbefristung gegeben ist oder die Voraussetzungen einer wirksamen Zeitbefristung erfüllt sind. Durch den Wortlaut des § 17 TzBfG wurde klar zum Aus-

druck gebracht, dass die Frist auch für die Geltendmachung der Rechtsunwirksamkeit einer Befristung wegen der Nichtbeachtung der Schriftformklausel des § 14 Abs. 4 TzBfG (so wie im Beispielsfall) von Bedeutung ist.

64. Unter welchen Voraussetzungen besteht ein Anspruch auf Teilzeitarbeit?

Fall:
Ein seit 20 Jahren im gleichen Betrieb (200 Beschäftigte mit verschiedenen Abteilungen) beschäftigter, 54-jähriger Werkzeugbaumeister beabsichtigt, die Arbeitszeit von 40 auf 32 Stunden in der Woche zu reduzieren. Daher stellt er beim Arbeitgeber den Antrag, die Arbeitszeit möge auf diese Stundenzahl reduziert werden und die Verteilung der wöchentlichen Arbeitszeit solle so vorgenommen werden, dass er jetzt montags bis donnerstags acht Stunden am Tag arbeite. Bisher hat er auch am Freitag acht Stunden gearbeitet.
Mit der Reduzierung der wöchentlichen Arbeitszeit kann sich der Arbeitgeber kaum anfreunden und die Verteilung der reduzierten Arbeitszeit auf vier Tage in der Woche lehnt er kategorisch ab. Auch am Freitag müsse der Meister in dieser Abteilung des Werkzeugbaus anwesend sein, auf jeden Fall für mindestens sechs Stunden, da er für Fragen des Personals ansprechbar sein müsse. Es könne davon ausgegangen werden, dass der Arbeitgeber niemals auf dem freien Arbeitsmarkt einen qualifizierten Werkzeugbaumeister für einen Tag in der Woche finden werde.
Der betroffene Arbeitnehmer fragt beim Betriebsrat an, was er jetzt unternehmen soll.

Darum geht es:
Hat der Arbeitnehmer einen Anspruch auf die gewünschte Teilzeitarbeit? Was ist bei möglicherweise entgegenstehenden betrieblichen Gründen?

Antwort

Der Arbeitnehmer hat gegen den Arbeitgeber einen Anspruch auf Verringerung der vertraglich vereinbarten Arbeitszeit, wenn sämtliche Voraussetzungen des § 8 TzBfG gegeben sind. Das Gesetz sieht die Teilzeitnahme daher nicht nur als Möglichkeit vor, sondern es gibt eindeutig einen durchsetzbaren Anspruch. Die Umsetzungsmöglichkeit besteht lediglich dann nicht, wenn der Arbeitgeber entgegenstehende betriebliche Gründe darlegen und im Rechtsstreit auch tatsächlich beweisen kann.

§ 8 TzBfG hat einen fachlichen und persönlichen Anwendungsbereich. Der Anspruch auf Verringerung der Arbeitszeit besteht in fachlicher Hinsicht (= Mindestgröße des Betriebs) nur, wenn der Arbeitgeber mehr als 15 Arbeitnehmer beschäftigt, wobei die Berufsauszubildenden nicht mitzählen. In persönlicher Hinsicht ist es für die Durchsetzung des Anspruchs auf Teilzeitarbeit notwendig, dass eine Mindestbeschäftigungsdauer von sechs Monaten erreicht wird. Diese Umstände sind im Beispielsfall eindeutig gegeben.

Schwieriger stellt sich die Prüfung der vom Arbeitgeber vorgebrachten **entgegenstehenden betrieblichen Gründe** dar. Der Arbeitgeber hat gemäß § 8 Abs. 4 TzBfG die Möglichkeit, die Verringerung der wöchentlichen Arbeitszeit und ihre (andere) Verteilung abzulehnen, wenn betriebliche Gründe dem entgegenstehen. Diese betrieblichen Gründe sind keine negative Anspruchsgrundlage, sondern eine Einwendungsmöglichkeit des Arbeitgebers. Das bedeutet, dass der Arbeitgeber im Falle einer gerichtlichen Auseinandersetzung über das Vorliegen der betrieblichen Gründe die Darlegungs- und Beweislast hat.

> **Zusammenfassung:**
> Betriebliche Gründe liegen nach dem Wortlaut des § 8 Abs. 4 Satz 2 TzBfG vor allem dann vor, wenn die Verringerung der Arbeitszeit die Organisation, den Arbeitsablauf oder die Sicherheit im Betrieb wesentlich beeinträchtigt oder unverhältnismäßige Kosten für den Arbeitgeber verursachen sollte. In der Gesetzesbegründung wurde zum Ausdruck gebracht, dass rationale nachvollziehbare Gründe als ausreichend anzusehen sind.

Der Betriebsrat wird dem Arbeitnehmer mitteilen, dass es auf diese Frage bei einer eventuellen gerichtlichen Auseinandersetzung über den Reduzierungsantrag und den Antrag auf eine andere Verteilung der reduzierten Arbeitszeit auf die Wochenarbeitstage ankommen wird.

Wichtige Begriffe

Verteilung der Arbeitszeit
§ 8 TzBfG begründet nicht nur für die Verringerung der Arbeitszeit, sondern auch für ihre Verteilung bis zu den Grenzen des Rechtsmissbrauchs (§ 242 BGB) einen Anspruch auf Vertragsänderung. Der Arbeitnehmer kann deshalb nicht nur eine proportionale Verkürzung der Arbeitszeit an fünf Tagen von Montag bis Freitag verlangen. Er hat auch einen Anspruch darauf, in der Vier-Tage-Woche statt in der Fünf-Tage-Woche zu arbeiten. Wortlaut und Zusammenhang des § 8 Abs. 1 TzBfG geben keine Beschränkung auf das arbeitsvertraglich vereinbarte Arbeitszeitverteilungsmodell vor (BAG 18. 8. 2009 – 9 AZR 517/08).
Der Festlegung der Verteilung der Arbeitszeit entsprechend dem Änderungsangebot des Arbeitnehmers können Betriebsvereinbarungen oder Regelungsabreden entgegenstehen, wenn die Festlegung einen **kollektiven Bezug** hat. Sofern die Arbeitszeitverteilung dagegen keinen kollektiven Bezug haben sollte, ist der Arbeitgeber im Anwendungsbereich des § 8 TzBfG verpflichtet, die gewünschte Arbeitszeit festzulegen.

Auch geringfügiges Reduzierungsverlangen ist möglich
Mitunter wenden Arbeitgeber gegenüber einem nicht allzu weit reichenden Arbeitszeitreduzierungsverlangen eines Beschäftigten ein, es gehe nur »um wenige Stunden in der Woche« und daher müsse das Verlangen als »rechtsmissbräuchlich« angesehen werden. Mit dieser Argumentation kann ein Teilzeitverlangen nicht abgelehnt werden. Die Bestimmung des § 8 TzBfG enthält keine Vorgaben hinsichtlich des **Umfangs** der Vertragsänderung und knüpft den Anspruch auf Verringerung der Arbeitszeit nicht an ein Mindestmaß der Arbeitszeitreduzierung. Dies hat zur Konsequenz, dass ein Arbeitnehmer grundsätzlich auch einen Anspruch auf eine verhältnismäßig geringfügige Verringerung seiner Arbeitszeit haben kann (etwa nur um einige Stunden in der Woche) und dieses geringfügige Verlangen keinen Rechtsmissbrauch darstellen kann (BAG 11. 6. 2013 – 9 AZR 786/11).
Wenn allerdings im Einzelfall – ausnahmsweise – besondere Umstände vorliegen sollten, die darauf schließen lassen, der Arbeitnehmer wolle die ihm gemäß § 8 TzBfG zustehenden Rechte zweckwidrig dazu nutzen, unter Beanspruchung einer unwesentlichen Verringerung der Arbeitszeit und der Arbeitsvergütung primär eine bestimmte Verteilung der Arbeits-

zeit zu erreichen, auf die er ohne die Arbeitszeitreduzierung keinen Anspruch hätte, kann dies durchaus die Annahme eines rechtsmissbräuchlichen Verringerungsverlangens rechtfertigen. Derartiges wird in der arbeitsrechtlichen Praxis allerdings eher eine Ausnahmesituation sein.

65. Wann liegen entgegenstehende betriebliche Gründe vor?

Fall:
Ein Arbeitnehmer erbittet vom Betriebsrat einige Hinweise dazu, wie der Begriff der entgegenstehenden betrieblichen Gründe im Teilzeitrecht näher eingeordnet wird, um abschätzen zu können, ob eine gerichtliche Auseinandersetzung sinnvoll erscheint.

Darum geht es:
Wie ist die konkrete Ausgestaltung der einer Teilzeitarbeit entgegenstehenden betrieblichen Gründe?

Antwort

Entgegenstehende betriebliche Gründe liegen vor, wenn Beeinträchtigungen der betrieblichen Interessen vorhanden sind. Nicht eindeutig geklärt ist jedoch die Frage, welcher Schweregrad der Beeinträchtigung vorliegen muss, damit der Arbeitgeber den Anspruch auf Teilzeitarbeit mit Recht verweigern kann.

Allein der etwa durch den Einsatz von Teilzeitkräften bedingte Mehraufwand bei der Erbringung der Arbeitsleistung, veranlasst durch mehr Gespräche zwischen den Mitarbeitern bei Schichtwechsel und der Übergabe, kann noch keinen sachgerechten betrieblichen Grund darstellen (ArbG Mönchengladbach 30. 5. 2001 – 5 Ca 1157/01). Auch die Erhöhung des allgemeinen Verwaltungsaufwands beim Arbeitgeber durch die gewünschte Teilzeitarbeit reicht nicht aus, um einen hinreichenden betrieblichen Grund darzustellen (ArbG Stuttgart 5. 7. 2001 – 21 Ca 2762/01).

Der Arbeitgeber hat alle zumutbaren Anstrengungen zu unternehmen, durch (zumutbare) Umorganisation und eine andere Verteilung der Arbeitszeit die durch die Teilzeitarbeit möglicherweise auftretenden Störungen im Arbeitsablauf sowie in der betrieblichen Organisation aufzuheben oder zu mildern. Erst wenn dies nicht ausführbar sein sollte, kann das Teilzeitverlangen rechtswirksam abgelehnt werden.

> **Zusammenfassung:**
> Sofern im Beispielsfall 64 der Arbeitgeber unüberwindbare Schwierigkeiten haben sollte, die Anwesenheit eines Industriemeisters im Fachbereich des Arbeitnehmers am Freitag zumindest für sechs Stunden zu ermöglichen, und diese Anwesenheit tatsächlich erforderlich ist (was eine unternehmerische Organisationsentscheidung ist), dürfte zumindest die vom Arbeitnehmer gewünschte Verteilung der verbleibenden 32 Arbeitsstunden auf vier Tage nicht umsetzbar sein. Dies spricht für den Ablehnungsgrund. Vor einer Entscheidung müssen diese Punkte aber vom Arbeitgeber entsprechend geklärt werden.

Der Arbeitgeber kann sich beispielsweise immer dann mit Erfolg auf entgegenstehende Gründe im Sinne des § 8 Abs. 4 Sätze 1 und 2 TzBfG berufen, wenn er die Einstellung einer Teilzeitkraft für erforderlich halten darf und für deren laufende Fortbildung unverhältnismäßige Kosten entstehen würden (BAG 21.6.2005 – 9 AZR 409/04). Möchte ein im Außendienst beschäftigter Arbeitnehmer seine Arbeitszeit verringern, kann er den Einwand unverhältnismäßiger Aufwendungen für eine Ersatzkraft nach der Rechtsprechung des Bundesarbeitsgerichts (BAG 21.6.2005 – 9 AZR 409/04) nicht dadurch ausräumen, dass er seine Arbeit »verdichte« und für Kunden auch außerhalb seiner Arbeitszeit zur Verfügung stehe, so dass er sein bisheriges Arbeitspensum auch nach der Arbeitszeitverringerung erledigen werde.

Wichtige Begriffe

Freiheit der unternehmerischen Entscheidung
Diese entgegenstehenden betrieblichen Gründe im Sinne des Teilzeitrechts können nicht mit der Freiheit der unternehmerischen Entscheidung (wie dies beim Ausspruch einer betriebsbedingten Kündigung der Fall ist) gleichgesetzt werden. Ansonsten würde der Anspruch auf Umsetzung des Teilzeitanspruchs in der betrieblichen Praxis weitestgehend nicht möglich sein.
Es ist daher darauf abzustellen, dass der Arbeitnehmer auch dann einen umsetzbaren Teilzeitanspruch hat, wenn die Änderungsvorstellung des

Arbeitnehmers hinsichtlich der Verringerung und der Verteilung der Arbeitszeit nicht in das arbeitgeberseitig vorgegebene **Organisationskonzept** passt. Der Arbeitgeber muss zunächst versuchen umzuorganisieren. Erst dann, wenn hierbei unlösbare Schwierigkeiten auftreten sollten, kann an einen Grund für die Ablehnung gedacht werden.

Mit dem Begriff der betrieblichen Gründe, welche den Arbeitgeber berechtigen, das Verringerungsbegehren abzulehnen, nimmt die gesetzliche Regelung auf den Betrieb als organisatorische Einheit Bezug, nicht auf den einzelnen Arbeitsplatz, den der Arbeitgeber dem Arbeitnehmer zugewiesen hat. Der maßgebliche Anknüpfungspunkt ist also hier die betriebliche Ebene.

Weil § 8 TzBfG die vertraglich vereinbarte Arbeitszeit des Arbeitnehmers betrifft, fallen auch auf längere Zeiträume sich erstreckende Arbeitszeitmodelle unter die Regelung – vor allem solche, die eine flexible Jahresarbeitszeit vorsehen. Es ist daher nicht unbedingt für den Teilzeitantrag erforderlich, dass der den Antrag stellende Beschäftigte in einem Arbeitszeitmodell mit festen täglichen oder wöchentlichen Arbeitszeiten arbeitet.

Der Arbeitgeber trägt die **Darlegungs- und Beweislast** für das Vorliegen entgegenstehender betrieblicher Gründe. Für die Erfüllung seiner Darlegungspflicht reicht es nicht aus, wenn der Arbeitgeber lediglich darauf verweist, der bisherige Arbeitsplatz des Arbeitnehmers würde die von ihm gewünschte Verringerung seiner Arbeitszeit nicht zulassen. Bei der Entscheidung, ob betriebliche Gründe dem Verringerungswunsch des Arbeitnehmers entgegenstehen, werden nicht nur die freien Arbeitsplätze einbezogen, sondern auch diejenigen, die der Arbeitgeber anderen Arbeitnehmern zugewiesen hat.

> **Praxishinweis: Prüfungsmaßstab beim Teilzeitverlangen**
> Das Bundesarbeitsgericht hat folgenden Prüfungsmaßstab hinsichtlich des Teilzeitverlangens der Praxis vorgegeben (BAG 29.9.2004 – 1 ABR 29/03):
> Auf der **ersten Stufe** ist festzustellen, ob überhaupt und, wenn ja, welches betriebliche Organisationskonzept der vom Arbeitgeber als erforderlich angesehenen Arbeitszeitregelung zugrunde liegt. Das Organisationskonzept des Arbeitgebers ist dasjenige, mit dem die unternehmerische Aufgabenstellung im Betrieb verwirklicht werden soll. Die Darlegungslast dafür, dass das Organisationskonzept die Arbeitszeitregelung bedingt, liegt beim Arbeitgeber. Die dem Organisationskonzept zugrunde liegenden unternehmerischen Aufgabenstellungen und die daraus abgeleiteten organisatorischen Entscheidungen sind hinzunehmen, soweit sie nicht willkürlich

sind. Voll überprüfbar ist, ob das vorgetragene Konzept auch tatsächlich im Betrieb ausgeführt wird.

In einer **zweiten Stufe** ist zu prüfen, inwieweit die Arbeitszeitregelung dem Arbeitsverlangen des Arbeitnehmers tatsächlich entgegensteht. Hierbei ist auch der Frage nachzugehen, ob durch eine dem Arbeitgeber zumutbare Änderung von betrieblichen Abläufen oder durch eine Änderung des Personaleinsatzes – unter Wahrung des Organisationskonzepts – der betrieblich als erforderlich angesehenen Arbeitszeit dem individuellen Arbeitszeitwunsch des Arbeitnehmers entsprochen werden kann.

Wenn sich ergibt, dass das Arbeitszeitverlangen des Arbeitnehmers nicht mit dem organisatorischen Konzept und der daraus folgenden Arbeitszeitregelung in Übereinstimmung gebracht werden kann, ist in einer **dritten Stufe** das Gewicht der entgegenstehenden betrieblichen Belange zu prüfen. Es ist die Frage zu stellen, ob durch die vom Arbeitnehmer gewünschte Abweichung die in § 8 Abs. 4 Satz 2 TzBfG genannten besonderen betrieblichen Belange oder das betriebliche Organisationskonzept und die ihm zugrunde liegenden unternehmerischen Aufgabenstellungen wesentlich beeinträchtigt werden.

Praxisumsetzung des entgegenstehenden betrieblichen Grundes

Ein entgegenstehender betrieblicher Grund nach § 8 Abs. 4 Satz 1 und 2 TzBfG liegt regelmäßig vor, wenn die Umsetzung des Arbeitszeitverlangens die Organisation, den Arbeitsablauf oder die Sicherheit im Betrieb wesentlich beeinträchtigt oder unverhältnismäßige Kosten verursacht. Insoweit reicht es auch, wenn der Arbeitgeber dafür rational nachvollziehbare Gründe hat. Diese Gründe müssen allerdings hinreichend gewichtig sein. Der Arbeitgeber kann deshalb allerdings die Ablehnung nicht allein mit seiner abweichenden unternehmerischen Vorstellung von der »richtigen« Arbeitszeitverteilung begründen (BAG 13.10.2009 – 9 AZR 722/08; Erfurter Kommentar zum Arbeitsrecht/Preis, 605 TzBfG § 8 Rn 23 ff.).

Wenn tatsächlich die Teilbarkeit eines Vollzeitarbeitsplatzes nicht den betrieblichen Notwendigkeiten entsprechen sollte, können durchaus entgegenstehende betriebliche Gründe vorliegen. Wenn bereits eine störungsfreie und länger dauernde Teilung des Arbeitsplatzes (etwa während der Elternzeit bei einer Dauer von zwei Jahren) stattgefunden hat, kann dies ein Indiz für eine in der Praxis **mögliche Teilbarkeit** sein. Der Arbeitgeber muss hier vortragen, inwieweit sein unternehmerisches Konzept während der Elternzeit tatsächlich beeinträchtigt worden ist oder welche konkreten Störungen bei dauerhafter Fortführung der in der Elternzeit geübten Verteilungspraxis zu erwarten sind.

Anspruch auch bei einem bereits arbeitszeitreduzierten Arbeitsverhältnis

Dem Anspruch eines Arbeitnehmers auf Verringerung seiner regelmäßigen Arbeitszeit nach § 8 TzBfG steht nicht entgegen, wenn er bereits zum Zeitpunkt, zu dem er die Reduzierung verlangt, in Teilzeit arbeitet (BAG 13.11.2012 – 9 AZR 259/11). § 8 TzBfG gilt auch für Teilzeitbeschäftigte; aus dem Wortlaut der Bestimmung lässt sich nicht ableiten, dass dieser Anspruch nur für Vollzeitbeschäftigte gelten sollte.

Anspruch auf Teilzeitarbeit während der Elternzeit

Die Arbeitnehmerin oder der Arbeitnehmer können für die Teilzeitbeschäftigung während der Elternzeit die Verringerung der vertraglich geschuldeten Arbeitszeit auch dann verlangen, wenn sie/er sich bereits in Elternzeit befindet und somit von der Arbeitspflicht befreit ist. Der Anspruch richtet sich dann auf die Verurteilung des Arbeitgebers, der vom Arbeitnehmer beantragten Verringerung seiner vertraglichen Arbeitszeit für den gewünschten Zeitraum während der Elternzeit zuzustimmen (BAG 9.5.2006 – 9 AZR 278/05). Der Arbeitgeber kann dem Anspruch auf Verringerung der Arbeitszeit in dieser Situation nur dringende betriebliche Gründe entgegensetzen; dies gilt auch für die vom Arbeitnehmer verlangte Verteilung der Arbeitszeit.

In Bezug auf den Teilzeitantrag nach § 8 TzBfG bestehen hier – da es während der Elternzeit um eine vorübergehende Maßnahme geht – etwas höhere Anforderungen an den Ablehnungsgrund. An das objektive Gewicht der **Ablehnungsgründe** nach § 15 Abs. 7 Satz 1 Nr. 4 BEEG werden nach dem Gesetzeswortlaut erhebliche Anforderungen gestellt. Die entgegenstehenden betrieblichen Interessen müssen zwingende Hindernisse für die beantragte Verkürzung der Arbeitszeit sein (BAG 15.12.2009 – 9 AZR 72/09).

Wenn es um die Unteilbarkeit des Arbeitsplatzes oder um die Unvereinbarkeit der gewünschten Teilzeitarbeit mit den betrieblichen Arbeitszeitmodellen gehen sollte, ist das Prüfungsschema anzuwenden, welches das Bundesarbeitsgericht für die betrieblichen Ablehnungsgründe im Sinne von § 8 TzBfG entwickelt hat (siehe oben). Das folgt aus der vergleichbaren Interessenlage. Das betriebliche Organisationskonzept und daraus abgeleitete Arbeitszeitregelungen sind regelmäßig ohne Bedeutung, wenn sich der Arbeitgeber darauf berufen sollte, dass er für den Arbeitnehmer keine Beschäftigungsmöglichkeit mehr hat.

Der Verringerungswunsch muss dann nicht mit den betrieblichen Abläufen in Einklang gebracht werden. Gegenüberzustellen sind die vorübergehende Beschäftigung des Arbeitnehmers in Elternzeit mit verringerter

Arbeitszeit und das vollständige Ruhen der Arbeitspflicht bis zum Ende der Elternzeit.

66. Wann besteht ein vorübergehender Bedarf an Arbeitskräften?

Fall:
Ein Beschäftigter wird Anfang des Jahres 2017 für die etwas angestiegene Produktion im Möbelwerk Müller-GmbH im Bereich der Produktion von Holzgestellen eingestellt. Das Arbeitsverhältnis ist befristet vom 15.1.2017 bis zum 30.11.2017. Im Herbst gehen die Aufträge etwas – aber nicht wesentlich – zurück. Der Personalleiter teilt dem Beschäftigten mit, dass das Arbeitsverhältnis zum 30.11.2017 endet, wie vereinbart.
Der Arbeitnehmer sieht dies anders; er will zwar nicht bestreiten, dass im Winter die Aufträge etwas weniger sind, ist aber der Ansicht, dass immer noch genügend Arbeitsüberhang da wäre und ab März des kommenden Jahres wieder verstärkt Arbeiten eingehen würden. Er hält die Befristung für unwirksam. Er fragt beim Betriebsrat nach, ob er mit seiner Ansicht richtig liegt und eine Klage gegen die Befristung sinnvoll erscheint.

Darum geht es:
Wann besteht der für eine Befristung erforderliche Sachgrund des vorübergehenden Bedarfs an Arbeitskräften?

Antwort

Die Befristung eines Arbeitsverhältnisses für nur vorübergehend anfallende Arbeiten stellt in der Praxis einen der wichtigsten Gründe der Zweckbefristung des Arbeitsverhältnisses dar. Die Annahme eines nur vorübergehenden Bedarfs an Arbeitskräften als ein Befristungsgrund erfordert, dass bereits zum Zeitpunkt des Abschlusses des Arbeitsvertrags der Arbeitgeber aufgrund objektiver Tatsachen mit hinreichender Wahrscheinlichkeit annehmen kann, dass nach der Ausführung der Arbeiten der Bedarf an der befristet eingestellten Arbeitskraft wieder wegfallen wird (BAG 12.9.1996 – 7 AZR 790/95).

Der vorübergehende Mehrbedarf an Arbeitskräften kann die Zweckbefristung rechtfertigen, wenn im Zeitpunkt des Vertragsabschlusses anzunehmen ist, dass für eine Beschäftigung des befristet eingestellten Arbeitnehmers **nach Ablauf der Vertragszeit kein Bedarf mehr besteht**. Hierfür muss der Arbeitgeber die Prognose zum Umfang und der Dauer des voraussichtlichen Mehrbedarfs erstellen. Wichtig ist in diesem Zusammenhang, dass eine bloße Unsicherheit über die künftige Entwicklung des Arbeitskräftebedarfs für diese Form der Zweckbefristung als ein sachlicher Grund nicht ausreichen kann.

> **Zusammenfassung:**
> Im Beispielsfall kommt es daher darauf an, ob eine hinreichende Prognose besteht, dass ab Ende Oktober des Jahres die Arbeiten soweit zurückgehen – wenn auch möglicherweise nur vorübergehend –, dass der Arbeitnehmer nicht mehr sinnvoll beschäftigt werden kann. Daher ist der etwaige Rückgang der Arbeiten im Einsatzbereich des Arbeitnehmers genauer zu prüfen. Entsprechende Auskünfte sind beim Arbeitgeber einzuholen; erst dann sind die Erfolgsaussichten einer möglichen Klage gegen die Wirksamkeit der vorgenommenen Befristung einigermaßen sicher abzuschätzen.

Definition des vorübergehenden betrieblichen Bedarfs

Die Befristung des Arbeitsvertrags wegen eines nur vorübergehenden betrieblichen Bedarfs bei der Arbeitsleistung setzt voraus, dass im Zeitpunkt des Vertragsschlusses mit hinreichender Sicherheit zu erwarten ist, dass nach dem vereinbarten Vertragsende für die Beschäftigung des befristet eingestellten Arbeitnehmers kein dauerhafter Bedarf mehr besteht (BAG 25. 10. 2014 – 7 AZR 893/12). Hierüber muss der Arbeitgeber eine Prognose erstellen, die konkrete Anhaltspunkte haben muss. Die Prognose ist Teil des Sachgrunds für die Befristung.

Die tatsächlichen Grundlagen für die Prognose muss der Arbeitgeber im Prozess darlegen können, wenn es zu einer Streitigkeit über die Befristung kommen sollte. Die allgemeine Unsicherheit über eine zukünftig bestehende Beschäftigungsmöglichkeit rechtfertigt die Befristung regelmäßig nicht. Eine solche Unsicherheit gehört zum unternehmerischen Risiko des Arbeitgebers, das er nicht durch Abschluss eines befristeten Arbeitsvertrags auf den Arbeitnehmer abwälzen darf. Es reicht somit nicht aus, dass sich lediglich unbestimmt abzeichnet, aufgrund welcher Abläufe eine Tätigkeit des Arbeitnehmers in der Zukunft entbehrlich sein könnte.

67. Wann wird eine Einstellung zur Vertretung vorgenommen?

Fall:
Eine Arbeitnehmerin kommt zum Betriebsrat und hat folgende Frage: »Wie dem Betriebsrat bekannt ist, ist der Beschäftigte Fred Bieler seit dem 1.7.2017 arbeitsunfähig erkrankt. Nach einigen komplizierten Operationen und einer noch bevorstehenden Reha-Maßnahme wird er wohl zum 1.12.2017 wieder einsatzfähig sein.
Ich wurde für die Zeit vom 1.7.2017 bis zum 30.9.2017 zur Vertretung eingestellt. Hierzu habe ich zwei Fragen, die mir nicht ganz klar sind. Zum einen: Hätte ich nicht für die Zeit bis zum 30.11.2017 zur Vertretung eingestellt werden müssen, weil diese wohl länger dauert als mein befristeter Arbeitsvertrag?
Zum anderen: Ich wurde zwar zur Vertretung eingestellt, habe aber nicht den Arbeitsplatz des Herrn Bieler vorübergehend bekommen. An dessen Arbeitsplatz arbeitet Kornelia Eicher, die vorübergehend versetzt wurde. Ich bin auf dem Arbeitsplatz von Frau Eicher tätig. Hat das alles so seine Richtigkeit?«

Darum geht es:
Wann ist eine Vertretungsbefristung zulässig? Muss bei einer befristeten Einstellung zur Vertretung die eingestellte Arbeitnehmerin genau auf dem Arbeitsplatz des vertretenen Arbeitnehmers eingesetzt werden? Muss die Befristung mit dem Zeitraum der Vertretung übereinstimmen?

Antwort

Die Einstellung zur Vertretung eines vorübergehend ausfallenden Arbeitnehmers, hier eines längerfristig erkrankten Arbeitnehmers, wird von der Rechtsprechung des Bundesarbeitsgerichts als ein sachlicher Grund für die Befristung anerkannt (BAG 22.11.1995 – 7 AZR 252/95). Der Grund für die nur befristet vorgenommene Einstellung liegt in diesen Fällen nicht in der Vertretung als solcher, sondern darin, dass der Arbeitgeber seinen Arbeitskräftebedarf bereits durch das Arbeitsverhältnis mit dem auf Dauer eingestellten Arbeitnehmer abgedeckt hat und dass daher an der Arbeitskraft des Vertreters nur ein vorübergehender, zeitlich durch die Rückkehr des Vertretenen begrenzter Bedarf besteht (BAG 26.6.1996 – 7 AZR 674/95).

In der Praxis stellt die **Einstellung zur Vertretung** eines krankheitsbedingt ausgefallenen Arbeitnehmers eine häufig auftretende sachliche Rechtfertigung für den Abschluss eines entsprechend befristeten Vertrags dar. Die Einstellung eines Arbeitnehmers zur Vertretung eines zeitweilig ausfallenden Arbeitnehmers ist daher ein sachlicher Grund für die Befristung des Arbeitsverhältnisses mit der Vertretungskraft (BAG 21.2.2001 – 7 AZR 200/00). Wenn nicht besondere Umstände des Einzelfalls vorhanden sein sollten, kann der Arbeitgeber in den Fällen der Krankheitsvertretung davon ausgehen, dass die zu vertretende Arbeitskraft zurückkehren wird. Der Sachgrund für die Befristung ist daher gegeben.

Es stellt sich aber die Frage, wie es sich mit dem Umstand verhält, dass die zur Vertretung eingestellte Arbeitnehmerin nicht genau diese Arbeiten ausführt, die vorher der Vertretene erledigt hat. Dem Befristungsgrund einer Vertretung steht es nicht entgegen, dass der Vertreter nicht die Arbeiten und Aufgaben des zu vertretenden Mitarbeiters übernimmt; dies ist eine freie Organisationsentscheidung des Arbeitgebers (BAG 21.2.2001 – 7 AZR 107/00).

Zusammenfassung:
Es ist in der gegebenen Situation Organisationsangelegenheit des Arbeitgebers, bei Vertragsabschluss eine Prognose über den Wegfall des Vertretungsbedarfs anzustellen, die sich darauf beziehen muss, ob der zu vertretende Mitarbeiter die Arbeit wieder aufnehmen wird. Die Versetzungs- und Umsetzungsbefugnis des Arbeitgebers bleibt durch diesen vorübergehenden Vertretungsbedarf unberührt. Dieser Umstand steht daher der Befristung nicht entgegen.

Gleiches gilt für den Einwand der befristet eingestellten Arbeitnehmerin, ihr befristeter Arbeitsvertrag hätte so lange dauern müssen, wie der Vertretungsbedarf besteht. Dieses Argument ist nicht zutreffend. Der Arbeitgeber kann frei entscheiden, wie lange er die Vertretungsbefristung dauern lassen will; er kann beispielsweise auch während der letzten Monate der Vertretung durch andere organisatorische Maßnahmen dafür sorgen, dass diese Arbeiten erledigt werden.

Wichtige Begriffe

Anforderungen an den Vertretungsgrund

Der Sachgrund der Vertretung gemäß § 14 Abs. 1 Satz 2 Nr. 3 TzBfG ist immer anzunehmen, wenn der befristet beschäftigte Arbeitnehmer Aufgaben wahrnimmt, welche der Arbeitgeber einem vorübergehend abwesenden Arbeitnehmer bei dessen unveränderter Weiterarbeit oder nach seiner Rückkehr tatsächlich und rechtlich übertragen könnte. Die Anforderungen an die Darlegung des Kausalzusammenhangs bei einer auf den Sachgrund der Vertretung gestützten Befristungsabrede richten sich nach der Form der Vertretung.

Unmittelbare Vertretung

Bei der Vertretung im Sinne von § 14 Abs. 1 Nr. 3 TzBfG geht es zumeist um die Deckung eines durch ausfallende Stammkräfte bestehenden Arbeitskräftebedarfs. Damit ist klargestellt, dass es sich bei dem Begriff der Vertretung um einen Fall des vorübergehenden Bedarfs an Arbeitskräften handelt. Wird der Vertreter unmittelbar auf der Stelle des Vertretenen tätig, bedarf bei dieser unmittelbaren Vertretung die Kausalität regelmäßig keiner weiteren Darlegung. Die Vertretung als Sachgrund ist daher bei Ausfällen von Arbeitnehmern durch Erkrankung, Beurlaubung, Abordnung etc. eindeutig anzunehmen.

Gleiches gilt für eine Befristung zur Vertretung für die Inanspruchnahme einer befristeten Rente durch den zu Vertretenden. Anerkannt ist auch die Zulässigkeit einer Befristung zur Vertretung eines freigestellten Betriebsrats- oder Personalratsmitgliedes für die Dauer von dessen Amtszeit. § 21 BEEG regelt ausdrücklich den Vertretungsfall bei Mutterschutz und Elternzeit. Der Befristung zur Vertretung kann nicht entgegengehalten werden, der Arbeitgeber könne statt der befristeten Einstellung von Ersatzkräften auch eine dauerhafte Personalreserve vorhalten.

Von der Vertretung als Sachgrund der Befristung ist allerdings der in der Praxis immer wieder vorkommende Fall der sog. **Dauervertretung** zu unterscheiden. Eine sachliche Rechtfertigung der Befristung ist selbstverständlich nicht in zulässiger Weise möglich, wenn bereits bei Abschluss des Arbeitsvertrags eine über den Befristungsablauf hinausgehende Beschäftigung des Arbeitnehmers vorgesehen war, es sich also um eine »Dauervertretung« handelt. Dann ist die ständige Arbeitsaufgabe als Vertretungskraft darin zu sehen, allgemein vorübergehend ausgefallene Mitarbeiter zu vertreten.

Diese Daueraufgabe schließt einen sachlichen Grund für die Befristung des einzelnen Vertretungsfalls aus (BAG 17.11.2010 – 7 AZR 443/09). In einer derartigen Situation hat der Arbeitgeber, der etwa von einer ständig auftretenden Ausfall- oder Fehlquote bei seinen Beschäftigten ausgeht, den Arbeitskräftebedarf nicht bereits mit dem Vertretenen abgedeckt, sondern erst mit Vertreter und Vertretenem zusammen. Dann erfüllt der Vertreter eine Daueraufgabe und die Befristung ist nicht gerechtfertigt.

Mittelbare Vertretung
In Vertretungsfällen ist weder eine Identität des Aufgabengebiets noch eine zeitliche Übereinstimmung von Ausfall und Dauer der Vertretung gefordert. Der Sachgrund der Vertretung setzt nicht voraus, dass die Vertretungskraft dieselben Arbeiten verrichten soll, die der ausgefallene Mitarbeiter zu verrichten gehabt hätte. Der vorübergehende Ausfall einer Stammkraft und die befristete Beschäftigung zur Vertretung lassen die Versetzungs- und Umsetzungsbefugnisse des Arbeitgebers unberührt.

Der Arbeitgeber kann beispielsweise bestimmen, ob er den Arbeitsausfall überhaupt überbrücken will oder ob er im Wege der Umverteilung die von dem zeitweilig verhinderten Mitarbeiter zu erledigenden Aufgaben anderen Beschäftigten zuweist und deren Aufgaben ganz oder teilweise von einer Vertretungskraft erledigen lässt.

Bei der **Vertretungskette** wird die Tätigkeit des ausfallenden Arbeitnehmers nicht unmittelbar von dem Vertreter übernommen, sondern von einem oder mehreren anderen Stammarbeitnehmern. Aufgrund der Neuverteilung nimmt der Vertreter Arbeitsaufgaben wahr, die dem ausgefallenen Arbeitnehmer zu keinem Zeitpunkt zugewiesen waren. Dies rechtfertigt sich aus der Versetzungs- und Umsetzungsbefugnis des Arbeitgebers. Möglich ist auch eine Umorganisation, die einen neuen Arbeitsplatz entstehen lässt. Die Ersatzkraft muss in derartigen Situationen daher – anschaulich ausgedrückt – den Arbeitsplatz des vertretenen Beschäftigten nicht unbedingt gesehen haben und kann einen ganz neuen Arbeitsplatz besetzen.

Allerdings ist es auch in den Situationen der mittelbaren Vertretung immer erforderlich, dass die Vertretungskraft gerade wegen des vorübergehenden Beschäftigungsbedarfs, der durch den zeitweiligen Ausfall des zu vertretenden Mitarbeiters entstanden ist, eingestellt worden ist. Der notwendige Kausalzusammenhang ist gegeben, wenn der Arbeitgeber darlegen kann, wie er die Arbeit umorganisiert hat oder dies hätte tun können, um den Vertreter zumindest mittelbar noch als Vertretung des vorübergehend ausfallenden Arbeitnehmers ansehen zu können.

Der Arbeitgeber muss nachweisen können, in welcher Weise die befristete Einstellung des Arbeitnehmers der Befriedigung des Vertretungsbedarfs dienen sollte. Der Kausalzusammenhang zwischen ausfallendem Arbeitnehmer und dem Einsatz seines Vertreters besteht immer nur dann, wenn dem Vertretenen tatsächlich und rechtlich der zugewiesene Aufgabenbereich des Vertreters im Weg des **Direktionsrechts** zugewiesen werden könnte (BAG 12.1.2011 – 7 AZR 194/09). Einige Zeit für die Einarbeitung der Vertretung kann hier durchaus akzeptiert werden; die Grenze des Direktionsrechts ist erreicht, wenn auch bei einer Einarbeitung oder Anlernung die zur Vertretung eingestellte Person nicht die Tätigkeiten ausüben kann, welche die zu vertretende Arbeitskraft vor dem Vertretungsfall erledigt hat. Wenn dem befristet eingestellten Beschäftigten Tätigkeiten zugewiesen werden, welche der vertretene Arbeitnehmer zuvor nicht ausgeübt hat, dann ist es erforderlich, dass der vertretene Arbeitnehmer auch diese Arbeiten durchführen könnte. Wenn dem nicht so sein sollte, liegt keine zulässige Vertretungsbefristung vor.

Abordnungsvertretung
Durch die vorübergehende Abordnung eines Arbeitnehmers in einen anderen Bereich kann ebenfalls ein Vertretungsbedarf entstehen. In den Fällen der unmittelbaren und der mittelbaren Vertretung erfordert es der Sachgrund der Vertretung nicht, dass der zu vertretende Arbeitnehmer an der Erbringung der Arbeitsleistung insgesamt verhindert ist. Der Sachgrund kommt bei einem anderweitigen Einsatz eines Arbeitnehmers im Unternehmen nur dann in Betracht, wenn der Arbeitgeber die damit verbundene Umorganisation **unmittelbar oder mittelbar mit einer befristeten Neueinstellung verknüpft**, der befristet beschäftigte Arbeitnehmer also unmittelbar für die anderweitig eingesetzte Arbeitskraft beschäftigt wird oder sich die Verbindung zu diesem anderweitigen Einsatz durch eine Vertretungskette vermittelt (BAG 10.7.2013 – 7 AZR 833/11 und 7 AZR 761/13).

Kausalzusammenhang
Der Sachgrund der Vertretung setzt einen Kausalzusammenhang zwischen dem zeitweiligen Ausfall des Vertretenen und der Einstellung des Vertreters voraus. Erforderlich ist immer eine sog. »Kausalitätskette«. Zwischen dem zeitweiligen Ausfall von Stammarbeitskräften und der befristeten Einstellung von Aushilfsarbeitnehmern muss ein ursächlicher Zusammenhang bestehen. Es muss daher nachweisbar sein, dass die Vertretungskraft gerade wegen des durch den zeitweiligen Ausfall des zu vertretenden Mitarbeiters entstandenen vorübergehenden Beschäftigungsbedarfs eingestellt worden ist (BAG 6.11.2013 – 7 AZR 96/12).
Wenn die Tätigkeit des zeitweise ausfallenden Mitarbeiters nicht vom Vertreter, sondern einem anderen Arbeitnehmer oder mehreren anderen

Arbeitnehmern ausgeübt werden sollte (= mittelbare Vertretung), dann hat der Arbeitgeber zur Darstellung des Kausalzusammenhangs grundsätzlich die **Vertretungskette** zwischen dem Vertretenen und dem Vertreter darzulegen. Die Beschäftigten, welche die Kette bilden, müssen die Arbeitsaufgaben des jeweils in der Kette »vorgelagerten« Beschäftigten übernommen haben, und diese Aufgabenübertragung muss eine Verbindung zwischen dem abwesenden Beschäftigten und dem zur Vertretung eingestellten Arbeitnehmer begründen.

> **Zusammenfassung:**
> **Grenze:** Die Ursächlichkeit zwischen dem durch den Ausfall des abwesenden Beschäftigten entstandenen vorübergehenden Arbeitskräftebedarf und der Einstellung eines anderen Arbeitnehmers besteht bei einer Vertretungskette nicht mehr, wenn nach den Umständen des Einzelfalls die Einstellung des befristet beschäftigten Arbeitnehmers mit der vorübergehenden Abwesenheit des anderen Arbeitnehmers nichts mehr zu tun haben sollte. Dies wird in der Praxis regelmäßig dann anzunehmen sein, wenn bereits zum Zeitpunkt des Abschlusses des befristeten Vertrags (sicher) feststeht, dass der Arbeitnehmer, der den abwesenden Arbeitnehmer unmittelbar ersetzt und der wiederum von dem befristet eingestellten Arbeitnehmer ersetzt wird, nicht auf den Arbeitsplatz zurückkehren wird.

Vertretungsbedarf bei Krankheit, Urlaub oder Freistellung

Entsteht der Vertretungsbedarf durch Krankheit, Urlaub oder Freistellung, dann kann der Arbeitgeber regelmäßig damit rechnen, dass der Vertretene seine arbeitsvertraglichen Pflichten künftig wieder erfüllen wird. Besondere Ausführungen dazu, dass mit der Rückkehr des Vertretenen zu rechnen ist, sind in diesen Fällen nicht veranlasst. Der Arbeitgeber hat mit der Rückkehr des Arbeitnehmers auch zu rechnen, wenn der Vertreter bereits längere Zeit auf der Grundlage befristeter Arbeitsverträge zur Vertretung desselben Arbeitnehmers beschäftigt wurde. Die Anforderungen an die im Zeitpunkt des Vertragsschlusses vorzunehmende Prognose sind nicht mit zunehmender Zahl einzelner befristeter Verträge zu verschärfen (BAG 29. 4. 2015 – 7 AZR 310/13).

Neuorganisation der Aufgaben ist möglich

Der Arbeitgeber kann auch eine Umorganisation der Arbeiten vornehmen, die zu einem neuen Arbeitsablauf führt, in dem dann die Aufgaben des zeitweilig ausfallenden Mitarbeiters einem dritten Mitarbeiter übertragen werden, dieser für andere Aufgaben nicht mehr zur Verfügung steht und für diese anderen Aufgaben nunmehr eine Vertretungskraft befristet eingestellt wird. Dem befristet beschäftigten Arbeitnehmer werden in dieser Situation daher Tätigkeiten übertragen, welche der vertretene Arbeitnehmer bislang nicht ausgeführt hat. Der erforderliche Kausalzusammenhang ist auch in dieser Situation gegeben, wenn der Vertreter mit Aufgaben betraut wird, die der Vertretene nach seiner Rückkehr tatsächlich auch ausüben könnte.

68. Wann liegt beim Abschluss von vielen zeitbefristeten Arbeitsverträgen ein rechtsmissbräuchliches Verhalten vor?

Fall:
Die Verwaltungsangestellte Müller ist seit dem 1.1.2007 aufgrund von 14 hintereinanderliegenden sachgrundbefristeten Verträgen (Ausgangsvertrag und 13 Verlängerungen) in einem Industriebetrieb als EDV-Fachkraft beschäftigt. Die einzelnen Vertretungsgründe, die tatsächlich so vorgelegen haben, waren mehrere Mutterschaftsvertretungen, einige Krankheitsvertretungen, zwei Vertretungen wegen vorübergehenden betrieblichen Mehranfalls von Arbeit und in einem Fall ein anderer sachlicher Grund für die Befristung. Die 14. Befristung läuft zum 31.12.2017 ab. Frau Müller möchte vom Betriebsrat wissen, ob mittlerweile eine rechtsmissbräuchliche Gestaltung des Befristungsrechts angenommen werden kann; schließlich arbeite sie jetzt schon elf Jahren »durchgehend« mit 14 Befristungen.

Darum geht es:
Unter welchen Voraussetzungen ist der wiederholte Abschluss von zeitbefristeten Arbeitsverhältnissen als ein Rechtsmissbrauch anzusehen?

Antwort

Es wird davon auszugehen sein, dass rechtsmissbräuchliches Verhalten des Arbeitgebers angenommen werden muss und der Arbeitnehmerin ist anzuraten, gegen die Befristung zum 31.12.2017 mit Entfristungsklage vorzugehen, es sei denn, dass der Arbeitgeber von sich aus zu der Erkenntnis gelangen sollte, dass zwischenzeitlich ein unbefristetes Arbeitsverhältnis besteht.

Wenn es um die Bestimmung der Grenze einer rechtsmissbräuchlichen Gestaltung von Sachgrundbefristungen geht, dann ist an die gesetzlichen Wertungen in § 14 Abs. 2 Satz 1 TzBfG anzuknüpfen. Die Bestimmung macht eine Ausnahme von dem Erfordernis der Sachgrundbefristung und erleichtert damit den Abschluss von befristeten Verträgen bis zu der festgelegten Höchstdauer von zwei Jahren bei maximal dreimaliger Verlängerungsmöglichkeit. Wenn ein Sachgrund gegeben sein sollte, dann kann erst das **erhebliche Überschreiten** dieser Grenzwerte den Schluss auf eine missbräuchliche Gestaltung zulassen (BAG 29.4.2015 – 7 AZR 310/13). Sofern diese Grenzen jedoch alternativ oder insbesondere kumulativ mehrfach überschritten sind, erscheint eine umfassende Missbrauchskontrolle geboten.

Das Bundesarbeitsgericht sah beispielsweise bei einer Dauer von insgesamt sieben Jahren und neun Monaten bei vier befristeten Arbeitsverträgen sowie keinen weiteren – vom Arbeitnehmer vorzutragenden – Umständen keine Anhaltspunkte für einen Missbrauch (18.7.2012 – 7 AZR 783/10), während bei einer Gesamtdauer von mehr als elf Jahren und einer Anzahl von 13 Befristungen sowie einer gleichbleibenden Beschäftigung zur Deckung eines ständigen Vertretungsbedarfs davon ausgegangen wurde, dass die rechtsmissbräuchliche Ausnutzung der an sich eröffneten Möglichkeit der Befristung anzunehmen ist. Diese Annahme kann aber vom Arbeitgeber im Einzelfall widerlegt werden, wenn er entsprechende Gründe vortragen kann (BAG 18.7.2012 – 7 AZR 443/09). Im Beispielsfall müsste daher der Arbeitgeber vortragen können, warum gerade kein rechtsmissbräuchliches Verhalten vorliegen sollte. Dies dürfte allerdings schwer möglich sein.

Zusammenfassung:
Nach den allgemeinen Grundsätzen ist der Arbeitnehmer für das Vorliegen einer missbräuchlichen Vertragsgestaltung darlegungs- und beweispflichtig (BAG 19.3.2014 – 7 AZR 527/12). Es sei denn, es liegt eine ganz erhebliche Überschreitung von maximal drei Verlängerungen und der zweijährigen Dauer der Befristung vor. Es ge-

> nügt hierbei zunächst, dass der Arbeitnehmer – soweit er die Überlegungen des Arbeitgebers, die zu der Befristung geführt haben, nicht kennt – einen Sachverhalt vorträgt, der die Missbräuchlichkeit der Befristung nach § 242 BGB nahelegt.

Entsprechende **Indizien** sind insbesondere:
- der nahtlose Anschluss des mit dem neuen Vertragsarbeitgeber geschlossenen befristeten Arbeitsvertrags an den befristeten Vertrag mit dem vormaligen Vertragsarbeitgeber,
- eine ununterbrochene Beschäftigung auf demselben Arbeitsplatz oder in demselben Arbeitsbereich (vor allem, wenn sie vertraglich zugesichert ist) zu auch im Übrigen – im Wesentlichen – unveränderten oder gleichen Arbeitsbedingungen,
- die weitere Ausübung des Weisungsrechts durch den bisherigen Vertragsarbeitgeber oder eine ohnehin gemeinsame Ausübung des Weisungsrechts,
- die »Vermittlung« des Arbeitnehmers an den letzten Vertragsarbeitgeber durch den vormaligen Vertragsarbeitgeber,
- ein erkennbar systematisches Zusammenwirken von bisherigem und neuem Arbeitgeber.

Sachgrundlose Befristung und Rechtsmissbrauch

Mehrere oder gar viele sachgrundlose Befristungen können sich daher in extremen Situationen als rechtsmissbräuchlich erweisen. Dies ist der Fall, wenn Arbeitnehmer und Arbeitgeber – aus welchen Gründen auch immer – einvernehmlich darauf hinwirken sollten, das Anschlussverbot des § 14 Abs. 2 Satz 2 TzBfG zu umgehen. In diesen Fällen kann sich der Arbeitgeber nicht darauf berufen, dass die Befristungen – sozusagen formal gesehen – in Ordnung wären. Die Ausnutzung der durch das TzBfG vorgesehenen Gestaltungsmöglichkeiten kann rechtsmissbräuchlich sein, wenn mehrere rechtlich und tatsächlich verbundene Vertragsarbeitgeber in bewusstem und gewolltem Zusammenwirken mit einem Arbeitnehmer aufeinanderfolgende sachgrundlos befristete Arbeitsverträge ausschließlich deshalb abschließen, um auf diese Weise über die nach § 14 Abs. 2 TzBfG vorgesehenen Befristungsmöglichkeiten hinaus sachgrundlose Befristungen aneinanderreihen zu können (BAG 15. 5. 2013 – 7 AZR 525/11 und Urteil vom 4. 12. 2013 – 7 AZR 290/12).

> **Zusammenfassung:**
> Da unter Anwendung dieser Kriterien die Arbeitsgerichte und Landesarbeitsgerichte – vor allem in Grenzfällen – nicht immer zu übereinstimmenden Entscheidungen bei der Missbrauchsproblematik kamen, hat das Bundesarbeitsgericht mit Urteil vom 26. 10. 2016 (7 AZR 135/15) eine **Leitlinie für die Praxis aufgestellt**, mit der sich – zumindest dem Grunde nach – einigermaßen sicher beurteilen lassen soll, ob Rechtsmissbrauch vorliegt oder nicht.

Wenn ein Sachgrund für die Befristung eines Arbeitsvertrags nach § 14 Abs. 1 TzBfG besteht, ist eine umfassende Kontrolle nach den Grundsätzen eines institutionellen Rechtsmissbrauchs regelmäßig dann geboten, wenn die Gesamtdauer des befristeten Arbeitsverhältnisses acht Jahre überschreitet oder mehr als zwölf Verlängerungen des befristeten Arbeitsvertrags vereinbart wurden oder wenn die Gesamtdauer des befristeten Arbeitsverhältnisses sechs Jahre überschreitet und mehr als neun Vertragsverlängerungen vereinbart wurden. Unter diesen Voraussetzungen hängt es von weiteren, zunächst vom **Kläger** vorzutragenden Umständen ab, ob ein Missbrauch der Befristungsmöglichkeit anzunehmen ist.

Von einem **indizierten Rechtsmissbrauch** ist regelmäßig dann auszugehen, wenn die Gesamtdauer des Arbeitsverhältnisses zehn Jahre überschreitet oder mehr als 15 Vertragsverlängerungen vereinbart wurden oder wenn mehr als zwölf Vertragsverlängerungen bei einer Gesamtdauer von mehr als acht Jahren vorliegen. In einem solchen Fall hat der Arbeitgeber die Möglichkeit, die Annahme des indizierten Gestaltungsmissbrauchs durch den Vortrag besonderer Umstände zu entkräften.

In der praktischen Umsetzung bedeutet dies, dass die Fälle in drei Gruppen eingeteilt werden können, und zwar nach den Farben einer Ampel:

1. **»Grüner« Bereich**, in welchem eine Missbrauchskontrolle regelmäßig nicht in Betracht kommt:
   Gesamtdauer der befristeten Arbeitsverhältnisse: bis zu sechs Jahre und
   bis zu neun Vertragsverlängerungen (der befristete Erstvertrag zählt hier nicht mit); hier kann mit dem Rechtsmissbrauchseinwand regelmäßig nichts erreicht werden.
2. **»Gelber« Bereich**, in dem der **Arbeitnehmer** die Umstände dafür nachweisen muss, dass ein Rechtsmissbrauch angenommen werden kann:

Fragen zum Inhalt des Arbeitsverhältnisses

a) Die Gesamtdauer der befristeten Arbeitsverhältnisse liegt über sechs Jahre **und** es sind mehr als neun Vertragsverlängerungen
oder
b) die Gesamtdauer der befristeten Arbeitsverhältnisse überschreitet acht Jahre
oder
c) es wurden mehr als zwölf Verlängerungen vorgenommen.
3. »**Roter**« **Bereich**, in welchem Rechtsmissbrauch vermutet wird, es sei denn, der **Arbeitgeber** kann nachvollziehbar darstellen, dass gerade kein Rechtsmissbrauch im Einzelfall anzunehmen ist:
a) Es sind mehr als zwölf Vertragsverlängerungen bei einer Gesamtdauer der befristeten Arbeitsverhältnisse von mehr als acht Jahren
oder
b) die Gesamtdauer der befristeten Arbeitsverhältnisses überschreitet 10 Jahre
oder
c) es wurden mehr als 15 Vertragsverlängerungen vereinbart.

Zusammenfassung:
Nach der aktuellen Rechtsprechung des Bundesarbeitsgerichts ist die Befristung im Beispielsfall in Bezug auf den Missbrauch indiziert, weil es mehr als zwölf Vertragsverlängerungen sind (Ausgangsvertrag und 13 Befristungen) und auch die Gesamtdauer der Befristungen über zehn Jahre liegt. Der Arbeitgeber muss konkret nachweisen, dass keine Missbrauchsgründe angenommen werden können. Dazu ist (bisher) nichts vorgetragen, also ist der Rechtsmissbrauch indiziert. Die Befristung ist unwirksam.

Konkretisierung des institutionellen Rechtsmissbrauchs
Die Gerichte beschränken sich daher bei der Befristungskontrolle nicht auf die Prüfung des geltend gemachten Sachgrunds. Sie sind verpflichtet, durch Berücksichtigung aller Umstände des Einzelfalls auszuschließen, dass der Arbeitgeber rechtsmissbräuchlich auf befristete Arbeitsverträge zurückgreift (BAG 26. 10. 2016 – 7 AZR 135/15). Die Festlegung, ab wann ein institutioneller Rechtsmissbrauch anzunehmen ist, hängt maßgeblich von der Gesamtdauer der befristeten Verträge sowie der Anzahl der Vertragsverlängerungen ab. Wenn die Prüfung eines institutionellen Rechtsmissbrauchs veranlasst sein sollte, dann sind auch weitere Umstände zu berücksichtigen. Regelmäßig dann, wenn die Grenzen des § 14 Abs. 2

Satz 1 TzBfG alternativ oder kumulativ mehrfach überschritten sind (siehe hierzu oben), ist eine umfassende Missbrauchskontrolle geboten. Vom indizierten Rechtsmissbrauch ist auszugehen, wenn die Zahl oder Dauer der befristeten Verträge einen der Werte des § 14 Abs. 2 Satz 1 TzBfG um mehr als das Fünffache überschreitet oder beide Werte mehr als das jeweils Vierfache betragen. In einem solchen Fall hat allerdings der Arbeitgeber immer noch die Möglichkeit, die Annahme des indizierten Gestaltungsmissbrauchs durch den Vortrag besonderer Umstände zu entkräften.

Praxishinweis: Befristungskontrolle und möglicher Rechtsmissbrauch, wenn zwar der (Teilzeit-)Arbeitsvertrag unbefristet abgeschlossen wurde, aber eine Reihe von sachbefristeten Erhöhungen der Arbeitszeit vorgenommen wird

Bei dieser in der Praxis – nicht nur im Öffentlichen Dienst – immer wieder vorgenommenen Vertragsgestaltung geht es um folgende Situation: Der Arbeitnehmer ist seit mehr oder weniger langer Zeit unbefristet eingestellt, aber nur im Rahmen eines Teilzeitarbeitsverhältnisses (beispielsweise mit 20 Stunden im Monat). Weil allerdings wesentlich mehr Arbeit vorhanden ist, werden immer wieder sachgrundbefristete (Vertretung, vorübergehender Bedarf usw.) Verträge abgeschlossen, mit denen die Arbeitszeit befristet auf 30 bis 40 Stunden angehoben wird. Hier könnte man meinen, dass auf die befristeten »Erhöhungsverträge« die von der Rechtsprechung entwickelte Befristungskontrolle entsprechend anzuwenden wäre. Das Problem ist hier allerdings, dass ein (Teilzeit-)Vertrag auf unbestimmte Zeit abgeschlossen ist und lediglich die Erhöhungen der Arbeitszeit sachgrundbefristet sind. Das Bundesarbeitsgericht vertritt den Standpunkt, dass auf diese Zeiterhöhungsverträge nicht die Rechtsprechung zur Sachgrundbefristungskontrolle angewendet wird, sondern die AGB-Kontrolle, allerdings unter Einbeziehung der Kriterien der Missbrauchskontrolle. Dies bedeutet für die Beurteilung der Frage, ob diese befristeten Erhöhungen der Arbeitszeit wirksam sind:

- Auf der ersten Stufe wird geprüft, ob der jeweils aktuelle Verlängerungsvertrag der befristeten Erhöhung der Arbeitszeit eine unangemessene Benachteiligung des Arbeitnehmers darstellt.
- Auf der zweiten Stufe wird geprüft, ob sich aus der Vielzahl der Verlängerungen der befristeten Erhöhung der Arbeitszeit ein Rechtsmissbrauch darstellen lässt.

Eine durch den Sachgrund nach § 14 Abs. 1 TzBfG gerechtfertigte Befristung kann daher auch in dieser Situation nach den Grundsätzen des institutionellen Rechtsmissbrauchs unwirksam sein. Wenn nach der Zahl der befristeten Verträge und der Dauer des befristeten Arbeitsverhältnisses die Prüfung eines institutionellen Rechtsmissbrauchs veranlasst sein sollte, muss auch in diesen Fällen der zumeist Arbeitnehmer weitere für einen Rechtsmissbrauch sprechende Anhaltspunkte vortragen. Lediglich dann, wenn bereits so viele Verlängerungen vorliegen, dass die Prüfung eines institutionellen Rechtsmissbrauchs aufgrund der Zahl und/oder der Dauer der befristeten Arbeitsverträge offensichtlich ist, hat hier der Arbeitgeber Umstände vorzubringen, die den indizierten Rechtsmissbrauch entkräften, wenn er sich darauf berufen will, dass die Befristung wirksam sein soll (BAG 17.5.2017 – 7 AZR 420/15).

In derartigen Fällen – ganz gleich, ob nur Befristungen oder auch der »Basisvertrag« in Teilzeitarbeit unbefristet und eine Reihe oder gar eine Vielzahl befristeter Erhöhungen der Arbeitszeit gegeben sind – beruft sich der Arbeitgeber zumeist zur Rechtfertigung der Befristungen darauf, er wäre nicht verpflichtet, eine Personalreserve vorzuhalten, und daher könnten die Befristungen in dieser Form mit einem sachlichen Grund abgeschlossen werden. Diese Argumentation ist nicht immer erfolgreich. Ein indizierter Rechtsmissbrauch ist bei einer Befristung zur Vertretung nicht ohne weiteres deshalb beseitigt, weil der Arbeitgeber grundsätzlich nicht dazu verpflichtet ist, eine Personalreserve in Form unbefristet beschäftigter Vertretungskräfte vorzuhalten.

Der Arbeitgeber kann sich allerdings dann nicht auf den Sachgrund der Vertretung berufen, wenn er den befristet beschäftigten Arbeitnehmer über Jahre hinweg dauerhaft als Personalreserve für unterschiedliche Vertretungsfälle »vorhält«. Wenn dem so sein sollte, dann kommt ein unbefristetes Arbeitsverhältnis zustande, auch wenn damit die Gefahr eines zeitweisen Personalüberhangs nicht auszuschließen und bei den Personalplanungen vom Arbeitgeber zu berücksichtigen ist (BAG 17.5.2017 – 7 AZR 420/15).

Sachgrundlose Befristungen mit älteren Beschäftigten

Die vom Gesetzgeber vorgesehene Möglichkeit der sachgrundlosen Befristung mit älteren Arbeitnehmern gemäß § 14 Abs. 3 Satz 1 TzBfG (bis zu fünf Jahren, wenn der Arbeitnehmer über 52 Jahre alt ist und vorher mindestens vier Monate beschäftigungslos war) ist eine fragliche Angelegenheit; schon wegen der Problematik, ob dies möglicherweise eine **Altersdiskriminierung** darstellt. § 14 Abs. 3 Satz 1 TzBfG dürfte – jedenfalls bei erstmaliger Inanspruchnahme durch den Arbeitgeber – keinen verfassungsrechtlichen Bedenken begegnen, wie dies das Bundesarbeitsgericht entschieden hat (28.5.2014 – 7 AZR 360/12). Die Regelung ist mit Art. 12 Abs. 1 GG und auch mit Art. 3 Abs. 1 GG vereinbar. Ob das auch im Falle der wiederholten Inanspruchnahme angenommen werden kann, hat das Bundesarbeitsgericht bisher nicht entschieden. In der Praxis wird davon eher abzuraten sein.

Nach der Rechtsprechung schützen bei der Befristung von Arbeitsverhältnissen die Bestimmungen des TzBfG vor einer unangemessenen Beeinträchtigung des Grundrechts aus Art. 12 Abs. 1 GG (BAG 6.4.2011 – 7 AZR 716/09). Diesem zulässigen Gestaltungsspielraum entspricht es, wenn der Gesetzgeber die Zulässigkeit befristeter Arbeitsverträge mit älteren Arbeitsuchenden geregelt hat, um deren Beschäftigungschancen zu fördern. Mit der auf fünf Jahre begrenzten Höchstbefristungsdauer und den innerhalb dieser Dauer möglichen wiederholten Verlängerungsoptionen wird älteren Arbeitnehmern auch nicht für einen erheblichen Bereich ihrer Lebensarbeitszeit jeglicher arbeitsvertragliche Beendigungsschutz genommen.

IX. Sonstiges

69. Direktionsrecht – kann damit die Bestimmung des Arbeitsorts vorgenommen werden?

Fall:
Eine Arbeitnehmerin hat an den Betriebsrat folgende Frage:
»Vor etwa acht Jahren wurde ich von meiner Arbeitgeberin, einem Einzelhandelsunternehmen, als Controllerin beim Wareneingang eingestellt mit dem Beschäftigungsort in Köln. Dort war ich bisher immer beschäftigt. Wie Sie sicherlich schon mitbekommen haben, soll der Verkaufsstandort in Köln zum 30.9.2017 geschlossen werden. Das vorhandene Controller-Personal wird daher nur mehr in den Verkaufsgeschäften in Düsseldorf, Hamm, Aachen und Bonn eingesetzt. Jetzt wurde ich am 1.10.2017 nach Bonn versetzt. Muss ich den neuen Arbeitsort akzeptieren?«

Darum geht es:
Ist diese Versetzung an den anderen Arbeitsort nach dem Direktionsrecht des Arbeitgebers rechtmäßig oder kann die Maßnahme nur mit einer Änderungskündigung vom Arbeitgeber umgesetzt werden?

Antwort

Die von der Arbeitgeberin ausgesprochene Versetzung ist wirksam. Die Arbeitgeberin war nicht daran gehindert, der Arbeitnehmerin in Ausübung des Direktionsrechts einen anderen als den ursprünglichen Arbeitsort zuzuweisen. Das Versetzungsrecht unterliegt einer **Ausübungskontrolle** nach § 106 GewO. Sie hält sich im konkreten Fall an das billige Ermessen des Arbeitgebers. Das vertragliche Weisungsrecht des Arbeitgebers umfasst regelmäßig die Befugnis, der Arbeitnehmerin unter Beachtung der Kriterien des billigen Ermessens (§ 106 GewO) einen anderen Einsatzort als den bisherigen zuzuweisen (BAG 25.9.2013 – 10 AZR 270/12).

Die Arbeitspflicht der Arbeitnehmerin hat sich nicht dadurch auf den bisherigen Einsatzort konkretisiert, dass sie seit dem Beginn des Arbeitsverhältnisses ausschließlich dort tätig war. Es ist nicht grundsätzlich ausgeschlossen, dass sich Arbeitspflichten, ohne dass darüber ausdrückliche Erklärungen ausgetauscht werden, nach längerer Zeit auf bestimmte Arbeitsbedingungen konkretisieren. Die Nichtausübung des Direktionsrechts seitens des Arbeitgebers über einen längeren Zeitraum begründet aber regelmäßig keinen **Vertrauenstatbestand** dahin gehend, dass der Arbeitgeber von diesem vertraglich und/oder gesetzlich eingeräumten Recht in Zukunft keinen Gebrauch mehr machen will.

Die Nichtausübung des Direktionsrechts – auch in Bezug auf den Ort der zu erbringenden Arbeitsleistung – hat somit keinen Erklärungswert durch den Arbeitgeber. Nur beim Hinzutreten besonderer Umstände, aufgrund derer der Arbeitnehmer darauf vertrauen darf, dass er nicht in anderer Weise eingesetzt werden soll, kann es durch konkludentes Verhalten zu einer vertraglichen Beschränkung der Ausübung des Direktionsrechts kommen. Derartige Umstände sind allerdings im Beispielsfall nicht ersichtlich.

Allein eine lange oder längere Dauer der Arbeit an einem bestimmten Einsatzort lässt keinen Rückschluss darauf zu, es wäre der bisherige Ort der Arbeitsleistung zum vertraglich vereinbarten Arbeitsort geworden.

> **Zusammenfassung:**
> Die Arbeitnehmerin kann nicht mit Erfolg den Standpunkt einnehmen, es würde sich bei der Maßnahme der Arbeitgeberin um eine nur durch Änderungskündigung durchsetzbare Vertragsänderung handeln, weil die Versetzung mit einem erheblichen Eingriff in das Verhältnis von Leistung und Gegenleistung verbunden wäre. Das Direktionsrecht des Arbeitgebers ermöglicht die Maßnahme.

Kontrolle einer örtlichen Versetzungsmaßnahme durch das Direktionsrecht

Der Arbeitgeber hat auch bei der Versetzung in Bezug auf die Ausübung des Leistungsbestimmungsrechts einen – auf betriebliche Gründe beschränkten – nach **billigem Ermessen** auszufüllenden Spielraum. Innerhalb dieses Rahmens können sich dem Arbeitgeber auch mehrere Entscheidungsmöglichkeiten eröffnen; hier konkret: welchen neuen Einsatzort teilt die Arbeitgeberin der Arbeitnehmerin zu? Dem Gericht obliegt bei einer Streitigkeit nach § 315 Abs. 3 Satz 1 BGB die Prüfung der Frage, ob der Arbeitgeber die Grenzen seines Bestimmungsrechts beachtet hat.

Die Leistungsbestimmung nach billigem Ermessen (§ 106 Satz 1 GewO, § 315 BGB) verlangt eine Abwägung der wechselseitigen Interessen nach den gesetzlichen Wertentscheidungen, den allgemeinen Wertungsgrundsätzen der Verhältnismäßigkeit und Angemessenheit sowie der Verkehrssitte und Zumutbarkeit.

In die Abwägung sind alle Umstände des Einzelfalls einzubeziehen. Hierzu gehören die Vorteile aus einer Regelung, die Risikoverteilung zwischen den Vertragsparteien, die beiderseitigen Bedürfnisse, außervertragliche Vor- und Nachteile, Vermögens- und Einkommensverhältnisse sowie soziale Lebensverhältnisse wie familiäre Pflichten und Unterhaltsverpflichtungen.

Unternehmerische Entscheidung

Wenn die Weisung auf einer unternehmerischen Entscheidung beruht, kommt dieser eine besondere Bedeutung zu. Eine unternehmerische Entscheidung führt allerdings nicht dazu, dass die Abwägung mit Interessen des Arbeitnehmers von vornherein nicht möglich wäre und sich die Belange des Arbeitnehmers nur in dem vom Arbeitgeber durch die unternehmerische Entscheidung gesetzten Rahmen auswirken könnten. Das unternehmerische Konzept kann zwar nicht auf seine Zweckmäßigkeit hin überprüft werden (genauso wie bei einer betriebsbedingten Kündigung), es kann aber die Abwägung mit den Belangen des Arbeitnehmers ergeben, dass ein Konzept auch bei Nichtausübung der Versetzung durchsetzbar wäre.

Einladungen zu Personal-/Krankengesprächen außerhalb der Arbeitszeit/während der Krankschreibungsphase?

Diese Rechtsfragen der Ausübung des arbeitgeberseitigen Direktionsrechts haben in letzter Zeit zu einigen gerichtlichen Auseinandersetzungen geführt. Streitpunkt war, dass diese Einladungen zu Gesprächen entweder außerhalb der Arbeitszeit oder während einer Krankschreibungsphase stattfinden sollen. Während der krankheitsbedingten Arbeitsunfähigkeit kann der Arbeitgeber den Arbeitnehmer nur dann anweisen, zu einem Personalgespräch in den Betrieb zu kommen, wenn hierfür ein **dringender betrieblicher Anlass** besteht, der eine Verschiebung der Weisung auf einen Zeitpunkt nach Beendigung der Arbeitsunfähigkeit nicht möglich macht und die persönliche Anwesenheit des Arbeitnehmers im Betrieb dringend erforderlich ist und ihm zugemutet werden kann (BAG 2.11.2016 – 10 AZR 596/15).

Das Direktionsrecht ermöglicht es dem Arbeitgeber, dem Arbeitnehmer bestimmte Aufgaben zuzuweisen und Ort und Zeit der Erledigung verbindlich festzulegen. Das beinhaltet grundsätzlich auch die Berechtigung, den Arbeitnehmer zur Teilnahme an Gesprächen zu verpflichten, in denen der Arbeitgeber Weisungen vorbereiten, erteilen oder ihre Nichterfüllung beanstanden will (BAG 23.6.2009 – 2 AZR 606/08).

In Bezug auf diese leistungssichernden Verhaltenspflichten besteht ebenfalls ein Weisungsrecht des Arbeitgebers nach § 106 GewO. Rechtsgrund für die Neben- oder Verhaltenspflichten ist der vertragliche Wille der Parteien zum Leistungsaustausch. Während der Dauer einer krankheitsbedingten Arbeitsunfähigkeit hat der Arbeitgeber allerdings grundsätzlich kein Weisungsrecht gemäß § 106 GewO, soweit es Pflichten betrifft, von deren Erfüllung der Arbeitnehmer krankheitsbedingt befreit ist. Erfasst ist hierbei die Arbeitspflicht als Hauptleistungspflicht sowie die damit zusammenhängenden Nebenleistungspflichten, welche der Arbeitspflicht nahekommen oder Bestandteil der arbeitsvertraglichen Hauptleistungspflicht sind. Die ärztlich attestierte »Arbeitsunfähigkeit« bezieht sich lediglich auf die arbeitsvertraglich geschuldete Hauptleistung und die unmittelbar mit der Arbeitsleistung zusammenhängenden Nebenleistungspflichten (BAG 2.11.2016 – 10 AZR 596/15).

Pflicht zur Zuweisung eines leidensgerechten Arbeitsplatzes?

Auch diese Frage kann beim Direktionsrecht aktuell werden. Nach § 241 Abs. 2 BGB sind beide Parteien des Arbeitsvertrags zur Rücksichtnahme auf die Rechte, Rechtsgüter und Interessen ihres Vertragspartners verpflichtet. Dies dient dem Schutz und der Förderung des Vertragszwecks. Im Rahmen dieser Pflicht kann es erforderlich sein, dass der Arbeitgeber auf den Wunsch des Arbeitnehmers nach Vertragsanpassung als Reaktion auf unerwartete Änderungen der tatsächlichen Verhältnisse eingehen muss, insbesondere wenn anderenfalls in Dauerschuldverhältnissen ein Unvermögen der Erbringung der Leistung drohen sollte – aus Gründen, die mit einem sich verschlechterten Gesundheitszustand in Zusammenhang stehen können.

Wenn der Arbeitnehmer aufgrund von einer Krankheit und deren Folgen nach Wiedererlangung der Arbeitsfähigkeit nicht mehr dazu in der Lage ist, die vom Arbeitgeber aufgrund seines Direktionsrechts näher bestimmte Leistung zu erbringen, kann es die **Rücksichtnahmepflicht** aus § 241 Abs. 2 BGB erfordern, dass der Arbeitgeber von seinem Direktionsrecht erneut Gebrauch macht und die vom Arbeitnehmer zu erbringende Leistung innerhalb des arbeitsvertraglich vereinbarten Rahmens so konkretisiert, dass dem Arbeitnehmer die Leistungserbringung wieder möglich wird. Die Verpflichtung des Arbeitgebers zu einer Neubestimmung der Tätigkeit des Arbeitnehmers setzt allerdings voraus, dass der Arbeitnehmer die Umsetzung auf einen leidensgerechten Arbeitsplatz verlangt und dem Arbeitgeber mitgeteilt hat, wie er sich seine weitere, die aufgetretenen Leistungshindernisse ausräumende Beschäftigung vorstellt. Wenn diese Voraussetzungen gegeben sein sollten, dann kann der Beschäftigte verlangen, auf einen Arbeitsplatz umgesetzt zu werden, der seinen eingeschränkten gesundheitlichen Gegebenheiten entspricht.

Dem Verlangen muss der Arbeitgeber regelmäßig entsprechen, wenn ihm die in der Zuweisung einer anderen Tätigkeit liegende Neubestimmung der zu bewirkenden Arbeitsleistung zumutbar und rechtlich möglich ist (BAG 19.5.2010 – 5 AZR 162/09). Zumutbar ist dem Arbeitgeber die Zuweisung einer anderen Tätigkeit, wenn dem keine betrieblichen Gründe, zu denen auch wirtschaftliche Erwägungen zählen können, oder die Rücksichtnahmepflicht gegenüber anderen Arbeitnehmern entgegenstehen. Betriebliche Gründe werden in der Regel der Zuweisung einer anderweitigen Tätigkeit nicht entgegenstehen, wenn ein entsprechender Arbeitsplatz frei ist und der Arbeitgeber Bedarf für die Tätigkeit hat. Wenn ein entsprechender Arbeitsplatz nicht frei sein sollte, dann kann die Zuweisung einer anderen Tätigkeit nur durch den Austausch mit anderen Arbeitnehmern erfolgen (BAG 19.5.2010 – 5 AZR 162/09).

70. Wie soll eine Kfz-Überlassung im Arbeitsverhältnis geregelt werden?

Fall:
In einem Arbeitsvertrag ist lediglich vereinbart, dass der Arbeitnehmer während des Bestands des Arbeitsverhältnisses einen Pkw für dienstliche Fahrten überlassen bekommt und dass er für die gestattete private Nutzung eine monatliche Pauschale zu entrichten hat.

Fragen zum Inhalt des Arbeitsverhältnisses

> Bei der Rückgabe des Pkw nach Ablauf der Leasingzeit kommt es wegen Schadensersatzforderungen des Leasingvertragspartners zu Meinungsverschiedenheiten über den altersgemäßen Erhaltungszustand des Pkw. Der Arbeitgeber vertritt den Standpunkt, dass der Arbeitnehmer zumindest einen Teil der Schäden zu erstatten habe, da er zusammen mit seiner Familie den Pkw privat zu »intensiv« genutzt habe.
>
> Der Arbeitnehmer fragt beim Betriebsrat nach, ob er irgendwelche Zahlungen leisten müsse.
>
> **Darum geht es:**
> Muss der Arbeitnehmer Schadensersatz für die Abnutzung an einem dienstlich genutzten Pkw leisten?

Antwort

Hier wurde die Überlassung des Pkw auch zu privaten Zwecken des Arbeitnehmers nicht hinreichend präzise geregelt. Es hätte zumindest der Umfang der gestatteten privaten Nutzung vereinbart werden sollen, um bei Rückgabe des Pkw Streit darüber zu vermeiden, ob der Pkw noch den üblichen altersbedingten Erhaltungszustand aufweist oder durch übermäßige Nutzung im Wert erheblich gemindert wurde. Da eine derartige Vereinbarung nicht getroffen wurde, wird es aus Sicht des Arbeitgebers schwierig, die geltend gemachten Schäden in Bezug auf ein Verschulden des Arbeitnehmers nachweisen zu können.

> **Praxishinweise:**
> Bei einer Vereinbarung sollten folgende Punkte geregelt werden:
> - Der Arbeitgeber stellt dem Arbeitnehmer für seine Tätigkeit ein Firmenfahrzeug zur Verfügung, das dieser auch zu privaten Zwecken nutzen kann. Die private Nutzung des Pkw ist nur dem Mitarbeiter und dessen Ehe- bzw. Lebenspartner gestattet, eine Überlassung des Pkw an Dritte ist untersagt.
> - Soweit es sich bei dem Fahrzeug um ein Leasingfahrzeug handelt, übernimmt der Arbeitgeber die Leasingraten bis zu einer Höhe von ... monatlich. Darüber hinausgehende Leasingraten werden vom Mitarbeiter getragen und bei der Gehaltsabrechnung abgezogen.
> - Gemäß den derzeit geltenden steuerlichen Bestimmungen muss der Mitarbeiter die private Nutzung des Firmenfahrzeugs wie folgt versteuern: ... Einfügung der jeweiligen steuerrechtlichen Situation ...

Kfz-Überlassung im Arbeitsvertrag

- Der Arbeitnehmer übernimmt das Firmenfahrzeug am Firmensitz. Bei Übernahme, Wechsel und Rückgabe des Fahrzeugs ist ein Übernahme-/Rückgabeprotokoll anzufertigen. Der Arbeitnehmer verpflichtet sich, sämtliche Unfallschäden bei Rückgabe ausdrücklich anzugeben. Mit der Unterschrift unter dieses Protokoll bestätigt der Arbeitnehmer die Richtigkeit und Vollständigkeit der Angaben über den Zustand des Firmenwagens.
… ggf. Vereinbarungen der Rückgabe für Zeiten, zu denen nicht gearbeitet wird …
- Der Arbeitgeber übernimmt während der Überlassung des Dienstfahrzeugs alle laufenden Kosten wie Treibstoffkosten, Versicherung und Kfz-Steuer.
- Der Arbeitnehmer muss ständig im Besitz einer für das Firmenfahrzeug gültigen Fahrerlaubnis sein und hat diese bei der Nutzung des Fahrzeugs mitzuführen. Er verpflichtet sich, eine Kopie seiner Fahrerlaubnis beim Arbeitgeber zu hinterlegen und auf Verlangen des Arbeitgebers jederzeit die Originalfahrerlaubnis vorzulegen.
- Der Arbeitnehmer verpflichtet sich fernerhin, das Firmenfahrzeug im nicht besetzten Zustand stets verschlossen zu halten und alle zumutbaren Vorsorgemaßnahmen gegen den Diebstahl des Firmenfahrzeugs zu treffen. Der Arbeitnehmer ist ebenso verpflichtet, das Firmenfahrzeug stets in betriebs- und verkehrssicherem Zustand zu halten. Bei einem Leasingfahrzeug verpflichtet sich der Arbeitnehmer, die Leasingbedingungen einzuhalten, soweit diese Verpflichtungen für den Fahrer des Fahrzeugs enthalten. Schäden, die infolge unsachgemäßer Behandlung an dem Firmenfahrzeug eintreten, ersetzt der Arbeitnehmer.
- Der Arbeitnehmer haftet dem Arbeitgeber für alle Schäden, die durch grob fahrlässiges oder vorsätzliches Handeln eintreten. Hierunter fallen auch Schäden, die durch unsachgemäße Behandlung und/oder mangelnde Wartung eintreten, sowie der Verlust des Fahrzeugs durch Diebstahl aufgrund nicht ordnungsgemäßen Abschließens.
Werden mit dem Firmenfahrzeug Verkehrsordnungswidrigkeiten begangen, trägt der Arbeitnehmer daraus entstehende kostenpflichtige Verwarnungen, Bußgelder und Geldstrafen.
- Der Arbeitnehmer ist verpflichtet, fällige Verschleißreparaturen unverzüglich sowie Wartungen und Inspektionen gemäß Serviceheft vornehmen und im Serviceheft eintragen zu lassen.

71. Wie regelt sich die Angehörigenpflege im Arbeitsrecht?

Fall:
Eine Arbeitnehmerin arbeitet seit dem 1.1.2010 im Büro einer größeren Spedition. Die Arbeitnehmerin ist die einzige noch lebende Angehörige ihrer mittlerweile 84 Jahre alten Mutter. Die Mutter der Arbeitnehmerin ist zwar in körperlicher Hinsicht noch einigermaßen rüstig, ihre Demenzerkrankung schreitet allerdings fort und verschlechtert sich ständig. Die Arbeitnehmerin will wissen, ob ihr die Möglichkeit offensteht, sich für einige Zeit der Pflege ihrer kranken Mutter zu widmen – zumindest bis zu der Zeit, bis möglicherweise eine Pflegeheimunterbringung unerlässlich wird.

Die Spedition vertritt den Standpunkt, dass sie die Mutter sofort in ein Pflegeheim geben solle, weil man auf die Arbeitskraft der Angestellten dringend angewiesen wäre. Sie sei die einzige Beschäftigte in der Spedition, die sich mit den Formalien der Auftragserteilung und der Auftragsabwicklung in den osteuropäischen Ländern auskenne, zudem spreche sie auch noch fließend Russisch. Daher könne man sie nicht für eine längere Zeit entbehren.

Darum geht es:
Unter welchen Voraussetzungen kann Pflegezeit in Anspruch genommen werden?

Antwort

§ 1 PflegeZG ermöglicht es den Arbeitnehmern, nahe Angehörige in häuslicher Umgebung zu pflegen. Das Pflegezeitgesetz (PflegeZG) soll die Vereinbarkeit von Pflegeleistungen und dem Beruf herbeiführen. Hierbei wird der Personenkreis der nahen Angehörigen in § 7 Abs. 3 PflegeZG definiert: Die Mutter einer Arbeitnehmerin fällt eindeutig unter den Begriff der nahen Angehörigen. Im Bereich der »weiteren Angehörigen« ist allerdings zu beachten, dass Onkel und Tanten, Stiefeltern und Stiefkinder sowie Adoptiv- und Pflegekinder des Partners einer eheähnlichen Gemeinschaft keine nahen Angehörigen im Sinne des Pflegezeitgesetzes sind. Ob dies mit verfassungsrechtlichen Grundsätzen vereinbar ist, bleibt abzuwarten. Der Begriff der Pflegebedürftigkeit entspricht im Pflegezeitgesetz demjenigen des Sozialversicherungsrechts (§§ 14, 15 SGB XI).

Wenn ein akuter Pflegebedarf auftreten sollte, hat die oder der Beschäftigte die Möglichkeit, nach § 2 PflegeZG eine kurzfristige Arbeitsverhinderung beim Arbeitgeber geltend zu machen. Sollte allerdings – wie im Beispielsfall – ein vorhersehbarer und längerer Pflegebedarf bestehen, ist es geboten, beim Arbeitgeber die Freistellung wegen der Pflegezeit zu verlangen.

> **Zusammenfassung:**
> In beiden Situationen besteht zugunsten der Beschäftigten vom Zeitpunkt der Ankündigung der Arbeitsunterbrechung an der Sonderkündigungsschutz gemäß § 5 Abs. 1 PflegeZG. Die Angestellte braucht also nicht zu befürchten, dass dann, wenn sie den Wunsch nach der Pflegezeit beim Arbeitgeber äußern sollte, die Spedition – möglicherweise aus Verärgerung über diesen Antrag, weil sie ihre Mutter nicht unverzüglich in ein Heim bringt – das Arbeitsverhältnis kündigt. In der Praxis ist es von erheblicher Bedeutung, dass dieser Sonderkündigungsschutz ab der Ankündigung der Pflegezeit besteht. Wann dann im Einzelfall die Pflegezeit angetreten wird, ist in diesem Zusammenhang unerheblich.

Wichtige Begriffe

Akuter Pflegebedarf

Im Fall einer plötzlich auftretenden Pflegesituation – im Beispielsfall etwa dann, wenn sich von einem Tag auf den anderen die Demenzsituation der Mutter der Arbeitnehmerin erheblich verschlechtern sollte – hat die Arbeitnehmerin nach § 2 Abs. 1 PflegeZG die Möglichkeit, erforderlichenfalls bis zu zehn Arbeitstage der Arbeit fernzubleiben, um eine Pflege zu organisieren oder eine entsprechende Versorgung sicherzustellen.

Bei Vollzeitbeschäftigten weist die Angabe dieser zehn Tage im Gesetzestext keine Probleme auf, allerdings kann die Länge der möglichen Zeit bei Teilzeitbeschäftigten problematisch werden; haben sie ein Recht auf zehn Arbeitstage, was im Einzelfall deutlich länger als zwei Wochen sein kann, oder nur ein entsprechendes Recht auf zehn hintereinander liegende Arbeitstage, unabhängig davon, an wie vielen Tagen sie gearbeitet hätten? Da es hier um eine kurzzeitige Pflege geht, spricht eher einiges für die Bejahung des Rechts an zehn hintereinander liegenden Arbeitstagen der Teilzeitbeschäftigten.

Sonstiger Pflegebedarf

Nach der Bestimmung des § 3 Abs. 1 PflegeZG sind Beschäftigte dann von der Arbeitsleistungspflicht seitens des Arbeitgebers freizustellen, wenn sie einen pflegebedürftigen nahen Angehörigen in häuslicher Umgebung pflegen; dies kann sowohl im Haushalt der zu pflegenden Person als auch im Haushalt der oder des Beschäftigten stattfinden. Anders als beim akuten Pflegebedarf, auch »kleine Pflegezeit« genannt, beinhaltet die Bestimmung des § 3 Abs. 1 PflegeZG zugunsten des Beschäftigten einen echten arbeitsrechtlichen Freistellungsanspruch (Erfurter Kommentar zum Abeitsrecht/Gallner, 530 PflegeZG § 3 Rn. 4). Ähnlich wie bei den Regelungen der Inanspruchnahme der Elternzeit nach §§ 15, 16 BEEG muss dies beim Arbeitgeber vorher angekündigt werden, und dem Arbeitgeber ist der gewünschte Zeitraum mitzuteilen.

Es ist in diesen Situationen nicht erforderlich, dass es immer um eine vollständige Freistellung gehen muss, sondern die Freistellung von der Arbeitspflicht kann auch teilweise erfolgen. Das erfordert aber dann immer, dass zwischen dem Beschäftigten und dem Arbeitgeber eine schriftliche und einvernehmliche Regelung über die Verteilung der Arbeitszeit herbeigeführt wird. Von der Dauer her gesehen bestimmt § 3 Abs. 4 PflegeZG, dass diese Freistellung für bis zu sechs Monate beantragt werden kann, die sechs Monate müssen allerdings nicht immer voll ausgeschöpft werden.

Weil das Arbeitsverhältnis während der Pflegezeit als ein ruhendes anzusehen ist, besteht kein Anspruch, während der Pflegezeit die Lohnzahlung zu erhalten; die Bestimmung des § 616 BGB ist ebenfalls nicht anwendbar. Allerdings erwirbt die Arbeitnehmerin oder der Arbeitnehmer während der Dauer der Pflegezeit den Monat für Monat entstehenden Urlaubsanspruch, weil im Pflegezeitgesetz eine dem § 17 Abs. 1 BEEG vergleichbare Regelung gerade nicht enthalten ist.

Lediglich eine rechtliche Möglichkeit – kein Freistellungsanspruch

Auch wenn das Pflegezeitgesetz von einem »Recht« des Beschäftigten spricht, geht die allgemeine Ansicht bei dieser Situation davon aus, dass es sich um keinen »echten« Anspruch des Arbeitnehmers auf eine arbeitsrechtliche Freistellung handelt. Die Bestimmung des § 2 Abs. 1 PflegeZG beinhaltet lediglich ein Leistungsverweigerungsrecht der Arbeitnehmerin oder des Arbeitnehmers. Das bedeutet in rechtlicher Hinsicht, dass Beschäftigte selbst dafür sorgen und auch dafür einstehen müssen, dass die Voraussetzungen der gesetzlichen Bestimmung gegeben sind und die Arbeitsleistung in berechtigter Weise zurückgehalten wird.

Wenn das nicht der Fall sein sollte, weil beispielsweise ein »Pflegefall« falsch eingeordnet wird und er bei späterer Überprüfung der Angelegenheit gar nicht vorgelegen hat, verletzt der Arbeitnehmer seine Arbeitspflichten, und er kann vom Arbeitgeber deswegen abgemahnt und ihm kann im Wiederholungsfall auch gekündigt werden.

In Zweifelsfällen ist daher anzuraten, bei der Einschätzung eines »Pflegefalls« nicht auf die eigene Sicht der Dinge zu verlassen, sondern eine medizinische Stellungnahme einzuholen. Nur dann ist das Risiko, bei der Beurteilung einer Pflegebedürftigkeit eine Fehleinschätzung und damit auch eine Vertragspflichtverletzung begangen zu haben, minimierbar.

Nur eine eingeschränkte Entgeltfortzahlungspflicht
Nach der Bestimmung des § 2 Abs. 3 PflegeZG ist der Arbeitgeber nur in denjenigen Situationen dazu verpflichtet, die Entgeltfortzahlung zu leisten, wenn es sich aus einer gesetzlichen Bestimmung oder aus einer getroffenen Vereinbarung so ergeben sollte. Das PflegeZG sieht allerdings keinen eigenständigen entgeltfortzahlungsrechtlichen Anspruch vor. Bislang existieren in der arbeitsrechtlichen Praxis so gut wie keine kollektivrechtlichen Vereinbarungen über eine Entgeltfortzahlungspflicht, und auch einzelarbeitsvertragliche Vereinbarungen kommen bisher kaum vor, weil sie der Arbeitgeber nicht abschließen wird.

Folgende Situationen können hier von Bedeutung werden:
- Wenn Arbeitnehmer ein erkranktes Kind zu Hause betreuen müssen, regelt § 45 SGB V einen Anspruch auf bezahlte Freistellung, der auch eine Leistung von Krankengeld durch die Krankenkasse beinhalten kann.
- § 616 BGB kann als Anspruchsgrundlage herangezogen werden. Hiernach verliert ein Arbeitnehmer den Lohnanspruch dann nicht, wenn er für eine verhältnismäßig kurze, unerhebliche Zeit an der Arbeitsleistung verhindert ist. Hier ist dann allerdings der Begriff der »Angehörigen« wesentlich enger gefasst als im Pflegezeitgesetz. Fernerhin ist zu beachten, dass nach der Bestimmung des § 616 BGB regelmäßig nur etwa fünf bis acht Tage als ein unerheblicher Zeitraum angesehen werden können.
- Für Auszubildende besteht in § 19 Abs. 1 Nr. 2b BBiG eine Sonderregelung.

72. Hat ein schwerbehinderter Arbeitnehmer Anspruch auf eine Beschäftigung, die seinen Fähigkeiten und Leistungen entspricht?

Fall:
Zum Betriebsrat kommt ein Arbeitnehmer, der schwerbehindert ist (70 % Grad der Behinderung). Beruflich ist er ausgebildeter Datenverarbeitungskaufmann. Seit seiner Einstellung vor etwa neun Jahren wird der Arbeitnehmer bei der Arbeitgeberin nicht als Datenverarbeitungskaufmann beschäftigt, sondern als technischer Zeichner zur Auftragsvorbereitung und Modellerfassung. Seine Aufgabe ist es, die Modelle für den Glaszuschnitt eines Herstellers von Duschkabinen in die EDV einzugeben. Diese Tätigkeit gilt eher als monoton und stellt nicht allzu hohe Anforderungen.
Am 1.2.2018 stellte die Arbeitgeberin einen weiteren Arbeitnehmer als Datenverarbeitungskaufmann ein. Dieser Arbeitnehmer ist nicht schwerbehindert. Der Arbeitnehmer wird mit höherwertigen Aufgaben im Bereich der Datenverarbeitung beschäftigt, vor allem mit dem Datenaustausch der Kunden und der Lieferanten, aber auch mit dem »Qualitätsmanagement« und der Produktoptimierung. Derartige Aufgaben hatte er schon jahrelang vorher bei einem Konkurrenzunternehmen verrichtet und wurde bei diesem abgeworben. Die Tätigkeit erfordert ein gutes Wissen in allen Bereichen der EDV und ist wesentlich besser bezahlt als die Eingabe der Maße für Duschkabinen, da mit dieser Funktion eine Abteilungsleiterstellung verbunden ist.
Der schwerbehinderte Arbeitnehmer beklagt sich massiv beim Betriebsrat und möchte wissen, was er in dieser Sache unternehmen kann. Eigentlich hätte ihm diese Position zugestanden, denn er habe sich mittlerweile in diese Aufgaben ebenso gut eingearbeitet wie der eingestellte Arbeitnehmer. Er fühlt sich durch die Nichtberücksichtigung als Schwerbehinderter diskriminiert.

Darum geht es:
In welcher Situation kann angenommen werden, dass Schwerbehinderte bei der beruflichen Entwicklung benachteiligt werden?

Antwort

Dieser Fall behandelt die Problematik der Beschäftigten von Schwerbehinderten; er enthält zwei Aspekte:
1. Ist die Nichtberücksichtigung bei der Abteilungsleiterstelle eine schwerbehindertenspezifische Diskriminierung?
2. Kann der Beschäftigte zumindest verlangen, auch andere, etwas anspruchsvollere Arbeiten zu bekommen?

1. Keine Diskriminierung

Die Entscheidung der Arbeitgeberin, dem schwerbehinderten Arbeitnehmer nicht die Abteilungsleiterstellung anzutragen, sondern einen anderen Beschäftigten dafür vorzusehen, stellt keine unzulässige Diskriminierung eines schwerbehinderten Arbeitnehmers im Sinne des § 164 Abs. 4 Satz 1 Nr. 1 SGB IX dar. Das schwerbehindertenrechtliche Benachteiligungsverbot des § 164 Abs. 2 SGB IX betrifft alle Arbeitgeber, die Schwerbehinderte beschäftigen. Das Benachteiligungsverbot soll verhindern, dass ein schwerbehinderter Arbeitnehmer bei gleicher Eignung und in Situationen, bei denen er den Ansprüchen eines anderen Arbeitsplatzes entspricht, nur deshalb entweder nicht eingestellt oder für höherwertige Aufgaben im Betrieb (wenn er bereits eingestellt ist) nur deshalb nicht in Betracht kommt, weil er unter den Bereich des SGB IX fällt. Derartige Diskriminierungen unterbindet die Bestimmung des § 164 Abs. 2 SGB IX.

Mit dem arbeitsrechtlichen Benachteiligungsverbot von schwerbehinderten Menschen wurde die Bestimmung der Richtlinie 2000/78/EG umgesetzt. Ausnahmen sind allerdings dann zulässig, wenn für die auszuübende Tätigkeit eines schwerbehinderten Mitarbeiters eine **wesentliche und entscheidende Anforderung** fehlt. Dieses gilt sowohl bei der Begründung des Arbeitsverhältnisses als auch in Situationen, in denen es darum geht, ob einem schwerbehinderten Arbeitnehmer aus berechtigten Gründen oder aus sachlichen Erwägungen Beförderungsstellen oder sonstige höherwertige Arbeitsstellen nicht angeboten wurden.

Eine unterschiedliche Behandlung ist nur gerechtfertigt, wenn ein Ausgleich durch Maßnahmen nach § 164 Abs. 4 SGB IX nicht möglich ist oder mit unzumutbaren Aufwendungen verbunden wäre. Wesentlich und entscheidend sind die beruflichen Anforderungen nur, wenn die Tätigkeit wegen der Behinderung nicht ordnungsgemäß ausgeübt werden könnte.

> **Zusammenfassung:**
> Sofern der schwerbehinderte Beschäftigte insofern gegen den Arbeitgeber gerichtlich vorgehen will, muss er die Tatsachen glaubhaft machen, welche die Benachteiligung wegen der Behinderung vermuten lassen. Da der Arbeitgeber die für die Tätigkeit erforderlichen Gegebenheiten und Anforderungen kennt, er auch diejenige Person ist, die über die Details der individuellen Anforderungen am Arbeitsplatz die Kenntnisse hat, hat er in dieser prozessualen Situation die Beweislast dafür, dass sachliche Gründe oder die Grundlagen für die Ausnahme vorliegen sollen. Im Beispielsfall dürfte dies schwierig weden, da der neu eingestellte Beschäftigte aufgrund der bisherigen beruflichen Tätigkeit besser qualifiziert ist. Dies spricht deutlich gegen die Annahme einer Diskriminierung.

2. Anspruch auf Abänderung der Tätigkeit?

Zusätzlich stellt sich die Frage, ob der schwerbehinderte Beschäftigte dann zumindest durchsetzen kann, dass er nicht stets die monotonen Arbeiten – Eingabe der Maße der Daten für die Duschkabinen – ausführen muss, sondern etwas abwechslungsreichere Tätigkeiten ausüben kann.

Der schwerbehinderte Arbeitnehmer, der seit dem Zeitpunkt der Begründung des Arbeitsverhältnisses bei der Arbeitgeberin mit der Eingabe der Daten des Zuschnitts von Duschkabinen beschäftigt war und dies nach wie vor ist, hat einen Anspruch darauf, entsprechend seiner beruflichen Qualifikation als Datenverarbeitungskaufmann allgemein beschäftigt zu werden – nicht nur mit den bisher ausgeübten Arbeiten, sondern auch mit solchen, die im weiteren Sinne mit dem Begriff eines Datenverarbeitungskaufmanns in Zusammenhang stehen. Allerdings hat der Arbeitnehmer in diesem Bereich keinen Anspruch darauf, dass ihm ein bestimmter, derzeit möglicherweise besetzter Arbeitsplatzbereich übertragen wird.

Der Arbeitgeber ist nur verpflichtet, die Arbeiten innerhalb der Dateneingabe und der Datenverarbeitung so zu verteilen, dass eine ausgewogene Struktur herbeigeführt werden kann, wobei auch der Umstand zu berücksichtigen ist, inwieweit hier im Rahmen des Direktionsrechts Änderungen vorgenommen werden können. Mit diesen Einschränkungen hat der Beschäftigte gewisse Chancen, einen teilweise anderen Arbeitsbereich zu erhalten.

Wichtige Begriffe

Anspruch auf angemessene Beschäftigung

Das Bundesarbeitsgericht (BAG 10. 5. 2005 – 9 AZR 230/04) hat entschieden, dass der schwerbehinderte Mensch einen Anspruch auf eine behinderungsgerechte Beschäftigung nach § 164 Abs. 4 Nr. 1 SGB IX hat, wenn er Beschäftigungsmöglichkeiten aufzeigt, die seinem infolge der Behinderung eingeschränkten Leistungsvermögen und seinen Fähigkeiten und Kenntnissen entsprechen. Der Arbeitgeber muss sich in diesen Situationen dann substantiiert dahin gehend einlassen und die Tatsachen vortragen, aus denen sich ergeben soll, dass solche behinderungsgerechte Beschäftigungsmöglichkeiten nicht bestehen oder ihm deren Zuweisung unzumutbar ist.

Hierzu gehört auch die Darlegung, dass kein entsprechender freier Arbeitsplatz vorhanden ist und auch nicht durch Versetzung freigemacht werden kann. Es obliegt sodann dem Arbeitnehmer, den Nachweis zu erbringen, dass entgegen der Behauptung des Arbeitgebers ein freier Arbeitsplatz zur Verfügung steht oder vom Arbeitgeber freigemacht werden kann. Eine Unzumutbarkeit der Beschäftigung des Arbeitnehmers hat der Arbeitgeber sowohl darzulegen als auch zu beweisen.

Anspruch auf Teilnahme an Maßnahmen der beruflichen Fortbildung

Der schwerbehinderte Arbeitnehmer hat einen Anspruch auf Bevorzugung bei der Teilnahme bei einer innerbetrieblichen Maßnahme der Berufsbildung; diese Förderungspflicht besteht allerdings lediglich im Rahmen der Kenntnisse und Fähigkeiten des Schwerbehinderten. Hierauf hat daher der schwerbehinderte Arbeitnehmer einen klagbaren Anspruch, weil er bei gleichen Voraussetzungen zunächst Anspruch auf diese Förderungen vor anderen, nicht schwerbehinderten Arbeitnehmern hat. Der schwerbehinderte Mitarbeiter ist daher so zu beschäftigen, dass er sich seinen Fähigkeiten und Kenntnissen entsprechend weiterentwickeln kann. Hieraus ergibt sich eine **Förderungspflicht** im Rahmen der Fähigkeiten und Kenntnisse des schwerbehinderten Mitarbeiters und der betrieblichen Möglichkeiten.

Wenn der schwerbehinderte Mitarbeiter durch Prüfungen und Fortbildungen zusätzliche Kenntnisse erwirbt, ist er bei Eignung im Übrigen auf einer entsprechenden höherwertigen Stelle zu beschäftigen. Daher stellt die Situation der Berufsförderung ein wesentliches Kriterium dar, spätere mögliche Diskriminierungen zu vermeiden. Die Förderungspflicht besteht jederzeit im Rahmen der betrieblichen Möglichkeiten, also nicht erst dann, wenn es um konkrete Bewerbungen für einen anderen oder einen höherwertigen Arbeitsplatz geht, sondern bereits dann, wenn es um berufliche Perspektiven gehen sollte, die das Ziel haben, sich fortzuentwickeln oder am beruflichen Aufstieg durch Berufsförderung teilzunehmen (§ 164 Abs. 3 und 4 SGB IX).

> **Praxishinweise für das Bewerbungsverfahren:**
> Kann ein schwerbehinderter Beschäftigter oder Bewerber Indizien dahin gehend beweisen, die auf eine Benachteiligung wegen seiner Behinderung schließen lassen, trägt der Arbeitgeber nach § 22 AGG die Beweislast dafür, dass kein Verstoß gegen die Bestimmungen zum Schutz vor Benachteiligungen vorliegt. Die Vermutung eines Verstoßes gegen das Verbot der Benachteiligung schwerbehinderter Menschen aus § 164 Abs. 2 Satz 1 SGB IX kann sich auch aus einer unterbliebenen Einladung zum Vorstellungsgespräch aus der Bestimmung des § 165 Satz 2 SGB IX ableiten lassen (BAG 21.7.2009 – 9 AZR 431/08).
> Der Entschädigungsanspruch setzt immer einen Verstoß gegen das in § 164 Abs. 2 Satz 1 SGB IX geregelte Verbot der Benachteiligung schwerbehinderter Beschäftigter voraus. Hiernach darf der Schwerbehinderte nicht »wegen seiner Behinderung« benachteiligt werden. Die Behinderung muss (mit)ursächlich für die benachteiligende Handlung gewesen sein. Das ist stets dann ausgeschlossen, wenn der Arbeitgeber beweist, dass ausschließlich andere Gründe erheblich waren. Diesen Beweis kann er auch mit solchen Gründen führen, welche die Benachteiligung nicht ohne weiteres objektiv sachlich rechtfertigen. Die Bestimmungen in § 164 Abs. 2 Satz 1 SGB IX, § 165 Satz 2 SGB IX in Verbindung mit § 15 Abs. 2 AGG schützen somit auch das Recht des Bewerbers auf ein diskriminierungsfreies Bewerbungsverfahren.

73. Sind Videoaufzeichnungen am Arbeitsplatz zulässig?

> **Fall:**
> Ein Arbeitnehmer des Autohauses Krammer in Hamm kommt zum Betriebsrat und hat folgende Frage:
> »Seit etwa fünf Jahren bin ich Autoverkäufer im Autohaus. Vor einiger Zeit hat das Autohaus einen neuen Ausstellungsraum für Neuwagen bekommen, in dem auch zumeist die Verkaufsgespräche mit den Kunden geführt werden. Wegen der – unstreitig vorkommen-

den – Diebstähle von ›Kunden‹ des Autohauses (es wurden bereits wertvolle Felgen gestohlen!) hat die Firmenleitung beschlossen, den Ausstellungsraum mit einer Videoüberwachung auszustatten. Der Betriebsrat hat dem zugestimmt. Ich sehe ja ein, dass ›Kunden‹ immer diebischer werden und teilweise alles mitnehmen, was sie brauchen können, sogar Deko-Waren, aber es passt mir gar nicht, dass meine Verkaufsgespräche mit den Kunden aufgezeichnet werden. Kann man dagegen etwas unternehmen?«

Darum geht es:
Inwieweit sind Bildaufnahmen am Arbeitsplatz zulässig?

Antwort

Einigkeit besteht dahin gehend, dass das allgemeine Persönlichkeitsrecht eines Arbeitnehmers immer dann verletzt ist, wenn der Arbeitgeber heimliche Videoaufzeichnungen des Arbeitnehmers am Arbeitsplatz macht (Schaub, Arbeitsrechts-Handbuch, § 3 Rn. 7 und § 53 Rn. 27). Hier geht es allerdings nicht um heimliche Aufzeichnungen, denn dem Arbeitnehmer ist bekannt, dass der Verkaufsraum überwacht wird und dass diese Aufzeichnungen gemacht werden, in erster Linie deshalb, um Diebstähle zu verhindern und ggf. erfolgte Diebstähle leichter aufklären zu können.

Zusammenfassung:
Videoaufzeichnungen am Arbeitsplatz werden von der Rechtsprechung zugelassen, wenn der Verdacht von strafbaren Handlungen besteht und/oder der Arbeitgeber einem deutlich höheren Risiko der Begehung von Straftaten ausgesetzt ist, als dies in anderen Arbeitsbereichen der Fall ist. Ob zu befürchtende Straftaten aus der Sphäre der Arbeitnehmer oder anderer Personen – hier »Kunden« des Autohauses – kommen, ist grundsätzlich unerheblich (BAG 21.6.2012 – 2 AZR 153/11).

Diese Entscheidung des Bundesarbeitsgerichts erging allerdings zum Bereich einer Kündigung eines Beschäftigten aus verhaltensbedingten Gründen und um die Frage eines **Beweisverwertungsverbots**. Die heimliche Videoüberwachung eines Arbeitnehmers wurde lediglich dann für zulässig erachtet, wenn der konkrete Verdacht einer strafbaren Handlung oder einer anderen schweren Verfehlung zulasten des Arbeitgebers besteht, weniger einschneidende Mittel zur Aufklärung des Verdachts nicht bestanden haben, die verdeckte Videoüberwachung damit praktisch das einzig verbleibende Mittel darstellt und sie insgesamt nicht unverhältnismäßig ist.

Darum geht es bei der hier relevanten Frage allerdings nicht; ausschließlich »Kunden« stehen im Verdacht, möglicherweise zu stehlen, und sie haben dies in der Vergangenheit auch schon getan und deshalb – und nur deshalb – wurde das Aufzeichnungsgerät im Verkaufsraum installiert. Allerdings fühlt sich dadurch ein Arbeitnehmer in seinem Persönlichkeitsrecht beeinträchtigt.

Zusammenfassung:
Da der Arbeitgeber keinerlei Verdachtsmomente gegen die Beschäftigten in Bezug auf Eigentumsdelikte hat, nur »Kunden« bei ihrem Verhalten im Autohaus sozusagen überwacht und »aufgezeichnet« werden sollen, lässt sich der Standpunkt vertreten, dass das Autohaus aus berechtigten Gründen die Maßnahme vorgenommen hat und daher das Persönlichkeitsrecht des betreffenden Autoverkäufers nicht in unzulässiger Form beeinträchtigt wird. Dass die Maßnahme auch einen mehr oder weniger ausgeprägten überwachenden Charakter der Beschäftigten hat, kann nicht ausgeschlossen werden.

Praxishinweis:
Mittlerweile gibt es einige Entscheidungen, die zu den heimlichen Videoaufzeichnungen von Beschäftigten am Arbeitsplatz durch den Arbeitgeber ergangen sind, bei denen sich keine oder keine konkreten Taten oder Vertragspflichtverletzungen des Beschäftigten nachweisen ließen. So wurde ein Arbeitgeber zur Zahlung einer Entschädigung wegen Verletzung des allgemeinen Persönlichkeitsrechts einer Arbeitnehmerin verurteilt, weil der Arbeitgeber einen Detektiv mit einer Krankenkontrolle beauftragt hat. Der Detektiv hat die Arbeitnehmerin an vier Tagen verdeckt überwacht und dabei heimlich sieben Videosequenzen aufgezeichnet, welche die Arbeitnehmerin im äußeren Zugangsbereich ihrer Wohnung und in und vor einem Waschsalon zeigen. Standfotos der Aufzeichnungen fanden sich in dem vom Arbeitgeber bei Gericht eingereichten Observationsbericht. Auf Antrag des Arbeitgebers hat der Detektiv die Videosequenzen auf Anfor-

derung durch das Arbeitsgericht zur Gerichtsakte gereicht (LAG Hamm 11.7.2013 – 11 Sa 312/13).
Diese Entscheidungen befassen sich allerdings meist mit **heimlichen Aufzeichnungen** und ggf. mit der Frage einer Entschädigungspflicht des Arbeitgebers wegen der Verletzung des Persönlichkeitsrechts. Ob die von der Rechtsprechung entwickelten Grundsätze auch auf Situationen anwendbar sind, in welchen den Beschäftigten bekannt ist, dass Videoaufzeichnungen gemacht werden, mit denen sie allerdings nicht einverstanden sind und die der Arbeitgeber nur wegen vermuteter rechtswidriger Taten durch dritte Personen vornimmt, ist eine noch nicht geklärte Rechtsfrage. Auch bei diesen Aufzeichnungen wird das allgemeine Persönlichkeitsrecht der betroffenen Beschäftigten tangiert sein, aber meist werden hier die berechtigten betrieblichen Interessen des Arbeitgebers überwiegen. Um die Eingriffe in das Persönlichkeitsrecht in Grenzen zu halten, ist es Sache des Betriebsrats, beim gegebenen Mitbestimmungsrecht nach § 87 Abs. 1 Nr. 1 BetrVG auf die Belange der betroffenen Beschäftigten zu achten.

Verletzung des allgemeinen Persönlichkeitsrechts bei Observationen am Arbeitsplatz

Wenn heimliche Observationen am Arbeitsplatz durchgeführt werden, zumeist mit externen Ermittlern und entsprechenden Aufzeichnungen, kannproblematisch werden, ob sich dadurch der Arbeitgeber schadensersatzpflichtig gemacht hat. Ein auf § 823 Abs. 1 BGB gestützter Anspruch auf Entschädigung wegen einer schweren Persönlichkeitsrechtsverletzung setzt voraus, dass die Beeinträchtigung nicht auf andere Weise ausgeglichen werden kann. Die Zubilligung einer Geldentschädigung bei einer schweren **Persönlichkeitsrechtsverletzung** beruht darauf, dass ohne einen solchen Anspruch Verletzungen der Würde und Ehre des Menschen zumeist ohne Sanktion bleiben würden. Bei dieser Entschädigung steht – anders als beim Schmerzensgeld – regelmäßig der Gesichtspunkt der Genugtuung im Vordergrund. Ob tatsächlich bei Observationsmaßnahmen eine derart schwerwiegende Verletzung des Persönlichkeitsrechts vorliegt, dass die Zahlung einer Geldentschädigung erforderlich ist, kann nur aufgrund der gesamten Umstände des Einzelfalls beurteilt werden (BAG 19.2.2015 – 8 AZR 1007/13). Je erheblicher die Verdachtsmomente gegen einen Beschäftigten sind, desto eher sind die Observationen gerechtfertigt.

> **Zusammenfassung:**
> Wenn es beispielsweise um das Vortäuschen einer Arbeitsunfähigkeit gehen sollte, dann müssen angesichts des hohen Beweiswertes

> einer ärztlichen Arbeitsunfähigkeitsbescheinigung zumindest begründete Zweifel an der Richtigkeit dieser ärztlichen Bescheinigung vom Arbeitgeber aufgezeigt werden, um den Beweiswert der Bescheinigung zu erschüttern.

74. Wie weit geht das Recht am eigenen Bild?

Fall:
Da dem Autoverkäufer aus Frage 73 der Zustand mit der Videoaufzeichnung nicht behagte, nutzte er drei Monate später die sich bietende Möglichkeit und begann bei einem anderen Autohaus in Hamm seine Tätigkeit, in dem keine Videos aufgezeichnet werden. Mit Wirkung zum 30.6.2018 hat er beim Autohaus Krammer sein Arbeitsverhältnis beendet.
Am 21.7.2018 hat er durch Zufall bemerkt, dass er im Internetauftritt von Krammer immer noch auf dem Bild aller Verkäufer enthalten ist. Bei den einzelnen Ansprechpartnern im Verkauf wurde sein Bild zwar mittlerweile gelöscht und durch die neu eingetretene Autoverkäuferin ersetzt, auf dem Bild aller Autoverkäufer, insgesamt fünf Personen, ist er aber immer noch mit dabei. Dieses Foto trägt die Überschrift: Unsere erfolgreichen Neu- und Gebrauchtwagenverkäufer (Stand: 1.2.2018).
Er will wissen, ob das Autohaus verpflichtet ist, dieses Gruppenbild sofort aus dem Internet zu nehmen oder zumindest dafür zu sorgen, dass er auf diesem Bild entfernt wird. Das Autohaus Krammer meint, dass dieses Gruppenbild nur einmal jährlich jeweils zum 1.2. aktualisiert wird – so lange müsse er dies wohl dulden.

Darum geht es:
Ist die Verwendung von Bildnissen der Beschäftigten, die nicht mehr im Betrieb arbeiten, bei Firmenauftritten zulässig?

Antwort

Ob das Gruppenfoto der Autoverkäufer aus dem Internetauftritt heraus genommen werden muss oder bis zur nächsten Aktualisierung verbleiben kann, ist eine umstrittene Angelegenheit. Auch wenn in der Praxis auf Verlangen einzelner – ausgeschiedener – Arbeitnehmer vom Arbeitgeber zumeist das Verlangen, ein derartiges Foto durch ein aktuelles zu ersetzen, schon wegen der eigenen »Imagepflege« umgesetzt wird, kommt es auch vor, dass bereits ausgeschiedene Beschäftigte noch für einige Zeit im Internetauftritt verbleiben.

Eine vom Arbeitnehmer – vormals, mithin während des Bestehens des Arbeitsverhältnisses – erteilte Einwilligung zur Verwendung eines Beschäftigtenfotos kann über die Beendigung des Arbeitsverhältnisses hinausreichen, wenn das Foto nur den allgemeinen Illustrationszwecken dient und der (ehemalige) Arbeitnehmer nicht besonders herausgestellt wird. Widerrufsbefugnisse unterliegen – wie Rechtsausübungen im Allgemeinen – auch im Arbeitsrecht dem Grundsatz von Treu und Glauben. Zum Persönlichkeitsrecht eines Arbeitnehmers gemäß Art. 1 Abs. 1, Art. 2 Abs. 1 GG gehört auch das **Recht am eigenen Bild**, das nach der Bestimmung des § 22 Satz 1 KunstUrhG nicht ohne Einwilligung des Abgebildeten durch Verbreitung oder öffentliche Zurschaustellung gestört werden darf (LAG Rheinland-Pfalz 30. 11. 2012 – 6 Sa 271/12).

> **Zusammenfassung:**
> Als Anspruchsgrundlage für die Entfernung von Bildern und Bildnissen des Arbeitnehmers nach Beendigung des Arbeitsverhältnisses kommen die Bestimmungen der § 1004 Abs. 1 Satz 2, § 823 Abs. 1, Abs. 2 BGB in Verbindung mit den §§ 22, 23 KunstUrhG und Art. 1 Abs. 1, Art. 2 Abs. 1 GG in Betracht. Nach der Rechtsprechung des Bundesgerichtshofs ist die Zulässigkeit von Bildveröffentlichungen nach §§ 22, 23 KunstUrhG zu beurteilen (BGH 8. 4. 2014 – VI ZR 197/13). Das Persönlichkeitsrecht ist betroffen, wenn die abgebildete Person überhaupt erkennbar und individualisierbar ist. Wenn dem so sein sollte, dann kann die Veröffentlichung von Bildern ohne Einwilligung geschehen. Dagegen dürfen Bildnisse (auf denen die Person genau erkannt werden kann, etwa Porträt- oder Gruppenaufnahmen) grundsätzlich nur mit deren Einwilligung verbreitet werden (§ 22 Satz 1 KunstUrhG).

Der Unterlassungsantrag des Arbeitnehmers geht dahin, eine Gruppenaufnahme aller Verkäufer, auf der er zu sehen ist, nicht weiter (im Internet) zu veröffentlichen. Die Veröffentlichung des Fotos im Internet durch den Arbeitgeber fällt unter die Voraussetzungen des § 22 KunstUrhG, weil das Foto ein Bildnis des Arbeitnehmers enthält. Nach § 22 KunstUrhG dürfen Bildnisse nur mit Einwilligung des Abgebildeten verbreitet oder öffentlich zur Schau gestellt werden.

Begriff der Einwilligung

Mit der »Einwilligung« gemäß § 22 KunstUrhG ist die vorherige Zustimmung gemeint. Das KunstUrhG stellt für die Einwilligung keine Formerfordernisse auf. Daher kann grundsätzlich die Einwilligung auch formlos oder konkludent geschehen (BAG 11.12.2014 und 19.2.2105 – 8 AZR 1010/13 und 8 AZR 1011/13). Wegen der Bedeutung des Rechts des Arbeitnehmers, auch im Arbeitsverhältnis das Grundrecht auf informationelle Selbstbestimmung ausüben zu können, ist davon auszugehen, dass die Einwilligung des Arbeitnehmers der **Schriftform** bedarf. Nur dadurch kann erreicht werden, dass die Einwilligung des Arbeitnehmers zur Veröffentlichung seiner Bildnisse unabhängig von den jeweiligen Verpflichtungen aus dem eingegangenen Arbeitsverhältnis erfolgt und dass die Erteilung oder die Verweigerung der Einwilligung für das Arbeitsverhältnis keine Folgen haben dürfen. Weil der Arbeitnehmer im Beispielsfall keine schriftliche Einwilligung erteilt hat, ist schon aus diesen Gründen das Gruppenfoto zu entfernen.

Wichtige Grundsätze bei der Veröffentlichung von Bildnissen der Beschäftigten durch den Arbeitgeber

Im Rahmen des Arbeitsverhältnisses können Arbeitnehmer sich grundsätzlich frei entscheiden, wie sie ihr Grundrecht auf informationelle Selbstbestimmung ausüben wollen. Dem steht weder die Tatsache, dass Arbeitnehmer abhängig Beschäftigte sind, noch das Weisungsrecht des Arbeitgebers entgegen. Mit der Eingehung eines Arbeitsverhältnisses und der Eingliederung in einen Betrieb verlieren die Arbeitnehmer insofern nicht ihre Grund- und Persönlichkeitsrechte.

Wenn eine Einwilligung des Arbeitnehmers gemäß § 22 KunstUrhG erteilt wird, dann ist sie nicht automatisch mit der Beendigung des Arbeitsverhältnisses erloschen. Regelmäßig wird – wenn nichts anderes zum Ausdruck gebracht wird – diese Einwilligung unbefristet erteilt; also ohne kalendermäßige Befristung und auch nicht beschränkt auf die Dauer des Arbeitsverhältnisses.

Nur dann, wenn das Bild oder der Film reinen **Illustrationszwecken** dient und keinen auf die Person des Arbeitnehmers bezugnehmenden Inhalt vermittelt, ist anzunehmen, dass das Einverständnis des Arbeitnehmers nicht automatisch mit der Beendigung des Arbeitsverhältnisses endet, sondern der Arbeitnehmer ausdrücklich den Widerruf des Einverständnisses erklären muss.

Keine freie Widerruflichkeit einer einmal erteilten Einwilligung
Eine zeitlich unbeschränkt erteilte Einwilligung bedeutet nicht, dass sie unwiderruflich wäre. Die Einwilligung kann nicht generell mit Wirkung für die Zukunft widerrufen werden. Es ist hier eine Abwägung vorzunehmen; auf der Seite des Arbeitgebers stehen das Veröffentlichungsinteresse wie das wirtschaftliche Interesse an einer wenigstens kostendeckenden Verwertung der entstandenen Produktionskosten zu Werbezwecken. Auf der Seite des Arbeitnehmers steht sein Recht auf informationelle Selbstbestimmung.

Der Arbeitnehmer kann sich darauf berufen, dass mit seiner Person und mit der Abbildung seiner Erscheinung nach dem Ende des Arbeitsverhältnisses nicht weiter für das Unternehmen geworben wird. Dies ist immer dann so, wenn mit dem Foto oder der Aufnahme eine Verwendung zu Werbezwecken durch den Arbeitgeber erfolgt und hierfür – was regelmäßig anzunehmen sein wird – keine Vergütung geleistet wird. Es muss also mit der Person des ausgeschiedenen Arbeitnehmers oder mit seiner Funktion im Unternehmen geworben werden, damit von Werbezwecken ausgegangen werden kann (BAG 11.12.2014 – 8 AZR 1010/13).

Bei einer **allgemeinen Darstellung des Unternehmens**, auch wenn diese zu Werbezwecken erfolgt ist und sie ins Internet gestellt wird, bei welcher die Person des Arbeitnehmers nicht hervorgehoben, sein Name nicht genannt und die Identität der Person auch nicht herausgestellt wird und bei der beim Betrachter nicht der Eindruck entsteht, es handele sich um die aktuelle Belegschaft, kann von einer wirtschaftlichen und persönlichkeitsrelevanten »Weiterverwertung« der Abbildung des Arbeitnehmers zumeist nicht ausgegangen werden. Der Arbeitnehmer ist nicht dazu verpflichtet, der Verwendung und Herstellung seiner Abbildung während des Bestands des Arbeitsverhältnisses zuzustimmen. Aufgrund einer Gesamtabwägung ist entscheidend, dass der widerrufende Arbeitnehmer einen Grund im Sinne einer Erklärung angeben muss, warum er jetzt – anders als im Zeitpunkt der Einwilligung – das Recht auf informationelle Selbstbestimmung anders ausüben will und die Aufnahmen bzw. Bildnisse entfernt werden sollen.

C. Fragen zur Beendigung des Arbeitsverhältnisses

I. Aufhebungsvertrag

75. Müssen Kündigung und Aufhebungsvertrag schriftlich erfolgen?

Fall:
Eine Arbeitnehmerin kommt zum Betriebsrat mit folgender Frage:
»Vor vier Tagen hat es am Arbeitsplatz heftigen Streit gegeben. Grund dafür war, dass mich eine Arbeitskollegin ganz erheblich beleidigt hat. Dann kam es zu einer verbalen Auseinandersetzung, in die sich auch noch der Personalleiter einmischte. Im Rahmen dieser Auseinandersetzung habe ich geäußert, dass ich mich im Betrieb nicht beleidigen lasse und zum Ende des Monats aufhöre. Mittlerweile hat sich die Sache aber wieder etwas beruhigt.
Der Personalleiter sandte mir gestern einen Aufhebungsvertrag zu, den ich unterschreiben soll, auf dem aber vermerkt ist, dass ich bereits selbst gekündigt hätte und dass daher ohnehin mein Arbeitsverhältnis zum Monatsende endet. Der Aufhebungsvertrag, den ich unterschreiben solle, wäre daher reine Formsache.
Besteht das Arbeitsverhältnis nun weiter oder habe ich tatsächlich zum Monatsende wirksam gekündigt?«

Darum geht es:
Muss ein Aufhebungsvertrag schriftlich abgeschlossen werden, damit er wirksam ist?

Antwort

Mit der Bestimmung § 623 BGB wurde die Regelung eingeführt, dass die Beendigung von Arbeitsverhältnissen durch Kündigung und Auflösungsvertrag sowie die Befristung des Arbeitsverhältnisses zu ihrer Wirksamkeit der Schriftform bedürfen. Hierdurch wurde der besonderen Bedeutung dieser Beendigungstatbestände Rechnung getragen und auch eine größere **Rechtssicherheit** herbeigeführt. Die Schriftformklausel bei der Kündigung gilt sowohl für arbeitgeberseitige als auch arbeitnehmerseitige Kündigungen. Das bedeutet, dass die Eigenkündigung der Arbeitnehmerin mangels der Beachtung der Schriftform nicht wirksam ist.

> **Zusammenfassung:**
> Gesetzeszweck war die Beschleunigung des arbeitsgerichtlichen Verfahrens hinsichtlich der Frage, ob überhaupt eine Kündigung ausgesprochen wurde. Unter den Begriff der Kündigung im Sinne des § 623 BGB fällt auch die Änderungskündigung. Auch der Aufhebungsvertrag fällt unter diese Formbestimmung. Solange der Aufhebungsvertrag daher nicht schriftlich abgeschlossen wurde, ist er nicht wirksam zustande gekommen. Es kam daher im Beispielsfall noch kein Aufhebungsvertrag zustande, weil die Arbeitnehmerin bislang nicht unterschrieben hat.

Der Versuch des Arbeitgebers, eine Art »Bestätigung« einer bereits ausgesprochenen Eigenkündigung der Arbeitnehmerin abzuleiten, scheitert: Da die Eigenkündigung nicht schriftlich, sondern nur mündlich erfolgte, war sie nicht wirksam. Eine nicht formwirksame Kündigung kann auch nicht bestätigt werden. Daher ist klar davon auszugehen, dass das Arbeitsverhältnis fortbesteht, es sei denn, die Arbeitnehmerin unterzeichnet tatsächlich den Aufhebungsvertrag und übersendet diesen dem Arbeitgeber.

Fragen zur Beendigung des Arbeitsverhältnisses

76. Muss bei einem Aufhebungsvertrag mit einer Sperrzeit der Bundesagentur für Arbeit gerechnet werden?

Fall:
Ein seit zehn Jahren beschäftigter, 40-jähriger Arbeitnehmer glaubt, dass es andere berufliche Herausforderungen für ihn gibt als den aktuellen Arbeitsplatz, und deutet der Personalleitung an, dass er durchaus dazu bereit wäre, den Arbeitsplatz aufzugeben, wenn die »Rahmenbedingungen« stimmen. Dem Arbeitgeber kommt dieses Ansinnen des Arbeitnehmers gerade recht, weil er in diesem Bereich aus Gründen der Rationalisierung wegen der schlechten Auslastung unbedingt Personal abbauen muss.

Daher einigen sich Arbeitgeber und Arbeitnehmer dahin gehend, dass das Arbeitsverhältnis durch einen Aufhebungsvertrag, der ausschließlich aus betriebsbedingten Gründen wegen des Wegfalls des Arbeitsplatzes abgeschlossen wurde, aufgelöst wird, dass bei der Auflösung die (fiktive) ordentliche Kündigungsfrist eingehalten wird, dass der Arbeitnehmer – in Anlehnung an die Bestimmung des § 1a KSchG – eine Abfindung von fünf Gehältern bekommt und dass die Auflösung des Arbeitsverhältnisses zur Vermeidung einer ansonsten drohenden betriebsbedingten Kündigung erfolgt.

Der Arbeitnehmer meldet sich rechtzeitig als arbeitslos, weil es ihm wider Erwarten zunächst nicht gelingt, einen neuen Arbeitsplatz zu finden. Zu seiner Überraschung geht ihm ein Bescheid der Bundesagentur für Arbeit zu, mit welchem eine Sperrzeit von zwölf Wochen beim Bezug von Arbeitslosengeld verhängt wurde.

Er will wissen, ob dieser Bescheid rechtmäßig ist oder ob er mit Widerspruch dagegen vorgehen soll.

Darum geht es:
Unter welchen Voraussetzungen kann die Bundesagentur für Arbeit eine Sperrzeit beim Abschluss eines Aufhebungsvertrags verhängen?

Antwort

Von der Formulierung des Aufhebungsvertrags ist es nach bisheriger Rechtslage davon abhängig gemacht worden, ob bei anschließender Arbeitslosigkeit des Arbeitnehmers von der Bundesagentur für Arbeit eine Sperrzeit verhängt werden kann. Diese trat immer dann ein, wenn der Arbeitslose ohne wichtigen Grund das Arbeitsverhältnis gelöst hat. Nur dann, wenn der Aufhebungsvertrag das Arbeitsverhältnis zu einem Zeitpunkt beendet, zu dem es durch ordentliche Kündigung, die nicht wegen eines arbeitsvertragswidrigen Verhaltens des Arbeitnehmers ausgesprochen wurde, endet, gab es keinen Sperrzeittatbestand, weil dann der Abschluss des Aufhebungsvertrags nicht kausal für den Eintritt der Arbeitslosigkeit ist.

> **Zusammenfassung:**
> Ein Arbeitnehmer, der ohne Beachtung der ordentlichen Kündigungsfrist mit dem Arbeitgeber einen Auflösungsvertrag schließt, führt grundsätzlich grob fahrlässig die Arbeitslosigkeit herbei. Diese Grundsätze wären hier alle beachtet, so dass man den Standpunkt vertreten könnte, die Sperrzeit sei rechtswidrig. Allerdings ist insofern in der sozialgerichtlichen Rechtsprechung ein erheblicher Wandel eingetreten.

Nach der vormaligen Rechtsprechung des Bundessozialgerichts löste der Arbeitnehmer das Beschäftigungsverhältnis immer dann, wenn er nach Ausspruch einer Kündigung des Arbeitgebers mit diesem innerhalb der Frist für die Erhebung der Kündigungsschutzklage eine Vereinbarung über die Hinnahme der Kündigung im Sinne einer Abwicklungsvereinbarung trifft (BSG 18.12.2003 – B 11 AL 35/03 R). Der Arbeitnehmer konnte sich für den Abschluss des Abwicklungsvertrags auf einen wichtigen Grund lediglich dann berufen, wenn die vorher ausgesprochene Arbeitgeberkündigung objektiv rechtmäßig war. Die Entscheidung des Bundessozialgerichts wurde in der Folgezeit heftig kritisiert und als in der Praxis schwer handhabbar angesehen.

Dieser Kritik hat sich das Bundessozialgericht zumindest teilweise angeschlossen und einen etwas »arbeitnehmerfreundlicheren« Standpunkt eingenommen (BSG 12.7.2006 – B 11a AL 47/05). Ein Arbeitnehmer kann sich auf eine die Sperrzeit wegen Arbeitsaufgabe ausschließenden wichtigen Grund bei der Lösung des Beschäftigungsverhältnisses durch Aufhebungsvertrag mit einer Abfindungsregelung berufen, wenn ihm ansonsten eine rechtmäßige Arbeitgeberkündigung aus nicht verhaltensbedingten Gründen zum gleichen Zeitpunkt droht oder gedroht hätte. Das Bundessozialgericht hat in dieser Entscheidung fernerhin zum Ausdruck gebracht, dass die Erwägung aufgestellt wird, für derartige Streitfälle ab dem 1.1.2004 unter Heranziehung der Grundsätze des § 1a KSchG auf eine ausnahmslose Prüfung der Rechtmäßigkeit der Arbeitgeberkündigung zu verzichten, wenn die Abfindungshöhe die in § 1a Abs. 2 KSchG vorgesehene Größenordnung nicht überschreitet.

> **Zusammenfassung:**
> Das bedeutet, dass der Arbeitnehmer, wenn er einen Aufhebungsvertrag abschließt, die Verhängung einer Sperrzeit einkalkulieren muss, wenn er nicht mit einer arbeitgeberseitigen Kündigung aus betrieblichen oder personenbedingten Gründen hätte rechnen müssen. Ein Aufhebungsvertrag beendet eigenständig das Arbeitsverhältnis – im Gegensatz zu einem Abwicklungsvertrag, der eine ausgesprochene Kündigung bestätigen würde.

Dieser Punkt kann in der Praxis einige **Beweisschwierigkeiten** bei der Prüfung einer ggf. von der Bundesagentur verhängten Sperrzeit mit sich bringen. Sofern der Arbeitgeber bei dieser – vor dem Sozialgericht auszutragenden – Streitigkeit über die Wirksamkeit der Verhängung der Sperrzeit bestätigen sollte, dass bei Nichtabschluss eines Aufhebungsvertrags das Arbeitsverhältnis entweder aus betriebs- oder aus personenbedingten Gründen gekündigt worden wäre, wird regelmäßig die Beseitigung der Sperrzeit zu erreichen sein.

Sofern eine besondere Härte für den Arbeitnehmer vorliegen sollte, dann kann dies zu einer **Verkürzung der Sperrzeit führen**; dies kann aus verschiedensten Gründen in Betracht kommen, die im Zusammenhang mit dem Sperrzeittatbestand stehen, nicht aber aus wirtschaftlichen oder sozialen Gründen. Sie kann auch darin liegen, dass der Arbeitnehmer beim Abschluss der Vereinbarung vom Arbeitgeber mehr oder weniger ausgeprägt unter Druck gesetzt worden ist, dass ihm sonst zum selben Zeitpunkt, mithin ohne Einhaltung einer Kündigungsfrist, gekündigt worden wäre (LSG Bayern 18.7.2016 – L 10 AL 130/16 B PKH).

Um sozialversicherungsrechtliche Auseinandersetzungen zu vermeiden, ist in Zweifelsfällen zu empfehlen, entweder nach § 1a KSchG zu verfahren oder nach Ausspruch einer Kündigung einen Abwicklungsvertrag abzuschließen.

Sperrzeit bei Aufhebungsvertrag

Praxishinweise für Aufhebungsverträge aus krankheitsbedingten Gründen oder bei behaupteten Mobbinghandlungen von Arbeitskollegen oder Vorgesetzten:
In Fällen, bei denen der Arbeitnehmer aus gesundheitlichen Gründen oder wegen angenommener Mobbing- oder Schikanehandlungen von Arbeitskollegen und/oder Vorgesetzten das Arbeitsverhältnis lösen will, sind folgende Kriterien zu beachten: Sofern sich der Arbeitnehmer für die Kündigung seines Arbeitsverhältnisses oder die Aufhebung des Arbeitsverhältnisses durch Aufhebungsvertrag auf eine Krankheit als wichtigen Grund beruft, muss diese nachgewiesen werden. Es ist immer erforderlich, dass das Vorliegen einer Krankheit, d.h. von Gesundheitsstörungen, vorgetragen und nachgewiesen wird. Lediglich Missempfindungen oder Ähnliches reichen grundsätzlich nicht aus. Dass der Arbeitnehmer nicht in ärztlicher Behandlung ist oder war, stellt kein Ausschlusskriterium dar, erschwert aber den Nachweis des Vorliegens der Krankheit für die Vergangenheit beträchtlich. Daher ist anzuraten, zur Dokumentation ärztliche Stellungnahmen einzuholen.

Falls der Arbeitnehmer sich auf eine Gesundheitsstörung als Folge von Mobbing beruft, ist Folgendes zu beachten:
- die Gesundheitsstörungen müssen objektiv festgestellt werden,
- die Spannungen mit dem Vorgesetzten oder Kollegen müssen objektiv festgestellt werden,
- es muss eine Kausalität zwischen diesen beiden Punkten nachweisbar sein,
- es muss ausgeschlossen sein, dass trotz fortbestehender Spannungen diese Krankheit nicht kurzfristig mit Erfolg hätte behandelt werden können bzw. ihr Eintritt zu verhindern gewesen wäre,
- es muss sich feststellen lassen, dass das Verhalten des Vorgesetzten bzw. der Kollegen rechtswidrig war – nur ein rechtswidriges Verhalten des Vorgesetzten, das sich zum Beispiel auch in (rechtswidrigen) Abmahnungen äußerte, kann zu einem wichtigen Grund nach § 159 SGB III führen – ein Arbeitnehmer hat berechtigte Kritik und Kontrollen zu akzeptieren,
- vor der Kündigung muss vom Arbeitnehmer ein Versuch unternommen worden sein, die belastenden Umstände zu beseitigen, es sei denn, dieser Versuch war unzumutbar,
- beim wichtigen Grund für die Lösung des Arbeitsverhältnisses wird auch geprüft, ob der Arbeitnehmer sich um einen Anschlussarbeitsplatz bemüht hat.

77. Kann ein Aufhebungsvertrag widerrufen werden oder gibt es eine Rücktrittsmöglichkeit? Gibt es eine Angemessenheitskontrolle des Vertragsinhalts?

Fall:
Eine Beschäftigte, die seit etwa zwei Jahren im Rahmen eines unbefristeten Arbeitsverhältnisses in der Kantine als Köchin beschäftigt ist, bekommt am Donnerstag eine Einladung des Personalleiters zu einem Personalgespräch für den folgenden Freitag, 10.00 Uhr. Ihr ist zwar in den letzten Monaten mehrfach zu Ohren gekommen, dass sich immer wieder Beschäftigte über die Qualität des Essens beschwert haben sollen, sie hat diesen – ihrer Ansicht nach unvermeidlichen – Äußerungen einiger Beschäftigter aber keine große Bedeutung zugemessen.

Am Freitag wird zunächst über Belangloses gesprochen, dann äußert der Personalleiter ruhig und sachlich, es gebe leider zu viele Beschwerden über ihre »Kochkünste« und man möchte sich in aller Freundschaft und ohne Streit von ihr trennen. Selbstverständlich werde ihr die Regelabfindung angeboten, und in der Kündigungsfrist könne sie den Resturlaub einbringen. Aufgrund der angenehmen Atmosphäre des Gesprächs und der leidigen Situation der Beschwerden über ihre »Kochkunst«, die sie als persönliche Beleidigung ansah, unterschrieb sie ohne größere Überlegung den Aufhebungsvertrag.

Hierbei handelt es sich um ein Vertragsformular, in dem lediglich die persönlichen Daten der Arbeitnehmerin, der Auflösungsgrund (betrieblich veranlasste Gründe), das Ende des Arbeitsverhältnisses und die Höhe der Abfindung und deren Fälligkeit eingetragen wurden.

Die Arbeitnehmerin möchte Informationen dahingehend, ob man vielleicht den Aufhebungsvertrag widerrufen könne oder ob es ein (gesetzliches?) Rücktrittsrecht geben kann.

Sie möchte fernerhin wissen, da nur eine »minimale« Abfindung vereinbart wurde, ob es eine Art »Angemessenheitskontrolle« des Inhalts des Aufhebungsvertrags geben kann.

> **Darum geht es:**
> Wann sind Widerruf und Rücktritt beim Aufhebungsvertrag möglich? Wann ist eine Angemessenheitskontrolle bei Formulararbeitsverträgen durchführbar?

Antwort

Auch wenn es sich bei diesem Fall um einen formularmäßig vorformulierten Aufhebungsvertrag handelt: Es besteht weder eine Widerrufsmöglichkeit noch die Möglichkeit, ein Rücktrittsrecht auszuüben.
Man könnte hier an das Widerrufsrecht des § 312 BGB denken. Dieses gilt aber nach der klaren gesetzlichen Formulierung nur für sog. Haustürgeschäfte. Der arbeitsrechtliche Aufhebungsvertrag ist kein Haustürgeschäft im Sinne des § 312 BGB. Durch das **Widerrufsrecht** nach § 312 BGB kann der Verbraucher nicht vor einer Überrumpelung durch einen überlegenen Vertragspartner in jeder Hinsicht geschützt werden, sondern er soll lediglich die Möglichkeit erhalten, nachträglich Vergleichsinformationen zu erfragen, um so eine Basis für eine vernünftige Entscheidung zu haben. Das Widerrufsrecht dient daher in diesem Wirtschaftsbereich der Herstellung des Informationsgleichgewichts.
Zwischen Arbeitgeber und Arbeitnehmer besteht beim Abschluss eines Aufhebungsvertrags kein Informationsgefälle, das demjenigen des Haustürgeschäfts ähnlich wäre. Dies gilt auf jeden Fall dann, wenn der Vertrag im Geschäftsbereich des Arbeitgebers – zumeist im Personalbüro oder am Arbeitsplatz – abgeschlossen wird.

> **Zusammenfassung:**
> Auch eine freie Rücktrittsmöglichkeit vom Vertrag ist nicht gegeben. Der Rücktritt vom Aufhebungsvertrag mit Abfindungszahlung wird in der Rechtsprechung nicht für möglich angesehen (LAG Köln 5.1.1996 – 4 Sa 909/94). Bei einem derartigen Vertrag muss von einem stillschweigenden Ausschluss des Rücktrittsrechts ausgegangen werden. Die wichtigste Regelung eines solchen Vertrags hinsichtlich der Beendigung des Arbeitsverhältnisses ist, dass gegen Zahlung der vereinbarten Abfindung das Arbeitsverhältnis beendet wurde.

Fragen zur Beendigung des Arbeitsverhältnisses

Die Vereinbarung ist eine rechtsgestaltende, weil sie das Arbeitsverhältnis beendet. Außerdem spricht für den (stillschweigenden) Ausschluss des Rücktrittsrechts die typische Interessenlage der Parteien, die auf eine schnelle und endgültige Regelung der Bestandsfrage angelegt ist (§§ 4, 5 und 7 KSchG). Das Interesse des Arbeitgebers, die Beendigung des Arbeitsverhältnisses endgültig zu regeln und die Ansprüche des Arbeitnehmers auf die Abfindung zu reduzieren, ist ganz offensichtlich sowohl für den Arbeitnehmer als für den Arbeitgeber erkennbar. Der Abfindungsvergleich gibt dem Arbeitnehmer einen sofortigen Vollstreckungstitel über die Abfindung. Dies alles spricht dagegen, eine Rücktrittsmöglichkeit einzuräumen.

Wichtige Begriffe

Zeitdruck

Ein ähnlich gelagertes Problem stellt sich, wenn es um die Frage geht, ob ein unter mehr oder weniger großem Zeitdruck abgeschlossener Aufhebungsvertrag eine Beseitigungsmöglichkeit sein soll. Auch dies wird überwiegend abgelehnt (LAG Düsseldorf 26. 1. 1993 – 16 Sa 1037/92). Der Umstand, dass ein Aufhebungsvertrag unter Zeitdruck, den meist der Arbeitgeber aufgebaut haben wird, abgeschlossen wurde, stellt keinen Unwirksamkeitsgrund dar.

Eine Anfechtbarkeit kann allenfalls dann zu überlegen sein, wenn ein Arbeitgeber eine vom Arbeitnehmer erbetene Bedenkzeit abgelehnt hat. Sofern die Bedenkzeit tariflich vorgesehen sein sollte, kann aber der Verzicht erfolgen und dieser zusammen mit dem Aufhebungsvertrag in eine einheitliche Vertragsurkunde aufgenommen werden.

Schriftformklausel – regelmäßig keine Rückwirkung des Vertrags

Die Arbeitsvertragsparteien können ihr Arbeitsverhältnis mit sofortiger Wirkung oder zu einem künftigen oder vergangenen Zeitpunkt auflösen. Eine rückwirkende Auflösungsvereinbarung ist jedoch nur dann – ausnahmsweise – zulässig, wenn das Arbeitsverhältnis bereits außer Vollzug gesetzt war, wenn also der Arbeitnehmer die Arbeitsleistung nicht mehr erbracht hat (BAG 24. 2. 2010 – 10 AZR 759/08).

Gemäß § 623 BGB bedarf die Auflösung des Arbeitsverhältnisses durch Auflösungsvertrag zu ihrer Wirksamkeit der Schriftform. Bei einem Vertrag über die Aufhebung eines Arbeitsverhältnisses muss deshalb nach § 126 Abs. 2 Satz 1 BGB die Unterzeichnung der Parteien auf derselben Urkunde erfolgen. Fehlt es an der vorgeschriebenen Form, ist ein Aufhebungsvertrag nach § 125 Satz 1 BGB nichtig.

Ausgleichsklauseln

In Aufhebungs- wie auch in Abwicklungsverträgen werden auf Wunsch des Arbeitgebers meist umfassende Ausgleichsklauseln aufgenommen. Diese dienen dazu, alle möglicherweise noch offenen Ansprüche auszugleichen. Wenn diese im Rahmen von vorformulierten Vereinbarungen verwendet werden sollten, unterliegen sie dem Recht der Allgemeinen Geschäftsbedingungen.

Ausgleichsklauseln und Abgeltungsklauseln, in denen der Arbeitnehmer bei der Beendigung des Arbeitsverhältnisses erklären soll, dass Ansprüche – gleich aus welchem Rechtsgrund – nicht bestehen, sind allerdings nicht nach § 307 Abs. 3 Satz 1 BGB der Inhaltskontrolle entzogen, wie Arbeitgeber mitunter meinen (BAG 21.6.2011 – 9 AZR 203/10). Derartige Ausgleichsklauseln sind als Teil eines Aufhebungsvertrags oder eines Abwicklungsvertrags nicht Hauptabreden, sondern sog. **Nebenabreden**. Daher sind sie gerade nicht – was den Inhalt betrifft – kontrollfrei. Ausgleichsklauseln, die einseitig nur Ansprüche des Arbeitnehmers erfassen und dafür keine entsprechende Gegenleistung gewähren, sind unangemessen benachteiligend im Sinne von § 307 Abs. 1 Satz 1 BGB.

> **Praxishinweis:**
> Wenn der Arbeitgeber im Aufhebungs- oder Abwicklungsvertrag nur die Ansprüche »zugesteht«, die dem Arbeitnehmer ohnehin zustehen, und andere noch offene Ansprüche – soweit verzichtbar – über eine derartige Klausel beseitigt werden sollen, liegt regelmäßig eine unangemessene Benachteiligung vor und die Klausel ist unwirksam.

78. Wann ist ein Aufhebungsvertrag wegen widerrechtlicher Drohung unwirksam?

> **Fall:**
> Ein seit etwa drei Jahren beschäftigter Außendienstmitarbeiter steht im Verdacht, eine Inspektion des VW Golf seiner Tochter auf seinen Firmenwagen, ebenfalls ein VW Golf, teilweise »umgebucht« zu haben. Genaueres lässt sich nicht ermitteln, weil der Inhaber des Autohauses keine näheren Aufzeichnungen über die ausgeführten Arbeiten mehr hat. Der Vorfall liegt schon einige Monate zurück und kam nur durch einen Hinweis eines mit dem Arbeitnehmer verfeindeten Arbeitskollegen dem Arbeitgeber zu Ohren.

Fragen zur Beendigung des Arbeitsverhältnisses

Daraufhin wird der Außendienstmitarbeiter unter Hinweis auf die vorhandenen Verdachtsmomente zu einer Personalbesprechung eingeladen. Bei dieser erklärt der Personalleiter, das Maximale, was man einem »derart korrupten Mitarbeiter« anbieten könne, sei eine Beendigung des Arbeitsverhältnisses aus »betrieblichen Gründen« unter Einhaltung der ordentlichen Kündigungsfrist sowie Einbringung der restlichen Urlaubsansprüche und einiger Tage Freistellung. Wenn der Beschäftigte diesen Aufhebungsvertrag nicht so unterschreibe, werde er unverzüglich eine fristlose Kündigung erhalten und mit dem Makel einer außerordentlichen Kündigung ausscheiden. Auch im Zeugnis werde dann angedeutet, warum das Arbeitsverhältnis beendet wurde. Unter diesem »Druck« unterschreibt der Arbeitnehmer den Aufhebungsvertrag, zumal ihm auch angedeutet wurde, er müsse anderenfalls auch mit einer Strafanzeige rechnen und könne dann eine Tätigkeit bei einem anderen Arbeitgeber bis auf weiteres »vergessen«.

Darum geht es:
Liegt hier auf Seiten des Arbeitgebers eine widerrechtliche Drohung vor? Ist der Aufhebungsvertrag hier wegen einer widerrechtlichen Drohung anfechtbar? Unter welchen Voraussetzungen kann der Arbeitgeber für den Fall, dass der Arbeitnehmer einen vorgeschlagenen Aufhebungsvertrag nicht akzeptieren sollte, als Alternative mit einer außerordentlichen Kündigung in wirksamer Weise »drohen«?

Antwort

Derartige Fallsituationen kommen in der arbeitsrechtlichen Praxis immer wieder vor. Sofern der Arbeitnehmer eine Pflichtwidrigkeit begangen hat oder zumindest im Verdacht steht, sie begangen zu haben, wird vom Arbeitgeber zumeist damit »gedroht«, dass er das Arbeitsverhältnis fristlos kündigen werde, wenn der Arbeitnehmer nicht mit dem Abschluss eines Aufhebungsvertrags einverstanden ist. Dies ist immer von Bedeutung, wenn Diebstahls- oder Unterschlagungsvorwürfe oder sonstige erhebliche Vertragsverletzungen, vorwiegend im Vertrauensbereich, im Raum stehen.

Das Bundesarbeitsgericht (30.1.1986 – 2 AZR 196/85) hat die Androhung einer fristlosen Kündigung durch den Arbeitgeber dann als nicht widerrechtlich im Sinne des § 123 BGB betrachtet, wenn ein verständiger

Arbeitgeber eine außerordentliche Kündigung in ernsthafter Weise in Erwägung gezogen hätte. Die fristlose Lösung des Arbeitsverhältnisses ist grundsätzlich ein Nachteil für den Arbeitnehmer, was sich bereits in Anbetracht der gravierenden Rechtsfolgen einer außerordentlichen Kündigung eindeutig ergibt.

Wenn mit einer derartigen Kündigung und möglicherweise auch mit einer **Anzeige** gedroht wird, wird ein empfindliches Übel angekündigt. Kommt aufgrund der tatsächlichen Gegebenheiten eine fristlose Kündigung möglicherweise in Betracht – etwa deshalb, weil sich der Vorwurf der Untreue gegen den Arbeitnehmer schon erhärtet hat –, ist keine Widerrechtlichkeit gegeben. Es ist hierbei nicht notwendig, dass die angedrohte fristlose Kündigung nach der tatsächlichen, objektiven Rechtslage in jedem Fall aus Sicht des Arbeitgebers begründet gewesen wäre.

Zusammenfassung:
Die Überprüfung der Widerrechtlichkeit der Drohung bezieht sich darauf, ob der Arbeitnehmer seine Erklärung auf Abschluss des Aufhebungsvertrags abgegeben hat, ohne dass er hierbei in unzulässiger Weise beeinflusst worden ist. Eine **Anfechtung** des Aufhebungsvertrags wegen widerrechtlicher Drohung im Sinne des § 123 BGB kommt nach der Rechtsprechung des Bundesarbeitsgerichts (9.3.1995 – 2 AZR 644/94) auch in Betracht, falls dem Arbeitnehmer vor Abschluss eines außergerichtlichen Aufhebungsvertrags mit einer alternativen ordentlichen Kündigung gedroht worden ist.

Es kommt daher in derartigen Fällen maßgeblich auf den Begriff der Widerrechtlichkeit der Drohung an. Die Drohung des Arbeitgebers mit einer außerordentlichen Kündigung und/oder mit einer Strafanzeige ist beispielsweise nicht widerrechtlich, wenn der Arbeitgeber einen bei ihm tätigen Arbeitnehmer nach zweimonatiger bescheinigter Arbeitsunfähigkeit in seinem Lokal als Kellner bei der Arbeit begegnet und dann ein Aufhebungsvertrag abgeschlossen wird (LAG Hessen 2.6.1997 – 11 Sa 2061/96). Hier wird von folgendem allgemeinen Grundsatz ausgegangen: Die Drohung mit einer Kündigung ist nicht widerrechtlich, wenn ein **verständiger Arbeitgeber** die Kündigung **in ernsthafter Weise in Erwägung ziehen durfte**.

> **Zusammenfassung:**
> Sofern es dem Außendienstmitarbeiter nicht gelungen ist, den Verdacht hinsichtlich der »Umbuchung« der Inspektionskosten zu beseitigen, stand er in einem durchaus erheblichen Tatverdacht, dies so veranlasst zu haben. Es lag daher wahrscheinlich eine erhebliche Störung im Vertrauensbereich vor. In dieser Situation darf der Arbeitgeber die Möglichkeit einer außerordentlichen Kündigung und einer Strafanzeige ins Gespräch bringen. Nur dann, wenn eindeutig die Frist des § 626 Abs. 2 BGB bereits abgelaufen wäre, kann zumindest nicht mehr mit einer außerordentlichen Kündigung »gedroht« werden.

Zur Frage einer Angemessenheitskontrolle des Vertragsinhalts

Die in einem vom Arbeitgeber vorformulierten Aufhebungsvertrag vereinbarte einvernehmliche Beendigung des Arbeitsverhältnisses unterliegt regelmäßig keiner Angemessenheitskontrolle im Sinne des § 307 Abs. 1 Satz 1 BGB, weil hierdurch nicht von Rechtsvorschriften abgewichen wird. Die Beendigungsvereinbarung ist ein selbstständiges Rechtsgeschäft, bei dem die Hauptleistung die Beendigung des Arbeitsverhältnisses ist. Die Beendigung als solche kann daher keiner Angemessenheitsprüfung unterzogen werden (BAG 8.5.2008 – 6 AZR 517/07). Daher kann in diesen Fällen nicht geltend gemacht werden, der Inhalt der Vereinbarung entspreche nicht dem, was »üblicherweise« vereinbart werde.

Anfechtungsmöglichkeiten von gerichtlich abgeschlossenen Aufhebungsverträgen

In der Praxis werden vielfach gerichtliche Aufhebungsverträge oder Abwicklungsverträge abgeschlossen. Sodann möchte der Arbeitnehmer – zumeist deshalb, weil er sich vom Arbeitgeberverhalten oder auch vom Gericht durch einen Vorschlag irgendwie »bedrängt« fühlte – den Vertrag wieder beseitigen. Auch in derartigen Situationen kommt lediglich die Anfechtung wegen einer widerrechtlichen Drohung in Betracht. Für die Anfechtung wegen Drohung ist es unerheblich, von welcher Person die Drohung stammt. Diese kann auch von jemanden erfolgen, der für den Arbeitgeber handelt; die Drohung kann daher auch von einer dritten Person ausgehen. Dritter in diesem Sinne kann auch das Gericht sein, was aber Situationen sind, die in der Praxis in Bezug auf eine mögliche Anfechtung nicht vorkommen sollten.

Der wirksamen Anfechtung eines Prozessvergleichs steht nicht entgegen, dass der Arbeitnehmer lediglich eine unzulässige Einflussnahme auf seine Willensbildung und nicht auch eine vergleichbare Einwirkung auf seinen für ihn tätigen Rechtsanwalt oder sonstigen Prozessbevollmächtigten geltend macht (BAG 12.5.2010 – 2 AZR 544/08). Das bloße Verdeutlichen von Prozessrisiken kann allerdings nicht als eine »Drohung« gewertet werden. Anders liegt der Fall aber, wenn die Verhandlungsführung den Eindruck erweckt, die Partei müsse sich zwingend der Autorität des Gerichts beugen. Die Einbindung des Prozessvergleichs in das gerichtliche Verfahren setzt die Einhaltung verfahrensrechtlicher Vorschriften voraus, vor allem des Gebots, einer Partei auch im Rahmen von Vergleichsverhandlungen Gelegenheit zu geben, ihren Standpunkt zu vertreten, und ihr rechtliches Gehör zu gewähren.

Bei der Beurteilung der Frage, ob das »Drängen des Gerichts« oder der gegnerischen Partei oder beider zusammen zu einem Vergleichsabschluss im Sinne eines Aufhebungs- oder Abwicklungsvertrag nach den Umständen des Einzelfalls eine **widerrechtliche Drohung** darstellt, sind die grundrechtlichen Anforderungen mit zu berücksichtigen. Zumindest das Gericht hat hier ein unzulässiges Drängen zum Abschluss der Regelung zu unterlassen.

79. Sind Klageverzichtsvereinbarungen wirksam?

Fall:
Ein Arbeitnehmer, der seit etwa sieben Jahren als Angelernter im Recyclingbereich eines großen Schrotthandels arbeitet, hat seit einiger Zeit erhebliche Alkoholprobleme. Immer wieder erscheint er angetrunken zur Arbeit und kann dann kaum oder nur mehr unter Gefährdung von sich und anderen die Arbeitsleistungen, bei denen er auch mit einem Stapler auf dem Betriebsgelände fahren muss, erbringen. Eine Therapie hat er abgebrochen. Nachdem zahlreiche Gespräche mit der Firmenleitung und mehrere Abmahnungen keine Besserung brachten, erhält er am 30.1.2018 die ordentliche Kündigung zum 30.4.2018. Am 8.2.2018 findet ein Gespräch zwischen dem Arbeitnehmer und dem Personalleiter statt. Der Personalleiter erklärt ihm zum wiederholten Male, dass man ihn gerne weiterbeschäftigt hätte, aber nicht, so lange er sein Alkoholproblem nicht lösen kann. Unter Alkoholeinfluss diese Arbeiten zu erbrin-

gen ist zu gefährlich für ihn und die Arbeitskollegen, was der Arbeitnehmer auch einsieht. Der Personalleiter erläutert und übergibt sodann folgende Vereinbarung, die der Personalleiter für den Betrieb bereits unterzeichnet hat:

1. Arbeitgeber und Arbeitnehmer sind sich darüber einig, dass das zwischen ihnen bestehende Arbeitsverhältnis durch die ordentliche und fristgemäße Kündigung vom 30. 1. 2018 aus betrieblich veranlassten Gründen zum 30. 4. 2018 sein Ende finden wird.

2. Die Arbeitgeberin verpflichtet sich, dem Arbeitnehmer mit Ablauf der Kündigungsfrist ein qualifiziertes Endzeugnis mit guter Leistungsbewertung zu erteilen.

3. Der Arbeitnehmer bestätigt, dass er diese Erklärung freiwillig unter reiflicher Überlegung geschlossen hat. Er verzichtet hiermit ausdrücklich auf die Erhebung der Kündigungsschutzklage.

Nach einigem Nachdenken unterzeichnet der Arbeitnehmer diese Erklärung. Zu diesem Zeitpunkt hat der Arbeitnehmer keine Kündigungsschutzklage erhoben. Nachdem er sich die Sache nochmal überlegt hat, begibt er sich am 15. 2. 2018 zur Rechtsantragsstelle des Arbeitsgerichts und erhebt Kündigungsschutzklage. Bei der Klageerhebung erwähnt er nichts von der unterzeichneten Erklärung.

Darum geht es:
Ist die Kündigungsschutzklage zulässig und ist der Klageverzicht wirksam? Nur wenn der Klageverzicht unwirksam sein sollte, kann die Kündigungsschutzklage durchgeführt werden.

Antwort

Die Klageverzichtsvereinbarung unterfällt der Kontrolle des Rechts der Allgemeinen Geschäftsbedingungen nach § 307 Abs. 1 Satz 1 BGB. Unabhängig von der Frage, ob es sich beim Verzicht auf die Erhebung einer Kündigungsschutzklage um eine Haupt- oder Nebenabrede des Vertrags handeln sollte, würde eine Inhaltskontrolle der getroffenen Vereinbarung nach § 307 Abs. 1 Satz 1 BGB lediglich dann ausscheiden, wenn in der **Verzichtsabrede** keine von Rechtsvorschriften abweichende oder diese ergänzende Regelung liegen würde (BAG 25. 9. 2014 – 2 AZR 788/13). Dem ist aber nicht so: Durch einen vor Ablauf von drei Wochen nach Zugang der Kündigung erklärten Klageverzicht ist eine solche Abweichung von Rechtsvorschriften jedoch eindeutig gegeben. Abgewichen wird von § 4 Satz 1 KSchG; nach dieser Regelung hat der Arbeitnehmer drei Wochen Zeit für die Überlegung, ob er Kündigungsschutzklage erheben will oder dies nicht tun wird.

> **Zusammenfassung:**
> Ein vor Ablauf von drei Wochen nach Zugang der Kündigung erklärter formularmäßiger Verzicht auf die Erhebung einer Kündigungsschutzklage ist grundsätzlich immer dann eine unangemessene Benachteiligung des Arbeitnehmers nach § 307 Abs. 1 Satz 1 BGB, wenn hierfür keine adäquate, angemessene **Gegenleistung** erfolgt (BAG 24.9.2015 – 2 AZR 347/14). Es muss also hier die Frage geprüft werden, ob die Vereinbarung eine angemessene Gegenleistung des Arbeitgebers dafür ausweist, dass der Arbeitnehmer den Vertrag unterzeichnet.

Der Verzicht auf die Erhebung einer Kündigungsschutzklage vor Ablauf der Klagefrist schränkt die Rechte des Arbeitnehmers nach dem KSchG erheblich ein. Verglichen mit der gesetzlich eingeräumten dreiwöchigen Frist zur Erhebung der Kündigungsschutzklage stellt der vorzeitige Verzicht auf das Recht, den Schutz vor einer Kündigung gerichtlich geltend machen zu können, eine erhebliche Beeinträchtigung der Rechtsposition des Arbeitnehmers dar. Diese Beeinträchtigung stellt eine unangemessene Benachteiligung gemäß § 307 Abs. 1 Satz 1 BGB dar.

Die unangemessene Benachteiligung liegt allerdings dann nicht vor, wenn dem Arbeitnehmer vertraglich **auch ein Vorteil** gewährt wird. Dabei müssen die Vor- und Nachteile der Vereinbarung in einem inneren Zusammenhang stehen; der vom Arbeitgeber gewährte Vorteil muss das durch die den Arbeitnehmer benachteiligende Vertragsbestimmung beeinträchtigte Interesse stärken. Er muss außerdem so ausgestaltet sein, dass er einen angemessenen Ausgleich für die Beeinträchtigung darstellt. Insofern ist eine Abwägung zwischen dem vereinbarten Nachteil einerseits und dem gewährten Vorteil andererseits erforderlich.

Die Prüfung der Unangemessenheit einer Benachteiligung nach § 307 Abs. 1 Satz 1 BGB ist auf die Frage gerichtet, ob der Verwender durch seine Vertragsgestaltung missbräuchlich eigene Interessen auf Kosten seines Vertragspartners durchzusetzen versucht, ohne auch dessen Belange hinreichend zu berücksichtigen und ihm einen angemessenen Ausgleich

Fragen zur Beendigung des Arbeitsverhältnisses

zuzugestehen. Zur Beurteilung ist eine umfassende Würdigung der beiderseitigen berührten Interessen vorzunehmen.

> **Zusammenfassung:**
> Im konkreten Fall fehlt es an einer angemessenen Kompensation für den Klageverzicht in der Abwicklungsvereinbarung. Der Arbeitgeber hat dem Arbeitnehmer beim Klageverzicht keinen Vorteil gewährt, der als angemessener Ausgleich für die damit verbundene Benachteiligung angesehen werden könnte. Lediglich ein wohlwollendes qualifiziertes Zeugnis zu erteilen ist nicht als derartige Leistung des Arbeitgebers anzusehen.

Das hat folgende Gründe: Die in einer Abwicklungsvereinbarung vom Arbeitgeber übernommene Verpflichtung, dem Arbeitnehmer ein Zeugnis mit einer näher bestimmten (überdurchschnittlichen) Leistungs- und Führungsbeurteilung zu erteilen, stellt keinen Vorteil dar, der geeignet wäre, den Verzicht auf die Erhebung einer Kündigungsschutzklage auszugleichen. Der Arbeitnehmer hat gegen den Arbeitgeber nach § 109 Abs. 1 Satz 1 und Satz 3 GewO einen gesetzlichen Anspruch auf ein qualifiziertes Zeugnis. Die Einigung in einer Abwicklungsvereinbarung darüber, dass der Arbeitgeber ein entsprechendes Zeugnis erteilen wird, dient damit der Erfüllung dieses Anspruchs. In der vertraglichen Bestätigung eines ohnehin bestehenden Anspruchs liegt **keine angemessene Gewährung eines Vorteils**. Auch soweit in der Vereinbarung klargestellt wird, mit welchem Inhalt das Zeugnis erteilt werden soll, liegt darin kein spezifischer Vorteil für den Arbeitnehmer. Eine Einigung über den Inhalt eines zu erteilenden Zeugnisses ist vielmehr typischerweise für beide Seiten gleichermaßen von Nutzen. Dadurch kann in beiderseitigem Interesse ein Rechtsstreit über die korrekte Erfüllung des Zeugnisanspruchs vermieden werden. Etwas anderes ist auch dann nicht anzunehmen, wenn sich der Arbeitgeber – wie hier – verpflichtet, ein Zeugnis mit einer »guten« und damit überdurchschnittlichen Beurteilung von Leistung und/oder Verhalten des Arbeitnehmers zu erteilen. Auch in diesem Fall ist davon auszugehen, dass der Arbeitgeber lediglich den gesetzlichen Anspruch des Arbeitnehmers erfüllen will.

Auch mit der Verständigung auf ein überdurchschnittliches, »gutes« Zeugnis will der Arbeitgeber lediglich seine gesetzlichen Pflichten erfüllen. Im Übrigen würde die Eingehung der Verpflichtung, ein objektiv unzutreffendes, »zu gutes« Zeugnis zu erteilen, rechtlich zumindest bedenklich erscheinen und auch aus diesem Grund keinen angemessenen Vorteil für den Arbeitnehmer darstellen.

> **Zusammenfassung:**
> Aufgrund des Umstands, dass der Klageverzicht lediglich ein gutes qualifiziertes Arbeitszeugnis zugunsten des Arbeitnehmers mit enthalten hat, aber keine anderen Vorteile, die den Klageverzicht kompensieren könnten (etwa die Freistellung bei Fortzahlung der Vergütung oder die Zahlung einer angemessenen Abfindung für den Verlust des Arbeitsplatzes), ist die Verzichtsvereinbarung unwirksam. Der Arbeitnehmer kann Kündigungsschutzklage erheben, ohne dass er befürchten müsste, dass diese unzulässig oder unbegründet wäre.

Wichtige Begriffe

Die Frage, wann ein **angemessener Ausgleich** für einen Klageverzicht anzunehmen ist, kann insbesondere bei Abfindungen von Bedeutung werden. Wie aus den obigen Ausführungen ersichtlich ist, liegt ein angemessener Ausgleich immer dann nicht vor, wenn etwas zugunsten des Arbeitnehmers zusammen mit der Erklärung des Klageverzichts geregelt wird, auf das er ohnehin einen Anspruch hat. Das zum qualifizierten Zeugnis von der Rechtsprechung Vertretene gilt entsprechend, wenn bei einem Klageverzicht zugunsten des Arbeitnehmers lediglich geregelt werden sollte, dass er seinen Resturlaub entweder einbringen kann oder dass dieser bei Nichteinbringbarkeit abgegolten wird. Auch diese Rechtsfolge ergibt sich aus den gesetzlichen Bestimmungen und stellt daher keinen angemessenen Ausgleich dar.

Schwieriger ist die Rechtslage bei der Abfindung – geht es hier um eine »angemessene« Abfindung oder nur darum, dass überhaupt eine Zahlung erfolgt? Hierzu hat das Bundesarbeitsgericht noch nicht näher Stellung genommen. Wenn der Begriff des »angemessenen Ausgleichs« beim Wort genommen wird, dann erfordert er sicher nicht in jedem Fall die Zahlung der Regelabfindung (nach den Kriterien des § 1a Abs. 1 KSchG), aber doch einen angemessenen Betrag, der sich nach der Dauer des Arbeitsverhältnisses und der Frage der Rechtsunwirksamkeit bzw. der Rechtswirksamkeit der Kündigung richtet (für den Fall, dass im Rahmen einer Kündigungsschutzklage über diese verhandelt oder entschieden worden wäre). **Als Anhaltspunkt kann hier gelten**: Je länger das Arbeitsverhältnis bestanden hat und je unwahrscheinlicher es für den Fall der Durchführung des Rechtsstreits – gewesen wäre, dass die Kündigung für rechtswirksam erklärt worden wäre, desto höher sollte der Abfindungs- oder Entschädigungsbetrag sein, der zusammen mit dem Klageverzicht geregelt wird.

Insbesondere dann, wenn Sonderkündigungsschutz nach dem SGB IX oder dem MSchG bzw. dem BEEG eingreifen sollten, riskiert der Arbeitgeber dann, wenn er nur Bruchteile der sog. »Regelabfindung« nach § 1a Abs. 1 KSchG anbietet, dass der angemessene Ausgleich vom Gericht nicht mehr angenommen werden kann. Oder – aus der Sicht des Arbeitgebers formuliert: Je weniger bei eindeutig rechtsunwirksamer Kündigung an Entschädigung oder Abfindung angeboten wird und je länger das Arbeitsverhältnis bereits bestanden hat, desto mehr riskiert der Arbeitgeber bei einer dann doch erhobenen Kündigungsschutzklage, dass der Klageverzicht am Begriff des angemessenen Ausgleichs scheitert und die Vermeidung eines Rechtsstreits ebensowenig eintritt.

Klageverzichtsklausel unter Drohung

Anders kann sich die Situation darstellen, wenn der Arbeitgeber eine Klageverzichtsklausel mit einer Drohung erreichen sollte. Ein formularmäßiger Klageverzicht in einem Aufhebungsvertrag, der zur »Vermeidung« einer vom Arbeitgeber angedrohten außerordentlichen Kündigung abgeschlossen wird, benachteiligt den Arbeitnehmer unangemessen, wenn ein verständiger Arbeitgeber die angedrohte Kündigung nicht ernsthaft in Erwägung ziehen durfte, die Drohung also widerrechtlich gemäß § 123 Abs. 1 BGB ist. Hier gelten dieselben Grundsätze, wie wenn mit einer Drohung ein Aufhebungsvertrag vom Arbeitgeber durchgesetzt wird.

Ein formularmäßiger Klageverzicht in einem **Aufhebungsvertrag**, der zur Vermeidung einer außerordentlichen Kündigung des Arbeitgebers geschlossen wird, ist daher mit dem gesetzlichen Leitbild nur zu vereinbaren, wenn ein verständiger Arbeitgeber eine solche Kündigung tatsächlich ernsthaft in Erwägung ziehen durfte und die Drohung deshalb nicht widerrechtlich ist. Anderenfalls benachteiligt der Verzicht den Arbeitnehmer unangemessen (BAG 12.3.2015 – 6 AZR 82/14). Die Bestimmung des § 123 BGB stellt sicher, dass eine Willenserklärung, die nicht Ausdruck freier rechtsgeschäftlicher Selbstbestimmung ist, der Anfechtung unterliegt.

Bei einer Klageverzichtsklausel in einem Aufhebungsvertrag, der unter **Drohung mit einer außerordentlichen Kündigung** geschlossen worden ist, ist zu unterscheiden. Eine nach § 123 Abs. 1 BGB anfechtbar zustande gekommene Willenserklärung ist nichtig, wenn sie innerhalb der Anfechtungsfrist des § 124 BGB angefochten wird. Der Getäuschte oder Bedrohte – hier der Arbeitnehmer – kann sich entscheiden, ob er die Willenserklärung ungeachtet ihres rechtswidrigen Zustandekommens gegen sich gelten lassen will oder nicht. Ein Verzicht auf das Anfechtungsrecht ist deshalb ohne weiteres möglich.

Wenn der Arbeitnehmer in einem Aufhebungsvertrag, der zur Vermeidung einer außerordentlichen Kündigung abgeschlossen wird, einen Klageverzicht erklärt, dann wird dieser Verzicht mit der Unterzeichnung wirksam. Sofern dieser Verzicht Teil des anfechtbaren Rechtsgeschäfts ist, lassen sich die Drohung mit der Kündigung und der Klageverzicht rechtlich nicht trennen, sie sind eine Einheit.

Abwicklungsvertrag und Zeugniserteilung
Eine weitere Problematik stellt die Frage dar, ob die Vereinbarung der Erteilung eines »sehr guten Zeugnisses« in einem Abwicklungsvertrag bereits als ein wesentliches Entgegenkommen an den Arbeitnehmer anzusehen ist. Manche Arbeitgeber argumentieren wie folgt: Die Arbeitsleistung wäre allenfalls durchschnittlich gewesen, die Erstellung eines (sehr) guten Zeugnisses stellt daher ein mehr oder weniger ausgeprägtes Zugeständnis gegenüber dem Arbeitnehmer dar und damit wäre dem Arbeitnehmer etwas »gegeben« worden, was er ansonsten nicht bekommen hätte. Das mag von der Papierform ein »Entgegenkommen« an den Arbeitnehmer sein, aber eindeutig kein finanzielles Entgegenkommen.

So sieht es auch die Rechtsprechung des Bundesarbeitsgerichts, wenn es sich um einen vom Arbeitgeber vorformulierten Vertrag handeln sollte. Die in einer Abwicklungsvereinbarung vom Arbeitgeber übernommene Verpflichtung, dem Arbeitnehmer ein Zeugnis mit einer näher bestimmten (überdurchschnittlichen) Leistungs- und Führungsbeurteilung zu erteilen, stellt **keinen Vorteil** dar, der geeignet wäre, die mit dem Verzicht auf die Erhebung einer Kündigungsschutzklage verbundene unangemessene Benachteiligung des Arbeitnehmers im Sinne des § 307 Abs. 1 Satz 1 BGB auszugleichen (BAG 24. 9. 2015 – 2 AZR 347/14).

Ein vor Ablauf von drei Wochen nach Zugang der Kündigung formularmäßig erklärter Verzicht auf die Erhebung einer Kündigungsschutzklage ist daher ohne eine ihn ausgleichende finanzielle Gegenleistung des Arbeitgebers wegen **unangemessener Benachteiligung** des Arbeitnehmers nach § 307 Abs. 3 Satz 1 BGB unwirksam. Die in einer Abwicklungsvereinbarung vom Arbeitgeber übernommene Verpflichtung, dem Arbeitnehmer ein Zeugnis mit einer überdurchschnittlichen Leistungs- und Führungsbeurteilung zu erteilen, stellt eindeutig keinen finanziellen Vorteil dar, der geeignet wäre, den mit dem Verzicht auf die Erhebung einer

Kündigungsschutzklage einhergehenden Nachteil auszugleichen. Der Arbeitgeber kann also in derartigen Situationen auch nicht damit argumentieren, das »gute« Zeugnis erleichtere es dem Arbeitnehmer, künftig eine neue Arbeit zu finden. Dies folgt auch daraus, dass mittlerweile die weitaus überwiegende Mehrheit der Arbeitszeugnisse überdurchschnittlich ausgestellt wird und die Aussagekraft mancher »gut formulierter« Zeugnisse als durchaus überschaubar anzusehen ist.

II. Die Kündigung

a) Form und Frist

80. Wie eindeutig muss eine Kündigung erklärt werden?

Fall:
Eine Beschäftigte kommt in die Sprechstunde des Betriebsrats und legt folgendes Schreiben vor:
»Sehr geehrte Frau …,
wie Sie bestimmt schon mitbekommen haben, geht die Auslastung der Abteilung, in der Sie arbeiten, rapide zurück. Dies hat uns dazu veranlasst, alle befristeten Arbeitsverhältnisse auslaufen zu lassen. Wir sind auch froh über alle Arbeitnehmerinnen, die sich nach der Elternzeit dazu entschließen, das Arbeitsverhältnis zu beenden.
Wenn dies so weitergeht, wissen wir nicht mehr, wie die Auslastung der Abteilung geschehen soll. Wir hoffen, dass Sie dafür Verständnis haben und geeignete Maßnahmen ergreifen.
Mit freundlichen Grüßen«
Sie will wissen, ob dies tatsächlich schon eine arbeitgeberseitige Kündigung ist oder ob das Schreiben rechtlich nicht relevant ist.

Darum geht es:
Was entspricht den Kriterien einer Kündigung und was nicht?

Antwort

Die Beschäftigte kann dahin gehend informiert werden, dass dieses Schreiben keinesfalls eine arbeitgeberseitige Kündigungserklärung ist; sie muss also hiergegen nicht gerichtlich vorgehen. Der Grundsatz der Klarheit der Kündigungserklärung bedeutet, dass sich der Beendigungswille des Kündigenden (hier des Arbeitgebers) und der Zeitpunkt des Endes des Arbeitsverhältnisses eindeutig aus der Erklärung ergeben müssen. Daran mangelt es hier in eklatanter Weise.

> **Zusammenfassung:**
> Wenn beispielsweise der Arbeitgeber lediglich schriftlich erklärt, er werde einem Verhalten des Arbeitnehmers nicht mehr länger zusehen, ihm »reiche es jetzt«, kommt der Kündigungswille nicht klar zum Ausdruck; eine wirksame Kündigungserklärung kann in diesen Äußerungen nicht gesehen werden. Gleiches gilt dann, wenn der Arbeitgeber über die schlechte wirtschaftliche Situation klagt, aber nicht konkret sagt, dass das Arbeitsverhältnis beendet werden soll.

Wichtige Begriffe

Frist der Kündigung

Sofern die Auflösung des Arbeitsverhältnisses zwar erklärt wurde, es aber nicht eindeutig ist, ob die Kündigung mit oder ohne Kündigungsfrist ausgesprochen wurde, kann der Kündigungsempfänger nach seiner Wahl aussuchen, welche Art der Kündigung er gegen sich gelten lassen wird. Im Regelfall ist daher eine ordentliche Auflösung des Arbeitsverhältnisses anzunehmen.

Eine Kündigung muss so eindeutig bestimmt sein, dass der Arbeitnehmer Klarheit über die Absichten des Arbeitgebers erhält. Der Arbeitnehmer muss auch erkennen können, zu welchem Zeitpunkt das Arbeitsverhältnis aus Sicht des Arbeitgebers beendet sein soll. Im Fall einer ordentlichen Kündigung genügt regelmäßig die Angabe des Kündigungstermins oder der Kündigungsfrist (BAG 20. 1. 2016 – 6 AZR 782/14). Eine Kündigung »zum nächstzulässigen Termin« ist grundsätzlich möglich, wenn dem Arbeitnehmer die Dauer der Kündigungsfrist bekannt oder für ihn bestimmbar ist, was immer dann der Fall ist, wenn die rechtlich zutreffende Frist für den Arbeitnehmer ohne weiteres feststellbar ist und dies nicht umfassende tatsächliche Ermittlungen oder die Beantwortung schwieriger Rechtsfragen erfordert. Die maßgebliche Kündigungsfrist kann sich aus Angaben im Kündigungsschreiben oder aus einer vertraglich in Bezug genommenen tariflichen Regelung ergeben.

Wenn eine ordentliche Kündigung nicht isoliert erklärt werden sollte, sondern nur **hilfsweise für den Fall der Unwirksamkeit einer außerordentlichen fristlosen Kündigung**, ist der Arbeitnehmer regelmäßig nicht im Unklaren darüber, wann das Arbeitsverhältnis nach der Vorstellung des Kündigenden enden soll. Die Beendigung soll dann offensichtlich bereits mit Zugang der fristlosen Kündigung erfolgen. In diesen Situationen kommt es nicht darauf an, ob es dem Arbeitnehmer ohne Schwierigkeiten möglich ist, die Kündigungsfrist der hilfsweise erklärten ordentlichen Kündigung zu ermitteln, oder dies nicht der Fall ist.

Abgrenzung zur Suspendierung

Mitunter sind auch Kündigungen und bloße Suspendierungen abzugrenzen, vor allem dann, wenn der Erklärungsinhalt des Arbeitgebers missverständlich ist. Teilt der Arbeitgeber etwa einem erkrankten Arbeitnehmer schriftlich mit, dass das Personal wegen schlechter Auftragslage vorübergehend reduziert werden muss, weswegen einzelne Belegschaftsmitglieder derzeit rückständigen Urlaub nehmen und schließt er daran die Bitte, sich nach der Wiedergenesung für einige Zeit arbeitslos zu melden, kann in dieser Erklärung mangels hinreichender Abgrenzung von der Suspendierung von der Arbeitspflicht regelmäßig keine Kündigung gesehen werden (LAG Köln 30. 9. 1993 – 10 Sa 597/93).

Ausprägung des Bestimmtheitsgrundsatzes

Eine Kündigung muss in sprachlicher Hinsicht bestimmt und unmissverständlich erklärt werden. Der Arbeitnehmer muss erkennen können, wann das Arbeitsverhältnis enden soll. Dafür genügt bei einer ordentlichen Kündigung regelmäßig die Angabe des Kündigungstermins oder der Kündigungsfrist. Ein Hinweis auf die maßgebliche gesetzliche Regelung reicht aus, wenn der Arbeitnehmer dadurch ohne weiteres ersehen kann, zu welchem Termin das Arbeitsverhältnis enden soll (BAG 20. 6. 2013 – 6 AZR 805/11).

Wenn von einem Insolvenzverwalter eine Kündigung »zum nächstmöglichen Zeitpunkt« mit Hinweisen auf die Vorschrift des § 622 BGB und die mögliche Begrenzung der Kündigungsfrist auf drei Monate gemäß § 113 InsO erklärt wird, dann ist dies als wirksam anzusehen.

81. Kann ein Kündigungsrecht des Arbeitgebers verwirken?

Fall:
In einem Dachdeckerbetrieb wurde ein Arbeitnehmer vom Arbeitgeber beobachtet, wie er sechs Latten zu je fünf Meter auf dem Dach seines Autos verzurrte, weil er diese für eine häusliche Baustelle benötigte (Wert 30,00 €). Am nächsten Tag konfrontierte der Personalleiter den betreffenden Arbeitnehmer sofort mit dem Vorfall und brachte zum Ausdruck, dass eine Straftat vorliegt und man »kündigen könne«. Der Arbeitnehmer gab die Sache zu, entschuldigte sich damit, dass er selbstverständlich die Latten später gezahlt hätte, es wäre nur schon sehr eilig gewesen und er habe die Latten auf seiner Garagenbaustelle benötigt. Dies nimmt der Personalleiter »zur Kenntnis«.

In den Folgemonaten passiert trotz erheblicher Befürchtungen des Arbeitnehmers nichts. Sieben Monate später kommt er unentschuldigt etwa zwei Stunden später zur Arbeit, weil er zum einen vergessen hat, dass an diesem Tag die Arbeiten eine Stunde früher beginnen sollten, zum anderen, weil er noch einen Defekt am Pkw beseitigen musste. Der Arbeitnehmer wurde bisher nicht wegen einer Verletzung von Arbeitspflichten abgemahnt.

Der Personalleiter erklärte, jetzt reiche es und das Anhörungsverfahren zum Ausspruch einer ordentlichen verhaltensbedingten Kündigung werde beim Betriebsrat eingeleitet.

Der Betriebsrat wird aber – entgegen seiner eigenen Vermutung – nicht zum Vorfall der Verspätung von zwei Stunden als Kündigungsgrund angehört, sondern hinsichtlich des Diebstahls/der Unterschlagung der Dachlatten. Bei der Verspätung um zwei Stunden hätte keine vorherige einschlägige Abmahnung vorgelegen, daher hätte der Betriebsrat mit erheblicher Wahrscheinlichkeit den Widerspruch erklärt. Hinsichtlich des Vorfalls vor sieben Monaten weiß man nicht so recht, wie man sich verhalten soll, weil der Vorfall doch schon einige Zeit zurückliegt.

Darum geht es:
Unter welchen Voraussetzungen kann die Verwirkung eines an sich gegebenen Kündigungsrechts angenommen werden?

Fragen zur Beendigung des Arbeitsverhältnisses

Antwort

Bei der Betriebsratsbeteiligung zu der vom Arbeitgeber beabsichtigten Kündigung geht es eindeutig um die (mögliche) **Verwirkung** des Kündigungsrechts. Der Arbeitgeber hat hier durchaus zutreffend erkannt, dass die Verspätung von zwei Stunden eine erhebliche Pflichtwidrigkeit im Leistungsbereich darstellt, diese aber nur dann einen ordentlichen, verhaltensbedingten Kündigungsgrund darstellt, wenn der Arbeitnehmer vorher einschlägig (in etwa selber Sachverhalt) und förmlich (mit Kündigungsandrohung) abgemahnt wurde. Es mangelt an der Abmahnung, so dass der Arbeitgeber davon abgesehen hat, diesen Vorfall als Kündigungsgrund heranzuziehen. Er könnte sich allenfalls überlegen, deswegen abzumahnen; er will aber nicht erst abmahnen, sondern das Arbeitsverhältnis kündigen.

Die Kündigung des Arbeitsverhältnisses kann der Verwirkung unterliegen, wenn die Gründe der Kündigung oder der Anfechtung für die weitere Fortführung des Arbeitsverhältnisses nicht mehr von Bedeutung sind (BAG 20.5.1988 – 2 AZR 711/87). Diese Rechtsfragen sind regelmäßig bei der verhaltensbedingten Kündigung von Bedeutung, wenn der Arbeitgeber nicht in unmittelbarem Anschluss an die Pflichtwidrigkeit kündigt, sondern erst einmal – aus welchen Gründen auch immer – abwartet.

Eine Verwirkung der Kündigungsmöglichkeit kann lediglich angenommen werden, wenn die Würdigung des Zeit- und Umstandsmoments ergibt, dass das Recht nicht mehr geltend gemacht werden kann. Die Frage kann daher nicht allein mit dem Zeitablauf oder gar nach bestimmten Grenzen beurteilt werden, sondern es kommt auf die **Gesamtumstände** an. Die Möglichkeit, den Arbeitsvertrag verhaltensbedingt zu kündigen, ist dann verwirkt, wenn der vormals vorhandene Grund auf die weitere Ausführung des Arbeitsverhältnisses überhaupt keine Bedeutung mehr hat.

Zusammenfassung:

Konkret bedeutet dies: Die sieben Monate, die mittlerweile vergangen sind, sprechen erheblich dafür, dass der (vormals an sich gegebene) Kündigungsgrund durchaus schon an Relevanz verloren hat, es kommt aber auch noch auf die Umstände des Einzelfalles an. Bei denen ist in erster Linie entscheidend, wie in dieser Zeit das Arbeitsverhältnis verlaufen ist. Kam es in Bezug auf die Ehrlichkeit zu keinerlei weiteren Beanstandungen und liegt insofern ein vorbildliches Verhalten des Arbeitnehmers vor, geht die Tendenz eher in Richtung Verwirkung des Kündigungsrechts. Der Betriebsrat kann daher bereits mit guten Gründen die Zustimmung zu der beabsichtigten Kündigung verweigern.

82. Wann ist eine Kündigung nichtig, wann ist sie sittenwidrig?

Fall:
Eine Arbeitnehmerin ist seit sechs Jahren in einem Kleinstbetrieb beschäftigt, der nicht unter das Kündigungsschutzgesetz fällt. Bisher war der Arbeitgeber mit der Arbeitsleistung zufrieden. Im März 2018 wurde das siebenjährige Kind der Klägerin schwer krank, was aufgrund der persönlichen Stresssituation zu einigen Wochen Arbeitsunfähigkeit führte. Anfang September erfuhr sie, dass ihr Kind nur mehr kurz leben werde. Daraufhin wurde sie für drei Wochen wegen depressiver Zustände krankgeschrieben. Der Arbeitgeber kündigte das Arbeitsverhältnis zwei Tage nach dem Tod des Kindes.
Die Arbeitnehmerin hält die Kündigung für sittenwidrig.

Darum geht es:
Was sind die Voraussetzungen für eine nichtige und eine sittenwidrige Kündigung?

Antwort

Der Standpunkt der Arbeitnehmerin ist zutreffend; die Kündigung ist sittenwidrig und daher unwirksam. Ein bedauerlicherweise gelegentlich vorkommender Tatbestand einer treuwidrigen Kündigung ist die persönlich verletzende Form der Kündigung. Hierunter fallen Kündigungen, die zur Unzeit ausgesprochen werden. Es bedarf keiner näheren Begründung, dass dieses Verhalten des Arbeitgebers hinsichtlich der Wahl des Kündigungszeitpunkts **nicht nur als gänzlich persönlichkeitsverletzend angesehen werden muss,** sondern es stellt auch einen Fall der Kündigung zur Unzeit dar.

Fragen zur Beendigung des Arbeitsverhältnisses

> **Zusammenfassung:**
> Es reicht zwar nicht allein der – den Arbeitnehmer besonders belastende – Zeitpunkt der Arbeitgeberkündigung zur Annahme der Sittenwidrigkeit, wenn aber zusätzlich treuwidrige Umstände vorliegen, ist die Kündigung rechtsunwirksam (so das BAG in einem ähnlichen Sachverhalt – 5. 4. 2001 – 2 AZR 185/00). Die Treuwidrigkeit ist gegeben, wenn der Arbeitgeber absichtlich oder aufgrund einer Missachtung der persönlichen Belange des Arbeitnehmers einen Kündigungszeitpunkt wählt, welcher den Arbeitnehmer besonders beeinträchtigt. Das ist hier eindeutig der Fall. Die Kündigung ist daher unwirksam.

Weitere Fälle der möglichen Sittenwidrigkeit

Zugang am 24. 12. eines Jahres

Vor einiger Zeit wurde in der Rechtsprechung die Frage geklärt, ob eine Kündigung bereits deshalb sittenwidrig ist, weil sie der Arbeitgeber dem Arbeitnehmer am Heiligen Abend hat zugehen lassen. Auch dies stellt ein nicht gerade angemessenes Verhalten des Arbeitgebers dar. Das Bundesarbeitsgericht hat sich (14. 11. 1984 – 7 AZR 174/83) allerdings dafür entschieden, dass eine Kündigung nicht allein deshalb als ungehörig oder sittenwidrig betrachtet werden kann, nur weil sie am 24. 12. eines Jahres zugeht. Da die religiöse Bedeutung dieses Tages immer mehr durch den Kommerz der Weihnachtszeit verdrängt wird spricht einiges für diesen Standpunkt.

Verwerfliches Motiv und Rachsucht

Eine Kündigung ist aber immer dann sittenwidrig, wenn sie auf einem verwerflichen Motiv des Kündigenden beruht, etwa auf Rachsucht oder Vergeltung, oder wenn sie aus anderen Gründen das Anstandsgefühl aller billig und gerecht Denkenden verletzt (BAG 2. 4. 1987 – 2 AZR 227/86).

Kündigung wegen AIDS-Infizierung

Vor einiger Zeit hatte das Bundesarbeitsgericht über eine Kündigung wegen der Infizierung eines Arbeitnehmers mit HIV zu entscheiden, auf dessen Arbeitsverhältnis das Kündigungsschutzgesetz nicht anwendbar war (BAG 16. 2. 1989 – 2 AZR 347/88). Der Arbeitgeber hat die Kündigung deshalb ausgesprochen, weil es zu erheblichen Krankheitszeiten kam.

Die Kündigung eines an AIDS erkrankten Arbeitnehmers ist dann nicht sittenwidrig im Sinne des § 138 BGB, wenn er nach Kenntniserlangung der Infektion einen Selbsttötungsversuch unternommen hat, im Anschluss daran für längere Zeit arbeitsunfähig erkrankt war und dieser Zustand bei Ausspruch der Kündigung bis auf Weiteres fortbesteht. Eine längere Erkrankung, die bereits einige Monate gedauert hat und deren Ende nicht absehbar ist, wäre selbst bei der Anwendbarkeit des Kündigungsschutzgesetzes geeignet, einen Grund zur Lösung des Arbeitsverhältnisses abzugeben. Daher kann außerhalb des Kündigungsschutzgesetzes nichts anderes gelten.

Sexuelles Verhalten
Ein weiterer möglicher Fall der Sittenwidrigkeit betrifft die Sachverhalte, dass ein Arbeitsverhältnis gekündigt wird, nur weil dem Arbeitgeber das (außerdienstliche) sexuelle Verhalten des Arbeitnehmers nicht entspricht. Das Bundesarbeitsgericht (23. 6. 1994 – 2 AZR 617/93) hat hierzu entschieden, dass eine Kündigung, die der Arbeitgeber (nur) deshalb ausspricht, weil der Arbeitnehmer homosexuell ist, gegen § 242 BGB verstößt, wenn der Arbeitgeber ansonsten mit der Arbeitsleistung zufrieden war.
In dieser Situation sind die Grundrechte der Vertragsfreiheit (Kündigungsfreiheit) und die Rechte auf Achtung der Menschenwürde sowie auf freie Entfaltung der Persönlichkeit gegeneinander abzuwägen. Der Grundsatz von Treu und Glauben ist eine bei allen Rechten, Rechtsgrundlagen und Normen zu beachtende Angelegenheit. Daher erscheint es rechtsmissbräuchlich, wenn der Arbeitgeber unter Ausnutzung der Privatautonomie den Arbeitnehmer nur wegen seines persönlichen Sexualverhaltens kündigt.

83. Wann ist die Betriebsratsanhörung vor der Kündigung fehlerhaft?

Fall:
Der Arbeitgeber beabsichtigt, der Arbeitnehmerin Eller wegen erheblicher Leistungsmängel zu kündigen. Dem Betriebsrat werden im Anhörungsverfahren ausführlich die Schlecht- und Fehlleistungen der letzten Monate nebst den betrieblichen Auswirkungen dargestellt. Allerdings hat es der Arbeitgeber unterlassen, auf die gegen-

über Frau Eller bereits im Laufe der letzten acht Monate ausgesprochenen Abmahnungen ausdrücklich hinzuweisen, weil er dies nicht für erforderlich erachtete. Eine der beiden Abmahnungen enthält die Androhung der Kündigung, sofern es zu weiterem Fehlverhalten kommen sollte. Die persönlichen Daten und der Umstand, dass das Arbeitsverhältnis ordentlich gekündigt werden soll, wurden mitgeteilt.

Frau Eller möchte wissen, ob die Betriebsratsanhörung ordnungsgemäß ist oder möglicherweise bereits insofern ein Unwirksamkeitsgrund für die Kündigung vorliegen sollte.

Darum geht es:
Was sind die Voraussetzungen einer wirksamen Betriebsratsanhörung? Wann ist die Betriebsratsanhörung fehlerhaft? Ist die ordnungsgemäße Betriebsratsanhörung Voraussetzung für eine wirksame Kündigung?

Antwort

Eine wirksame Anhörung des Betriebsrats erfordert, dass der Arbeitgeber dem Betriebsrat die Person des Arbeitnehmers, die Art der Kündigung, den Kündigungstermin und die Gründe der Kündigung mitteilt. Das Bundesarbeitsgericht geht davon aus (BAG 6.2.1997 – 2 AZR 265/96), dass der Betriebsrat stets dann ordnungsgemäß angehört wurde, sofern der Arbeitgeber die aus seiner Sicht tragenden Umstände für die Kündigung unterbreitet hat.

Zusammenfassung:
Die Betriebsratsanhörung ist somit immer dann fehlerhaft, wenn der Arbeitgeber dem Betriebsrat den Sachverhalt bewusst irreführend – auch durch das Weglassen entscheidender Umstände – schildert. Es müssen dem Betriebsrat die Gründe der Kündigung **vollständig** und **umfassend** mitgeteilt werden. Die Vorlage von Beweismaterial ist regelmäßig nicht notwendig, sondern nur dann erforderlich, wenn sie der Betriebsrat verlangt.

Durch das Anhörungsverfahren soll sich der Betriebsrat ein umfassendes Bild machen können, ob er der beabsichtigten Kündigung zustimmen will oder nicht. Bewusst unrichtige und unvollständige Sachverhaltsangaben gegenüber dem Betriebsrat, durch die bei ihm ein falsches Bild über den Kündigungssachverhalt entsteht, machen die Betriebsratsanhörung und auch die im Anschluss hieran erfolgte Kündigung rechtsunwirksam (BAG 9. 3. 1995 – 2 AZR 461/94).

Der Inhalt der Unterrichtung nach § 102 Abs. 1 Satz 2 BetrVG ist grundsätzlich **subjektiv determiniert**. Der Arbeitgeber muss dem Betriebsrat die Umstände mitteilen, die seinen Kündigungsentschluss tatsächlich bestimmt haben. Dem kommt er immer dann nicht nach, wenn er dem Betriebsrat einen schon aus seiner eigenen Sicht unrichtigen oder unvollständigen Sachverhalt unterbreitet. Ebenso verhält es sich, wenn der Arbeitgeber dem Betriebsrat für dessen Beurteilung bedeutsame, zuungunsten des Arbeitnehmers sprechende, objektiv unzutreffende Tatsachen mitteilt, von denen er selbst für möglich hält, dass sie nicht der Wahrheit entsprechen. Eine zwar vermeidbare, aber unbewusst und damit gutgläubig erfolgte objektive Fehlinformation würde hingegen für sich genommen keinen Verstoß gegen § 102 Abs. 1 Satz 2 BetrVG darstellen (BAG 16. 7. 2015 – 2 AZR 15/15).

Der Zweck der Betriebsratsanhörung besteht darin, den Betriebsrat in die Lage zu versetzen, sachgerecht auf die Willensbildung des Arbeitgebers einzuwirken. Der Arbeitgeber darf daher ihm bekannte Umstände, welche sich bei **objektiver Betrachtung** zugunsten des Arbeitnehmers auswirken können, dem Betriebsrat nicht deshalb vorenthalten, weil sie für seinen eigenen Kündigungsentschluss nicht von Bedeutung waren.

Bei der verhaltensbedingten Kündigung ist (mindestens) eine vorherige, erfolglose und förmliche (= mit Kündigungsandrohung) Abmahnung vor Ausspruch einer Kündigung regelmäßig die Wirksamkeitsvoraussetzung in formeller Hinsicht; lediglich bei schwerwiegenden Störungen im Vertrauensverhältnis, die das Arbeitsverhältnis in Bezug auf die Vertrauensgrundlage zerstören, kann von einer Abmahnung abgesehen werden. Daher ist für die Beurteilung des Betriebsrats, wie er sich zu der geplanten verhaltensbedingten Kündigung verhalten will, die Kenntnis von der oder den Abmahnungen von erheblicher Bedeutung. Diese Umstände fallen in den Bereich der mitzuteilenden Tatsachen.

Zusammenfassung:
Sofern der Betriebsrat hinsichtlich der beiden Abmahnungen nicht schon Kenntnis haben sollte (in der Praxis eher unwahrscheinlich,

> da der Betriebsrat vor dem Ausspruch einer Abmahnung nicht zu beteiligen ist), wird davon auszugehen sein, dass bei der Anhörung ein wesentlicher Punkt übergangen wurde. Es spricht einiges dafür, dass die Betriebsratsanhörung fehlerhaft ist und daher bereits deshalb zumindest diese Kündigung rechtsunwirksam ist. Der Arbeitgeber kann aber den Mangel bei einer erneuten Anhörung heilen.

Praxishinweis:
Die Betriebsratsanhörung ist erst abgeschlossen, wenn der Betriebsrat eine endgültige Stellungnahme abgegeben hat, welchen Standpunkt er zur Kündigung vertritt. Eine abschließende und das Anhörungsverfahren nach § 102 Abs. 1 BetrVG beendende Stellungnahme des Betriebsrats kann somit nur dann angenommen werden, wenn der Arbeitgeber sich aufgrund besonderer Anhaltspunkte darauf verlassen darf, dass der Betriebsrat sich bis zum Ablauf der Frist des § 102 Abs. 2 Satz 1 und Abs. 3 BetrVG nicht mehr äußern wird (BAG 25.5.2016 – 2 AZR 345/15). Der Arbeitgeber kann davon dann ausgehen, wenn er aufgrund der gegebenen Umstände sich sicher sein kann, der Betriebsrat werde sich innerhalb der gesetzlichen Frist keinesfalls noch einmal – und es sei »nur« zur Ergänzung der Begründung des schriftlich eingelegten Widerspruchs – äußern.
Die Abfassung und Zuleitung der Stellungnahme(n) des Betriebsrats zu einer beabsichtigten Kündigung obliegt nach § 26 Abs. 2 Satz 1 BetrVG dem Betriebsratsvorsitzenden. In Zweifelsfällen kann hier angeraten werden, sich beim Betriebsratsvorsitzenden oder einem Betriebsratsmitglied zu erkundigen, ob tatsächlich bereits die endgültige Stellungnahme des Betriebsrats vorgelegen hat. Spricht der Arbeitgeber die Kündigung zu früh aus und liegt noch keine abschließende Stellungnahme des Betriebsrats vor, dann riskiert er die Unwirksamkeit der Kündigung wegen fehlerhaften Anhörungsverfahrens.

Wichtige Begriffe

Systematik der Betriebsratsanhörung

Die Anhörung des Betriebsrats nach § 102 Abs. 1 und 2 BetrVG vollzieht sich immer in zwei aufeinanderfolgenden Verfahrensabschnitten. Zunächst muss der Arbeitgeber unter Beachtung der in § 102 Abs. 1 BetrVG beschriebenen Erfordernisse das Anhörungsverfahren einleiten. Im Anschluss daran ist es Aufgabe des Betriebsrats, sich mit der beabsichtigten Kündigung zu befassen und darüber zu entscheiden, ob und wie er Stellung nehmen will.

Nur dann, wenn dem Arbeitgeber bei der ihm obliegenden Einleitung des Anhörungsverfahrens ein **Fehler** unterläuft, liegt darin eine Verletzung des § 102 Abs. 1 BetrVG mit der Folge der Unwirksamkeit der Kündigung. Mängel, die im Verantwortungsbereich des Betriebsrats entstehen, führen grundsätzlich auch dann nicht zur Unwirksamkeit der Kündigung wegen fehlerhafter Anhörung, wenn der Arbeitgeber im Zeitpunkt der Kündigung weiß oder zumindest erkennen kann, dass der Betriebsrat die Angelegenheit nicht fehlerfrei behandelt hat (BAG 6.10.2005 – 2 AZR 316/04).

Etwas anderes kann allerdings ausnahmsweise dann anzunehmen sein, wenn keine Stellungnahme des Gremiums Betriebsrat vorhanden ist, sondern erkennbar nur eine persönliche Äußerung des Betriebsratsmitglieds gegeben sein sollte oder der Arbeitgeber den Fehler des Betriebsrats durch unsachgemäßes Verhalten selbst veranlasst hat. Derartige Situationen sind allerdings in der Praxis sehr selten.

Begehung der Tat und Verdachtskündigung

Die Betriebsratsanhörung muss bei verhaltensbedingten Kündigungen wegen unerlaubter Taten im Arbeitsverhältnis (Diebstahl, Unterschlagung, Fälschung von Arbeitszeitaufzeichnungen etc.) stets darauf abstellen, ob dem Arbeitnehmer die Begehung der Tat vorgeworfen wird oder nur ein hinreichender Tatverdacht besteht.

Teilt der Arbeitgeber etwa dem Betriebsrat mit, dass er beabsichtigt, dem Arbeitnehmer wegen einer für erwiesen erachteten Straftat fristlos und vorsorglich ordentlich zu kündigen, und stützt er die Kündigung später bei unverändert gebliebenem Sachverhalt auf den **Verdacht** dieser Straftat, ist der nachgeschobene Kündigungsgrund der Verdachtskündigung wegen fehlender Anhörung des Betriebsrats im Kündigungsschutzprozess nicht zu verwerten (BAG 3.4.1986 – 2 AZR 324/85). Der Verdacht einer strafbaren Handlung stellt gegenüber dem Vorwurf, der Arbeitnehmer habe die Tat begangen, einen eigenen Kündigungsgrund dar, der in dem Tatvorwurf nicht enthalten ist.

Unrichtige Kündigungsfrist

Unschädlich ist es, wenn der Arbeitgeber bei der Anhörung in Bezug auf eine ordentliche Kündigung eine unrichtige Kündigungsfrist oder einen falschen Endtermin des Arbeitsverhältnisses angibt (BAG 29.1.1986 – 7 AZR 257/84). Die Anhörung des Betriebsrats zu einer ordentlichen Kündigung ist korrekt, wenn der Arbeitgeber die Kündigung mit einer anderen Kündigungsfrist erklärt, als sie dem Betriebsrat zuvor mitgeteilt wurde. Die Angabe des Endtermins kann bei der Betriebsratsanhörung regelmäßig nicht gefordert werden, da nicht sicher ist, zu welchem Zeitpunkt die beabsichtigte Kündigung dem Arbeitnehmer zugehen wird. Daher wird in der Praxis das rechtliche Ende des Arbeitsverhältnisses meist noch nicht feststehen.

Verhaltensbedingte Kündigung
Bei der verhaltensbedingten Kündigung müssen die maßgeblichen Vorfälle und das Fehlverhalten des Arbeitnehmers umfassend dargelegt werden. Sowohl bei der ordentlichen als auch bei der außerordentlichen verhaltensbedingten Kündigung sind dem Betriebsrat auch Sozialdaten des zu kündigenden Arbeitnehmers mitzuteilen.

Kündigung scheitert im Zugang
Sofern ausnahmsweise eine Kündigung, zu welcher der Betriebsrat ordnungsgemäß angehört wurde und welcher er ausdrücklich und ohne Vorbehalte zugestimmt hat, im Zugang scheitert (Brief geht verloren, Zugang kann nicht nachgewiesen werden, neue Anschrift des Arbeitnehmers ist vorläufig nicht bekannt), ist vor einer erneuten Kündigung eine nochmalige Anhörung des Betriebsrats dann zumeist entbehrlich, wenn die Kündigung in einem engen zeitlichen Zusammenhang ausgesprochen wird und die Kündigungsgründe dieselben sind (BAG 11.10.1989 – 2 AZR 88/89). Aus Gründen der Rechtssicherheit wird allerdings angeraten, diese Umstände dem Betriebsrat ergänzend mitzuteilen.

Betriebsratsanhörung bei einem Arbeitsverhältnis, das noch keine sechs Monate bestanden hat
Andere Grundsätze für die Betriebsratsanhörung gelten, wenn ein Arbeitsverhältnis gekündigt werden soll, das noch nicht dem Kündigungsschutzgesetz unterfällt, weil es noch keine sechs Monate bestanden hat. Das Betriebsratsanhörungsverfahren hat nicht den Sinn, dass bei ihm vom Arbeitgeber Gründe vorgetragen werden müssen, die weitergehen würden als diejenigen Gründe, welche zur Begründung der Rechtswirksamkeit der Kündigung in einem (möglichen) gerichtlichen Rechtsstreit vom Arbeitgeber vorgetragen werden müssten. Bei der Betriebsratsanhörung vor Kündigung eines Arbeitsverhältnisses, das noch nicht sechs Monate bestanden hat, müssen daher die Gründe nicht in aller Ausführlichkeit dargelegt werden.
Bei einer Kündigung in der Wartezeit ist die Substantiierungspflicht bei der Betriebsratsanhörung (noch) nicht an den objektiven Merkmalen der Kündigungsgründe des noch nicht anwendbaren § 1 KSchG, sondern allein an den Umständen zu messen, aus denen der Arbeitgeber subjektiv

seinen Kündigungsentschluss herleitet. Dies folgt aus dem Grundsatz der subjektiven Determination (BAG 11. 9. 2013 – 6 AZR 121/13).
Was die Anforderungen an die Information des Betriebsrats durch den Arbeitgeber bei Wartezeitkündigungen betrifft, ist nach der Rechtsprechung des Bundesarbeitsgerichts zwischen Kündigungen, die auf **substantiierbare Tatsachen gestützt werden** (etwa konkrete Pflichtwidrigkeiten bei der Erbringung der Arbeit), und Kündigungen, die auf **personenbezogenen Werturteilen beruhen** (etwa: schlechte Arbeit bereits in der Probezeit), die sich zumeist durch Tatsachen nicht näher belegen lassen, zu unterscheiden.
Bei substantiierbaren Tatsachen genügt die Anhörung den Anforderungen des § 102 Abs. 1 BetrVG immer nur dann, wenn dem Betriebsrat die zugrunde liegenden Tatsachen oder die Ausgangsgrundlagen mitgeteilt werden. Bei den personenbezogenen Werturteilen reicht allerdings die Mitteilung allein des Werturteils für eine ordnungsgemäße Betriebsratsanhörung aus. Der Arbeitgeber ist in diesem Fall nicht gehalten, im Rahmen des Anhörungsverfahrens nach § 102 Abs. 1 BetrVG sein Werturteil gegenüber der Arbeitnehmervertretung genau zu begründen. Liegen dem subjektiven Werturteil des Arbeitgebers, das Arbeitsverhältnis nicht fortsetzen zu wollen, nach Zeit, Ort und Umständen konkretisierbare Tatsachenelemente zugrunde, muss der Arbeitgeber den Betriebsrat über diesen Tatsachenbereich oder die Ansatzpunkte seines subjektiven Werturteils nicht informieren.
Grund hierfür ist folgender: Der erst nach Ablauf der Wartezeit eintretende Kündigungsschutz darf durch die Anforderungen, welche an eine Anhörung nach § 102 Abs. 1 BetrVG gestellt werden, nicht vorverlagert werden. Eine Vermischung der formellen Wirksamkeitsvoraussetzungen der Anhörung des Betriebsrats mit der Überprüfung der Kündigungsgründe aufgrund der Prozesssituation bezweckt § 102 BetrVG nicht.

Rechtsfolgen der fehlerhaften/unterbliebenen Anhörung
Wenn die Anhörung des Betriebsrats unterblieben ist oder fehlerhaft ausgeführt wurde, ist die ausgesprochene Kündigung unwirksam. Dieser Fehler kann im Rahmen der ausgesprochenen Kündigung nicht mehr geheilt werden, wenn er einmal entstanden ist. Eine nachträgliche Anhörung kann also den Fehler nicht beseitigen.
Der Arbeitgeber muss die Wochenfrist bei ordentlicher Kündigung und die Dreitagesfrist bei einer fristlosen Kündigung abwarten, bevor er die Kündigung ausspricht. Die Frist läuft immer um 24.00 Uhr des letzten Tages ab. Hat der Arbeitgeber am letzten Tag der Frist, etwa nach Arbeits-

schluss, die Kündigung bereits auf den Weg gegeben, wurde das Fristende um 24.00 Uhr nicht abgewartet.

Ein Kündigungsschreiben ist nur dann noch nicht aus dem Machtbereich des Arbeitgebers gelangt, wenn er es etwa einem Kurierdienst übergeben hat und am nächsten Tag auf den Zugang – etwa durch ein Telefonat – noch Einfluss nehmen kann. Bei der Aufgabe zur Post ist dies allerdings nicht mehr möglich.

84. Wann gelten die tariflichen, wann die gesetzlichen Kündigungsfristen?

Fall:
Eine Beschäftigte eines großen Betriebs der Systemgastronomie mit zahlreichen Filialen in Deutschland wird vom Inhaber (Lizenznehmer) nach zehn Monaten der Beschäftigung zu ihrer großen Überraschung mit einer Frist von 14 Tagen zum Wochenschluss gekündigt. Sie will zwar die Kündigung nicht angreifen, ist aber mit der Frist nicht einverstanden, weil im Gesetz eine Grundkündigungsfrist nach dem Ablauf der Probezeit von maximal sechs Monaten von vier Wochen zum Monatsende oder 15. des Monats enthalten ist und im Manteltarifvertrag des Gaststättengewerbes (MTV) im betreffenden Bundesland nach sechs Monaten der Beschäftigung bis zu einer Dauer von zwei Jahren eine Kündigungsfrist von vier Wochen enthalten ist.

Der Arbeitgeber verweist darauf, dass dies alles so sein möge. Entscheidend wäre aber, dass der Manteltarifvertrag für die Systemgastronomie, dem er unterfällt, diese kurze Kündigungsfrist bei einer Dauer von bis zu zwei Jahren vorsieht und dieser Tarifvertrag auf das Arbeitsverhältnis anwendbar ist. Dies sei »betriebsüblich«. Hierauf kontert die Arbeitnehmerin, das sehe sie gar nicht ein – immerhin wäre der Manteltarifvertrag für den Gaststättenbereich allgemeinverbindlich.

Darum geht es:
Welche Kündigungsfrist kommt zur Anwendung, wenn die gesetzliche und verschiedene tarifliche Regelungen aufeinander treffen?

Antwort

Sofern tatsächlich der Tarifvertrag für die Systemgastronomie kraft betrieblicher Übung auf das Arbeitsverhältnis zur Anwendung kommt, gelten dessen (kürzere) Kündigungsfristen, auch dann, wenn die gesetzlichen oder die eines allgemeinverbindlichen Tarifvertrags im Tätigkeitsbereich des Arbeitgebers länger sind.

§ 622 Abs. 4 BGB erlaubt es den Tarifvertragsparteien (Arbeitgeberverbände, einzelne Arbeitgeber und Gewerkschaften; nicht aber den einzelnen Arbeitgebern mit den Arbeitnehmern), im Rahmen von tariflichen Regelungen die Kündigungsfristen kürzer zu gestalten als die gesetzlichen Fristen. Dies hat der Gesetzgeber deshalb zugelassen, weil dieser Grundsatz der **Tarifautonomie** entspricht und die Arbeitnehmervertretungen ohnehin bei einer allzu ausgeprägten Abkürzung der Kündigungsfrist nicht mitmachen werden. Daher sind sowohl die (etwas) kürzere Regelung im MTV-Gaststättenbereich als auch die (in der Anfangszeit des Arbeitsverhältnisses wesentlich kürzere) Regelung des MTV-Systemgastronomie zulässig.

Es stellt sich daher die Frage, welcher der Tarifverträge denn gilt. Problematisch wird dies, wenn – wie im Beispielsfall – ein spezieller Tarifvertrag (MTV-Systemgastronomie) und ein allgemeiner, der für allgemeinverbindlich erklärt wurde (MTV-Gaststättengewerbe), zusammenkommen. Dies ist im Beispiel anzunehmen, weil im betreffenden Bundesland der Manteltarifvertrag für den Bereich des Gaststättengewerbes für allgemeinverbindlich erklärt wurde und speziellere Tarifverträge, die nicht allgemeinverbindlich sind, für die Beschäftigten bestimmter Tätigkeitsgruppen (hier: Systemgastronomie) existieren.

Dieser Umstand könnte zur Folge haben, dass der Arbeitgeber kraft Allgemeinverbindlichkeit an den Manteltarifvertrag gebunden ist und kraft betrieblicher Übung an den spezielleren Tarifvertrag. Dieses Ergebnis ist aber nicht möglich.

Eindeutig ist die Rechtslage, wenn der MTV-Gaststättenbereich – wie dies in manchen Bundesländern es der Fall ist – ausdrücklich regelt, dass er nicht für die Systemgastronomie gilt. Dann kommt der speziellere Manteltarifvertrag der Systemgastronomie zur Anwendung, ohne dass es auf eventuelle Fragen der betrieblichen Übung ankommt. Um diese Frage zu klären, muss in der Praxis genau der fachliche Anwendungsbereich des Manteltarifvertrags betrachtet werden.

Aber auch dann, wenn dies nicht ausdrücklich der Fall sein sollte, wird der Manteltarifvertrag des Systemgastronomiebereichs als der speziellere anzusehen sein. Dieser verdrängt den allgemeinen Manteltarifvertrag, auch dann, wenn dieser allgemeinverbindlich sein sollte. Nach dem Grundsatz der Tarifspezialität gilt daher der MTV-Systemgastronomie, ohne dass es im Ergebnis auf die Problematik ankommen wird, ob tatsächlich die Voraussetzungen der betrieblichen Übung gegeben sind (Kempen/Zachert, Tarifvertragsgesetz, § 4 Rn. 229).

85. Binnen welcher Frist muss eine fristlose Kündigung ausgesprochen werden?

Fall:
Eine große Baufirma will ihr hundertjähriges Jubiläum im September 2017 mit einem großen Fest für die Belegschaft unter Einbeziehung der örtlichen Polit-Prominenz und der Verbandsvertreter feiern. Alle Belegschaftsangehörigen, die länger als fünf Jahre beschäftigt sind, erhalten gestaffelte Sonderzahlungen in der Größenordnung von 1000,00 € bis 3000,00 €. Die Bauleiter bekommen zusätzlich eine Goldmünze mit dem Aufdruck »Hundert Jahre Mörtel Bau GmbH« und die drei Geschäftsführer zur Anerkennung ihrer langjährigen hervorragenden Dienste im Betrieb eine Lange 1 (Neuwert etwa 27 000,00 €).
Eine Woche vor dem Event verschwindet eine der Uhren aus dem Tresor der Mörtel Bau GmbH. In erheblichem Verdacht steht eine seit vier Jahren beschäftigte Büroangestellte, die zumindest wusste, wo der Tresorschlüssel liegt, und im Vorfeld massiv darüber schimpfte, es sei »wieder mal typisch für diesen Betrieb«, dass man unter fünf Jahren Betriebszugehörigkeit nichts bekommt. Sie wusste aufgrund der Bestellung der Uhren, die sie für die Gesellschafter abwickelte und streng geheim halten sollte, damit die Sache eine Überraschung wird, auch vom Wert dieser Uhren.
Die Büroangestellte bestreitet den Diebstahl vehement. Die GmbH ermittelt zunächst selbst in alle Richtungen, wer sonst noch für das Verschwinden der Uhr verantwortlich sein könnte, aber es kommt nichts Konkretes heraus. Die dann eingeleiteten polizeilichen Ermittlungen der nächsten Wochen führen ebenfalls zu keinen konkreten Ergebnissen, außer der Tatsache, dass offenbar noch einige andere Personen wussten, wo der Schlüssel versteckt war. Diese hatten aber von den Uhren überhaupt keine Kenntnisse und ihnen war

bekannt, dass im Tresor regelmäßig kein Bargeld war, sondern lediglich vertrauliche Geschäftsunterlagen.
Als nach drei Monaten die Sache immer noch nicht geklärt war, wurde der Büroangestellte fristlos wegen des Tatverdachts gekündigt, denn sie sei die »Hauptverdächtige«. Der Betriebsrat nahm im Anhörungsverfahren diese Kündigung »zur Kenntnis«.
Die verschwundene Uhr ist nicht wieder aufgetaucht. Dem Herstellerwerk wurde der Diebstahl mitgeteilt und die Nummer der Uhr allen Händlern der Marke Lange zur Kenntnis gebracht, damit sie bei einem ggf. erfolgenden Ankauf die Sache überprüfen können.

Darum geht es:
Ist die Kündigung wirksam? Wann beginnt die Frist zum Ausspruch einer außerordentlichen Kündigung – nach Kenntnis der Kündigungsgründe beim Arbeitgeber – zu laufen? Welche Besonderheiten gibt es beim Ausspruch einer Verdachtskündigung?

Antwort

Jede fristlose Kündigung, auch die Verdachtskündigung, muss nach § 626 Abs. 2 BGB binnen **zwei Wochen** nach Kenntniserlangung des Arbeitgebers vom Kündigungsgrund ausgesprochen werden. Wird die Frist versäumt, kann die Kündigung nicht mehr als außerordentliche ausgesprochen werden. Bei der vom Arbeitgeber zu beachtenden Zweiwochenfrist handelt es sich daher um eine materiell-rechtliche Ausschlussfrist für die Kündigungserklärung, die den Tatbestand der Verwirkung des wichtigen Grundes wegen Zeitablaufs regelt. Dieser Punkt ist im Beispielsfall problematisch.
Die geforderte Kenntniserlangung des Arbeitgebers ist anzunehmen, wenn es sich um eine sichere, positive Kenntnis der für die Kündigung maßgeblichen Tatsachen handelt. Die innerhalb der Zweiwochenfrist vom Arbeitgeber vorzunehmende Überlegung, ob er eine außerordentliche Kündigung aussprechen will, muss nämlich auf der Grundlage einer **möglichst vollständigen und zuverlässigen Kenntnis** des Sachverhalts angestellt werden können. Die Frist beginnt zu laufen, wenn der Arbeitgeber den Sachverhalt derart präzise kennt, dass er eine Gesamtwürdigung nach den Kriterien der Zumutbarkeit vornehmen kann (BAG 23.10.2008 – 2 ABR 59/07).

Fragen zur Beendigung des Arbeitsverhältnisses

Die Frist des § 626 Abs. 2 BGB läuft nicht, solange der Arbeitgeber die nach sachgerechtem Ermessen notwendigen Maßnahmen zur Aufklärung des Kündigungssachverhalts vornimmt. Diese Aufklärung ist mit der gebotenen Eile zu betreiben. Die Erforderlichkeit der vorzunehmenden Ermittlung darf das Ergebnis haben, dass der Ausspruch der Kündigung sich über einen erheblichen Zeitraum hin verzögert.

> **Zusammenfassung:**
> Sofern sich die Ermittlungen ohne sachlichen Grund über Wochen oder gar Monate hinziehen sollten, kann nicht mehr angenommen werden, dass es dem Arbeitgeber unzumutbar ist, das Arbeitsverhältnis bis zum Ablauf der ordentlichen Kündigungsfrist fortzusetzen. Der Beginn der Frist des § 626 Abs. 2 BGB ist lediglich solange gehemmt, als der Arbeitgeber die zur Aufklärung des Sachverhalts notwendig erscheinenden Maßnahmen mit der gebotenen Eile auch tatsächlich ausführt (BAG 31.3.1993 – 2 AZR 492/92).

> **Praxishinweis:**
> Die Ausschlussfrist des § 626 Abs. 2 BGB beginnt, wenn der Kündigungsberechtigte – also meist der Arbeitgeber – eine zuverlässige und möglichst vollständige Kenntnis der für die Kündigung maßgebenden Tatsachen hat, die ihm die Entscheidung ermöglicht, ob die Fortsetzung des Arbeitsverhältnisses zumutbar ist oder nicht. Der Kündigungsberechtigte, der Anhaltspunkte für einen Sachverhalt hat, der zur außerordentlichen Kündigung berechtigen könnte, kann Ermittlungen anstellen und den Betroffenen anhören, ohne dass die Frist zu laufen beginnt (BAG 2.3.2006 – 2 AZR 46/05). Um den Lauf der Frist aber nicht länger als unbedingt nötig hinauszuschieben, muss die Anhörung innerhalb einer kurzen Frist erfolgen.

Diese Frist darf im Allgemeinen nicht mehr als eine Woche betragen, kann aber bei Vorliegen besonderer Umstände auch überschritten werden. Der Umstand, dass das Vertrauensverhältnis der Parteien möglicherweise bis auf weiteres zerstört ist, führt nicht zu einem Dauertatbestand. Es kommt nicht auf die Dauer des Vertrauensverlustes, sondern auf die Dauer der Tatsachen an, die den Vertrauensverlust hervorrufen.

Frist für die fristlose Kündigung

Es müssen hierbei die Besonderheiten der Verdachtskündigung einbezogen werden

Diese Kündigungsart hat die Besonderheit, dass der Beurteilungszeitpunkt nicht der Tag des Ausspruchs der Kündigung sein kann, sondern es der Zeitpunkt der letzten mündlichen Verhandlung in der Tatsacheninstanz ist (Arbeitsgericht oder Landesarbeitsgericht). Dies ergibt sich daraus, dass dann, wenn sich der Tatverdacht als unbegründet erweist, die Unschuld des Arbeitnehmers bereits im Zeitpunkt der Kündigung gegeben war und somit der Verdacht von Anfang an als unbegründet anzusehen ist.

Im Beispielsfall wurde die fristlose Verdachtskündigung nach Monaten der eigenen und dann durch die Polizei vorgenommenen Ermittlungen ausgesprochen. Der Zeitpunkt des Ausspruchs der Kündigung ist schon deutlich vom Tatzeitpunkt entfernt. Der hinreichende Tatverdacht bestand wohl schon zum Zeitpunkt der Kenntnisnahme von dem Diebstahl, und in den folgenden Monaten hat sich dieser gegen die Büroangestellte nicht indizienmäßig erhärtet. Dies spricht dafür, dass die relativ spät ausgesprochene Verdachtskündigung rechtsunwirksam ist.

> **Praxishinweis:**
> Ein Verdacht einer unerlaubten Handlung oder einer nachhaltigen Vertragspflichtverletzung im Arbeitsverhältnis stellt gegenüber dem Vorwurf, der Arbeitnehmer habe die Tat tatsächlich begangen, einen eigenständigen Kündigungsgrund dar (BAG 25.11.2010 – 2 AZR 801/09). Eine Verdachtskündigung kann immer dann gerechtfertigt sein, wenn sich starke Verdachtsmomente auf objektive Tatsachen gründen, wenn die Verdachtsmomente geeignet sind, das für die Fortsetzung des Arbeitsverhältnisses erforderliche Vertrauen zu zerstören, und der Arbeitgeber alle zumutbaren Anstrengungen zur **Aufklärung des Sachverhalts** unternommen hat, vor allem dem Arbeitnehmer Gelegenheit zur **Stellungnahme** gegeben hat (BAG 26.9.2002 – 2 AZR 424/01).
> Der Verdacht muss sich hierbei immer auf konkrete Tatsachen stützen. Er muss sich aus Umständen ergeben, die so beschaffen sind, dass sie einen verständigen und gerecht abwägenden Arbeitgeber zum Ausspruch der Kündigung veranlassen können. Der Verdacht muss auch dringend sein. Es muss eine große Wahrscheinlichkeit dafür bestehen, dass er zutrifft.

Für die kündigungsrechtliche Beurteilung der Pflichtverletzung, auf die sich der Verdacht bezieht, ist ihre strafrechtliche Bewertung nicht maßgebend. Entscheidend in arbeitsrechtlicher Hinsicht sind immer der Verstoß gegen vertragliche Haupt- oder Nebenpflichten und der mit ihm verbundene Vertrauensbruch. Deshalb wird regelmäßig keine Aussetzung eines Kündigungsschutzprozesses bis zur rechtskräftigen Erledigung eines Strafverfahrens, in dem der Kündigungsvorwurf unter dem Gesichtspunkt des Strafrechts geprüft wird, erfolgen.

Sind später bekannt gewordene Umstände bei der Verdachtskündigung von Bedeutung?

Wenn es um die Wirksamkeit einer Verdachtskündigung geht, dann sind nicht nur die dem Arbeitgeber im Kündigungszeitpunkt bekannten tatsächlichen Umstände von Bedeutung; auch später bekannt gewordene Tatsachen, die den ursprünglichen Verdacht entweder abschwächen oder auch verstärken, können dann berücksichtigt werden, wenn sie bei Kündigungszugang objektiv und tatsächlich vorgelegen haben. Das gilt auch für solche Umstände, die den Verdacht eines eigenständigen – neuen – Kündigungsvorwurfs begründen (BAG 18. 6. 2015 – 2 AZR 256/14).

86. Wann ist eine fristlose Kündigung möglich, wann eine ordentliche verhaltensbedingte Kündigung?

Fall:
An den Betriebsrat werden in letzter Zeit immer wieder Grenzfälle der Abwägung herangetragen, unter welchen Voraussetzungen der Arbeitgeber bei Vertragsstörungen fristlos kündigen kann und wann lediglich eine ordentliche Kündigung in Betracht kommt. Diese Probleme stellen sich nicht nur im Anhörungsverfahren vor Ausspruch einer Kündigung, sondern auch in Gesprächen mit betroffenen Beschäftigten.

Darum geht es:
Unter welchen Voraussetzungen kann der Arbeitgeber ein Arbeitsverhältnis außerordentlich kündigen? Wann ist nur eine ordentliche Kündigung möglich?

Antwort

Um dem Betriebsrat einen Überblick über die Schwere der möglichen Kündigungsgründe zu geben, folgt hier eine Aufstellung der wichtigsten Gründe:

1. **Abkehrwille (= Wille des Arbeitnehmers, sich vom Arbeitsplatz abzuwenden)**
Dies rechtfertigt für sich allein keine verhaltensbedingte Kündigung, weder eine ordentliche noch eine fristlose. Ausnahmsweise stellt der Sachverhalt einen Kündigungsgrund dar, wenn besondere Umstände hinzukommen, etwa der Aufbau eines Konkurrenzunternehmens betrieben und die Abwerbung von Kunden und/oder Arbeitnehmern vorgenommen wird.

2. **Abwerbung (= Versuch, andere Arbeitskollegen zur Beendigung des Arbeitsverhältnisses beim Arbeitgeber zu veranlassen)**
Die Abwerbung ist nur dann zu missbilligen und als Kündigungsgrund geeignet, wenn besondere Umstände das Verhalten des Arbeitnehmers als rechtswidrig oder gar als sittenwidrig erscheinen lassen. In schwerwiegenden Fällen kann eine außerordentliche Kündigung in Betracht kommen, vor allem dann, wenn die Abwerbung den Vertrauensbereich berührt.

3. **Alkoholmissbrauch, Suchtmittelerkrankungen und Folgen im Betrieb**
Beruht eine Pflichtverletzung wegen Alkoholisierung im Betrieb nicht auf einer krankhaften Alkoholabhängigkeit, kommt (im Regelfall nach erfolgloser Abmahnung) eine verhaltensbedingte Kündigung in Betracht (BAG 26.1.1995 – 2 AZR 649/94). Alkoholbedingte Schlecht- oder Minderleistungen des Arbeitnehmers rechtfertigen wie die sonstigen Fälle der Schlechterbringung der Arbeitsleistung die verhaltensbedingte Kündigung, wenn die sonstigen Voraussetzungen gegeben sind.

4. **Amokaktionen und Androhung von solchen**
Wenn ein Arbeitnehmer derartige Aktionen unternimmt oder auch nur androht, ist von folgenden Grundsätzen auszugehen: Die ernstliche Drohung des Arbeitnehmers mit Gefahren für Leib oder Leben des Arbeitgebers, von Vorgesetzten und/oder Arbeitskollegen stellt regelmäßig eine erhebliche Verletzung der Nebenpflicht des Arbeitnehmers aus § 241 Abs. 2 BGB dar, auf die berechtigten Interessen des Arbeitgebers Rück-

sicht zu nehmen. Eine solche Drohung kann eine fristlose Kündigung unabhängig davon rechtfertigen, ob der Arbeitnehmer den Arbeitgeber mittels ihrer zu einer bestimmten Handlung, Duldung oder Unterlassung bestimmen will. Allerdings wird eine derartige Intention das Gewicht der Bedrohung weiter verstärken (BAG 29. 6. 2017 – 2 AZR 47/16).
Eine solche ernstliche Drohung liegt immer vor, wenn die Äußerung nach ihrem zu ermittelnden Erklärungsgehalt objektiv geeignet ist, bei einem »normal« empfindenden Menschen den Eindruck der Ernstlichkeit zu erwecken, und der Wille des Drohenden darauf gerichtet ist, dass der Adressat die Drohung ernst nimmt. Nicht entscheidend ist, ob der Drohende seine Ankündigung verwirklichen kann oder will.

5. Verdächtigungen und Anzeigen gegen den Arbeitgeber

Diese stellen nur dann einen verhaltensbedingten Kündigungsgrund dar, wenn der Arbeitnehmer nicht vorher den Versuch unternommen hat, den Arbeitgeber von seiner gesetzwidrigen Handlungsweise abzubringen. Bei wesentlichen Störungen des Vertrauensbereichs kann ausnahmsweise auch eine außerordentliche Kündigung in Betracht kommen.

6. Arbeitspflichtverletzungen (= Nichterbringung oder Schlechterbringung der Arbeitsleistung)

Diese Pflichtwidrigkeiten stellen stets einen verhaltensbedingten ordentlichen Grund dar, wenn sie rechtswidrig und schuldhaft begangen wurden. Einen außerordentlichen Kündigungsgrund geben sie nur in Ausnahmefällen der Hartnäckigkeit ab. Wenn es darum geht, ob ein Verhalten des Arbeitnehmers eine beharrliche Arbeitsverweigerung und damit eine erhebliche Vertragspflichtverletzung darstellt, ist stets die objektive Rechtslage maßgeblich. Der Arbeitnehmer kann sich einem vertragsgemäßen Verlangen des Arbeitgebers nicht dadurch – vorläufig – entziehen, dass er ein gerichtliches Verfahren zur Klärung der umstrittenen Frage einleitet. Wenn der Arbeitnehmer die geschuldete Arbeitsleistung in der Annahme verweigern sollte, er handele rechtmäßig, dann muss er grundsätzlich selbst das Risiko tragen, dass sich seine Rechtsauffassung möglicherweise als fehlerhaft erweist (BAG 29. 8. 2013 – 2 AZR 273/12). **Unverschuldet** ist ein Rechtsirrtum lediglich, wenn der Arbeitnehmer mit einem Unterliegen im Rechtsstreit nicht zu rechnen brauchte. Es reicht nicht aus, dass sich der Arbeitnehmer seine eigene Rechtsauffassung nach sorgfältiger Prüfung und sachgemäßer Beratung gebildet hat. In derartigen Situationen ist anzuraten, vor der Verweigerung der Arbeit kompetenten Rechtsrat einzuholen, um Nachteile zu vermeiden.

7. Arbeitszeiterfassung – bewusst fehlerhaft

Betrügerisches Verhalten bei Arbeitszeitaufzeichnungen hat meist eine außerordentliche Kündigung des Arbeitsverhältnisses zur Folge. Der vorsätzliche Verstoß eines Arbeitnehmers gegen seine Verpflichtung, die geleistete Arbeitszeit korrekt zu dokumentieren, ist regelmäßig geeignet, einen wichtigen Grund im Sinne von § 626 Abs. 1 BGB darzustellen. Der Arbeitnehmer verletzt durch dieses Verhalten in erheblicher Weise seine ihm gegenüber dem Arbeitgeber bestehende Pflicht zur Rücksichtnahme (§ 241 Abs. 2 BGB). Bei der Überlegung, ob dem Arbeitgeber eine Weiterbeschäftigung des Arbeitnehmers trotz Vorliegens einer erheblichen Pflichtverletzung jedenfalls bis zum Ablauf der Kündigungsfrist zumutbar wäre – zumeist in minder schweren Fällen veranlasst –, ist in einer Gesamtwürdigung das Interesse des Arbeitgebers an der sofortigen Beendigung des Arbeitsverhältnisses gegen das Interesse des Arbeitnehmers an dessen Fortbestand abzuwägen (BAG 9.6.2011 – 2 AZR 381/10).

Es muss hier eine Bewertung des Einzelfalls unter Beachtung des Verhältnismäßigkeitsgrundsatzes erfolgen. Eine außerordentliche Kündigung kommt allerdings in Betracht, wenn es keinen angemessenen Weg gibt, das Arbeitsverhältnis fortzusetzen, weil dem Arbeitgeber sämtliche milderen Möglichkeiten unzumutbar sind. Eine **Abmahnung** ist bei derartigen Situationen immer dann nicht erforderlich, wenn eine Änderung des Fehlverhaltens des Arbeitnehmers in Zukunft selbst nach Abmahnung nicht zu erwarten ist oder wenn es sich um eine so schwere Pflichtverletzung handelt, dass eine Hinnahme durch den Arbeitgeber ganz offensichtlich ausgeschlossen ist.

8. Außerdienstliches Verhalten und Störung des Betriebsfriedens

Das außerdienstliche Verhalten hat den Arbeitgeber grundsätzlich nicht zu interessieren, was bedeutet, dass zwischen der Privatsphäre des Arbeitnehmers und seiner Stellung als Arbeitnehmer zu unterscheiden ist. Im Bereich der extremen, verfassungs- oder grundrechtsfeindlichen politischen Tätigkeit eines Arbeitnehmers kann allerdings durchaus die kündigungsrechtliche Relevanz des Verhaltens gegeben sein.

Werden diese Aktivitäten **während der Arbeitszeit** ausgeübt, liegt bei schweren Verstößen gegen die Grundsätze der friedlichen Koexistenz der Arbeitnehmer eine erhebliche Beeinträchtigung der betrieblichen Ordnung vor, da sich der Arbeitnehmer jeglicher politischer Tätigkeit im Betrieb zu enthalten hat, die zu einer konkreten Störung des Betriebsablaufs und des Betriebsfriedens führen kann. Lediglich politische Äußerungen, welche nicht den Betriebsfrieden und den Betriebsablauf stören, sind von der Meinungsfreiheit geschützt. Bei ganz erheblichen Störungen des Be-

Fragen zur Beendigung des Arbeitsverhältnisses

triebsfriedens kommt ein außerordentlicher Kündigungsgrund in Betracht.

Der Arbeitnehmer muss seine vertraglichen Verpflichtungen aus dem Arbeitsverhältnis so erfüllen und die im Zusammenhang mit dem Arbeitsverhältnis stehenden Interessen des Arbeitgebers derart wahren, wie dies von ihm unter Berücksichtigung seiner Stellung und Tätigkeit im Betrieb, seiner eigenen Interessen und der Interessen der anderen Arbeitnehmer des Betriebs billigerweise verlangt werden kann. Diese Pflicht gilt bei allen Arbeitsverhältnissen, sowohl denjenigen der Privatwirtschaft als auch im Bereich des öffentlichen Dienstrechts (Angestellte und Arbeiter) wie grundsätzlich auch im kirchlichen Bereich.

Der Arbeitnehmer ist daher auch außerhalb der Arbeitszeit verpflichtet, auf die berechtigten Interessen des Arbeitgebers Rücksicht zu nehmen. Die **Pflicht zur Rücksichtnahme** kann auch durch außerdienstliches Verhalten verletzt werden (BAG 10. 9. 2009 – 2 AZR 257/08). Voraussetzung hierfür ist allerdings, dass durch das – rechtswidrige – außerdienstliche Verhalten des Arbeitnehmers berechtigte Interessen des Arbeitgebers beeinträchtigt werden. Das ist immer dann der Fall, wenn es negative Auswirkungen auf den Betrieb oder einen Bezug zum Arbeitsverhältnis hat.

Diese Grundsätze gelten auch für eine außerdienstlich begangene Straftat. Der Arbeitnehmer verstößt mit einer solchen Tat gegen die schuldrechtliche Pflicht zur Rücksichtnahme aus § 241 Abs. 2 BGB, wenn sie einen Bezug zu seinen arbeitsvertraglichen Verpflichtungen oder zu seiner Tätigkeit hat und dadurch berechtigte Interessen des Arbeitgebers oder anderer Arbeitnehmer verletzt werden. Das ist regelmäßig anzunehmen, wenn der Arbeitnehmer die Straftat zwar außerdienstlich, aber unter Nutzung von Betriebsmitteln oder betrieblichen Einrichtungen begangen hat. Fehlt dagegen ein solcher Zusammenhang mit dem Arbeitsverhältnis, liegt eine Verletzung der vertraglichen Pflicht zur Rücksichtnahme auf die Interessen des Arbeitgebers regelmäßig nicht vor.

9. Beleidigungen, Auseinandersetzungen, sexuelle Belästigungen

Diese Gründe stellen je nach der Schwere einen ordentlichen oder außerordentlichen Kündigungsgrund dar. Tätliche Angriffe auf Arbeitskollegen oder den Vorgesetzten sind von der Schwere her gesehen meist im Bereich des fristlosen Kündigungsgrundes zu sehen. Sexuelle Belästigungen am Arbeitsplatz sind stets eine Verletzung der arbeitsvertraglichen Pflichten.

Eine **sexuelle Belästigung** im Sinne von § 3 Abs. 4 AGG ist nach der Bestimmung des § 7 Abs. 3 AGG immer eine Verletzung der vertraglichen Pflichten des Arbeitnehmers. Ob die sexuelle Belästigung im konkreten Fall – wenn sie im Betrieb begangen wird – den Arbeitgeber zur außerordentlichen Kündigung berechtigt, ist immer abhängig von den Umständen des Einzelfalls, vor allem von ihrem Umfang und der Intensität. Eine sexuelle Belästigung im Sinne von § 3 Abs. 4 AGG liegt vor, wenn ein unerwünschtes, sexuell bestimmtes Verhalten bezweckt oder bewirkt, dass die Würde der betreffenden Person verletzt wird.

Die sexuelle Belästigung gemäß § 3 Abs. 4 AGG stellt nach § 7 Abs. 3 AGG ausnahmslos eine **Verletzung vertraglicher Pflichten** dar. Sie ist »an sich« als wichtiger Grund nach § 626 Abs. 1 BGB geeignet. Eine sexuelle Belästigung liegt vor, wenn ein unerwünschtes, sexuell bestimmtes Verhalten, wozu auch sexuell bestimmte körperliche Berührungen und Bemerkungen sexuellen Inhalts gehören, bezweckt oder bewirkt, dass die Würde der betreffenden Person verletzt wird; insbesondere wenn ein von Entwürdigungen oder Beleidigungen gekennzeichnetes Umfeld geschaffen wird (BAG 20. 11. 2014 – 2 AZR 651/13). Im Unterschied zu § 3 Abs. 3 AGG können auch **einmalige sexuell bestimmte Verhaltensweisen** den Tatbestand einer sexuellen Belästigung erfüllen.

Beruht die Vertragspflichtverletzung – was regelmäßig anzunehmen sein wird – auf einem steuerbaren Verhalten des Arbeitnehmers, ist grundsätzlich davon auszugehen, dass sein künftiges Verhalten schon durch den Ausspruch einer Abmahnung positiv beeinflusst werden kann. Einer Abmahnung bedarf es allerdings dann nicht, wenn bereits bei der ersten Pflichtwidrigkeit klar erkennbar ist, dass eine Verhaltensänderung in Zukunft auch nach Abmahnung nicht zu erwarten ist, oder es sich um eine derart schwere Pflichtverletzung handelt, dass selbst deren erstmalige Hinnahme dem Arbeitgeber nach objektiven Maßstäben unzumutbar und damit offensichtlich – auch für den Arbeitnehmer erkennbar – ausgeschlossen ist.

Für das »Bewirken« genügt der bloße Eintritt der Belästigung (BAG 9. 6. 2011 – 2 AZR 323/10). Auf ein **vorsätzliches Verhalten** kommt es dabei nicht entscheidend an. Das Merkmal der Unerwünschtheit erfordert allerdings nicht, dass die betroffene Person die ablehnende Einstellung zu den Verhaltensweisen aktiv verdeutlicht hat. Maßgeblich ist in diesem Bereich lediglich, ob die Unerwünschtheit der Verhaltensweise für die Person, die das Verghalten begangen hat, objektiv erkennbar war. So muss etwa eine im betrieblichen Bereich massiv verbal belästigte Frau nicht ausdrücklich erklären, dass dies unerwünscht ist und der Belästigende dies unterlassen möge.

Fragen zur Beendigung des Arbeitsverhältnisses

Auf die Fragen der – wie auch immer veranlassten – **Motivation** des Täters kommt es bei sexuellen Belästigungen **grundsätzlich nicht an**; sie sind regelmäßig ein außerordentlicher Kündigungsgrund. Die absichtliche Berührung primärer oder sekundärer Geschlechtsmerkmale eines anderen ist sexuell bestimmt im Sinne des § 3 Abs. 4 AGG; es handelt sich um einen Eingriff in die körperliche Intimsphäre. Auf eine primär sexuelle Motivation der Berührung kommt es nicht an (BAG 29.6.2017 – 2 AZR 302/16). Bei einer sexuellen Belästigung im Sinne von § 3 Abs. 4 AGG handelt es sich regelmäßig nach § 7 Abs. 3 AGG um eine Verletzung vertraglicher Pflichten. Es geht hierbei um einen auf die körperliche Intimsphäre gerichteten Übergriff, durch den die sexuelle Selbstbestimmung des Betroffenen negiert und damit seine Würde verletzt wird. Für den Bereich der Verleiharbeit ist auch von Bedeutung, dass der entleihende Arbeitgeber nach § 12 Abs. 3 AGG verpflichtet ist, die in seinem Betrieb eingesetzten Leiharbeitnehmer vor sexuellen Belästigungen aller Art zu schützen.

Der auch hier zu beachtende **Verhältnismäßigkeitsgrundsatz** wird in § 12 Abs. 3 AGG konkretisiert. Danach hat der Arbeitgeber bei Verstößen gegen das Benachteiligungsverbot des § 7 Abs. 1 AGG, zu denen auch sexuelle Belästigungen gemäß § 3 Abs. 4 AGG gehören, die geeigneten, erforderlichen und angemessenen arbeitsrechtlichen Maßnahmen wie Abmahnung, Umsetzung, Versetzung oder Kündigung zu ergreifen. Welche Maßnahmen er als verhältnismäßig werten darf (und auch muss), hängt vom Einzelfall ab. Geeignet im Sinne der Verhältnismäßigkeit sind alle Maßnahmen, die dazu führen, dass die Benachteiligung und die Belästigungen abgestellt werden.

Nach der Rechtsprechung des Bundesarbeitsgerichts können **grobe Beleidigungen** des Arbeitgebers und seiner Vertreter und Repräsentanten einerseits oder von Arbeitskollegen andererseits, die nach Form und Inhalt eine erhebliche Ehrverletzung für den bzw. die Betroffenen bedeuten, einen Verstoß des Arbeitnehmers gegen seine vertragliche Pflicht zur Rücksichtnahme darstellen und eine Kündigung aus verhaltensbedingten Gründen rechtfertigen (BAG 12.1.2006 – 2 AZR 21/05). Bei der Konkretisierung der Rücksichtnahmepflicht und ihrer möglichen Verletzung sind jedoch auch die grundrechtlichen Rahmenbedingungen, besonders das Grundrecht auf Meinungsfreiheit, zu berücksichtigen. Für eine verhaltensbedingte Kündigung gilt das Prognoseprinzip.

Vergleicht ein Arbeitnehmer etwa die betrieblichen Verhältnisse und Vorgehensweisen des Arbeitgebers mit dem nationalsozialistischen Terrorsystem, mit anderen totalitären Staatsformen oder gar mit den in Konzentrationslagern begangenen Verbrechen, ist dieses Verhalten geeignet, einen wichtigen Grund im Sinne des § 626 Abs. 1 BGB zu bilden (BAG 24.11.2005 – 2 AZR 584/04). Die Gleichsetzung umstrittener betrieblicher Vorgänge und der Vergleich des Arbeitgebers oder der für ihn handelnden Person mit den vom Nationalsozialismus geförderten Verbrechen und den Menschen, die diese Verbrechen begingen, stellt immer eine **grobe Beleidigung** der damit angesprochenen Personen und zugleich eine Verharmlosung des begangenen Unrechts und eine Verhöhnung seiner Opfer dar. Regelmäßig kann sich der beleidigende Arbeitnehmer in derartigen Situationen nicht auf die Freiheit der Meinungsäußerung berufen.

> **Praxishinweis: Wann ist hier eine Abmahnung erforderlich?**
> Der Zweck einer Abmahnung ist nicht die Sanktion für eine Vertragspflichtverletzung, sondern eine Vermeidung von weiteren Vertragspflichtverletzungen. Die eingetretene Pflichtverletzung muss sich daher auch künftig noch belastend auswirken. Deshalb setzt eine Kündigung wegen einer Vertragspflichtverletzung auch in derartigen Fällen regelmäßig eine Abmahnung voraus. Sie dient der Objektivierung der Prognose. Die Abmahnung ist zugleich auch Ausdruck des Verhältnismäßigkeitsgrundsatzes. Eine verhaltensbedingte Kündigung ist nicht gerechtfertigt, wenn es andere geeignete mildere Mittel gibt, um eine künftige Vertragsstörung zu beseitigen und zu vermeiden. Die Abmahnung ist unter Berücksichtigung des Verhältnismäßigkeitsgrundsatzes ausnahmsweise dann entbehrlich, wenn eine Verhaltensänderung in Zukunft trotz der Abmahnung nicht erwartet werden kann oder es sich um eine solch schwere Pflichtverletzung handelt, deren Rechtswidrigkeit für den Arbeitnehmer ohne Weiteres erkennbar ist und bei der eine Hinnahme des Verhaltens durch den Arbeitgeber offensichtlich ausgeschlossen werden kann.

10. Betriebsbedingte Gründe

Diese Gründe kommen zur Rechtfertigung einer außerordentlichen Kündigung nur in seltenen Ausnahmefällen in Betracht, regelmäßig dann, wenn ein Arbeitsverhältnis nicht (mehr) ordentlich kündbar sein sollte. Eine auf betriebliche Gründe gestützte außerordentliche Kündigung kommt – unter Einhaltung einer der ordentlichen Kündigungsfrist entsprechenden Auslauffrist – allenfalls in Frage, wenn die Möglichkeit einer ordentlichen Kündigung ausgeschlossen ist und dies dazu führt, dass der Arbeitgeber den Arbeitnehmer andernfalls trotz Wegfalls der Beschäftigungsmöglichkeit noch für Jahre vergüten müsste, ohne dass eine entsprechende (sinnvoll verwertbare) Arbeitsleistung zu erzielen wäre (BAG 13.1.2014 – 2 AZR 372/13). In derartigen Situationen ist der Arbeitgeber wegen des Ausschlusses der ordentlichen Kündigung in einem besonderen Maß dazu verpflichtet, alles zu versuchen, die Kündigung durch geeignete andere Maßnahmen abzuwenden. Im Falle einer außerordentlichen Kündigung aus betrieblichen Gründen muss der Arbeitgeber nicht nur darlegen können, dass eine **Weiterbeschäftigung** des Arbeitnehmers am bisherigen Arbeitsplatz infolge seiner Organisationsentscheidung nicht mehr möglich ist. Er muss auch nachweisen können, dass überhaupt keine Möglichkeit mehr besteht, das Arbeitsverhältnis sinnvoll fortzusetzen.

11. Betriebsfrieden, betriebliche Ordnung

Bei diesen Störungen ist fast ausnahmslos der Vertrauensbereich berührt. Wenn der Arbeitsablauf gestört wird, kommt meist eine ordentliche Kündigung in Betracht. Das Tragen von politischen Plaketten ist grundsätzlich durch das Grundrecht der Meinungsfreiheit geschützt; dadurch darf aber keine Störung des Betriebsfriedens oder des Arbeitsablaufs eintreten (etwa negative Auswirkungen auf die Kunden oder Produktionsausfall).

12. Diebstahl, Unterschlagungen, sonstige Vermögensdelikte

Derartige Delikte stellen grundsätzlich einen Kündigungsgrund dar; in fast allen Situationen kann bei Erheblichkeit der Straftat ein außerordentlicher Kündigungsgrund vorliegen. Rechtswidrige und vorsätzliche Handlungen des Arbeitnehmers, die sich unmittelbar gegen das Vermögen des Arbeitgebers richten, können auch dann ein wichtiger Grund zur außerordentlichen Kündigung sein, wenn die Pflichtverletzung Sachen von nur **geringem Wert** betrifft oder nur zu einem geringfügigen, möglicherweise zu gar keinem Schaden geführt hat. Das Gesetz kennt auch im Zusammenhang mit strafbaren Handlungen des Arbeitnehmers keine absoluten Kündigungsgründe. Es bedarf stets einer umfassenden, auf den Einzelfall bezogenen Prüfung und Interessenabwägung dahin gehend, ob dem Kündigenden die Fortsetzung des Arbeitsverhältnisses trotz der eingetretenen Vertrauensstörung – zumindest bis zum Ablauf der Kündigungsfrist – zumutbar ist oder nicht (BAG 10. 6. 2010 – 2 AZR 541/09).

Für den Grad des Verschuldens und die Möglichkeit einer Wiederherstellung des Vertrauens macht es objektiv einen Unterschied, ob es sich bei einer Pflichtverletzung um ein Verhalten handelt, das insgesamt – wie etwa der vermeintlich unbeobachtete Griff in die Kasse – auf Heimlichkeit angelegt ist oder nicht. Für die Zumutbarkeit der Weiterbeschäftigung kann es von erheblicher Bedeutung sein, ob der Arbeitnehmer bereits geraume Zeit in einer Vertrauensstellung beschäftigt war, ohne vergleichbare

Pflichtverletzungen begangen zu haben. Das gilt auch bei Pflichtverstößen im unmittelbaren Vermögensbereich. Eine für lange Jahre ungestörte Vertrauensbeziehung der Vertragspartner wird nicht notwendig schon durch eine erstmalige Vertrauensenttäuschung vollständig und unwiederbringlich zerstört. Entscheidend ist ein objektiver Maßstab.

> **Praxishinweis zur Verdachtskündigung:**
> Wenn eine Verdachtskündigung mangels Anhörung des Arbeitnehmers, die unter zumutbaren Kriterien vorgenommen werden muss, unwirksam sein sollte, wird das Arbeitsgericht prüfen, ob die vom Arbeitgeber vorgetragenen Verdachtsmomente (auch) geeignet sind, die Überzeugung von einer entsprechenden Tat zu gewinnen und damit die Kündigung unter dem Gesichtspunkt einer Tatkündigung zu rechtfertigen. Sofern der Arbeitgeber den Betriebsrat lediglich zu einer beabsichtigten Verdachtskündigung anhört, schließt dies die Anerkennung einer nachgewiesenen Pflichtwidrigkeit als Kündigungsgrund nicht aus, wenn dem Betriebsrat alle Tatsachen mitgeteilt worden sind, die nicht nur den Verdacht, sondern den Tatvorwurf selbst begründen (BAG 23.6.2009 – 2 AZR 474/07).

13. Drogen und sonstige Betäubungsmittel

Diese Probleme werden bei allen Arbeitsverhältnissen kündigungsrechtlich relevant und vor allem bei solchen, bei denen die Sicherheit der Erbringung der Arbeitsleistung durch die Einnahme derartiger Mittel erheblich beeinträchtigt wird (Straßenverkehr, medizinischer Bereich etc.). So kann etwa die Einnahme von Amphetamin und Methamphetamin regelmäßig die außerordentliche Kündigung eines **Berufskraftfahrers** auch rechtfertigen, wenn nicht feststeht, dass seine Fahrtüchtigkeit bei von ihm durchgeführten Fahrten konkret beeinträchtigt war. Ein Berufskraftfahrer darf seine Fahrtüchtigkeit nicht durch die Einnahme von Amphetamin und Methamphetamin (»Crystal Meth«) gefährden. Ein Verstoß gegen diese Verpflichtung kann die außerordentliche Kündigung des Arbeitsverhältnisses rechtfertigen, auch wenn der Berufskraftfahrer trotz des Konsums dieser »harten Drogen« seine Fahrtätigkeit ohne Probleme verrichtet hat. Hierbei macht es keinen Unterschied, ob der Drogenkonsum im privaten Bereich oder während der Arbeitszeit erfolgte (BAG 20.10.2016 – 6 AZR 471/15).

Aus dem Rücksichtnahmegebot des § 241 Abs. 2 BGB hat der Arbeitnehmer die Nebenleistungspflicht, sich nicht in einen Zustand zu versetzen, in dem er seine Pflichten aus dem Arbeitsverhältnis nicht erfüllen oder bei Erbringung seiner Arbeitsleistung sich oder andere gefährden kann. Die Verletzung arbeitsvertraglicher Nebenpflichten kann ebenfalls einen wichtigen Grund gemäß § 626 Abs. 1 BGB darstellen. Das betrifft sowohl auf die Hauptleistungspflicht bezogene Nebenleistungspflichten, die der Vorbereitung, der ordnungsgemäßen Durchführung und der Sicherung der Hauptleistung dienen und diese ergänzen, als auch sonstige, aus dem Gebot der Rücksichtnahme erwachsende Nebenpflichten.

14. Druckkündigung

Eine Druckkündigung liegt vor, wenn Arbeitnehmer vom Arbeitgeber verlangen, dass einem bestimmten Arbeitnehmer gekündigt wird. Derartige Situationen können auch in außerordentlichen Kündigungssachverhalten stattfinden, etwa wenn sich eine Reihe von Beschäftigten kategorisch weigern sollte – aus welchen Gründen auch immer – mit einem bestimmten Arbeitnehmer zusammenzuarbeiten. Der Druck an den Arbeitgeber zu kündigen, kann aus berechtigten Situationen sich ergeben, aber auch aus Gründen, die in objektiver Hinsicht schwer nachvollziehbar sind. Zunächst muss der Arbeitgeber hier versuchen, sich – wenn möglich – schützend hinter den Arbeitnehmer zustellen, um zu erreichen, dass keine Kündigung ausgesprochen werden muss. Das gelingt allerdings nicht in allen Situationen. Verweigern beispielsweise Beschäftigte die Arbeit, weil der Arbeitgeber einem – unberechtigten – Kündigungsverlangen nicht nachkommt, dann ist eine Kündigung des Betroffenen nicht als sog. »echte« Druckkündigung gerechtfertigt, wenn der Arbeitgeber den Druck und die dadurch drohenden wirtschaftlichen Nachteile nicht zumindest dadurch abzuwehren versucht, dass er die Beschäftigten auf die Rechtswidrigkeit der Arbeitsniederlegung hinweist und für weitere Zuwiderhandlungen arbeitsrechtliche Maßnahmen in Aussicht stellt (BAG 15.12.2016 – 2 AZR 431/15).

15. Ehrlichkeit des Arbeitnehmers, Annahme von unberechtigten Vorteilen

Die Annahme von Bestechungsgeldern oder sonstiger unberechtigter Vorteile im Arbeitsverhältnis ist an sich geeignet, eine verhaltensbedingte Kündigung zu begründen. In schweren Fällen kommt eine außerordentliche Kündigung in Betracht. Für die Interessenabwägung im Fall der möglicherweise notwendigen fristlosen Kündigung eines ordentlich unkündbaren Arbeitnehmers wegen derartiger Verstöße kommt es vor allem auch auf die voraussichtliche Dauer der Vertragsbindung an. Im Fall der tariflichen Unkündbarkeit des Arbeitnehmers ist fernerhin zu erwägen, ob dem Arbeitgeber die Einhaltung der fiktiven Kündigungsfrist zumutbar gewesen wäre. Gegebenenfalls kann eine außerordentliche Kündigung dann nur unter Einräumung einer entsprechenden Auslauffrist erfolgen (BAG 21. 6. 2001 – 2 AZR 30/00).

16. Erfolglosigkeit der Arbeitsleistung (sog. »low performer«)

Die Erfolglosigkeit des Arbeitnehmers kann lediglich in Ausnahmefällen als ordentlicher Kündigungsgrund (nach erfolgloser Abmahnung) herangezogen werden, etwa dann, wenn es nicht nur um zeitweilig schlechte Geschäftsergebnisse geht, sondern über längere Zeit keine oder kaum nennenswerte Geschäftserfolge zu erzielen waren. Eine fristlose Kündigung wegen dieses Grundes wird fast immer ausscheiden. Das Ausbleiben des Arbeitserfolgs ist nicht immer als ein Fehlverhalten zu würdigen. Vielmehr muss in jedem Einzelfall dem Arbeitnehmer ein zurechenbares und für den Misserfolg ursächliches Verhalten nachgewiesen werden.

17. (Politischer und religiöser) Extremismus

Verfassungsfeindliches oder verfassungswidriges Verhalten des Arbeitnehmers oder radikal ausländerfeindliches Auftreten im Betrieb kann eine Kündigung in verhaltensbedingter Hinsicht rechtfertigen, wenn sich dieses Auftreten als eine Straftat oder Störung des Betriebsfriedens darstellt. Im Privatbereich des Verhaltens des Arbeitnehmers bestehen außerhalb von Tendenzunternehmen (§ 118 Abs. 1 BetrVG) nur sehr eingeschränkte Kündigungsmöglichkeiten.

18. Internetnutzung (zu Privatzwecken)

In dieser Situation der nicht gestatteten Internetnutzung zu privaten Zwecken ist ein ordentlicher Kündigungsgrund dann anzunehmen, wenn der Arbeitgeber entweder im Einzelfall bereits durch eine Abmahnung oder durch eine allgemein bestehende betriebliche Regelung die Nutzung zu privaten Zwecken untersagt hat. Wenn die privaten Nutzungen des Internets oder des PC (für das Herunterladen der Software) für den Arbeitnehmer erkennbar dem Unternehmenszweck zuwiderlaufen, ist vor Ausspruch einer Kündigung keine Abmahnung erforderlich.

Der Arbeitnehmer kann in bestimmten Fällen davon ausgehen, dass er zur privaten Nutzung betrieblicher elektronischer Kommunikationsanlagen berechtigt ist, solange diese private Nutzung nicht größere Teile der Arbeitszeit in Anspruch nimmt und keine spürbare Kostenbelastung für den Arbeitgeber auslöst. Eine auf die private Nutzung begründete verhaltensbedingte Kündigung kommt aber in Betracht, wenn der Arbeitgeber vorher den Arbeitnehmer einschlägig abgemahnt hat oder zumindest ein ausdrückliches Verbot ausgesprochen wurde.

Fragen zur Beendigung des Arbeitsverhältnisses

Ohne ausdrückliche Genehmigung (die in der Praxis wohl kaum vorliegen dürfte) ist es dem Arbeitnehmer nicht erlaubt, im Internet in größerem Umfang zu surfen und dabei Webseiten mit pornografischem Inhalt aufzusuchen und herunterzuladen, wobei Letzteres vom Arbeitgeber ausnahmslos nicht erlaubt sein wird. Handelt es sich insofern um ein **systematisches Vorgehen** über einen erheblichen Zeitraum, kann auch ohne vorherige einschlägige Abmahnung eine verhaltensbedingte Kündigung wirksam ausgesprochen werden. Bei schweren Verletzungen gegen das Verbot, das Internet privat zu nutzen, kann auch ein außerordentlicher Kündigungsgrund in Betracht kommen. Dies gilt insbesondere für Situationen, in denen in strafrechtlich relevanter Weise kinderpornografische Dateien heruntergeladen, gesichtet und verbreitet werden.

Hinsichtlich der Beurteilung der Schwere des Vertragsverstoßes ist zu überlegen, ob das Verhalten des Arbeitnehmers geeignet ist, das Ansehen des Arbeitgebers in der Öffentlichkeit zu schädigen (Beispiel: pornografisches Bildmaterial bei einem Beschäftigten eines Verbandes, der sich mit Sportförderung und Jugendarbeit beschäftigt).

19. Keylogger-Software-Installationen durch den Arbeitgeber

Damit Arbeitnehmer, welche vorwiegend am PC arbeiten, in Bezug auf die Arbeitsergebnisse und insbesondere hinsichtlich der Frage, ob während der Arbeitszeit andere Dinge erledigt werden (private Korrespondenz, Internetsuche usw.), kontrolliert werden können, installieren manche Arbeitgeber eine sog. Keylogger-Software. Mit der lässt sich – wenn auch mit einem erheblichen Aufwand – rekonstruieren, wann und zu welcher Zeit die Tatstatur vom Arbeitnehmer betätigt wurde und welche Bereiche dabei erledigt wurden. Nicht nur die Arbeitsergebnisse lassen sich dadurch detailgetreu nachvollziehen, sondern auch alle weiteren Aktivitäten des Arbeitnehmers mit der Tastatur. Wenn sich hierbei herausstellen sollte, dass auch Angelegenheiten erledigt wurden, die mit den Arbeitsaufgaben nichts zu tun haben, stellt sich die Problematik, ob eine verhaltensbedingter ordentlicher oder möglicherweise auch ein außerordentlicher Kündigungsgrund anzunehmen ist und ob ggf. die gewonnenen Erkenntnisse prozessual verwertet werden können.

Die Aufzeichnung und Speicherung der **Tastureingaben** an einem Computer am Arbeitsplatz und auch das Fertigen von Bildschirmfotos (Screenshots) stellen Datenerhebungen gemäß § 3 Abs. 1 bis 3 BDSG dar. In diesen Datenerhebungen liegt – ganz gleich, ob sie verdeckt oder offen erfolgen – zugleich ein Eingriff in das Recht des betroffenen Arbeitnehmers auf informationelle Selbstbestimmung. Ein Eingriff in dieses Recht setzt in diesem Bereich nicht unbedingt voraus, dass die Privatsphäre des

Betroffenen ausgespäht wird. Wenn der Arbeitgeber diese Maßnahme den betroffenen Beschäftigten bei **deren Einführung bekannt gegeben haben sollte, dann gilt Folgendes**: Allein dadurch, dass der davon betroffene Arbeitnehmer dem ihm mitgeteilten Einsatz eines Keyloggers nicht widersprochen hat, liegt (noch) keine Einverständniserklärung in die Informationserhebung. Das Unterlassen eines Widerspruchs gegen die Maßnahme kann nicht mit einer Einwilligung gemäß § 4a Abs. 1 BDSG gleichgesetzt werden (BAG 27. 7. 2017 – 2 AZR 681/16).

Kontrollmaßnahmen des Arbeitgebers, die hinsichtlich der Intensität des durch sie verursachten Eingriffs in das allgemeine Persönlichkeitsrecht des Arbeitnehmers mit einer (verdeckten) Videoüberwachung vergleichbar sind, sind nach § 32 Abs. 1 Satz 1 und Satz 2 BDSG immer nur dann erlaubt, wenn gegen den betroffenen Arbeitnehmer der **durch konkrete Tatsachen begründete Verdacht** (= ein **Anfangsverdacht**) einer Straftat oder einer anderen schweren Pflichtverletzung besteht. Wenn der Arbeitgeber solche Maßnahmen »ins Blaue hinein« ergreifen sollte – also ohne einen konkreten Verdacht –, dann stellen sie sich als nicht verhältnismäßig dar. Kontrollmaßnahmen, die weniger intensiv in das allgemeine Persönlichkeitsrecht des Arbeitnehmers eingreifen, können nach § 32 Abs. 1 BDSG auch ohne das Vorliegen eines durch Tatsachen begründeten Anfangsverdachts zulässig sein. Dies gilt vor allem für nach abstrakten Kriterien durchgeführte, keine konkreten Arbeitnehmer besonders unter Verdacht stellende Überwachungsmaßnahmen, welche der Verhinderung von Pflichtverletzungen dienen sollen. Hierfür ist allerdings erforderlich, dass der Arbeitgeber diese Überwachungsmaßnahmen bei den davon betroffenen Arbeitnehmern auch offenlegt. Grundsätzlich kann die vorübergehende Speicherung und stichprobenartige Kontrolle der Verlaufsdaten eines Internetbrowsers zulässig sein, um die Einhaltung des Verbots oder einer Beschränkung der Privatnutzung von IT-Einrichtungen des Arbeitgebers zu kontrollieren.

20. Krankheit – Ankündigung einer Erkrankung

Die Ankündigung einer künftigen, im Zeitpunkt der Ankündigung nicht bestehenden Erkrankung durch den Arbeitnehmer für den Fall, dass der Arbeitgeber einem unberechtigten Verlangen nach Gewährung von Urlaub nicht entsprechen sollte, ist regelmäßig ohne Rücksicht auf eine später tatsächlich auftretende Krankheit an sich geeignet, einen wichtigen Grund zur außerordentlichen Kündigung darzustellen (BAG 19. 5. 2009 – 9 AZR 241/08). Sofern der Arbeitnehmer im Zeitpunkt der Ankündigung bereits objektiv erkrankt gewesen sein sollte, ohne dies dem Arbeitgeber zu offenbaren, scheidet eine Pflichtverletzung des Arbeitnehmers zwar nicht von vornherein aus, eine mit der Erklärung verbundene Störung des Vertrauensverhältnisses zwischen Arbeitnehmer und Arbeitgeber hat dann allerdings regelmäßig weniger schwerwiegende Auswirkungen. In einem derartigen Fall kann nicht ohne weiteres von einer erheblichen, eine außerordentliche Kündigung rechtfertigenden Pflichtverletzung ausgegangen werden.

> **Praxishinweis:**
> Beruft sich der Arbeitnehmer gegenüber einer auf die Androhung einer Erkrankung gestützten Kündigung darauf, er sei im Zeitpunkt der Ankündigung seiner künftigen Erkrankung bereits objektiv krank gewesen, ist er im Rahmen einer sekundären Behauptungslast gehalten vorzutragen, welche konkreten Krankheiten bzw. Krankheitssymptome im Zeitpunkt der Ankündigung vorgelegen haben und weshalb er darauf schließen durfte, auch noch am Tag der begehrten Freistellung arbeitsunfähig zu sein. Erst wenn der Arbeitnehmer insoweit seiner Substantiierungspflicht nachgekommen ist und ggf. seine ihn behandelnden Ärzte von der Schweigepflicht entbunden hat, muss der Arbeitgeber aufgrund der ihm obliegenden Beweislast für das Vorliegen eines die Kündigung rechtfertigenden wichtigen Grundes den Vortrag des Arbeitnehmers widerlegen.

21. Krankheit – Erschleichen von Zeiten der Arbeitsunfähigkeit

Dieses Fehlverhalten stellt, wenn es nachweisbar ist (was in der Praxis meist schwierig sein wird), eine schwerwiegende Störung im Vertrauensbereich dar und rechtfertigt die verhaltensbedingte Kündigung, regelmäßig auch eine fristlose Kündigung. Täuscht der Arbeitnehmer unter Vorlage eines ärztlichen Attestes eine Arbeitsunfähigkeit vor und macht er die Entgeltfortzahlung im Krankheitsfall geltend oder lässt sich solche gewähren, ist dies regelmäßig ein wichtiger Grund zur außerordentlichen Kündigung (LAG Mainz 8. 10. 2013 – 6 Sa 188/13). Die Vorlage eines ärztlichen Attestes begründet den Beweis für die Tatsache der zur Arbeitsunfähigkeit führenden Erkrankung.

22. Mobbing

Wenn ein Arbeitnehmer gegenüber einem Arbeitskollegen Mobbinghandlungen vornimmt, können diese ohne Abmahnung und unabhängig davon, ob es in diesem Zusammenhang zu einer Störung des Betriebsfriedens gekommen ist, die Kündigung eines Arbeitsverhältnisses rechtfertigen. In besonders krass gelagerten Fallsituationen kommt auch eine außerordentliche Kündigung in Betracht (LAG Thüringen 15. 2. 2001 – 5 Sa 102/2000). Maßgeblich ist, ob durch die Mobbinghandlungen das **allge-**

meine **Persönlichkeitsrecht**, die Ehre oder die Gesundheit des Mobbingopfers in schwerwiegender Weise verletzt werden.
Je intensiver das Mobbing erfolgt, umso schwerwiegender und nachhaltiger ist die Vertrauensgrundlage für die Fortführung des Arbeitsverhältnisses gestört. Muss der Mobbingtäter erkennen, dass das Mobbinghandeln zu einer erheblichen Folge beim Opfer geführt hat – beispielsweise bei einer Erkrankung in körperlicher oder psychischer Hinsicht –, und setzt er seine Mobbinghandlungen fort, kommt grundsätzlich nicht einmal die vorübergehende Weiterbeschäftigung des Täters bis zum Ablauf der Kündigungsfrist in Betracht.

23. Konkurrenztätigkeiten

Ein Arbeitnehmer, der während des bestehenden Arbeitsverhältnisses Konkurrenztätigkeiten ausübt, verstößt grundsätzlich gegen seine Pflicht zur Rücksichtnahme auf die Interessen des Arbeitgebers aus § 241 Abs. 2 BGB. Es handelt sich in der Regel um eine erhebliche Pflichtverletzung, die regelmäßig an sich geeignet ist, nach § 626 Abs. 1 BGB eine außerordentliche Kündigung zu rechtfertigen (BAG 29. 6. 2017 – 2 AZR 597/16). Dem Arbeitnehmer ist aufgrund des **Wettbewerbsverbots** nicht nur eine Konkurrenztätigkeit im eigenen Namen und Interesse untersagt, es ist ihm auch nicht erlaubt, einen Wettbewerber des Arbeitgebers zu unterstützen. All diese wettbewerbswidrigen Tätigkeiten können eine außerordentliche Kündigung zur Folge haben.

24. Nebenpflichtverletzungen

Auch die schuldhafte Verletzung von Nebenpflichten kann ein wichtiger Grund zur außerordentlichen Kündigung sein. Da die ordentliche Kündigung die übliche und grundsätzlich ausreichende Reaktion auf die Verletzung einer Nebenpflicht ist, kommt eine außerordentliche Kündigung nur in Betracht, wenn das Gewicht dieser Pflichtverletzung durch erschwerende Umstände verstärkt wird (BAG 12. 5. 2010 – 2 AZR 845/08).
Als Vertragspflichtverletzung, die grundsätzlich eine außerordentliche Kündigung zu rechtfertigen vermag, ist regelmäßig ein nachhaltiger Verstoß des Arbeitnehmers gegen berechtigte Weisungen des Arbeitgebers anzusehen. Ebenso kann die erhebliche Verletzung der den Arbeitnehmer gemäß § 241 Abs. 2 BGB treffenden Pflicht zur Rücksichtnahme auf die Interessen des Arbeitgebers einen wichtigen Grund im Sinne von § 626 Abs. 1 BGB bilden. Der konkrete Inhalt dieser Pflicht ergibt sich aus dem jeweiligen Arbeitsverhältnis und aus seinen spezifischen Anforderungen.

Fragen zur Beendigung des Arbeitsverhältnisses

25. Nutzung von Arbeitgebereinrichtungen zu Privatzwecken

Die Möglichkeiten, dass der Arbeitnehmer Einrichtungen oder Gegenstände des Arbeitgebers unerlaubt oder zumindest in diesem Umfang nicht erlaubt zu Privatzwecken nutzt, sind mannigfaltig (Beispiele: unberechtigte Verwendung eines Firmen-Pkw, nicht gestattete Privattelefonate, Surfen im Internet zu Privatzwecken usw.). Sofern die private Nutzung vom Arbeitgeber genehmigt wurde, kann eine Kündigung nur in Betracht kommen, wenn die Nutzung in einem Ausmaß erfolgt, bei dem der Arbeitnehmer nicht davon ausgehen kann, dass der Arbeitgeber damit einverstanden ist. Ist in derartigen Fällen ein solches Ausmaß der Nutzung zu Privatzwecken gegeben, dass eine grobe Pflichtverletzung vorliegt, erscheint eine Abmahnung entbehrlich.

26. Strafbare Handlungen

Sofern der Vertrauensbereich tangiert ist, liegt regelmäßig ein außerordentlicher Kündigungsgrund vor. Wenn die Straftat aus Anlass des Arbeitsverhältnisses begangen wird, hängt die kündigungsrechtliche Relevanz von der Schwere der Tat und von den Auswirkungen auf das Arbeitsverhältnis ab.

27. Suchtmittelmissbrauchsfälle

An eine Kündigung, die auf ein Fehlverhalten des Arbeitnehmers gestützt wird, welches im Zusammenhang mit einer Alkoholsucht steht, sind grundsätzlich die gleichen Anforderungen zu stellen wie an krankheitsbedingte Kündigungen. Eine außerordentliche Kündigung kommt daher nur in eng begrenzten Fällen in Betracht, etwa bei einem Ausschluss der ordentlichen Kündigung aufgrund tarifvertraglicher oder einzelvertraglicher Vereinbarungen (BAG 20.12.2012 – 2 AZR 32/11). Wenn im Zeitpunkt der Kündigung die Prognose gerechtfertigt sein sollte, dass der Arbeitnehmer wegen einer Alkoholsucht oder einer sonstigen Suchtmittelerkrankung dauerhaft nicht mehr in der Lage sein wird, die geschuldete Arbeit ordnungsgemäß zu erbringen, kann regelmäßig nur eine ordentliche Kündigung des Arbeitsverhältnisses gerechtfertigt sein.

28. Tätliche Auseinandersetzungen am Arbeitsplatz

Tätlichkeiten unter Arbeitnehmern sind grundsätzlich geeignet, einen wichtigen Grund zur Kündigung zu bilden. Bei schweren Tätlichkeiten unter Arbeitskollegen bedarf es regelmäßig keiner Abmahnung. Ein einmaliger Vorfall kann schon ein wichtiger Grund zur Kündigung sein, ohne dass der Arbeitgeber noch eine **Wiederholungsgefahr** begründen und den Arbeitnehmer zuvor abmahnen müsste. Im Fall einer Schlägerei liegt nicht in jeder auch unfreiwilligen Verwicklung eines Arbeitnehmers eine Pflichtverletzung. Jedoch kann wegen des beträchtlichen Gefährdungspotentials eine erhebliche aktive Beteiligung des Arbeitnehmers an der tatsächlichen Auseinandersetzung einen wichtigen Grund zur fristlosen Kündigung darstellen (BAG 18. 9. 2008 – 2 AZR 1039/06).

> **Praxishinweis: Darlegungs- und Beweislast**
> Wenn objektive Anhaltspunkte für eine erhebliche aktive Beteiligung des Arbeitnehmers an einer tätlichen Auseinandersetzung gegeben sind, kann sich der Arbeitgeber, der meist keine gesicherte eigene Sachverhaltskenntnis haben wird, zur Begründung einer Tatkündigung zunächst hierauf stützen. Beruft sich der Arbeitnehmer sodann darauf, lediglich Opfer der Auseinandersetzung gewesen zu sein oder in Notwehr gehandelt zu haben, ist es ihm regelmäßig im Rahmen der abgestuften Darlegungs- und Beweislast zumutbar, seine Behauptung durch entsprechenden Tatsachenvortrag zu verdeutlichen, vor allem, sich zu den Anlässen im Verlauf der tätlichen Auseinandersetzung zu erklären. Wenn der Arbeitnehmer seiner dahin gehenden prozessualen Erklärungspflicht nachkommt, ist es Sache des Arbeitgebers, die erhebliche aktive Beteiligung des Arbeitnehmers an der tatsächlichen Auseinandersetzung nachzuweisen. Sofern sich der Sachverhalt nicht abschließend aufklären lässt, geht dies zu Lasten des Arbeitgebers.

29. Untersuchungshaft/Strafhaft

Diese kann je nach den Umständen des Einzelfalls einen außerordentlichen personenbedingten Kündigungsgrund darstellen. Voraussetzung einer Kündigung wegen haftbedingter Arbeitsverhinderung ist, dass der Arbeitnehmer aller Voraussicht nach für eine verhältnismäßig erhebliche Zeit nicht in der Lage sein wird, die Arbeitsleistungen zu erfüllen. Grundlage für eine Prognose muss nicht unbedingt eine bereits erfolgte – rechtskräftige – strafgerichtliche Verurteilung sein. Auch eine sich länger hinziehende Untersuchungshaft kann als außerordentlicher Kündigungsgrund in Betracht kommen. Die Erwartung, der Arbeitnehmer wird für längere Zeit an der Erbringung seiner Arbeitsleistung gehindert sein, kann auch im Fall der Untersuchungshaft begründet sein (BAG 23. 5. 2013 – 2 AZR 120/12). In diesen Fällen kommt es darauf an, ob die der vorläufigen Inhaftierung zugrunde liegenden Umstände bei objektiver Betrachtung mit hinreichender Sicherheit eine Prognose der längeren Dauer rechtfertigen.

Die prognostizierte Nichterfüllung der Arbeitspflicht muss sich nachteilig auf das Arbeitsverhältnis auswirken. Weil der Arbeitgeber im Fall der haftbedingten Arbeitsunfähigkeit des Arbeitnehmers von der Lohnzahlungspflicht befreit ist, hängt es von der Dauer der Haft sowie Art und Ausmaß der betrieblichen Auswirkungen ab, ob die Inhaftierung geeignet ist, einen Grund zur Kündigung abzugeben. Das ist dann nicht der Fall, wenn es dem Arbeitgeber zuzumuten ist, für die Zeit des haftbedingten Arbeitsausfalls **Überbrückungsmaßnahmen** zu ergreifen und dem Arbeitnehmer den Arbeitsplatz bis zur Rückkehr aus der Haft frei zu halten. Sofern im Kündigungszeitpunkt mit einer mehrjährigen haftbedingten Abwesenheit des Arbeitnehmers zu rechnen ist, kann dem Arbeitgeber regelmäßig nicht zugemutet werden, lediglich vorläufige Maßnahmen zu ergreifen und auf eine dauerhafte Neubesetzung des Arbeitsplatzes zu verzichten.

Insbesondere eine **längerjährige Arbeitsverhinderung aufgrund einer Strafhaft** kann einen wichtigen Grund für eine außerordentliche Kündigung mit notwendiger Auslauffrist darstellen (BAG 22. 10. 2015 – 2 AZR 381/14). Dies gilt auch dann, wenn das Arbeitsverhältnis schon viele Jahre oder Jahrzehnte bestanden haben sollte und der Beschäftigte möglicherweise wegen einer einzelvertraglichen oder tariflichen Regelung ordentlich unkündbar ist. Wenn etwa ein Arbeitnehmer, dessen Arbeitsverhältnis ordentlich unkündbar ist, im Kündigungszeitpunkt noch eine Freiheitsstrafe von mehreren Jahren zu verbüßen hat und eine vorherige Entlassung nicht sicher zu erwarten sein sollte, dann liegt regelmäßig – vorbehaltlich einer abschließenden Interessenabwägung, die bei allen fristlosen Kündigungen durchzuführen ist – ein wichtiger Grund für eine außerordentliche Kündigung mit notwendiger Auslauffrist vor.

30. Verdachtskündigung

Bei der Verdachtskündigung ist es gerade der hinreichende Tatverdacht einer schweren Pflichtwidrigkeit, der den Kündigungsgrund darstellt. Eine Verdachtskündigung kommt, schon wegen der im besonderen Maße bestehenden Gefahr, dass ein Unschuldiger getroffen wird, als außerordentliche (genauso wie als ordentliche) Kündigung nur in Betracht, wenn das Arbeitsverhältnis bereits durch den **Verdacht so gravierend beeinträchtigt wird**, dass dem Arbeitgeber die Fortsetzung des Arbeitsverhältnisses nicht mehr zugemutet werden kann. Das setzt voraus, dass nicht nur der Verdacht als solcher schwerwiegend ist, sondern dem Arbeitnehmer muss sein erhebliches Fehlverhalten in Form von strafbaren Handlungen oder schwerwiegenden Pflichtverletzungen vorgeworfen werden können (BAG 27. 11. 2008 – 2 AZR 98/07). Die Verdachtsmomente müssen daher in einem jeden Fall einer Kündigung grundsätzlich ein solches

Fristlose oder ordentliche Kündigung

Gewicht erreichen, dass dem Arbeitgeber die Fortsetzung des Arbeitsverhältnisses nicht mehr zugemutet werden kann.
Eine Verdachtskündigung ist daher nur dann zulässig, wenn sich die starken Verdachtsmomente
- auf objektive Tatsachen gründen – Werturteile reichen nicht,
- die Verdachtsmomente geeignet sind, das für die Fortsetzung des Arbeitsverhältnisses erforderliche Vertrauen zu zerstören und
- der Arbeitgeber alle zumutbaren Anstrengungen zur Aufklärung des Sachverhalts unternommen hat,
- hierbei vor allem dem Arbeitnehmer die Gelegenheit zur Stellungnahme gegeben wurde.

Die **Anhörung** des Arbeitnehmers hat anlässlich der gebotenen Aufklärung des Sachverhalts zu erfolgen. Die Anhörung muss sich auf einen greifbaren Sachverhalt beziehen, mit welchem der Arbeitnehmer zu konfrontieren ist. Der Arbeitnehmer muss die Möglichkeit haben, bestimmte, zeitlich und räumlich eingegrenzte Tatsachen zu bestreiten oder den Verdacht entkräftende Tatsachen zu bezeichnen und so zur Aufhellung der für den Arbeitgeber im Dunkeln liegenden Geschehnisse beizutragen (BAG 23. 6. 2009 – 2 AZR 474/07). Die Anhörung des Arbeitnehmers vor Ausspruch einer Verdachtskündigung soll ihm die Möglichkeit eröffnen, den gegen ihn bestehenden Verdacht zu entkräften. Das ist nur dann möglich, wenn der Arbeitnehmer eigene Kenntnis von den gegen ihn erhobenen Vorwürfen hat.

Für eine Verdachtskündigung müssen immer Gründe einer **außerordentlichen Kündigung** vorhanden sein, auch wenn sie der Arbeitgeber – aus welchen Gründen auch immer – als ordentliche Kündigung aussprechen sollte. Eine Verdachtskündigung ist somit auch als ordentliche Kündigung sozial nur gerechtfertigt, wenn Tatsachen vorliegen, die zugleich eine außerordentliche, fristlose Kündigung gerechtfertigt hätten. Wird beispielsweise der Arbeitnehmer eines Verhaltens verdächtig, das – wenn es erwiesen wäre – lediglich eine ordentliche Kündigung rechtfertigen könnte, kann der Arbeitgeber deshalb keine Verdachtskündigung in wirksamer Weise aussprechen (BAG 21. 11. 2013 – 2 AZR 797/11).

Die Verdachtskündigung ist zulässig, weil dem Arbeitgeber die Fortsetzung eines Arbeitsverhältnisses unter dem dringenden Verdacht auf ein Verhalten des Arbeitnehmers, das ihn zur sofortigen Beendigung des Arbeitsverhältnisses berechtigen würde, nicht zugemutet werden kann. Wenn allerdings der Verdacht, dass ein derartiger Grund angenommen werden könnte, nicht besteht, weil selbst das erwiesene Fehlverhalten des Arbeitnehmers die sofortige Beendigung des Arbeitsverhältnisses nicht

Fragen zur Beendigung des Arbeitsverhältnisses

rechtfertigen könnte, überwiegt bei der Güterabwägung das Bestandsinteresse des Arbeitnehmers.

> **Praxishinweis:**
> Wenn der Arbeitnehmer (lediglich) eines Verhaltens verdächtig wird, das – selbst wenn es erwiesen wäre – nur eine ordentliche Kündigung rechtfertigen könnte, dann ist dem Arbeitgeber die Fortsetzung des Arbeitsverhältnisses trotz des entsprechenden Verdachts zuzumuten. Weder liegt ein Grund im Verhalten des Arbeitnehmers vor, noch ist ein Grund in der Person des Arbeitnehmers anzunehmen, der die Kündigung »bedingen« könnte.

31. Zeugenaussage gegen den Arbeitgeber

Sofern ein Arbeitnehmer in einem gerichtlichen oder verwaltungsmäßigen Verfahren eine Zeugenaussage zu tätigen hat, handelt es sich hierbei um die Erfüllung einer staatsbürgerlichen Pflicht. Das ist auch dann der Fall, wenn sich das Verfahren gegen den Arbeitgeber richtet. Sagt etwa der Arbeitnehmer im Zuge eines staatsanwaltschaftlichen Ermittlungsverfahrens gegen den Arbeitgeber aus und übergibt er auf Anforderung der Staatsanwaltschaft Unterlagen, ist dieses Verhalten regelmäßig nicht geeignet, einen verhaltensbedingten ordentlichen oder gar außerordentlichen Kündigungsgrund abzugeben. Es wäre mit dem Rechtsstaatsprinzip unvereinbar, wenn jemand, der staatsbürgerliche Pflichten erfüllt und nicht wissentlich unwahre oder leichtfertig falsche Angaben macht, dadurch arbeitsrechtliche Nachteile erleiden würde.

Was ist, wenn der Arbeitgeber fristlos kündigen könnte, aber – aus welchen Gründen auch immer – lediglich eine ordentliche Kündigung ausspricht?

Der Arbeitgeber ist dann, wenn ein wichtiger Grund zur außerordentlichen Kündigung nach § 626 Abs. 1 BGB vorliegen sollte, selbstverständlich nicht dazu gezwungen, tatsächlich auch fristlos zu kündigen. Er kann die Kündigung grundsätzlich auch – etwa aus sozialen Erwägungen oder, was vor allem bei »Mangelberufen« relevant werden kann, weil eine Ersatzkraft fehlt und am Arbeitsmarkt nicht so einfach zu bekommen ist – unter Gewährung einer **Auslauffrist** erklären. Die Gewährung einer Auslauffrist könnte dann beim Arbeitnehmer allerdings zu dem Schluss führen, dass deshalb dem Arbeitgeber die Weiterbeschäftigung des Arbeitnehmers zumindest bis zum Ablauf der Frist auch objektiv zumutbar wäre. Diesen Standpunkt nimmt allerdings die Rechtsprechung nicht ein

(BAG 13.5.2015 – 2 AZR 531/14), denn der Arbeitgeber, der außerordentlich mit einer Auslauffrist kündigt, verzichtet dadurch, dass er eine Auslauffrist gewährt, nicht etwa auf sein Recht zur außerordentlichen Kündigung.

87. Kann fristlos gekündigt werden, wenn der Arbeitnehmer meint, berechtigt zu sein, die Arbeit zu verweigern?

Fall:
In einem metallverarbeitenden Betrieb kommt es zwischen einigen Arbeitnehmern und dem Arbeitgeber zu Streitigkeiten darüber, ob bestimmte Arbeiten beim Abschruppen von Metallteilen – trotz der vorhandenen Absaugeeinrichtung – als gesundheitsgefährdend anzusehen sind. Der Arbeitgeber verweist darauf, dass seitens der Arbeitssicherheitsbehörde die Abzugseinrichtung technisch abgenommen wurde und für unbedenklich und als der bestmögliche Schutz anzusehen wäre, die Arbeitnehmer sind der Ansicht, dass dies nicht zutreffend wäre und dass bei den Arbeiten immer wieder Husten und durch das Einatmen des Staubs Schädigungen in der Lunge entstehen. Da keine Klärung des Streitpunkts möglich ist, verweigern diese Arbeitnehmer ab dem 5.2.2018 diese Arbeiten. Der Arbeitgeber stellt unmissverständlich klar, dass dann, wenn die Arbeiten nicht verrichtet werden, zunächst Abmahnungen und sodann im Falle der weiteren Weigerung fristlose Kündigungen ausgesprochen werden.
Sind die angedrohten Kündigungen berechtigt?

Darum geht es:
Besteht ein Leistungsverweigerungsrecht, weil die Arbeitnehmer befürchten, durch die weitere Erbringung der Arbeiten gesundheitlichen Schaden zu nehmen? Wie verhält es sich, wenn sich herausstellen sollte, dass die Befürchtungen der Arbeitnehmer unbegründet sind?

Antwort

Hier stellt sich die Frage, ob tatsächlich eine beharrliche Arbeitsverweigerung anzunehmen ist, wenn die Arbeiten künftig nicht erbracht werden, oder ob aus gesundheitlichen Gründen die Arbeitnehmer berechtigt sind, die Arbeiten nicht zu erbringen. Das Problematische an dem Fall ist, dass die betroffenen Beschäftigten zwar meinen, dass bei den Arbeiten gesundheitliche Beeinträchtigungen entstehen könnten, allerdings dies im konkreten Fall noch nicht näher medizinisch geklärt ist (BAG 22.10.2015 – 2 AZR 569/14).

Eine beharrliche Arbeitsverweigerung, die geeignet ist, eine außerordentliche fristlose Kündigung zu rechtfertigen, kann darin zu sehen sein, dass der Arbeitnehmer sich zu Unrecht auf ein Leistungsverweigerungsrecht nach § 275 Abs. 3 BGB und/oder ein Zurückbehaltungsrecht gem. § 273 Abs. 1 BGB beruft. Eine **nachhaltige Arbeitsverweigerung** ist mithin grundsätzlich »an sich« geeignet, eine außerordentliche fristlose Kündigung zu rechtfertigen. Ein Arbeitnehmer verweigert die von ihm geschuldete Arbeit beharrlich, wenn er sie bewusst und nachhaltig nicht leisten will. Maßgebend ist die objektive Rechtslage.

> **Zusammenfassung:**
> Wenn der Arbeitnehmer meint, ihm stehe ein Leistungsverweigerungs- oder Zurückbehaltungsrecht zu, hat er nach der Rechtsprechung des Bundesarbeitsgerichts grundsätzlich selbst das Risiko zu tragen, dass sich seine Rechtsauffassung als falsch erweist. Ein unverschuldeter Rechtsirrtum liegt immer nur dann vor, wenn er seinen Irrtum auch unter Anwendung der zu beachtenden Sorgfalt nicht erkennen konnte. Dabei sind allerdings strenge Maßstäbe anzulegen. Es reicht nicht aus, dass der Arbeitnehmer sich für seine eigene Rechtsauffassung auf eine eigene Prüfung und fachkundige Beratung stützen kann. Ein entschuldbarer Rechtsirrtum liegt lediglich dann vor, wenn der Arbeitnehmer damit nach sorgfältiger Prüfung der Sach- und Rechtslage nicht zu rechnen brauchte; ein normales Prozessrisiko entlastet ihn nicht.

Gemäß § 275 Abs. 3 BGB kann der Arbeitnehmer die Arbeitsleistung verweigern, wenn sie ihm unter Abwägung des seiner Arbeitsleistung entgegenstehenden Hindernisses mit dem Leistungsinteresse des Arbeitgebers nicht zugemutet werden kann. Die Vorschrift regelt das Spannungsverhältnis von Vertragstreue und Unzumutbarkeit der Arbeitsleistung. Der Arbeitnehmer kann sich von der Arbeitsleistung (nur) »befreien«, wenn sie für ihn in hohem Maße belastend ist. Nach § 273 Abs. 1 BGB kann dem Arbeitnehmer daher grundsätzlich das Recht zustehen, seine Arbeitsleistung zurückzuhalten. Das Recht kann dann ausgeübt werden, wenn der Arbeitgeber seine aus dem Arbeitsverhältnis resultierenden Haupt- oder Nebenpflichten schuldhaft nicht erfüllt. Die Ausübung des **Zurückbehaltungsrechts** steht unter dem Gebot von Treu und Glauben und unterliegt dem Grundsatz der Verhältnismäßigkeit. Dementsprechend muss der Arbeitnehmer dem Arbeitgeber klar und eindeutig mitteilen, dass er dieses Recht aufgrund einer ganz bestimmten, konkreten Gegenforderung ausüben wird. Allgemeine Standpunkte der »Gefährlichkeit von Arbeiten für die Gesundheit« reichen hier nicht aus.

Derartige Streitigkeiten erfordern daher – wenn der Beschäftigte das Zurückbehaltungsrecht sinnvoll ausüben will –, dass im Fall einer gerichtlichen Auseinandersetzung auch nachweisbar ist, dass die vorgebrachten gesundheitlichen Gefährdungen bestehen. Wenn dem nicht so sein sollte, trägt der Arbeitnehmer zunächst das Risiko, die verweigerten Arbeitsstunden nicht vergütet zu bekommen und bei beharrlicher Verweigerung zunächst abgemahnt zu werden und dass ihm dann fristlos (oder auch nur ordentlich) gekündigt wird. Vor allem in Situationen, wenn nach derzeitigem Stand der Wissenschaft (noch) nicht sicher ist, welche Tätigkeiten bei der Verwendung welcher Stoffe gesundheitsgefährlich sind, kann es schwierig werden, ein begründetes Leistungsverweigerungsrecht darzulegen. Genannt sei hier etwa der immer noch nicht vollständig erforschte Bereich der Chemikalienunverträglichkeit in Bezug auf bestimmte Stoffe, die insbesondere in sehr wirkungsvollen Desinfektions- und Putzmitteln vorhanden sind, welche bei Personen, die an der Chemikalienunverträglichkeit leiden, zu erheblichen gesundheitlichen Schwierigkeiten bei längeren Arbeiten mit diesen Stoffen führen – die Folgen können bis hin zum vorzeitigen körperlichen Verfall reichen.

88. Wann liegt eine Konkurrenztätigkeit des Arbeitnehmers in der Kündigungsfrist vor?

Fall:
Zum Betriebsrat kommt eine ehemalige Angestellte einer Personalleasing-GmbH mit folgender Frage:
»Seit drei Jahren war ich die Personalleiterin in der Niederlassung in Hanau. Nach langem Überlegen habe ich mich dazu entschlossen, zum 1.4.2018 selbstständig tätig zu werden. Daher habe ich am 28.2.2018 zum 31.3.2018 selbst gekündigt. Als ich die Kündigung dem Geschäftsführer übergeben habe, war er etwas enttäuscht über meinen Entschluss und hat mich mit sofortiger Wirkung unwiderruflich bei Fortzahlung der Vergütung und unter Einbringung aller restlichen Urlaubsansprüche freigestellt. Das habe ich alles akzeptiert, da ich mich ja selbstständig machte.
Anfang Februar habe ich meine eigene Firma gegründet, die ebenfalls – wie meine bisherige Arbeitgeberin – Personaldienstleistungen erbringt. Eine Woche später habe ich Vorbereitungshandlungen getroffen, weil ich ab Ende März 2018 Personal für meine Dienstleistungsfirma suche. Daher habe ich bereits in der zweiten Märzwoche einige Stellenanzeigen aufgegeben. Davon hat offenbar mein bisheriger Arbeitgeber erfahren und mir am 15.3.2018 fristlos gekündigt, weil er meint, das wäre eine unerlaubte Konkurrenztätigkeit.
Können Sie mir erklären, ob ich da was Unerlaubtes gemacht habe und ob die fristlose Kündigung berechtigt ist?«

Darum geht es:
Unter welchen Voraussetzungen kann der Arbeitgeber in einem bereits gekündigten Arbeitsverhältnis wegen Konkurrenztätigkeit fristlos kündigen?

Antwort

Im Ansatz zutreffend hat hier der Arbeitgeber darauf hingewiesen, dass Konkurrenztätigkeiten – mithin Wettbewerbshandlungen – grundsätzlich einen außerordentlichen Kündigungsgrund im Sinne des § 626 Abs. 1 BGB darstellen können. Allerdings ist erforderlich, dass es sich um nachhaltige wettbewerbswidrige Tätigkeiten handelt, mit denen der Arbeitnehmer in Konkurrenz zur bisherigen wirtschaftlichen Tätigkeit tritt, die der Arbeitgeber ausübt.

Die Arbeitnehmerin hat ihr Arbeitsverhältnis Ende des Monats Februar 2018 unter Einhaltung der ordentlichen Kündigungsfrist zum 31.3.2018 gekündigt, und ab diesem Zeitpunkt wurde sie von der Arbeitsleistung freigestellt. In dieser **Freistellungsphase** war die Arbeitnehmerin grundsätzlich nicht berechtigt, Wettbewerbshandlungen zu unternehmen, mit denen sie sich in Konkurrenz zu der Tätigkeit setzte, die sie bisher bei der Arbeitgeberin erbracht hat. Dies bedeutet, dass es ihr auf Grund des bestehenden Wettbewerbsverbots, das bis zum Ablauf der Eigenkündigungsfrist gegolten hätte, untersagt war, im Bereich der Arbeitnehmerüberlassung wettbewerbswidrige Handlungen zu begehen, die darauf gerichtet sind, eine Konkurrenztätigkeit – wenn auch lediglich in der Kündigungsfrist – zu der bisherigen Tätigkeit des Arbeitgebers durchzuführen. Der Arbeitsvertrag schließt für die Dauer seines Bestands auf Grund der Treuepflicht des Arbeitnehmers ein Wettbewerbsverbot ein, das über den persönlichen und sachlichen Geltungsbereich des § 60 HGB hinausgeht.

Wenn ein Arbeitnehmer das für die Dauer des Arbeitsverhältnisses bestehende Wettbewerbsverbot verletzen sollte, **ist regelmäßig eine außerordentliche Kündigung gerechtfertigt**, sofern nicht besondere Umstände eine andere Beurteilung zu Gunsten des Arbeitnehmers rechtfertigen. Ein Wettbewerbsverstoß, der geeignet ist, einen wichtigen Grund zu bilden, liegt etwa dann vor, wenn der Arbeitnehmer einen bei seinem Arbeitgeber beschäftigten Mitarbeiter für ein Konkurrenzunternehmen abwirbt, wenn er Kunden des Arbeitgebers für ein Konkurrenzunternehmen abwirbt (BAG 28.1.2010 – 2 AZR 1008/08) oder bei ihnen bereits für eigene Zwecke wirbt (BAG 24.4.1970 – 3 AZR 328/69); außerdem, wenn er einem konkurrierenden Unternehmen als Gesellschafter beitritt und Kapital zuführen sollte oder wenn derzeitige oder ehemalige Arbeitskollegen bei einer konkurrierenden Tätigkeit unterstützt werden.

Hierbei ist allerdings zu berücksichtigen, dass ein Arbeitnehmer, sofern kein nachvertragliches Wettbewerbsverbot im Sinne des § 74 HGB vereinbart worden sein sollte, schon vor Beendigung seines Arbeitsverhältnisses für die Zeit nach dem Ausscheiden einen Vertrag mit einem konkurrierenden Arbeitgeber abschließen kann oder auch die Gründung eines eigenen Unternehmens – wie von der Klägerin durchgeführt – auch im Handelszweig des vormaligen Arbeitgebers vorbereiten darf. Für die Abgrenzung der erlaubten Vorbereitungshandlung von der verbotenen Konkurrenztätigkeit ist es entscheidend, ob durch das Verhalten des Arbeitnehmers bereits unmittelbar in die Geschäfts- oder Wettbewerbsinteressen des Arbeitgebers eingegriffen wird. Zulässig sind insbesondere

Fragen zur Beendigung des Arbeitsverhältnisses

Vorbereitungshandlungen, durch die nur die formalen und organisatorischen Voraussetzungen für das geplante eigene Handelsunternehmen geschaffen werden sollen.

Sie müssen sich allerdings auf die **Vorbereitung** beziehen und dürfen nicht durch Kontaktaufnahme mit Kunden oder anderen Vertragspartnern des Arbeitgebers dessen Interessen gefährden. Das Vorfühlen bei potenziellen Kunden ist hingegen regelmäßig eine unzulässige Wettbewerbshandlung, auch dann, wenn der Arbeitnehmer sich darauf beschränkt, Kontakte herzustellen, und noch keine Geschäfte im engeren Sinne abgeschlossen werden. Umstritten ist in diesem Zusammenhang, ob der Arbeitnehmer an das für die Dauer des rechtlichen Bestands des Arbeitsverhältnisses bestehende Wettbewerbsverbot auch dann (noch) gebunden ist, wenn ihm arbeitgeberseitig gekündigt wird und die Kündigung, weil sie für unwirksam erachtet wird, gerichtlich angegriffen wird (BAG 25. 4. 1991 – 2 AZR 624/90).

> **Zusammenfassung:**
> Hier kommt es also darauf an, ob die Anzeigen lediglich Vorbereitungshandlungen darstellen oder damit bereits aktiv Konkurrenz zum bisherigen Arbeitgeber durchgeführt wurde. Dazu müsste geklärt werden, ob eine aktive Tätigkeit der neu gegründeten Firma der Klägerin vor dem 1. 4. 2018 erfolgen sollte. Wenn dem so sein sollte, spricht viel dafür, dass die fristlose Kündigung als wirksam anzusehen ist.

> **Praxishinweise:**
> Nach der Beendigung des Arbeitsverhältnisses unterliegt der ehemalige Arbeitnehmer grundsätzlich keinerlei Wettbewerbsbeschränkungen. Bis zu den durch §§ 1 UWG, 823 und 826 BGB gezogenen Grenzen kann er daher seinem bisherigen Arbeitgeber Konkurrenz machen. Besteht nach Beendigung des Arbeitsverhältnisses kein Wettbewerbsverbot, ist der Arbeitnehmer in der Verwertung seiner beruflichen Kenntnisse und seines redlich erworbenen Erfahrungswissens grundsätzlich frei.
> Solange der ehemalige Arbeitnehmer seine aus dem Arbeitsverhältnis nachwirkende **Verschwiegenheitspflicht** nicht verletzt, ist er auch nicht gehindert, das Erfahrungswissen für eine Beschäftigung im Dienste eines Wettbewerbers zu nutzen. Eine Einschränkung ergibt sich lediglich aus der nachvertraglichen Treuepflicht im Arbeitsverhältnis insofern, als der Arbeitnehmer seinen ehemaligen Arbeitgeber nicht bei solchen Kunden »ausstechen« darf, bei denen lediglich noch der formelle Vertragsabschluss fehlt.

Die nachvertraglichen Verschwiegenheits- und Treuepflichten begründen für den Arbeitgeber nur in Ausnahmefällen Ansprüche auf Unterlassung von Wettbewerbshandlungen.

Beispiel:
Ein Angestellter einer Landmaschinenhandlung hat in zahlreichen Gesprächen dem Landwirt Bauer die Vorzüge eines Traktors der Marke A erklärt. Während anfangs Bauer noch sehr unentschlossen war, änderte sich dies nach einigen Verkaufsgesprächen, als der Handelsvertreter einen Preisnachlass anbot. Es wurde vereinbart, dass im darauffolgenden Frühjahr sich Bauer wahrscheinlich den Traktor kauft. Der Angestellte hat zum 28.2. sein Arbeitsverhältnis beendet, betreibt nun einen Handel mit Landwirtschaftsmaschinen und bietet Anfang März dem Bauer einen ebenso gut motorisierten Traktor der Marke B an, zu gleichem Preis, jedoch mit weiteren Extras. Der Landwirt kauft diese Maschine. Hier war das Geschäft für seinen bisherigen Arbeitgeber nahezu sicher vereinbart; jedenfalls dann, wenn Bauer einen Traktor erwerben wollte, beabsichtigte er, die Marke A zu kaufen. Der Angestellte hat durch dieses Geschäft seine nachvertragliche Treuepflicht verletzt.

89. Welche Kündigungsfristen gelten in der Insolvenz?

Fall:
Einem langjährig in einem Industriebetrieb Beschäftigten wurde noch vor der Insolvenzeröffnung (30.9.2017) vom Arbeitgeber am 28.8.2017 zum 30.4.2018 gekündigt, und zwar wegen Wegfall des Arbeitsplatzes. Es wurde hier die gesetzliche Kündigungsfrist von sieben Monaten zum Monatsende eingehalten. Mit Wirkung zum 30.9.2017 erfolgte die Insolvenzeröffnung, weil die Arbeitgeberin zahlungsunfähig war. Der Insolvenzverwalter kündigte erneut, und zwar am 14.10.2017 mit einer Frist von drei Monaten zum 31.1.2018.
Der Arbeitnehmer kommt sodann zum Betriebsrat und bittet um Auskunft, ob hier nicht doch die längere Kündigungsfrist von sieben Monaten zum Monatsende gelten muss. Schließlich habe der Insolvenzverwalter die neue Kündigung mit denselben Gründen ausgesprochen und wohl nur deshalb, dass er schneller aus dem Arbeitsverhältnis »rauskomme«.

Fragen zur Beendigung des Arbeitsverhältnisses

> **Darum geht es:**
> Gibt es kürzere Kündigungsfristen in der Insolvenz?

Antwort

Die Kündigung des Insolvenzverwalters mit der nach § 113 Satz 2 InsO geregelten Höchstfrist von drei Monaten ist zulässig, unabhängig von der Tatsache, dass vorher bereits vom Arbeitgeber schon einmal eine Kündigung ausgesprochen wurde, allerdings mit der wesentlich längeren, gesetzlichen Kündigungsfrist. Das hat die Rechtsprechung ausdrücklich so bestätigt. Ab dem Zeitpunkt der Insolvenzeröffnung ist der Insolvenzverwalter für den Ausspruch einer ggf. veranlassten Kündigung zuständig. Er kann das Arbeitsverhältnis mit einer Frist von maximal drei Monaten zum Monatsende lösen.

Im Beispielsfall besteht allerdings die Besonderheit, dass der bisherige Betriebsinhaber noch einige Zeit vor der Insolvenzeröffnung das Arbeitsverhältnis kündigte, und zwar mit der vollen, einzuhaltenden Kündigungsfrist. Man könnte in derartigen Fällen daran denken, dass zumindest dann, wenn der Insolvenzverwalter sozusagen diese Kündigung (die betriebsbedingte) erneut ausspricht, es ihm nur darum geht, die Kündigungsfrist abzukürzen, und dass es dann bei der ursprünglichen Kündigungsfrist bleiben müsse. Dieser Ansicht hat sich aber die Rechtsprechung nicht angeschlossen (BAG 8. 4. 2003 – 2 AZR 15/02).

> **Zusammenfassung:**
> Nach § 113 Abs. 1 InsO kann ein Arbeitsverhältnis vom Insolvenzverwalter in allen Fällen mit der kurzen Kündigungsfrist von drei Monaten zum Monatsende gekündigt werden, soweit nicht eine noch kürzere Frist maßgeblich ist. Der Gesetzeswortlaut enthält keine Einschränkungen für den Fall, dass aus dem gleichen Kündigungsgrund – was im Beispiel angenommen werden kann – bereits vorher vom Arbeitgeber (oder auch von einem vorläufigen Insolvenzverwalter) unter Einhaltung der – längeren – ordentlichen Kündigungsfrist gekündigt worden ist.

Zweck der gesetzlichen Regelung ist es, im Insolvenzfall alle Arbeitsverhältnisse zumindest mit der Höchstfrist von drei Monaten und damit innerhalb eines überschaubaren Zeitraums beenden zu können. Die Interessen der Arbeitnehmer sind durch den möglichen Schadensersatzanspruch des § 113 Abs. 1 Satz 3 InsO gewahrt. Dem Ziel des Gesetzes würde es eindeutig zuwiderlaufen, würde man das Kündigungsrecht des § 113 Abs. 1 InsO auf die Fälle beschränken, in denen nicht bereits vor Insolvenzeröffnung vom bisherigen Arbeitgeber oder vom vorläufigen Insolvenzverwalter gekündigt worden ist. Die Frist der Kündigung durch den Insolvenzverwalter kann daher nicht beanstandet werden.

b) Kündigungsschutz

90. Unter welchen Voraussetzungen ist das Kündigungsschutzgesetz anwendbar?

Fall:
Ein Arbeitnehmer eines kleineren Betriebs mit derzeit 7,5 Beschäftigten (Stand: 1.9.2017), in dem kein Betriebsrat existiert, fragt einen befreundeten Betriebsrat, ob denn das KSchG anwendbar wäre, wenn es im Betrieb, in dem er tätig ist, in nächster Zeit zu betriebsbedingten Kündigungen kommen sollte.
Er gibt folgende Informationen zu seiner Tätigkeit und zum Betrieb:
- Er ist seit dem 1.1.2005 beschäftigt.
- Zum 31.12.2005 hatte der Betrieb sieben Vollzeitbeschäftigte.
- Dann waren es Ende 2006 mal über zehn Beschäftigte, allerdings nur bis zum 30.6.2007, weil dann drei projektbezogen befristet eingestellten Mitarbeitern wegen einer überraschenden Lösung des Auftrags durch den Kunden vorzeitig gekündigt werden musste.
- Im Juni 2013 wurde in einem anderen Bereich eine Teilzeitarbeitnehmerin eingestellt. Das war die letzte personelle Veränderung. Derzeit sind daher 7,5 Beschäftigte tätig.

Darum geht es:
Ab welcher Betriebsgröße ist das Kündigungsschutzgesetz (KSchG) anwendbar?

Fragen zur Beendigung des Arbeitsverhältnisses

Antwort

Das Kündigungsschutzgesetz ist ab dem Stichtag des 1.1.2004 auf Betriebe anwendbar, in denen in der Regel mehr als zehn Arbeitnehmer tätig sind. Dies ergibt sich aus der Regelung des § 23 Abs. 1 KSchG. Die derzeitige gesetzliche Regelung des Anwendungsbereichs des Kündigungsschutzgesetzes hat zur Folge, dass ab dem 1.1.2004 das Kündigungsschutzgesetz in Betrieben, in welchen regelmäßig zehn oder weniger Vollzeitarbeitnehmer beschäftigt werden, auf Mitarbeiter keine Anwendung findet, die ab Januar 2004 neu eingestellt wurden.

Für Arbeitnehmer, deren Arbeitsverhältnis in einem Betrieb bis zu zehn Beschäftigten (das ist im Beispielsfall zum Tag der Fragestellung so anzunehmen; denn die Zahl von über zehn Beschäftigten ist nicht maßgeblich) am 31.12.2003 bereits bestanden hat, richtet sich der Kündigungsschutz gemäß der derzeit bestehenden Rechtslage nach dem in der bisherigen Fassung vorgegeben Anwendungswert von fünf Arbeitnehmern, wobei sich diese Zahl nach dem Zählfaktor 0,5 (geringfügig Beschäftigte bis Teilzeitbeschäftigte mit bis zu 0,5 der regulären Arbeitszeit), 0,75 (ab Halbtagsbeschäftigte bis zu 0,75 der regulären Arbeitszeit) und 1,0 (ab 0,75 bis ganztags beschäftigt) bestimmt.

> **Zusammenfassung:**
> Der vormalige Schwellenwert der Anwendung des Kündigungsschutzgesetzes von mehr als fünf Arbeitnehmern bleibt daher neben dem Schwellenwert der ab dem 1.1.2004 geltenden Rechtslage maßgeblich. Das bedeutet, dass sich für die am 31.12.2003 bereits im Betrieb zwischen sechs und zehn Arbeitnehmern beschäftigten Arbeitnehmer nichts ändert. Der Arbeitnehmer behält daher seinen Kündigungsschutz, und zwar solange er in dem betreffenden Betrieb tätig ist. Sollte dem Arbeitnehmer also demnächst gekündigt werden, ist das Kündigungsschutzgesetz auf sein Arbeitsverhältnis anwendbar. Der Arbeitgeber benötigt daher einen Kündigungsgrund im Sinne des KSchG, um die Kündigung wirksam erklären zu können.

Anwendbarkeit Kündigungsschutzgesetz

Wichtige Begriffe

Der Betrieb darf nicht unter 5,5 Beschäftigte hinsichtlich der Arbeitnehmerzahl absinken

Die Anwendbarkeit des Kündigungsschutzgesetzes ist allerdings nur so lange gegeben, als die Zahl der bisherigen Arbeitnehmer, die ihren Kündigungsschutz behalten haben, nicht auf fünf Arbeitnehmer oder weniger fällt. Grund hierfür ist, dass dann auch nach der bis zum 31. 12. 2003 geltenden Rechtslage diese Arbeitnehmer keinen Kündigungsschutz mehr haben.

Arbeitnehmer, deren Arbeitsverhältnis in einem Betrieb unter zehn Beschäftigten am 31. 12. 2003 bestanden hat und für die das Kündigungsschutzgesetz nur deshalb nicht anwendbar war, weil der persönliche Anwendungsbereich nicht bestand, also die Betriebszugehörigkeit unter sechs Monaten lag, haben nach Erfüllung der Wartezeit im Jahr 2004 den Kündigungsschutz nach der bisherigen Rechtslage. Wenn im Betrieb ein Beschäftigter zum 1. 9. 2003 eingestellt wurde und derzeit noch arbeitet, hat er Kündigungsschutz, solange der Betrieb nicht unter den Mindestwert von 5,5 Arbeitnehmern fällt.

Unterbrechungen können in bestimmten Situationen unschädlich sein

Der abgesenkte Schwellenwert des § 23 Abs. 1 Satz 2 KSchG kann auch dann von Bedeutung sein, wenn es nach dem 31. 12. 2003 zwar rechtliche Unterbrechungen des zuvor begründeten Arbeitsverhältnisses gegeben hat, der Arbeitnehmer aber – zusammen mit einer ausreichenden Anzahl anderer »Alt-Arbeitnehmer« – ununterbrochen in den Betrieb eingegliedert war (BAG 23. 5. 2013 – 2 AZR 54/12). Ein ununterbrochenes Arbeitsverhältnis ist auch gegeben, wenn innerhalb des Sechsmonatszeitraums zwar zwei oder mehr Arbeitsverhältnisse liegen, diese aber ohne zeitliche Unterbrechung unmittelbar aufeinanderfolgen. Sofern keine nahtlose Fortsetzung des Arbeitsverhältnisses vorliegt, ist die Unterbrechung unschädlich, wenn die Dauer der tatsächlichen Unterbrechung verhältnismäßig kurz ist und zwischen den aufeinanderfolgenden Arbeitsverhältnissen ein enger sachlicher Zusammenhang besteht.

> **Praxishinweis:**
> Sofern sich der Arbeitnehmer auf die Maßgeblichkeit des abgesenkten Schwellenwerts berufen will, muss er darlegen, dass schlüssige Anhaltspunkte für die Beschäftigung der erforderlichen Anzahl von »Alt-Arbeitnehmern« gegeben sind. Auf diesen Vortrag muss sich der Arbeitgeber im Ein-

zelnen berufen und ggf. dartun, welche rechtserheblichen Tatsachen der Behauptung des Arbeitnehmers entgegenstehen sollen. Wenn dies erfolgt, dann ist es Sache des Arbeitnehmers, darzulegen und zu beweisen, dass der abgesenkte Wert maßgeblich ist.

Kündigungsschutzgesetz nicht anwendbar

Das Kündigungsschutzgesetz ist nicht anwendbar, wenn ein Betrieb, der am 31. 12. 2003 nicht über fünf Vollzeitarbeitskräfte beschäftigte, ab dem 1. 1. 2004 weitere maximal fünf Vollzeitarbeitskräfte einstellt. Wenn lediglich teilzeitbeschäftigte Arbeitnehmer eingestellt werden sollten, erhöht sich die Zahl der möglichen Neueinstellungen nur um den jeweiligen Zählfaktor.

Kündigungsschutzgesetz kann teilweise anwendbar und teilweise nicht anwendbar sein

Es kann aufgrund der derzeitigen Rechtslage auch die (etwas merkwürdige) Situation bestehen, dass das Kündigungsschutzgesetz auf einen Teil der Arbeitnehmer anwendbar ist und auf andere nicht, obwohl sie alle über sechs Monate beschäftigt sind.

In Betrieben, in denen zum 31. 12. 2003 über fünf Vollzeitarbeitnehmer (oder die entsprechend höhere Zahl von Teilzeitbeschäftigten nach dem Zählfaktor) tätig waren und weitere maximal drei Vollzeitarbeitnehmer im Jahr 2004 oder später eingestellt werden/wurden, ist zu unterscheiden: Auf die sechs bisherigen Arbeitnehmer (in Vollzeit oder höhere Zahl nach dem Zählfaktor) ist das Kündigungsschutzgesetz anwendbar, denn für sie gilt noch das bisherige Recht. Die später eingestellten maximal drei Arbeitnehmer (oder die höhere Zahl nach dem Zählfaktor) haben allerdings keinen besonderen Kündigungsschutz, wenn im Betrieb insgesamt die Zahl der Mitarbeiter nicht über 10,0 liegt.

Zählfaktor

Nach der gesetzlichen Regelung werden in allen Fällen Teilzeitbeschäftigte anteilig gezählt (= Zählfaktor), teilzeitbeschäftigte Arbeitnehmer mit einer regelmäßigen wöchentlichen Arbeitszeit von nicht mehr als 20 Stunden mit dem Faktor 1/2, teilzeitbeschäftigte Arbeitnehmer von nicht mehr als 30 Stunden mit dem Faktor 3/4. Anknüpfungspunkt für die Einordnung der maßgeblichen Beschäftigtenzahl ist der Betrieb, nicht das Unternehmen.

Gemeinsamer Betrieb

In Bezug auf den fachlichen Anwendungsbereich des Kündigungsschutzgesetzes stellt sich häufig die Frage, ob mehrere Betriebe zusammengerechnet werden können. Diese Problematik wird immer dann von Bedeutung, wenn relativ kleine Betriebseinheiten gegeben sind und sie mehr oder weniger ausgeprägt unter einheitlicher Leitung stehen. Hier drängt sich in manchen Fällen durchaus die Frage auf, ob dies in erster Linie deshalb so gestaltet wurde, um das Kündigungsschutzgesetz umgehen zu können. Voraussetzung für die Annahme eines einheitlichen Betriebs im Sinne des Kündigungsschutzgesetzes ist immer ein einheitlicher Leitungsapparat, der es ermöglicht, die Gesamtheit der für die Erreichung der arbeitstechnischen Zwecke eingesetzten personalen, technischen oder immateriellen Mittel zu lenken.

Daher ist ein einheitlicher Betrieb nicht nur gegeben, wenn die beteiligten Unternehmen ausdrücklich eine Vereinbarung über die einheitliche Leitung geschlossen haben, sondern auch dann, wenn sich eine derartige Vereinbarung stillschweigend aus den Umständen des Einzelfalls ergibt (BAG 14.9.1988 – 7 ABR 10/87). Wenn der Kern der Arbeitgeberfunktionen im personellen und sozialen Bereich von derselben Leitung vorgenommen wird, hat dies zur Folge, dass eine Führungsvereinbarung auch ohne Vorhandensein einer ausdrücklichen Regelung angenommen werden kann.

Darlegungs- und Beweislast

Der Arbeitnehmer trägt die Darlegungs- und Beweislast für das Vorliegen der in § 23 Abs. 1 KSchG geregelten betrieblichen Geltungsvoraussetzungen des Kündigungsschutzgesetzes. Er muss also die erforderlichen Beweise für die Anwendbarkeit des Kündigungsschutzgesetzes vorbringen. Der Arbeitnehmer genügt seiner Darlegungslast durch den Sachvortrag und durch die Behauptung, der Arbeitgeber beschäftige mehr als 10 Arbeitnehmer (gerechnet nach dem Zählfaktor), wenn es um die aktuelle Fassung des Anwendungsbereiches des Kündigungsschutzgesetzes geht. Dann hat sich der Arbeitgeber vollständig über die Anzahl der bei ihm beschäftigten Arbeitnehmer unter Benennung der ihm zur Verfügung stehenden Beweismittel zu erklären.

Sofern der Arbeitnehmer keine eigenen Kenntnisse über die vom Arbeitgeber behaupteten Tatsachen haben sollte, kann er sich auf die sich aus dem Vorbringen des Arbeitgebers ergebenden Beweismittel stützen und die ihm bekannten Anhaltspunkte dafür vortragen, dass entgegen den Angaben des Arbeitgebers der Schwellenwert doch erreicht ist. In derartigen Situationen wird die Anwendbarkeit des Kündigungsschutzgesetzes durch eine vom Arbeitsgericht regelmäßig vorzunehmende Beweisaufnahme geklärt.

91. Gibt es einen Kündigungsschutz außerhalb des Kündigungsschutzgesetzes?

Fall:
In einer Zimmerei sind vier gewerbliche Arbeitnehmer beschäftigt: ein Meister und drei Facharbeiter. Als im Jahr 2017 die Arbeiten deutlich zurückgehen, muss einer der Facharbeiter entlassen werden. Der Arbeitgeber entschließt sich zur Kündigung des Arbeitnehmers Marder, der seit 18 Jahren im Betrieb ist, 48 Jahre alt und seiner Ehefrau gegenüber unterhaltspflichtig.
Er fragt an, ob in dieser Situation nicht eher seinem Kollegen Müller hätte gekündigt werden müssen; dieser ist 29 Jahre alt und seit zwei Jahren im Betrieb. Außerdem hat er keine unterhaltsberechtigten Personen.

Darum geht es:
Gibt es einen Mindestkündigungsschutz außerhalb des persönlichen und fachlichen Anwendungsbereichs des KSchG?

Antwort

Bei dieser Problematik geht es um den Mindestkündigungsschutz außerhalb des Kündigungsschutzgesetzes. Dieses ist eindeutig im Beispielsfall nicht anwendbar, da der Betrieb nur vier Beschäftigte hat. Es geht hier um die Frage, auf welche Grundnormen des Kündigungsschutzes sich Arbeitnehmer berufen können, die entweder noch keine sechs Monate in einem Betrieb beschäftigt sind, der unter das Kündigungsschutzgesetz fällt, oder die (wie im Beispielsfall) in einem Kleinstbetrieb arbeiten.
Diese Frage ist gesetzlich nicht geregelt. Anknüpfungspunkt ist hierbei eine Entscheidung des Bundesverfassungsgerichts zur Kleinstbetriebsklausel. Das Bundesverfassungsgericht hat ausgeführt, der Arbeitnehmer in Kleinstbetrieben muss grundsätzlich das größere rechtliche Risiko eines Arbeitsplatzverlustes in Anbetracht der grundrechtlich geschützten Positionen des Arbeitgebers hinnehmen. Allerdings ist auch zu beachten,

dass diese Personen durch die Herausnahme aus dem gesetzlichen Kündigungsschutz nicht vollständig schutzlos gestellt werden dürfen.
Im Beispielsfall geht es eindeutig um die Begründung der Kündigung mit betrieblichen Gründen (ein Arbeitsplatz ist weggefallen). Man könnte den Standpunkt vertreten, dass hier überhaupt kein Kündigungsgrund zu prüfen ist, weil ja der Betrieb nicht unter das Kündigungsschutzgesetz fällt. Dieser Ansicht hat sich die Rechtsprechung nicht angeschlossen. Wenn bei einer aus betriebsbedingten Gründen in Kleinstbetrieben veranlassten Kündigung unter mehreren Arbeitnehmern eine Auswahl zu treffen ist, weil mehrere Arbeitnehmer die gleiche Tätigkeit verrichten, dann hat der Arbeitgeber auch außerhalb des Kündigungsschutzgesetzes ein durch Art. 12 GG gebotenes **Mindestmaß** an **sozialer Rücksichtnahme** zu wahren (BAG 21. 2. 2001 – 2 AZR 15/00).
In erster Linie kommt es hierbei auf ganz offensichtliche Unterschiede in den sozialen Gesichtspunkten der vergleichbaren Arbeitnehmer an. Ist bei dieser Abwägung der Sozialdaten eindeutig ersichtlich, dass ein bestimmter Arbeitnehmer erheblich sozial schutzwürdiger ist als ein vergleichbarer Arbeitnehmer, der weiterbeschäftigt wurde, spricht dies zunächst dafür, dass der Arbeitgeber das gebotene Mindestmaß an sozialer Rücksichtnahme außer Acht gelassen hat. Das bedeutet im Beispielsfall, dass der Arbeitnehmer Marder wesentlich sozial schutzwürdiger ist als der Arbeitskollege, dem nicht gekündigt wurde.
Zusätzlich ist maßgeblich, ob der Arbeitgeber irgendwelche nachvollziehbaren Gründe hatte, warum er dem älteren und schon wesentlich längere Zeit im Betrieb beschäftigten Marder kündigte. Kann der Arbeitgeber persönliche, betriebliche oder sonstige berechtigte Gründe vorbringen, welche begründen können, warum er gerade diese Auswahl getroffen hat, ist die Abwägung aller Umstände des Einzelfalls vorzunehmen. Hierbei wird geprüft, ob auch unter Einhaltung der vom Arbeitgeber geltend gemachten Gründe die Kündigung die sozialen Belange des betroffenen Arbeitnehmers in treuwidriger Weise unberücksichtigt lässt. Der Freiheit der unternehmerischen Entscheidung kommt bei diesen Kündigungsfällen ein erhebliches Gewicht zu.

Zusammenfassung:
Der erste Anschein spricht dafür, dass die Kündigung von Marder dem Mindestmaß an sozialer Rücksichtnahme nicht entspricht, weil ganz evidente Unterschiede in den Sozialdaten vorliegen. Kann aber der Arbeitgeber mit nachvollziehbaren Gründen darlegen, weswegen er sich von Marder trennen will, ist die Kündigung be-

> rechtigt. Hat er hierfür keine nachvollziehbaren Gründe, ist sie unwirksam.

Wichtige Begriffe

Abmahnung auch außerhalb des Kündigungsschutzgesetzes erforderlich?

Wenn es um eine verhaltensbedingte Kündigung außerhalb des Anwendungsbereichs des KSchG geht, ist davon auszugehen, dass der durch die Generalklausel des § 242 BGB vermittelte Schutz nicht dazu führen kann, dass an Kleinstunternehmer praktisch die im Kündigungsschutzgesetz vorgegebenen Maßstäbe der Sozialwidrigkeit angelegt werden (BAG 12.11.1998 – 2 AZR 459/97).

Dies hat zur Folge, dass die Wirksamkeit einer verhaltensbedingten Kündigung außerhalb des KSchG regelmäßig nicht voraussetzt, dass der betroffene Arbeitnehmer zuvor eine einschlägige, förmliche und vergebliche Abmahnung erhalten hat (BAG 21.2.2001 – 2 AZR 579/99). Die Notwendigkeit einer vorherigen, vergeblichen Abmahnung ist im Anwendungsbereich des Kündigungsschutzgesetzes ein Gebot des Verhältnismäßigkeitsgrundsatzes, und dieser kann daher nur in Bereichen der Anwendbarkeit des KSchG gelten. Der Arbeitnehmer kann daher außerhalb des Kündigungsschutzgesetzes eine verhaltensbedingte Kündigung nicht mit Erfolg mit der Begründung angreifen, es hätte vorher eine Abmahnung ausgesprochen werden müssen.

Störung des Vertrauensverhältnisses

Außerhalb des Geltungsbereichs des KSchG sind auch an den Kündigungsgrund der Störung des Vertrauensverhältnisses nicht die gleichen Anforderungen zu stellen wie im Anwendungsbereich. Wenn aus der Sicht des Arbeitgebers zumindest konkrete Umstände vorhanden sind, dass ein Vertrauensverlust gegenüber dem Arbeitgeber eingetreten ist, kann das Arbeitsverhältnis ordentlich gekündigt werden, sofern die Umstände, auf denen der Vertrauensverlust beruht, in objektiver Hinsicht nicht hinreichend konkretisierbar sind (BAG 25.4.2001 – 5 AZR 360/99).

92. Zählen beim persönlichen Anwendungsbereich des Kündigungsschutzgesetzes Zeiten, die als Verleiharbeitnehmer im Betrieb verbracht wurden?

Fall:
Ein zum 1.2.2018 neu eingestellter Arbeitnehmer kommt am 30.4.2016 zum Betriebsrat und hat folgende Frage:
In der Zeit vom 1.1.2017 bis zum 31.1.2018 war ich über die Personalleasingfirma »Ideal Beraten GmbH« Produktionsmitarbeiter. Ich habe durchgehend – vom Jahresurlaub einmal abgesehen – gearbeitet. Aufgrund meiner guten Arbeitsleistung wurde ich zum 1.2.2018 übernommen und habe zum 31.1.2018 bei der Personalleasingfirma durch Aufhebungsvertrag aufgehört. Ich habe mich sehr darüber gefreut, dass ich jetzt zur Stammbelegschaft unseres Betriebs gehöre. Leider haben wir Mitte April 2018 erfahren, dass die Abteilung, in der ich arbeite, nicht mehr so gut ausgelastet ist, weil einer der Auftraggeber in Wegfall geraten ist.
Sollte mir betriebsbedingt gekündigt werden, so würde mich interessieren, ob das KSchG bei meinem Arbeitsverhältnis zur Anwendung kommt.

Darum geht es:
Können die Zeiten einer Verleiharbeitstätigkeit im Betrieb bei der Wartezeit des Kündigungsschutzgesetzes angerechnet werden?

Antwort

Das KSchG wird bei einer zu erwartenden Kündigung nicht auf das Arbeitsverhältnis anwendbar sein, da es noch keine sechs Monate Bestand gehabt hat und die Zeiten, die der Beschäftigte bei der Personalleasingfirma im Betrieb gearbeitet hat, nicht angerechnet werden können. Arbeitszeiten, während derer ein Leiharbeitnehmer in den Betrieb des Entleihers eingegliedert war, sind in einem späteren Arbeitsverhältnis zwischen ihm und dem Entleiher regelmäßig nicht auf die Wartezeit des § 1 Abs. 1 KSchG anzurechnen (BAG 22.2.2014 – 2 AZR 859/11). Von einem »ununterbrochenen« Arbeitsverhältnis im Sinne von § 1 Abs. 1 KSchG ist nur dann auszugehen, wenn sich ein neues Arbeitsverhältnis an ein vorangegangenes zwischen denselben Arbeitsvertragsparteien nahtlos anschließt. Selbst wenn dies mit einer Unterbrechung verbunden sein sollte, ist diese dann unschädlich, wenn die Dauer der tatsächlichen Unterbrechung verhältnismäßig kurz ist und zwischen den aufeinanderfolgenden Arbeitsverhältnissen ein enger sachlicher Zusammenhang besteht. Ob diese Voraussetzung erfüllt ist, hängt insbesondere vom Anlass der Unterbrechung und der Art der Weiterbeschäftigung ab.

Wenn der Inhaber des Betriebs, in dem der Arbeitnehmer beschäftigt ist, wechseln sollte (hier: vom Verleihbetrieb zum neuen Arbeitgeber), hat dies keinen Einfluss auf den Lauf der Wartefrist von sechs Monaten.

> *Zusammenfassung:*
> Der Gesetzeswortlaut des § 1 Abs. 1 KSchG knüpft für die Geltung des allgemeinen Kündigungsschutzes an den – ununterbrochenen – rechtlichen Bestand eines Arbeitsverhältnisses mit dem Arbeitgeber als Betriebsinhaber und nicht an eine tatsächliche Beschäftigung im Betrieb oder Unternehmen an. Der Erprobungszweck, der bei der Wartezeitregelung in § 1 Abs. 1 KSchG im Vordergrund steht, kann nur erreicht werden, wenn der Arbeitgeber im Rahmen eines mit ihm begründeten Arbeitsverhältnisses nicht nur die Arbeitsleistung des Arbeitnehmers, sondern auch dessen sonstiges Verhalten zur ordnungsgemäßen Vertragserfüllung aus eigener Kenntnis zu beurteilen imstande ist. Für Leiharbeitsverhältnisse, die von der Regelung des § 3 Abs. 1 Nr. 3 Satz 4 AÜG (»Drehtürklausel«) erfasst werden, gilt nichts anderes.

Unter welchen Voraussetzungen können bisherige Beschäftigungszeiten angerechnet werden?

Der Kündigungsschutz des KSchG ist nicht konzernbezogen, sondern betriebs-, allenfalls unternehmensbezogen ausgestaltet (BAG 22.2.2014 – 2 AZR 859/11). Wenn ein Arbeitnehmer nach Auflösung seines bisherigen Arbeitsverhältnisses im Unternehmensverbund weiterbeschäftigt werden sollte, bedarf es deshalb für die Annahme einer Vereinbarung über die Anrechnung vorangegangener Beschäftigungszeiten besonderer Anhaltspunkte. Sachgerecht ist in diesem Zusammenhang, wenn der Beschäftigte dies bei Übernahmevereinbarungen anspricht und auf eine entsprechende Klausel im neuen Arbeitsvertrag hinwirkt.

Wenn eine Übernahme ausschließlich auf die Initiative des Arbeitgebers zurückgehen sollte und wenn der Arbeitnehmer beim neuen Unternehmen zu annähernd gleichen Arbeitsbedingungen ohne Vereinbarung einer Probezeit weiterbeschäftigt wird, kann dies ein erhebliches Indiz für eine derartige Vereinbarung sein. Drängen »alter« und »neuer« Arbeitgeber den Arbeitnehmer gemeinsam zum **Unternehmenswechsel** und verfolgen sie dabei vorrangig das Ziel, den Verlust des Kündigungsschutzes herbeizuführen, kann der Arbeitnehmer überdies nach dem Rechtsgedanken des § 162 BGB so zu stellen sein, als hätte er die Wartefrist beim neuen Arbeitgeber bereits erfüllt.

c) Die betriebsbedingte Kündigung

93. Was sind die grundsätzlichen Voraussetzungen einer betriebsbedingten Kündigung?

> **Fall:**
> Ein Arbeitnehmer kommt mit einem Kündigungsschreiben des Arbeitgebers in die Sprechstunde des Betriebsrats und erklärt, dass er das Schreiben nicht recht versteht: Hier ist davon die Rede, dass sein Arbeitsplatz in Wegfall geraten sei, dass der Arbeitgeber diesen Abbau ohne gerichtliche Kontrolle vornehmen könne und dass er derjenige unter den vergleichbaren Arbeitnehmer/innen sei, der den geringsten sozialen Schutz hat.
> Er bittet den Betriebsrat darum, dass ihm die wesentlichen Punkte der betriebsbedingten Kündigung erklärt werden, weil er sich dann überlegen möchte, ob er gegen die Kündigung mit einer Klage vorgeht. Leider hat er keinen Rechtsschutz im Arbeitsrecht, so dass er natürlich nur dann klagen möchte, wenn die Sache einigermaßen erfolgreich sein sollte.
>
> **Darum geht es:**
> Wann liegen eine betriebsbedingte Kündigung und ein Wegfall des Arbeitsplatzes vor? Was versteht man unter der Freiheit der unternehmerischen Entscheidung?

Fragen zur Beendigung des Arbeitsverhältnisses

Antwort

Die wichtigsten Punkte der betriebsbedingten Kündigung sind im Anwendungsbereich des Kündigungsschutzgesetzes:
- Die Kündigungsmaßnahme ist aus betrieblichen Gründen veranlasst.
- Interne oder externe Faktoren führen zum Verlust des Arbeitsplatzes.
- Die Freiheit der unternehmerischen Entscheidung erlaubt es dem Arbeitgeber, ohne gerichtliche Kontrolle darüber zu entscheiden, ob er Produktionen oder Dienstleistungen weiter aufrechterhalten will oder ob er sich dazu entschließt, diese aufzugeben oder zu verlagern. Die Maßnahme ist ggf. nur auf willkürliches Verhalten hin zu überprüfen.
- Durch die Maßnahme muss konkret innerhalb der Tätigkeiten, in denen der Arbeitnehmer arbeitet, der Arbeitsplatz in Wegfall geraten.
- Die Kündigung muss die Grundsätze der Sozialauswahl beachten, was bedeutet, dass dann, wenn mehrere vergleichbare Arbeitnehmer vorhanden sind, demjenigen zu kündigen ist, welcher den geringsten sozialen Schutz aufweist.
- Aus der Gruppe der vergleichbaren Arbeitnehmer können diejenigen herausgenommen werden, welche besondere Kenntnisse, Fähigkeiten oder Leistungen aufweisen oder deren Verbleib im Betrieb zur Aufrechterhaltung der Altersstruktur erforderlich ist.
- Innerhalb der in etwa gleich sozial schutzbedürftigen Personengruppe hat der Arbeitgeber einen gewissen Beurteilungsspielraum, wem er kündigen möchte.

Unter welchen Voraussetzungen ist eine betriebsbedingte Kündigung möglich?

Die betriebsbedingte Kündigung ist nicht erst möglich, wenn der Arbeitsplatz tatsächlich nicht mehr zur Verfügung steht. Sie kann schon dann erklärt werden, wenn im Zeitpunkt ihres Zugangs die auf Tatsachen gestützte Vorausschau gerechtfertigt ist, dass jedenfalls zum Ablauf der Kündigungsfrist der die Entlassung erforderlich machende betriebliche Grund vorliegen wird (BAG 15.12.2011 – 2 AZR 42/10). Eine zum Kündigungszeitpunkt nicht absehbare, aber dann später auftretende Veränderung der betrieblichen Verhältnisse kann allerdings einen Wiedereinstellungsanspruch begründen.

Ein betriebsbedingter Kündigungsgrund ist nicht vorhanden, wenn außer- oder innerbetrieblichen Umstände nicht zu einer dauerhaften Reduzierung des Arbeitskräftebedarfs im Betrieb führen. Der Arbeitgeber muss die Tatsachen darlegen, aus denen folgt, dass künftig auf Dauer mit einem reduzierten Arbeitsvolumen und Beschäftigungsbedarf zu rechnen ist. Das Vorliegen von möglicherweise nur kurzfristigen Produktions- oder Auftragsschwankungen muss ausgeschlossen sein (BAG 23.2.2012 – 2 AZR 548/10), denn diese Umstände sind kein betriebsbedingter Grund zur Kündigung. Der Arbeitgeber muss daher den **dauerhaften Rückgang** des **Arbeitsvolumens** nachvollziehbar darstellen, was so zu geschehen hat, dass er die maßgeblichen Daten vorlegt und den dauerhaften Rückgang der Arbeit nachweist.

> **Zusammenfassung:**
> Eine Kündigung ist somit immer nur dann durch dringende betriebliche Erfordernisse bedingt, wenn es dem Arbeitgeber nicht möglich ist, dem bei Ausspruch der Kündigung absehbaren Wegfall des Beschäftigungsbedarfs durch andere Maßnahmen – sei es technischer, organisatorischer oder wirtschaftlicher Art – als durch eine Beendigungskündigung zu entsprechen (BAG 29.8.2013 – 2 AZR 809/12). Die Dringlichkeit der betrieblichen Erfordernisse ist Ausdruck des Grundsatzes der Verhältnismäßigkeit, aus dem sich ergibt, dass der Arbeitgeber vor jeder ordentlichen Beendigungskündigung von sich aus dem Arbeitnehmer eine diesem mögliche anderweitige Beschäftigung auf einem freien Arbeitsplatz, ggf. auch zu geänderten Bedingungen, anbieten muss.

Kurzarbeit

Wird im Betrieb Kurzarbeit geleistet, spricht dieser Umstand regelmäßig dafür, dass Arbeitgeber und Betriebsrat – wenn vorhanden – nur von einem vorübergehenden Arbeitsmangel und nicht von einem dauerhaft gesunkenen Beschäftigungsbedarf ausgehen. Wenn die Beschäftigungsmöglichkeit für einzelne von der Kurzarbeit betroffene Arbeitnehmer aufgrund später eingetretener weiterer Umstände oder veränderter wirtschaftlicher und/oder organisatorischer Rahmenbedingungen auf Dauer entfallen sollte, kann allerdings trotz der Kurzarbeit ein dringendes betriebliches Erfordernis für die Kündigung bestehen.

Abbau einer Hierarchieebene

In der Praxis begründen Arbeitgeber betriebsbedingte Kündigungen mitunter damit, dass eine ganze Hierarchieebene – meist aus Kostengründen – abgebaut werden muss. Damit kann allerdings nicht ohne weiteres eine betriebsbedingte Kündigung begründet werden. Wenn die unternehmerische Entscheidung nur auf den Abbau einer Hierarchieebene hinauslaufen sollte (oft verbunden mit einer Umverteilung der dem betroffenen Arbeitnehmer bisher zugewiesenen Aufgaben), bedarf es einer näherer Darlegung der konkreten Umstände, damit geprüft werden kann, ob der **Beschäftigungsbedarf** für den betroffenen Arbeitnehmer tatsächlich entfallen und die Entscheidung weder offensichtlich unsachlich noch willkürlich ist (BAG 16. 12. 2010 – 2 AZR 770/09).

Der Arbeitgeber muss daher in derartigen Situationen immer konkret erläutern, in welchem Umfang und aufgrund welcher Maßnahmen die bisher von dem betroffenen Arbeitnehmer ausgeübten Tätigkeiten für diesen künftig entfallen. Er hat die Auswirkungen seiner unternehmerischen Vorgaben auf die künftige Arbeitsmenge anhand einer nachvollziehbaren Prognose konkret darzustellen und anzugeben, wie die anfallenden Arbeiten vom verbliebenen Personal ohne überobligationsmäßige Leistungen erledigt werden können.

94. Welche Voraussetzungen gelten beim Wegfall des Arbeitsplatzes? Wie stellt sich die Situation bei der Arbeitnehmerüberlassung dar?

Fall:
a) Ein Arbeitnehmer möchte vom Betriebsrat wissen, ob tatsächlich im Rahmen einer ihm zugegangenen betriebsbedingten Kündigung sein Arbeitsplatz weggefallen ist. Derzeit läuft die Kündigungsfrist und alle Arbeitnehmer in seiner Abteilung sind hinreichend mit Arbeit versorgt. Daher versteht er nicht, weswegen der Arbeitgeber in der Abteilung drei von 20 Arbeitsplätzen abbauen will.

b) Wie würde sich die Situation beurteilen, wenn es um einen Arbeitnehmerüberlassungsbetrieb gehen sollte, bei dem momentan drei der 15 Heizungsbauer bei Kunden nicht einsetzbar sind, weil für sie keine Aufträge vorhanden sind?

Darum geht es:
Was bedeutet der Begriff des Wegfalls des Arbeitsplatzes hier konkret?

Antwort

Fall a)

Eine betriebsbedingte Kündigung ist nach § 1 Abs. 2 Satz 1 KSchG sozial gerechtfertigt und demzufolge rechtswirksam, wenn sie durch dringende betriebliche Erfordernisse, die einer Weiterbeschäftigung des Arbeitnehmers in diesem Betrieb entgegenstehen, bedingt ist. Die »dringenden betrieblichen Erfordernisse« sind im Gesetzeswortlaut allerdings nicht näher beschrieben, sondern dieser Begriff lässt die Berücksichtigung aller möglichen Umstände zu. Sowohl interne als auch externe Faktoren können zum Wegfall des Arbeitsplatzes und zur Entscheidung des Arbeitgebers führen, bestimmte Arbeitsplätze abzubauen.

Die dringenden betrieblichen Erfordernisse betreffen Umstände, welche ihre Ursache in der **betrieblichen Sphäre** haben (Beispiele: Umsatzrückgang, Rationalisierung, Verlagerung von Produktionen ins Ausland und vergleichbare Gründe). Diese inner- und außerbetrieblichen Gründe, die der Arbeitgeber zur Begründung der Kündigung verwendet, sind lediglich dann ein dringendes betriebliches Erfordernis im Sinne des Kündigungsschutzgesetzes, wenn sie sich konkret und in nachvollziehbarer Weise auf die Einsatzmöglichkeiten des Arbeitnehmers auswirken.

Die Auswirkung im Sinne des Wegfalls des Arbeitsplatzes ist nicht lediglich dann gegeben, wenn die veränderten betrieblichen Verhältnisse zum Wegfall eines ganz bestimmten Arbeitsplatzes führen, sondern auch, wenn das Bedürfnis für die Weiterbeschäftigung des Arbeitnehmers, dem gekündigt wurde, tatsächlich entfallen ist. Ein betriebsbedingter Kündigungsgrund ist anzunehmen, wenn bei Zugang der Kündigung wegen einer betriebswirtschaftlichen Prognose anzunehmen ist, dass zum Zeitpunkt des Kündigungstermins eine Beschäftigungsmöglichkeit – aus welchen Gründen auch immer – nicht mehr besteht (BAG 12. 4. 2002 – 2 AZR 256/01).

Zusammenfassung:
Im konkreten Fall bedeutet dies: Auch wenn derzeit alle Arbeitnehmer in der Abteilung arbeiten, kann hieraus noch nicht darauf geschlossen werden, dass dies auch nach Ablauf der Kündigungsfrist so ist. Entscheidend kommt es darauf an, ob zum Zeitpunkt des Ablaufs der Kündigungsfrist der Arbeitsplatz des Arbeitnehmers, dem gekündigt wurde, tatsächlich in Wegfall geraten ist.

Fragen zur Beendigung des Arbeitsverhältnisses

Praxishinweis: Zunächst müssen die Leiharbeitsplätze abgebaut werden
Sofern ein Arbeitgeber dauerhaft Leiharbeiternehmer beschäftigen sollte, hat er zur Vermeidung einer betriebsbedingten Kündigung eines Stammarbeitnehmers zunächst den Einsatz des Leiharbeitnehmers zu beenden, soweit dieser auf einem für die Stammarbeitskraft geeigneten Arbeitsplatz beschäftigt wird. Wird der Leiharbeitnehmer zur Vertretung eines kranken Arbeitnehmers beschäftigt, erfolgt der Einsatz gleichwohl auf Dauerarbeitsplätzen, wenn der Vertretungsbedarf ständig und ununterbrochen anfällt und der Arbeitgeber hierfür im Tätigkeitsbereich der zu kündigenden Stammarbeitskraft dauerhaft Personal beschäftigt (LAG Berlin 3.3.2009 – 12 Sa 2468/08). Ein solcher geeigneter Arbeitsplatz steht dem Ausspruch einer betriebsbedingten Kündigung einer Stammarbeitskraft entgegen.

Fall b)
Schwieriger gestaltet sich diese Situation im Bereich der **Arbeitnehmerüberlassung**. Der Arbeitgeber vertritt meist dann, wenn er Beschäftigte nicht mehr einsetzen kann, den Standpunkt, dass deren Arbeitsplatz weggefallen ist. Allerdings kann es sein, dass in Zukunft wieder Aufträge für diese Arbeitnehmer vorhanden sein werden.

Im Rahmen einer Arbeitnehmerüberlassung kann ein zu einer betriebsbedingten Kündigung führender Überhang an Leiharbeitnehmern immer dann entstehen, wenn der Einsatz des Leiharbeiternehmers beim Entleiher endet, ohne dass er wieder bei anderen Entleihern oder im Betrieb des Verleihers sofort oder auf absehbare Zeit eingesetzt werden kann. Bei der Darlegung des dringenden betrieblichen Erfordernisses zur Kündigung im Sinne von § 1 Abs. 2 KSchG reicht allerdings der bloße Hinweis auf einen auslaufenden Auftrag und einen fehlenden Anschlussauftrag seitens des Arbeitgebers regelmäßig nicht aus (BAG 18.5.2006 – 2 AZR 412/05).

Zusammenfassung:
Anhand der konkreten Auftrags- und Personalplanung muss der Verleiharbeitgeber darstellen, warum es sich um einen dauerhaften Auftragsrückgang und nicht nur um eine kurzfristige Auftragsschwankung handelt. Das Vorliegen von möglicherweise nur kurzfristigen Auftragsschwankungen muss auszuschließen sein. Kurzfristige Auftragslücken gehören nämlich zum typischen Wirtschaftsrisiko eines Arbeitnehmerüberlassungsunternehmens und sind grundsätzlich nicht geeignet, eine betriebsbedingte Kündigung sozial zu rechtfertigen.

Wegfall des Arbeitsplatzes

Umschulungsmaßnahmen erfolgreich möglich?
Der Arbeitgeber kann auch dazu veranlasst sein, dem Arbeitnehmer zumutbare Umschulungs- oder Fortbildungsmaßnahmen anzubieten. Das setzt voraus, dass im Kündigungszeitpunkt feststeht oder mit hinreichender Sicherheit absehbar ist, dass nach Abschluss der Maßnahme ein geeigneter freier Arbeitsplatz im Unternehmen vorhanden sein wird (BAG 8. 5. 2014 – 2 AZR 2001/12). Der Arbeitgeber ist nicht dazu verpflichtet, den Arbeitnehmer nur zum Zwecke der Qualifikation weiter zu beschäftigen, ohne dass ein geeigneter Arbeitsplatz im Betrieb oder Unternehmen (absehbar) alsbald frei werden würde.

Wann muss die Maßnahme umgesetzt werden?
Hängt der Wegfall des Beschäftigungsbedarfs von unternehmerisch-organisatorischen Maßnahmen ab, die bei Zugang der Kündigung noch nicht (vollständig) umgesetzt worden sind, dann müssen zumindest Absicht und Wille des Arbeitgebers, diese Maßnahmen vorzunehmen, zu diesem Zeitpunkt vorhanden sein. Dringende betriebliche Erfordernisse liegen stets vor, wenn die Umsetzung einer unternehmerischen (Organisations-)Entscheidung auf der betrieblichen Ebene spätestens mit Ablauf der Kündigungsfrist zum dauerhaften Wegfall des Bedarfs an einer Beschäftigung des betroffenen Arbeitnehmers führt. Diese Prognose muss im Zeitpunkt des Zugangs der Kündigung objektiv berechtigt sein (BAG 31. 7. 2014 – 2 AZR 422/13). Der bloße Kündigungswille des Arbeitgebers ist kein Grund, der eine Kündigung rechtfertigen könnte. Im Zeitpunkt des Zugangs der Kündigung muss die **unternehmerische Entscheidung** tatsächlich bereits getroffen worden sein. Der Arbeitgeber muss in diesem Zeitpunkt endgültig und vorbehaltlos zur Vornahme einer Maßnahme entschlossen sein, die – wenn sie tatsächlich durchgeführt wird – bis zum Ablauf der Kündigungsfrist den Arbeitsplatzverlust zur Folge hat (BAG 20. 11. 2014 – 2 AZR 512/13).

Regelmäßig keine Berücksichtigung: freier Arbeitsplatz in einem ausländischen Betrieb oder Betriebsteil
Die aus § 1 Abs. 2 Satz 2 und 3 KSchG sich ergebende Verpflichtung des Arbeitgebers, den Arbeitnehmer zur Vermeidung einer Beendigungskündigung an einem anderen freien Arbeitsplatz zu beschäftigen, erstreckt sich grundsätzlich nicht auf Arbeitsplätze in einem im Ausland gelegenen Betrieb oder Betriebsteil des Unternehmens. Eine Ausnahme kann es nur dann geben, wenn sich in der Vergangenheit bei diesen kündigungsmäßigen Situationen der Arbeitgeber darauf eingelassen hat, auch die in ausländischen Betrieben vorhandenen Arbeitsplätze mitzuberücksichtigen

bei der Frage, wo ggf. ein Arbeitnehmer, dessen Arbeitsplatz wegfällt, weiterbeschäftigt werden kann (BAG 24.9.2015 – 2 AZR 3/14).

Die über die Vorgaben des KSchG hinausgehende »Selbstbindung« des Arbeitgebers zur Weiterbeschäftigung des Arbeitnehmers in einem im Ausland gelegenen Betrieb des Unternehmens kann daher gemäß der Bestimmung des § 241 BGB (= Pflichten aus dem Schuldverhältnis) oder auch aus § 242 BGB (= Treu und Glauben) hergeleitet werden. Die Verpflichtung des Arbeitgebers, den Arbeitnehmer zur Vermeidung einer Beendigungskündigung an einem anderen freien Arbeitsplatz zu beschäftigen, erstreckt sich – wenn nicht eine Ausnahmesituation anzunehmen sein sollte – grundsätzlich nicht auf Arbeitsplätze in ausländischen Betrieben des Arbeitgebers.

95. Was versteht man unter der Freiheit der unternehmerischen Entscheidung?

Fall:
Ein fleischverarbeitendes Unternehmen unterhält seit seiner Gründung vor 30 Jahren einen eigenen Ausfahrdienst nebst Kühlspedition. In diesem Betriebsbereich sind sechs Fernfahrer mit Kühllastwagen beschäftigt, welche die Auslieferung in ganz Deutschland vornehmen und vier Beschäftigte mit kleineren Lkw im Nahverkehr. Aufgrund der Preissituation beabsichtigt der Arbeitgeber, den Fernverkehr stillzulegen, die Auslieferungen durch Werkverträge zu vergeben und nur noch den Nahverkehr aufrechtzuerhalten. Vier der sechs Fahrer im Fernverkehr scheiden mit Aufhebungsvertrag und Abfindung aus dem Arbeitsverhältnis aus, einer wechselt in den Nahverkehr, einem muss gekündigt werden.

Der Fahrer, dem gekündigt wurde, wendet sich an den Betriebsrat mit der Frage, ob man gegen die Kündigung »etwas machen könne«. Zwar könne die Betriebsbedingtheit nicht bestritten werden und auch die Sozialauswahl sei in Ordnung, da er den geringsten sozialen Schutz hat.

Allerdings sei aber nicht einzusehen, warum der Arbeitgeber den gut funktionierenden Kühlfernverkehr abbaue und diesen mehr oder weniger zuverlässigen Drittpersonen übergebe. Reine Kostenargumente könnten doch hierfür nicht ausreichen – oder?

Freiheit der unternehmerischen Entscheidung

Darum geht es:
Inwieweit kann die Entscheidung des Arbeitgebers, Arbeitsplätze betriebsbedingt abzubauen, in Bezug auf die Freiheit der unternehmerischen Entscheidung beim Arbeitsgericht kontrolliert werden? Gibt es nur eine Missbrauchskontrolle oder kann das Gericht die Aspekte der Zweckmäßigkeit berücksichtigen?

Antwort

Das Bundesarbeitsgericht geht in ständiger Rechtsprechung vom Grundsatz der **freien Unternehmerentscheidung** bei der Überprüfung von betriebsbedingten Kündigungen aus. Dieser Grundsatz bedeutet, dass die Arbeitsgerichte nicht dazu berechtigt sind, die unternehmerische Entscheidung (z.B. Rationalisierungsmaßnahmen auszuführen und hierbei Entlassungen vornehmen zu müssen) auf ihre Zweckmäßigkeit und Notwendigkeit hin zu überprüfen.

Organisatorische, technische und wirtschaftliche Unternehmerentscheidungen, die sich konkret nachteilig auf die Einsatzmöglichkeit des gekündigten Arbeitnehmers auswirken (im Beispielsfall: die Entscheidung, den Fernverkehr mit Kühllastwagen einzustellen, und zwar aus Kostengründen), unterliegen nur einer sog. gerichtlichen Missbrauchskontrolle dahin gehend, ob die Maßnahme offensichtlich unsachlich oder willkürlich ist (BAG 30.4.1987 – 2 AZR 184/86).

Zusammenfassung:
Im Beispielsfall wird nicht begründet werden können, dass diese Maßnahme aus missbräuchlichen Gründen erfolgt, weil es wirtschaftliche Gründe waren, welche den Arbeitgeber dazu veranlassten, den Fernverkehr mit den Kühlprodukten einzustellen. Daher kann mit dieser Argumentation gegen die Kündigung nicht mit Erfolg vorgegangen werden.

Wichtige Begriffe

Abgestufte Darlegungs- und Beweislast
Bei einer Kündigungsschutzklage hat der Arbeitgeber diese Unternehmerentscheidung bezüglich der organisatorischen Ausführbarkeit und

der Dauer der Maßnahme darzulegen. Er muss dies auch entsprechend vortragen, damit das Arbeitsgericht prüfen kann, ob die Maßnahme nicht offensichtlich unsachlich, unvernünftig oder willkürlich ist (BAG 17.6.1999 – 2 AZR 522/98; Erfurter Kommentar zum Arbeitsrecht/Oetker, 430 KSchG Rn. 226 ff.).

Keine Vermutung der Richtigkeit der Arbeitgeberentscheidung
Das bedeutet aber nicht, dass sich der Arbeitgeber hier auf eine Art Vermutungswirkung berufen könnte. Wenn die unternehmerische Entscheidung nicht näher dargelegt und vorgetragen wird, kann eine entsprechende Vermutung nicht vorgenommen werden. Im Ergebnis muss daher der Arbeitgeber beim Kündigungsgrund der Personalreduzierung (wie im Beispielsfall im Bereich des Fernverkehrs) einen substantiierten Sachvortrag tätigen, um seine unternehmerische Entscheidung zu verdeutlichen.

Umsatzrückgang und »Leistungsverdichtung«
In manchen Rechtsstreiten verwechseln Arbeitgeber die Begriffe der Freiheit der unternehmerischen Entscheidung und die bloße »Leistungsverdichtung«. Mit diesem Begriff kann eine betriebsbedingte Kündigung nicht mit Erfolg begründet werden. Sofern Umfang und betriebliche Auswirkungen des Umsatzrückgangs im Prozess streitig sein sollten, muss das Arbeitsgericht prüfen, ob ein dauerhafter Umsatzrückgang vorliegt und in welchem Ausmaß er sich auf die Arbeitsmenge bestimmter Arbeitnehmer auswirkt (BAG 15.6.1989 – 2 AZR 600/88).
Das Vorhaben des Arbeitgebers, einige Stellen zu streichen, um eine **»Leistungsverdichtung«** herbeizuführen, stellt in eindeutiger Weise keine unternehmerische Entscheidung dar, die vom Arbeitsgericht nur auf die Willkürlichkeit oder Unsachlichkeit hin überprüft werden könnte. Sofern der Arbeitgeber damit eine betriebsbedingte Kündigung begründet, muss dargelegt werden, inwieweit diese unternehmerische Entscheidung durch Änderungen im Arbeitsablauf dazu führt, dass ein Bedürfnis für eine Weiterbeschäftigung des Arbeitnehmers entfällt (LAG Thüringen 20.4.1998 – 8 Sa 739/96).

**Vorrang einer Änderungskündigung –
Weiterbeschäftigungsmöglichkeit auf einem anderen Arbeitsplatz**
Eine ordentliche Beendigungskündigung ist nach dem Grundsatz der Verhältnismäßigkeit ausgeschlossen, wenn die Möglichkeit besteht, den Arbeitnehmer auf einem anderen freien Arbeitsplatz ggf. auch zu geänderten und schlechteren Arbeitsbedingungen weiter zu beschäftigen. Die Weiterbeschäftigungsmöglichkeit muss für den Arbeitnehmer allerdings

auch geeignet sein. Der Arbeitnehmer muss unter Berücksichtigung angemessener Einarbeitungszeiten den Anforderungen des neuen Arbeitsplatzes entsprechen (BAG 27.11.2008 – 8 AZR 174/07). Die Gestaltung des Anforderungsprofils für den freien Arbeitsplatz unterliegt dem Gestaltungsbereich des Arbeitgebers und ist daher lediglich auf eine offenbare Unsachlichkeit hin überprüfbar (BAG 5.6.2008 – 2 AZR 107/07). Wenn zum Zeitpunkt des Kündigungszugangs eine Beschäftigungsmöglichkeit nicht mehr vorhanden sein sollte, weil ein freier Arbeitsplatz vor dem Zugang der Kündigung besetzt worden sein sollte, ist es dem Arbeitgeber gleichwohl nach dem Rechtsgedanken des § 162 BGB verwehrt, sich auf den Wegfall von Beschäftigungsmöglichkeiten im Kündigungszeitpunkt zu berufen, wenn dieser Wegfall treuwidrig herbeigeführt wurde. Treuwidrigkeit wird in diesem Zusammenhang anzunehmen sein, wenn der Arbeitgeber bewusst diese Entscheidung getroffen hat, um den freien Arbeitsplatz für den zu kündigenden Beschäftigten zu »blockieren«.

Freiheit der unternehmerischen Entscheidung, ob die Tätigkeiten mit Arbeitnehmern ausgeführt werden

Die Entscheidung eines Unternehmers, bestimmte Aufgaben in Zukunft nicht mehr durch Arbeitnehmer, sondern durch freie Mitarbeiter ausführen zu lassen, kann ebenfalls als ein dringendes betriebliches Erfordernis im Sinne des § 1 Abs. 2 Satz 1 KSchG eine ordentliche Kündigung rechtfertigen. Es ist von der **Unternehmerfreiheit** gedeckt und nicht missbräuchlich, wenn sich ein Arbeitgeber dazu entschließt, Aufgaben nicht mehr selbst unter Einsatz eigener Arbeitnehmer zu erledigen, sondern durch Dritte vornehmen zu lassen (BAG 13.3.2008 – 2 AZR 1037/06). Das Kündigungsschutzgesetz zwingt nicht dazu, den Bedarf an Leistungen ausschließlich durch Arbeitsverträge zu decken. Ein Unternehmer kann daher auf jeden rechtlich zulässigen Vertragstyp zurückgreifen, muss aber dann auch die jeweiligen – auch nachteiligen – rechtlichen Folgen in Kauf nehmen.

96. Wann besteht ein Wiedereinstellungsanspruch bei betriebsbedingter Kündigung?

Fall:
Zehn Beschäftigten in einem Reinigungsunternehmen, die seit etwa fünf Jahren tätig waren, musste gekündigt werden, weil der Reinigungsauftrag für das Objekt, in dem diese Beschäftigten tätig waren, ausgelaufen ist und der Neuauftrag an einen deutlich günstigeren Wettbewerber vergeben wurde. Dieser erwies sich jedoch als unzuverlässig; die Reinigungsarbeiten wurden nicht zur Zufriedenheit des Kunden ausgeführt. Der Auftraggeber kündigte daher nach zwei Monaten den Vertrag mit dem Wettbewerber fristlos und erteilte zum nächsten Ersten des Monats den Reinigungsauftrag wieder dem ursprünglichen Arbeitgeber, jedoch in reduziertem Umfang (nur noch für acht Beschäftigte).
Als die betroffenen zehn (vormaligen) Beschäftigten, die alle noch arbeitslos sind, davon erfahren, kommen sie zum Betriebsrat und fragen an, ob sie wieder die Beschäftigung verlangen können. Wenn dem so sei, möchten sie wissen, wer von den zehn wieder eingestellt werden muss.

Darum geht es:
Was sind die Voraussetzung eines Wiedereinstellungsanspruchs nach betriebsbedingter Kündigung?

Antwort

Wenn bei einer aus betriebsbedingten Gründen ausgesprochenen Kündigung (diese liegt hier eindeutig vor, da der Auftrag verlustig ging) die betrieblichen Erfordernisse, welche der Weiterbeschäftigung des Arbeitnehmers entgegenstanden, nachträglich wegfallen, kann der Arbeitnehmer, dem zunächst wirksam gekündigt wurde, einen Anspruch auf Wiedereinstellung haben (LAG Köln 10. 1. 1989 – 4/2 Sa 860/88). Ob tatsächlich ein Wiedereinstellungsanspruch besteht oder die Fortsetzung des Arbeitsverhältnisses geboten ist, hängt regelmäßig von der umfassenden Interessenabwägung ab.

> **Zusammenfassung:**
> Der wichtigste Fall des möglichen Wiedereinstellungsanspruchs ist in der Praxis, dass aus betriebsbedingten Gründen wirksam gekündigt wurde (wie hier der Fall) und infolge der Änderung der betrieblichen Situation (der zunächst ausgelaufene Arbeitsauftrag wird dem Arbeitgeber wieder erteilt, aber in kleinerem Umfang) ein Teil der Arbeitsplätze neu besetzt werden muss.

Hinsichtlich der Auswahl bei der Wiedereinstellung gilt folgender Grundsatz: Der Arbeitgeber kann nicht willkürlich bei der Wiedereinstellung auswählen, sondern die Fürsorgepflicht erfordert es, dass bei der Einstellung soziale Gesichtspunkte der betreffenden Arbeitnehmer berücksichtigt werden. Das LAG Hamburg hat in einem vergleichbaren Fall entschieden (26.4.1990 – 2 Sa 90/89), dass der Wiedereinstellungsanspruch des Arbeitnehmers, dem aus betriebsbedingten Gründen gekündigt wurde, aus der arbeitsrechtlichen Fürsorgepflicht abzuleiten ist.
Der Anspruch besteht regelmäßig dann, wenn sich zwischen dem Ausspruch der Kündigung und dem Zeitpunkt des Ablaufs der Kündigungsfrist in unvorhersehbarer Weise eine Weiterbeschäftigungsmöglichkeit ergibt. Wenn diese allerdings erst nach Ablauf der Kündigungsfrist entstehen sollte (so wie im Beispielsfall), gibt es nur in Ausnahmefällen einen Wiedereinstellungsanspruch.

> **Zusammenfassung:**
> Es kommt also darauf an, ob zum Zeitpunkt des möglichen Entstehens des Wiedereinstellungsanspruchs noch die Kündigungsfrist lief oder schon abgelaufen war. Aufgrund der zeitlichen Gegebenheiten muss wohl davon ausgegangen werden, dass die Kündigungsfrist schon abgelaufen ist. Daher besteht kein Anspruch.

Wichtige Begriffe

Reihenfolge der Wiedereinstellung
Sofern der Wiedereinstellungsanspruch bestehen sollte, muss der Arbeitgeber bei der Auswahl der erneut einzustellenden Arbeitnehmer alle Umstände des Einzelfalls berücksichtigen. Davon hängt es ab, ob der Arbeitgeber möglicherweise auch verpflichtet ist, von sich aus den betroffenen

Arbeitnehmer über eine unvorhergesehene Beschäftigungsmöglichkeit zu unterrichten. Dem Anspruch können berechtigte Interessen des Arbeitgebers entgegenstehen. Diese liegen in erster Linie dann vor, wenn der Arbeitgeber den in Betracht kommenden Arbeitsplatz bereits wieder besetzt hat (BAG 28.6.2000 – 7 AZR 904/98).

Anfechtung eines zuvor abgeschlossenen Aufhebungsvertrags ist möglich
Problematisch wird die Situation, wenn sich Arbeitgeber und Arbeitnehmer vor der Entstehung eines Wiedereinstellungsanspruchs – also noch während des Laufs der Kündigungsfrist – auf eine Aufhebung des Arbeitsverhältnisses gegen Zahlung einer Abfindung geeinigt haben, beispielsweise bei einem gerichtlichen Verfahren. Dann muss der Vergleich, wenn der Arbeitnehmer die Wiedereinstellung will, wegen Wegfalls der Geschäftsgrundlage an die geänderte Situation angepasst werden. Das kann zu dem Ergebnis führen, dass der Arbeitnehmer wieder einzustellen ist, er aber die (möglicherweise gezahlte) Abfindung zurückzahlen muss (BAG 4.12.1997 – 2 AZR 140/97).

d) Die Sozialauswahl

97. Wie bestimmen sich die Grundsätze der Sozialauswahl?

Fall:
Ein langjährig Beschäftigter, der zum 31.3.2018 die ordentliche betriebsbedingte Kündigung erhalten hat und keine Möglichkeit sieht, die Betriebsbedingtheit der Maßnahme zu bestreiten, möchte vom Betriebsrat wissen, ob bei der Kündigung zumindest die Grundsätze der Sozialauswahl eingehalten werden. Zu diesem Zweck ersucht er um eine Information darüber, wie dies mit der Sozialauswahl eigentlich »funktioniert«.

Darum geht es:
Was sind die rechtlichen Kriterien der Sozialauswahl? Wie bestimmt sich der auswahlrelevante Personenkreis?

Antwort

Bei der Klärung der Frage, ob der Arbeitgeber bei einer betriebsbedingten Kündigung die Grundsätze der Sozialauswahl eingehalten hat oder ob diese nicht oder nicht korrekt beachtet wurden, sind folgende Punkte in die Überlegung einzubeziehen:

1. Zunächst ist der Kreis der vergleichbaren Arbeitnehmer zu bestimmen. Das erfolgt nach den Kriterien der persönlichen und betrieblichen Vergleichbarkeit, wobei es in erster Linie darauf ankommt, dass nur Arbeitnehmer auf derselben hierarchischen Ebene in die Entscheidung einbezogen werden können. Maßgeblich sind hierbei sowohl die derzeit ausgeübte Tätigkeit wie auch die berufliche Ausbildung und die am Arbeitsplatz erworbenen Kenntnisse und Fähigkeiten.
2. Als Nächstes erfolgt die Prüfung der Auswahlmerkmale im engeren Sinne: Betriebszugehörigkeit, Lebensalter, Unterhaltspflichten und Schwerbehinderung (sofern gegeben) werden hinsichtlich des Kreises der vergleichbaren Arbeitnehmer zur Bestimmung des Grades des sozialen Schutzes gegeneinander abgewogen.
3. Des Weiteren erfolgt eine Prüfung der Frage, ob betriebstechnische, wirtschaftliche oder sonstige berechtigte betriebliche Bedürfnisse die Weiterbeschäftigung eines oder mehrerer Arbeitnehmer bedingen. Diese können dann aus dem Kreis der vergleichbaren Arbeitnehmer herausgenommen werden.
4. Sofern eine Auswahlrichtlinie (= Vereinbarung mit dem Betriebsrat hinsichtlich der Bewertung der sozialen Kriterien) vorhanden sein sollte, ist diese nur auf eine grobe Fehlerhaftigkeit hin zu prüfen. Dieser Begriff ist in der Praxis sehr selten darstellbar.
5. Wenn eine Namensliste gegeben sein sollte, wird die Betriebsbedingtheit der Kündigungsmaßnahme vermutet.

Kriterium des Lebensalters

Vor einiger Zeit kam eine erhebliche Diskussion über die Frage auf, ob das Kriterium des Lebensalters in diesem Zusammenhang berücksichtigt werden kann oder ob dies möglicherweise europarechtswidrig ist. Das Bundesarbeitsgericht hat diese Diskussion beendet und es bei der Relevanz dieses Merkmals belassen. Die gesetzliche Vorgabe in § 1 Abs. 3 Satz 1 KSchG, das Lebensalter als eines von mehreren Kriterien bei der Sozialauswahl zu berücksichtigen, und die durch § 1 Abs. 3 Satz 2 KSchG eröffnete Möglichkeit, die Auswahl zum Zweck der Sicherung einer ausgewogenen Personalstruktur innerhalb von Altersgruppen vorzunehmen, verstößt nicht gegen das unionsrechtliche Verbot der Altersdiskriminirung und dessen Ausgestaltung durch die Richtlinie 2000/78/EG vom 27.11.2000 (BAG 15.12.2011 – 2 AZR 42/10).

Einzelheiten des auswahlrelevanten Personenkreises

> **Zusammenfassung:**
> Nach der Rechtsprechung des Bundesarbeitsgerichts bestimmt sich der Kreis der in die soziale Auswahl einzubeziehenden vergleichbaren Arbeitnehmer in erster Linie nach arbeitsplatzbezogenen Merkmalen, also zunächst nach der **ausgeübten Tätigkeit**. Das gilt nicht nur bei einer Identität der Arbeitsplätze, sondern auch dann, wenn der Arbeitnehmer aufgrund seiner Tätigkeit und Ausbildung eine andersartige, aber gleichwertige Tätigkeit ausführen kann (BAG 5.6.2008 – 2 AZR 907/06).

Die Notwendigkeit einer kurzen Einarbeitungszeit steht einer Vergleichbarkeit nicht entgegen. Die Vergleichbarkeit wird nicht allein dadurch ausgeschlossen, dass einzelne Arbeitnehmer bestimmte Tätigkeiten besonders beherrschen, beispielsweise bestimmte Maschinen bedienen können. An einer Vergleichbarkeit fehlt es allerdings regelmäßig dann, wenn der Arbeitgeber den Arbeitnehmer aufgrund des zugrunde liegenden Arbeitsvertrags nicht eindeutig auf den anderen Arbeitsplatz um- oder versetzen kann.

Sozialauswahl und Bezug von Regelaltersrente

Da es immer häufiger vorkommt, dass Beschäftigte – aus welchen Gründen auch immer – über die Regelaltersgrenze hinaus arbeiten, kann es bei deren Kündigung bei den Fragen der Sozialauswahl zu Problemen kommen. Der über die Altersgrenze arbeitende Arbeitnehmer hätte dann – wenn nicht bei der Situation ein etwas anderer Maßstab angelegt werden würde – aufgrund des Lebensalters einen deutlichen und möglicherweise uneinholbaren »Punktevorsprung« vor den jüngeren Beschäftigten.
Die Rechtsprechung löst diese Fragen wie folgt (BAG 22.04.2017 – 2 AZR 57/16): Ein regelaltersrentenberechtigter Arbeitnehmer ist bei der Durchführung der Sozialauswahl nach § 1 Abs. 3 Satz 1 KSchG hinsichtlich des **Kriteriums des Lebensalters** deutlich weniger schutzbedürftig als ein Arbeitnehmer, der noch keine Altersrente beanspruchen kann. Über das Auswahlkriterium des Lebensalters soll nämlich die Rechtsstellung derjenigen Arbeitnehmer im Rahmen der Sozialauswahl nach § 1 Abs. 3 Satz 1

KSchG gestärkt werden, deren Chancen zumeist schlechter stehen, nach dem Verlust des Arbeitsverhältnisses überhaupt oder doch zeitnah ein dauerhaftes Einkommen zu erzielen. Deshalb ist ein Arbeitnehmer, der bereits die Regelaltersrente beziehen kann, deutlich weniger schutzbedürftig als ein Arbeitnehmer, der noch keine Altersrente zu beanspruchen hat. Das ist pragmatisch und nachvollziehbar, aber das Problematische an diesen Standpunkt kann sein, ob diese Annahme möglicherweise eine Altersdiskriminierung ist, was vom Bundesarbeitsgericht verneint wurde.

Nach § 1 Abs. 3 Satz 1 KSchG muss grundsätzlich dem Arbeitnehmer gekündigt werden, der auf das Arbeitsverhältnis am wenigsten angewiesen ist. Dies bestimmt sich allein anhand der Kriterien Betriebszugehörigkeit, Unterhaltspflichten, Lebensalter und Schwerbehinderung – diese Kriterien bilden die Merkmale einer besonderen Schutzbedürftigkeit. Das Lebensalter versteht der Gesetzgeber als einen abstrakten Maßstab für die Vermittlungschancen eines Arbeitnehmers auf dem Arbeitsmarkt nach einer Kündigung. Dieser Zweck wurde zwar nicht unmittelbar in § 1 Abs. 3 Satz 1 KSchG formuliert, dass dem so sein soll, kommt allerdings dadurch zum Ausdruck, dass das Lebensalter – jedenfalls in Zusammenhang mit einer durchzuführenden Sozialauswahl – als ein **abstrakter Maßstab** für die Vermittlungschancen eines Beschäftigten nach einer Kündigung aufzufassen ist (BAG 15.12.2011 – 2 AZR 42/10). Dass aufgrund der derzeitigen weitgehenden Vollbeschäftigung und der nachhaltigen Suche nach bestimmten Beschäftigten, vor allem im handwerklichen und technischem Bereich, dies in der Praxis anders gesehen wird und ein vorgerücktes Lebensalter bei entsprechender fachlicher Qualifikation kaum mehr ein Einstellungshindernis sein wird, steht dem nicht entgegen.

Auswahlrichtlinien

Auswahlrichtlinien nach § 95 BetrVG in Verbindung mit § 1 Abs. 4 KSchG können die gesetzlichen Anforderungen für die Vergleichbarkeit von Arbeitnehmern nicht verdrängen. § 1 Abs. 4 KSchG betrifft nur die Gewichtung der Auswahlkriterien und nicht die Zusammensetzung des auswahlrelevanten Personenkreises oder die Konkretisierung der entgegenstehenden betrieblichen Bedürfnisse im Sinne von § 1 Abs. 3 Satz 2 KSchG. Eine Auswahlrichtlinie kann daher nicht die Vergleichbarkeit oder Nichtvergleichbarkeit von Arbeitnehmern vorgeben, beispielsweise dadurch, dass die Richtlinie bestimmte Arbeitnehmer einzelner Abteilungen oder Arbeitsgruppen zu Vergleichsgruppen zusammenfasst.

Auswahlrichtlinien haben keine rechtlichen Wirkungen, wenn sie **grob fehlerhaft** sein sollten, was allerdings in der arbeitsrechtlichen Praxis sehr selten vorkommt, weil weder der Betriebsrat noch der Arbeitgeber ein Interesse daran haben können, eine Vereinbarung abzuschließen, bei der mit der Annahme der groben Fehlerhaftigkeit zu rechnen ist. Grob fehlerhaft im Sinne von § 1 Abs. 4 KSchG ist eine Gewichtung der Sozialdaten nur dann, wenn sie jede Ausgewogenheit vermissen lässt, wenn also einzelne Sozialdaten überhaupt nicht, eindeutig unzureichend oder mit klar überhöhter Bedeutung berücksichtigt werden.

98. Wie wird der vergleichbare Arbeitnehmerkreis bestimmt?

Fall:
Aufgrund der angespannten wirtschaftlichen Lage sieht sich ein papierverarbeitender Betrieb mit etwa 60 Beschäftigten veranlasst, im Bereich der Maschinenführer und Drucker fünf der 15 Beschäftigten zu entlassen. Die Maßnahme ist unbedingt erforderlich, weil zum einen die Druckaufträge drastisch zurückgingen, zum anderen technisch veraltete Maschinen durch neuere ersetzt werden müssen, die weniger Wartungs- und Bedienungspersonal erfordern. Von den 15 Beschäftigten sind zwei Helfer mit betrieblich erworbenen Kenntnissen, acht sind gelernte Maschinenbauer und fünf gelernte Drucker. Alle 15 Arbeitnehmer befinden sich in der Lohngruppe 6.
Der Arbeitgeber möchte auf jeden Fall die fünf Drucker behalten und den zwei Helfern und drei von den vier Maschinenbauern kündigen, weil die neuen Druckmaschinen, wie er hofft, nicht mehr so häufig defekt sind. Der Betriebsrat vertritt im Anhörungsverfahren den Standpunkt, dass alle 15 Beschäftigten in den Kreis der vergleichbaren Arbeitnehmer fallen, da sie sich alle in der gleichen Vergütungsgruppe befinden, und widerspricht daher der Kündigung von drei der betroffenen fünf Arbeitnehmer wegen »unrichtiger Sozialauswahl«.

Darum geht es:
Was sind die Kriterien zur Bestimmung des auswahlrelevanten Personenkreises bei der Sozialauswahl? Kommt es lediglich auf den erlernten Beruf an oder auch auf die in der betrieblichen Tätigkeit erworbenen Kenntnisse? Wie wirken sich einheitliche Vergütungsgruppenmerkmale aus?

Antwort

Bei dieser Frage steht die Bestimmung des Kreises der vergleichbaren Arbeitnehmer im Vordergrund. Zusätzlich kommt es auch darauf an, ob die Entscheidung des Arbeitgebers richtig war, die gelernten Drucker von vornherein aus dem Kreis der vergleichbaren Personen herauszunehmen.

Die Vergleichbarkeit der Arbeitnehmer bei der Sozialauswahl richtet sich primär nach arbeitsplatzbezogenen Merkmalen. Die wesentlichen Merkmale sind die Berufsgruppe und der Ausbildungsberuf. Bei der Gleichheit der Tätigkeiten haben Qualifikationsmerkmale keine besondere Bedeutung. Im Rahmen der **vertikalen Austauschbarkeit** (= Vergleichbarkeit auf derselben Hierarchieebene) sind grundsätzlich nur Arbeitnehmer derselben Ebene im Betrieb zu vergleichen, also Facharbeiter mit anderen Facharbeitern und nicht mit angelernten Arbeitnehmern (BAG 7.2.1985 – 2 AZR 91/84).

Alle 15 Beschäftigten haben bisher in etwa dieselbe Tätigkeit ausgeübt, sie unterscheiden sich allerdings in Bezug auf die berufliche Ausbildung. Die Entscheidung, auf jeden Fall den beiden angelernten Beschäftigten zu kündigen, wird nicht zu beanstanden sein, weil sie bei den wegfallenden fünf Arbeitsplätzen in der unteren Hierarchie stehen. Problematisch ist die Sache bei den Facharbeitern. 13 Arbeitnehmer haben eine »einschlägige« Berufsausbildung, wobei zumindest in Bezug auf die alten Maschinen schon aus Wartungsgründen die des Maschinenbauers die wichtigere Berufsrichtung war, während bei den neueren Maschinen mehr die Kenntnisse als Drucker im Vordergrund stehen dürften.

> **Zusammenfassung:**
> Im **Beispielsfall** wird davon auszugehen sein, dass prinzipiell alle Facharbeiter vergleichbar sind. Wenn also von den 13 vergleichbaren Facharbeitern die drei zur Kündigung vorgesehenen nicht den geringsten sozialen Schutz im Bereich aller Facharbeiter haben, dürfte der Betriebsrat im Grundsatz Recht haben. Es bleibt dann aber noch die Frage zu prüfen, ob der Arbeitgeber berechtigt war, die fünf Drucker aus dem Kreis der vergleichbaren Arbeitnehmer herauszunehmen, weil sie innerhalb derselben Vergütungsgruppe über besondere Kenntnisse (Druckereiwesen) verfügen. Das hängt von allen tatsächlichen Umständen des Einzelfalls ab.

Wichtige Begriffe

Verschiedene Arbeitszeiten und Sozialauswahl

Bei der Sozialauswahl scheidet eine Vergleichbarkeit verschiedener Arbeitnehmer nicht deshalb aus, weil sie verschiedene Arbeitszeiten haben (LAG Köln 20. 8. 1993 – 12 Sa 380/93). Diese Frage ist immer dann von Bedeutung, wenn es um die Vergleichbarkeit von vollzeitbeschäftigten und teilzeitbeschäftigten Arbeitnehmern geht. Ein Vergleich von Vollzeit- und Teilzeitbeschäftigten bei der Sozialauswahl kommt nur dann nicht in Betracht, wenn es für diese Unterscheidung tatsächlich sachliche Ursachen geben sollte.

Es müssen hierbei Gründe dafür vorliegen, dass eine Austauschbarkeit von Vollzeit- und Teilzeitbeschäftigten nicht in Betracht kommen kann. Es kann zwischen Vollzeit- und Teilzeitbeschäftigten unterschieden werden, wenn nach der betrieblichen Struktur der Arbeitsplatz nur für Vollzeitbeschäftigte, nicht hingegen für Teilzeitarbeitnehmer mit dem konkreten Arbeitsvolumen in Betracht kommen würde. In einer derartigen Situation fehlt es an der erforderlichen Austauschbarkeit.

Arbeitnehmer ist nur eingeschränkt versetzbar

Sofern ein Arbeitnehmer nach den Regelungen in seinem Arbeitsvertrag nur im Rahmen eines bestimmten Arbeitsbereichs versetzt werden kann, ist bei einer betriebsbedingten Kündigung keine Sozialauswahl unter Einbeziehung der vom Tätigkeitsfeld vergleichbaren Arbeitnehmer anderer Arbeitsbereiche vorzunehmen (BAG 17. 2. 2000 – 2 AZR 142/99). Dieser teilweise eintretende Verlust des allgemeinen Kündigungsschutzes ist bei solchen Sachverhalten lediglich die rechtliche Konsequenz des Arbeitsvertrags, der nur eine eingeschränkte Versetzung ermöglicht.

Wenn allerdings im Arbeitsvertrag eine weit gefasste Beschreibung der zu leistenden Arbeit im Sinne eines flexiblen Personaleinsatzes vorgenommen wurde, hat der Arbeitgeber dann auch eine ausgedehnte Sozialauswahl vorzunehmen.

Aufgabe der sogenannten »Dominotheorie«

Über längere Zeit vertrat das Bundesarbeitsgericht bei der Überprüfung der Richtigkeit der Sozialauswahl eine Art »Dominotheorie«. Diese bedeutete: In Fällen, in denen auch nur ein vergleichbarer sozial stärkerer Arbeitnehmer von der betriebsbedingten Kündigung ausgenommen worden ist, ohne dass die Voraussetzungen des § 1 Abs. 3 Satz 2 KSchG vorliegen sollten (= Herausnahme einzelner Arbeitnehmer aus der Sozialauswahl aus berechtigten Gründen), konnten sich auch sozial schwä-

chere Arbeitnehmer und solche, denen zur gleichen Zeit gekündigt wurde, auf den Auswahlfehler berufen.
Daran hält das Bundesarbeitsgericht nicht mehr fest. Jedenfalls in Fällen, in denen der Arbeitgeber die Sozialauswahl nur noch durch die Anwendung und die Umsetzung eines **Punkteschemas** vornimmt, muss sich der Arbeitgeber darauf berufen können, dass sich ein Auswahlfehler auf die Kündigungsentscheidung tatsächlich nicht ausgewirkt hat. Weil der Arbeitgeber die sozialen Gesichtspunkte der Arbeitnehmer bei der Sozialauswahl nur »ausreichend« zu berücksichtigen hat, ist das Bundesarbeitsgericht schon bisher davon ausgegangen, dass dem Arbeitgeber ein Wertungsspielraum zusteht, so dass nur deutlich schutzbedürftigere Arbeitnehmer mit Erfolg die Auswahl rügen können (BAG 9.11.2006 – 2 AZR 812/05).

99. Wie beurteilt sich die Sozialauswahl bei Teilzeitbeschäftigten und Vollzeitbeschäftigten hinsichtlich ihrer Vergleichbarkeit?

Fall:
Die Arbeitnehmerin Kerschbaum trat im Jahre 2009 in ein Arbeitsverhältnis mit einem Betrieb der Gebäudereinigung ein, der Objekte im Großraum Bonn betreut. Bei der Arbeitgeberin sind etwa 25 Beschäftigte tätig, die meisten von ihnen mit verschiedenen Arbeitszeiten. Auch Kerschbaum war teilzeitbeschäftigt. Zuletzt war sie an zwei Einsatzorten mit einer wöchentlichen Arbeitszeit von 28,75 Stunden (montags bis freitags 6.00 bis 11.45 Uhr, samstags von 8.00 bis 10.30 Uhr) gegen einen Stundenlohn von 9,50 € brutto tätig.
Die Arbeitgeberin hatte im Raum Bonn folgende weitere Reinigungsobjekte:
Außenstelle eines Amts: 3 Stunden von 6.00 bis 9.00 Uhr montags bis samstags (= 18 Wochenstunden)
Eine Schule: 3,5 Stunden von 14.00 bis 17.30 Uhr (ohne Ferienzeit = 21 Wochenstunden)
Ein Altenheim: 2,75 Stunden von 13.45 bis 16.30 Uhr, montags bis freitags (= 13,75 Wochenstunden)

Ein anderes Altenheim: 3,72 Stunden von 9.30 bis 13.15 Uhr, montags bis freitags (= 18,75 Wochenstunden).
Die im Betrieb der Arbeitgeberin tätigen Reinigungskräfte sind jeweils einem Objekt zugeordnet. Aufgeteilte Dienste zwischen mehreren Reinigungsobjekten bestehen nicht.
Im Juni 2017 kündigte das Krankenhaus, in welchem die Klägerin bisher tätig war, den Reinigungsauftrag zum 31.12.2017, weil ein deutlich günstigeres Konkurrenzangebot vorlag. Zu diesen Konditionen erwarte man ein neues Angebot der Arbeitgeberin. Diese gab aber kein neues Angebot ab, weil nach ihrer Auffassung ansonsten die Grenze des wirtschaftlich Vertretbaren überschritten werde. Der Arbeitnehmerin wurde, wie ihren acht Arbeitskolleginnen, die auch im Krankenhaus tätig waren, zum 31.12.2017 gekündigt.
Zum 1.2.2018 erhält die Arbeitgeberin den Reinigungsauftrag im Krankenhaus erneut. Die Arbeitnehmerin möchte wissen, ob denn möglicherweise die Sozialauswahl fehlerhaft gewesen ist, weil die Mitarbeiterinnen der übrigen Objekte im Raum Bonn mit einbezogen hätten werden müssen.

Darum geht es:
Wie ist die Sozialauswahl bei Teilzeitarbeitnehmern und Vollzeitbeschäftigten durchzuführen?

Antwort

Die Vergleichbarkeit der bei einer betriebsbedingten Kündigung in die Sozialauswahl einzubeziehenden Arbeitnehmer richtet sich primär nach den arbeitsplatzbezogenen Merkmalen. Diese objektiven Merkmale sind die Berufsgruppe und der Ausbildungsberuf. Bei der Gleichheit der zu vergleichenden Tätigkeit haben Qualifikationsmerkmale aber keine besondere Bedeutung mehr. Im Rahmen der vertikalen Austauschbarkeit sind grundsätzlich nur Arbeitnehmer derselben hierarchischen Ebene zu vergleichen, also Facharbeiter mit anderen Facharbeitern und nicht mit angelernten Arbeitnehmern (BAG 7.2.1985 – 2 AZR 91/84). In räumlicher Hinsicht erstreckt sich die Sozialauswahl auf **sämtliche Arbeitnehmer des Betriebs**; hat der Betrieb mehrere Betriebsstätten oder Filialen am Ort, sind die Arbeitnehmer aller Filialen in die Sozialauswahl einzubeziehen (BAG 5.5.1994 – 2 AZR 917/93).

Das Besondere dieses Falles ist aber der Umstand, dass die Arbeitnehmer/innen in den verschiedenen Objekten alle verschiedene Arbeitszeiten haben. Bei der Prüfung der Sozialauswahl nach § 1 Abs. 3 KSchG scheidet allerdings eine Vergleichbarkeit verschiedener Arbeitnehmer schon nach der bisherigen Rechtsprechung grundsätzlich nicht deshalb aus, weil sie verschiedene Arbeitszeiten haben (LAG Köln 20.8.1993 – 12 Sa 380/93).

Das bedeutet, dass bei der Sozialauswahl ein Vergleich von Vollzeit- und Teilzeitbeschäftigten lediglich dann nicht in Betracht kommt, wenn es für diese Differenzierung sachliche Gründe gibt. Es müssen nachvollziehbare und konkret gegebene Ursachen für die Annahme vorliegen, dass eine Austauschbarkeit von Vollzeit- und Teilzeitbeschäftigten nicht in Betracht kommen kann.

Es kann somit in zulässiger Weise zwischen Vollzeit- und Teilzeitbeschäftigten nur differenziert werden, wenn beispielsweise nach der betrieblichen Struktur der Arbeitsplatz lediglich für Vollzeitbeschäftigte, nicht hingegen für Teilzeitarbeitnehmer mit dem konkreten Arbeitsvolumen in Betracht kommen würde, denn dann fehlt es an der erforderlichen Austauschbarkeit.

Zusammenfassung:

Das Bundesarbeitsgericht geht davon aus, dass ein in Teilzeit beschäftigter Arbeitnehmer mit Vollzeitkräften dann, wenn die sonstigen Voraussetzungen gegeben sind, als vergleichbar anzusehen ist, wenn es dem Arbeitgeber ausschließlich darum geht, ein bestimmtes Arbeitszeitvolumen zu reduzieren, ohne dass von ihm organisatorische Entscheidungen über die Gestaltung der Arbeitszeit auf bestimmten Arbeitsplätzen zu treffen waren. Es steht also der sozialen Auswahl der Arbeitnehmer, denen diese Teile des gesamten Arbeitsumfangs zugeordnet sind, nichts im Weg. Daher sind in derartigen Situationen alle vergleichbaren Beschäftigten in die Sozialauswahl einzubeziehen.

Ausnahme

Nur dann, wenn ein unternehmerisches Konzept zur Arbeitszeitgestaltung vorhanden ist, kann die Frage der Sozialauswahl anders zu sehen sein. Sofern der Arbeitgeber ein solches aufgestellt hat (§ 8 Abs. 4 TzBfG), er also bestimmten Tätigkeiten bestimmte Arbeitszeiten zugeordnet hat, ist die zugrunde liegende unternehmerische Entscheidung im Rahmen eines Kündigungsschutzverfahrens von den Gerichten zu beachten, wenn sie nicht offenkundig unsachlich, also rechtsmissbräuchlich ist. Arbeitnehmer, die aufgrund solcher Organisationsentscheidungen unterschiedliche Arbeitszeiten aufweisen, welche nur durch Änderungskündigungen angepasst werden könnten, sind dann nicht miteinander vergleichbar (BAG 28. 2. 1990 – 2 AZR 425/89). Die Erfolgsaussichten der Kündigungsschutzklage sind dann eher schlecht.

Eine andere Frage ist es aber, ob zugunsten der Arbeitnehmerin ein Wiedereinstellungsanspruch wegen nachträglichen Wegfalls der betriebsbedingten Kündigungsgründe bestehen kann.

Wichtige Begriffe

Konkrete Organisationsentscheidung: keine geteilten Dienste

Da im konkreten Fall die Arbeitgeberin keine »geteilten Dienste« bei den zu reinigenden Objekten vorgesehen hat, sondern die Beschäftigten stets in den ihnen zugewiesenen Objekten beschäftigt wurden, waren die Arbeitsplätze objektbezogen. Es hätten daher der Arbeitnehmerin nur Objekte angeboten werden können, die ihrer Arbeitszeit nicht entsprochen hätten.

Umsetzung in der Praxis

Von Bedeutung ist, ob Vollzeitbeschäftigte und Teilzeitbeschäftigte und/oder Teilzeitbeschäftigte mit verschiedenen Arbeitszeiten »arbeitsplatzmäßig« gesehen »austauschbar« sind oder den Beschäftigten mit verschiedenen Arbeitszeiten jeweils ein bestimmter Arbeitsplatz zugeordnet wird. Wenn Letzteres der Fall ist, kann die Austauschbarkeit bei einer Reduzierung der Arbeitsmenge nicht angenommen werden.

Maßgeblich kommt es somit in dieser Situation auf die Ausgestaltung des unternehmerischen Konzepts an. Geprüft wird, ob dieses durch die betrieblichen Belange gerechtfertigt ist oder sich möglicherweise als rechtsmissbräuchlich erweist. Immer dann, wenn die Zuordnung verschiedener Beschäftigter mit unterschiedlichen Arbeitszeiten zu einem bestimmten Arbeitsplatz sachlich und betrieblich erforderlich erscheint, kann die Entscheidung des Arbeitgebers nicht angegriffen werden. Wenn das arbeitgeberseitige Konzept der Zuordnung der Arbeitnehmer mit unterschiedlichen Arbeitszeiten auf die jeweiligen Arbeitsplätze sachlich berechtigt und nachvollziehbar ist, können nur Teilzeitbeschäftigte mit gleicher Arbeitszeit in die Sozialauswahl mit einbezogen werden.

100. Können einzelne Arbeitnehmer aus der Sozialauswahl herausgenommen werden?

Fall:
In der Buchhaltung eines größeren Betriebs sind bisher 15 Angestellte beschäftigt. Aufgrund der Auslagerung des gesamten Bereichs der Buchhaltung müssen fünf Arbeitsplätze abgebaut werden, weil durch die Auslagerung die Arbeiten entsprechend zurückgehen. Die Beschäftigtenstruktur stellt sich wie folgt dar:
- Abteilungsleiterin,
- stellvertretende Abteilungsleiterin,
- acht Buchhaltungsfachkräfte,
- fünf angelernte Personen im Bereich der Datenerfassung.

Die Auslagerungsmaßnahme wirkt sich auf die Buchhaltungsfachkräfte aus. Eine von ihnen hat durch eine frühere Tätigkeit in einer Anwaltskanzlei Spezialkenntnisse im Forderungspfändungsrecht und in der Abwicklung von Pfändungen. Sie hat aber auch schlechtere Sozialdaten. Der Arbeitgeber will deren Kündigung auf keinen Fall, da sie die einzige Beschäftigte im Büro ist, die sich in Fragen des Lohnpfändungsrechts auskennt.

Statt ihrer wird der Beschäftigten Diller gekündigt, die nach dem Punktesystem an sechster Stelle, gesehen vom unteren Bereich des sozialen Schutzes her, steht. Sie möchte wissen, ob es in Ordnung ist, dass der jüngeren Beschäftigten mit den Kenntnissen im Lohnpfändungsrecht nicht gekündigt wurde.

Darum geht es:
Welche Beschäftigten fallen nicht in den Kreis der auswahlrelevanten Personen bei der Sozialauswahl?

Antwort

Der Arbeitgeber hat in derartigen Situationen die Möglichkeit, bestimmte, vergleichbare Arbeitnehmer, deren Weiterbeschäftigung aufgrund der in § 1 Abs. 3 Satz 2 KSchG genannten Gründe in berechtigtem, betrieblichem Interesse liegt, aus dem Personenkreis herauszunehmen. Die Gründe für die Herausnahme bestimmter Arbeitnehmer wegen ihrer Kenntnisse, Fähigkeiten und Leistungen oder zur Sicherung einer ausgewogenen Personalstruktur müssen vom Arbeitgeber **konkret dargelegt**

werden, wenn es zu einer gerichtlichen Auseinandersetzung kommen sollte.

Unter diesen Begriff fallen Gründe, welche der Aufrechterhaltung der technischen Arbeitsabläufe – vor allem im Bereich der Produktion – dienen. Die Notwendigkeit zur Weiterbeschäftigung bestimmter Arbeitnehmer kann sich auch daraus ergeben, dass bestimmte Arbeitnehmer aufgrund einer erhöhten fachlichen Qualifikation für Arbeiten mit besonderen Anforderungsprofilen zur Verfügung stehen müssen.

Wirtschaftliche Bedürfnisse stellen auf solche Ursachen ab, welche es als notwendig erscheinen lassen, im Interesse einer erfolgreichen Verbesserung der Ertragslage des betrieblichen Ergebnisses bestimmte, leistungsstärkere, vielfältiger einsetzbare Arbeitnehmer weiterzubeschäftigen.

> **Zusammenfassung:**
> Das Verbleiben einer Arbeitnehmerin in der Buchhaltung, die sich im Lohnpfändungsrecht auskennt, stellt einen Grund dar, der durch betriebliche Interessen geboten ist. Hierdurch können rechtliche Fehler auf diesem Rechtsgebiet vermieden werden. Fernerhin kann in Einzelfällen die betreffende Arbeitnehmerin die pfändungsrechtlichen Fragen beantworten, und dadurch wird es ermöglicht, externen Rechtsrat einzusparen. Diese Beschäftigte konnte daher wegen ihrer Zusatzqualifikationen aus dem auswahlrelevanten Personenkreis herausgenommen werden.

Wichtige Begriffe

Sicherung einer ausgewogenen Personalstruktur

Ein weiterer Fall des betrieblichen Interesses der Herausnahme einzelner Arbeitnehmer aus der Sozialauswahl ist nach der derzeitigen Fassung des § 1 Abs. 3 KSchG die Sicherung einer ausgewogenen Personalstruktur des Betriebs. Dadurch hat der Arbeitgeber allerdings nicht die Möglichkeit, eine ausgewogene Personalstruktur herzustellen, sondern nur diese zu erhalten. Die Herausnahme aus der Sozialauswahl mit dieser Begründung ist lediglich dann zulässig, wenn die vorhandene Personalstruktur zwar nicht ausgewogen ist, aber vor einer Verschlechterung der Unausgewogenheit geschützt werden soll.

Herausnahme aus der Sozialauswahl

Zahlenmäßige Eingrenzung des Begriffs

Je nach der Betriebsstruktur und der Qualifikationsstufe der vergleichbaren Arbeitnehmer wird die Zahl der Arbeitnehmer, die ohne Beeinträchtigung des Betriebsablaufs im Rahmen der sozialen Auswahl ausgetauscht werden können, unterschiedlich groß sein. Das bedeutet, dass seitens des Arbeitgebers beim Begriff der besonderen Qualifikation durchaus der Versuch unternommen werden könnte, die Beschäftigten in die Gruppen »besonders leistungsfähig« und »durchschnittlich leistungsfähig« einzuteilen und dann erforderliche betriebsbedingte Kündigungen ausschließlich im Bereich »durchschnittlich leistungsfähig« auszusprechen.

Dieser Versuch scheitert in der Praxis zumeist. Es spricht schon eine tatsächliche Vermutung dafür, dass soziale Gesichtspunkte dann nicht ausreichend berücksichtigt wurden, wenn der Arbeitgeber betriebsweit einen erheblichen oder gar den größeren Teil der Arbeitnehmer aus betriebstechnischen Gründen von der Austauschbarkeit generell ausnimmt und die Sozialauswahl auf den kleineren, verbleibenden Teil der Restbelegschaft beschränkt (BAG 5.12.2002 – 2 AZR 697/01).

Bildung von Altersgruppen

Bei betriebsbedingten Kündigungen kann der Arbeitgeber auch Altersgruppen bilden, was bedeutet, dass innerhalb der jeweiligen Altersgruppe den am wenigsten sozial schutzbedürftigen Beschäftigten gekündigt wird.

Die nach § 1 Abs. 3 Satz 2 KSchG hierfür erforderlichen Voraussetzungen einer Altersgruppenbildung müssen allerdings vom Arbeitgeber bei einem Kündigungsschutzrechtsstreit dargelegt werden können. Der Arbeitgeber muss aufzeigen können, welche konkreten Nachteile sich ergäben, wenn die Sozialauswahl allein nach Maßgabe von § 1 Abs. 3 Satz 1 KSchG – also ohne eine Altersgruppenbildung – vorgenommen würde. Wenn die Zahl der erforderlichen betriebsbedingten Kündigungen unter den Schwellenwerten des § 17 KSchG liegen sollte, schließt dies zwar ein berechtigtes betriebliches Interesse an der Sicherung der bestehenden Altersstruktur in dem von Kündigungen betroffenen Bereich nicht von vornherein aus. Wegen der relativ geringen Auswirkungen auf den Betrieb als Ganzes bedarf es dann jedoch eines eingehenden, die nachteiligen Wirkungen einer veränderten Altersstruktur konkret und schlüssig aufzeigenden Vortrags des Arbeitgebers (BAG 18.3.2010 – 2 AZR 468/08). Die Bestimmung des § 1 Abs. 3 Satz 2 KSchG erlaubt dem Arbeitgeber die Vornahme der Sozialauswahl im Rahmen von Altersgruppen, wenn dies tatsächlich zur Sicherung einer **ausgewogenen Altersstruktur** der Belegschaft im betrieblichen Interesse liegt. Eine derartige

Fragen zur Beendigung des Arbeitsverhältnisses

Ausnahme von dem Grundsatz des § 1 Abs. 3 Satz 1 KSchG, dass die Sozialauswahl innerhalb der gesamten Gruppe vergleichbarer Arbeitnehmer stattzufinden hat, ist allerdings nur dann gerechtfertigt, wenn
- innerhalb der Vergleichsgruppe nach sachlichen Kriterien Altersgruppen gebildet werden,
- die prozentuale Verteilung der Belegschaft auf die Altersgruppen festgestellt wird
- und die Gesamtzahl der auszusprechenden Kündigungen diesem Proporz entsprechend auf die einzelnen Altersgruppen verteilt wird.

Die Beteiligung der einzelnen Altersgruppen an dem Personalabbau muss daher streng proportional erfolgen (BAG 26.3.2015 – 2 AZR 478/13). Eine altersgruppenbezogene Sozialauswahl führt immer dann zu einem – groben – Auswahlfehler in Bezug auf einen die Kündigungsschutzklage durchführenden Arbeitnehmer, wenn deren Voraussetzungen nicht vorliegen. Folge ist, dass es dann auf die insgesamt zu betrachtenden Vergleichsgruppe der Arbeitnehmer ankommt (auf alle vergleichbaren Beschäftigten unabhängig vom Alter), und wenn einem weniger sozial schutzbedürftigen Arbeitnehmer nicht gekündigt wurde, wird die Klage des Arbeitnehmers erfolgreich sein.

> **Praxishinweis:**
> Die Vornahme einer Sozialauswahl im Rahmen von Altersgruppen kann lediglich erfolgen, wenn dies zur Sicherung einer ausgewogenen Altersstruktur der Belegschaft im **berechtigten betrieblichen Interesse liegt.** Dies erfordert, dass die im konkreten Fall vorgenommene Altersgruppenbildung und die daraus sich ergebenden Kündigungsentscheidungen zur Sicherung der bestehenden Personalstruktur tatsächlich geeignet sind, diese Zwecke zu erreichen (BAG 26.3.2015 – 2 AZR 478/13). Die Verteilung der Beschäftigten auf die gebildeten Altersgruppen muss daher eine prozentuale Entsprechung in der Zahl der in der jeweiligen Altersgruppe zu kündigenden Arbeitsverhältnisse finden.
> **Dies bedeutet:** Es müssen innerhalb des zur Sozialauswahl anstehenden Personenkreises nach sachlichen Kriterien Altersgruppen gebildet werden; die prozentuale Verteilung der Belegschaft auf die Altersgruppen muss getroffen werden und die Gesamtzahl der auszusprechenden Kündigungen muss diesem Proporz entsprechend auf die einzelnen Altersgruppen verteilt werden. Sofern diese Grundsätze nicht eingehalten werden, ist die Altersgruppenbildung fehlerhaft. Die Beteiligung der einzelnen Altersgruppen am Personalabbau hat daher genau proportional zu erfolgen. Wenn der Arbeitgeber die Altersgruppen proportional unterschiedlich stark am Personalabbau beteiligen sollte (etwa dadurch, dass aus einigen Altersgruppen mehr Arbeitnehmern gekündigt wird als aus

Herausnahme aus der Sozialauswahl

anderen Gruppen), dann führt dies zu einer Veränderung der vorhandenen Altersstruktur.
Ob sich tatsächlich das Interesse an der Beibehaltung der bestehenden Altersstruktur aus anzuerkennenden Sachgründen ableitet, ist vom Arbeitsgericht uneingeschränkt und nicht nur auf Plausibilität hin überprüfbar.

Praxisbeispiele für Altersgruppenbildungen:

Beispiel 1:
11 Arbeitnehmer im Betrieb, 5 muss gekündigt werden:

Gruppe	Alter	Anzahl der Arbeitnehmer	%-Anteil an der Gruppe	Rechnerische Zahl der Kündigungen	Tatsächliche Kündigungen
1	>25	1	9,1	0,45	0
2	25–30	2	18,2	0,90	1
3	35–45	4	36,3	1,85	2
4	45–55	3	27,3	1,35	1
5	55–65	1	9,1	0,45	1

→ Hier wurde unrichtigerweise dem Arbeitnehmer in der Altersgruppe 5 gekündigt – zu kündigen wäre gewesen dem Arbeitnehmer in der Altersgruppe 1.

Beispiel 2:
50 Arbeitnehmer im Betrieb, 10 müssen gekündigt werden:

Gruppe	Alter	Anzahl der Arbeitnehmer	%-Anteil an der Gruppe	Rechnerische Zahl der Kündigungen	Tatsächliche Kündigungen
1	>24	2	4	0,4	1
2	25–34	12	24	2,4	3
3	35–44	15	30	3,0	3
4	45–54	2	4	0,4	0
5	55–65	19	38	3,8	3

→ Problematisch ist hier, dass in der Altersgruppe 2 und 3 jeweils drei Arbeitnehmern gekündigt wurden; dadurch kam es zu einer – wenn auch sehr gering ausgeprägten – Verjüngung der Belegschaft.

Fragen zur Beendigung des Arbeitsverhältnisses

Beispiel 3:
320 Arbeitnehmer im Betrieb, 50 müssen gekündigt werden:

Gruppe	Alter	Anzahl der Arbeitnehmer	%-Anteil an der Gruppe	Rechnerische Zahl der Kündigungen	Tatsächliche Kündigungen
1	>25	28	8,75	4,73	5
2	26–30	12	3,75	1,87	2
3	31–35	36	11,25	5,62	6
4	36–40	52	16,25	8,13	8
5	41–45	40	12,50	6,25	6
6	46–50	46	14,375	7,19	7
7	51–55	68	21,25	10,63	11
8	56–60	22	6,87	3,43	3
9	61–65	16	5,00	2,50	2

→ Das hier dargestellte System lässt erkennen, dass die Altersstruktur im Wesentlichen gleich bleibt.

Bildung von Altersgruppen und Massenkündigungen

Dem Arbeitgeber kommen Erleichterungen zugute, wenn die Bildung von Altersgruppen im Zusammenhang mit einer Massenkündigung im Sinne von § 17 Abs. 1 KSchG erfolgen sollte. Dann ist regelmäßig vom Vorliegen berechtigter betrieblicher Interessen auszugehen. Durch eine allein an § 1 Abs. 3 Satz 1 KSchG ausgerichtete Sozialauswahl sind bei Massenkündigungen typischerweise die Erhaltung der bestehenden Altersstruktur und damit verbunden die langfristige Nachwuchsplanung, die Weitergabe von Erfahrungswissen an Jüngere und die Möglichkeit, dem Betrieb die oft aktuelleren Fachkenntnisse jüngerer Arbeitnehmer zugutekommen zu lassen, gefährdet.

Solche Gefährdungen zu vermeiden, liegt sowohl im Interesse der Gesamtheit der Belegschaft als auch im Wettbewerbsinteresse des Arbeitgebers, das seinerseits unter dem Schutz von Art. 2, Art. 12 GG steht. Der Arbeitgeber genügt daher bei Massenkündigungen den Anforderungen des § 1 Abs. 3 Satz 2 und Satz 3 KSchG im Hinblick auf die Bildung von Altersgruppen zunächst einmal dadurch, dass er auf das Vorliegen der Zahlenwerte des § 17 Abs. 1 KSchG verweist. Der Arbeitnehmer muss dann die Vermutung des Vorliegens berechtigter betrieblicher Interessen entkräften.

101. Wie sind die Auswahlmerkmale zu würdigen?

Fall:
Ein Maschinenführer von Fall 98, dem gekündigt wurde, bittet den Betriebsrat um einen rechtlichen Rat bei folgender Frage:
»Ich bin einer der von der Kündigung betroffenen Arbeitnehmer. Mit meinen jetzt 42 Jahren bin ich seit zehn Jahren im Betrieb und habe zwei unterhaltsberechtigte Kinder aus erster Ehe. Ich frage mich allerdings, warum nicht dem Kollegen Koller gekündigt wurde; dieser hat folgende Sozialdaten: nur fünf Jahre im Betrieb, 40 Jahre alt und drei unterhaltsberechtigte Personen (zwei Kinder und seine nicht berufstätige Ehefrau). Sicher, Koller hat eine unterhaltsberechtigte Person mehr, ich bin aber zwei Jahre älter und die fünf Jahre mehr an Betriebszugehörigkeit hätten doch zu meinen Gunsten sprechen müssen – oder?«

Darum geht es:
Wie sind die Auswahlmerkmale Lebensalter, Betriebszugehörigkeit, Unterhaltspflichten und ggf. Schwerbehinderteneigenschaft bei der Sozialauswahl zu würdigen?

Antwort

Bei dieser Frage geht es um die Würdigung der »Wertigkeit« der einzelnen Sozialauswahlkriterien:
- Betriebszugehörigkeit,
- Unterhaltspflichten,
- Lebensalter,
- ggf. eine vorhandene Schwerbehinderung.

Da bei beiden vergleichbaren Beschäftigten keine Schwerbehinderteneigenschaft gegeben ist, reduziert sich die Wertung auf drei Kriterien. Diese Begriffe sind bei der Prüfung vom Arbeitgeber zu würdigen. Im Ergebnis ist unter mehreren vergleichbaren Arbeitnehmern derjenige zu entlassen, der nach seinen Sozialdaten den geringsten Schutz hat. Zu bewerten ist hier das Gewicht der jeweiligen Sozialdaten. Betriebliche Belange bleiben unberücksichtigt (BAG 24. 3. 1983 – 2 AZR 21/82).
Bei der Sozialauswahl im Sinne des § 1 Abs. 3 KSchG sind in diesem Fall die genannten drei Kriterien **angemessen** und **ausgewogen** vom Arbeitgeber zu berücksichtigen. Es ist weder möglich noch sachgerecht, dem

Fragen zur Beendigung des Arbeitsverhältnisses

Arbeitgeber hinsichtlich der konkreten Gewichtung dieser im Gesetz genannten Kriterien abstrakte Vorgaben zu machen. Vor allem kommt hierbei der Betriebszugehörigkeit keine ausgeprägte Priorität gegenüber den anderen genannten Kriterien zu (BAG 5. 12. 2002 – 2 AZR 549/01).

> **Zusammenfassung:**
> Das hat für den **Beispielsfall** folgende Auswirkungen:
> - Die zwei Jahre Unterschied beim Lebensalter sind nicht allzu entscheidend.
> - Die geringere Betriebszugehörigkeit des vergleichbaren Arbeitnehmers wird sozusagen dadurch wieder ausgeglichen, dass er eine unterhaltsberechtigte Person mehr hat.
> - Es gibt bei eng beieinander liegenden Sozialdaten – wovon hier auszugehen ist – keine einzig richtige Sozialauswahl, sondern die Entscheidung des Arbeitgebers muss im Rahmen der sozialen Kriterien vertretbar sein. Wenn der Standpunkt eingenommen wird – wofür einiges spricht –, dass die geringere Betriebszugehörigkeit des vergleichbaren Beschäftigten (etwa fünf Jahre weniger) durch die zusätzliche unterhaltsberechtigte Person wieder ausgewogen wird, ist die Sozialauswahl (noch) im Rahmen des Vertretbaren zu sehen und die Kündigung wirksam.

Wichtige Begriffe

Punktesystem ist vorteilhaft und transparent
Maßgeblich sind bei der Durchführung der Sozialauswahl immer die konkreten Umstände des Einzelfalls, aber ein vom Arbeitgeber nach abstrakten Kriterien erstelltes Punktesystem bewirkt, dass die Entscheidung für den Arbeitnehmer transparenter wird. Die Bestimmung des § 1 Abs. 4 KSchG zeigt, dass nach der Auffassung des Gesetzgebers ein vom Arbeitgeber in Abstimmung mit dem Betriebsrat vereinbartes Punktesystem eine größere Gewähr für eine sachlich ausgewogene Berücksichtigung der Sozialdaten darstellt als eine vom Arbeitgeber allein aufgestellte Regelung. Das gilt auch für ein vom Arbeitgeber ohne Betriebsratsbeteiligung in ausgewogener Weise aufgestelltes Punktesystem.

Wertung der einzelnen Kriterien
Dauer der Betriebszugehörigkeit: Sie ist gemäß § 1 Abs. 1 KSchG zu bestimmen, was bedeutet, dass der ununterbrochene Bestand des Arbeits-

verhältnisses entscheidend ist. Die Frage, ob Unterbrechungen schädlich sind, ist genauso zu bewerten wie bei der Problematik der Anwendbarkeit des KSchG hinsichtlich unterbrochener Arbeitsverhältnisse. Sofern besondere gesetzliche Anrechnungsregelungen vorhanden sind (Beispiel: § 10 Abs. 2 MuSchG), sind diese auch im Rahmen des § 1 Abs. 3 Satz 1 KSchG von Bedeutung.

Lebensalter: hinsichtlich der Feststellung das unproblematischste Merkmal.

Unterhaltspflichten: Damit sind die tatsächlichen gesetzlichen Unterhaltspflichten nach den Regelungen des Bürgerlichen Gesetzbuches gemeint. Maßgeblich sind die Verhältnisse zum Zeitpunkt des Zugangs der Kündigung. Unerheblich ist es, ob der Arbeitnehmer einer zum Zeitpunkt der Kündigung bestehenden Unterhaltspflicht tatsächlich in vollem Umfang, nur eingeschränkt oder überhaupt nicht nachkommt. Es kommt daher nicht darauf an, ob die gesetzlichen Unterhaltspflichten auch vollständig erfüllt werden, was vor allem nach einer Scheidung oder bei einem Getrenntleben von Bedeutung ist.

Bei der **Schwerbehinderung** kommt es auf die tatsächlichen Gegebenheiten an. Sie muss zum Zeitpunkt des Zugangs der Kündigung gegeben sein.

e) Die verhaltensbedingte Kündigung

102. Unter welchen Voraussetzungen ist eine verhaltensbedingte Kündigung möglich?

Fall:
Ein Arbeitnehmer, der seit drei Jahren in einem Großbetrieb beschäftigt ist, hat eine verhaltensbedingte Kündigung wegen wiederholter Schlechterfüllung der Arbeitsleistung erhalten. Drei Monate vor Ausspruch der Kündigung wurde er wegen eines ähnlichen Sachverhalts abgemahnt.

Darum geht es:
Welche Voraussetzungen gelten für eine verhaltensbedingte Kündigung? Wie ist die Systematik des verhaltensbedingten Kündigungsgrundes?

Fragen zur Beendigung des Arbeitsverhältnisses

Antwort

Eine verhaltensbedingte ordentliche Kündigung setzt in den meisten Fällen ein mindestens einmal durch Abmahnung mit Kündigungsandrohung vom Arbeitgeber gerügtes Verhalten voraus sowie einen weiteren Fall einer erheblichen arbeitsrechtlichen Pflichtwidrigkeit (= eigentlicher Kündigungsgrund), der in etwa im selben Pflichtwidrigkeitsbereich liegt wie der Grund der Abmahnung.

> **Zusammenfassung:**
> Es genügen bei der ordentlichen verhaltensbedingten Kündigung solche im Verhalten des Arbeitnehmers liegenden Vertragsverletzungen, die bei verständiger Würdigung in Abwägung der Interessen von Arbeitgeber und Arbeitnehmer eine Kündigung als angemessen und billigenswert erscheinen lassen.

Es sind folgende Gründe möglich:
1. Alle Pflichtwidrigkeiten im **Leistungsbereich**, sämtliche Fälle der Schlecht- oder Nichterfüllung der Arbeitsleistung; auch ein wiederholtes unentschuldigtes Fehlen eines Arbeitnehmers nach erfolgter Abmahnung ist regelmäßig geeignet, eine verhaltensbedingte Kündigung zu rechtfertigen.
2. Kommt es neben der Störung im Leistungsbereich außerdem noch zu nachteiligen Auswirkungen in der **betrieblichen Verbundenheit**, etwa zu Betriebsablaufstörungen oder Beeinträchtigungen des Betriebsfriedens, wirkt sich dies nicht auf den an sich zur ordentlichen verhaltensbedingten Kündigung ausreichenden Grund aus. Dieser Umstand schafft bei der vorzunehmenden umfassenden **Interessenabwägung** eine negative Situation für den Arbeitnehmer (BAG 17. 1. 1991 – 2 AZR 375/90).
3. Alle Verstöße gegen die betriebliche Ordnung und vergleichbare Pflichtwidrigkeiten.
4. Verletzung der arbeitsvertraglichen **Nebenpflichten**; z. B. der Arbeitnehmer geht mit dem Eigentum von Kunden sehr nachlässig um und verursacht öfters Schäden.
5. Störungen im **Vertrauensbereich**, etwa Beleidigungen des Arbeitgebers, Verrat von Betriebsgeheimnissen, Eigentums- und Vermögensdelikte zum Nachteil des Arbeitgebers.

Zusammenfassung:
Eine ordentliche verhaltensbedingte Kündigung ist in den meisten Fällen lediglich dann sozial gerechtfertigt, wenn der Arbeitnehmer auch in schuldhafter Weise gegen die Vertragspflichten verstößt. Auch fahrlässiges Handeln rechtfertigt die Annahme eines Verschuldensvorwurfs.

Praxishinweise:
Eine verhaltensbedingte ordentliche Kündigung ist dann sozial gerechtfertigt, wenn der Arbeitnehmer seine vertraglichen Haupt- oder Nebenpflichten erheblich und regelmäßig auch schuldhaft verletzt hat, wenn eine dauerhaft störungsfreie Vertragserfüllung in Zukunft nicht mehr zu erwarten steht und die Lösung des Arbeitsverhältnisses in Abwägung der Interessen beider Vertragsteile angemessen erscheint. Eine Pflichtverletzung ist immer dann vorwerfbar (also verschuldet), wenn der Arbeitnehmer seine ihr zugrunde liegende Handlungsweise auch steuern konnte (BAG 3.11.2011 – 2 AZR 748/10), d.h. wenn die Pflichtverletzung vom Willen des Arbeitnehmers abhängig ist.
Das ist allerdings dann nicht der Fall, wenn dem Arbeitnehmer die Erfüllung der arbeitsvertraglichen Pflichten aus von ihm nicht zu vertretenden Gründen subjektiv nicht möglich ist. Sofern sich der Arbeitnehmer im Prozess hierauf berufen möchte, muss er diese Gründe genau angeben. Wenn er sich hierbei auf krankheitsbedingte Ursachen berufen möchte, wird es erforderlich sein, dass er nachvollziehbar darlegen kann, woran er erkrankt war und weshalb er deshalb seine Pflichten nicht ordnungsgemäß erfüllen konnte.

Betriebsratsanhörung
Zu einer vollständigen und wahrheitsgemäßen Information des Betriebsrats gehört in derartigen Situationen nicht nur die Mitteilung aller Kündigungstatsachen, sondern auch die Unterrichtung des Betriebsrats über die dem Arbeitgeber bekannten und für die Stellungnahme des Betriebsrats möglicherweise bedeutsamen Tatsachen, welche den Arbeitnehmer entlasten und deshalb gegen den Ausspruch einer Kündigung sprechen können.

103. Reicht ein außerdienstliches Verhalten?

Fall:
Ein Arbeitnehmer, der im Außendienst eines überregional tätigen Baustoffgroßhändlers und Produzenten von Ziegelbaustoffen tätig ist, betätigt sich in seiner Freizeit politisch und ist Landesvorsitzender einer der rechten Szene zugehörigen Partei. Diese hat zwar bei den Bundes- und Landtagswahlen so gut wie keine Bedeutung, fällt aber immer wieder durch spektakuläre Aktionen auf. Auch wenn sich seine politische Tätigkeit nicht direkt auf das Arbeitsverhältnis auswirkt, wird die Personalleitung des Baustoffhandels immer wieder darauf angesprochen, warum man »so einen Rechten« im Betrieb beschäftige.

Als der Personalleiter des Weiteren erfährt, dass bei einem größeren Bauvorhaben eines jüdischen Geschäftsinhabers es dieser kategorisch ablehnt, irgendwelche Materialien zu verbauen, die von diesem Betrieb geliefert oder produziert werden, teilt die Personalleitung dem Außendienstmitarbeiter mit, er solle sich entscheiden, ob er weiterhin der Landesvorsitzende dieser »braunen Splitterpartei« bleiben wolle oder künftig Baustoffe für den Arbeitgeber verkaufen möchte.

Der Arbeitnehmer ist der Ansicht, dass seine politischen Aktivitäten den Arbeitgeber gar nichts angingen. Seine Verkaufsergebnisse seien mehr als in Ordnung. Wenn tatsächlich mal ein »Zionist« nicht als Kunde in Betracht komme, werde dies dadurch ausgeglichen, dass viele »ordentlich denkende Deutsche aus der Riege der ehrbaren Volksgenossen« gerade zu ihm als Kunden kommen würden. Die Werbewirkung eines Landesvorsitzenden komme doch eindeutig dem Arbeitgeber zugute.

Nach dieser Äußerung reicht es dem Arbeitgeber und er kündigt ordentlich wegen »politischen Fehlverhaltens und geschäftsschädigenden Verhaltens«.

Darum geht es:
Ist die Kündigung wirksam? Kann auch ein Verhalten außerhalb des Arbeitsbereichs als Kündigungsgrund herangezogen werden?

Antwort

Im Grundsatz ist davon auszugehen, dass das außerdienstliche Verhalten den Arbeitgeber regelmäßig nicht zu interessieren hat. Das bedeutet, dass zwischen der Privatsphäre des Arbeitnehmers und seiner Stellung als Arbeitnehmer im Betrieb zu unterscheiden ist. Im Bereich einer extremen politischen Tätigkeit eines Arbeitnehmers mit entsprechender Außenwirkung kann allerdings durchaus die kündigungsrechtliche Relevanz des Verhaltens des Arbeitnehmers angenommen werden.

Da der Umsatz nicht negativ ist, kann ihm insofern keine Pflichtwidrigkeit zum Vorwurf gemacht werden. Der Arbeitgeber verliert aber aufgrund der exponierten politischen Tätigkeit des Außendienstmitarbeiters für eine rechte Splitterpartei eindeutig vereinzelt Kunden. Das ist eine negative betriebliche Auswirkung. Dass gleichzeitig »andere« Kunden durch seine Person angezogen werden sollen, ist eine nicht tatsächlich belegte Vermutung des Beschäftigten. Auf diese kommt es nicht mehr an, weil bereits aufgrund der gegebenen Umstände feststeht, dass das Verhalten des Außendienstmitarbeiters einen größeren potentiellen Kunden ferngehalten hat.

Zusammenfassung:
Der Arbeitgeber kann daher vom Außendienstmitarbeiter verlangen, dass er zumindest seine exponierte Tätigkeit für diese Partei aufgibt und nicht mehr in dieser Hinsicht öffentlich in Erscheinung tritt. Wenn der Arbeitnehmer dem nicht nachkommen sollte und eine erneute Störung im Verhältnis mit einem potentiellen Kunden eintritt (was zu erwarten ist), kann verhaltensbedingt gekündigt werden.

Politischer Extremismus am Arbeitsplatz

Werden diese politischen Aktivitäten während der Arbeitszeit ausgeübt, liegt bei schweren Verstößen gegen die Grundsätze des friedlichen Zusammenwirkens der Arbeitnehmer eine erhebliche Störung der betrieblichen Ordnung vor. Das bedeutet, dass sich der Arbeitnehmer jeglicher politischer Tätigkeit am Arbeitsplatz im Betrieb zu enthalten hat, welche zu einer konkreten Störung des Betriebsfriedens und des Arbeitsablaufs führen kann.

Lediglich politische Äußerungen und sonstige Aktivitäten, welche nicht den Betriebsfrieden und den Betriebsablauf stören und die nicht in der

Arbeitszeit unternommen werden, sind von der Meinungsfreiheit geschützt.

Auffällige politisch motivierte Tätowierungen
Probleme am Arbeitsplatz verursachen mitunter auch auffällige politisch motivierte Tätowierungen von Beschäftigten, wenn sie sichtbar sind. In diesem Bereich liegt ein Grenzfall zwischen dem verhaltensbedingten Bereich (der Arbeitnehmer hat im Betrieb so zu erscheinen, dass sein Äußeres nicht den Anlass für Streitigkeiten gibt) und dem personenbedingten Bereich (mit den Tätowierungen soll eine bestimmte politische Anschauung zum Ausdruck gebracht werden) vor. Wenn es sich so verhält, dass die sichtbaren Tattoos verfassungswidrige oder verfassungsfeindliche Symbole zeigen (Hakenkreuz, SS-Runen, Reichsadler, IS-Symbole, Symbole der »Arischen Bruderschaft« und dergleichen) und es zu betrieblichen Störungen entweder mit anderen Beschäftigten oder mit Kunden kommt, wird regelmäßig vorher abzumahnen sein in dem Sinne, so gekleidet im Betrieb zu erscheinen, dass diese Tätowierungen nicht sichtbar sind, und im Wiederholungsfall kann dieses Verhalten bei erneut aufgetretenen betrieblichen Störungen ein Kündigungsgrund sein. Sollte der Schwerpunkt im personenbedingten Bereich liegen, dann ist keine vorherige Abmahnung erforderlich. Dieser ist dann gegeben, wenn zwar der Arbeitsbereich nicht direkt betroffen ist und die Arbeitsleistung als solche nicht zu beanstanden ist, aber die sichtbaren tätowierten Symbole den Arbeitgeber in eine »bestimmte politische Richtung« rücken können, was indirekt zu Geschäftsverlusten und Umsatzeinbußen führen kann.

104. Wie wird die Interessenabwägung vorgenommen?

Fall:
Ein seit über 20 Jahren beschäftigter Industriemeister fällt mit 48 Jahren in eine erhebliche persönliche Krise wegen Beziehungsproblemen. Da er viel grübelt, lässt die Konzentration nach, und im März 2017 verursacht er durch Unachtsamkeit einen erheblichen Produktionsfehler. Diesbezüglich erhält er eine Abmahnung mit Kündigungsandrohung.
In der Folgezeit versucht der Personalleiter, mit einigen Gesprächen darauf hinzuwirken, dass sich das Verhalten am Arbeitsplatz wieder

bessert, was auch zunächst der Fall ist. Im September 2017 nähert sich der Scheidungstermin, und schon Tage vorher schlagen Depressionen auf die Arbeitsleistung durch. Einen Tag vor dem Scheidungstermin kommt er nicht zur Arbeit und ist auch nirgends telefonisch erreichbar.

An diesem Tag war der Übergabetermin eines wichtigen Kunden in Bezug auf eine neu konstruierte Maschine angesetzt; dieser Termin wurde vom Arbeitnehmer selbst vereinbart. Der Kunde ist verärgert, weil ihm niemand so genau die Maschine erklären kann wie dieser Arbeitnehmer, und sagt zum Personalleiter, wenn er das Problem mit dem Industriemeister nicht in den Griff bekomme, dann werde er das nächste Mal woanders produzieren lassen.

Daraufhin kündigt der Betrieb mit ausdrücklicher Zustimmung des Betriebsrats ordentlich verhaltensbedingt.

Der Arbeitnehmer nimmt am Tag nach dem Vorfall mit der Maschine eigenmächtig zwei Wochen Urlaub, kommt dann wieder in den Betrieb, entschuldigt sich für alles und sagt, mittlerweile habe er eingesehen, dass eine Scheidung auch ein Neuanfang sein könne, und er sei jetzt wieder leistungsfähig wie vormals. Da die Kündigung schon zugestellt wurde, fragt er nach, ob der Arbeitgeber sie doch hoffentlich »zurücknehme«. Dies lehnt der Arbeitgeber ab.

Der Arbeitnehmer fragt beim Betriebsrat an, ob im Rahmen eines Kündigungsschutzprozesses zumindest bei der Interessenabwägung berücksichtigt werden könne, dass er jahrzehntelang unbeanstandet gearbeitet habe und nur für einige Zeit »etwas ausgefallen sei«.

Darum geht es:
Welche Umstände sind bei der Interessenabwägung von Bedeutung?

Antwort

In Anbetracht der Schwere der begangenen Pflichtverletzungen sowohl beim Abmahnsachverhalt als auch beim Kündigungssachverhalt ist dem Arbeitnehmer dahin gehend zuzustimmen, dass es lediglich die Interessenabwägung sein kann, die zur möglichen Unwirksamkeit der Kündigung führen kann. Der Grund der ordentlichen verhaltensbedingten Kündigung liegt, von seiner Schwere her gesehen, zwar eindeutig unter dem einer außerordentlichen Kündigung, dieser Umstand ändert aber nichts daran, dass auch bei der verhaltensbedingten ordentlichen Kündigung eine umfassende Interessenabwägung erforderlich ist.

> **Zusammenfassung:**
> Es gibt so gut wie keine sog. absoluten Kündigungsgründe; vielmehr muss der konkrete Sachverhalt genau dahin gehend abgewogen werden, ob seine Besonderheiten die Lösung des Arbeitsverhältnisses begründen können.

Was hier zugunsten des Arbeitnehmers spricht, ist der Umstand, dass er über viele Jahre unbeanstandet und ohne wesentliche Störungen die Arbeitsleistung verrichtete. Zu seinen Lasten wirkt sich aber die erhebliche Schwere der Pflichtwidrigkeit aus, vor allem derjenigen, welche zur Kündigung führte. Fernerhin kommt hinzu, dass der Arbeitnehmer bis zur Besserung seines Zustands eigenmächtig zwei Wochen Urlaub genommen hat. Dies ist eine ganz erhebliche Pflichtwidrigkeit, die im Einzelfall den Arbeitgeber auch zu einer fristlosen Kündigung berechtigen kann. Die Erfolgsaussichten der Klage sind nicht sehr hoch.

Wichtige Begriffe

Interessenabwägung bei Arbeitspflichtverletzungen

Die in der Praxis häufiger vorkommenden Fälle der ordentlichen verhaltensbedingten Kündigung sind die Arbeitspflichtverletzungen. Wenn der Arbeitnehmer trotz einer entsprechenden Abmahnung die ordnungsgemäße Erfüllung der Arbeitsleistung verweigern sollte, liegt der Tatbestand der beharrlichen Arbeitsverweigerung vor, welcher regelmäßig eine verhaltensbedingte Kündigung rechtfertigt. Die umfassende Interessenabwägung fällt hier kurz aus. Gleiches ist der Fall bei Verstößen gegen die Arbeitspflicht durch die eigenmächtige Freizeitnahme und den eigenmächtigen Urlaubsantritt oder die nicht genehmigte Verlängerung.

Selbstbindung des Arbeitgebers

Sofern der Arbeitgeber hat verlautbaren lassen, dass er bei bestimmten Verhaltensverstößen vor Ausspruch einer Kündigung zunächst mit dem Arbeitnehmer ein klärendes Gespräch führen will, würde eine Kündigung, die ausgesprochen wird, ohne dass das Gespräch geführt wird, regelmäßig gegen den Verhältnismäßigkeitsgrundsatz verstoßen. Sie ist dann unwirksam (BAG 16. 9. 1999 – 2 AZR 712/98).

105. Gibt es im Kündigungsrechtsstreit prozessuale Verwertungsverbote?

Fall:
Ein Arbeitnehmer steht in dem Verdacht, im betrieblichen Bereich während der Arbeitszeit Betäubungsmittel zu sich zu nehmen und diese möglicherweise in seinem Spind zu lagern. Auf entsprechende Vorhalte hin bestreitet er dies energisch, und auch eine betriebsärztliche Untersuchung lehnt er kategorisch ab; er legt Wert auf die Feststellung, dass »ihm nichts fehle« und er die Arbeiten ordnungsgemäß erbringe.
Weil sich die Verdachtsmomente in der Folgezeit erhärten, beschließt die Personalleitung, in Abwesenheit des Arbeitnehmers seinen Spind zu kontrollieren. Hierzu wird dieser – ohne Einverständnis und Wissen des Betriebsrats – durch Zerschneiden des Schlosses geöffnet und sodann ein neues Schloss angebracht. Bei der Kontrolle finden sich zwei neue Injektionsspritzen, ansonsten keinerlei Betäubungsmittel.
Der Arbeitnehmer will wissen, ob das Ergebnis dieser »Maßnahme« bei einer möglicherweise zu erwartenden verhaltensbedingten Kündigung im Rechtsstreit verwertet werden kann oder ob hier von einem Verwertungsverbot ausgegangen werden müsse.

Darum geht es:
Können Beweismittel, die bei einer – ohne Willen des Arbeitnehmers – durchgeführten Schrankkontrolle erlangt wurden, verwertet werden?

Antwort

Aufgrund der Umstände des Einzelfalls wird hier wohl von einem Verwertungsverbot auszugehen sein. Dieses besteht aber nicht grundsätzlich, sondern nur unter bestimmten Voraussetzungen. Der prozessualen Verwertung von Beweismitteln, die der Arbeitgeber aus einer in Abwesenheit und ohne Einwilligung des Arbeitnehmers durchgeführten Kontrolle von dessen Schrank erlangt hat, wird schon die Heimlichkeit der Durchsuchung entgegenstehen (BAG 20. 6. 2013 – 2 AZR 546/13). Die ZPO kennt für rechtswidrig erlangte Informationen oder Beweismittel kein – ausdrückliches – prozessuales **Verwendungs-** bzw. **Verwertungsverbot**. Aus § 286 ZPO und Art. 103 Abs. 1 GG ergibt sich die Verpflichtung der Gerichte, den von den Parteien vorgetragenen Sachverhalt und die von ihnen angebotenen Beweise zu berücksichtigen.

Daher bedarf es für ein prozessuales Beweisverwertungsverbot, das zugleich die Erhebung der angebotenen Beweise verhindert, einer besonderen Legitimation in Gestalt einer gesetzlichen Grundlage. Der persönliche Schrank eines Arbeitnehmers und dessen Inhalt sind Teil seiner Privatsphäre. Sie sind allerdings nicht unter allen Umständen einer Kontrolle durch den Arbeitgeber entzogen. Betroffen ist nicht der absolut geschützte Kernbereich privater Lebensgestaltung, sondern der nur relativ geschützte Bereich des allgemeinen Persönlichkeitsrechts. Stellt der Arbeitgeber dem Arbeitnehmer einen abschließbaren Schrank zur Verfügung, berührt diese Überlassung auch seine eigenen Belange.

Arbeitnehmer müssen darauf vertrauen können, dass ihnen zugeordnete Schränke **nicht ohne ihre Einwilligung** geöffnet und dort eingebrachte persönliche Sachen nicht ohne ihr Einverständnis durchsucht werden. Geschieht dies dennoch, liegt regelmäßig ein schwerwiegender Eingriff in ihre Privatsphäre vor. Er kann nur bei Vorliegen zwingender Gründe gerechtfertigt sein. Wenn konkrete Anhaltspunkte für eine Straftat bestehen und wenn der Arbeitnehmer zu dem anzunehmenden Kreis der Verdächtigen gehört, kann sich aus dem Arbeitsvertrag die Verpflichtung ergeben, Aufklärungsmaßnahmen zu dulden. Erforderlich und verhältnismäßig im Sinne der Beschränkung des allgemeinen Persönlichkeitsrechts ist die Schrankkontrolle aber nur dann, wenn sie geeignet, erforderlich und angemessen ist.

> **Zusammenfassung:**
> Die Arbeitsgerichte sind daher befugt, Erkenntnisse zu verwerten, die sich eine Prozesspartei durch Eingriffe in das allgemeine Persönlichkeitsrecht verschafft hat, wenn die Abwägung ergibt, dass das Interesse an einer Verwertung der Beweise trotz der damit einhergehenden Rechtsverletzung das Interesse am Schutz der Daten überwiegt. Ob im Beispielsfall allerdings das Interesse des Arbeitgebers überwiegt, erscheint sehr fraglich. Die gefunden Injektionsspritzen lassen allerdings nicht unbedingt zwingend auf einen Suchtmittel-

missbrauch schließen, zumal keine entsprechenden Stoffe gefunden wurden. Sie können auch bei einer Zuckerkrankheit des Arbeitnehmers zur Verwendung kommen.

Praxishinweis:
Eine problematische Angelegenheit ist in diesem Bereich, wenn aus allgemeinen Überwachungsmaßnahmen – etwa der Videoüberwachung im Ladebereich der Lkw –, die eigentlich der Überwachung von Kunden dienen, »**Zufallserkenntnisse**« gegen Arbeitnehmer sich ergeben. Die Verwertung eines »Zufallsfundes« aus einer nach § 32 Abs. 1 Satz 2 BDSG gerechtfertigten – und zumeist – verdeckten Videoüberwachung kann nach § 32 Abs. 1 Satz 1 BDSG zulässig sein. Die Verwertung der im Rahmen einer zulässigen verdeckten Videoüberwachung gewonnenen Erkenntnisse im Kündigungsschutzprozess ist nicht deshalb unzulässig, weil die Videoüberwachung in Bezug auf den Arbeitnehmer anlasslos erfolgt ist. Gab es zur Aufklärung des gegen andere Arbeitnehmer oder sonstige Personen (Kunden) bestehenden konkreten Verdachts strafbarer Handlungen kein milderes Mittel als die Videoüberwachung, ist der mit ihr verbundene Eingriff in das allgemeine Persönlichkeitsrecht des Arbeitnehmers gerechtfertigt.
Derartige Maßnahmen unterliegen dem Mitbestimmungsrecht des Betriebsrats, allerdings wird der Betriebsrat nicht immer vom Arbeitgeber daran beteiligt, weil manche Arbeitgeber befürchten, dass dann sich die Überwachungsmaßnahme zu schnell »herumspricht«. Sollte der Arbeitgeber die Mitbestimmungsrechte des Betriebsrats nach § 87 Abs. 1 Nr. 6, § 77 BetrVG missachten, führt dies allerdings nicht zu einem Verwertungsverbot, wenn die Verwertung der Information oder des Beweismittels nach allgemeinen Grundsätzen zulässig ist.

f) Die Abmahnung

106. Muss vor einer Kündigung immer abgemahnt worden sein?

Fall:
Ein seit sechs Jahren in der Produktion beschäftigter Arbeitnehmer kommt in die Sprechstunde des Betriebsrats, ersucht zunächst darum, dass das ganze Gespräch vertraulich behandelt wird, und teilt dann dem Betriebsrat mit:
»Wie dem Betriebsrat sicherlich bekannt, wurde mir vor einigen Tagen ordentlich verhaltensbedingt gekündigt. Der Betriebsrat hat die Kündigung zur Kenntnis genommen. Mir ist bewusst, dass ich mit der Falschstempelung von drei Stunden für einen Kollegen einen groben Fehler gemacht habe und ich habe dem Arbeitgeber auch schon mehrfach mitgeteilt, dass dies nie wieder vorkommen wird.
Der Kollege, dem ich drei Stunden zusätzlich stempelte (er ist an diesem Tag schon um 14.00 Uhr gegangen, um 17.00 Uhr habe ich seine Arbeitszeiterfassungskarte durch das Erfassungsgerät gezogen), war in ziemlicher Not, weil er schon erhebliche Minusstunden hatte, andererseits an diesem Tag aber einen wichtigen Anwaltstermin in seiner Familiensache hatte. Sowohl ihm als auch mir sozusagen als ›Täter‹ wurde ordentlich verhaltensbedingt gekündigt.
Ich will nichts verharmlosen und sehe auch meinen Fehler ein, aber ich habe mir vorher nie etwas zuschulden kommen lassen und wurde noch nie abgemahnt. Soll ich eine Kündigungsschutzklage erheben oder ist dies weniger sinnvoll? Ich möchte nicht, dass es am Ende des Prozesses heißt: ›Außer Kosten nichts gewesen.‹ Was raten Sie mir?«

Darum geht es:
Wann ist vor Ausspruch einer verhaltensbedingten Kündigung eine Abmahnung erforderlich?

Antwort

Der Arbeitnehmer hat zutreffend vorgetragen, dass sein Verhalten eine erhebliche Störung des Vertrauensverhältnisses darstellt, weil er für einen

Arbeitskollegen drei Stunden »gut stempelte«, diesem also einen nicht gerechtfertigten Stundenvorteil zukommen lassen wollte. Ein derartiges Fehlverhalten berührt den Vertrauensbereich, weil es um die Ehrlichkeit im Arbeitsverhältnis geht.

Wenn der Arbeitnehmer also gegen die Kündigung vorgehen wollte, ist dies nahezu aussichtslos. Ein derartiges Verhalten liegt an der Grenze zum außerordentlichen Kündigungsgrund, wenn sie nicht bereits überschritten sein sollte. Weil der Arbeitgeber ohnehin nur ordentlich kündigte, hat er mehr als angemessen reagiert.

Es stellt sich aber die Frage, ob trotz der Schwere des Kündigungsgrundes vorher eine **einschlägige Abmahnung** mit Kündigungsandrohung erforderlich gewesen wäre. Eine derartige Abmahnung existiert nicht, weil der Arbeitnehmer sich bisher nichts hat zuschulden kommen lassen. Bei ganz erheblichen Störungen im Vertrauensbereich ist eine Abmahnung allerdings dann entbehrlich, wenn sie tatsächlich keinen Erfolg versprochen hätte. Das ist regelmäßig der Fall, wenn der Arbeitnehmer entweder nicht dazu in der Lage oder gar nicht willens ist, sich vertragsgemäß zu verhalten. Fernerhin ist bei derartigen Fällen zu berücksichtigen, dass besonders schwere Vertragsverstöße keiner Abmahnung bedürfen. In derartigen Situationen kann der Arbeitnehmer von vornherein nicht mit einer Billigung seines Verhaltens rechnen und er muss sich darüber im Klaren sein, dass er durch das Fehlverhalten seinen Arbeitsplatz aufs Spiel setzt.

> **Zusammenfassung:**
> Bei Störungen, die schwerpunktmäßig im Vertrauensbereich liegen (ist hier eindeutig der Fall), ist eine Abmahnung nur erforderlich, wenn der Arbeitnehmer annehmen durfte, sein Verhalten sei nicht vertragswidrig bzw. der Arbeitgeber werde es zumindest nicht als ein ganz erhebliches, den Bestand des Arbeitsverhältnisses gefährdendes Fehlverhalten ansehen. Das kann hier eher nicht angenommen werden.

Der Arbeitnehmer musste eindeutig davon ausgehen, dass der Arbeitgeber mit einem »Gutstempeln« von drei Stunden für einen anderen Arbeitnehmer keinesfalls einverstanden ist. Dass es sich hierbei offenbar zumindest in arbeitsrechtlicher Hinsicht nur um den Versuch einer entsprechenden Tat handelt, ist unerheblich, weil in derartigen Situationen bereits der Versuch eine nachhaltige Störung im Vertrauensbereich ist. Von einer Klageerhebung ist abzuraten.

Praxishinweis: Abmahnungen wegen Minderleistungen
Zur Vorbereitung von verhaltensbedingten Kündigungen wegen Minderleistungen werden in der Praxis vom Arbeitgeber immer wieder Abmahnungen ausgesprochen. Diese sind allerdings nicht in allen Fällen wirksam. Eine Abmahnung ist immer dann unwirksam und aus der Personalakte zu entfernen, wenn sie statt eines konkret bezeichneten Fehlverhaltens nur pauschale Vorwürfe enthält. Die Anforderungen an die Konkretisierung der in einer Abmahnung enthaltenen Rüge müssten sich an dem orientieren, was der Arbeitgeber wissen kann (BAG 27.11.2008 – 2 AZR 675/07). Bei der **quantitativen Minderleistung** eines Arbeitnehmers sind dies die Arbeitsergebnisse und deren erhebliches Zurückbleiben hinter den Leistungen vergleichbarer Arbeitnehmer, verbunden mit der Rüge des Arbeitgebers, dass aus seiner Sicht der Arbeitnehmer die Leistungsfähigkeit pflichtwidrig nicht ausschöpft.
In Zahlen sich ausdrückende Arbeitserfolge mehrerer Arbeitnehmer und ein daraus gebildeter Durchschnitt können über die Frage, ob einer der Arbeitnehmer seine persönliche Leistungsfähigkeit ausschöpft oder nicht, regelmäßig nur dann etwas Konkretes aussagen, wenn sie unter in etwa gleichen Bedingungen erzielt werden. Jeder Arbeitnehmer, der sich am Durchschnitt messen lassen soll, muss in etwa die gleiche Chance haben, durchschnittliche Arbeitserfolge zu erzielen. Gegen die Aussagefähigkeit von Durchschnittswerten spricht es beispielsweise, wenn der höchste und der niedrigste Wert weit auseinanderliegen sollten und Leistungsunterschiede dies nicht erklären können.

107. Wann muss eine Abmahnung vor einer Kündigung ausgesprochen werden?

Fall:
Ein Arbeitnehmer ist seit etwa neun Monaten in einem Industriebetrieb beschäftigt. Bisher gab es seitens des Arbeitgebers keine wesentlichen Beanstandungen seiner Arbeitsleistungen; die Arbeitsergebnisse stellen sich als durchschnittlich bis etwas unterdurchschnittlich dar. Am 16.3.2018 war der Arbeitnehmer eingeteilt, zusammen mit drei Arbeitskollegen zu einer Baustelle zu fahren. Zur vereinbarten Zeit um 7.00 Uhr war der Arbeitnehmer nicht anwesend. Nachfragen zu Hause brachten kein Ergebnis. Um 7.30 Uhr sahen die Arbeitskollegen – im Einverständnis mit dem Arbeitgeber – beim Arbeitnehmer zu Hause nach; dort war niemand anwesend.

Dem Arbeitgeber gelang es bis Freitag nicht, den Beschäftigten zu erreichen. Am Montag in der darauffolgenden Woche meldete sich eine Frau telefonisch beim Arbeitgeber, die angab, die Freundin des Arbeitnehmers zu sein. Sie teilte mit, dass es dem Arbeitnehmer gesundheitlich schlecht gehe und demnächst eine Krankschreibung komme. Weitere Versuche, mit dem Arbeitnehmer in Kontakt zu treten, scheiterten.

Am 21.3.2018 kam eine Arbeitsunfähigkeitsbescheinigung (AU) für die Zeit vom 21.3. bis zum 31.3.2018. Die anderen Tage wurden nicht mit einer AU-Bescheinigung nachgewiesen. Daraufhin leitete der Arbeitgeber sofort das Anhörungsverfahren beim Betriebsrat ein, und nach Zustimmung durch den Betriebsrat kündigte der Arbeitgeber am 3.4.2018 ordentlich verhaltensbedingt zum 15.5.2018. Diese Kündigung wurde dem Arbeitnehmer am gleichen Tag in den Briefkasten durch Boten eingelegt. Auch an diesem Tag war niemand zu Hause anwesend.

Zwei Tage später rief der Arbeitnehmer erstmals beim Arbeitgeber an und teilte ihm mit, dass er leider einige Dinge falsch gemacht habe; dies werde aber nicht mehr vorkommen. Die nicht durch eine AU-Bescheinigung nachgewiesenen Tage könnten ihm vom Lohn abgezogen werden.

Er will wissen, ob eine Kündigungsschutzklage Sinn hat mit der – wohl allein möglichen – Begründung, dass vor der Kündigung nicht abgemahnt worden sei.

Darum geht es:
Wann ist ausnahmsweise vor einer Kündigung keine Abmahnung erforderlich?

Antwort

Weil der Arbeitnehmer hier gleich mehrere Pflichtverletzungen im Arbeitsverhältnis begangen hat, bestehen am Vorliegen eines ordentlichen, verhaltensbedingten Kündigungsgrundes keine Zweifel: Er hat eine eingetretene Erkrankung nicht rechtzeitig angezeigt, die Bescheinigung der Erkrankung zu spät vorgelegt und an drei Tagen unentschuldigt gefehlt.

Allerdings könnte die ordentliche Kündigung deshalb unwirksam sein, weil keine vorherige erfolglose und einschlägige Abmahnung mit Kündigungsandrohung ausgesprochen wurde. Nach der Rechtsprechung des Bundesarbeitsgerichts ist bei allen Störungen im Leistungsbereich (Schlecht- oder Nichterfüllung der Arbeit) grundsätzlich vor Ausspruch einer Kündigung eine vergebliche Abmahnung erforderlich und Wirksamkeitsvoraussetzung für die Kündigung.

> **Zusammenfassung:**
> Der **Zweck der Abmahnung** ist folgender: Dem Arbeitnehmer sollen vor dem Ausspruch der Kündigung eindringlich sein Fehlverhalten und die arbeitsrechtlichen Konsequenzen der erneuten Verstöße im Leistungsbereich vor Augen gehalten werden.

Hiervon ist eine Ausnahme anzunehmen, wenn die Störung im Leistungsbereich als hartnäckig angesehen werden kann oder so schwerwiegend ist, dass jegliche Wiederherstellung des Mindestmaßes an der Grundlage der beiderseitigen Vertragstreue nicht mehr angenommen werden kann. Bei einem etwa neun Monate beschäftigten Arbeitnehmer ist dieser Grenzbereich erreicht, wenn er drei Tage unentschuldigt fehlt, die Krankheit (zu dem Zeitpunkt, zu dem sie bescheinigt ist) nicht rechtzeitig oder überhaupt nicht anzeigt und auch die Bescheinigung verspätet vorlegt. Vor allem das Tage während unentschuldigte Fehlen stellt regelmäßig eine **massive Störung des Leistungsbereichs** dar, die nicht entschuldigt werden kann.

Der Arbeitnehmer muss daher davon ausgehen, dass die Erfolgsaussichten einer Kündigungsschutzklage als schlecht einzustufen sind. Von einer Klageerhebung wäre nachhaltig abzuraten.

Wichtige Begriffe

Notwendigkeit einer vorherigen Abmahnung bei Störungen im Vertrauensbereich?

Bei den Störungen im Vertrauensbereich (z. B. Beleidigung des Vorgesetzten oder Arbeitgebers, Störungen des Betriebsfriedens) ist dahin gehend zu unterscheiden, wie schwerwiegend sie sind. Bei einem Fehlverhalten des Arbeitnehmers im Vertrauensbereich bedarf es immer dann einer vorherigen, erfolglosen Abmahnung, wenn das Arbeitsverhältnis durch die Vertragsverletzung nicht allzu stark belastet sein sollte und der Arbeitnehmer aus vertretbaren Gründen annehmen kann, sein Verhalten werde vom Arbeitgeber zumindest nicht als erhebliches, den Bestand des Arbeitsverhältnisses gefährdendes Fehlverhalten angesehen.

Verbrauch des abgemahnten Sachverhalts für eine spätere Kündigung?

Bei dieser Frage geht es darum, ob das Fehlverhalten des Arbeitnehmers, wegen dem der Arbeitgeber eine Abmahnung ausgesprochen hat, für eine spätere Kündigung noch verwertet werden kann. Grundsätzlich verhält es sich so, dass mit dem Ausspruch einer Abmahnung der Arbeitgeber erklärt, dass er das darin gerügte Verhalten als abgeschlossen ansieht und bei einer möglichen späteren Kündigung nicht mehr darauf zurückgreifen kann. Der Arbeitgeber kann auf das Recht zum Ausspruch einer verhaltensbedingten Kündigung jedenfalls nach dessen Entstehen durch eine entsprechende Willenserklärung einseitig verzichten – ein derartiger Verzicht ist ausdrücklich oder konkludent möglich.

Im Ausspruch einer Abmahnung ist regelmäßig der konkludente Verzicht auf das Recht zur Kündigung aus den in ihr gerügten Gründen zu sehen. Dies ist allerdings dann nicht der Fall, wenn gemäß §§ 133, 157 BGB der Abmahnung selbst oder den Umständen des Ausspruchs zu entnehmen ist, dass der Arbeitgeber die Angelegenheit mit der Abmahnung nicht als »erledigt« ansieht (BAG 19.11.2015 – 2 AZR 217/15). Wenn sich der Arbeitgeber dies vorbehalten will, muss er in der Abmahnung ausdrücken, dass auch eine spätere Kündigung vorbehalten bleibt – dies geschieht in der Praxis sehr selten und erweist sich auch als problematisch, weil dann bei Nichtvorliegen eines weiteren nachhaltigen Fehlverhaltens kaum eine Kündigung begründbar sein wird.

Auch eine an einem Formfehler leidende Abmahnung entfaltet die Warnfunktion

Aus der formellen Unwirksamkeit einer Abmahnung kann der Arbeitnehmer nicht entnehmen, der Arbeitgeber würde das abgemahnte Verhalten billigen. Der Arbeitnehmer bleibt auch dann abgemahnt, wenn die Abmahnung an einem Formfehler leidet. Der Zweck der Kündigung ist nicht eine Sanktion für eine begangene Vertragspflichtverletzung, sondern die Vermeidung des Risikos weiterer erheblicher Pflichtverletzungen. Es geht um die Verwirklichung der Vertragspflichten in der Zukunft. Wenn sie nicht mehr erwartet werden kann, erscheint die einseitige Lösung vom Vertrag als gerechtfertigt. Die vergangene Pflichtverletzung muss sich deshalb noch in der Zukunft belastend auswirken (BAG 19.2.2009 – 2 AZR 603/07).

Eine **negative Prognose** liegt bei einer Abmahnung regelmäßig vor, wenn aus der konkreten Vertragspflichtverletzung und der daraus resultierenden Vertragsstörung geschlossen werden kann, der Arbeitnehmer wird auch künftig den Arbeitsvertrag nach einer Kündigungsandrohung erneut in gleicher oder ähnlicher Weise verletzen. Die Abmahnung dient der Objektivierung der negativen Prognose. Wenn eine ordnungsgemäße Abmahnung vorliegt und der Arbeitnehmer erneut seine vertraglichen Pflichten verletzen sollte, kann zumeist davon ausgegangen werden, es werde auch künftig zu weiteren Vertragsstörungen kommen. Aus der formellen Unwirksamkeit einer Abmahnung vermag der Arbeitnehmer allerdings nicht entnehmen, der Arbeitgeber würde das abgemahnte Verhalten im Ergebnis billigen. Der Arbeitnehmer ist regelmäßig auch gewarnt, wenn die Abmahnung einen Formfehler aufweist.

Entbehrlichkeit der Abmahnung

Bei Störungen im Vertrauensbereich ist eine Abmahnung nicht nötig, wenn sie keinen Erfolg gehabt hätte, weil beispielsweise der Arbeitnehmer entweder nicht dazu in der Lage oder nicht willens ist, sich vertragsgemäß zu verhalten. Fernerhin ist darauf zu verweisen, dass bei besonders schweren Vertragsverstößen keine Abmahnung erforderlich ist, weil in derartigen Fällen der Arbeitnehmer von vornherein mit einer Billigung seines Verhaltens nicht rechnen kann und sich dessen bewusst zu sein hat, dass er seinen Arbeitsplatz möglicherweise verlieren wird. Dies gilt auch, wenn der Schwerpunkt im Leistungsbereich liegt und der Verstoß als hartnäckig anzusehen ist.

Wenn also der Arbeitnehmer annehmen durfte, sein Verhalten sei nicht vertragswidrig bzw. der Arbeitgeber werde es zumindest nicht als ein erhebliches, den Bestand des Arbeitsverhältnisses gefährdendes Fehlverhalten ansehen, ist vor der verhaltensbedingten Kündigung immer eine Abmahnung notwendig.

Wie lange wirkt eine Abmahnung?

Mit der Abmahnung übt der Arbeitgeber seine arbeitsvertraglichen Rechte in doppelter Hinsicht aus; zum einen weist er den Arbeitnehmer auf dessen vertragliche Pflichten hin und macht ihn auf die Verletzung dieser Pflichten aufmerksam (Rüge- und Dokumentationsfunktion), zum anderen fordert er ihn für die Zukunft zu einem vertragstreuen Verhalten auf und kündigt, sofern dies angebracht erscheint, kündigungsrechtliche Konsequenzen für den Fall einer erneuten Pflichtverletzung an (Warnfunktion). Der Anspruch auf Entfernung einer **zu Recht erteilten Abmahnung** oder die Feststellung, dass diese im Rahmen des Arbeitsverhältnisses keine Wirkungen mehr entfalten könnte, setzt daher nicht nur voraus, dass die Abmahnung ihre Warnfunktion verloren hat. Zusätzlich ist hierfür erforderlich, dass der Arbeitgeber auch kein berechtigtes Interesse mehr an der Dokumentation der gerügten Pflichtverletzung hat (BAG 19.7.2012 – 2 AZR 782/11).

Zusammenfassung:
Eine Abmahnung wird nicht nach Ablauf bestimmter Zeiten automatisch unwirksam. Die wirksam erteilte Abmahnung kann für die spätere Interessenabwägung bei einer verhaltensbedingten Kündigung auch dann noch Bedeutung haben, wenn sie ihre kündigungsrechtliche Warnfunktion verloren haben sollte. Auch wenn dem so sein sollte, besteht nicht zwangsläufig für die gesamte Dauer des Arbeitsverhältnisses ein berechtigtes Interesse des Arbeitgebers an der Dokumentation einer Pflichtverletzung. So kann ein hinreichend lange zurückliegender, nicht schwerwiegender und durch beanstandungsfreies Verhalten faktisch überholter Pflichtenverstoß jegliche Bedeutung für eine später erforderlich werdende Interessenabwägung vollständig verlieren. Sollte es dagegen um eine erhebliche Pflichtverletzung im Vertrauensbereich gehen, wird dieser abgemahnte Vorfall für das Arbeitsverhältnis für eine durchaus erhebliche Zeit von Bedeutung sein.

108. Wie oft muss vor der Kündigung abgemahnt werden?

Fall:
Eine Arbeitnehmerin, die in der Kantine beschäftigt ist, wurde im Mai 2015 wegen nachhaltigen, mehrmaligen Zuspätkommens mit Kündigungsandrohung abgemahnt. Im September 2016 erhielt sie eine weitere Abmahnung, weil sie im Lebensmittelbereich nicht auf die Kühltemperatur von Waren achtete und so eine Reihe von Frischeprodukten in der Kantine verdorben war.
Am 14.7.2017 ereignete sich folgender Vorfall: Eine Stunde vor dem Ende der regulären Arbeitszeit wurde sie von der Vorarbeiterin angewiesen, die Theke im Verkaufsraum zu reinigen, da es zu Verschmutzungen kam. Sie entgegnete hierauf, das habe sie nicht zu

> verantworten und immer müsse sie den Dreck anderer Arbeitnehmerinnen wegputzen. Sie putzte dann motivationslos etwa 1/3 der Theke, über den Rest der Fläche wischte sie nur einmal darüber hinweg und ging dann nach Hause. Dies geschah 1/2 Stunde vor dem Ende ihrer Arbeitszeit.
>
> Als der Arbeitgeber dies bemerkte, sprach er nach der Anhörung des Betriebsrats die Kündigung aus. Die Arbeitnehmerin will wissen, ob sie nicht vorher erneut hätte abgemahnt werden müssen; sie habe einmal gehört, dass mindestens drei Abmahnungen vor einer Kündigung erforderlich wären.
>
> **Darum geht es:**
> Reicht eine Abmahnung vor einer Kündigung oder müssen es mehrere sein?

Antwort

Die Ansicht, dass mindestens dreimal vor Ausspruch einer Kündigung abgemahnt werden müsse, ist in dieser Allgemeinheit nicht richtig: Es genügt grundsätzlich eine vorherige förmliche (mit Kündigungsandrohung) Abmahnung, wenn der Abmahnsachverhalt derselben Sphäre entstammt wie der Kündigungssachverhalt. Nur dann, wenn Abmahnsachverhalt und Kündigungssachverhalt unterschiedliche Bereiche betreffen, ist eine erneute Abmahnung erforderlich. Der erste Vorfall betraf das Zuspätkommen, und deshalb wurde die erste Abmahnung ausgesprochen. Der zweite Vorfall hat eine andere Sphäre der Pflichtwidrigkeit erfasst. Der Kündigungssachverhalt betrifft ebenfalls das Einhalten der Arbeitszeit – bei diesem erbrachte die Arbeitnehmerin zunächst nur unzureichend die auszuführende Arbeitsleistung, und bei der verbleibenden halben Stunde stellte sie die Arbeit ein und entfernte sich vom Arbeitsplatz. Das ist eine **einschlägige Pflichtwidrigkeit** in Bezug auf den ersten abgemahnten Sachverhalt.

Eine Abmahnung kann nur die Funktion erfüllen, den Arbeitnehmer zu warnen, dass ihm bei der nächsten gleichartigen Pflichtverletzung die Kündigung droht, wenn der Arbeitnehmer diese Drohung ernst nehmen muss. Zu viele Abmahnungen können allerdings bewirken, dass der Arbeitnehmer die Kündigungsandrohung nicht mehr ernsthaft in Erwägung ziehen muss. Dies kann je nach den Umständen nicht mehr der Fall sein, wenn jahrelang in zahlreichen Abmahnungen die Kündigung stets nur angedroht wird, ohne ausgesprochen zu werden (BAG 16.9.2004 – 2 AZR 406/03). Dann handelt es sich insofern eindeutig lediglich um eine mehr oder weniger leere Drohung.

> **Zusammenfassung:**
> Weil eine einschlägige Abmahnung vor dem Kündigungssachverhalt vorgelegen hat, ist das Erfordernis der vorherigen einschlägigen förmlichen Abmahnung erfüllt. Ob die Kündigung wirksam ist, hängt von der Wertung der Schwere des Kündigungssachverhalts ab.

Wichtige Begriffe

Zu viele Abmahnungen vor der Kündigung

Wenn der Arbeitgeber durch mehr oder weniger zahlreiche Abmahnungen wegen einschlägiger Pflichtwidrigkeiten die Warnfunktion abgeschwächt hat, muss er die letzte Abmahnung vor dem Ausspruch der Kündigung besonders eindringlich (in Bezug auf die Formulierung) gestalten (Beispiel der Formulierung: »letztmalige Abmahnung«). Nur dann wird dem Arbeitnehmer hinreichend klar gemacht, dass weitere derartige Pflichtverletzungen jetzt tatsächlich zum Ausspruch einer Kündigung führen werden.

Gleichartigkeit des Abmahn- und Kündigungssachverhalts

Das Bundesarbeitsgericht (BAG 9.8.1984 – 2 AZR 400/83) nimmt an, dass nach vorheriger Abmahnung ein weiterer Pflichtverstoß lediglich dann zur Kündigung des Arbeitsverhältnisses berechtigt, wenn das abgemahnte Fehlverhalten auf der gleichen Ebene liegt wie der Kündigungsvorwurf. Es ist notwendig, dass der Kündigungssachverhalt eine gleich gelagerte Pflichtwidrigkeit wie beim Abmahnungssachverhalt darstellt. Hiernach ist es regelmäßig ausreichend, wenn Abmahnung und Kündigung aus dem gleichen Bereich der »Kritiksphäre« stammen.

Gleichartig sind Pflichtverletzungen nicht nur, wenn es sich um ein identisches Fehlverhalten handelt (das kommt in der Praxis ohnehin eher selten vor), sondern bereits, wenn die Pflichtverletzungen unter einem einheitlichen Gesichtspunkt zusammengefasst werden können (LAG Hessen 7.7.1997 – 16 Sa 2328/96). Die Gleichartigkeit wurde in dieser Entscheidung zu Recht bejaht, wenn zunächst die Verletzung der Anzeigepflicht bei einer Krankheit abgemahnt wurde und später die Weigerung des Arbeitnehmers eintritt, während der Arbeitszeit zu einem Gespräch mit dem Vorgesetzten zu erscheinen.

Abmahnung verbraucht das Kündigungsrecht

Mit dem Ausspruch einer Abmahnung ist zumeist der konkludente Verzicht auf das Recht zur Kündigung durch den Arbeitgeber wegen der in der Abmahnung gerügten Gründe zu sehen (BAG 26.11.2009 – 2 AZR 751/08). Sofern weitere Gründe zu den abgemahnten hinzukommen und wenn diese erst nach dem Ausspruch der Abmahnung bekannt werden sollten, sind diese vom Kündigungsverzicht nicht erfasst. Der Arbeitgeber kann sie zur Begründung einer Kündigung heranziehen und dabei auf die schon abgemahnten Gründe unterstützend zurückgreifen.

Kündigt der Arbeitgeber in unmittelbarem zeitlichen Zusammenhang mit einer vorausgegangenen Abmahnung, kann dies allerdings zumeist dafür sprechen, dass die Kündigung in Wirklichkeit wegen der bereits abgemahnten Pflichtverletzung erfolgt – regelmäßig immer dann, wenn der Arbeitnehmer zwischen Abmahnung und Kündigungserklärung nicht mehr gearbeitet haben sollte. In einer solchen Situation muss der Arbeitgeber im Einzelnen nachvollziehbar darlegen, dass neue oder später bekannt gewordene Gründe hinzugetreten sind und erst diese seinen Kündigungsentschluss bestimmt haben.

Ausnahme: mehrere Abmahnungen vor der Kündigung

In besonders gelagerten Ausnahmefällen wird bei einschlägigen Pflichtwidrigkeiten eine weitere Abmahnung vor Ausspruch einer verhaltensbedingten Kündigung erforderlich sein (LAG Hamm 25.9.1997 – 8 Sa 557/97). Der Grundsatz der Verhältnismäßigkeit kann vor Ausspruch einer verhaltensbedingten Kündigung wegen einer Arbeitsverweigerung eine erneute Abmahnung im Sinne einer **letzten Warnung** gebieten. Dies ist etwa in Situationen anzunehmen, wenn das Arbeitsverhältnis langjährig störungsfrei verlaufen ist und das Fehlverhalten des Arbeitnehmers nicht allzu schwerwiegend ist.

Keine Abmahnung wegen eines verweigerten Personalgesprächs

In der Praxis kommt es immer wieder vor, dass der Arbeitgeber eine Abmahnung ausspricht, weil es der Arbeitnehmer ablehnt, zu einem Personalgespräch zu erscheinen, das der Arbeitgeber gerne führen möchte. Das ist allerdings kein wirksamer Grund für eine Abmahnung. Der Arbeitnehmer hat einen Anspruch auf Entfernung seiner Abmahnung aus der Personalakte, wenn er abgemahnt wurde, weil er kein Personalgespräch hatte führen wollen, in dem es ausschließlich um Verhandlungen mit dem

Ziel einer Vertragsänderung gehen sollte. Eine Verpflichtung des Arbeitnehmers, zu jedem Gespräch mit dem Arbeitgeber zur Verfügung zu stehen, besteht nach § 106 Satz 1 und 2 GewO gerade nicht (BAG 23.6.2009 – 2 AZR 606/08).

109. Was ist eine förmliche, was eine formlose Abmahnung?

Fall:
Der Arbeitnehmer Müller kommt in die Sprechstunde des Betriebsrats und hat folgende Frage:
»Vor einigen Tagen habe ich eine Abmahnung bekommen, da ich – was nicht zu bestreiten ist – zweimal innerhalb einer Woche um 30 bzw. 45 Minuten zu spät zur Arbeit kam. Das Fehlverhalten ist entsprechend klar beschrieben. Die Abmahnung endet mit dem Satz:
›So kann es nicht weiter gehen! Wenn Sie noch einmal zu spät kommen, müssen Sie mit ernsthaften Konsequenzen in Bezug auf den Fortbestand des Arbeitsverhältnisses rechnen‹.«
Er will wissen, ob er im Fall der nächsten einschlägigen Pflichtwidrigkeit – wenn sie vorkommen sollte – eine Kündigung zu befürchten hat.

Darum geht es:
Wo liegen die Unterschiede bei einer Abmahnung mit und ohne Kündigungsandrohung?

Antwort

Die Abmahnung ist eine Erklärung des Arbeitgebers, die dem Arbeitnehmer deutlich machen soll, dass ein vertragswidriges Verhalten nicht mehr länger geduldet wird. Sie verhindert eine aufgrund stillschweigender Duldung mögliche Änderung des Arbeitsvertrags oder einen Rechtsverlust des Arbeitgebers. Die Abmahnung des Arbeitnehmers wegen eines nicht vertragsgemäßen Verhaltens durch den Arbeitgeber hat je nach ihrem Inhalt und der Zielsetzung verschiedene Funktionen:
- Sie kann mit dem Hinweis auf die Gefährdung von Inhalt oder Bestand

des Arbeitsverhältnisses bei künftigen, gleichartigen Vertragsverletzungen der Vorbereitung einer Kündigung dienen; das ist die **Warnfunktion** einer Abmahnung.
- Der Arbeitgeber kann die Abmahnung auch in Ausübung eines vertraglichen Rügerechts – ohne Warnfunktion – als nicht so schwere Sanktion wie die Kündigung aussprechen.
- Der abgemahnte Lebenssachverhalt ist stets in der Abmahnung genau zu beschreiben und auszudrücken; das ist die **Dokumentationsfunktion**. Beide Funktionen stehen häufig nebeneinander – vor allem dann, wenn die Abmahnung der Vorbereitung einer Kündigung dienen soll (BAG 10. 11. 1988 – 2 AZR 215/88).

Die Dokumentationsfunktion, also die Beschreibung des Fehlverhaltens, ist erfüllt. Fraglich ist allerdings, ob auch die Warnfunktion gegeben ist. Hierzu ist erforderlich, dass dem Arbeitnehmer unmissverständlich zu erkennen gegeben wird, dass im Wiederholungsfall – also bei einer weiteren einschlägigen und erheblichen Pflichtverletzung – die Kündigung erfolgt. In eindeutiger Weise wird dies zum Ausdruck gebracht, wenn eine Kündigung ausdrücklich angedroht wird.

Das Wort »Kündigung« muss zwar nicht ausdrücklich fallen, es ist aber für eine förmliche Abmahnung erforderlich, dass wörtlich oder sinngemäß zum Ausdruck kommt, dass bei weiteren einschlägigen Pflichtwidrigkeiten eine Lösung des Arbeitsverhältnisses erfolgen wird. Die Androhung »weiterer Konsequenzen« genügt zumeist nicht, da damit nicht zwingend die Beendigung des Arbeitsverhältnisses zum Ausdruck gebracht wird, es sei denn, diese weiteren Konsequenzen ließen sich als die Androhung einer Kündigung im Wiederholungsfall im Gesamtzusammenhang erschließen – was nicht ohne weiteres vertreten werden kann.

Zusammenfassung:
Im **Beispielsfall** wird der Wortlaut genügen, eine förmliche Abmahnung anzunehmen: Ernsthafte Konsequenzen für den Fortbestand des Arbeitsverhältnisses sind eindeutig Kündigungen. Zwar hätte der Arbeitgeber dies wesentlich deutlicher ausdrücken können, wenn er das Wort Kündigung verwendet hätte, die Wortwahl gibt aber doch nach dem Sinn der Erklärung dem Arbeitnehmer deutlich zu erkennen, dass es im Wiederholungsfall um eine Kündigung geht. Der Arbeitnehmer muss daher bei weiteren einschlägigen und erheblichen Pflichtwidrigkeiten mit einer Kündigung rechnen.

g) Die personenbedingte Kündigung – insbesondere krankheitsbedingte Kündigung

110. Sind Haftstrafen ein personenbedingter Kündigungsgrund?

Fall:
Ein Arbeitnehmer wurde rechtskräftig wegen einer Straftat, die keinerlei Bezug zum Arbeitsverhältnis aufweist, zu einer Haftstrafe von 15 Monaten auf Bewährung verurteilt. Als der Arbeitgeber die Rechtskraft der Verurteilung erfährt, kündigt er das Arbeitsverhältnis ordentlich unter Einhaltung der ordentlichen Kündigungsfrist. Weil zwischenzeitlich ein weiteres Ermittlungsverfahren gegen den Arbeitnehmer läuft, muss er möglicherweise damit rechnen, dass künftig die Bewährung widerrufen wird.
Der Arbeitnehmer hält diese Kündigung für rechtsunwirksam, weil er »lediglich« eine Bewährungsstrafe erhalten hat.

Darum geht es:
Kann wegen einer Bewährungsstrafe wirksam gekündigt werden?

Antwort

In derartigen Fällen ist dahin gehend zu unterscheiden, ob es dem Arbeitnehmer weiterhin möglich ist, die Arbeitsleistung zu erbringen oder nicht. Immer dann, wenn der Arbeitnehmer eine Freiheitsstrafe zu verbüßen hat und nicht absehbar ist, ob und ggf. wann er vorzeitig aus der Haft entlassen wird, liegt im Regelfall – unbeschadet einer abschließenden Interessenabwägung – ein personenbedingter Grund zur Kündigung vor (BAG 24. 3. 2011 – 2 AZR 790/09). Hierbei ist zu berücksichtigen, dass dem Arbeitgeber die Möglichkeit zur Beschäftigung einer Aushilfskraft im sachgrundlos befristeten Arbeitsverhältnis lediglich für einen Zeitraum von maximal 24 Monaten eröffnet ist. Er kann deshalb bei längerer Haftzeit nicht damit rechnen, die Abwesenheit des Arbeitnehmers einigermaßen problemlos überbrücken zu können. Hinzu kommt, dass mit zunehmender **Haftdauer** die Verwirklichung des Vertragszwecks in Frage gestellt wird.

Fragen zur Beendigung des Arbeitsverhältnisses

Eine längere Abwesenheit des Arbeitnehmers geht typischerweise mit einer Lockerung seiner Bindungen an den Betrieb und die Belegschaft sowie dem Verlust von Erfahrungswissen einher, das aus der täglichen Routine resultiert. Dementsprechend muss der Arbeitgeber bei der Rückkehr eines langjährig inhaftierten Arbeitnehmers mit einem gewissen Aufwand für das Einarbeiten rechnen.

> **Zusammenfassung:**
> Eine Verpflichtung des Arbeitgebers, selbst bei einer Haftstrafe bloße Überbrückungsmaßnahmen zu ergreifen, besteht auch nicht aus Gründen der Resozialisierung. Bei kurzzeitigen Inhaftierungen oder in Fällen, in denen nach Ablauf der Kündigungsfrist zeitnah eine Weiterbeschäftigung im offenen Vollzug möglich ist, ist auf die entsprechenden Belange des Arbeitnehmers angemessen Rücksicht zu nehmen. Solange der Arbeitnehmer nicht in Haft ist, kann sich der Arbeitgeber nicht auf einen personenbedingten Kündigungsgrund berufen. Das kann sich allerdings künftig ändern, wenn mit einem Widerruf der Bewährung zu rechnen ist.

111. Was sind die Voraussetzungen einer Kündigung wegen häufiger Kurzerkrankungen?

> **Fall:**
> Eine Beschäftigte kommt zum Betriebsrat und trägt vor:
> »Seit fünf Jahren bin ich in der Produktion von Autozubehör als Arbeiterin tätig. In den ersten drei Jahren war ich so gut wie nie krank. Im vorletzten Jahr hatte ich leider einen Sportunfall und eine Lungenentzündung. Dies hatte insgesamt 38 Krankheitstage zur Folge. Letztes Jahr erlitt ich durch Unachtsamkeit eines Arbeitskollegen einen Betriebsunfall mit zwölf Tagen Krankschreibung, ein Unfall im Privatbereich führte zu 18 Tagen. Dann war ich noch für einige wenige Tage kurz erkrankt. Im laufenden Jahr war ich leider wiederum 22 Tage krank, weil eine Operation ausgeführt werden musste. Von der Personalleitung habe ich erfahren, dass ich mit einer Kündigung rechnen muss – ist diese wirksam? Bei den Erkrankungen besteht doch keine Wiederholungsgefahr.«

> **Darum geht es:**
> Wann muss ein Arbeitnehmer mit einer Kündigung wegen immer wieder auftretenden Erkrankungen rechnen?

Antwort

Im Beispielsfall könnte eine Kündigung wegen häufiger Kurzerkrankungen in Betracht kommen. Bei einer derartigen Kündigung ist es maßgeblich, wie sich die Krankheitstage in den letzten Jahren der Beschäftigung entwickelt haben. Ab welcher **Zahl der Fehltage** im Jahr von einer unzumutbaren Dauer der Arbeitsunfähigkeit gesprochen werden kann, kann nicht rein mathematisch mit einem bestimmten Prozentsatz angegeben werden. Auf das Überschreiten eines bestimmten Prozentsatzes (wie viele Arbeitstage pro Jahr sind Krankheitstage?) kommt es deshalb nicht allein maßgeblich an, da die Krankheitstage in der Vergangenheit ausschließlich betrachtet die Kündigung nicht wirksam machen können.

Um eine Größenordnung zur Verdeutlichung zu nennen, kann bei einer Krankheitsquote von 1/9 bis 1/8 der Arbeitstage pro Kalenderjahr angenommen werden, dass bei häufigen Kurzerkrankungen die kritische Grenze erreicht ist. Das bedeutet aber nicht, dass in derartigen Situationen die Kündigung bereits regelmäßig wirksam möglich ist. Welche Zahl von Fehltagen somit zu einer unzumutbaren Beeinträchtigung führt, ist nicht allein von der Häufigkeit der Krankheitstage abhängig.

> **Zusammenfassung:**
> Eine **negative Zukunftsprognose** (= die Befürchtung, dass immer wieder Krankheitszeiten auftreten) kann im Beispielsfall wohl nicht angenommen werden. Für die Würdigung der Gesundheitsprognose können häufige Kurzerkrankungen in der Vergangenheit durchaus für einen entsprechenden weiteren Krankheitsverlauf sprechen. Dafür müssen allerdings konkrete Anhaltspunkte gegeben sein. Die Arbeitnehmerin muss zumindest derzeit noch keine wirksame Kündigung befürchten.

Fragen zur Beendigung des Arbeitsverhältnisses

Wichtige Begriffe

Darlegungslast bei der Zukunftsprognose
Der Arbeitgeber kann bei einer krankheitsbedingten Kündigung wegen häufiger Kurzerkrankungen im Rechtsstreit bei Vorhandensein entsprechender Fehlzeiten zunächst nur vortragen, hieraus könne die negative Zukunftsprognose abgeleitet werden. Der Arbeitnehmer muss dann diese Vermutung entkräften (BAG 6. 9. 1989 – 2 AZR 19/89).

Interessenabwägung
Bei der Kündigung wegen häufiger Kurzerkrankungen ist im Wege der Interessenabwägung auch zu berücksichtigen, ob bzw. wie lange das Arbeitsverhältnis zunächst ungestört verlaufen ist (BAG 16. 2. 1989 – 2 AZR 299/88).

Wirtschaftliche Belastungen
Die krankheitsbedingte Kündigung ist wirksam, wenn das Arbeitsverhältnis als Austauschverhältnis erheblich gestört ist, weil mit immer neuen beträchtlichen Fehlzeiten und entsprechenden Entgeltfortzahlungen gerechnet werden muss. Die bereits entstandenen und auch die künftig zu erwartenden Entgeltfortzahlungskosten, die für einen Zeitraum von mehr als sechs Wochen zu zahlen sind, sind als eine erhebliche Beeinträchtigung betrieblicher Interessen bei der Frage der Wirksamkeit der Kündigung anzusehen.

Kündigung wegen Krankheit ist keine unzulässige Diskriminierung
In diesem Zusammenhang wird immer wieder der – im Ergebnis unzutreffende – Standpunkt vertreten, dass eine Kündigung wegen Krankheit eine diskriminierende Maßnahme sein könnte. Ein Verstoß gegen das Allgemeine Gleichbehandlungsgesetz wird sich hier nicht begründen lassen, weil dieses auf den Prüfungsmaßstab einer Kündigung keinen Einfluss nimmt; es bleibt ausschließlich bei der kündigungsrechtlichen Situation.
Aber auch ein Verstoß gegen das Diskriminierungsverbot des Europäischen Gemeinschaftsrechts kann bei einer Kündigung wegen der Folgen der Erkrankung nicht angenommen werden. Sofern einem Arbeitnehmer vom Arbeitgeber ausschließlich wegen Krankheit gekündigt wurde, liegt in diesem Verhalten nach der Rechtsprechung des Europäischen Gerichtshofs gerade kein Verstoß gegen die Richtlinie 2000/78/EG vom 27. 11. 2000 zur Festlegung eines allgemeinen Rahmens für die Verwirklichung der Gleichbehandlung in Beschäftigung und Beruf und zur Be-

kämpfung der Diskriminierung wegen einer Behinderung vor (EuGH 11.7.2006 – C-13/05, »Chacon Navas«).
Das Verbot der Diskriminierung wegen einer Behinderung durch eine Entlassung nach Art. 2 Abs. 1 und Art. 3 Abs. 1 dieser Richtlinie steht der Entlassung nur dann entgegen, wenn sie unter Berücksichtigung der Verpflichtung, angemessene Vorkehrungen für Menschen mit Behinderungen zu treffen, nicht dadurch gerechtfertigt ist, dass die betreffende Person für die Erfüllung der wesentlichen Funktionen des Arbeitsplatzes nicht kompetent, fähig oder verfügbar ist. Krankheit als solche kann nicht als ein weiterer Grund neben den erwähnten angesehen werden, bezüglich derer Personen nach der Richtlinie nicht diskriminiert werden dürfen. Dies bedeutet, dass es regelmäßig keinen Erfolg haben kann, wenn sich der Arbeitnehmer bei einer krankheitsbedingten Kündigung auf Diskriminierungsverstöße berufen will.
Der bloße Ausspruch der krankheitsbedingten Kündigung ist grundsätzlich keine hinreichende Tatsache für die Vermutung einer **Benachteiligung wegen einer Behinderung** (BAG 22.10.2009 – 8 AZR 642/08). Das Vorliegen eines Diskriminierungsmerkmals in der Person des Benachteiligten reicht für die Annahme eines Kausalzusammenhangs prinzipiell nicht aus. Als eine Willenserklärung knüpft eine krankheitsbedingte Kündigung als solche nicht an ein Diskriminierungsmerkmal an.

Kann im Einzelfall auch außerordentlich wegen erheblicher Krankheitszeiten gekündigt werden?

Regelmäßig kommt bei Erkrankungen lediglich eine ordentliche Kündigung in Betracht. Eine krankheitsbedingte Leistungsminderung kann allerdings auch im Ausnahmefall einen wichtigen Grund gemäß § 626 Abs. 1 BGB darstellen. Grundsätzlich ist es bei derartigen Situationen dem Arbeitgeber zuzumuten, die maßgebliche Kündigungsfrist einzuhalten. Eine außerordentliche Kündigung aufgrund krankheitsbedingter Leistungsminderung kommt daher nur in Betracht, wenn ein **gravierendes Missverhältnisses** zwischen Leistung und Gegenleistung vorliegen sollte; letztendlich immer dann, wenn so gut wie keine Arbeitsleistung wegen der Krankheit mehr erfolgen kann (BAG 20.3.2014 – 2 AZR 825/12). Schon die ordentliche Kündigung wegen einer Leistungsminderung durch Krankheit erfordert, dass die verbliebene Arbeitsleistung die Erwartung des Arbeitgebers in einem Maße unterschreitet, dass die Fortsetzung des (unveränderten) Arbeitsvertrags unzumutbar wäre. Wenn das Arbeitsverhältnis nur aus wichtigem Grund kündbar ist (wenn also eine ordentliche Unkündbarkeit bestehen sollte), dann ist es dem Arbeitgeber regelmäßig zuzumuten, eine krankheitsbedingte Leistungsminderung des Arbeitnehmers durch entsprechende Maßnahmen, etwa eine diesen Umstand berücksichtigende Aufgabenverteilung, auszugleichen.

112. Wann kann wegen lang dauernder Einzelerkrankung gekündigt werden?

Fall:
Eine seit fünf Jahren beschäftigte 48-jährige Verwaltungsangestellte einer Bank ist seit sieben Monaten ununterbrochen krank. Ihr Zustand hat sich bisher nicht erheblich gebessert. Sie wendet sich an den Betriebsrat mit der Frage, unter welchen Voraussetzungen sie mit einer Kündigung rechnen muss.

Darum geht es:
Ab wann reicht eine längere Krankheitszeit aus, eine Kündigung zu rechtfertigen?

Antwort

Bei lang andauernden Einzelerkrankungen kommt es zunächst darauf an, ob durch diese Erkrankung das Arbeitsverhältnis als Austauschverhältnis gestört ist. Die Kosten der Entgeltfortzahlung werden in derartigen Fällen im Allgemeinen nur für die ersten sechs Wochen anfallen und sich im Rahmen dessen halten, was einem jeden Arbeitgeber zumutbar ist. Die kritische Grenze ist bei der Kündigung wegen lang andauernder Krankheit bei Zeiten über neun Monaten erreicht. Dieser Krankheitszeit nähert sich die Beschäftigte, wenn nicht in absehbarer Zeit eine Besserung eintreten sollte.

Zusammenfassung:
Ungeklärt ist im Beispielsfall die negative Zukunftsprognose, also die Frage, wann mit einer Beendigung der Erkrankung zu rechnen ist. In Zweifelsfällen wird diese Frage im Rahmen eines im Kündigungsschutzrechtsstreit einzuholenden medizinischen Sachverständigengutachtens geklärt.

Wichtige Begriffe

Dauernde Unmöglichkeit der Erbringung der Arbeitsleistung

Bei Erkrankungen, die sich über viele Monate oder gar Jahre erstrecken, können die Bemühungen des Arbeitgebers, den Ausfall ständig zu überbrücken, unzumutbar werden. Sofern aus einer lang andauernden Arbeitsunfähigkeit die dauernde Unfähigkeit des Arbeitnehmers wird, seine Arbeitsleistung zu erbringen, muss der Arbeitgeber eine darüber hinausgehende erhebliche Betriebsbeeinträchtigung in einem Kündigungsschutzprozess nicht näher begründen.

In derartigen Fällen geht es nicht mehr um eine Kündigung wegen vorübergehender Leistungsminderung infolge Krankheit, sondern um eine Kündigung wegen dauernder Unmöglichkeit, die Arbeitsleistung zu erbringen. Sofern der Arbeitnehmer dauerhaft außer Stande sein sollte, die vertraglich geschuldete Arbeitsleistung zu erbringen, ist regelmäßig die negative Prognose hinsichtlich der künftigen Entwicklung des Gesundheitszustands anzunehmen. Der dauernden **Leistungsunfähigkeit** steht die völlige Ungewissheit der Wiederherstellung der Arbeitsfähigkeit gleich; eine solche Ungewissheit liegt immer dann vor, wenn in absehbarer Zeit nicht mit einer positiven Entwicklung gerechnet werden kann. Als absehbar ist hier ein Zeitraum von bis zu 24 Monaten zu werten (BAG 20.11.2014 – 2 AZR 664/13).

Auch wenn der Arbeitnehmer auf Dauer wegen Krankheit die geschuldete Arbeitsleistung nicht mehr erbringen kann, ist die Kündigung nach dem das gesamte Kündigungsrecht beherrschenden **Verhältnismäßigkeitsgrundsatz** nur gerechtfertigt, wenn sie zur Beseitigung der eingetretenen Vertragsstörung erforderlich ist. Mildere Mittel zur Vermeidung künftiger Fehlzeiten müssen berücksichtigt werden. Dies sind insbesondere die Umgestaltung des bisherigen Arbeitsbereichs oder die Weiterbeschäftigung des Arbeitnehmers auf einem anderen – leidensgerechten – Arbeitsplatz. Dies erfordert in Krankheitsfällen auch die Verpflichtung des Arbeitgebers, einen leidensgerechten Arbeitsplatz durch Ausübung seines Direktionsrechts »freizumachen« und sich ggf. um die erforderliche Zustimmung des Betriebsrats zu bemühen.

> **Zusammenfassung:**
> Eine Pflicht zur **Freikündigung eines leidensgerechten Arbeitsplatzes** für den erkrankten Arbeitnehmer allein auf der Grundlage des allgemeinen Kündigungsschutzes besteht nicht. Das ist auch anzunehmen, wenn der erkrankte Arbeitnehmer schwerbehindert ist und der Arbeitsstelleninhaber den allgemeinen Kündigungsschutz

> nach dem KSchG haben sollte. Eine Pflicht zur »Freikündigung« käme allenfalls in Betracht, wenn der schwerbehinderte Arbeitnehmer darlegt und auch beweisen kann, dass der betroffene Stelleninhaber seinerseits nicht behindert ist und eine Kündigung für diesen keine besondere Härte darstellt. In der Praxis dürfte dies allerdings eine eher schwierige Angelegenheit werden.

Berücksichtigung der Krankheitsursachen

Bei der Prüfung einer krankheitsbedingten Kündigung können bei der Interessenabwägung auch die Krankheitsursachen von Bedeutung sein. Grundsätzlich ist dem Arbeitgeber die Hinnahme einer Beeinträchtigung seiner betrieblichen Interessen eher zuzumuten, wenn die Gründe für die Arbeitsunfähigkeit im betrieblichen Bereich liegen. Das gilt vor allem, wenn der Arbeitgeber die Umstände, welche zu der Arbeitsunfähigkeit geführt haben, zu vertreten oder er ein Unfallrisiko möglicherweise in Kauf genommen hat. Wenn der Arbeitgeber allerdings auf unabsehbare Zeit nicht mehr mit der Arbeitsfähigkeit des langzeiterkrankten Arbeitnehmers planen kann, dann wird das Interesse des Arbeitgebers an der Beendigung des Arbeitsverhältnisses als überwiegend anzusehen sein, auch wenn die Erkrankung möglicherweise (auch) auf betriebliche Ursachen zurückzuführen sein wird (BAG 20.11.2014 – 2 AZR 664/13).

Indizwirkung einer Langzeiterkrankung

Eine lang andauernde krankheitsbedingte Arbeitsunfähigkeit in der unmittelbaren Vergangenheit stellt ein Indiz für die Fortdauer der Arbeitsunfähigkeit in der Zukunft dar. Der Arbeitgeber genügt seiner Darlegungslast für eine negative Prognose in einer derartigen Situation, wenn er die bisherige Dauer der Erkrankung und die ihm bekannten Krankheitsursachen vorträgt (BAG 13.5.2015 – 2 AZR 565/14). Bei der krankheitsbedingten dauernden Leistungsunfähigkeit ist grundsätzlich von einer erheblichen Beeinträchtigung der betrieblichen Interessen auszugehen.

> **Zusammenfassung:**
> **Prüfung der maßgeblichen Punkte**
> Die ordentliche Kündigung des Arbeitsverhältnisses aus Anlass einer Langzeiterkrankung ist wirksam, wenn
> 1. eine negative Prognose hinsichtlich der voraussichtlichen Dauer der Erkrankung vorliegt,
> 2. eine darauf beruhende erhebliche Beeinträchtigung betrieblicher Interessen festzustellen ist,
> 3. die Interessenabwägung ergibt, dass die betrieblichen Beeinträchtigungen billigerweise nicht mehr hingenommen werden müssen.

113. Wie wirkt es sich aus, wenn die Krankheitszeiten überwiegend betrieblich verursacht sein sollten?

> **Fall:**
> Ein Beschäftigter kommt zum Betriebsrat und trägt vor, dass er aufgrund von Andeutungen des Personalleiters möglicherweise damit rechnen muss, seinen Arbeitsplatz durch Kündigung zu verlieren.
> Er macht folgende Angaben:
> Beginn der Beschäftigung: 1.1.2012
> Erkrankungen im Jahre 2013: 4 Tage
> Erkrankungen im Jahre 2014: 12 Tage
> Erkrankungen im Jahre 2015: 39 Tage (Beinbruch beim Skifahren und Bandscheibenerkrankung)
> Erkrankungen 2016: 68 Tage, davon 58 wegen eines nicht verschuldeten Betriebsunfalls – der Arbeitnehmer wurde von einem Arbeitskollegen mit dem Stapler angefahren
> Erkrankungen 2017: 43 Tage, davon 22 Tage wegen der Folgewirkungen der Unfallverletzung
> Erkrankungen 2018: bisher 22 Tage.
> Der Arbeitnehmer möchte vom Betriebsrat wissen, ob er unter diesen Umständen – unterstellt, es müsse immer wieder mit Erkrankungen gerechnet werden – bereits mit einer Kündigung in absehbarer Zeit rechnen muss.

Fragen zur Beendigung des Arbeitsverhältnisses

Darum geht es:
Wie verhält es sich, wenn davon ausgegangen werden kann, dass ein Teil der Krankheitszeiten betrieblich verursacht wurden?

Antwort

Der Betriebsrat wird dem Arbeitnehmer mitteilen können, dass er derzeit nicht mit einer wirksamen krankheitsbedingten Kündigung rechnen muss. Zwar sind die Krankheitszeiten der letzten drei Jahre durchaus als erheblich anzusehen, ein wesentlicher Teil der Krankheitszeiten wurde allerdings durch einen Betriebsunfall und dessen Folgewirkungen verursacht. Im Rahmen der Interessenabwägung ist bei der krankheitsbedingten Kündigung immer zu berücksichtigen, ob die Erkrankung des Arbeitnehmers auf eine **betriebliche Ursache** zurückzuführen ist. Das ist hier bei 80 Krankheitstagen der Jahre 2016 und 2017 der Fall. Eine wirksame Kündigung seitens des Arbeitgebers ist daher momentan nicht möglich.

Wichtige Begriffe

Darlegungs- und Beweislast
Nicht immer ist die Sache so klar zu beantworten wie im Beispielsfall; so zum Beispiel dann, wenn ein Arbeitnehmer in fortgeschrittenem Alter über Jahre in einem Raum arbeitet, dessen Luft belastet ist (Metallpartikel in der Metallverarbeitung, Dämpfe in der Galvanik oder beim Löten, Schweißen etc.) und er gleichzeitig eine ungesunde Lebensweise pflegt (Beispiel: starker Raucher mit filterlosen Zigaretten, 60 Stück am Tag). Hier wird es bei Erkrankungen der Lunge oder Atemwege schwierig zu klären, welche dieser Ursachen eine Erkrankung schwerpunktmäßig verursacht hat.
Der Arbeitgeber trägt in derartigen Situationen die Darlegungs- und Beweislast dafür, wenn er behaupten will, dass zwischen einer betrieblichen Ursache und der Krankheit kein Zusammenhang bestehen soll. Die Frage der Ursächlichkeit von betrieblichen Umständen, welche die Krankheit verursacht haben sollen, wird regelmäßig durch das Einholen eines Sachverständigengutachtens geklärt (BAG 5. 7. 1990 – 2 AZR 154/90).

Interessenabwägung

In die Interessenabwägung mit einzubeziehen sind nach der Rechtsprechung des Bundesarbeitsgerichts bei einer krankheitsbedingten Kündigung auch die familiären Verhältnisse des Arbeitnehmers (BAG 20.1.2000 – 2 AZR 378/99). Die Unterhaltspflichten müssen im Rahmen der Interessenabwägung berücksichtigt werden, denn sie beeinflussen das Gewicht des Interesses des Arbeitnehmers an der Erhaltung seines Arbeitsplatzes. Bei der Prüfung, welche Entgeltfortzahlungskosten für den Arbeitgeber hinnehmbar sind, muss auch beachtet werden, wie vielen Personen diese Entgeltfortzahlung zum Unterhalt dient.

Krankheiten liegen schon einige Zeit zurück
Sofern ein Arbeitnehmer wegen einer einmalig aufgetretenen Krankheitsursache im Kündigungszeitraum mehr als ein Jahr nicht wegen dieser Krankheit arbeitsunfähig erkrankt war, ist eine Prognose, er werde wegen dieser Ursache künftig ausfallen, meist nicht gegeben, und zwar auch dann nicht, wenn die Ärzte bescheinigen sollten, eine endgültige Heilung der Erkrankung wäre wahrscheinlich (noch) nicht erfolgt. In einer solchen Konstellation sind betriebliche Störungen wegen dieser Krankheit regelmäßig nicht mehr zu erwarten (LAG Nürnberg 14.10.2008 – 6 Sa 272/08).

114. Wie beurteilt sich die Kündigung bei mehr oder weniger ausgeprägter Leistungsminderung wegen persönlichkeitsbedingter Gründe?

> **Fall:**
> Ein schon etwas älterer Arbeitnehmer ist seit etwa 20 Jahren als Arbeiter in der Produktion von Tapetenprodukten beschäftigt. Dem Arbeitgeber ist bekannt, dass seine geistige Flexibilität – in Bezug auf neue technische Gegebenheiten und Anforderungen – nicht die höchste ist. Nachdem der Arbeitnehmer den Anforderungen, die sich an seinem ursprünglichen Arbeitsplatz bei der Bedienung der vollautomatischen Verpackungsmaschinen, die erhebliche technische Kenntnisse erforderten, nicht mehr genügt hat, wurde er im April 2016 auf seinen Wunsch hin in die Zylindervorbereitung versetzt. An diesem Arbeitsplatz war es seine Aufgabe, die bei der Produktherstellung benutzten Zylinder zu reinigen, zur Weiterverarbeitung einzulagern und bei Bedarf an den Maschinen gereinigte Zylinder für die Produktion bereitzustellen. Er musste bei der Rei-

nigung prüfen, ob ein Zylinder defekt war und – wenn dem so war – dies dem Schichtmeister melden.
Es kam immer wieder zu Problemen, ob die vom Arbeitnehmer gereinigten Zylinder für die Produktionsfreigabe geeignet waren oder wegen Abnutzungserscheinungen repariert werden mussten. Im Februar 2017 hat der Arbeitnehmer beschädigte Zylinder einsortiert – was er nicht hätte tun sollen –, weshalb er abgemahnt wurde. Im Oktober 2017 hat er einen Zylinder, der bis auf das Kupfer abgelaufen war, eingelagert, ohne ihn mit einem Defektzettel zu kennzeichnen. Daraufhin wurde ihm mit Schreiben vom 26.10.2017 ordentlich zum 31.5.2018 gekündigt.

Darum geht es:
Ist die Kündigung wirksam? Was sind die Voraussetzungen der personenbedingten Kündigung wegen Leistungsmängeln?

Antwort

In derartigen Situationen kann sowohl eine verhaltensbedingte als auch eine personenbedingte Kündigung in Betracht kommen. Eine Kündigung aus Gründen, die im Verhalten des Arbeitnehmers liegen, ist nur dann im Sinne von § 1 Abs. 2 KSchG sozial gerechtfertigt, wenn der Arbeitnehmer mit dem ihm vorgeworfenen Verhalten eine Vertragspflicht in schuldhafter Weise verletzt, das Arbeitsverhältnis konkret beeinträchtigt wird, eine zumutbare Möglichkeit einer anderen Beschäftigung nicht besteht und die Lösung des Arbeitsverhältnisses in Abwägung der Interessen beider Vertragsteile billigenswert und angemessen erscheint. Es genügt ein Umstand, der einen ruhig und verständig urteilenden Arbeitgeber zur Kündigung bestimmen kann.
Die auf eine Pflichtverletzung zurückzuführende Schlechtleistung ist regelmäßig geeignet, eine ordentliche Kündigung sozial zu rechtfertigen. Ob das Fehlverhalten des Arbeitnehmers tatsächlich als Schlechtleistung anzusehen ist, beurteilt sich nach den vertraglichen Vereinbarungen der Parteien. Dabei richtet sich der Inhalt des Leistungsversprechens zum einen nach dem vom Arbeitgeber durch Ausübung des Direktionsrechts festzulegenden Arbeitsinhalt, zum anderen nach dem persönlichen, subjektiven Leistungsvermögen des Arbeitnehmers.
Für eine verhaltensbedingte Kündigung hat das **Prognoseprinzip** eine entscheidende Bedeutung: Der Zweck der Kündigung ist nämlich nicht

die Sanktion für eine Vertragspflichtverletzung, sondern die Vermeidung weiterer Vertragspflichtverletzungen. Eine negative Prognose liegt vor, wenn aus der konkreten Vertragspflichtverletzung und der daraus resultierenden Vertragsstörung geschlossen werden kann, dass der Arbeitnehmer die vertraglichen Pflichten auch nach Androhung einer Kündigung erneut in gleicher oder ähnlicher Weise verletzen wird. Das bedeutet: Eine Kündigung ist dann nicht gerechtfertigt, wenn es andere geeignete mildere Mittel gibt, um eine Vertragsstörung künftig zu beseitigen. Das wird der Arbeitgeber so gut wie nicht beweisen können; durch eine bessere Überwachung des Arbeitnehmers kann das gelegentlich auftretende Problem mit der Erkennung von Schäden bei den Arbeitsmitteln beseitigt werden.

Zusammenfassung:
Es stellt sich die Frage, ob die Schlechtleistung eines Arbeitnehmers als ein personenbedingter Kündigungsgrund in Betracht kommen kann. Der Arbeitnehmer, der trotz angemessener Arbeitsbemühungen die Normalleistung unterschreitet oder nicht erbringt, verstößt nicht gegen den Arbeitsvertrag. Er unterschreitet die berechtigte Erwartung des Arbeitgebers von einem ausgewogenen Verhältnis von Leistung und Gegenleistung.

Allerdings setzt auch die personenbedingte Kündigung voraus, dass für die Zukunft nicht mit einer Wiederherstellung des Gleichgewichts von Leistung und Gegenleistung zu rechnen ist und kein milderes Mittel zur Wiederherstellung eines Vertragsgleichgewichts zur Verfügung steht. Vor allem muss hierbei dem Schutz älterer, langjährig beschäftigter und unverschuldet erkrankter oder leistungseingeschränkter Arbeitnehmer Rechnung getragen werden (LAG Köln 17.10.2006 – 9 Sa 370/06). Die Kündigung wird mit ganz erheblicher Wahrscheinlichkeit beim Arbeitsgericht scheitern.

Wichtige Begriffe

Negative Prognose muss gegeben sein
Die Wirksamkeit der Kündigung kann sowohl im verhaltens- als auch im personenbedingten Bereich bereits an der erforderlichen negativen Prognose scheitern. Im konkreten Fall war dem Arbeitgeber bekannt, dass die Leistungsfähigkeit des Arbeitnehmers eingeschränkt ist. Er wusste auch,

dass dieser Arbeitnehmer selbstständig nur reine Routinearbeiten ausüben konnte. Es musste daher damit gerechnet werden, dass der Arbeitnehmer für die Einarbeitung eine längere Zeit benötigt als ein überdurchschnittlich begabter Arbeiter mit vergleichbarer Tätigkeit.

Auch nach dieser Zeit braucht der Arbeitnehmer eine »kollegiale Beaufsichtigung«, weil er offensichtlich überfordert ist, wenn er selbstständig entscheiden soll, ob die Zylinder weiter funktionsfähig sind oder nicht. Eine solche Beaufsichtigung des Arbeitnehmers ist für den Arbeitgeber auch möglich: Die gereinigten Zylinder müssen nur vor der Einlagerung nochmals mittels Sichtprüfung von einem anderen Mitarbeiter kontrolliert werden.

Interessenabwägung ist vorzunehmen

Sowohl bei einer personenbedingten als auch bei einer verhaltensbedingten Kündigung ist fernerhin eine Interessenabwägung vorzunehmen; diese ging im konkreten Rechtsstreit zugunsten des Arbeitnehmers aus. Der Arbeitgeber hat zwar ein berechtigtes Interesse an einem möglichst störungsfreien Produktionsverlauf und darf deshalb von jedem Arbeitnehmer erwarten, dass er unter Ausschöpfung seiner persönlichen **Leistungsfähigkeit** arbeitet. Dabei muss er aber dem Schutz älterer, langjährig beschäftigter und unverschuldet erkrankter Arbeitnehmer Rechnung tragen.

Abgrenzung zwischen verhaltensbedingter und personenbedingter Kündigung bei Leistungsminderungen des Arbeitnehmers

In derartigen Situationen kann sich immer wieder die Frage stellen, ob es schwerpunktmäßig um eine **verhaltensbedingte oder eine personenbedingte Kündigung** geht. Hierbei kommt es darauf an, in welchem Bereich der Schwerpunkt der Kündigung liegt. Eine verhaltensbedingte Kündigung wegen Leistungsminderung setzt voraus, dass der Arbeitnehmer aufgrund nicht angemessener Ausschöpfung seiner persönlichen Leistungsfähigkeit längerfristig die Durchschnittsleistung vergleichbarer Arbeitnehmer in erheblichem Maß unterschreitet.

> **Zusammenfassung:**
> Anknüpfungspunkte für die Feststellung, dass der Arbeitnehmer unter Verstoß gegen seine arbeitsvertraglichen Pflichten bewusst langsam arbeitet, sind die vertraglich geschuldete Arbeitsleistung sowie die Durchschnittsleistung der mit dem betreffenden Arbeitnehmer vergleichbaren Arbeitnehmer (LAG Schleswig-Holstein 27. 5. 2008 –

5 Sa 398/07). Der personenbedingte Kündigungsbereich ist betroffen, wenn der Arbeitnehmer so gut arbeitet, wie er kann, das Arbeitsergebnis allerdings bei Weitem nicht der durchschnittlichen Leistung vergleichbarer Beschäftigter entspricht.

Kündigung wegen Leistungsmängel
Schwierig kann sich in der Praxis die Situation darstellen, wenn sich der Kündigungsgrund in der mangelnden Eignung oder der nicht mehr vorhandenen oder auch erwerbbaren Eignung des Arbeitnehmers aus »persönlichkeitsbedingten« Gründen ergibt. So kann etwa ein Mangel an den – erforderlichen oder auch gestiegenen, was die Anforderungen betrifft – Programmierkenntnissen die fristgemäße Kündigung sozial rechtfertigen (BAG 19.4.2012 – 2 AZR 233/11). Eine Kündigung kann auch dann ausgesprochen werden, wenn sich dieser Umstand zunächst nicht ausgewirkt hat, weil der Arbeitnehmer zunächst anderweitig beschäftigt wurde.

115. Wann ist ein betriebliches Eingliederungsmanagement (bEM) durchzuführen und welche Auswirkungen hat ein nicht durchgeführtes Verfahren im Kündigungsschutzprozess?

Fall:
Eine seit acht Jahren in einem Betrieb mit 80 Beschäftigten tätige Arbeitnehmerin – die nicht schwerbehindert ist – war im Jahre 2017 insgesamt neun Wochen erkrankt. Die Krankheitszeiten in den letzten Jahren haben sich auf sechs bis elf Wochen im Jahr belaufen und haben verschiedene Ursachen gehabt.
Als sich Ende November 2017 eine Krankheitszeit von vier Wochen dem Ende zuneigt, regt die Arbeitnehmerin an, dass ein bEM bei ihr vorgenommen wird. Dies sieht der Personalleiter allerdings anders, weil er meint, dies würde »ohnehin nichts bringen«, genauso wenig wie eine Reha, die auch einmal überlegt worden wäre. Auch wäre im Betrieb kein Betriebsrat vorhanden und man wisse nicht, was ein

Fragen zur Beendigung des Arbeitsverhältnisses

bEM bewirken sollte. Leidensgerechte Arbeitsplätze wären wahrscheinlich nicht darstellbar, so der Personalleiter.
Er teilt der Arbeitnehmerin mit, dass dann, wenn auch 2018 erhebliche Krankheitszeiten auftreten sollten, sie mit einer Kündigung rechnen müsse.
Die Arbeitnehmerin will wissen, ob sie mit Erfolg verlangen kann, dass ein bEM vorgenommen wird, und wie sich ggf. die Nichtvornahme des bEM bei einer später erfolgenden Kündigung auswirken kann.

Darum geht es:
Was sind die Anforderungen an das bEM? Was sind die Rechtsfolgen eines nicht durchgeführten bEM?

Antwort

Ein betriebliches Eingliederungsmanagement (bEM) ist bei Vorliegen der sonstigen Voraussetzungen auch dann vorzunehmen, wenn keine betriebliche Interessenvertretung (Betriebsrat) nach § 176 SGB IX gebildet ist. Das ergibt die Auslegung von § 167 Abs. 1 SGB IX. Die Ausführung eines bEM ist weder unmöglich noch sinnlos, wenn eine betriebliche Interessenvertretung nicht bestehen sollte (BAG 30.9.2010 – 2 AZR 88/09).
Nach § 167 Abs. 2 Satz 1 SGB IX hat der Arbeitgeber dann, wenn Beschäftigte innerhalb eines Jahres länger als sechs Wochen ununterbrochen oder wiederholt arbeitsunfähig sind, die Möglichkeiten zu klären, wie die Arbeitsunfähigkeit möglichst überwunden werden und mit welchen Leistungen oder Hilfen erneuter Arbeitsunfähigkeit vorgebeugt und der Arbeitsplatz erhalten bleiben kann.
Diese Voraussetzungen sind hier gegeben. Gemäß § 176 SGB IX hat dies »mit der zuständigen Interessenvertretung« zu erfolgen. Aus dieser Formulierung kann allerdings nicht hergeleitet werden, dass eine Klärung gar nicht stattfinden muss, wenn eine betriebliche Interessenvertretung nicht gebildet sein sollte. Der Wortlaut des Gesetzestextes lässt sich auch so verstehen, dass dann, wenn eine solche besteht, die Klärung mit der Interessenvertretung und den übrigen Beteiligten, anderenfalls nur mit den übrigen Beteiligten vorzunehmen ist.
Das bEM kann allerdings nur dann sachgerecht ausgeführt werden, wenn der Arbeitnehmer sein **Einverständnis** dazu gegeben hat; das ist hier der Fall, weil die Arbeitnehmerin es so wünscht. Nur dann, wenn der Arbeit-

geber ein bEM deshalb nicht durchgeführt hat, weil der Arbeitnehmer nicht eingewilligt hat, kommt es darauf an, ob der Arbeitgeber den Betroffenen zuvor auf die Ziele des bEM sowie auf Art und Umfang der hierfür erhobenen und verwendeten Daten hingewiesen hatte (§ 167 Abs. 2 Satz 3 SGB IX). Die Belehrung nach § 167 Abs. 2 Satz 3 SGB IX gehört zum Ersuchen des Arbeitgebers um Zustimmung des Arbeitnehmers zur bEM-Durchführung. Sie soll dem Arbeitnehmer die Entscheidung ermöglichen, ob er ihm zustimmt oder nicht. Der Arbeitgeber hat in derartigen Fällen die Initiativlast für die Ausführung eines bEM (BAG 24.3.2011 – 2 AZR 170/10).

Anforderungen an das betriebliche Eingliederungsmanagement
An ein ordnungsgemäßes bEM sind regelmäßig folgende Anforderungen zu stellen:
- Es ist ein nicht formalisiertes Verfahren, das den Beteiligten jeden denkbaren Spielraum lässt. Offenbar soll so erreicht werden, dass keine der vernünftigerweise in Betracht kommenden zielführenden Möglichkeiten ausgeschlossen wird.
- Die gesetzliche Regelung vertraut darauf, dass die Einbeziehung von Arbeitgeber, Arbeitnehmer, Betriebsrat und externen Stellen sowie die abstrakte Beschreibung des Ziels ausreichen, um die Vorstellungen der Betroffenen sowie internen und externen Sachverstand in ein **faires und sachorientiertes Gespräch** einzubringen. Dessen Verlauf im Einzelnen sowie dessen Ergebnis haben sich dabei nach den – einer allgemeinen Beschreibung nicht zugänglichen – Erfordernissen des jeweiligen Einzelfalls zu richten (BAG 10.12.2009 – 2 AZR 198/09).
- Die gesetzliche Regelung benennt auch keine Personen oder Stellen, denen die Leitung des bEM anvertraut wäre.

Daher geht es beim bEM um die Etablierung eines verlaufs- und ergebnisoffenen Suchprozesses. Der Arbeitgeber ist grundsätzlich verpflichtet, einen Vorschlag, auf den sich die Teilnehmer eines bEM verständigt haben, auch umzusetzen, ehe er eine Kündigung ausspricht.

Rechtsfolgen eines nicht durchgeführten betrieblichen Eingliederungsmanagements
Wenn entgegen § 167 Abs. 2 SGB IX vom Arbeitgeber das bEM nicht ausgeführt worden sein sollte, darf sich der Arbeitgeber – wenn ein Kündigungsschutzprozess anhängig werden sollte – nicht darauf beschränken, pauschal vorzutragen, er würde keine alternativen Einsatzmöglichkeiten für den erkrankten Arbeitnehmer kennen und es gebe auch keine lei-

densgerechten Arbeitsplätze, die trotz der Erkrankung angeboten werden könnten. Der Arbeitgeber muss dann von sich aus die denkbaren oder vom Arbeitnehmer genannten Alternativen würdigen und im Einzelnen darlegen, aus welchen Gründen sowohl eine Anpassung des bisherigen Arbeitsplatzes als auch die Beschäftigung auf einem anderen – leidensgerechten – Arbeitsplatz ausscheiden (BAG 24. 3. 2011 – 2 AZR 170/10). Erst wenn solcher Vortrag durch den Arbeitgeber erfolgt, muss sich der Arbeitnehmer hierauf substantiiert einlassen. Er hat darzulegen, wie er sich selbst eine leidensgerechte Beschäftigung vorstellt. Aufgrund dieser Umstände ist dem Arbeitgeber regelmäßig anzuraten, zur Vermeidung von Rechtsnachteilen das bEM sachgerecht vor der beabsichtigten Kündigung auszuführen.

Auch eine **krankheitsbedingte Kündigung** ist als letztes Mittel immer nur zulässig, wenn der Arbeitgeber alle zumutbaren Möglichkeiten zu ihrer Vermeidung ausgeschöpft hat. Bei einer krankheitsbedingten Kündigung hat der Arbeitgeber alle gleichwertigen, leidensgerechten Arbeitsplätze, auf denen der betroffene Arbeitnehmer unter Wahrnehmung des Direktionsrechts einsetzbar wäre, in Betracht zu ziehen und ggf. »freizumachen«.

Sofern der Arbeitgeber in derartigen Fällen kein bEM ausgeführt haben sollte, muss er in einer Kündigungsschutzklage substantiiert zu einem nicht mehr möglichen Einsatz des Arbeitnehmers auf dem bisher innegehabten Arbeitsplatz vortragen sowie auch konkret ausführen, warum der Arbeitnehmer nicht auf einem anderen Arbeitsplatz bei geänderter Tätigkeit eingesetzt werden kann. Dasselbe gilt, wenn der Arbeitgeber zwar ein bEM ausführte, in diesem aber nicht geprüft wurde, ob eine Weiterbeschäftigung des Arbeitnehmers auf diesem anderen »freizumachenden« Arbeitsplatz möglich ist (LAG Düsseldorf 30. 1. 2009 – 9 Sa 699/08).

Bereits seit längerer Zeit bestehende Arbeitsunfähigkeit
Eine bereits länger andauernde krankheitsbedingte Arbeitsunfähigkeit in der Vergangenheit stellt regelmäßig ein Indiz für die Fortdauer der Arbeitsunfähigkeit in der Zukunft dar. Der Arbeitgeber kann deshalb bei der Darlegungslast der negativen Prognose im Kündigungsschutzprozess sich darauf beschränken, dass er die bisherige Dauer der Erkrankung und die ihm bekannten Krankheitsursachen vorträgt. Bei einer krankheitsbedingten dauernden Leistungsunfähigkeit ist in aller Regel von einer erheblichen Beeinträchtigung der betrieblichen Interessen auszugehen. Damit ist er allerdings noch nicht von der Pflicht, zu prüfen, ob ein bEM durchzuführen ist, entbunden.

Betriebliches Eingliederungsmanagement

Um in der Situation der längeren Erkrankung des Arbeitnehmers darzulegen, dass die Kündigung dem Verhältnismäßigkeitsprinzip entspricht und keine milderen Mittel zur Überwindung der krankheitsbedingten Störung des Arbeitsverhältnisses als die Kündigung gegeben waren, muss der Arbeitgeber – der kein bEM durchgeführt hat – dessen **objektive Nutzlosigkeit** darlegen. Hierzu hat er umfassend und detailliert vorzutragen, warum – auch nach möglicherweise zumutbaren Umorganisationsmaßnahmen – weder ein weiterer Einsatz auf dem bisherigen Arbeitsplatz noch dessen leidensgerechte Anpassung oder Veränderung möglich gewesen wären und der Arbeitnehmer auch nicht auf einem anderen Arbeitsplatz bei geänderter Tätigkeit hätte eingesetzt werden können. Dies dürfte im Einzelfall dem Arbeitgeber erhebliche Schwierigkeiten bereiten. Auch wenn dem Arbeitnehmer bereits eine Rente wegen Erwerbsminderung gemäß § 43 Abs. 2 SGB VI bewilligt worden sein sollte, dann belegt dies allein nicht die objektive Nutzlosigkeit eines bEM (BAG 13.5.2015 – 2 AZR 565/14).

Praxishinweis:
Sollte bei bereits seit längerer Zeit bestehender Krankheit der Arbeitgeber – rechtsirrig – der Meinung gewesen sein, ein bEM müsse nicht durchgeführt werden, weil es kein konkretes Ergebnis bringen könnte, dann ist die Kündigung rechtsunwirksam. In einer derartigen Situation wird der Arbeitgeber zumeist eine **Abfindung** anbieten, um den Rechtsstreit lösen zu können. Ob dieses Angebot vom Arbeitnehmer angenommen werden sollte, hängt von einigen Faktoren ab – der Arbeitgeber kann demnächst das bEM durchführen und sodann eine weitere Kündigung aussprechen. Wenn der Arbeitnehmer gewisse Heilungschancen sieht und die Wiederherstellung der Arbeitsfähigkeit als möglich erscheint, ist abzuwägen, ob die Annahme der Abfindung oder der Fortbestand des Arbeitsverhältnisses angestrebt werden sollte; wenn wenig Chancen der Besserung des Gesundheitszustands gegeben sein sollten, dann ist regelmäßig anzuraten, eine der Höhe nach abgemessene Abfindung zu akzeptieren, da dann die Erfolgsaussichten, gegen die künftige Kündigung nach der Durchführung des bEM gerichtlich vorzugehen, eher gering sind.

Kriterien der betrieblichen Umsetzung des bEM
Sofern der Arbeitgeber die erforderliche Initiative zur Durchführung des bEM nicht ergriffen haben sollte, muss er zur Darlegung der Verhältnismäßigkeit einer auf krankheitsbedingte Fehlzeiten gestützten Kündigung nicht nur die objektive Nutzlosigkeit arbeitsplatzbezogener Maßnahmen aufzeigen, er muss auch dartun können, dass künftige Fehlzeiten ebenso

Fragen zur Beendigung des Arbeitsverhältnisses

wenig durch gesetzlich vorgesehene Hilfen oder Leistungen der Rehabilitationsträger in relevantem Umfang hätten vermieden werden können (BAG 20.11.2014 – 2 AZR 755/13).

> **Praxishinweis: Pflichten des Arbeitgebers**
> Der Arbeitgeber muss daher vor der Durchführung des bEM den Arbeitnehmer nach § 167 Abs. 2 Satz 3 SGB IX auf die Ziele des bEM sowie Art und Umfang der dabei erhobenen Daten hingewiesen haben (BAG 24.3.2011 – 2 AZR 170/10). Dieser Hinweis erfordert eine Darstellung der Ziele, die inhaltlich über eine bloße Bezugnahme auf die Vorschrift des § 167 Abs. 2 Satz 1 SGB IX hinausgehen muss. Zu diesen Zielen gehört die Klärung der Frage, wie die Arbeitsunfähigkeit möglichst überwunden, erneuter Arbeitsunfähigkeit vorgebeugt und wie das Arbeitsverhältnis erhalten werden kann. Dem Arbeitnehmer muss deutlich gemacht werden, dass es um seine Weiterbeschäftigung geht und dazu ein ergebnisoffenes Verfahren durchgeführt werden soll, in das auch der Arbeitnehmer Vorschläge einbringen kann. Zusätzlich ist ein Hinweis zur Datenerhebung und Datenverwendung erforderlich, der erläutert, dass nur solche Daten erhoben werden, deren Kenntnis erforderlich ist, um ein zielführendes und der Gesundung und Gesunderhaltung des Betroffenen dienendes bEM ausführen zu können.
> Dem Arbeitnehmer muss mitgeteilt werden, welche **Krankheitsdaten** – als sensible Daten nach § 3 Abs. 9 BDSG – erhoben und gespeichert und inwieweit und für welche Zwecke sie dem Arbeitgeber zugänglich gemacht werden. Nur bei einer entsprechenden Unterrichtung kann vom Versuch der ordnungsgemäßen Durchführung eines bEM ausgegangen werden.

Der **Betriebsarzt** ist in § 167 Abs. 2 Satz 2 SGB IX als eine Person erwähnt, der »bei Bedarf« zum bEM hinzugezogen wird. Dies entspricht der Aufgabe des Arztes, den Arbeitgeber beim Arbeitsschutz und bei der Unfallverhütung zu unterstützen und in Fragen des Gesundheitsschutzes zu beraten. Die Nutzung seines Sachverstands kann der Klärung dienen, ob vom Arbeitsplatz Gefahren für die Gesundheit des Arbeitnehmers ausgehen und künftig durch geeignete Maßnahmen vermieden werden können.

Die Inanspruchnahme des betriebsärztlichen Sachverstands steht einem bEM allerdings nicht gleich. Ob der Arbeitgeber dem Betriebsarzt bei Bedarf die Durchführung und Leitung des bEM übertragen kann, ist bisher von der Rechtsprechung nicht entschieden worden, davon ist allerdings eher abzuraten.

h) Die Änderungskündigung

116. Was versteht man unter einer Änderungskündigung?

Fall:
Ein Arbeitnehmer kommt mit folgender Kündigung zum Betriebsrat und bittet um einen Ratschlag:
»Sehr geehrter Herr ...,
aus betrieblich veranlassten Gründen sind wir leider gezwungen, Ihr Arbeitsverhältnis zum 31.10.2017 zu kündigen. Wie Ihnen sicherlich schon bekannt ist, hat die Auslastung in der Abteilung ... immer stärker nachgelassen, und die zurückgehenden Aufträge zwingen uns daher, zwei der fünf Produktionseinheiten gänzlich zu schließen. Davon ist leider auch Ihr Arbeitsplatz betroffen.
Wir können Ihnen aber anbieten, ab dem 1.11.2017 als Helfer in der Abteilung Siebdruck weiterzuarbeiten. Hier sind keine besonderen Spezialkenntnisse erforderlich. Diese Tätigkeit liegt dann in der Lohngruppe 2 (bisher hatten Sie Lohngruppe 5).
Wenn Sie auf dem geänderten Arbeitsplatz weiterarbeiten wollen, sagen Sie uns unverzüglich Bescheid.
Mit freundlichen Grüßen«
Der Arbeitnehmer will vom Betriebsrat wissen, um welche Kündigungsform es hier geht und wie ggf. das Arbeitsgericht eine solche Kündigung prüft, wenn er sich dazu entschließen sollte, gegen die Kündigung Klage zu erheben.

Darum geht es:
Wann kann vom Ausspruch einer Änderungskündigung ausgegangen werden?

Antwort

Im Beispielsfall ist eine Änderungskündigung gegeben, und zwar eine betriebsbedingte. Der Arbeitgeber kündigt das Arbeitsverhältnis und bietet im Rahmen von geänderten Arbeitsbedingungen gleichzeitig ein anderes Arbeitsverhältnis an. Dieses enthält allerdings wesentlich schlechtere Bedingungen, sowohl von der Art der Arbeitsleistung her als auch in Bezug

Fragen zur Beendigung des Arbeitsverhältnisses

auf die Höhe der Vergütung im Vergleich zum bisherigen Arbeitsverhältnis.

Die Änderungskündigung ist in § 2 KSchG geregelt. Bei der Änderungskündigung wird geprüft, ob die vorgeschlagene Änderung der Arbeitsbedingungen unter Berücksichtigung des § 1 KSchG sachlich **gerechtfertigt** und dem Arbeitnehmer **zumutbar** ist.

> **Zusammenfassung:**
> Wenn der Arbeitnehmer die geänderten Arbeitsbedingungen nicht unter dem Vorbehalt der Überprüfung der sozialen Rechtfertigung der Änderung der Arbeitsbedingungen annimmt, wird sie zur Beendigungskündigung. Falls es um die Änderung der Arbeitsbedingungen aus betrieblichen Gründen geht (was beim Beispiel der Fall ist), ist die Kündigung wirksam, wenn

- dringende betriebliche Erfordernisse vorhanden sind und
- die Abwägung der Interessen des Arbeitgebers an der erstrebten Änderung der Arbeitsbedingungen und dasjenige Interesse des Arbeitnehmers an der Aufrechterhaltung der gegenwärtigen Arbeitsbedingungen die Kündigung als eine billigenswerte Maßnahme darstellt.

Wichtige Begriffe

Zweistufige Prüfung

Eine Änderungskündigung wird vom Arbeitsgericht, wenn hiergegen Klage erhoben werden sollte, immer in zwei Stufen geprüft (BAG 19.5.1993 – 2 AZR 584/92):
- Auf der ersten Stufe ist zu überlegen, ob die Kündigung im Sinne von § 1 Abs. 2 KSchG gerechtfertigt ist, ob also Gründe in der Person oder im Verhalten des Arbeitnehmers oder Gründe betrieblicher Art vorhanden sind.
- Auf der zweiten Stufe wird überprüft, ob die Änderung der Arbeitsbedingungen vom betroffenen Arbeitnehmer billigerweise hingenommen werden muss.

Formale Besonderheiten

Die Änderungskündigung ist ein aus zwei Willenserklärungen zusammengesetztes Rechtsgeschäft. Zum einen ist sie eine Kündigungserklärung zur Beendigung des Arbeitsverhältnisses, und als zweiter Bestandteil

Änderungskündigung

kommt das Angebot zu seiner Fortsetzung unter geänderten Bedingungen hinzu (BAG 20. 2. 2014 – 2 AZR 346/12). Auch wenn die Änderungskündigung im Ergebnis lediglich auf eine Änderung der Vertragsbedingungen hinausläuft, handelt es sich bei ihr um eine »echte« Kündigung. Sie unterliegt allen formalen Anforderungen, die an die Wirksamkeit einer Kündigung zu stellen sind (Schriftform gemäß § 623 BGB – Anhörung des Betriebsrats nach § 102 BetrVG – ggf. die Einholung der Zustimmung des Integrationsamts bei schwerbehinderten Beschäftigten).

Diese Formalitäten muss der Arbeitgeber vor Zugang der Kündigungserklärung und unabhängig von einer Ablehnung oder der Vorbehaltsannahme beachten. Auch derjenige Arbeitnehmer, welcher das Angebot auf Änderung seiner Arbeitsbedingungen unter dem Vorbehalt der sozialen Rechtfertigung angenommen hat, kann sich im Prozess darauf berufen, die Änderung der Vertragsbedingungen wäre bereits aus einem anderen Grund als dem der Sozialwidrigkeit unwirksam, etwa wegen der unrichtig durchgeführten Betriebsratsanhörung.

Wie konkret muss das Änderungsangebot sein?

Aus Gründen der Rechtssicherheit muss für den Empfänger bereits im Zeitpunkt des Zugangs der Kündigung das Änderungsangebot hinreichend klar bestimmt sein bzw. sich dessen Inhalt eindeutig bestimmen lassen. Es reicht weder aus, dass es der Arbeitgeber später dann klarstellt, noch ist es genügend, wenn sich der gekündigte Arbeitnehmer die jeweils für ihn günstigsten Teile »heraussuchen« kann. Der gekündigte Arbeitnehmer muss bereits zum Zeitpunkt des Zugangs der Kündigungserklärung wissen bzw. hinreichend deutlich erkennen können, welchen **konkreten Inhalt** das Angebot hat. Er muss zweifelsfrei erkennen können, auf welcher Basis das Arbeitsverhältnis künftig fortgesetzt werden soll. Grund hierfür ist, dass der Arbeitnehmer in einem begrenzten Zeitraum auf das Vertragsangebot reagieren und sich entscheiden muss. Gerade deshalb muss der Erklärende das Änderungsangebot klar und eindeutig formulieren (BAG 15. 1. 2009 – 2 AZR 641/07).

Ist eine Änderungskündigung möglich, wenn die arbeitgeberseitige Maßnahme auch über das Direktionsrecht umsetzbar wäre?

Dies sind Situationen, in denen der Arbeitgeber nicht hinreichend geklärt hat, ob die Änderungen der Arbeitsbedingungen über das Direktionsrecht möglich sind oder eine Änderungskündigung erforderlich ist. Diesen Punkt einfach ungeklärt zu lassen ist ein erheblicher Missgriff und der Arbeitgeber hat im eigenen Interesse präzise zu klären, ob die Maßnahme im Rahmen des Direktionsrechts durchgeführt werden kann oder nur über eine Änderungskündigung. Wenn diese Grundsätze nicht beachtet werden, kann es zu einer »**überflüssigen Änderungskündigung**« kommen, die zwar aus der Sicht des Arbeitnehmers keine allzu großen rechtlichen Probleme aufwirft, aber dennoch mehr oder weniger unnütze Kosten erzeugen (Vertretungskosten im Rechtsstreit) und letztendlich auch zu erheblichen Verwerfungen im Arbeitsverhältnis beitragen kann, welche durchaus zur Beendigung des Arbeitsverhältnisses im Vergleichsweg führen können.

Nach der Rechtsprechung des Bundesarbeitsgerichts ist eine »überflüssige« Änderungskündigung wegen der damit verbundenen Bestandsgefährdung des Arbeitsverhältnisses unverhältnismäßig mit der Folge der Unwirksamkeit (24. 6. 2004 – 8 AZR 22/03), wenn der Arbeitnehmer **das Änderungsangebot nicht angenommen hat**. Hingegen führt eine »überflüssige« Änderungskündigung bei **Annahme** des mit der Änderungskündigung verbundenen Angebots unter Vorbehalt durch den Arbeitnehmer nicht zur Unwirksamkeit der Änderung der Arbeitsbedingungen wegen eines Verstoßes gegen den Grundsatz der Verhältnismäßigkeit (BAG 26. 1. 1995 – 2 AZR 371/94). Bei der Änderungsschutzklage nach § 2 KSchG geht es um den Inhaltsschutz; wenn die angebotenen Änderungen ohnehin gelten würde, dann bedarf es einen Inhaltsschutzes nicht.

Aus der Sicht des Arbeitnehmers ist dies eine missliche Situation: Es spricht einiges dafür, dass der Arbeitnehmer, wenn er erkennt, dass die Maßnahme keiner Änderungskündigung bedurft hätte, keine Annahme unter Vorbehalt erklären sollte, denn dann bleibt ihm der bisherige Arbeitsplatz aufgrund der Unverhältnismäßigkeit der Kündigungsmaßnahme des Arbeitgebers erhalten. Dies setzt aber eine präzise Einschätzung der Problematik voraus, ob tatsächlich eine überflüssige Änderungskündigung anzunehmen sein wird. Kompetenter Rechtsrat ist in derartigen Situationen unerlässlich.

Praxishinweis:
Eine Änderungskündigung ist wegen der damit verbundenen Bestandsgefährdung des Arbeitsverhältnisses immer dann unverhältnismäßig, wenn die erstrebte Änderung der Beschäftigungsbedingungen durch Ausübung des Weisungsrechts gemäß § 106 GewO möglich ist. Der Wegfall des Beschäftigungsbedarfs zu den bisherigen Bedingungen »bedingt« in diesem Fall nicht gemäß § 1 Abs. 2 Satz 1 KSchG eine (Änderungs-)Kündigung (BAG 22. 9. 2016 – 2 AZR 509/15). Wenn in derartigen Situationen der Arbeitnehmer das mit der Kündigung verbundene Änderungsangebot nicht unter Vorbehalt angenommen haben sollte, wird auf seinen Klageantrag hin festgestellt, dass das Arbeitsverhältnis durch die Kündigung nicht aufgelöst ist.

117. Wann kann eine Änderungskündigung zur Lohnkostenreduzierung erfolgen?

Fall:
Ein Automobilzulieferbetrieb mit 150 Beschäftigten steckt in ernsten wirtschaftlichen Schwierigkeiten. Die Gewinne werden immer kleiner, die Abnehmer zahlen zunehmend schleppender, und so wird der Beschluss gefasst, in der besonders betroffenen Abteilung Cabrio-Verdeck-Bau bei den 60 Beschäftigten die Bruttolöhne (es besteht keine Tarifbindung) um 6 % zu kürzen. Auf einer Betriebsversammlung stellt der Geschäftsführer dieses Konzept vor, aber die wenigsten der betroffenen Beschäftigten wollen sich mit einer einvernehmlichen Lohnkürzung bis auf weiteres einverstanden erklären. Daraufhin teilt die Geschäftsleitung mit, dass entsprechende Änderungskündigungen erfolgen sollen.
Die von der Maßnahme betroffenen Beschäftigten wünschen, dass der Betriebsrat sie über die wesentlichen Punkte der Maßnahme ebenso informiert wie bezüglich der Frage, ob das hingenommen werden müsse. Die überwiegende Zahl der Beschäftigten tendiert dazu, dies zu akzeptieren, damit der Betrieb gesichert werden kann; einige Beschäftigte sind allerdings strikt gegen eine Gehaltskürzung.

Darum geht es:
Unter welchen Voraussetzungen kommt eine Änderungskündigung zur Lohnkostenreduzierung in Betracht?

Antwort

Bei der Frage geht es um die Zulässigkeit von Änderungskündigungen zur Lohnkostenreduzierung, was derzeit immer wieder vorkommende Streitigkeiten sind, vor allem in nicht tarifgebundenen Betrieben. Sofern ein Tarifvertrag anwendbar sein sollte, könnte eine Änderungskündigung ohnehin nicht unter das tarifliche Mindestlohnniveau vorgenommen werden. Das ist aber im Beispielsfall kein Problem. Die Arbeitgeberseite will hier den Versuch unternehmen, die Änderungskündigung mit der Notwendigkeit der Senkung der Lohnkosten zu begründen.
Hier setzen bereits die rechtlichen Probleme an. Die Herabsetzung der Löhne aus wirtschaftlichen Gründen ist für sich genommen keine un-

ternehmerische Entscheidung, welche im Rahmen der Änderungskündigung nicht überprüft werden kann, denn ansonsten wäre eine derartige Maßnahme stets sachlich und vernünftig. Der Arbeitgeber könnte sie immer ohne nähere Prüfungsmöglichkeit durch das Arbeitsgericht vornehmen, wenn er die Maßnahme für wirtschaftlich erforderlich halten sollte.

> **Zusammenfassung:**
> Die Senkung der Lohnkosten allein ist deshalb gerade **keine unangreifbare Unternehmerentscheidung** (BAG 20. 2. 1986 – 2 AZR 212/85). Wirksam ist die Änderungskündigung zur Herabsetzung der Löhne lediglich dann, wenn durch die Absenkung der Personalkosten die Stilllegung des Betriebs oder die Reduzierung der Belegschaft vermieden werden kann. Es muss also eine akute Gefahr für die Arbeitsplätze oder eine Existenzgefährdung des Betriebs gegeben sein.

Das allein reicht allerdings immer noch nicht aus, um aus der Sicht des Arbeitgebers diese sehr einschneidende Maßnahme vornehmen zu können. Das Bundesarbeitsgericht fordert zur Rechtfertigung von Änderungskündigungen mit diesem Ziel zu Recht einen **umfassenden Sanierungsplan**. Der Betrieb muss also darlegen, dass gegenüber den Änderungskündigungen mildere Mittel – etwa der Abbau freiwilliger Zulagen, Rationalisierungen und sonstiger Kosteneinsparungen – ausgeschöpft sind, wobei auch eigene Sanierungsbeiträge des Arbeitgebers beziehungsweise Dritter, etwa von Banken, mit einzubeziehen sind (BAG 20. 8. 1998 – 2 AZR 84/98). Auch ist zu beachten, dass eine auf Dauer angelegte Einkommensminderung für die Arbeitnehmer dann nicht hinnehmbar ist, wenn nur ein vorübergehender betrieblicher Verlust vorhanden ist.

Eine Änderungskündigung zur Entgeltabsenkung ist also (nur) dann in zulässiger Weise möglich, wenn bei einer Aufrechterhaltung der bisherigen Personalkostenstruktur weitere, betrieblich nicht mehr auffangbare Verluste entstehen würden, die absehbar zu einer Reduzierung der Belegschaft oder sogar zu einer Schließung des Betriebs führen, und ein Sanierungsplan alle milderen Mittel ausschöpft und die von den Arbeitnehmern zu tragenden Lasten gleichmäßig verteilt (BAG 26. 6. 2008 – 2 AZR 139/07).

> **Zusammenfassung:**
> Wenn diese Voraussetzungen vorliegen sollten und sich insofern die große Mehrheit der Arbeitnehmer mit der Reduzierung der Vergütung freiwillig einverstanden erklärt, kann sich ein Arbeitnehmer, dem gegenüber die Reduzierung der Vergütung durch den Ausspruch einer Änderungskündigung erfolgt, nicht darauf berufen, die Änderungskündigung wäre ihm gegenüber nicht mehr erforderlich, weil der Sanierungserfolg schon durch die freiwilligen Gehaltsreduzierungen erreicht worden wäre.

Bestimmtheitsgrundsatz gilt auch hier
Das mit der Kündigung unterbreitete Änderungsangebot muss – auch dann, wenn es um Lohnreduzierungen gehen sollte – konkret gefasst, also eindeutig bestimmt, zumindest bestimmbar sein (BAG 20.6.2013 – 2 AZR 396/12). Für den Arbeitnehmer muss ohne weiteres klar sein, welche Vertragsbedingungen künftig gelten sollen. Nur so kann er eine ausgewogene Entscheidung über die Annahme oder Ablehnung des Angebots treffen.

Der Arbeitnehmer muss bei der Änderungskündigung innerhalb einer recht kurzen Frist auf das **Vertragsangebot des Arbeitgebers** reagieren und sich entscheiden, ob er es ablehnt, ob er es mit oder ob er es ohne Vorbehalt annimmt. Schon im Interesse der Rechtssicherheit muss deshalb das Änderungsangebot des Arbeitgebers immer klarstellen, zu welchen Vertragsbedingungen das Arbeitsverhältnis künftig fortbestehen soll. Unklarheiten gehen grundsätzlich zu Lasten des Arbeitgebers. Sie führen zur Unwirksamkeit der Änderung der Arbeitsbedingungen.

> **Beispiel einer zu unbestimmten Änderungskündigung:**
> Der Arbeitgeber kündigt das Arbeitsverhältnis zum 31.7.2018, verbunden mit dem Angebot, es bei Vereinbarung eines Bruttostundenentgelts von 9,00 € und einer wöchentlichen Regelarbeitszeit von 40 Stunden (173 Stunden im Monat) fortzusetzen. Darüber hinausgehende »Arbeits- und Bereitschaftszeitstunden« sollten mit »dem tariflich bestimmten« Zuschlag von 25 % vergütet werden. Für den Fall, dass sich das Angebot wegen des Umfangs der regelmäßigen Arbeitszeit als sozial ungerechtfertigt erweisen sollte, wurde dem Arbeitnehmer angeboten – sofern er dies wünsche –, das Arbeitsverhältnis mit monatlich 180 »garantierten Einsatzstunden« fortzusetzen. Die darüber hinaus geleisteten »Bereitschaftsstunden« sollten zuschlagspflichtig sein. In dieser Situation kann dem Arbeitnehmer nicht klar

sein, was der Arbeitgeber als die neuen geänderten Vertragsbedingungen will.

Praxishinweise:
Erklärt der Arbeitgeber eine Änderungskündigung zur Kostenreduzierung und begründet er diese mit der Unrentabilität des Betriebs oder eines Betriebsteils, muss er nachprüfbar und nachvollziehbar darlegen, warum seine Entscheidung in betrieblicher Hinsicht unabweisbar ist. Diese Darlegungen müssen dabei nicht »höheren«, sondern anderen Anforderungen genügen als im Fall einer betriebsbedingten Beendigungskündigung. In beiden Situationen wird vom Arbeitgeber verlangt, die Tatsachen vorzutragen, welche die Kündigung bedingen. Damit werden an die soziale Rechtfertigung einer betriebsbedingten Änderungskündigung zur Kostensenkung keine im Verhältnis zur betriebsbedingten Beendigungskündigung überzogenen Anforderungen gestellt.
Die Behauptung der Unrentabilität eines Betriebs oder eines Betriebsteils als solche kann nicht nur eine Änderungskündigung, sondern auch eine Beendigungskündigung rechtfertigen, wenn die entsprechenden Umstände vorgetragen werden. Nur wenn der Arbeitgeber die Unrentabilität zum Anlass für eine Organisationsentscheidung nimmt, die ihrerseits zur Verringerung des Beschäftigungsbedarfs führt, kann sich daraus die Rechtfertigung einer betriebsbedingten Beendigungskündigung im Sinne von § 1 Abs. 2 KSchG ergeben. Dazu hat der Arbeitgeber die Auswirkungen seiner Organisationsentscheidung auf den betrieblichen Beschäftigungsbedarf im Einzelnen und für den Arbeitnehmer auch nachprüfbar darzulegen.

Mehrere Änderungskündigungen

Erklärt der Arbeitgeber gegenüber einem Arbeitnehmer zur selben Zeit mehrere Änderungskündigungen, die je für sich das Angebot zur Fortsetzung des Arbeitsverhältnisses unter Änderung lediglich einer bestimmten – jeweils anderen – Vertragsbedingung sowie den Hinweis enthalten, der Arbeitnehmer erhalte zugleich weitere Änderungskündigungen, sind die Angebote nicht hinreichend bestimmt im Sinne von § 2 Satz 1 KSchG, § 145 BGB (BAG 10.9.2009 – 2 AZR 822/07). Diese Kündigungen können keine Rechtswirkung entfalten.

i) Abfindung und Kündigungsschutzklage

118. Wie wird eine höhere Abfindung auf das Arbeitslosengeld angerechnet?

Fall:
Ein nach dem Tarifrecht ordentlich unkündbarer Beschäftigter hat sich – da ihm das Weiterarbeiten aus persönlichen Gründen nicht mehr zumutbar war – mit seinem Arbeitgeber auf die Beendigung des Arbeitsverhältnisses geeinigt. Der Arbeitnehmer ist 45 Jahre alt, er war seit 16 Jahren im Betrieb beschäftigt. Er hatte einen Bruttomonatsverdienst von zuletzt 3400,00 €. Am 31.10.2017 hat er mit dem Arbeitgeber den Aufhebungsvertrag zum 31.12.2017 abgeschlossen. Die ordentliche Kündigung wäre nach dem für die Arbeitsvertragsparteien geltenden Tarifvertrag nicht zulässig gewesen. Der Arbeitgeber zahlt an den Arbeitnehmer eine Abfindung in Höhe von 45 000,00 € aus.

Darum geht es:
Wie wird die Abfindung auf das Arbeitslosengeld angerechnet? Wie viel verbleibt von einer größeren Abfindung dem Arbeitnehmer?

Antwort

Das zeitweilige Ruhen des Anspruchs auf Arbeitslosengeld ist in den Bestimmungen der §§ 158, 159 SGB III geregelt. Die Bestimmungen zeichnen sich durch einen sehr komplexen Regelungsaufbau aus, weil in ihr zwei verschiedene Ruhenstatbestände geregelt sind:
- zum einen das Ruhen bei Nichteinhaltung der Kündigungsfrist oder bei ordentlicher Unkündbarkeit des Arbeitnehmers (= versicherungswidriges Verhalten genannt),
- zum anderen die Anrechnung einer Abfindung im Sinne eines zeitweiligen Ruhenstatbestands (= Ruhen des Anspruchs bei Entlassungsentschädigungen).

Der Ruhenszeitraum regelt sich wie folgt:
Der Anspruch auf Arbeitslosengeld ruht nicht länger als bis zu demjenigen Tag, bis zu dem der Arbeitnehmer, wenn er weitergearbeitet hätte, den Teil der Abfindung verdient hätte, der dem Arbeitsentgeltverlust entspricht.

Fragen zur Beendigung des Arbeitsverhältnisses

Der Teil der Abfindung, der dem Arbeitsentgeltverlust entspricht, wird nach dem Gesetz pauschalierend mit höchstens 60 % der Abfindung festgelegt.

Er vermindert sich zusätzlich um je 5 % für je fünf Lebensjahre nach Vollendung des 35. Lebensjahres sowie für je fünf Jahre Betriebszugehörigkeit, maximal jedoch auf 25 %.

Betriebs- oder Unternehmenszugehörigkeit	unter 40 Lebensjahre	ab 40 Lebensjahre	ab 45 Lebensjahre	ab 50 Lebensjahre	ab 55 Lebensjahre	ab 60 Lebensjahre
weniger als fünf Jahre	60	55	50	45	40	35
fünf und mehr Jahre	55	50	45	40	35	30
zehn und mehr Jahre	50	45	40	35	30	25
15 und mehr Jahre	45	40	35	30	25	25
20 und mehr Jahre	40	35	30	25	25	25
25 und mehr Jahre	35	30	25	25	25	25
30 und mehr Jahre	25	25	25	25	25	
35 und mehr Jahre		25	25	25	25	

Die Berechnung vollzieht sich wie folgt:

1. Maximale Ruhezeit

Hier ist aufgrund ausgeschlossener ordentlicher Kündigung eine fiktive Kündigungsfrist von 18 Monaten anzunehmen. Gerechnet ab dem 31. 10. 2017 würde dies zunächst eine Ruhezeit bis 30. 4. 2018 bedeuten. Da der Ruhezeitraum aber maximal ein Jahr ab Aufhebungszeitraum andauern darf, ergibt sich im Beispiel eine maximale Ruhezeit vom 1. 1. 2018 bis 31. 12. 2018.

2. Anzurechnender Abfindungsanteil

Sodann ist zu ermitteln, ob sich der Ruhezeitraum verkürzt: Hierzu wird vom maximal zu berücksichtigenden Teil der Abfindung ausgegangen, das sind 60 %. Hiervon sind abzuziehen für je fünf Lebensjahre nach Vollendung des 35. Lebensjahres zweimal 5 %, also 10 %. Ferner sind abzuziehen für je fünf Jahre Betriebszugehörigkeit dreimal 5 %, also 15 %. Abzuziehen sind von den maximal 60 % damit 10 % und 15 %, so dass ein Rest von 35 % verbleibt. Da die Grenze von mindestens 25 % minimal anzurechnenden Abfindungsanteils nicht erreicht ist, werden im Beispiel die errechneten 35 % angesetzt. Dies sind bei einer Abfindung von 40 000,00 € noch 14 000,00 €.

3. Verkürzungszeitraum

Das vom Arbeitnehmer monatlich bezogene Bruttogehalt von 3000,00 € ergibt ein kalendertägliches Arbeitsentgelt von 100,00 € (3000,00 € geteilt durch 30 Kalendertage). Teilt man nun den anzusetzenden Teil der Abfindung in Höhe von 14000,00 € durch die 100,00 € kalendertägliches Arbeitsentgelt, ergibt das einen Zeitraum von 140 Kalendertagen.

4. Berechnung des Schlusstages der Ruhezeit

Beginnend mit dem Tag des Eintritts der Arbeitslosigkeit – im Beispiel am 1.1.2018 – ist der 140. Kalendertag der 20.5.2018. Der Anspruch des Arbeitnehmers auf Arbeitslosengeld ruht damit bis zum 20.5.2018.

Krankenversicherungsschutz

Solange der Anspruch auf Arbeitslosengeld ruht, besteht zugunsten des vormaligen Arbeitnehmers kein Krankenversicherungsschutz. Es werden auch keine Beiträge zur gesetzlichen Renten- und Pflegeversicherung gezahlt. Die Ruhenszeit wird dem Rentenversicherungsträger von der Bundesagentur für Arbeit gemeldet. Hierbei ist zu beachten, dass eine Meldung von Amts wegen allerdings lediglich dann möglich ist, wenn der Arbeitslose rechtzeitig einen Leistungsantrag stellt und hierauf nicht – im Hinblick auf das Ruhen der Leistung – verzichtet.

Urlaubsabgeltungsanspruch besteht noch

Wenn der Arbeitnehmer wegen der Beendigung seines Arbeitsverhältnisses eine Urlaubsabgeltung erhalten hat oder zu beanspruchen hätte, weil ihm dieser Anspruch tatsächlich zusteht, ruht der Anspruch auf Arbeitslosengeld auch dann bereits ab dem Ende des Arbeitsverhältnisses, wenn er Krankengeld nach § 44 SGB V beziehen sollte (BAG 17.11.2010 – 10 AZR 649/09). Der Ruhenszeitraum verschiebt sich in derartigen Situationen nicht auf die Zeit nach Beendigung der Erkrankung. Er beginnt mit dem Ende des die Urlaubsabgeltung begründenden Arbeitsverhältnisses, mithin mit dem ersten Tag, der auf das Ende des Arbeitsverhältnisses folgt. Der Ruhenszeitraum läuft mithin immer kalendermäßig ab. Er endet mit dem Ende des letzten (fiktiven) Urlaubstages. Eine Verschiebung des Ruhenszeitraums auf die Zeit nach Beendigung der Erkrankung erfolgt nicht.

119. Wann gibt es bei einer betriebsbedingten Kündigung eine Abfindung?

> **Fall:**
> Einem Arbeitnehmer wird nach etwas über acht Jahren der Beschäftigung ordentlich betriebsbedingt gekündigt. Da der Arbeitgeber die Sache friedlich und ohne mögliches Gerichtsverfahren beenden will, bietet er dem Arbeitnehmer eine Abfindung von vier Bruttogehältern gemäß § 1a KSchG an. Der Arbeitnehmer überlegt einige Tage, was er denn tun soll, kommt dann aber zu dem Schluss, eine Klage zum Arbeitsgericht koste zunächst mal nichts, und begibt sich zur Rechtsantragstelle, um gegen die Kündigung Klage zu erheben.
>
> Einige Wochen später erfährt er von Arbeitskollegen, dass es um den Betrieb finanziell sehr schlecht steht und man befürchte, dass in einigen Monaten erheblich Personal reduziert werden müsse, wenn nicht gar ganze Abteilungen geschlossen werden müssen. Jetzt reut den Arbeitnehmer die Klage, und es wäre ihm eine schnelle Auszahlung der Abfindung lieber.
>
> Er begibt sich zum Betriebsrat und fragt an, ob er dann, wenn er sofort, also noch vor dem Gütetermin in der darauf folgenden Woche, die Klage zurücknimmt, alsbald die Abfindung überwiesen bekommt.
>
> **Darum geht es:**
> Unter welchen Voraussetzungen steht dem Arbeitnehmer ein Abfindungsanspruch zu?

Antwort

Mit Wirkung zum 1.1.2004 wurde im Kündigungsschutzgesetz durch § 1a KSchG die Möglichkeit eines gesetzlichen Abfindungsanspruchs bei einer betriebsbedingten Kündigung eingeführt. Die Regelung gilt allerdings nur für betriebsbedingte Kündigungen. Voraussetzung für das Entstehen des Abfindungsanspruchs des § 1a KSchG ist, dass das KSchG in persönlicher und fachlicher Hinsicht anwendbar ist. Das ist im Beispielsfall unstreitig gegeben. Fernerhin ist notwendig, dass der Arbeitgeber die Kündigung in der Kündigungserklärung auf betriebsbedingte Gründe stützt und der Arbeitnehmer darauf hingewiesen wird, dass dann, wenn er die Frist zur Erhebung der Kündigungsschutzklage verstreichen lässt, ein Abfindungsanspruch entsteht.

Wenn der Arbeitgeber die Kündigung auf betriebsbedingte Gründe stützt und in der Kündigungserklärung darauf hinweist, dass ein gesetzlicher Abfindungsanspruch besteht, sofern der Arbeitnehmer keine Klage erhebt, steht dem Arbeitnehmer ein **Abfindungsanspruch** in der Höhe von einem halben Monatsverdienst für jedes Jahr des Bestehens des Arbeitsverhältnisses zu. Beschäftigungszeiten von mehr als sechs Monaten werden auf ein volles Jahr aufgerundet.

Die Besonderheit im Beispielsfall besteht aber darin, dass zunächst Klage erhoben wurde und die Klage etwas später wieder zurückgenommen werden soll, um die Abfindung zu bekommen. Es kommt immer wieder vor, dass der Arbeitgeber zur Vermeidung eines Kündigungsschutzrechtsstreits nach § 1a Abs. 1 KSchG vorgeht und auf den Abfindungsanspruch hinweist, der Arbeitnehmer aber (möglicherweise auch nur zur Fristwahrung, um noch etwas »Bedenkzeit« zu bekommen) Kündigungsschutzklage erhebt.

Später überlegt sich der Arbeitnehmer dies anders, wie im Beispielsfall, und er will die Kündigungsschutzklage wieder zurücknehmen, um alsbald an die Abfindung zu kommen.

Zusammenfassung:
Der Anspruch nach § 1a KSchG kann nicht entstehen, wenn der Arbeitnehmer die Kündigung mit einer Klage angreift. Die gesetzliche Regelung will gerichtliche Auseinandersetzungen der Arbeitsvertragsparteien vermeiden und den Parteien eine einfache, effiziente und kostengünstige außergerichtliche Möglichkeit zu einem angemessenen Interessenausgleich zur Verfügung stellen. Diesem Zweck entspricht es, einem Arbeitnehmer die angebotene Abfindung nicht zu geben, wenn er eine gerichtliche Auseinandersetzung eingeleitet hat. Durch die hier vom Arbeitnehmer beabsichtigte Rücknahme der Kündigungsschutzklage können aber die Voraussetzungen des § 1a KSchG nicht mehr erfüllt werden. Daran ändern auch die Bestimmungen der §§ 46 Abs. 2 Satz 1 ArbGG, 495, 269 Abs. 3 Satz 1 ZPO nichts, wonach der Rechtsstreit als nicht anhängig geworden anzusehen ist, wenn die Klage zurückgenommen wird. Würde diese gesetzliche Fiktion so ausgelegt, dass dann bei Rücknahme der Klage der Abfindungsanspruch wieder entstehen sollte, dann würde das gesetzgeberische Ziel des § 1a KSchG unterlaufen. Die Norm wurde mit der Intention geschaffen, einen Abfindungsanspruch bei

> betriebsbedingter Kündigung nur im Falle der Vermeidung einer gerichtlichen Auseinandersetzung zu geben. Der Arbeitnehmer soll gerade nicht zunächst die Entwicklung des Kündigungsschutzprozesses abwarten können und dann die Klage bei sich abzeichnender Erfolglosigkeit zurücknehmen können, um doch noch in den Vorteil der vom Arbeitgeber angebotenen Abfindung zu kommen (Erfurter Kommentar zum Arbeitsrecht/Oetker, 430 KSchG § 1a Rn. 14).

Dem Arbeitnehmer kann daher allenfalls empfohlen werden, bis zum Gütetermin nichts zu unternehmen und dem Arbeitgeber zu erklären, dass er jetzt doch bereit ist, mit der vorgeschlagenen Abfindung den Rechtsstreit zu beenden. Wenn der Arbeitgeber nicht mehr mit dieser Lösung einverstanden sein sollte, wird es für den Arbeitnehmer schwierig. Dann muss angeraten werden, für den Fall, dass die Kündigungsschutzklage wenig Erfolgsaussicht haben sollte, sich auch mit einer deutlich niedrigeren Abfindung zufrieden zu geben. Somit muss die Frage, ob bei einem Angebot nach § 1a KSchG vom Arbeitnehmer Klage erhoben werden soll, gut überlegt werden.

> **Praxishinweis: Auch bei einem Angebot nach § 1a KSchG kann die Höhe der Abfindung einvernehmlich geregelt werden**
> Die Regelung des § 1a KSchG statuiert keinen unabdingbaren Mindestanspruch auf eine Abfindung bei Ausspruch einer betriebsbedingten Kündigung. Sie steht daher einer Auslegung eines Kündigungsschreibens als eigenständiges, von den Voraussetzungen des § 1a KSchG unabhängiges Abfindungsangebot nicht entgegen. Die Arbeitsvertragsparteien können daher bei einer betriebsbedingten Kündigung eine geringere oder eine höhere als die vom Gesetz vorgesehene Abfindung vereinbaren. Die Vertragsfreiheit ermöglicht eine derartige Regelung. Wenn also ein Arbeitnehmer trotz des Angebots des Arbeitgebers nach § 1a KSchG einen **Abwicklungsvertrag** mit einer **niedrigeren Abfindung** abschließen sollte, ist dieser wirksam, und er kann später nicht einwenden, ihm hätte doch ein höherer Betrag zugestanden.

In der Praxis kann es mitunter schwierig werden, sicher zu bestimmen, was der Arbeitgeber hier tatsächlich anbietet: § 1a KSchG oder einen hiervon unabhängigen Abwicklungsvertrag. Ob der Arbeitgeber den Hinweis nach § 1a KSchG erteilt oder ein davon abweichendes Angebot unterbreitet hat, ist in derartigen Situationen durch eine Auslegung des Kündigungsschreibens zu ermitteln. Sofern die im Kündigungsschreiben angegebene Abfindung der Höhe nach deutlich von dem gesetzlich in § 1a KSchG vorgesehenen Betrag abweichen sollte, spricht einiges dafür, dass der Arbeitgeber ein vom Kündigungsschutzgesetz abweichendes, individuelles Auflösungsangebot abgegeben hat.

Ein Rechtsstreit darf nicht eingeleitet werden, um § 1a KSchG ausführen zu können

Dem Zweck des § 1a Abs. 1 KSchG widerspricht es – wie ausgeführt –, einem Arbeitnehmer die Abfindung zu gewähren, wenn er eine gerichtliche Auseinandersetzung eingeleitet hat. Das gilt auch für eine nach Ablauf der dreiwöchigen Klagefrist eingereichte (Kündigungsschutz-)Klage und einen Antrag des Arbeitnehmers auf nachträgliche Klagezulassung nach § 5 KSchG. Aus dem Sinn und Zweck der gesetzlichen Regelung folgt, dass ein Anspruch nach § 1a Abs. 1 KSchG auch mit der Antragstellung auf nachträgliche Zulassung der Kündigungsschutzklage entfällt (BAG 20. 8. 2009 – 2 AZR 267/08).

Eine nach Fristablauf erhobene Kündigungsschutzklage, die nicht mit einem Antrag auf nachträgliche Zulassung verbunden ist, hindert die Entstehung des Anspruchs nach § 1a KSchG. Weil der Antrag auf nachträgliche Zulassung anspruchsschädlich ist, kann nichts anderes gelten, wenn der Arbeitnehmer den Antrag auf nachträgliche Zulassung deswegen nicht stellt, weil er der Auffassung ist, die Klagefrist sei gewahrt. Bei beiden Fällen beruft sich der Arbeitnehmer aus Sicht des Arbeitgebers auf die Sozialwidrigkeit der Kündigung und akzeptiert die Abfindung nicht. Auch wenn später eine derartige Klage bzw. der Antrag auf Zulassung der Klage zurückgenommen werden sollte, kann der Anspruch nach § 1a KSchG nicht mehr bestehen.

120. Wann kann im Kündigungsschutzprozess eine Abfindung festgesetzt werden?

Fall:
Im Rahmen eines Kammertermins in einer Kündigungsschutzklage bezüglich einer betriebsbedingten Kündigung bespricht das Gericht verschiedene Möglichkeiten einer gütlichen Einigung. Der Arbeitnehmer arbeitete seit zehn Jahren in einem größeren Baubetrieb

Fragen zur Beendigung des Arbeitsverhältnisses

mit etwa 300 Beschäftigten. Die Abfindungsvorschläge sind der Arbeitgeberseite allerdings viel zu hoch. Da der Personalleiter des Arbeitgebers, der den Termin wahrnimmt, allmählich feststellt, dass der Rechtsstreit nicht mit dem finanziellen Rahmen lösbar ist, den er vorher vom Geschäftsführer vorgegeben bekommen hat (wir gehen nicht über 3000,00 € mit der Abfindung), verliert er zunehmend seine Beherrschung und schreit den Kläger und seinen Anwalt an:

»Wenn Sie nicht endlich die 3000,00 € an Abfindung annehmen, dann nehmen wir einfach die Kündigung wieder zurück und Sie können dann weiterarbeiten, bis Sie freiwillig gehen. Ich versichere Ihnen aber, dass dies innerhalb weniger Wochen der Fall sein wird, denn wir werden Sie auf Schritt und Tritt im Arbeitsverhältnis überwachen, bis Sie einen Fehler machen. Und dann bekommen Sie auch noch ein Zeugnis, dass sich jeder Betrieb, bei dem Sie sich bewerben, halb totlacht.«

Der Arbeitnehmer ist ziemlich eingeschüchtert und fragt nun seinen Anwalt, wie man hierauf reagieren solle.

Darum geht es:
Was sind die Voraussetzungen für eine Festsetzung der Abfindung durch das Arbeitsgericht?

Antwort

Aufgrund der verbalen Exzesse im Gerichtstermin kann davon ausgegangen werden, dass es dem Arbeitnehmer für den Fall der Rechtsunwirksamkeit der Kündigung nicht mehr zumutbar ist, in diesem Betrieb weiterzuarbeiten. Er hat daher die Möglichkeit, zusätzlich zum Kündigungsschutzklageantrag die Auflösung des Arbeitsverhältnisses gegen Zahlung einer Abfindung zu beantragen. Diese Möglichkeit ist dem Arbeitnehmer nachhaltig anzuraten, da die Besorgnis besteht, dass für den Fall der Unwirksamkeit der Kündigung keine gedeihliche Zusammenarbeit mehr annehmbar erscheint.

Die Möglichkeit ist in § 9 KSchG geregelt. Bei der nach dieser Bestimmung notwendigen Prüfung, ob Gründe vorliegen, die eine den Betriebszwecken dienliche weitere Zusammenarbeit zwischen Arbeitgeber und Arbeitnehmer nicht erwarten lassen, kommt es allerdings nicht wie bei der Beurteilung der Frage der Wirksamkeit der Kündigung auf den Zeit-

punkt der Kündigungserklärung an. Wenn dem so wäre, könnten nachträglich auftretende Zerrüttungsgründe (wie im Beispielsfall gegeben) nicht mehr berücksichtigt werden.
Das Gericht prüft bei der Entscheidung über den Auflösungsantrag, ob künftig eine den Betriebszwecken dienliche weitere Zusammenarbeit zu erwarten ist. Zum Auflösungsantrag gehört daher der Vortrag des Arbeitnehmers von greifbaren Tatsachen, aus denen folgt, dass eine sinnvolle weitere Zusammenarbeit nicht zu erwarten ist. Die Beurteilung der Voraussetzungen des Auflösungsantrags erfordert daher eine Abwägung, die der Grundkonzeption des Kündigungsschutzgesetzes als ein den Bestandsschutz gewährendes Recht und dem Ausnahmecharakter der Auflösungsmöglichkeit Rechnung trägt (BAG 23.10.2008 – 2 AZR 483/07; 11.7.2013 – 2 AZR 241/12).
Der im Interesse des Arbeitnehmers geschaffene Bestandsschutz soll zwar nicht gegen dessen Willen durchsetzbar sein, grundsätzlich geht das Gesetz allerdings bei sozial ungerechtfertigter Kündigung von der Fortsetzung des Arbeitsverhältnisses aus. Die **Auflösung** ist an Umstände gebunden, die deutlich über die bloße Rechtsunwirksamkeit der Kündigung hinausgehen. Wenn das Gericht feststellt, dass aufgrund dieser Kriterien keine vertrauensvolle Fortsetzung des Beschäftigungsverhältnisses mehr möglich erscheint, wird eine Auflösung vorgenommen werden.

> **Zusammenfassung:**
> Aufgrund der drastischen Drohungen, welche der Personalleiter im Beispielsfall ausgesprochen hat, kann angenommen werden, dass der Auflösungsantrag für den Fall der Rechtsunwirksamkeit der Kündigung erfolgreich ist. Die üblicherweise zugesprochene Abfindung für den Fall der »durchschnittlichen Unwirksamkeit« einer Kündigung liegt im Beispielsfall bei etwa fünf Gehältern, wobei aber alle Umstände des Einzelfalls berücksichtigt werden müssen.

Kriterien der Bemessung der Höhe der Abfindung
Maßgeblich für die Bemessung der Höhe sind in der gerichtlichen Praxis folgende Gesichtspunkte:
1. Stellt der Verlust des Arbeitsplatzes im Einzelfall für den Arbeitnehmer eine deutliche wirtschaftliche und soziale Einbuße dar?
2. Es findet eine Berücksichtigung des Maßes der Sozialwidrigkeit der Kündigung statt; eine in besonderem Maße sozialwidrige und von der

Rechtsprechung als ungerechtfertigt angesehene Kündigung lässt eine höhere Abfindung angemessen erscheinen.
3. Fernerhin werden berücksichtigt die Dauer der Betriebszugehörigkeit, das Lebensalter sowie die Aussichten, auf dem Arbeitsmarkt eine neue Stellung zu finden.
4. Die wirtschaftliche Lage des Arbeitgebers kann in besonderen Einzelfallsituationen die Festsetzung einer geringeren Abfindung rechtfertigen.
5. Für die Bemessung der Abfindung sind stets die Verhältnisse zum Zeitpunkt der Entscheidung maßgeblich (LAG Rheinland-Pfalz 16. 12. 1994 – 3 Sa 761/94).

Auflösungsantrag seitens des Arbeitgebers

Der arbeitgeberseitig gestellte Auflösungsantrag ist prozessual ein Hilfsantrag, denn der Arbeitgeber beantragt in der Kündigungsschutzklage regelmäßig Klageabweisung (wenn dem nicht so wäre, könnte er die Unwirksamkeit der Kündigung anerkennen oder einen Vergleich schließen). Für eine Auflösung auf Antrag des Arbeitgebers nach § 9 Abs. 1 Satz 2 KSchG müssen die Gründe, die einer den Betriebszwecken dienlichen weiteren Zusammenarbeit zwischen den Vertragsparteien entgegenstehen, nachvollziehbar dargelegt werden. Diese müssen allerdings nicht notwendig ein schuldhaftes Verhalten des Arbeitnehmers erfassen (vgl. BAG 9. 9. 2010 – 2 AZR 482/09; 10. 6. 2010 – 2 AZR 297/09; 11. 7. 2013 – 2 AZR 241/12).

Ein Auflösungsgrund liegt regelmäßig dann nicht vor, wenn die einer Weiterarbeit entgegenstehenden Tatsachen im **Einfluss- oder Risikobereich des Arbeitnehmers** liegen. Davon ist auszugehen, wenn der Arbeitnehmer infolge einer sozialwidrigen Kündigung erkrankt oder durch die Kündigung eine bestehende Erkrankung sich verschlimmert, der Arbeitgeber allerdings die Krankheit weder zielgerichtet herbeigeführt hat noch mit einer offensichtlich unbegründeten Kündigung oder möglicherweise mit ehrverletzenden Äußerungen die Verschlechterung des Gesundheitszustands des Arbeitnehmers als möglich angesehen und bewusst in Kauf genommen hat.

121. Kann der Arbeitgeber einem Arbeitnehmer, der auf eine Kündigungsschutzklage verzichtet, eine Abfindung zusagen?

Fall:
Ein 45 Jahre alter Arbeitnehmer war als Techniker in einer Privatklinik beschäftigt. Ein Betriebsrat besteht nicht. Als die Klinik ihren Sitz von München nach Berlin verlegte, stellte sie einen Abfindungszahlungsplan für den Fall des Arbeitsplatzabbaus vor. Der Arbeitgeber wollte Streitigkeiten über Kündigungen von Arbeitnehmern, die nicht nach Berlin wechseln wollen, vermeiden und stellte daher den Abfindungsplan auf. Dieser Abfindungsplan hat auszugsweise folgenden Wortlaut:
Berechtigte Arbeitnehmer haben Anspruch auf eine pauschale Abfindungssumme, die sich wie folgt berechnet:
Ein halbes Monatsgrundgehalt für jedes vollständige Dienstjahr bis zu den nachstehend bezeichneten Höchstgrenzen. Die Höchstgrenzen sind:
Arbeitnehmer jünger als 50 Jahre: höchstens 12 Monatsgrundgehälter ...
Mit Schreiben vom 28.6.2017 wurde dem Arbeitnehmer gekündigt, und zwar unter Einhaltung der ordentlichen Kündigungsfrist zum 31.12.2017. Zusammen mit dem Kündigungsschreiben erhielt der Arbeitnehmer folgende Mitteilung ...
... Um den Anspruch auf eine freiwillige Abfindung zu haben – vorausgesetzt, dass ich die Bedingungen, wie sie der Abfindungsplan vorsieht, erfülle –, verzichte ich hiermit auf meine Rechte, Klage gegen den Arbeitgeber im Zusammenhang mit dem anstehenden Verlust meiner Beschäftigung zu erheben, und bestätige, dass ich mich diesbezüglich nicht an das Arbeitsgericht wende.
Der Arbeitnehmer hat dieses Schreiben nicht unterzeichnet und eine Kündigungsschutzklage erhoben. Nun möchte er wissen, ob ihm auch die Abfindung zustehen kann. Er hält es für unzulässig, dass derjenige Arbeitnehmer, der auf eine Kündigungsschutzklage verzichtet, eine Abfindung bekommen soll.

Darum geht es:
Ist die Zusage einer Abfindung bei Verzicht auf die Erhebung einer Kündigungsschutzklage zulässig?

Fragen zur Beendigung des Arbeitsverhältnisses

Antwort

Wenn diese Regelung von einem Betriebsrat mit dem Arbeitgeber abgeschlossen worden wäre, würde sie möglicherweise gegen den betriebsverfassungsrechtlichen Gleichbehandlungsgrundsatz des § 75 Abs. 1 Satz 1 BetrVG verstoßen, da die Betriebsparteien – also Betriebsrat und Arbeitgeber – Sozialleistungen vom Verzicht des Arbeitnehmers auf die Erhebung einer Kündigungsschutzklage abhängig gemacht hätten (BAG 31. 5. 2005 – 1 AZR 254/04). Daran hat sich nach der Rechtsprechung des Bundesarbeitsgerichts auch durch die Einführung des § 1a KSchG nichts geändert. Die vorgesehene Abfindung hat nämlich eine andere Funktion als die Sozialplanabfindung. Arbeitgeber und Betriebsrat können anlässlich einer Betriebsänderung zusätzlich zu einem Sozialplan in einer freiwilligen Betriebsvereinbarung im Interesse des Arbeitgebers an der Herstellung einer alsbaldigen **Planungssicherheit** Leistungen davon abhängig machen, dass der Arbeitnehmer von der Erhebung einer Kündigungsschutzklage absieht.

Hier geht es aber nicht um eine Regelung, die der Betriebsrat abgeschlossen hat, weil ein solcher nicht vorhanden ist. Diese Grundsätze des Betriebsverfassungsrechts können allerdings nicht auf **freiwillige Abfindungszahlungsangebote** – um die es hier geht – übertragen werden.

> **Zusammenfassung:**
> Der Arbeitgeber ist im konkreten Fall weder kollektivrechtlich noch aufgrund einer einzelvertraglichen Vereinbarung mit dem Arbeitnehmer verpflichtet, an ihn wegen des Verlustes des Arbeitsplatzes eine Abfindung zu zahlen. Abfindungen werden nach den maßgeblichen Regelungen nur dann gezahlt, wenn der von der Sitzverlegung der Klinik betroffene Arbeitnehmer keine Kündigungsschutzklage erhoben hat. Das bedeutet im Ergebnis, dass der Arbeitgeber Arbeitnehmer, denen er wegen der Verlegung des Sitzes der Klinik von München nach Berlin rechtswirksam aus betriebsbedingten Gründen gekündigt hat, unterschiedlich behandelt.

Der Unterschied in der Behandlung besteht darin, dass Arbeitnehmer, die gegen die Kündigung **nicht gerichtlich vorgegangen** sind, eine Abfindung nach Maßgabe der konkreten Regelung erhalten, obwohl sie ebenso wie die Arbeitnehmer, deren Arbeitsverhältnis gekündigt worden ist und die Kündigungsschutzklage erhoben haben, ihren Arbeitsplatz verlieren.

Diese **Gruppenbildung** ist allerdings durchaus sachlich gerechtfertigt, wie das Bundesarbeitsgericht in einem vergleichbaren Fall entschieden hat (15. 2. 2005 – 9 AZR 116/04). Die Zusage des Arbeitgebers ist daher im Ergebnis wirksam.

> **Praxishinweis:**
> Dem Zweck des § 1a Abs. 1 KSchG entspricht es, einem Arbeitnehmer die Abfindung zu versagen, wenn er eine gerichtliche Auseinandersetzung eingeleitet hat. Das gilt auch für eine nach Ablauf der dreiwöchigen Klagefrist eingereichte (Kündigungsschutz-)Klage und einen Antrag des Arbeitnehmers auf nachträgliche Klagezulassung nach § 5 KSchG. Aus dem Sinn der gesetzlichen Regelung folgt, dass ein Anspruch nach § 1a Abs. 1 KSchG mit der Antragstellung auf nachträgliche Zulassung der Kündigungsschutzklage entfällt (BAG 20. 8. 2009 – 2 AZR 267/08).
> Auch eine nach Fristablauf erhobene Kündigungsschutzklage, die nicht mit einem Antrag auf nachträgliche Zulassung verbunden ist, hindert daher die Entstehung des Anspruchs nach § 1a KSchG. Ist der Antrag auf nachträgliche Zulassung anspruchsschädlich, kann nichts anderes gelten, wenn der Arbeitnehmer den Antrag auf nachträgliche Zulassung deswegen nicht stellt, weil er der Auffassung ist, die Klagefrist wäre gewahrt. In beiden Fällen beruft sich der Arbeitnehmer aus Sicht des Arbeitgebers auf die Sozialwidrigkeit der Kündigung und akzeptiert die Abfindung nicht.

Wichtige Begriffe

Arbeitsrechtlicher Gleichbehandlungsgrundsatz

Dieser verpflichtet den Arbeitgeber, Arbeitnehmer oder Gruppen von Arbeitnehmern, die sich in vergleichbarer Lage befinden, gleich zu behandeln. Dieser Grundsatz ist dann verletzt, wenn sich für die unterschiedliche Behandlung kein vernünftiger, sich aus der Natur der Sache ergebender oder sonst sachlich einleuchtender Grund finden lässt (BAG 14. 6. 2006 – 5 AZR 584/05; 13. 2. 2002 – 5 AZR 713/00). Bei freiwilligen Leistungen des Arbeitgebers – um eine solche geht es hier bei der Abfindungszusage – bedeutet das, dass der Arbeitgeber die Leistungsvoraussetzungen so abzugrenzen hat, dass nicht bestimmte Arbeitnehmer des Betriebs aus sachfremden oder willkürlichen Gründen ausgeschlossen werden.

Freiheit des Arbeitgebers bei der Gruppenbildung

Der Arbeitgeber ist grundsätzlich frei, den Personenkreis abzugrenzen oder auch nur einzugrenzen, dem er freiwillige Leistungen zukommen lassen will, also Gruppen zu bilden, wenn diese Gruppenbildung nicht

Fragen zur Beendigung des Arbeitsverhältnisses

willkürlich, sondern sachlich gerechtfertigt und rechtlich zulässig ist. Die sachliche Rechtfertigung dieser Gruppenbildung kann immer nur am Zweck der freiwilligen Leistung des Arbeitgebers gemessen werden. Verstößt der Arbeitgeber bei der Gewährung freiwilliger Leistungen gegen den **Gleichbehandlungsgrundsatz**, hat der benachteiligte Arbeitnehmer Anspruch auf die vorenthaltene Leistung.

Die Arbeitgeberseite wollte mit der freiwilligen Abfindungsregelung erreichen, dass Kosten und sonstige Aufwendungen für Rechtsstreite vermieden werden sollen und dass auch ein höheres Maß an Planungssicherheit eintritt. Deshalb wurden die Voraussetzungen für die Zahlung der Abfindung an die Nichterhebung einer Kündigungsschutzklage geknüpft. Die sich hieraus ergebende Differenzierung zwischen denjenigen Arbeitnehmern, die eine Kündigungsschutzklage erheben, und solchen, die dies nicht tun, hat das Bundesarbeitsgericht nicht als sachwidrig beanstandet.

Berechtigter Sachgrund des Arbeitgebers

Einen Sachgrund für diese Regelung stellt auf jeden Fall das berechtigte Interesse des Arbeitgebers an der frühzeitigen Klärung der Frage dar, ob das Arbeitsverhältnis ohne Vornahme eines Kündigungsschutzrechtsstreits beendet wird oder ob dies nicht der Fall ist. Selbst dann, wenn der Arbeitgeber den Kündigungsschutzprozess gewinnen sollte, ist der Rechtsstreit mit erheblichen Kosten und Zeitaufwendungen verbunden.

Es ist daher nicht unzulässig, wenn ein Arbeitgeber Abfindungen nur unter der Bedingung zahlen will, dass der Arbeitnehmer gegen die Kündigung nicht mit einer Kündigungsschutzklage vorgeht. Dass der Arbeitgeber die Höhe der freiwilligen Leistung sozusagen wie in einem Sozialplan nach generellen Merkmalen bestimmt, macht den mit der Abfindung verfolgten Zweck des Arbeitgebers nicht zu einem »sachfremden«.

122. Wann muss eine Kündigungsschutzklage erhoben werden?

Fall:
Ein seit Jahren in einem größeren Industriebetrieb beschäftigter Arbeitnehmer erhält eine verhaltensbedingte Kündigung. Da er sich des Umstands bewusst ist, dass er einige Male wegen erheblicher Pflichtwidrigkeiten abgemahnt wurde, und auch der Kündigungs-

sachverhalt eine erhebliche Vertragsstörung betrifft, will er es zunächst dabei belassen und sieht von einer Klage ab.

Vier Wochen später teilt ihm ein Arbeitskollege aus dem Betrieb mit, er verstehe nicht, weswegen er »so dumm« war, keine Klage zu erheben; er sei doch mit 50% schwerbehindert, und da müsse vor einer Kündigung das Integrationsamt zustimmen. In dieser Situation hätte er den Arbeitgeber auf jeden Fall auf eine »gesalzene Abfindung festnageln können«.

Als der Arbeitnehmer dies hört, geht er tags darauf sofort zu einem Anwalt (zum Betriebsrat will er nicht, weil dieser der Kündigung zugestimmt hat) und erkundigt sich nach der Rechtslage.

Darum geht es:
Binnen welcher Frist muss eine Kündigungsschutzklage erhoben werden?

Antwort

§ 4 Satz 1 KSchG regelt, dass gegen alle Kündigungen binnen drei Wochen nach Zugang der Kündigung (nicht nach Ablauf der Kündigungsfrist) Klage zum Arbeitsgericht erhoben werden muss, wenn die Kündigung angefochten werden soll. Diese Frist bezweckt, möglichst bald Klarheit über den Weiterbestand oder das Ende des Arbeitsverhältnisses zu schaffen. Nur dann, wenn die Kündigung innerhalb der Frist des § 4 Satz 1 KSchG erhoben wurde, kann geltend gemacht werden, dass
- entweder die Kündigung nicht nach dem Kündigungsschutzgesetz wirksam
- oder nach anderen Gründen unwirksam ist.

Zusammenfassung:
Die Klagefrist gilt seit dem Jahr 2004 für alle Kündigungsschutzklagen. Auch sämtliche außerhalb des Kündigungsschutzgesetzes liegenden Unwirksamkeitsgründe, etwa die Nichtanhörung oder fehlerhafte Anhörung des Betriebsrats oder die Unwirksamkeit der Kündigung wegen fehlender behördlicher Zustimmungen (wie im Beispielsfall durch das Integrationsamt), müssen innerhalb der Dreiwochenfrist geltend gemacht werden.

Fragen zur Beendigung des Arbeitsverhältnisses

Die Klage wäre verspätet. Sofern keine Gründe der nachträglichen Zulassung ersichtlich sein sollten, erscheint die Klageerhebung aussichtslos.

Wichtige Begriffe

Beginn der Klagefrist
Die Klagefrist beginnt immer dann zu laufen, wenn dem Arbeitnehmer die Kündigung in schriftlicher Form zugegangen ist. Damit soll dem Schriftformerfordernis der Kündigung gemäß § 623 BGB Rechnung getragen werden.

Wann gilt die Dreiwochenfrist nicht?
Die Dreiwochenfrist ist ohne Bedeutung, wenn es dem Arbeitnehmer lediglich darum geht, die Einhaltung der – richtigen! – Kündigungsfrist geltend zu machen. Der Arbeitnehmer, der lediglich die Einhaltung der Kündigungsfrist prozessual verlangt, will nämlich nicht die Sozialwidrigkeit oder die Unwirksamkeit der Kündigung als solche festgestellt wissen. Er geht von der Wirksamkeit der Kündigung aus und will mit seiner Klage lediglich geltend machen, dass die Kündigung wirkt, allerdings zu einem anderen Zeitpunkt, als es nach Auffassung des Arbeitgebers der Fall ist.

Ob bei einer ordentlichen Kündigung die Nichteinhaltung der richtigen Kündigungsfrist mit der fristgebundenen Klage nach § 4 Satz 1 KSchG geltend gemacht werden muss, hängt nach der Rechtsprechung des Bundesarbeitsgerichts davon ab, ob die Nichteinhaltung der Kündigungsfrist zur Unwirksamkeit der Kündigungserklärung führt oder es nur um die Länge der Kündigungsfrist geht (BAG 15.5.2013 – 5 AZR 130/12). Zur Unwirksamkeit führt die Kündigung, wenn sich die mit zu kurzer Frist ausgesprochene Kündigung nicht als eine solche mit der rechtlich sachgerechten Frist auslegen lässt.

Eine vom Arbeitgeber mit **nicht richtiger Kündigungsfrist** zu einem bestimmten Datum erklärte Kündigung mit dem Zusatz »fristgemäß zum« kann allerdings als eine Kündigung zum richtigen Kündigungszeitpunkt ausgelegt werden, wenn es dem Arbeitgeber – für den Arbeitnehmer erkennbar – wesentlich um die Einhaltung der maßgeblichen Kündigungsfrist ging und sich das im Kündigungsschreiben enthaltene Datum lediglich als das Ergebnis einer fehlerhaften Berechnung der zutreffenden Kündigungsfrist erweist. In der Praxis ist allerdings auch in diesen Situationen den Beschäftigten anzuraten, rechtzeitig Kündigungsschutzklage zu erheben, um hier keine Rechtsnachteile zu erleiden.

Kündigungsschutzklage

Klagefrist, wenn das KSchG nicht anwendbar ist

Die Klagefrist des § 4 Satz 1 KSchG ist auch in der Wartezeit von Bedeutung, also bei Kündigungen innerhalb der ersten sechs Monate des Bestandes des Arbeitsverhältnisses und dann, wenn Kündigungen in Kleinstbetrieben (ohne die Anwendbarkeit des KSchG) angefochten werden sollen. Der Arbeitnehmer muss auch in diesen Situationen mit der fristgebundenen Klage des § 4 Satz 1 KSchG geltend machen, dass die richtige Kündigungsfrist einer ordentlichen Kündigung nicht gewahrt ist, wenn die Kündigung unwirksam ist, weil die Kündigungsfrist nicht eingehalten ist. Das ist immer dann der Fall, wenn sich die mit zu kurzer Frist erklärte Kündigung nicht als Kündigung mit der rechtlich gebotenen Frist auslegen lässt. Die mit zu kurzer Frist erklärte Kündigung gilt daher nur dann als rechtswirksam, wenn sie in ein anderes Rechtsgeschäft umgedeutet werden kann, also in eine Kündigung mit zutreffender Frist (BAG 15.12.2016 – 6 AZR 430/15).

Wann eine Kündigung, welche die maßgebliche Frist nicht wahrt, in eine solche mit richtiger Frist **auszulegen** ist, lässt sich in der Praxis nicht immer einfach beurteilen (BAG 20.1.2016 – 6 AZR 782/14). Ein Indiz hierfür ist die Frage, ob die Kündigung mit dem Zusatz »hilfsweise zum nächstzulässigen Termin« ausgesprochen wurde oder dies nicht der Fall ist. Für den Arbeitnehmer als Kündigungsempfänger besteht in einer solchen Situation nach dem Text der Kündigung dann, wenn dieser Zusatz nicht ausgeführt wird, kein Anhaltspunkt dafür, dass der Arbeitgeber trotz der angegebenen – und nicht richtigen – Kündigungsfrist und des angegebenen Kündigungstermins – in der Form eines nicht richtigen Datums – in jedem Fall die zutreffende Kündigungsfrist wahren wollte.

> **Zusammenfassung:**
> Will der Arbeitnehmer die Rechtsunwirksamkeit einer außerordentlichen Kündigung geltend machen und geht es ihm nur um die Einhaltung der ordentlichen Kündigungsfrist, ist enefalls zwingend die Dreiwochenfrist einzuhalten. Streitgegenstand der Kündigung ist dann nämlich die Wirksamkeit/Unwirksamkeit der Kündigung als fristlose.

Versäumung der Klagefrist und nachträgliche Zulassung

Sofern die Klagefrist versäumt sein sollte, muss der Arbeitnehmer einen Antrag auf nachträgliche Zulassung der Kündigungsschutzklage stellen, verbunden mit der Kündigungsschutzklage. Dieser Antrag hat aber nach § 5 KSchG lediglich dann Erfolg, wenn der Arbeitnehmer ohne Verschulden gehindert war, rechtzeitig Kündigungsschutzklage zu erheben.

Klagefrist bei Kündigung durch Vertreter ohne Vollmacht
Wenn nicht der Arbeitgeber selbst die Kündigung ausspricht, sondern ein Vertreter, dann muss dieser eine Vollmacht durch den Arbeitgeber der Kündigung beilegen. Geschieht dies nicht, kann – wenn es unverzüglich geschieht – die Kündigung nach §§ 180 Satz 1, 174 Satz 1 BGB zurückgewiesen werden.

Sofern es aus diesen Gründen zu einer (formwirksamen) Kündigung durch einen Vertreter ohne Vertretungsmacht kommen sollte, beginnt die Klagefrist des § 4 Satz 1 KSchG erst mit dem Zugang der Genehmigung des Arbeitgebers beim Arbeitnehmer (BAG 6.9.2012 – 2 AZR 858/11). Der Beginn der Klagefrist von drei Wochen setzt den Zugang einer vom Arbeitgeber stammenden, ihm jedenfalls zurechenbaren Kündigung voraus. Die Erweiterung des § 4 Satz 1 KSchG auf »sonstige Unwirksamkeitsgründe« erfolgte im Interesse einer raschen Klärung der Frage, ob eine Kündigung das Arbeitsverhältnis beendet hat oder nicht.

Die dreiwöchige Klagefrist dient auch dem Schutz des Arbeitgebers. Er soll nach Ablauf von drei Wochen nach Zugang und einer gewissen Zeit für die Klagezustellung darauf vertrauen dürfen, dass seine Kündigung das Arbeitsverhältnis aufgelöst hat. Diesen Schutz hat der Arbeitgeber allerdings dann nicht nötig, wenn weder er selbst noch ein Vertreter mit Wirkung für und gegen ihn gekündigt hat.

j) Sonderkündigungsschutz

123. Unter welchen Voraussetzungen besteht der Sonderkündigungsschutz nach dem Schwerbehindertenrecht?

Fall:
Ein Arbeitnehmer kommt in die Sprechstunde des Betriebsrats mit folgender Frage:
»Wie Sie wissen, bin ich seit acht Jahren als Mechaniker im Betrieb tätig. Seit drei Jahren habe ich einen Grad der Behinderung von

40 %; ein Antrag auf Gleichstellung durch die Bundesagentur wurde leider abgelehnt. Mein Leiden mit den Bandscheiben hat sich derzeit verschlimmert, und ich habe eine Erhöhung des Grads der Behinderung auf 50 % beantragt. Allerdings wird in der Abteilung, in der ich arbeite, massiv Personal abgebaut, und ich befürchte, dass ich bald bei den Betroffenen bin. Habe ich Sonderkündigungsschutz? Unterstellt, ich habe diesen, wie sieht es dann mit einem betrieblichen Eingliederungsmanagement aus – ist der Arbeitgeber immer dazu verpflichtet?«

Darum geht es:
Wann muss der Arbeitgeber vor der Kündigung die Zustimmung des Integrationsamtes einholen?

Antwort

Sonderkündigungsschutz besteht, wenn der Arbeitnehmer als Schwerbehinderter mit mindestens 50 % des Grads der Behinderung anzusehen ist oder wenn er ab 30 % durch einen Bescheid der Bundesagentur für Arbeit gleichgestellt ist, was aber im Beispielsfall nicht angenommen werden kann. Voraussetzung des Sonderkündigungsschutzes der §§ 168 ff. SGB IX ist daher stets, dass vor dem Zugang der Kündigung entweder
- ein Bescheid über die Schwerbehinderteneigenschaft ergangen ist oder
- der schwerbehinderte Arbeitnehmer einen entsprechenden Anerkennungsantrag beim Versorgungsamt gestellt hat.

Ausnahmsweise kann der Kündigungsschutz bereits vor der Antragstellung des Schwerbehinderten eingreifen, wenn der Arbeitnehmer den Arbeitgeber vor dem Ausspruch der Kündigung über seine körperlichen Beeinträchtigungen informiert und über die beabsichtigte Antragstellung in Kenntnis gesetzt hat (BAG 7. 3. 2002 – 2 AZR 612/00). Dieser Ausnahmetatbestand ist nicht gegeben, wenn der Arbeitgeber demnächst kündigen sollte.

Zusammenfassung:
Der Beschäftigte hat derzeit keinen Sonderkündigungsschutz, da noch keine 50 % des Grades der Behinderung festgestellt wurden. Sofern dem Verschlimmerungsantrag auf Feststellung auf 50 % rückwirkend stattgegeben werden sollte, kann sich die Situation anders darstellen. Dem Arbeitnehmer ist anzuraten, dem Arbeit-

geber die Stellung des Verschlimmerungsantrags unverzüglich mitzuteilen.

Betriebliches Eingliederungsmanagement

Eine Kündigung ist entsprechend dem das ganze Kündigungsrecht beherrschenden Verhältnismäßigkeitsgrundsatz unverhältnismäßig und damit rechtsunwirksam, wenn sie durch andere mildernde Mittel vermieden werden kann, wenn also die Kündigung nicht zur Beseitigung der betrieblichen Beeinträchtigung bzw. die eingetretene Vertragsstörung geeignet oder nicht erforderlich ist. Das in § 167 Abs. 2 SGB IX vorgeschriebene betriebliche Eingliederungsmanagement (bEM) stellt nach allgemeiner Ansicht eine Konkretisierung dieses Grundsatzes dar (BAG 23. 4. 2008 – 2 AZR 1012/06). Dabei ist das bEM an sich zwar kein milderes Mittel als die Kündigung; durch das bEM können allerdings solche mildernde Mittel, z. B. die Umgestaltung des Arbeitsplatzes oder eine Weiterbeschäftigung zu geänderten Arbeitsbedingungen auf einem anderen, ggf. auch durch eine Umsetzung eines anderen Arbeitnehmers frei werdenden Arbeitsplatzes, herbeigeführt werden.

Praxishinweis:
Aus dem nicht durchgeführten bEM ergibt sich allerdings nicht automatisch die Unwirksamkeit einer Kündigung. Eine Kündigung kann nicht allein deshalb wegen Verstoßes gegen das Verhältnismäßigkeitsprinzip als sozial ungerechtfertigt betrachtet werden, weil das bEM vom Arbeitgeber nicht ausgeführt wurde. Es müssen vielmehr auch bei Ausführung des bEM überhaupt die tatsächlichen Möglichkeiten einer alternativen Weiterbeschäftigung bestanden haben, welche eine Kündigung vermieden hätten. Ein unterlassenes bEM steht daher einer Kündigung dann nicht entgegen, wenn sie auch durch das bEM nicht hätte verhindert werden können.

Wichtige Begriffe

Antragstellung auf Anerkennung ist eine Mindestvoraussetzung
Die rechtlichen Wirkungen der Eigenschaft als schwerbehinderter Mensch treten im Fall des Sonderkündigungsschutzes nicht ohne weiteres, das heißt schon bei bloß bestehender objektiver Eigenschaft als schwerbehinderter Mensch ein. Voraussetzung ist nach der Rechtsprechung des Bundesarbeitsgerichts, dass vor Zugang der Kündigung ein Bescheid über die Eigenschaft als Schwerbehinderter ergangen ist oder je-

denfalls ein entsprechender Antrag gestellt ist (BAG 20.1.2005 – 2 AZR 675/03).

Zustimmung des Integrationsamts

Nach der Regelung des § 168 SGB IX muss vor dem Ausspruch jeder Kündigung die vorherige Zustimmung des Integrationsamts eingeholt werden. Auch Änderungskündigungen des Arbeitgebers gegenüber einem Schwerbehinderten bedürfen der vorherigen Zustimmung des Integrationsamts.

Der Kündigungsschutz des § 168 SGB IX hängt nicht davon ab, ob der Arbeitgeber Kenntnis von der Schwerbehinderteneigenschaft des Arbeitnehmers hat. Es ist allein maßgeblich, dass es sich um das Arbeitsverhältnis eines Schwerbehinderten handelt, das gekündigt werden soll. Die ordentliche Kündigung eines Schwerbehinderten kann in wirksamer Weise erst nach der Zustellung des Zustimmungsbescheids des Integrationsamts an den Arbeitgeber erklärt werden (BAG 16.10.1991 – 2 AZR 332/91).

Entscheidungspraxis der Integrationsämter

Die Verwaltungspraxis der Zustimmungsbehörden tendiert dazu, bei behinderungsunabhängigen Sachverhalten die Zustimmung generell zu erteilen, um den Parteien Gelegenheit zu geben, die soziale Rechtfertigung der Kündigung prüfen zu lassen. Die hierbei vorzunehmende Abwägung hat nur Überlegungen zu berücksichtigen, die sich speziell aus dem Schwerbehindertenschutz ergeben. Rechtfertigen derartige Überlegungen eine Versagung der Kündigung nicht, verbleibt dem betroffenen Arbeitnehmer der allgemeine arbeitsrechtliche Kündigungsschutz (BVerwG 2.7.1992 – 5 C 39/91).

Mitteilung der Schwerbehinderteneigenschaft

Es kommt hier auf das objektive Bestehen einer Schwerbehinderteneigenschaft an. Wenn daher der Arbeitnehmer in einem Kündigungszeitpunkt bereits als schwerbehinderter Mensch anerkannt ist, steht ihm der Kündigungsschutz gemäß §§ 168 ff. SGB IX auch dann zu, wenn der Arbeitgeber von der Schwerbehinderteneigenschaft oder dem Anerkennungsantrag nichts gewusst hat (BAG 9.6.2011 – 2 AZR 703/09).

Der Arbeitnehmer muss allerdings – sowohl bei der außerordentlichen als auch der ordentlichen Kündigung – bei einer Unkenntnis des Arbeitgebers von der Schwerbehinderung bzw. der Antragstellung innerhalb einer angemessenen Frist – die in der Regel drei Wochen beträgt – dem Arbeitgeber den **besonderen Kündigungsschutz mitteilen**. Dies wird aus dem

Rechtsgrundsatz der Verwirkung abgeleitet und ist aus Gründen des Vertrauensschutzes gerechtfertigt.

Eine Einschränkung der Möglichkeit des Arbeitnehmers, sich auf den Kündigungsschutz als schwerbehinderter Mensch zu berufen, ist aber nur dann anzunehmen, wenn der Arbeitgeber tatsächlich schutzbedürftig sein sollte. Das ist nicht der Fall, wenn der Arbeitgeber die Schwerbehinderung oder den Antrag vor Ausspruch der Kündigung kannte und ihm deshalb klar sein muss, dass die Kündigung die Zustimmung des Integrationsamts erfordert. Wenn beispielsweise der Arbeitnehmer den Arbeitgeber vor Zugang der Kündigung über die Antragsstellung informiert, ist dem Arbeitgeber erkennbar, dass er zumindest vorsorglich die Zustimmung zur Kündigung beim Integrationsamt beantragen muss. Weitergehender Informationen durch den Arbeitnehmer bedarf es dann nicht.

Anwendungsbereich

§ 173 SGB IX beinhaltet die Ausnahmen von diesem Sonderkündigungsschutz. Wichtigster Fall ist nach § 173 Abs. 1 Ziffer 1 SGB IX, dass er nicht für Arbeitnehmer gilt, deren Arbeitsverhältnis **noch keine sechs Monate Bestand hatte**. Bei dieser Frage kommt es immer auf den rechtlichen Bestand des Arbeitsverhältnisses an.

124. Wann kann die Kündigung eines Schwerbehinderten ausgesprochen werden, wenn erst der Widerspruchsausschuss der beabsichtigten Kündigung zustimmt?

Fall:
Der seit über drei Jahren beschäftigte Arbeitnehmer Maier hat am 5.10.2017 eine erhebliche Pflichtverletzung begangen: Er verließ seinen Arbeitsplatz gegen 20.00 Uhr und veranlasste einen Arbeitskollegen, seine Zeiterfassungskarte zum Schichtende um 21.00 Uhr abzustempeln. Am übernächsten Tag hat der Arbeitgeber davon erfahren.

Mit Schreiben vom 12.10.2017 beantragte der Arbeitgeber die Zustimmung des Integrationsamts zur außerordentlichen Kündigung des Arbeitnehmers. Das lehnte das Integrationsamt mit Bescheid vom 24. 10. 2017 ab. Hiergegen legte der Arbeitgeber rechtzeitig Widerspruch ein. In der Sitzung des Widerspruchsausschusses vom 11. 1. 2018 teilte das Integrationsamt mit, dass es dem Widerspruch stattgibt. Der entsprechende schriftliche Widerspruchsbescheid vom 11. 1. 2018 wurde dem Arbeitgeber am 10. 2. 2018 zugestellt. Der Widerspruchsbescheid wurde nicht mit Klage zum Verwaltungsgericht angegriffen. Nach der Zustellung des Widerspruchsbescheids kündigte der Arbeitgeber dem Arbeitnehmer am 19. 2. 2018 fristlos.

Der betroffene Arbeitnehmer möchte wissen, ob die Kündigung noch in der Frist des § 626 Abs. 2 BGB ausgesprochen wurde. Er bezweifelt dies deshalb, weil sie nicht unverzüglich nach der Zustimmung des Integrationsamts ausgesprochen worden ist.

Darum geht es:
Wie verhält es sich, wenn erst der Widerspruchsausschuss einer beabsichtigten Kündigung eines Schwerbehinderten zustimmt?

Antwort

Die Entscheidung betrifft einen in der arbeitsrechtlichen Praxis immer wieder vorkommenden Sachverhalt: Der schwerbehinderte Arbeitnehmer begeht eine erhebliche Pflichtverletzung im Arbeitsbereich. Im Rahmen der Auseinandersetzung über die Frage der Wirksamkeit der Kündigung wird darüber gestritten, ob der Grund tatsächlich für eine außerordentliche Lösung des Arbeitsverhältnisses reicht (was hier wohl zu bejahen sein wird, da es um eine schwere Störung im Vertrauensbereich geht) und ob die Kündigung unverzüglich nach dem Zustimmungsbescheid ausgesprochen wurde.

Auch dann, wenn es um die Kündigung eines dem Sonderkündigungsschutz des SGB IX unterfallenden Arbeitnehmers geht, muss der Arbeitgeber die Frist zur Erklärung der Kündigung innerhalb von zwei Wochen nach dem Bekanntwerden des Kündigungsgrunds einhalten. Die Ausschlussfrist des § 626 Abs. 2 BGB beginnt dann, wenn der Kündigungsberechtigte – hier der Arbeitgeber – eine zuverlässige und möglichst vollständige positive Kenntnis der für die Kündigung maßgebenden Tatsachen hat. Der Arbeitgeberseite muss also die Entscheidung möglich sein zu beurteilen, ob die Fortsetzung des Arbeitsverhältnisses zumutbar ist oder nicht (BAG 13. 5. 2004 – 2 AZR 36/04). Es ist daher in diesen Fällen davon auszugehen, dass – spätestens – zum Zeitpunkt der Stellung des Antrags auf Zustimmung und der Betriebsratsanhörung der Arbeitgeber die erforderlichen Kenntnisse hat; ansonsten könnte er den Antrag nicht sachgerecht begründen und auch den Betriebsrat nicht vollständig und ordnungsgemäß anhören. Hier hat der Arbeitgeber bereits am 7.10.2015 vom Vorfall Kenntnis erlangt.

Sofern die Frist des § 626 Abs. 2 BGB bereits abgelaufen ist, stellt die Bestimmung § 174 Abs. 5 SGB IX sicher, dass der Arbeitgeber die Kündigung auch noch nach Ablauf der Frist des § 626 Abs. 2 BGB aussprechen kann. § 174 Abs. 5 SGB IX berücksichtigt die Tatsache, dass es dem Arbeitgeber eines zu kündigenden schwerbehinderten Arbeitnehmers regelmäßig nicht möglich ist, bis zum Ablauf der **zweiwöchigen Ausschlussfrist** des § 626 Abs. 2 Satz 1 BGB die Zustimmung des Integrationsamts einzuholen. Dieses Verwaltungsverfahren kann in der Praxis eher selten in zwei Wochen abgeschlossen werden. Die Kündigung muss daher vom Arbeitgeber in derartigen Situationen unverzüglich nach der Zustimmung des Integrationsamts erteilt werden. Das bedeutet, dass es im Beispielsfall maßgeblich darauf ankommt, wie der Begriff der Unverzüglichkeit zu bestimmen ist.

Zusammenfassung:
Der Arbeitgeber kann und muss die außerordentliche Kündigung erklären, sobald die Entscheidung des Integrationsamts im Sinne des § 174 Abs. 3 SGB IX getroffen ist. Das ist bereits dann der Fall, wenn das Integrationsamt dem Arbeitgeber die Zustimmungsentscheidung mündlich oder telefonisch bekannt gegeben hat. In dieser Situation weiß der Arbeitgeber sicher, dass das Integrationsamt in seinem Sinne entschieden hat. Er braucht dann nicht mehr mit der Kündigung zu warten und darf es auch nicht, weil er ansonsten nicht unverzüglich kündigen würde.

Praxishinweis:
Wartet in derartigen Situationen der Arbeitgeber nach der Bekanntgabe der Entscheidung die Zustellung des Bescheids ab, kann es passieren, dass die dann erklärte Kündigung nicht mehr unverzüglich ist. Vor allem dann, wenn sich das Schreiben des Bescheids einige Zeit hinzieht, besteht aus Sicht des Arbeitgebers diese Gefahr.

Entsprechend der Definition des § 121 Abs. 1 BGB bedeutet das Wort **unverzüglich** nach dem allgemeinen Rechtsverständnis »ohne schuldhaftes Zögern«. Schuldhaft ist ein Zögern dann, wenn das Zuwarten durch die Umstände des Einzelfalls nicht geboten ist. Der Begriff der Unverzüglichkeit kann daher weder mit sofort gleichgesetzt werden, noch ist damit eine starre Zeitvorgabe verbunden. Es kommt immer auf eine verständige Abwägung der beiderseitigen Interessen im Einzelfall an. Feste Regelfristen gibt es für die Einordnung dieses Begriffs allerdings nicht.

Es stellt sich noch die Frage, ob das Abwarten der Frist zwischen der Bekanntgabe der Entscheidung und dem Ausspruch der Kündigung dem Begriff der Unverzüglichkeit entgegensteht. Dies hat das Bundesarbeitsgericht in einem vergleichbaren Fall nicht so gesehen (BAG 21. 4. 2005 – 2 AZR 255/04). Zwischen dem Tag der mündlichen Bekanntgabe der Entscheidung des Widerspruchsausschusses und dem Zugang der Kündigung lagen knapp fünf Wochen. Aus dem Verstreichenlassen der Zeit zwischen der mündlichen Bekanntgabe der Entscheidung des Widerspruchsausschusses in der Sitzung und der Zustellung des Bescheids kann der betroffene Arbeitnehmer aber nicht ableiten, dass der Arbeitgeber nun nach der Einlegung des Widerspruchs gegen die ablehnende Entscheidung des Integrationsamts auf den Ausspruch der außerordentlichen Kündigung hätte verzichten wollen.

Bedeutung des Begriffs der Unverzüglichkeit

In derartigen Situationen hat diese Rechtsfrage deshalb erhebliche praktische Bedeutung, weil bei solch schweren Störungen im Vertrauensbereich regelmäßig ein außerordentlicher Kündigungsgrund anzunehmen ist. Eine Kündigungsschutzklage hat in diesen Situationen nur dann eine Erfolgsaussicht, wenn ein **Verfahrensfehler** des Arbeitgebers gegeben ist. Nachdem es sich um einen Kleinstbetrieb unterhalb des Schwellenwerts der Anwendbarkeit des Kündigungsschutzgesetzes handelt, kann eine ordentliche Kündigung – für den Fall, dass die fristlose Kündigung unwirksam sein sollte – immer wirksam ausgesprochen werden.

Zur Unwirksamkeit der Kündigung können somit nur formale Fehler des Arbeitgebers führen: Ein solcher läge etwa dann vor, wenn er die Kündigung nicht unverzüglich nach der Bekanntgabe der Zustimmung durch das Integrationsamt ausspricht. Die Unverzüglichkeit kann nicht mehr angenommen werden, wenn zwischen der Zustimmung des Integrationsamts und dem Ausspruch der Kündigung deutlich über drei Wochen liegen.

Sonderkündigungsschutz und Gleichstellung

Gemäß § 168 und § 151 Abs. 1 und 3, § 2 Abs. 3 SGB IX erfordert die Kündigung des Arbeitsverhältnisses eines einem schwerbehinderten Menschen Gleichgestellten durch den Arbeitgeber die vorherige Zustimmung des Integrationsamts. Nach § 151 Abs. 2 SGB IX erfolgt die Gleichstellung behinderter Menschen mit schwerbehinderten Menschen aufgrund einer Feststellung nach § 152 SGB IX auf Antrag des behinderten Menschen durch die **Bundesagentur für Arbeit**.

Da der Schwerbehindertenschutz für gleichgestellte schwerbehinderte Menschen mit dem Tag des Eingangs des Antrags auf Gleichstellung bei der Bundesagentur für Arbeit beginnt, konnte nach bisheriger Rechtslage auch eine Kündigung, die zwischen Antragstellung und Gleichstellung ausgesprochen wurde, unwirksam sein, sofern der Gleichstellungsantrag positiv beschieden wurde.

Der Wortlaut des § 172 Abs. 3 SGB IX erwähnt nur schwerbehinderte Menschen, nicht allerdings die Personengruppe der Gleichgestellten. Das steht jedoch einer Anwendung der Norm auf die Gleichgestellten nicht entgegen. Aufgrund des Verweises des § 151 Abs. 3 SGB IX sind auf gleichgestellte behinderte Menschen (mit Ausnahme des Zusatzurlaubs von 5 Tagen, dieser gilt nur für Schwerbehinderte) die besonderen Regelungen für schwerbehinderte Menschen anzuwenden. Diese Gesetzeslage ist eindeutig. Die Bestimmung des § 172 Abs. 3 SGB IX gilt daher auch für Gleichgestellte.

125. Kann der Arbeitgeber kündigen, wenn das Integrationsamt zugestimmt hat, der Bescheid aber nicht bestandskräftig ist?

Fall:
Auf Antrag des Arbeitgebers hat das Integrationsamt einer beabsichtigten ordentlichen verhaltensbedingten Kündigung eines Arbeitnehmers zugestimmt. Gegen diesen Zustimmungsbescheid legt der Arbeitnehmer Widerspruch ein, über den der Widerspruchsausschuss negativ entscheidet. Hiergegen erhebt der Arbeitnehmer Klage beim Verwaltungsgericht. Das dortige Verfahren ist noch nicht abgeschlossen. Nach Zustimmung des Integrationsamts hat der Arbeitgeber die Kündigung dem Arbeitnehmer zugestellt. Der

Arbeitnehmer erhebt fristgemäß Kündigungsschutzklage und will wissen, ob das Arbeitsgericht den Kündigungsschutzrechtsstreit bis zum Abschluss des verwaltungsgerichtlichen Verfahrens aussetzen wird. Er hofft, hierdurch »Zeit zu gewinnen« und seine Chancen auf einen »hohen« Abfindungsvergleich zu erhöhen.

Darum geht es:
Ist eine wirksame Kündigung auch bei nicht bestandskräftigem Bescheid des Integrationsamtes möglich?

Antwort

Der Rechtsstreit wird vom Arbeitsgericht nicht ausgesetzt werden. Die durch das Integrationsamt erteilte Zustimmung zur Kündigung entfaltet – es sei denn, sie wäre nichtig – für den Kündigungsschutzprozess solange Wirksamkeit, wie sie nicht bestands- oder rechtskräftig aufgehoben worden ist.

Gemäß § 171 Abs. 4 SGB IX haben Widerspruch und Anfechtungsklage gegen die Zustimmung des Integrationsamts **keine aufschiebende Wirkung**. Das bedeutet, dass die durch das Integrationsamt einmal erteilte Zustimmung zur Kündigung – vorbehaltlich ihrer Nichtigkeit, wofür im Beispielsfall allerdings keine Anhaltspunkte gegeben sind – so lange die Wirksamkeit entfaltet, wie sie nicht rechtskräftig aufgehoben ist (BAG 23.5.2013 – 2 AZR 991/11). Für die Berechtigung des Arbeitgebers, auf der Grundlage des Zustimmungsbescheids die Kündigung auszusprechen, hat es daher keine Bedeutung, ob die Zustimmung vom Widerspruchsausschuss oder einem Gericht aufgehoben wird, solange die betreffende Entscheidung nicht bestands- bzw. rechtskräftig ist.

Zusammenfassung:
Die Regelung des § 171 Abs. 4 SGB IX verhindert, dass der Arbeitnehmer durch die Einlegung von Rechtsbehelfen und Rechtsmitteln die Fortsetzung des Arbeitsverhältnisses für längere Zeit auch in den Fällen erzwingen kann, in denen er ohne Zusammenhang mit der Behinderung einen Grund zur Kündigung gegeben hat. Dem Arbeitgeber ist es bei erteilter Zustimmung nicht zumutbar, für die (weitere) Dauer des verwaltungsrechtlichen Widerspruchs- und Anfechtungsverfahrens von einer Kündigung abzusehen. Etwas an-

deres gilt allerdings mit der rechtskräftigen Aufhebung des Zustimmungsbescheids. In diesem Fall wird eine aufgrund der zunächst erteilten Zustimmung ausgesprochene Kündigung rückwirkend unwirksam. Sollte bis dahin die Kündigungsschutzklage bereits rechtskräftig abgewiesen worden sein, ist das Kündigungsschutzverfahren auf Antrag des Arbeitnehmers wieder aufzunehmen (BAG 29.9.2011 – 2 AZR 674/10).

126. Welchen Sonderkündigungsschutz gibt das Mutterschutzgesetz?

Fall:
Eine als Köchin Beschäftigte in einem Gastronomiebetrieb (ohne Betriebsrat) hatte die letzten Wochen des Öfteren Streit mit der Betriebsinhaberin, weil es u. a. um das ordentliche Erscheinen am Arbeitsplatz und die Sauberkeit in der Küche ging. Am 23.3.2018 kam es wieder einmal zu einer heftigen verbalen Auseinandersetzung. Nachdem die Arbeitgeberin die Beschäftigte mit deutlichen Worten auf Missstände in der Sauberkeit der Küche hinwies und sie als »dreckig« betitelte, warf die Beschäftigte der Arbeitgeberin voller Ärger einen gefrorenen Lachs an den Kopf. Daraufhin kündigte die Arbeitgeberin sofort schriftlich und fristlos.
Zwölf Tage später teilt die Beschäftigte der Arbeitgeberin mit, dass sie zum Zeitpunkt der Kündigung bereits schwanger war, und legt eine entsprechende Bestätigung bei. Gleichzeitig erhebt sie Kündigungsschutzklage.

Darum geht es:
Hat die Arbeitnehmerin den mutterschutzrechtlichen Sonderkündigungsschutz? Bedarf es einer Zustimmung der staatlichen Stelle vor der Kündigung einer Schwangeren?

Antwort
Hier ist die Regelung des § 17 MuSchG von Bedeutung: Sie enthält ein zeitlich befristetes absolutes Kündigungsverbot des Arbeitgebers mit Er-

laubnisvorbehalt hinsichtlich der Zustimmung der zuständigen Behörde. Der Sonderkündigungsschutz des § 17 Abs. 1 Satz 1 MuSchG setzt das objektive Bestehen einer Schwangerschaft voraus. Der Arbeitgeber muss zur Zeit der Kündigung positive Kenntnis von der Schwangerschaft haben, damit der Sonderkündigungsschutz eingreifen kann.

Dieser Kündigungsschutz greift auch dann ein, wenn dem Arbeitgeber die Schwangerschaft oder die Entbindung unverzüglich nach Zugang der Kündigung mitgeteilt wird. Die nachträgliche Mitteilung der Schwangerschaft nach § 17 Abs. 1 Satz 1 MuSchG muss das Bestehen einer Schwangerschaft zum Zeitpunkt des Zugangs der Kündigung oder die Vermutung einer Schwangerschaft zum Inhalt haben. Dies lag im Beispielsfall vor.

Es ist allerdings zu prüfen, ob die Mitteilung auch tatsächlich unverzüglich geschehen ist. Zum Begriff der unverzüglichen Nachholung bei unverschuldeter Nichtmitteilung der Schwangerschaft vertritt die Rechtsprechung die Ansicht, dass weder auf eine Mindestfrist noch auf eine Höchstfrist abgestellt werden kann (BAG 20.5.1988 – 2 AZR 739/87). Entscheidend sind immer die konkreten Umstände des Falls.

Eine Schwangere handelt beispielsweise dann nicht schuldhaft, wenn sie trotz der Kenntnis vom Bestehen einer Schwangerschaft mit einer entsprechenden Mitteilung an den Arbeitgeber abwartet, bis sie vom Arzt eine Schwangerschaftsbestätigung erhält, aus der sie den Beginn der Schwangerschaft entnehmen kann (LAG Nürnberg 17.3.1992 – 4 Sa 566/91).

Zusammenfassung:
Im Beispielsfall bedeutet dies, die Frist von zwölf Tagen kann (noch) als unverzüglich angesehen werden. Das gilt auf jeden Fall dann, wenn sie erst einige Tage nach dem Vorfall von dem Bestehen der Schwangerschaft durch eine ärztliche Feststellung sichere Kenntnis erlangt hat.

Änderungen durch das Mutterschutzgesetz 2018
Das »Mutterschutzgesetz 2018« hat im Wesentlichen die bisherigen Bestimmungen des Mutterschutzgesetzes (MuSchG) und der Verordnung zum Schutz der Mütter am Arbeitsplatz zusammengefasst. Daher war es erforderlich, dass eine neue Nummerierung der einzelnen Bestimmungen vorgenommen wurde. Der Sonderkündigungsschutz findet sich jetzt nicht mehr in § 9 MuSchG a. F. sondern in § 17 MuSchG 2018. Erhebliche

inhaltliche Neuregelungen wurden diesbezüglich allerdings nicht getroffen. Der nachwirkende Kündigungsschutz gilt jetzt bei jeder Fehlgeburt nach der 12. Schwangerschaftswoche unabhängig vom Gewicht des Kindes und der Kündigungsschutz umfasst jetzt auch Vorbereitungsmaßnahmen des Arbeitgebers, die er im Hinblick auf die Kündigung der Frau trifft (§ 17 Abs. 1 Satz 3 MuSchG 2018). Was genau unter diesem Begriff der »Vorbereitungsmaßnahmen« zu verstehen ist, das ist derzeit noch unklar; hierunter fällt eindeutig die Durchführung des Anhörungsverfahrens zur Kündigung beim Betriebsrats nach § 102 Abs. 1 BetrVG. Nach der Rechtsprechung des EuGH kann hierunter auch die Suche nach einer Ersatzkraft fallen (Urteil vom 10.11.2007 – C-460/06), was in der Praxis von der Arbeitnehmerin allerdings schwer zu beweisen sein dürfte. Die Vorbereitung einer unternehmerischen Entscheidung und auch die Anhörung bei einer beabsichtigten Verdachtskündigung dürften wohl noch nicht unter diesen Begriff fallen.

Wichtiger Begriff

Irrtumsanfechtung bei Eigenkündigung möglich?
Wenn eine Arbeitnehmerin eine Eigenkündigung in Unkenntnis der bestehenden Schwangerschaft zum Zeitpunkt der Kündigung aussprechen sollte, kann diese Kündigungserklärung regelmäßig nicht wegen Irrtums angefochten werden (BAG 23.1.1992 – 2 AZR 460/91). Ein Irrtum über die Voraussetzungen der verkehrswesentlichen Eigenschaften ist nicht gegeben.

Gegen diesen Anfechtungsgrund spricht bereits die Tatsache, dass eine Schwangerschaft wegen ihres nur vorübergehenden Zustands nicht als eine Eigenschaft im Sinne des § 119 Abs. 2 BGB (diese Norm des Zivilrechts regelt die Anfechtung wegen eines Irrtums) angenommen werden kann. Sollte die Arbeitnehmerin in einer derartigen Situation eine (möglicherweise unbedachte) Eigenkündigung ausgesprochen haben, verliert sie ihren Arbeitsplatz.

> **Praxishinweis: Klageerhebungsfrist muss auch hier beachtet werden**
> Die schwangere Arbeitnehmerin ist gehalten, den gesetzlichen Unwirksamkeitsgrund des § 17 Abs. 1 MuSchG innerhalb der dreiwöchigen Klagefrist des § 4 Satz 1 KSchG vor dem Arbeitsgericht geltend zu machen. Die fehlende Zustimmung der zuständigen Stelle führt nicht automatisch zur Nichtigkeit der Kündigung. Auch gesetzliche Unwirksamkeits- und Nichtigkeitsgründe müssen innerhalb der Klagefrist geltend gemacht werden (BAG 19.2.2009 – 2 AZR 286/07).

Sollte eine Arbeitnehmerin in dieser Situation auf die Erhebung der Kündigungsschutzklage verzichtet haben, etwa weil ihr der Arbeitgeber eine Abfindung in Aussicht gestellt hat, die jedoch wegen später gescheiterter Vergleichsverhandlungen dann doch nicht gezahlt wird, liegt darin ein Grund, welcher möglicherweise eine **nachträgliche Klagezulassung** rechtfertigen könnte. Die Kündigungsschutzklage kann nachträglich zugelassen werden, wenn der Arbeitgeber eine Arbeitnehmerin arglistig davon abhält, Klage zu erheben, oder wenn die Arbeitnehmerin unter Hinweis darauf, dass die Kündigung zurückgenommen wird, veranlasst wird, von einer Klageerhebung, mit der eine Fortsetzung des Arbeitsverhältnisses erstrebt wird, abzusehen.

Schreibt beispielsweise der Arbeitgeber an die Arbeitnehmerin, dass er aus der Kündigung keine Rechte mehr herleiten wird, und bietet er die Fortsetzung des Arbeitsverhältnisses zu den bisherigen Bedingungen an, hält er durch diese Mitteilung die Arbeitnehmerin nicht arglistig von der Erhebung einer Kündigungsschutzklage ab. Es ist daher ratsam, in derartigen ungeklärten Situationen **fristgerecht Kündigungsschutzklage** zu erheben. Sollte sich später herausstellen, dass sich die Klage »erledigt« hat, kann sie (bis zur Stellung der Anträge im Kammertermin) ohne den Anfall von Gerichtskosten wieder zurückgenommen werden.

k) Annahmeverzug, Wettbewerbsverbote und Arbeitszeugnis

127. Unter welchen Voraussetzungen besteht ein Anspruch auf Annahmeverzugslohnzahlung?

Fall:
Der Arbeitnehmer Bauer hat gegen seinen Arbeitgeber, einen Pflastereibetrieb, eine Kündigungsschutzklage gewonnen. Streitig war eine verhaltensbedingte Kündigung. Das Arbeitsgericht hat festgestellt, dass das Arbeitsverhältnis nicht zum 30.6.2017 beendet wurde, weil es an einer vorherigen Abmahnung des Arbeitnehmers mangelte. Das Urteil wurde am 4.12.2017 erlassen. Da Bauer zwischenzeitlich noch keine neue Arbeit gefunden hat, möchte er die Vergütung ab dem 1.7.2017, abzüglich der erhaltenen Arbeitslosengeldzahlungen. Der Arbeitgeber wendet aber ein, dass er dies nicht einsehe, denn Pflasterer wären – vor allem im Sommer – ge-

Fragen zur Beendigung des Arbeitsverhältnisses

sucht und Bauer hätte sofort eine neue Arbeit bekommen, wenn er denn es so gewollt hätte.

Darum geht es:
Besteht der Anspruch auf Lohnzahlung abzüglich der Leistungen des Arbeitslosengeldes?

Antwort

Grundsätzlich besteht für die Zeit ab Ablauf der Kündigungsfrist der Vergütungsanspruch, denn das Arbeitsgericht hat festgestellt, dass die Kündigung rechtunwirksam war. Allerdings muss die Frage hier geprüft werden, ob der Arbeitnehmer es möglicherweise **böswillig** unterlassen hat, eine neue Arbeit anzutreten. Der Annahmeverzug ist geregelt in § 615 BGB, wonach der Arbeitgeber die vereinbarte Vergütung fortzuzahlen hat, wenn er das Arbeitsverhältnis nicht in wirksamer Weise gekündigt hat.

Die Voraussetzungen des Annahmeverzugs bestimmen sich im Arbeitsverhältnis nach den §§ 293 ff. BGB. Danach muss der Arbeitnehmer die geschuldete Leistung im Regelfall tatsächlich anbieten. Nach § 295 BGB genügt jedoch ein wörtliches Angebot, wenn der Arbeitgeber erklärt hat, er wird die Leistung nicht annehmen, oder wenn zur Bewirkung der Leistung eine Handlung des Arbeitgebers erforderlich ist. Wenn für die vom Arbeitgeber vorzunehmende Handlung eine Zeit nach dem Kalender bestimmt wird, bedarf es ausnahmsweise überhaupt keines Angebots, falls der Arbeitgeber die Handlung nicht rechtzeitig vornimmt.

Der Annahmeverzug setzt kein Verschulden des Arbeitgebers voraus, was bedeutet, dass er auch in Verzug geraten kann, wenn er nach einer von ihm für wirksam erachteten Kündigung nach Ablauf der Kündigungsfrist die Annahme der Arbeitsleistung ablehnt und später die Rechtsunwirksamkeit der Kündigung festgestellt wird (BAG 24.2.2016 – 4 AZR 950/13). Hiernach ist der Arbeitgeber ab dem 1.7.2017 in Annahmeverzug geraten.

Zusammenfassung:
Es stellt sich allerdings die Frage, ob ein böswilliges Unterlassen der anderweitigen Erzielung von Arbeitseinkommen anzunehmen ist. Dies ist in § 615 Satz 2 BGB geregelt. Das Kriterium der Zumutbar-

> keit einer anderweitigen Arbeit ist allerdings in § 615 Satz 2 BGB nicht ausdrücklich definiert, es ist von Bedeutung, dass die Frage unter Berücksichtigung aller Umstände des Einzelfalls nach Treu und Glauben zu entscheiden ist. Bei einer betriebs- oder krankheitsbedingten Kündigung wäre in den meisten Fällen die **vorläufige Weiterbeschäftigung** regelmäßig zumutbar. Bei der verhaltensbedingten Kündigung – um die es hier im Kündigungsschutzprozess ging – hängt die Frage von der Schwere des Kündigungsgrundes ab.

Die Anrechnung des möglichen anderweitigen Verdienstes nach § 615 Satz 2 BGB kommt auch dann in Betracht, wenn die Beschäftigungsmöglichkeit bei dem Arbeitgeber besteht, der sich mit der Annahme der Arbeitsleistung in Verzug befindet. Der Anwendungsbereich der Norm ist nicht auf zumutbare Arbeitsleistungen bei anderen Arbeitgebern eingeschränkt. Voraussetzung hierfür ist allerdings ein Angebot des Arbeitgebers an den Arbeitnehmer, die Arbeit jedenfalls vorläufig für die Dauer des Kündigungsschutzprozesses auszunehmen (BAG 22.2.2000 – 9 AZR 194/99).

Besteht nach der Entscheidung des Arbeitsgerichts das Arbeitsverhältnis fort – wie hier –, dann muss sich der Arbeitnehmer nach § 11 Nr. 2 KSchG auf das Arbeitsentgelt, das ihm der Arbeitgeber für die Zeit nach der Entlassung schuldet, das anrechnen lassen, was er hätte verdienen können, wenn er es nicht böswillig unterlassen hätte, eine ihm zumutbare Arbeit anzunehmen. § 11 Nr. 2 KSchG ist in diesem Bereich eine Sonderregelung zu § 615 Satz 2 BGB. Trotz des nicht völlig identischen Wortlauts sind die Vorschriften allerdings weitgehend inhaltsgleich (BAG 16.6.2004 – 5 AZR 508/03). Maßgeblich für die Beantwortung der Frage ist, ob dem Arbeitnehmer nach Treu und Glauben sowie unter Beachtung des Grundrechts auf freie Arbeitsplatzwahl (Art. 12 GG) die Aufnahme einer anderweitigen Arbeit zumutbar war.

Das wird von der Rechtsprechung wie folgt beurteilt: Der Arbeitnehmer unterlässt böswillig anderweitigen Verdienst, wenn er vorsätzlich ohne ausreichenden Grund Arbeit ablehnt oder vorsätzlich verhindert, dass ihm Arbeit angeboten wird. Böswilligkeit setzt nicht voraus, dass der Arbeitnehmer in der Absicht handelt, den Arbeitgeber zu schädigen. Es genügt das vorsätzliche Außerachtlassen einer dem Arbeitnehmer bekannten Gelegenheit zur Erwerbsarbeit. Die vorsätzliche Untätigkeit muss vorwerfbar sein. Das ist nicht der Fall, wenn eine angebotene oder sonst mögliche Arbeit nach den konkreten Umständen für den Arbeitnehmer unzumutbar ist.

Die Unzumutbarkeit kann sich etwa aus der Art der Arbeit, den sonstigen Arbeitsbedingungen oder der Person des Arbeitgebers ergeben. Die Frage der Zumutbarkeit ist unter Berücksichtigung aller Umstände nach Treu und Glauben zu bestimmen. Die Zumutbarkeit für den Arbeitnehmer hängt hier vornehmlich von der Art der Kündigung und ihrer Begründung sowie dem Verhalten des Arbeitgebers im Kündigungsprozess ab (LAG Rheinland-Pfalz 15.12.2016 – 7 Sa 320/16).

> **Zusammenfassung:**
> Auf den Fall bezogen bedeutet dies: Sollte der Arbeitnehmer angebotene Arbeitsplätze, als Pflasterer zu arbeiten, in der näheren Umgebung nach dem 30.6.2017 ausdrücklich abgelehnt haben, muss er damit rechnen, dass der Einwand des Arbeitgebers, ein Verdienst wäre böswillig unterlassen worden, stichhaltig ist. Dies muss allerdings sein Arbeitgeber nachweisen können, was sich in der Praxis zumeist als ziemlich schwierig erweist.

Wichtige Begriffe

Prozessuale Umsetzung
Macht ein Arbeitnehmer Verzugslohnansprüche für einen Zeitraum geltend, für den er Arbeitslosengeld I oder II (oder auch Krankengeld) erhalten hat, hat er die erhaltenen Leistungen, die gem. § 115 SGB X kraft Gesetzes auf Sozialversicherungsträger übergegangen sind, bei der Zahlungsklage berücksichtigen; die Leistungen der Sozialversicherungsträger sind von dem eingeklagten Bruttobetrag beziffert in Abzug zu bringen. Eine Antragsformulierung, den Arbeitgeber zur Zahlung einer bestimmten Bruttolohnsumme »abzgl. erhaltenen Arbeitslosengeldes« zu verurteilen, ist daher nicht bestimmt genug (BAG 15.11.1978 – 5 AZR 199/77; LAG Rheinland-Pfalz 19.1.2017 – 5 Sa 386/16). Wenn dies bei einer Einklagung von Annahmeverzugsansprüchen nicht umgesetzt wird, riskiert der Arbeitnehmer, dass der Rechtsstreit erst zu einem späteren Zeitpunkt nach Behebung dieser Mängel beim Antragserfordernis entschieden werden kann.

Anspruch auf Annahmeverzugslohnzahlung

Annahmeverzug und geschuldete Arbeitsleistung
Ansprüche des Arbeitnehmers aus Annahmeverzug bestehen dann nicht, wenn ihm die Erbringung der vertraglich geschuldeten Arbeitsleistung aufgrund einer eingeschränkten Leistungsfähigkeit unmöglich ist. Eine den Annahmeverzug ausschließende Unmöglichkeit liegt allerdings dann nicht vor, wenn der Arbeitgeber dem Arbeitnehmer im Rahmen seines Direktionsrechts gemäß § 106 GewO nach billigem Ermessen Arbeiten zuweisen kann, welche der verbleibenden Leistungsfähigkeit entsprechen. Zu einer Vertragsänderung ist der Arbeitgeber im Rahmen des § 296 Abs. 1 BGB allerdings regelmäßig nicht verpflichtet.

Annahmeverzug und Krankheit
Wenn der Arbeitnehmer arbeitsunfähig erkrankt war und nach Ablauf des Entgeltfortzahlungszeitraums von sechs Wochen der Arbeitnehmer weiterhin arbeitsunfähig bleibt, ist er nicht dazu in der Lage, die geschuldete Leistung zu erbringen. Wegen fehlender Leistungsfähigkeit kann er den Arbeitgeber daher gemäß § 297 BGB nicht in Annahmeverzug versetzen. Damit scheidet für diesen Zeitraum § 615 BGB als Anspruchsgrundlage aus mit der Folge, dass kein Lohnanspruch mehr besteht. Wenn der Arbeitnehmer aus gesundheitlichen Gründen nicht in der Lage sein sollte, die arbeitsvertraglich geschuldete Leistung zu erbringen, kann das fehlende Leistungsvermögen nicht allein durch die subjektive Einschätzung des Arbeitnehmers ersetzt werden, er sei gesund genug, einen Arbeitsversuch zu unternehmen (BAG 29. 10. 1998 – 2 AZR 66/97).

> **Zusammenfassung:**
> Es macht keinen Sinn, sich an den Arbeitsplatz zu begeben, wenn der Arbeitnehmer tatsächlich aus gesundheitlichen Gründen nicht arbeiten kann, aber es dennoch versuchen will.

Annahmeverzug und Hausverbot
Manche Arbeitgeber versuchen, durch den Ausspruch eines Hausverbots – entweder vom Arbeitgeber für den Betrieb oder (häufiger in der Praxis) durch den Kunden des Arbeitgebers in dessen Betrieb – einen eventuellen Annahmeverzugsanspruch zu beseitigen. Kann etwa ein Arbeitnehmer wegen eines vom Kunden des Arbeitgebers (= Einsatzbetrieb) verhängten Hausverbots die geschuldete Arbeitsleistung nicht erbringen, beruht dies nicht auf betriebstechnischen Umständen, für die der Arbeitgeber nach § 615 Satz 3 BGB das Ausfallrisiko trägt.

Für eine entsprechende Anwendung des § 615 Satz 3 BGB fehlt es an einer Regelungslücke. Weil nach § 294 BGB die Leistung so angeboten werden muss, wie sie zu bewirken ist, also am rechten Ort, zur rechten Zeit und in der rechten Art und Weise entsprechend dem Inhalt des Schuldverhältnisses, liegt Unvermögen im Sinne des § 297 BGB auch dann vor, wenn der Arbeitnehmer an sich arbeitsfähig ist, aber nicht an den Arbeitsplatz gelangen kann. Ein an den Arbeitnehmer gerichtetes und aus seiner Sphäre resultierendes Hausverbot eines Kunden kann sein Unvermögen im Sinne des § 297 BGB bedingen, weil der Arbeitnehmer aufgrund des ihm erteilten Hausverbots zumindest rechtlich gehindert ist, an die Arbeitsstelle zu gelangen und die dort geschuldete Arbeitsleistung zu erbringen.

Ein Unternehmer, der in seinem Betrieb anfallende Arbeiten an einen Dritten vergibt, muss – wenn er sich kein Mitspracherecht über die Auswahl der bei ihm eingesetzten Beschäftigten vorbehalten sollte – deren Anwesenheit im Betrieb dulden und darf ihnen nicht ohne triftigen Grund durch Maßnahmen des Hausrechts die Erledigung der zugewiesenen Arbeiten unmöglich machen. Dabei ist ein Hausverbot regelmäßig dann sachlich gerechtfertigt, wenn ein Arbeitnehmer gegenüber dem Kunden in einer Art und Weise **Fehlverhalten** zeigt, bei der im Arbeitsverhältnis ein verständiger Arbeitgeber ernsthaft eine Kündigung in Erwägung ziehen würde. Erteilt dann ein Kunde einem Arbeitnehmer seines Vertragspartners Hausverbot, kann es im Rahmen der Mitwirkungspflicht geboten sein, dass der Arbeitgeber auf den Kunden einwirkt und versucht, eine Aufhebung der Maßnahme zu erwirken (BAG 28. 9. 2016 – 5 AZR 224/16).

Unzumutbarkeit der Annahme der Arbeitsleistung
Ausnahmsweise gerät der Arbeitgeber bei einer rechtsunwirksamen Kündigung nicht in Annahmeverzug, wenn ihm die weitere Beschäftigung des Arbeitnehmers unter keinen Umständen zuzumuten ist. Hierfür reicht allerdings nicht ein Fehlverhalten aus, welches zur fristlosen Kündigung aus wichtigem Grund berechtigen würde, sondern es ist ein besonders grober Vertrauensverstoß erforderlich, etwa die Gefährdung von wesentlichen Rechtsgütern des Arbeitgebers. Dieser ist berechtigt, die Arbeitsleistung abzulehnen, wenn ihm die Weiterbeschäftigung unter Berücksichtigung der Grundsätze von Treu und Glauben nicht zuzumuten ist.

Annahmeverzug und Schwerbehinderung
Kann ein Schwerbehinderter oder ein von der Bundesagentur für Arbeit auf Antrag hin gleichgestellter Arbeitnehmer aus gesundheitlichen Grün-

den die arbeitsvertraglich geschuldete Leistung nicht mehr erbringen, dann lässt sich aus dem Schwerbehindertenrecht kein Anspruch auf Fortzahlung der Arbeitsvergütung herleiten (BAG 21.1.2001 – 8 AZR 287/99). Es besteht lediglich die Verpflichtung des Arbeitgebers, den Schwerbehinderten – wenn es möglich sein sollte – derart zu fördern, dass er die eingeschränkte Arbeitskraft durch entsprechende Tätigkeiten noch einsetzen kann. Dies ändert aber nichts daran, dass in dieser Situation ein dauerndes Unvermögen zur Erbringung der Arbeitsleistung vorliegt. Annahmeverzug kann daher bei einem schwerbehinderten Arbeitnehmer nur eintreten, wenn er tatsächlich die vertraglich geschuldete Leistung erbringen kann.

Teilweise Annahmeverzug
Der Arbeitgeber kann auch teilweise mit der Annahme der Dienste in Verzug geraten. Dies ist dann gegeben, wenn er die Annahme der Dienste nicht generell ablehnt, aber weniger an Arbeitsleistung annimmt, als der Arbeitnehmer schuldet, der Arbeitgeber also den Umfang der Arbeitsleistung in rechtswidriger Weise einschränkt (BAG 7.11.2002 – 2 AZR 742/00). Wenn beispielsweise eine über einen längeren Zeitraum praktizierte Zuweisung von Überstunden für die davon betroffenen Arbeitnehmer erkennbar den Zweck hatte, Kundenanforderungen gerecht zu werden, nicht aber den, einen bestimmten Umfang der Arbeitsleistung zu garantieren, dann entsteht darauf keine **betriebliche Übung** mit dem Inhalt, dass der Arbeitgeber zur Zuweisung von Überstunden verpflichtet wäre.

Alkoholisierung
Ist der Arbeitnehmer am Arbeitsplatz derart stark alkoholisiert, dass er die Arbeitsleistung nicht erbringen kann, scheidet Annahmeverzug aus. Dies kann von den Erfordernissen der zu erbringenden Arbeitsleistung abhängen. Dass ein Arbeitnehmer, der unter Alkoholeinfluss oder unter der Wirkung anderer berauschender Suchtmittel steht, grundsätzlich nicht arbeitsfähig ist, folgt aus der erheblichen Beeinträchtigung der Handlungs- und Überlegungsfähigkeit. Es kommt in erster Linie auf die Risiken an, die bei einer Arbeitsleistung in alkoholisiertem Zustand entstehen können, und auf die möglicherweise eintretenden Schäden.

Leistungswilligkeit
Der Arbeitnehmer muss hier beachten, während des Verlaufs eines Kündigungsschutzprozesses keinerlei Äußerungen abzugeben, die an seiner Leistungswilligkeit Zweifel aufkommen lassen.

Beispiel: Ein Arbeitnehmer, dem gekündigt wurde, erklärt nach rechtskräftiger Feststellung der Unwirksamkeit der Kündigung im Rahmen von Vergleichsgesprächen hinsichtlich einer umfassenden Beilegung des Rechtsstreits, dass er an seinen bisherigen Arbeitsplatz nicht zurückkehren wolle. Bei dieser Konstellation entfällt regelmäßig mangels Arbeitswilligkeit ein bis dahin bestehender Annahmeverzug. Ob dann eine spätere Erklärung der erneuten Arbeitsbereitschaft (etwa deshalb, weil der Arbeitnehmer die Folgen seiner Erklärung gemerkt hat) sich mit dem Verbot des widersprüchlichen Verhaltens überschneidet, hängt von den Umständen des Einzelfalls ab; vor allem davon, ob der Arbeitgeber auf Grund der ersten Erklärung bereits über den Arbeitsplatz anderweitig disponiert hat.

Streitigkeiten hinsichtlich des Arbeitsorts

In der Praxis kann es auch zu Streitigkeiten dahin gehend kommen, wo die Arbeitsleistung anzubieten ist. Der Arbeitgeber kommt nur dann in Annahmeverzug, wenn er die ihm angebotene Arbeitsleistung nicht annimmt. Die Leistung muss gemäß § 294 BGB so, wie sie geschuldet ist, tatsächlich angeboten werden. Wenn der Arbeitnehmer mangels entgegenstehender Verabredungen beim Arbeitgeber verpflichtet ist, die Arbeitsleistung an ihrem vereinbarten Ort zu erbringen, dann verbleibt es bei dieser Regelung.

> **Zusammenfassung: Das Wichtigste beim Annahmeverzug**
> Das tatsächliche Angebot der Arbeitsleistung liegt immer dann vor, wenn der Arbeitnehmer sich am Arbeitsort oder am Arbeitsplatz einfindet, um mit der Arbeitsleistung zu beginnen. Um den Arbeitgeber in Annahmeverzug zu versetzen, muss der Arbeitnehmer daher die nach den vertraglichen Vereinbarungen oder deren Konkretisierung kraft Weisung des Arbeitgebers nach § 106 Satz 1 GewO geschuldete Arbeitsleistung anbieten. Bietet er lediglich eine andere Arbeitsleistung an (Beispiel: Leistungen als Krankenpfleger allgemein und nicht – wie bisher, was die Arbeitsleistung betrifft – als Pflegedienstleitung), dann gerät der Arbeitgeber nicht in Annahmeverzug, und der Vergütungsanspruch kann nicht entstehen. Sofern daher der Arbeitgeber vom Arbeitnehmer eine bestimmte Arbeitsleistung verlangt, wenn der Arbeitnehmer diese tatsächlich anbietet, dann ist grundsätzlich davon auszugehen, dass der Arbeitnehmer die objektiv geschuldete Arbeitsleistung angeboten hat (BAG 28. 6. 2017 – 5 AZR 263/16).

Aus § 241 Abs. 2 BGB (= Rücksichtnahmepflicht auf die Interessen der anderen Vertragspartei) folgt allerdings keine Pflicht des Arbeitgebers, für einen **gesundheitlich beeinträchtigten Arbeitnehmer** einen neuen Arbeitsplatz zu schaffen. Wenn es dem Arbeitgeber allerdings zumutbar und rechtlich möglich ist, dann muss er auf Verlangen des Arbeitnehmers diesen auf einen leidensgerechten Arbeitsplatz umsetzen. Die Einzelheiten hierbei können in der Praxis sich als schwierig erweisen. In Zweifelsfällen ist hier kompetenter Rechtsrat unerlässlich. Wenn der Arbeitnehmer zum Beweis dessen eine ärztliche Bescheinigung vorliegt, in der empfohlen wird, einen anderen (zumeist leichteren) Arbeitsbereich zugewiesen zu bekommen, dann erachten die Arbeitgeber diese bloße Empfehlung zumeist für rechtlich unverbindlich – was sie tatsächlich auch ist, da es sich lediglich um eine **Empfehlung** handelt – und es geschieht zumeist nichts am Arbeitsplatz. Sollte eine ärztliche Bescheinigung vorgelegt werden, in der ausgeführt ist, dass bestimmte Tätigkeiten nicht mehr erbracht werden können (**Beispiel:** ein im Schichtwachdienst tätiger Arbeitnehmer legt eine Bescheinigung vor, dass er keinen Schichtdienst mehr leisten kann wegen gesundheitlicher Probleme), dann kann dies zumeist zur Annahme einer Leistungsunfähigkeit in Bezug auf wesentliche Teile der Arbeitsleistung und im Ergebnis zu einer personenbedingten Kündigung wegen dauernder (überwiegender) Unmöglichkeit der Erbringung der Arbeitsleistung aus gesundheitlichen Gründen führen.

128. Wann darf der Arbeitnehmer nach Beendigung des Arbeitsverhältnisses dem bisherigen Arbeitgeber Konkurrenz machen und wann nicht?

> **Fall:**
> Eine Beschäftigte eines Betriebs, der sich mit der Verbesserung der Gesundheitsstrukturen der Belegschaft bei größeren Dienstleistungsgesellschaften und Verwaltungen des öffentlichen Dienstes befasst, hat nach zähen Verhandlungen die Diakonie in Augsburg als Kunden geworden. Es wurden hierbei die Details des Coachings und die durchzuführenden Maßnahmen fixiert, und der finanzielle Umfang der Maßnahmen soll etwa 6000,00 € betragen. Der Rahmen des Vertrags wurde Anfang November 2017 fixiert. Der for-

melle Vertragsabschluss bedarf aber noch der Genehmigung des Vorstandes der Diakonie, der im Januar 2018 wieder tagt. Ende November kommt es aus persönlichen Gründen zu einem Zerwürfnis zwischen der Arbeitnehmerin und der Geschäftsführung, so dass man sich mit sofortiger Wirkung auf eine Beendigung des Arbeitsverhältnisses einigte. Zum 15.12.2017 begann die Arbeitnehmerin bei einem Konkurrenzunternehmen.

Sie fragt, ob es gestattet ist, bei der Diakonie – solange der Vertrag nicht endgültig abgeschlossen ist – noch einmal »nachzufassen« und einen Vertrag ihrer neuen Arbeitgeberin anzubieten.

Darum geht es:
Beschränkt sich ein Wettbewerbsverbot lediglich auf bereits abgeschlossene Verträge oder sind auch Verträge eingeschlossen, die lediglich angebahnt wurden und bei denen der endgültige Vertragsabschluss noch nicht stattgefunden hat?

Antwort

Bei dieser Frage geht es um die nachvertragliche Treuepflicht und deren Ausprägung. Nach der Beendigung des Arbeitsverhältnisses unterliegt der ehemalige Arbeitnehmer grundsätzlich keinerlei Wettbewerbsbeschränkungen. Bis zu den durch §§ 1 UWG (= **unlauterer Wettbewerb**) und 823 Abs. 1 und 826 BGB (= **vorsätzliche Schädigung des Vertragspartners**) gezogenen Grenzen kann er seinem bisherigen Arbeitgeber Konkurrenz machen. Besteht nach Beendigung des Arbeitsverhältnisses kein Wettbewerbsverbot, ist der Arbeitnehmer in der Verwertung seiner beruflichen Kenntnisse und seines redlich erworbenen Erfahrungswissens grundsätzlich frei (BAG 19.5.1998 – 9 AZR 394/97). Solange der ehemalige Arbeitnehmer seine aus dem Arbeitsverhältnis nachwirkende Verschwiegenheitspflicht nicht verletzt, ist er auch nicht gehindert, das Erfahrungswissen für eine Beschäftigung im Dienste eines Wettbewerbers zu nutzen.

Eine Einschränkung ergibt sich allerdings aus der **nachvertraglichen Treuepflicht im Arbeitsverhältnis** insofern, als der Arbeitnehmer seinen ehemaligen Arbeitgeber nicht bei solchen Kunden »ausstechen« darf, bei denen lediglich noch der formelle Vertragsabschluss fehlt. Die nachvertraglichen Verschwiegenheits- und Treuepflichten begründen für den Arbeitgeber nur in Ausnahmefällen Ansprüche auf Unterlassung von Wettbewerbshandlungen.

> **Zusammenfassung:**
> Hier war das Geschäft für den bisherigen Arbeitgeber nahezu sicher vereinbart; jedenfalls dann, wenn die Diakonie vom Vorstand diese Maßnahme genehmigt bekommen sollte, beabsichtigte sie, diese Maßnahmen mit dem bisherigen Arbeitgeber durchzuführen. Die Arbeitnehmerin darf diesen bevorstehenden Geschäftsabschluss nicht abzuändern versuchen, ansonsten würde sie ihre nachvertragliche Treuepflicht verletzen.

Wichtige Begriffe:

Bei der Frage der Verpflichtungen des Arbeitnehmers zur Unterlassung von Wettbewerb während des Arbeitsverhältnisses ist hinsichtlich der gesetzlichen Bestimmungen dahin gehend zu unterscheiden, ob es sich um kaufmännische Angestellte, Handlungsgehilfen oder sonstige Arbeitnehmer handelt. Ein gesetzliches Verbot findet sich lediglich in der Bestimmung des § 60 HGB. Nach dieser Regelung ist es dem Handlungsgehilfen ohne Einwilligung des Arbeitgebers nicht gestattet, ein Handelsgewerbe zu betreiben oder im Handelsgewerbe des Arbeitgebers für eigene oder fremde Rechnung geschäftsmäßig tätig zu werden. Das Verbot gilt nur, solange das Arbeitsverhältnis besteht; nach der Rechtsprechung kommt es hierbei auf den rechtlichen Bestand des Arbeitsverhältnisses an.

Für sonstige Arbeitnehmer, also die gewerblichen Arbeiter und Angestellte, fehlen Vorschriften, die den §§ 60, 61 HGB entsprechen. Die Rechtsprechung vertritt den Standpunkt, dass der Arbeitsvertrag für die Dauer seines Bestands ein Wettbewerbsverbot mit einschließt, welches über den persönlichen und sachlichen Anwendungsbereich des § 60 HGB hinausgeht. Das Wettbewerbsverbot für die Arbeitnehmer hat somit seine Grundlage im Gebot von Treu und Glauben. Allen Arbeitnehmern ist eine Tätigkeit untersagt, durch welche die Interessen des Arbeitgebers unmittelbar beeinträchtigt werden.

Wettbewerbsvereinbarungen

Die Wettbewerbstätigkeit des ehemaligen Arbeitnehmers kann durch eine vertragliche Vereinbarung eingeschränkt werden. Bei der gesetzlichen Regelung ist nicht zu unterscheiden zwischen den kaufmännischen Angestellten (§§ 74 bis 75f HGB) und den technischen Angestellten (§ 110 GewO – auch in der GewO wird auf die Bestimmungen im HGB verwiesen). Für die sonstigen Arbeitnehmer fehlt es auch hier an einer gesetzlichen Regelung. Die Vereinbarung über ein nachvertragliches Wettbewerbsverbot muss derart eindeutig formuliert sein, dass aus Sicht des Arbeitnehmers kein vernünftiger Zweifel über den Anspruch auf die Zahlung der Karenzentschädigung bestehen kann. Dies gilt insbesondere dann, wenn sich der Arbeitgeber vorbehält, das Wettbewerbsverbot nachträglich sachlich und örtlich zu beschränken oder die Beschäftigung bei einem bestimmten Arbeitgeber freizugeben (BAG 5. 9. 1995 – 9 AZR 718/93).

Die gesetzliche Regelung des Wettbewerbsverbots in den §§ 74ff. HGB bezweckt, den Arbeitnehmer vor schwer durchschaubaren Vertragswerken zu schützen, in denen die Bedingtheit der von der Arbeitgeberentscheidung abhängigen Entschädigungszusage kaum noch zu erkennen ist. Der Arbeitnehmer soll bei der Suche nach einem neuen Arbeitgeber nicht dadurch beeinträchtigt werden, dass er im Unklaren gelassen wird, unter welchen Voraussetzungen das Wettbewerbsverbot eingreift. Aus der Formulierung ergeben sich auch die Grenzen des Wettbewerbsverbots. Der Arbeitnehmer ist an das für die Dauer des rechtlichen Bestands des Arbeitsverhältnisses bestehende Wettbewerbsverbot auch dann noch gebunden, wenn der Arbeitgeber eine **außerordentliche Kündigung** ausspricht, deren Wirksamkeit der Arbeitnehmer bestreitet. Wettbewerbshandlungen, die der Arbeitnehmer im Anschluss an eine für rechtsunwirksam erklärte außerordentliche Kündigung des Arbeitgebers begeht, können einen Grund für den Ausspruch einer weiteren außerordentlichen Kündigung bilden, wenn dem Arbeitnehmer unter Berücksichtigung der besonderen Umstände ein Verschulden anzulasten ist.

Entschädigungslose Wettbewerbsregelungen sind unwirksam

Ein nachvertragliches Wettbewerbsverbot, welches entgegen § 74 Abs. 2 HGB **keine Karenzentschädigung enthält**, ist immer nichtig (BAG 22. 3. 2017 – 10 AZR 448/15). Eine salvatorische Klausel (= Regelung, dass dann, wenn der Vertrag etwas nicht oder »nicht richtig« regeln sollte, die gesetzlichen Bestimmungen gelten sollten) führt hier nicht dazu, dass die Nichtigkeit entweder beseitigt oder gar geheilt werden würde. Eine salvatorische Klausel, welche eine automatische Ersetzung der nichtigen vertraglichen Regelung vorsieht, führt nicht zur Wirksamkeit einer Wettbewerbsvereinbarung ohne eine zugesagte Karenzentschädigung. Der Arbeitnehmer kann aus einer derartigen unwirksamen Klausel weder bei Vertragsschluss noch bei Beendigung des Arbeitsverhältnisses erkennen, ob er Anspruch auf eine Karenzentschädigung hat oder dies nicht der Fall ist, und er kann dazu auch noch der – wenn auch irrigen – Rechtsansicht sein, dass er verpflichtet wäre, sich an das Wettbewerbsverbot zu halten.

Konkurrenztätigkeit

> **Zusammenfassung:**
> Enthält die Wettbewerbsregelung keine monatliche Karenzentschädigung für ihre Laufzeit, dann ist sie für den (ehemaligen) Beschäftigten vollständig unverbindlich. Der Arbeitnehmer kann bis zu den Grenzen des unlauteren Wettbewerbs sofort nach Ende des Arbeitsverhältnisses seinem bisherigen Arbeitgeber Konkurrenz machen, entweder bei einem anderen Arbeitgeber oder in selbstständiger Tätigkeit.

Formulierungsbeispiel: Wettbewerbsvereinbarung
1. *Die Arbeitnehmerin verpflichtet sich, für die Dauer von einem Jahr nach Beendigung des Arbeitsverhältnisses weder ein Arbeitsverhältnis zu einem dem Arbeitgeber in Wettbewerb stehenden Unternehmen zu begründen noch ein Wettbewerbsunternehmen zu errichten oder sich an einem solchen zu beteiligen.*
2. *Das Wettbewerbsverbot erstreckt sich räumlich auf das Gebiet des Landkreises D-Stadt.*
3. *Der Arbeitgeber verpflichtet sich, der Arbeitnehmerin für die Dauer des Wettbewerbsverbotes eine Entschädigung zu zahlen, die für das Jahr des Verbots mindestens die Hälfte der von der Arbeitnehmerin zuletzt bezogenen vertragsmäßigen Leistungen erreicht. Die Karenzentschädigung wird fällig am Schluss eines jeden Monats.*
3. *Auf die Karenzentschädigung wird alles angerechnet, was die Arbeitnehmerin durch anderweitige Verwertung ihrer Arbeitskraft erwirbt oder zu erwerben böswillig unterlässt, soweit die Entschädigung unter Hinzurechnung dieses Betrages den Betrag der zuletzt von ihr bezogenen vertragsmäßigen Leistungen um mehr als 1/10 übersteigen würde. Ist die Arbeitnehmerin durch das Wettbewerbsverbot gezwungen worden, den Wohnsitz zu verlegen, so tritt an die Stelle des Betrages von einem Zehntel der Betrag von einem Viertel.*
4. *Die Arbeitnehmerin verpflichtet sich, während der Dauer des Wettbewerbsverbots auf Verlangen Auskunft über die Höhe ihrer Bezüge zu geben und die Anschrift ihres jeweiligen Arbeitgebers mitzuteilen. Am Schluss eines Kalenderjahres ist sie verpflichtet, ihre Lohnsteuerkarte vorzulegen.*
5. *Die Arbeitnehmerin hat für jeden Fall der Zuwiderhandlung gegen das Wettbewerbsverbot eine Vertragsstrafe von 2000,00 € zu bezahlen. Im Fall eines Dauerverstoßes (Tätigkeit für ein Konkurrenzunternehmen von länger als 1 Monat) ist die Vertragsstrafe für jeden angefangenen Monat neu verwirkt, in ihrer Höhe aber auf 20000,00 € begrenzt.*
6. *Im Übrigen gelten die Vorschriften des HGB.*

Fragen zur Beendigung des Arbeitsverhältnisses

Wirksam vereinbarte Wettbewerbsverbote sichern damit das berechtigte Bedürfnis des Arbeitgebers, einen Arbeitnehmer daran zu hindern, unter Ausnutzung seines zuvor erworbenen beruflichen Erfahrungswissens seinem ehemaligen Arbeitgeber Konkurrenz zu machen. Hieraus folgt die grundsätzliche Zulässigkeit der Vereinbarung von nachvertraglichen Wettbewerbsverboten und Vertragsstrafen zur Absicherung dieser Verbote.

Die Vereinbarung eines nachvertraglichen Wettbewerbsverbotes benachteiligt Arbeitnehmer nicht generell und grundsätzlich. Nach Beendigung des Arbeitsverhältnisses kann der Arbeitgeber den Arbeitnehmer nicht daran hindern, seine rechtmäßig erlangten beruflichen Kenntnisse und Erfahrungen zu verwerten und zu seinem früheren Arbeitgeber auch in Wettbewerb zu treten. Nur eine den gesetzlichen Anforderungen entsprechende Vereinbarung eines Wettbewerbsverbotes ermöglicht es dem Arbeitgeber, dem früheren Mitarbeiter Wettbewerbshandlungen zu untersagen (BAG 15. 6. 1993 – 9 AZR 558/91).

Kündigung bei Verstößen gegen Wettbewerbsverbote

Wenn ein Arbeitnehmer das für die Dauer des Arbeitsverhältnisses bestehende Wettbewerbsverbot nachhaltig verletzen sollte, ist regelmäßig eine verhaltensbedingte Kündigung gerechtfertigt, sofern nicht besondere Umstände eine andere Beurteilung zu Gunsten des Arbeitnehmers rechtfertigen. Ein Wettbewerbsverstoß, der geeignet ist, einen **wichtigen Grund** zu bilden, liegt etwa dann vor, wenn der Arbeitnehmer einen bei seinem Arbeitgeber beschäftigten Mitarbeiter für ein Konkurrenzunternehmen abwirbt oder wenn er Kunden des Arbeitgebers für ein Konkurrenzunternehmen abwirbt (BAG 28. 1. 2010 – 2 AZR 1008/08) oder bei ihnen bereit für eigene Zwecke wirbt.

Hierbei ist allerdings zu berücksichtigen, dass ein Arbeitnehmer, wenn kein nachvertragliches Wettbewerbsverbot vereinbart worden sein sollte, schon vor Beendigung seines Arbeitsverhältnisses für die Zeit nach dem Ausscheiden einen Vertrag mit einem konkurrierenden Arbeitgeber abschließen kann oder auch die Gründung eines eigenen Unternehmens auch im Tätigkeitsbereich des vormaligen Arbeitgebers **vorbereitet werden darf.**

Für die Abgrenzung der **erlaubten Vorbereitungshandlung** von der **verbotenen Konkurrenztätigkeit** ist es entscheidend, ob durch das Verhalten des Arbeitnehmers bereits unmittelbar in die Geschäfts- oder Wettbewerbsinteressen des Arbeitgebers eingegriffen wird. Zulässig sind insbesondere Vorbereitungshandlungen, durch welche nur die formalen und organisatorischen Voraussetzungen für das geplante eigene Unternehmen geschaffen werden sollen; sie müssen sich allerdings auf die Vorbereitung beziehen und dürfen nicht durch Kontaktaufnahme mit Kunden oder anderen Vertragspartnern des Arbeitgebers dessen Interessen gefährden.

Das Vorfühlen bei potenziellen Kunden ist hingegen regelmäßig eine unzulässige Wettbewerbshandlung, auch dann, wenn der Arbeitnehmer sich darauf beschränkt, Kontakte herzustellen, und noch keine Geschäfte im engeren Sinne abgeschlossen werden. Umstritten ist in diesem Zusammenhang, ob der Arbeitnehmer an das für die Dauer des rechtlichen Bestands des Arbeitsverhältnisses bestehende Wettbewerbsverbot auch dann (noch) gebunden ist, wenn ihm arbeitgeberseitig gekündigt wird und die Kündigung, weil sie für unwirksam erachtet wird, gerichtlich angegriffen wird (BAG 25. 4. 1991 – 2 AZR 624/90).

Wettbewerbshandlungen, welche der Arbeitnehmer im Anschluss an eine **unwirksame außerordentliche Kündigung** des Arbeitgebers begeht, können daher einen wichtigen Grund für eine weitere außerordentliche Kündigung bilden, wenn dem Arbeitnehmer unter Berücksichtigung der besonderen Umstände des konkreten Falles ein Verschulden anzulasten ist. Für die weiter erforderliche Interessenabwägung, ob dem Arbeitgeber wegen des unerlaubten Wettbewerbes die Fortsetzung des Arbeitsverhältnisses unzumutbar geworden ist, kommt es auf den Grad des Schuldvorwurfes sowie auf Art und Auswirkung der Wettbewerbshandlung an.

Zur Lösung dieser Konfliktlage bieten sich folgende Möglichkeiten:
Bei diesen Fallgestaltungen kann darauf abgestellt werden, wie der Arbeitnehmer auf die Kündigung reagiert. Geht er gegen die Kündigung nicht vor, so wird ihm eine Wettbewerbsausübung zugebilligt, klagt er hingegen mit dem Ziel der Feststellung der Unwirksamkeit der Kündigung, dann wird von ihm Vertragstreue verlangt (Schaub, Arbeitsrechts-Handbuch, § 57 Rn. 13ff.).

Das Bundesarbeitsgericht (BAG 25. 4. 1991 – 2 AZR 624/90) vertritt folgende Auffassung: Ein Arbeitnehmer wird nicht bereits dann von dem für die rechtliche Dauer des Arbeitsverhältnisses geltenden Wettbewerbsverbot befreit, wenn der Arbeitgeber eine außerordentliche Kündigung ausspricht, die der Arbeitnehmer für unwirksam hält und deswegen gerichtlich angreift. Die Beendigung des Wettbewerbsverbotes bis zur Zeit der gerichtlichen Klärung der Wirksamkeit der Kündigung kann nicht allein damit begründet werden, der Arbeitgeber hätte mit seiner Kündigung bereits als Erster die »Treue aufgekündigt«, und deswegen müsse sich auch der Arbeitnehmer zunächst nicht mehr an bestehende vertragliche Bindungen zu halten.

Nicht nur der Arbeitgeber verhält sich in dieser Situation widersprüchlich, wenn er sich einerseits vom Arbeitnehmer sofort trennen will und andererseits von diesem bis zur Klärung des Fortbestehens des Arbeitsverhältnisses erwartet, mit ihm (noch) nicht in Wettbewerb zu treten. Ein Widerspruch liegt auch in dem Verhalten des Arbeitnehmers, der einerseits um seinen Arbeitsplatz streitet, diesen aber andererseits durch Wettbewerbshandlungen möglicherweise gefährdet.

Eine Rechtfertigung dafür, in der Zeit bis zur Klärung der Wirksamkeit der Kündigung bereits ein **eigenes konkurrierendes Unternehmen** aufzubauen oder ein bestehendes zu unterstützen, ergibt sich auch nicht aus § 615 Satz 2 BGB, nach dem sich der Arbeitnehmer auf die fortzuzahlende Vergütung auch Einkünfte anrechnen lassen muss, die er böswillig nicht erworben hat. Böswillig handelt ein Arbeitnehmer immer nur dann, wenn ihm vorgeworfen werden kann, trotz Kenntnis aller objektiven Umstände, die sich insbesondere auch auf die nachteiligen Folgen für den Arbeitgeber zu erstrecken hat, untätig geblieben zu sein, was die Erzielung anderweitiger Vergütung betrifft. Weil die Nachteile einer Wettbewerbshandlung für den Arbeitgeber regelmäßig größer sein werden als der Vorteil, für nicht geleistete Dienste keine Vergütung nach § 615 Satz 1 BGB zahlen zu müssen, wird dem Arbeitnehmer das Unterlassen einer Wettbewerbstätigkeit nur in den Fällen als **böswillig** anzulasten sein, in welchen der Arbeitgeber nach der Entlassung ausdrücklich oder konkludent zu erkennen geben sollte, mit Wettbewerbshandlungen nach der faktischen Beendigung des Vertrages einverstanden zu sein – was aber in der Praxis eher selten der Fall sein wird.

Ein verhaltensbedingter wichtiger Grund zur außerordentlichen Kündigung wegen eines Wettbewerbsverstoßes setzt nach § 626 Abs. 1 BGB aber nicht nur die objektive und rechtswidrige Verletzung einer bestehenden Unterlassungspflicht voraus, sondern auch ein **schuldhaftes, vorwerfbares Verhalten** des Arbeitnehmers. Der Grad des Verschuldens sowie Art und Auswirkung der Konkurrenztätigkeit sind für die Interessenabwägung von Bedeutung und auch für die Frage, ob der verhaltensbedingte Grund dem Arbeitgeber die Fortsetzung des Arbeitsverhältnisses unzumutbar gemacht hat.

129. Wie ist ein qualifiziertes Arbeitszeugnis auszugestalten?

Fall:
Eine Arbeitnehmerin war seit fünf Jahren in einem größeren Industriebetrieb als Assistentin der Geschäftsführung tätig und im Bereich der Verkaufsakquise für die südeuropäischen Länder zuständig. Im Laufe der letzten Monate kam es zu unüberbrückbaren Differenzen über die marktmäßige Ausrichtung der Arbeitgeberin. Die Arbeitnehmerin sah bei anderen Kunden ausbaufähige Geschäftsbedingungen als die Geschäftsführung des Arbeitgebers. Deshalb einigte man sich auf die Beendigung des Arbeitsverhältnisses zum 31.12.2017, die Zahlung einer angemessenen Abfindung in Anlehnung an § 1a KSchG und die Erteilung eines wohlwollenden qualifizierten Arbeitszeugnisses.
Als die Arbeitnehmerin am 8.1.2018 das Zeugnis mit der Post zugesandt bekommt, bekommt sie folgende Formulierung zu lesen:
Frau ... erledigte alle ihr übertragenen Aufgaben zuverlässig, sehr engagiert und stets zu unserer Zufriedenheit. Sie zeigte jederzeit eine hohe Initiative und Einsatzbereitschaft. Ihr Verhalten gegenüber Mitarbeitern und Kunden war vorbildlich. Wir wünschen Frau ... für ihren weiteren Berufs- und Lebensweg alles Gute und in besonderem Maße viel Erfolg.«
Die Arbeitnehmerin hält diese Formulierung zwar prinzipiell nicht für schlecht, meint allerdings, dass nach fünf anstrengenden Jahren der Arbeit für den vormaligen Arbeitgeber doch eine etwas bessere Formulierung angebracht wäre. Auf jeden Fall sollte die Gesamtbewertung »stets zur vollen Zufriedenheit« lauten, und die Heraushebung der besonderen Wünsche des »arbeitsmäßigen Erfolgs« lasse erkennen, dass der bisherige Arbeitgeber partiell mit ihr unzufrieden gewesen wäre. Daher müsse dieser Satzbestandteil ersatzlos gestrichen werden.

Darum geht es:
Sie will wissen, ob es Sinn macht, mit einer Zeugnisberichtigungsklage gegen den vormaligen Arbeitgeber vorzugehen.

Fragen zur Beendigung des Arbeitsverhältnisses

Antwort

Jedes Arbeitszeugnis hat der Wahrheit zu entsprechen; der Grundsatz der Zeugniswahrheit bezieht sich auf alle wesentlichen Tatsachen, welche für die Gesamtbeurteilung des Arbeitnehmers von Bedeutung sind und an deren Kenntnis ein künftiger Arbeitgeber ein berechtigtes und verständiges Interesse haben kann (BAG 15. 11. 2011 – 9 AZR 386/10). Die vom Arbeitnehmer verrichteten Tätigkeiten sind so vollständig und genau zu beschreiben, dass ein künftiger Arbeitgeber sich ein klares Bild machen kann. Der Grundsatz der **Zeugniswahrheit** wird nach der Rechtsprechung ergänzt durch das Verbot, das weitere Fortkommen des Arbeitnehmers ungerechtfertigt zu erschweren (BAG 11. 12. 2012 – 9 AZR 227/11). Die Bewertung von Leistung und Verhalten des Arbeitnehmers muss daher zugleich die eines wohlwollenden verständigen Arbeitgebers sein. Es ist zwar davon auszugehen, dass jede Beurteilung in notwendiger Weise auch subjektive Momente enthält, allerdings ist beim Zeugnis darauf zu achten, dass subjektive geprägte Einstellungen möglichst nicht zum Ausdruck kommen, wobei hier davon auszugehen ist, dass dem Arbeitnehmer das Fortkommen nicht unnötig erschwert werden darf.

Ein Arbeitgeber erfüllt den Zeugnisanspruch immer dann in ordnungsgemäßer Weise, wenn das von ihm erteilte Zeugnis nach Form und Inhalt den gesetzlichen Anforderungen des § 109 Abs. 1 GewO entspricht. Auf Verlangen des Arbeitnehmers muss sich das Zeugnis auf Führung (Verhalten) und Leistung erstrecken (**qualifiziertes Zeugnis**). Dabei richtet sich der gesetzlich geschuldete Inhalt des Zeugnisses nach den mit ihm verfolgten Zwecken. Es dient dem Arbeitnehmer regelmäßig als Bewerbungsunterlage und ist insoweit Dritten, insbesondere möglichen künftigen Arbeitgebern, Grundlage für die Personalauswahl. Dem Arbeitnehmer gibt es zugleich Aufschluss darüber, wie der Arbeitgeber seine Leistung beurteilt. Daraus ergeben sich als inhaltliche Anforderungen das Gebot der **Zeugniswahrheit** und das in § 109 Abs. 2 GewO auch ausdrücklich normierte Gebot der **Zeugnisklarheit**. Genügt das erteilte Zeugnis diesen Anforderungen nicht, kann der Arbeitnehmer die Berichtigung des Arbeitszeugnisses oder dessen Ergänzung verlangen (BAG 12. 8. 2008 – 9 AZR 632/07).

Es ist bei der Abfassung grundsätzlich Sache des Arbeitgebers, das Zeugnis im Einzelnen zu formulieren; die Wortfassung und die Ausdrucksweise steht in seinem pflichtgemäßen Ermessen. Maßstab ist dabei ein wohlwollender verständiger Arbeitgeber (BAG 12. 8. 2008 – 9 AZR 632/07). Der Arbeitgeber hat insoweit einen Beurteilungsspielraum. Dies gilt insbesondere für die Formulierung von **Werturteilen**. Sie lässt sich nicht bis in die Einzelheiten regeln und vorschreiben. Solange das Zeugnis allgemein verständlich ist und nichts Falsches enthält, kann der Arbeitnehmer daher keine abweichende Formulierung verlangen (BAG 15.11.2011 – 9 AZR 386/10).

> **Zusammenfassung:**
> Konkret hat dieser abschließende Absatz des Arbeitszeugnisses zwei Problembereiche: Kann die Arbeitnehmerin die Formulierung »stets zur vollen Zufriedenheit« verlangen und muss die Schlussformel abgeändert werden, denn wenn in einer Schlussformel herausgehoben wird, dass für die künftige Tätigkeit »besonders viel Erfolg« gewünscht wird, dann kann dies bei einem Leser zu dem Eindruck führen, dass die die Arbeitnehmerin diesen Erfolg beim vormaligen Arbeitgeber wohl nicht erzielte und ihn künftig nötig hat.

1. Anhebung der Gesamtqualifikation

Diese wird die Arbeitnehmerin nur durchsetzen können, wenn es ihr im Rechtsstreit gelingen sollte nachzuweisen, dass sie tatsächlich überdurchschnittliche Arbeitsleistungen erbracht hat, was sich als schwierig erweisen wird. Selbst wenn es so sein sollte, dass im Arbeitsbereich der Arbeitnehmerin überwiegend gute oder gar sehr gute Endnoten bei der Gesamtqualifikation vergeben würden, muss ein Arbeitnehmer, wenn er eine bessere Schlussbeurteilung als »zur vollen Zufriedenheit« beansprucht, im Zeugnisberichtigungsrechtsstreit entsprechend bessere Leistungen vortragen und ggf. auch **beweisen** können.

Ein vom Arbeitgeber gemäß § 109 Abs. 1 Satz 3 GewO auszustellendes qualifiziertes Zeugnis muss in erster Linie **wahr** sein. Bei der Wahrheitspflicht handelt es sich um den bestimmenden Grundsatz des Zeugnisrechts; sie umfasst alle Fragen des Zeugnisrechts, insbesondere wird auch der Wohlwollensgrundsatz, wonach das Fortkommen des Arbeitnehmers durch den Zeugnisinhalt nicht unnötig erschwert werden darf, durch die Wahrheitspflicht begrenzt. Ein Zeugnis muss nur im Rahmen der Wahrheit wohlwollend sein (BAG 11.12.2012 – 9 AZR 227/11). Statistische Untersuchungen haben ergeben, dass bei etwa 85 % guten oder sehr guten Leistungsbeurteilungen dem Arbeitszeugnis nicht mehr allzu viel über die tatsächliche Leistungsfähigkeit der Arbeitnehmer entnommen werden kann. Die von den Personalabteilungen verursachte »Noteninflation« in Zeugnissen erklärt sich wohl damit, dass Arbeitgeber zumeist die Kosten und Mühen eines Zeugnisrechtsstreits scheuen und deshalb eine Neigung zu »Gefälligkeitszeugnissen« besteht.

> **Zusammenfassung:**
> Auch wenn aus Sicht der Praxis von der Tendenz zur Erteilung von »Gefälligkeitszeugnissen« ausgegangen werden muss, so kann dies keine Rechtspflicht des Arbeitgebers begründen, dieser Tendenz Rechnung zu tragen und trotz einer nur durchschnittlichen Leistung des Arbeitnehmers diesem **regelmäßig eine gute Leistung zu bescheinigen.** Dadurch würden Arbeitnehmer benachteiligt, die den Anforderungen »gut« gerecht geworden sind. Zwar mag es für manchen Arbeitgeber nachvollziehbare Gründe geben, als »lästig« empfundene Zeugnisstreitigkeiten zu meiden und infolgedessen dem Wohlwollensgrundsatz mehr Raum zu geben, als ihm rechtlich zusteht, aus all diesen Gründen lässt sich allerdings kein durchsetzbarer Anspruch dahin gehend entnehmen, regelmäßig die Formulierung »stets zur vollen Zufriedenheit« zu erlangen – die Arbeitnehmerin müsste dafür im Rechtsstreit ihre überdurchschnittlichen Arbeitsleistungen beweisen können, was kaum möglich erscheint, weil die Grenzen viel zu fließend sind (BAG 18.11.2014 – 9 AZR 584/13).

2. Abänderung der Schlussformel

Eine Abänderung der Schlussformel im Sinne der Arbeitnehmerin wird sich nicht mit Erfolg vor Gericht erzwingen lassen. Wünscht der Arbeitgeber der Arbeitnehmerin im Zeugnis »für die Zukunft alles Gute« oder für den »weiteren Berufs- und Lebensweg alles Gute«, dann ergibt sich unter dem Gesichtspunkt der **Selbstbindung** kein Anspruch auf die von der Arbeitnehmerin begehrte Formulierung. Der Arbeitgeber ist zwar an den Inhalt eines erteilten Zeugnisses grundsätzlich gebunden, die Bindung an den Ausdruck persönlicher Empfindungen, wie »Dank, Bedauern oder die guten Wünsche für die Zukunft«, ist jedoch auf den Ausdruck der jeweiligen Empfindung beschränkt und führt deshalb nicht zu einer Verpflichtung des Arbeitgebers, andere Empfindungen im Zeugnis zu formulieren, von denen der Arbeitnehmer meint, dass sie sein Arbeitgeber haben hätte müssen, als er das Zeugnis formuliert hat, oder »besondere« Empfindungen wegzulassen und die anderen im Zeugniswortlaut stehen zu lassen.

Qualifiziertes Arbeitszeugnis

Ohne gesetzliche Grundlage kann der Arbeitgeber nicht verurteilt werden, das Bestehen von **persönlichen Empfindungen**, wie etwa die Dankbarkeit, dem Arbeitnehmer gegenüber schriftlich zu bescheinigen (BAG 20.2.2001 – 9 AZR 44/00). Dabei ist zu berücksichtigen, dass sich ein Zeugnis nicht in erster Linie an den Arbeitnehmer persönlich richtet. Das Zeugnis dient dem Arbeitnehmer vor allem als Bewerbungsunterlage und ist insoweit Dritten, insbesondere möglichen künftigen Arbeitgebern, Grundlage für ihre Personalauswahl. Ob der Arbeitgeber seine Empfindungen in einem primär an einen ihm unbekannten Dritten gerichteten Zeugnis zum Ausdruck bringt, ist in primär eine Frage des persönlichen Stils. Insofern lässt das Fehlen des Dankes eher Rückschlüsse auf den Zeugnisverfasser als auf den Beurteilten zu.

Zwar ist von Bedeutung, dass ein Zeugnis grundsätzlich dort keine Auslassungen enthalten darf, wo der verständige Leser eine positive Hervorhebung erwartet. Den Anspruch auf eine ausdrückliche Bescheinigung bestimmter Merkmale hat daher der Arbeitnehmer, in dessen Berufskreis dies üblich ist und bei dem das Fehlen einer entsprechenden Aussage im Zeugnis sein berufliches Fortkommen behindern könnte (BAG 12.8.2008 – 9 AZR 632/07). Diese Rechtsprechung zur unzulässigen Auslassung betrifft jedoch nur den gesetzlich geschuldeten Zeugnisinhalt, und **hierzu gehört die Schlussformel nicht.** Der kundige Zeugnisleser weiß, dass sich aus dem Gesetz kein Anspruch auf den Ausdruck persönlicher Empfindungen in einer Schlussformel ergibt und deshalb die Rechtsprechung einen solchen Anspruch verneint hat. Daher lässt sich aus einem Arbeitszeugnis ohne Schlussformel nicht die Folgerung ableiten, der Verfasser habe hiermit eine besondere Aussage treffen und seine Leistungs- und Verhaltensbeurteilung relativieren wollen.

Grundsätzlich korrespondiert mit der fehlenden Verpflichtung des Arbeitgebers, persönliche Empfindungen, wie Bedauern, Dank oder gute Wünsche, im Arbeitszeugnis zum Ausdruck zu bringen, der Anspruch des Arbeitnehmers auf Erteilung eines Zeugnisses **ohne einen entsprechenden Schlusssatz.** Da eine Schlussformel nach dem Gesetz nicht zum erforderlichen Zeugnisinhalt gehört, hat der Arbeitnehmer (lediglich) einen Anspruch auf die **Entfernung** einer vom Arbeitgeber verwandten Schlussformel unabhängig davon, ob in dieser tatsächlich ein Geheimzeichen gemäß § 109 Abs. 2 Satz 2 GewO zu sehen oder dies nicht der Fall ist (BAG 11.12.2012 – 9 AZR 227/11).

Zusammenfassung:
Im Ergebnis kann die Arbeitnehmerin nicht die Änderung der von der Arbeitgeberin zum Ausdruck gebrachten Formulierung durchsetzen, sondern lediglich die **Beseitigung des gesamten Schlusssatzes**. Bei der Gesamtqualifikation müsste sie nachweisen können, dass sie überdurchschnittlich gearbeitet hat, was an die Grenzen des Beweisbaren stößt. Dennoch kann angeraten werden, zumindest dann, wenn entweder eine Rechtsschutzversicherung besteht, Gewerkschaftsrechtsschutz vorhanden ist oder die Arbeitnehmerin bereit ist, die außergerichtlichen Kosten des Rechtsstreits (= die eigenen Anwaltskosten, wenn eine anwaltschaftliche Vertretung beauftragt wird) selbst zu tragen, mit einer Zeugnisberichtigungsklage den Versuch zu unternehmen, diesen Schlusssatz im Zeugnis zu erreichen. Im Verhandlungstermin bezüglich des Zeugnisinhalts wird im Allgemeinen zumindest über eine gewisse Anhebung der Qualifikation des Zeugnisses »nach oben« gesprochen und es wird in vielen Fällen zu einer vergleichsweisen Lösung kommen, weil die Arbeitgeber regelmässig bei moderaten Anhebungen der Zeugnisformulierungen sich nicht unbedingt auf einen längeren Rechtstreit einlassen wollen. Bei dieser Situation kann dann auch versucht werden, dass sich der Arbeitgeber mit der in der Zeugnissprache üblichen Schlussformulierung einverstanden erklärt.

D. Fragen zum Tarifrecht

130. Wann besteht eine Tarifbindung?

Fall:
Einige Beschäftigte kommen in die Sprechstunde des Betriebsrats und haben folgende Frage:
»Wir wissen gar nicht so recht, ob der nicht allgemeinverbindliche Sonderzahlungstarifvertrag auf unser Arbeitsverhältnis anwendbar ist. Die schon länger beschäftigten Arbeitskollegen haben noch – alte – Arbeitsverträge, in denen die Geltung des Tarifvertrags geregelt ist; bei uns noch nicht allzu lange Beschäftigten steht davon aber nichts im Arbeitsvertrag. Die meisten der Beschäftigten erhalten übrigens diese Sonderzahlungen, einige von den noch nicht so lange Tätigen aber nicht in voller Höhe. Einige erst vor wenigen Monaten eingestellte Arbeiter sollen die Sonderzahlung nach Tarifvertrag überhaupt nicht mehr bekommen, wie wir erfahren haben. Können Sie uns da weiterhelfen?«

Darum geht es:
Wie ist der Geltungsbereich eines nicht allgemeinverbindlichen Tarifvertrags?

Antwort

Tarifgebundenheit kann aus folgenden Gründen eintreten:
1. Der Tarifvertrag wurde für allgemeinverbindlich erklärt. Dies geschieht durch das Landesarbeitsministerium und wird entsprechend veröffentlicht. Der konkrete Sonderzahlungstarifvertrag ist nicht allgemeinverbindlich. Nur in Fällen, in denen ein Tarifvertrag allgemeinverbindlich ist, gilt er für alle Arbeitsverhältnisse dieser Branche.

2. Der Tarifvertrag kann auch gelten, wenn sowohl der Arbeitgeber als auch die betroffenen Arbeitnehmer Mitglied der tarifschließenden Gewerkschaft/des Verbands sind. Wenn der Arbeitgeber also Mitglied des Arbeitgeberverbands und der Beschäftigte Gewerkschaftsmitglied ist, werden die Regelungen des Tarifvertrags ebenso auf das Arbeitsverhältnis angewendet.
3. Auf den Tarifvertrag wurde im Arbeitsvertrag Bezug genommen, und zwar in dem Sinne, dass er gelten soll. Dies setzt eine ausdrückliche Bezugnahme voraus. Im Beispielsfall haben die Arbeitnehmer, welche die Frage stellen, aber keine derartige Bezugnahmeklausel.
4. Der Tarifvertrag gilt aufgrund betrieblicher Übung: Dann müssen alle Voraussetzungen der betrieblichen Übung vorhanden sein. Dies dürfte im Beispielsfall schwer zu begründen sein, da der Arbeitgeber auch bei den Arbeitnehmern, welche die Sonderzahlung erhalten, unterschiedlich in der Höhe der Leistung vorgeht.
5. Der Tarifvertrag gilt aufgrund des Gleichbehandlungsgrundsatzes: Wenn einige Arbeitnehmer aus sachwidrigen Gründen von einer tariflichen Leistung ausgenommen werden, welche alle anderen Arbeitnehmer erhalten, kann der Gleichbehandlungsgrundsatz von Bedeutung sein. Da bereits jetzt unterschiedliche Zahlungen erfolgen, wird eine Verletzung des Gleichbehandlungsgrundsatzes kaum darstellbar sein (hierzu Kempen/Zachert, TVG, § 4 Rn. 1 ff).

Zusammenfassung:
Sofern der Tarifvertrag nicht allgemeinverbindlich werden sollte oder eine beiderseitige Tarifbindung durch Verbandsmitgliedschaft besteht, wird die Geltung des Tarifvertrags sehr schwer zu begründen sein.

131. Was versteht man unter Ausschlussfristen?

Fall:
Ein Arbeitnehmer kommt mit dem einschlägigen Tarifvertrag zum Betriebsrat und fragt an, was es mit folgender Klausel auf sich habe:
»Alle beiderseitigen Ansprüche aus dem Arbeitsverhältnis und dessen Beendigung verfallen, wenn sie nicht innerhalb von zwei Monaten bei der Gegenseite schriftlich geltend gemacht werden.
Lehnt die Gegenseite den Anspruch ab oder erklärt sie sich hierzu nicht, sind die Ansprüche binnen einer weiteren Frist von zwei Monaten gerichtlich geltend zu machen.«
Dieser Arbeitnehmer schied zum 30.6.2018 aus, das Arbeitsverhältnis wurde abgerechnet und der restliche Urlaub ausgezahlt. Erst Mitte November bemerkt er, dass er zehn Tage zu wenig in Bezug auf die Abgeltung des ihm zustehenden Urlaubs erhalten hat. Durch zahlreiche negative Erfahrungen bei erfolglosen Bewerbungen hat er mittlerweile auch mitbekommen, dass der Wortlaut des Arbeitszeugnisses nicht gerade ausgeprägt »wohlwollend« ist.
Er fragt an, ob er die zehn Urlaubstage noch bekommen kann und wie es um den Berichtigungsanspruch des Arbeitszeugnisses steht.

Darum geht es:
Wie ist die Reichweite und Geltung von tariflichen Ausschlussfristen?

Antwort

Vielfach sind in Tarifverträgen sog. Ausschlussklauseln enthalten, die verlangen, dass der Anspruch innerhalb einer bestimmten Frist geltend gemacht oder eingeklagt sein muss, damit er nicht verfällt. Auch kann geregelt werden (wie im Beispiel geschehen), dass zunächst der Anspruch binnen einer bestimmten Frist geltend zu machen ist und im Falle der Ablehnung des Anspruchs binnen einer weiteren Frist die gerichtliche Einklagung erfolgen muss (= zweistufige tarifliche Ausschlussfrist).
Mittlerweile sind seit der Beendigung des Arbeitsverhältnisses zweieinhalb Monate verstrichen, was bedeutet, dass die erste Stufe der Ausschlussfrist bereits abgelaufen ist. Wenn ein Anspruch zur Wahrung einer

tariflichen Ausschlussfrist geltend gemacht werden soll, muss der Schuldner (hier der Arbeitgeber) konkret zur Erfüllung des Anspruchs aufgefordert werden. Das hat der Arbeitnehmer bisher nicht gemacht. Die erste Stufe der Ausschlussfrist ist also bereits abgelaufen.

> **Zusammenfassung:**
> Die Realisierung des eventuell bestehenden Zeugnisberichtigungsanspruchs stellt sich daher als wenig aussichtsreich dar. Der Beschäftigte müsste darlegen können, dass ein Verlangen nach einer Zeugnisberichtigung kein Anspruch aus dem Arbeitsverhältnis ist. Das dürfte schwer möglich sein. Der Arbeitnehmer hätte daher rechtzeitig beim Arbeitgeber verlangen müssen, ein besseres Zeugnis zu erhalten.

Beim Urlaub kommt es darauf an, was an Ansprüchen schon abgerechnet wurde und ob der fehlende Teil der Urlaubsabgeltung ein unverzichtbarer gesetzlicher oder tariflicher Urlaubsanspruch ist. Wurde noch keine Abrechnung über den Urlaub erteilt, greift die Ausschlussfrist im Beispielsfall allerdings nicht. Diese Punkte müssen noch geklärt werden.

Wichtige Begriffe

Zweistufige Ausschlussfrist
Verlangt eine zweistufige Ausschlussfrist (erste Stufe: Geltendmachung, zweite Stufe: Klageerhebung bezüglich des Anspruchs) eine fristgebundene Klageerhebung, beginnt die Frist der zweiten Stufe, also diejenige für die Klageerhebung, regelmäßig mit dem Bestreiten des Klageanspruchs zu laufen (BAG 16.3.1995 – 8 AZR 58/92).

Schriftformklausel bei der Geltendmachung
Bei der Schriftformklausel der Geltendmachung einer Forderung kann sich die Frage stellen, ob auch ein Fax ausreichend ist. Das Bundesarbeitsgericht (BAG 11.10.2000 – 5 AZR 313/99) hat dies dahin gehend entschieden, dass der Anspruch auch im Sinne der tariflichen Ausschlussklausel geltend gemacht ist, wenn dies mit Fax-Schreiben geschieht. Dass das Schreiben dann lediglich eine auf technischem Weg übermittelte Abbildung der Originalunterschrift wiedergibt, steht der wirksamen Geltendmachung nicht entgegen. Ein Fax-Schreiben ist daher ausrei-

chend (zur Geltendmachung des Anspruchs Kempen/Zachert, TVG, § 4 Rn. 680ff.).

Abrechnung des Anspruchs
Wenn der Arbeitgeber durch (Lohn-)Abrechnung eine Forderung des Arbeitnehmers vorbehaltlos dokumentiert hat, braucht der Arbeitnehmer diese Forderung nicht mehr geltend zu machen, um eine tarifliche Ausschlussfrist zu wahren. Die Pflicht zur Geltendmachung lebt auch nicht dadurch wieder auf, dass der Arbeitgeber die Forderung später bestreiten sollte (BAG 21. 4. 1993 – 5 AZR 399/92).

Ausschlussfristen bei Bestandsstreitigkeiten
Tarifliche Ausschlussfristen können in wirksamer Weise bestimmen, dass die Frist zur gerichtlichen Geltendmachung von Zahlungsansprüchen, die während eines Kündigungsschutzprozesses fällig werden und von dessen Ausgang abhängig sind (Annahmeverzugsansprüche, Sonderzahlungen usw.), erst mit der rechtskräftigen Entscheidung im Kündigungsschutzprozess beginnt. Diese Klauseln können dann aber lediglich bei einer Kündigungsschutzklage zur Anwendung kommen und nicht bei sonstigen Bestandsstreitigkeiten (BAG 8. 8. 2000 – 9 AZR 418/99). Hier ist also besondere Vorsicht seitens des Arbeitnehmers geboten, um die Fristen nicht zu übersehen. Der Wortlaut der tariflichen Ausschlussfrist muss genau beachtet werden.

Ausschlussfristen dürfen nicht nur auf die Beendigung des Arbeitsverhältnisses abstellen
Eine Klausel in einem Formulararbeitsvertrag, die für den Beginn der Ausschlussfrist nicht die Fälligkeit der Ansprüche berücksichtigt, sondern allein auf die Beendigung des Arbeitsverhältnisses abstellt, benachteiligt den Arbeitnehmer unangemessen und ist deshalb gemäß § 307 Abs. 1 Satz 1 BGB unwirksam (BAG 1.3.2006 – 5 AZR 511/05). Diese Frist könnte in der Praxis zu willkürlichen, nicht gerechtfertigten Ergebnissen führen.
Beispiel einer derartigen Klausel:
»Ansprüche aus dem Arbeitsverhältnis müssen von beiden Vertragsparteien spätestens innerhalb eines Monats nach Beendigung schriftlich geltend gemacht werden. Andernfalls sind sie verwirkt.«
In derartigen Ausschlussfristen wird hinsichtlich des Beginns des Laufs der Frist allein auf die Beendigung des Arbeitsverhältnisses abgestellt; ob die Ansprüche zu diesem Zeitpunkt bereits erkennbar und durchsetzbar sind, wäre nach dieser Klausel unerheblich. Dies ist mit § 199 Abs. 1 Nr. 2

BGB unvereinbar, wonach für den Beginn der Verjährungsfrist Voraussetzung ist, dass der Gläubiger von den die Ansprüche begründenden Umständen Kenntnis erlangt oder ohne grobe Fahrlässigkeit erlangen müsste. Diese gesetzliche Wertung ist auch auf vertragliche Ausschlussfristen entsprechend übertragbar.

Ausschlussfristen erstrecken sich nicht auf vorsätzliche Schädigungen

Vorsätzliche Vertragspflichtverletzungen können regelmäßig durch Ausschlussfristen nicht ausgeschlossen werden. Dass der Arbeitgeber seine eigene Haftung für Vorsatz nicht ausschließen kann, ergibt sich – unabhängig daraus, ob es sich um einen Formulararbeitsvertrag handelt oder um einen ausgehandelten Arbeitsvertrag – aus der Bestimmung des § 276 Abs. 3 BGB. Über den Gesetzeswortlaut hinaus verbietet § 202 Abs. 1 BGB nicht nur Vereinbarungen zur Verjährung von Ansprüchen wegen Vorsatzhaftung, sondern auch Ausschlussfristen, die sich auf eine Vorsatzhaftung des Schädigers beziehen (BAG 18. 8. 2011 – 8 AZR 187/10; 20. 6. 2013 – 8 AZR 280/12). § 104 Abs. 1 SGB VII beschränkt die Haftung des Arbeitgebers bei Arbeitsunfällen und Berufsunfähigkeit auf Vorsatz, diese Vorsatzhaftung ist gerade nicht ausgeschlossen. Daher kann der Arbeitgeber grundsätzlich kein Interesse daran haben, einen gesetzwidrigen Haftungsausschluss für vorsätzlich verursachte Personenschäden zu vereinbaren, der wegen § 134 BGB nichtig und bei Formulararbeitsverträgen zudem nach § 309 Nr. 7a BGB unwirksam wäre.

Bei der Regelung einer **Ausschlussfrist** denken die Parteien des Arbeitsvertrages vor allem an laufende Entgeltansprüche, also an Ansprüche des Arbeitnehmers; gegebenenfalls aber auch an Ansprüche des Arbeitgebers auf Rückzahlung überzahlten Arbeitsentgelts, regelmäßig aber nicht an vertragliche oder deliktische Ansprüche wegen Personenschäden. Daher ist eine arbeitsvertragliche Ausschlussfrist dahin gehend **auszulegen**, dass sie nur die für regelungsbedürftig gehaltenen Fälle erfassen soll. Ohne besondere Hinweise ist eine Anwendung auch auf die Fälle, die durch zwingende gesetzliche Verbote oder Gebote geregelt sind, nicht gewollt. Dass keine Vorsatzhaftung ausgeschlossen werden soll, ist bei den üblichen Formulierungen der Ausschlussfristen zu unterstellen.

Verstoß gegen Treu und Glauben

In der arbeitsrechtlichen Praxis ist es ein sehr umstrittener Punkt, unter welchen Voraussetzungen die Berufung des Arbeitgebers auf eine tarifliche Ausschlussfrist gegen Treu und Glauben verstößt. Das ist dann ein Fall der unzulässigen Rechtsausübung. Er wird angenommen, wenn die zum Verfall des Anspruchs führende Untätigkeit des Arbeitnehmers durch ein Verhalten des Arbeitgebers veranlasst worden ist.

Erforderlich ist in solchen Situationen, dass der Arbeitgeber den Arbeitnehmer von der Geltendmachung des Anspruchs oder der Einhaltung der Fristen abgehalten hat. Das ist regelmäßig dann anzunehmen, wenn der Arbeitgeber durch Tun oder Unterlassen dem Arbeitnehmer die Geltendmachung des Anspruchs oder die Fristeinhaltung unmöglich macht, erschwert oder (was immer wieder vorkommt) den Eindruck erweckt hat, der Arbeitnehmer kann darauf vertrauen, dass der Anspruch auch ohne die Wahrung der Frist erfüllt wird (BAG 22.1.1997 – 10 AZR 459/96). Häufigste Fälle sind arbeitgeberseitige Zahlungsankündigungen, die dann nicht eingehalten werden.

132. Kann in einem Formulararbeitsvertrag eine Ausschlussfrist von zwei Monaten bei der Geltendmachung und der Einklagung wirksam vereinbart werden?

Fall:
Eine seit drei Jahren in einem Industriebetrieb als Angestellte beschäftigte Arbeitnehmerin, die selbst zum 30.6.2018 kündigte, hat bei der Einstellung folgende Klausel im Arbeitsvertrag – der ein Formulararbeitsvertrag ist – unterschrieben, die generell in den Arbeitsverträgen dieses Arbeitgebers enthalten ist:

Ausschlussfristen
Alle Ansprüche, die sich aus dem Angestelltenverhältnis ergeben, sind von den Vertragsschließenden binnen einer Frist von zwei Monaten seit ihrer Fälligkeit schriftlich geltend zu machen und im Fall der Ablehnung durch die Gegenpartei binnen einer Frist von zwei weiteren Monaten einzuklagen.

In den letzten drei Wochen der rechtlichen Dauer des zum 30.6.2018 endenden Arbeitsverhältnisses war die Arbeitnehmerin erkrankt. Der Arbeitgeber hat die Entgeltfortzahlung nicht geleistet mit der Begründung, sie hätte die Krankheit selbst verschuldet. Am 30.8.2018 hat sie die Entgeltfortzahlung für diese Zeit beim Arbeitgeber schriftlich geltend gemacht. Der Arbeitgeber lehnte eine Woche später die Zahlung ab. Daraufhin überlegte sie wochenlang, ob

sie den Arbeitgeber verklagen sollte. Erst im Januar 2019 wurde von ihr Zahlungsklage erhoben.
Nach der Klageerhebung liest sie wieder im Arbeitsvertrag nach und stellt mit Schrecken fest, dass dort zur Geltendmachung und auch zur Einklagung eine Frist von jeweils zwei Monaten steht. Sie möchte wissen, ob diese Frist wirksam ist.

Darum geht es:
Was sind die Anforderungen an eine vertragliche Ausschlussfrist in Formulararbeitsverträgen?

Antwort

Derartige Ausschlussfristen, die in Musterarbeitsverträgen häufig verwendet werden, bestehen aus zwei Teilen: Die erste Stufe regelt, binnen welcher Frist der Anspruch beim Arbeitgeber (zumeist schriftlich) geltend gemacht werden muss, die zweite Stufe, wann der Anspruch einzuklagen ist. Die zweite Stufe ist grundsätzlich nur dann gewahrt, wenn die Zahlungsklage fristgerecht beim Arbeitsgericht eingeht. Auch wenn diese Frist zur Einklagung nur ganz geringfügig überschritten sein sollte, ist der Anspruch nach der zweiten Stufe verfallen. Dies bedeutet, dass zweistufige Ausschlussfristen von großer Bedeutung im Arbeitsverhältnis sind.

Das Bundesarbeitsgericht geht in seiner Rechtsprechung davon aus, dass derartige Verfallsfristen grundsätzlich in Arbeitsverträgen und daher auch in sog. Formulararbeitsverträgen geregelt werden können. Da es sich hier um einen mehrfach verwendeten Arbeitsvertrag handelte, kommen im Beispielsfall die Bestimmungen des Rechts der Allgemeinen Geschäftsbedingungen zur Anwendung (§§ 305 ff. BGB). Eine einzelvertragliche Ausschlussfrist stellt eine von den Rechtsvorschriften des Verjährungsrechts abweichende Regelung dar, denn gesetzlich gilt im Arbeitsverhältnis lediglich das Verjährungsrecht (= mit einer wesentlich längeren Verjährungsfrist als nach einer Verfallfrist; die Verjährungsfrist beträgt im Arbeitsrecht drei Jahre).

Zusammenfassung:
Ausschlussfristen, welche in einem Formulararbeitsvertrag verwendet werden, hat die Rechtsprechung auch nicht als eine unübliche oder nicht transparente Regelung angesehen. Unüblich ist eine der-

Formulararbeitsvertrag und Ausschlussfrist

> artige Vertragsbestimmung schon deshalb nicht, weil in einer Vielzahl von Tarifverträgen Ausschlussfristen enthalten sind. Was im Tarifrecht üblich ist, kann im Formulararbeitsrecht nicht als überraschend angesehen werden. Ein Verstoß gegen das Transparenzgebot scheidet daher aus.

Unterscheidung zwischen der ersten und der zweiten Stufe der Frist
Die erste Stufe ist hier ebenso wenig rechtlich in Ordnung wie die zweite Stufe. Beide Stufen einer Ausschlussfrist müssen in einem Formulararbeitsvertrag auf mindestens drei Monate festgelegt werden. Die Frist zur gerichtlichen Geltendmachung des Anspruchs wurde vom Bundesarbeitsgericht (BAG 25.5.2005 – 5 AZR 572/04) dem Grundsatz nach deshalb für unwirksam erklärt, weil sie zu knapp bemessen ist, wenn sie nicht mindestens drei Monate beträgt. Gleiches gilt für die Frist zur Geltendmachung (BAG 28.9.2005 – 5 AZR 52/05).

Das Verjährungsrecht bringt das Ziel des Gesetzgebers zum Ausdruck, Rechtsfrieden unter den Parteien herzustellen. Es bezweckt einen Ausgleich zwischen dem Schutz des Schuldners vor einer drohenden Beweisnot und einem möglichen Verlust von Regressansprüchen gegen Dritte einerseits, andererseits der Notwendigkeit, den Gläubiger vor einem ungerechtfertigten Anspruchsverlust zu bewahren. Diese Grundsätze gelten entsprechend für die Ausschlussfristen. Auch hier soll der Anspruchsinhaber nicht zu einer voreiligen Klageerhebung veranlasst werden, sondern vor der Beschreitung des Rechtswegs prüfen können, ob die Forderung berechtigt ist.

Das bedeutet aber nicht, dass die gesetzlichen Verjährungsfristen in Arbeitsverträgen und auch in Formulararbeitsverträgen nicht abgekürzt werden könnte. Die Bestimmung des § 202 BGB lässt eine Abkürzung der regelmäßigen Verjährungsfrist von drei Jahren (§§ 195, 199 BGB) zu. Eine Abkürzung ist auch in Allgemeinen Geschäftsbedingungen zulässig, sie muss dann allerdings den Regelungen der §§ 305 ff. BGB standhalten.

Wichtig: Eine Ausschlussklausel, welche die schriftliche Geltendmachung aller Ansprüche aus dem Arbeitsverhältnis innerhalb einer Frist von unter drei Monaten ab Fälligkeit verlangt, benachteiligt den Arbeitnehmer unangemessen. Sie ist mit wesentlichen Grundgedanken des gesetzlichen Verjährungsrechts nicht vereinbar und schränkt wesentliche Rechte, die sich aus der Natur des Arbeitsvertrags ergeben, so ein, dass die Erreichung des Vertragszwecks gefährdet ist. Bei der Bestimmung der angemessenen Länge der Ausschlussfrist ist zu berücksichtigen, dass im Arbeitsrecht bevorzugt verhältnismäßig kurze Fristen zur Geltendmachung von Rechtspositionen vorgesehen werden. Tarifverträge enthalten gegenüber den gesetzlichen Verjährungsfristen deutlich kürzere Ausschlussfristen von einigen Wochen bis hin zu einigen Monaten. Solche Fristen sind in ihrer Gesamtheit als im Arbeitsrecht geltende Besonderheiten gemäß § 310 Abs. 4 Satz 2 BGB angemessen zu berücksichtigen.

Zwei Monate auf der ersten und zweiten Stufe sind zu kurz

> **Zusammenfassung:**
> Zu kurz bemessene Fristen stellen in allen Rechtsgebieten des Zivilrechts eine unangemessene Benachteiligung für den Anspruchsinhaber dar. Die vereinbarte Klagefrist muss dem Arbeitnehmer eine angemessene Chance lassen, seine Ansprüche durchzusetzen. Zu berücksichtigen ist hierbei, dass der Anspruchsteller Gründe dafür haben kann, sich mit den möglicherweise erstmals mitgeteilten, ablehnenden Gründen des Arbeitgebers zu beschäftigen.

Das Bundesarbeitsgericht hat sich dafür ausgesprochen, dass eine Frist für die gerichtliche Geltendmachung von weniger als drei Monaten im Rahmen einer einzelvertraglichen zweistufigen Ausschlussfrist unangemessen zu kurz und daher in Formulararbeitsverträgen rechtsunwirksam ist. Man hätte zwar auch auf den Standpunkt abstellen können, dass es andere Fristen im Arbeitsrecht gibt, die wesentlich kürzer sind (**wichtigster Fall:** Dreiwochenfrist zur Erhebung einer Kündigungsschutzklage und zur Erhebung der Entfristungsklage bei Befristungen), diese kurzen Fristen können aber nicht als ein Maßstab herangezogen werden. Die Unwirksamkeit einer einzelvertraglichen Ausschlussklausel führt im Übrigen zu ihrem ersatzlosen Wegfall bei Aufrechterhaltung des Arbeitsvertrags.

Wichtige Begriffe

Kann dann die Frist »verlängert« werden?
Eine geltungserhaltende Reduktion in dem Sinne, dass die wegen unangemessener Kürze der vereinbarten Frist unwirksame Ausschlussklausel

Formulararbeitsvertrag und Ausschlussfrist

auf eine gerade noch oder in jedem Falle zulässige Dauer auszudehnen wäre, scheidet aus. Die Bestimmung des § 306 BGB sieht eine solche Rechtsfolge nicht vor. Eine teilweise Unwirksamkeit der Regelung liegt nach § 307 BGB gerade nicht vor.

Ablehnung von Ansprüchen

Wenn eine Ablehnung der Ansprüche erfolgt ist, kann – je nach der Ausgestaltung des Wortlauts der Ausschlussfrist – bereits die zweite Stufe einer Ausschlussfrist zu laufen beginnen. Das ist in der Praxis von erheblicher Bedeutung und darf vom Arbeitnehmer, der noch Ansprüche gegen den Arbeitgeber haben sollte, nicht übersehen werden.

Der vom Arbeitgeber in einem Kündigungsschutzprozess schriftsätzlich angekündigte Klageabweisungsantrag stellt eindeutig eine schriftliche Ablehnung der mit der Kündigungsklage vom Arbeitnehmer geltend gemachten Annahmeverzugsansprüche dar. Eine ausdrückliche schriftliche Ablehnungserklärung ist in derartigen Situationen nicht erforderlich, wenn die Verfallklausel nur eine schriftliche Ablehnung verlangt (BAG 26.4.2006 – 5 AZR 403/05). Mit dem Klageabweisungsantrag bei einer Kündigungsschutzklage macht der Arbeitgeber deutlich, dass er die Kündigung für wirksam hält und von einer Beendigung des Arbeitsverhältnisses durch die Kündigung ausgeht. Damit lehnt er zugleich die mit der Kündigungsschutzklage vom Arbeitnehmer geltend gemachten Entgeltansprüche ab, die vom Fortbestehen des Arbeitsverhältnisses abhängig sind. Mit dieser Entscheidung hat das Bundesarbeitsgericht eine vormals anders lautende Rechtsprechung ausdrücklich aufgegeben.

> **Praxishinweis: Wirksamkeit von Ausschlussfristen**
> Tarifliche Ausschlussfristen unterliegen nicht der Kontrolle des Rechts der Allgemeinen Geschäftsbedingungen. Sie sind daher anzuwenden, wenn der Tarifvertrag im Arbeitsverhältnis gilt.

Bei vertraglich vereinbarten Ausschlussfristen ist folgende Situation maßgeblich:

- Die Ausschlussfrist wurde in einem Formulararbeitsvertrag vereinbart – dann darf sie weder auf der ersten noch auf der zweiten Stufe kürzer als drei Monate sein. Ist sie kürzer als drei Monate, ist sie immer unwirksam. Die Ansprüche aus dem Arbeitsverhältnis fallen dann lediglich unter die Verjährung (drei Jahre) oder die Verwirkung.
- Die Ausschlussfrist wurde in einem individuell ausgehandelten Arbeitsvertrag vereinbart – hier kommt es zunächst darauf an, ob tat-

sächlich der Arbeitsvertrag in wesentlichen Punkten zwischen Arbeitgeber und Arbeitnehmer individuell ausgehandelt wurde oder der Arbeitgeber dies nur so behauptet. Sollte eine Individualvereinbarung gegeben sein, kann auch eine Ausschlussfrist etwas kürzer sein als drei Monate, aber nicht zu kurz. Deutliche Abkürzungen unter das Maß der tariflichen Ausschlussfristen werden auch hier nicht zulässig sein.

133. Welcher Tarifvertrag ist anwendbar, wenn ein Betrieb sich sowohl im Bereich des Einzelhandels als auch im Bereich der Elektroinstallation betätigt?

Fall:
Die Media GmbH betreibt seit über 40 Jahren in Bremen einen Einzelhandel mit Elektrogeräten aller Art, und ihr gelingt es erfolgreich, trotz der Konkurrenz von Einkaufsmärkten und Versandhandel sich am Markt erfolgreich zu positionieren, insbesondere wegen der Qualität und der günstigen Konditionen für Kunden im Service. Der Einzelhandel unterfällt kraft Verbandszugehörigkeit der Arbeitgeberin und der Bezugnahmeklauseln in den Arbeitsverträgen – auch der nicht tarifgebundenen Arbeitnehmern – den Tarifverträgen des Einzelhandels des Tarifgebiets Bremen. Aufgrund einer Marktlücke hat sich die GmbH vor fünf Jahren dazu entschlossen, auch Elektroarbeiten im Bereich der Installation von Industriegebäuden und Häusern anzubieten. Auch dieser Tätigkeitsbereich hat sich aufgrund der weit überdurchschnittlichen Arbeitsweise der Monteure erfreulich entwickelt und er expandiert ständig. Derzeit sind im Einzelhandel etwa 90 Beschäftigte tätig und im Installationsbereich um die 80 Arbeitnehmer. Auf den Betrieb finden – wie schon immer – die Tarifverträge des Einzelhandels Anwendung.
Der Elektroinstallateur Müller möchte wissen, ob dies so seine Richtigkeit hat – aus folgendem Grund: Wenn auf sein Arbeitsverhältnis nicht die Einzelhandelstarifverträge von Bremen anwendbar wären, sondern die Tarifverträge des Metall- und Elektrogewerbes, dann würde er 100 % als Weihnachtsgeld bekommen – nach dem bisher angewendeten Tarifvertrag erhält er lediglich 60 % eines Monatsgehalts. All diese Tarifverträge sind nicht allgemeinverbindlich.

Pluralität von Tarifverträgen

Der Arbeitnehmer, der Mitglied der IG Metall und Elektro ist, verweist darauf, dass er ausschließlich als Installateur arbeitet und daher wohl nicht unter den Einzelhandelstarifvertrag fallen könne.

Darum geht es:
Welcher Tarifvertrag ist in einem Betrieb anwendbar, der mehrere Tätigkeitsfelder hat und auf den – gegliedert nach den einzelnen Tätigkeitsbereichen – mehrere Tarifverträge Anwendung finden könnten?

Antwort

Nach der Regelung des § 3 Abs. 1 TVG ist für die Arbeitnehmer Tarifgebundenheit gegeben, die Mitglied einer den Tarifvertrag schließenden Gewerkschaft sind, und für diejenigen Arbeitgeber, die Mitglied des Arbeitgeberverbands sind. Wurde – wie hier – der jeweilige Tarifvertrag nicht für allgemeinverbindlich erklärt, gelten seine Normen im Arbeitsverhältnis dann, wenn beide Seiten tarifgebunden sind oder die Anwendbarkeit im Einzelarbeitsvertrag vereinbart wurde. Da der Arbeitgeber tarifgebunden ist und die Tarifverträge im Arbeitsvertrag für anwendbar erklärt wurden, besteht hierüber kein Zweifel.

Der **räumliche** und **fachliche Geltungsbereich** eines Tarifvertrags ist immer zu Beginn des Wortlauts des Tarifvertrages definiert. Dies ist solange unproblematisch, als die Branchen auseinandergehalten werden können. Hier besteht aber die Besonderheit, dass die Arbeitgeberin sowohl einen Elektroeinzelhandel als auch einen Installationsbetrieb unterhält, und zwar im Rahmen eines einheitlichen Betriebs. Daher muss die Frage geklärt werden, ob auf diesen Betrieb ein Tarifvertrag anwendbar ist oder auch ein zweiter, je nach der Tätigkeit, welche ausgeübt wird.

Bei einem sog. **Mischbetrieb** (der hier eindeutig anzunehmen ist, weil die GmbH zwei wirtschaftliche Tätigkeitsfelder hat) kommt es für die Tarifgeltung entscheidend darauf an, mit welchen Aufgaben der Arbeitnehmer des Betriebs überwiegend beschäftigt ist. Wirtschaftliche Gesichtspunkte sowie handels- und gesellschaftsrechtliche Kriterien haben nach Ansicht der Rechtsprechung keine entscheidende Bedeutung; sie können lediglich ergänzend herangezogen werden. Im Allgemeinen ist davon auszugehen, dass die Tarifvertragsparteien hiermit den arbeitsrechtlichen Begriff des Unternehmens verstehen, also die organisatorische Einheit, mit der der Unternehmer seine wirtschaftlichen Ziele verfolgt. Im Beispielsfall wird es daher darauf ankommen, ob die Installationsabteilung in den Verkaufsbetrieb eingegliedert ist oder ob sie eine selbstständige wirtschaftliche Unternehmenseinheit darstellt. Nach den Angaben des Sachverhalts ist wohl von einer selbstständigen Unternehmenseinheit auszugehen. In die Überlegung ist auch mit einzubeziehen und durch Auslegung zu ermitteln, welcher der in Betracht kommenden Tarifverträge zur Anwendung kommen muss, denn im Zweifel werden die Gewerkschaften nicht beabsichtigt haben, in einem Betrieb mehrere Tarifverträge gleichzeitig zur Anwendung zu bringen.

Tarifpluralität ist gegeben, wenn der Betrieb des Arbeitgebers vom Geltungsbereich zweier, von verschiedenen Gewerkschaften abgeschlossenen Tarifverträgen erfasst wird, an die der Arbeitgeber gebunden ist, während für den einzelnen Arbeitnehmer je nach der Tarifbindung nur einer der beiden Tarifverträge anwendbar ist. Wegen der Bindung des Arbeitgebers an zwei Tarifverträge könnte es daher dazu kommen, dass je nach Tarifbindung der Arbeitnehmer in einem Betrieb zwei miteinander konkurrierende Tarifverträge Anwendung finden müssten, wenn im Betrieb Mitglieder beider tarifschließenden Gewerkschaften sind.

Diese gleichzeitige Anwendbarkeit konkurrierender Tarifverträge im selben Betrieb würde allerdings dem Grundsatz der **Tarifeinheit** widersprechen. Die Grundsätze der Tarifeinheit und der Tarifspezialität führen dazu, dass der sachfremdere Tarifvertrag verdrängt wird, was auch dann gelten muss, wenn vor dem Abschluss des sachnäheren Tarifvertrags auf den verdrängten im Einzelarbeitsvertrag Bezug genommen werden sollte. Sowohl bei Tarifkonkurrenz als auch bei Tarifpluralität wird stets der sachfernere Tarifvertrag verdrängt. Der sachnähere Tarifvertrag ist nach dem Grundsatz der Spezialität derjenige, der dem Betrieb räumlich, betrieblich, fachlich und persönlich am nächsten steht.

Zusammenfassung:
Der Beispielsfall ist vom Ergebnis her gesehen etwas offen – sollte die Arbeitgeberin bei einer gerichtlichen Streitigkeit über die Höhe des Weihnachtsgelds nachweisen können, dass der Elektroeinzelhandel dem Betrieb das Gepräge gibt, dann werden diese tariflichen Regelungen einheitlich auf das Arbeitsverhältnis Anwendung finden. So wäre es wohl, wenn die Zahl der Beschäftigten im Installationsbereich deutlich unter derjenigen im Einzelhandel liegen würde. Da hier allerdings die jeweilige Beschäftigtenzahl beider Betriebsteile kaum differiert, wird es maßgeblich darauf ankommen, ob der Bereich der Installation in tatsächlicher Hinsicht sich im Betriebs-

gefüge etwas »verselbstständigt« hat oder – was die Verwaltung und auch die Personalverwaltung betrifft – nach wie vor in den Bereich des Einzelhandels sozusagen eingegliedert ist.

Praxishinweis: Bezugnahme auf Tarifverträge
Die Zulässigkeit der einzelvertraglichen Bezugnahme auf einen Tarifvertrag ist allgemein anerkannt. Es entspricht dem Grundsatz der Vertragsfreiheit, dass auch nicht tarifgebundene Parteien des Arbeitsvertrags die Möglichkeit haben, den Tarifvertrag oder einzelne Bestimmungen hieraus in den Arbeitsvertrag durch Bezugnahme zu übernehmen. Unproblematisch ist dies, wenn die Bezugnahme ausdrücklich erfolgt ist, wenn also klar erkennbar ist, welcher Tarifvertrag und ggf. welche Bestimmungen übernommen werden sollen. Die Zulässigkeit einer **stillschweigenden Bezugnahme** wird allgemein abgelehnt. Sie ließe sich ohnehin nur dann annehmen, wenn aus dem Verhalten der Parteien des Arbeitsvertrags eindeutig der Wille erkennbar ist, die tarifliche Regelung zum Inhalt des Einzelarbeitsvertrags zu machen. Diese Feststellung ist in der Praxis nahezu ausgeschlossen.
Die Bezugnahme auf einen branchenfremden Tarifvertrag ist zwar nicht unbedingt anzuraten, sie kommt aber in der Praxis immer wieder vor. Das Bundesarbeitsgericht hält sie für zulässig (BAG 25.10.2000 – 4 AZR 506/99). Wenn es zu einer derartigen Bezugnahme auf einen **branchenfremden Tarifvertrag** im Arbeitsvertrag kommen sollte, sind die Parteien also prinzipiell daran gebunden. Eine korrigierende Auslegung der Verweisungsklausel dahin gehend, dass die Verweisung auf das Tarifwerk erfolgen soll, dem der Arbeitgeber vom Branchenbereich unterliegen würde, ist nicht möglich.

Verbandswechsel des Arbeitgebers
Eine arbeitsvertragliche Verweisungsklausel, die auf einen konkret bezeichneten Tarifvertrag Bezug nimmt, ist bei einem Verbandswechsel des Arbeitgebers regelmäßig korrigierend dahin gehend auszulegen, dass die Verweisung auf die jeweils für den Betrieb geltenden Tarifverträge erfolgt, wenn die Tarifverträge von derselben Gewerkschaft abgeschlossen wurden. Bei einer Tarifgebundenheit des Arbeitgebers geht es in derartigen Fällen nicht darum, mit den Arbeitnehmern ein bestimmtes Tarifwerk auf Dauer auf die Arbeitsverhältnisse für anwendbar zu erklären, sondern lediglich darum, die Arbeitnehmer mit solchen gleichzustellen, die an die jeweils einschlägigen Tarifverträge wegen der Mitgliedschaft in der tarifschließenden Gewerkschaft nach §§ 4 Abs. 1, 3 Abs. 1 TVG gebunden sind.

Stichwortverzeichnis

Abänderung der Tätigkeit 322
Abfindung 334, 335, 495, 496, 501, 502, 503, 505, 506
– Aussichten auf dem Arbeitsmarkt 504
– freiwillige Abfindungsregelung 508
– freiwillige Abfindungszahlungsangebote 506
– Höhe 336
– Klageerhebung 499
– Lebensalter 504
– Nichterhebung einer Kündigungsschutzklage 508
– Sozialwidrigkeit 503
– Vergleich 340
– wirtschaftliche Lage des Arbeitgebers 504
Abgelehnter Bewerber 86
Abgeltungsanspruch 243
Abgeltungsklausel 244
Abgeltungsverbot 242
Abkehrwille 373
Ablauf der Kündigungsfrist 417
Ablehnung von Ansprüchen 557
Abmahnsachverhalt 462
Abmahnung 107, 171, 198, 337, 356, 361, 377, 379, 384, 408, 444, 450, 454, 455, 456, 457, 462, 465
– Entbehrlichkeit 460

– Formfehler 459
– Gleichartigkeit des Abmahn- und Kündigungssachverhalts 463
– Konsequenzen 466
– Lösung des Arbeitsverhältnisses 466
– mehrere Abmahnungen vor der Kündigung 464
– Minderleistungen 456
– mit Kündigungsandrohung 455
– Verbrauch des Kündigungsrechts 464
– vergebliche 458
– Vertrauensbereich 458
– Warnfunktion 459
– wirtschaftliche und soziale Einbuße 503
Abordnungsvertretung 300
Abrechnung des Anspruchs 551
Absenkung des Gehalts 135
Absolutes Kündigungsverbot 522
Abwerbung 373
Abwesenheitsspesen 29
Abwicklungsvertrag 244, 335, 336
Ähnlichkeit der Tätigkeit 110
Akkord- und Prämienlohnsysteme 141

Stichwortverzeichnis

Akkordlohn 155, 156
– Lohnvereinbarung 155
– Stückzahl 155
Akkordlohnvergütung 156
– Normalleistung 156
– Sollzeit 156
– Vorgabezeit 156
Alkoholabhängigkeit 210, 373
– Rückfall 210
– Therapie 210
Alkoholismus 210
– verschuldeter Rückfall 211
Alkoholmissbrauch 373
Allgemeine Geschäftsbedingungen 146
Allgemeiner arbeitsrechtlicher Gleichheitsgrundsatz 134
– Anspruchsgrundlage 134
– gleicher Lohn für gleiche Arbeit 134
Allgemeines Gleichbehandlungsgesetz 87, 99
Allgemeines Persönlichkeitsrecht 79, 325, 327, 452
Allgemeinverbindlicher Tarifvertrag 367
Allgemeinverbindlichkeit 367
Alter des Beschäftigten 224
Altersdiskriminierung 93, 308
Altersgrenze 97
– Beendigung eines Beschäftigungsverhältnisses 97
– betriebliche Altersversorgung 97
– Einstellung 97
– Sozialplanleistungen 97
Änderung der Arbeitsbedingungen 488
Änderung der vertraglich geschuldeten Tätigkeit 281

Änderung der Vertragsbedingungen 489
Änderungen des Arbeitsvertrags 30
Änderungsangebot 493
– Ablehnung 493
– Annahme 493
Änderungskündigung 63, 64, 162, 333, 487, 491
– Änderungsangebot 489
– betriebsbedingte 487
– Lohnkostenreduzierung 491
– umfassender Sanierungsplan 492
Androhung einer fristlosen Kündigung 342
Anfangsverdacht 263
Anfechtbarkeit 340
Anfechtung 424
– des Aufhebungsvertrags 343
Anfechtungsklage 521
Anforderungsprofil 94
Angehörigenpflege 316
Angemessene Höhe der Vertragsstrafe 45
– Vertragsstrafe 45
Angestellte 22
Anhörung des Betriebsrats 360
– Fehler 362
– Gründe der Kündigung 360
– Systematik der Betriebsratsanhörung 362
– tragende Umstände für die Kündigung 360
– unrichtige und unvollständige Sachverhaltsangabe 361
Anhörungsverfahren 359, 428
Anlasskündigung 130
– Klagefrist 131
– Umgehung des Kündigungsschutzes 131

Stichwortverzeichnis

Annahme eines einheitlichen Betriebs 405
Annahmeverzugslohnzahlung 525
Anordnung von Überstunden 171, 176
Anrechnung einer Abfindung 495
Anrechnung vorangegangener Beschäftigungszeiten 410
Anschlussarbeitsplatz 337
Anspruch auf den Tariflohn 157
– allgemeinverbindlich 157
– Lohntarifvertrag 157
– Lohnvereinbarung im Tarifvertrag 157
Anspruch auf Teilzeitarbeit 286
– dringende betriebliche Gründe 293
– während der Elternzeit 293
Anspruch auf Verringerung der vertraglich vereinbarten Arbeitszeit 287
– betriebliche Gründe 287
– Mindestbeschäftigungsdauer 287
Anvertrauter Warenbestand 260
Anwendbarkeit des KSchG 403
Anzeige 343
– gegen Arbeitgeber 374
Anzeigepflicht 204
Arbeiter 22
Arbeitgeber 367, 506
Arbeitgeberhaftung 264
Arbeitgeberkündigung 335
– Frist der Kündigung 353
Arbeitgeberseitige Kündigungserklärung 353
– Klarheit der Kündigungserklärung 353
– Kündigungsfrist 353

Arbeitgeberverband 157, 367
Arbeitnehmerbegriff 21, 22
Arbeitnehmereigenschaft 23
Arbeitnehmerhaftung 42, 248
Arbeitnehmerschutzgesetz 22
Arbeitnehmerseitige Kündigung 194
Arbeitnehmerüberlassung 116, 414, 416
– Auftragsplanung 416
– fehlender Anschlussauftrag 416
– Personalplanung 416
– Überhang an Leiharbeitnehmern 416
Arbeitsaufgaben 301
Arbeitsbedingungen 100
Arbeitserfolg 383
Arbeitskampf 78
Arbeitskraft 109
Arbeitskräftebedarf 412
– dauerhafte Reduzierung 412
Arbeitsleistung 180, 245
Arbeitslosengeld 495
Arbeitslosigkeit 335
Arbeitsmittel 267
Arbeitsnachweis 103
Arbeitsort 104, 310
Arbeitspflichtverletzungen 374, 450
Arbeitsplatz 325
Arbeitsrechtliches Benachteiligungsverbot 321
Arbeitsschutz 486
Arbeitstage 223
Arbeitsunfähigkeit 80, 199, 206, 244, 386, 474
– haftbedingte 390
– lang andauernde 473
– nichtrechtswidrige Sterilisation 203

Stichwortverzeichnis

- nichtrechtswidriger Abbruch der Schwangerschaft 203
- Schwangerschaftsabbruch 203

Arbeitsunfähigkeitsbescheinigung 213, 457

Arbeitsunfall 199

Arbeitsverhältnis 26, 28, 88, 102, 409
- Begründung 27
- Beschwerde- und Leistungsverweigerungsrecht 88
- Fortsetzung unter geänderten Bedingungen 489
- rechtlicher Bestand 410
- schriftlicher Arbeitsvertrag 28
- Unterbrechung 410
- ununterbrochen 409
- Vertragsverletzung 88

Arbeitsverhinderung 201, 205

Arbeitsvertrag 28, 30, 61, 132, 199, 222, 280
- Schriftform 30

Arbeitsvertragliche Weisungen 23

Arbeitsvertragspartei 30

Arbeitsvertragswidriges Verhalten 335

Arbeitszeit 62, 104, 141, 181, 183, 375
- Erfassung 375
- vergütungspflichtige 184
- Verteilung 288
- vertraglich vereinbarte Arbeitszeit 184

Arbeitszeitkonten 145

Arbeitszeitrecht 180, 181

Arbeitszeitreduziertes Arbeitsverhältnis 293

Arbeitszeitreduzierung 289

Art des Unternehmens 109
- immaterielle Aktiva 109
- materielle Aktiva 109

Ärztliche Bescheinigung der Arbeitsunfähigkeit 214
- Beweiswert der ärztlichen Krankschreibung 214
- Nachweis der Arbeitsunfähigkeit 214
- Privaturkunde 214
- Vermutung der Richtigkeit 214

Ärztliches Attest 386

Auffälliges Missverhältnis 139

Aufhebung des Zustimmungsbescheids 522

Aufhebungsvertrag 100, 122, 332, 333, 334, 335, 337, 338, 341, 342, 350, 424
- Anfechtung 344
- Angemessenheitskontrolle 344
- Ausgleichsklauseln 341
- Drohung 342
- krankheitsbedingte Gründe 337

Aufklärungsmaßnahmen 452

Auflösung des Arbeitsverhältnisses 503

Auflösungsantrag 503
- seitens des Arbeitgebers 504

Aufschiebende Wirkung 521

Aufspaltung 146

Auftraggeber 36

Auftragsnachfolge 111, 116

Aufwendungsersatz 144

Ausbildungsberuf 429, 432

Ausbildungskosten 47, 48
- Rückzahlung von Ausbildungskosten 47

Ausgebrochene Infizierungserkrankung 75

Ausgewogenheit zwischen den unternehmerischen Chancen und Risiken 23

Stichwortverzeichnis

Ausgleichsklausel 244
Auslaufender Auftrag 416
Auslauffrist 379
Auslegung 55
Ausschluss der Vollstreckbarkeit der Arbeitsleistung 45
Ausschluss des Rücktrittsrechts 339
Ausschlussfrist 52, 104, 105, 146, 243, 244, 549, 554
– erste Stufe (zur Geltendmachung) 243, 555
– Formulararbeitsvertrag 553
– Geltendmachung 555
– Verstoß gegen Treu und Glauben 552
– zweite Stufe zur Geltendmachung 243
Ausschlussfrist des § 626 Abs. 2 BGB 517
Ausschlussfristen 146, 243, 549, 552
– bei Bestandsstreitigkeiten 551
Ausschlussklauseln 146, 549
Außendienstmitarbeiter 76, 344, 447
Außerdienstliches Verhalten 446
Außerordentliche Kündigung 211, 379, 386
Außerordentlicher Kündigungsgrund 388, 396, 519
Austauschbarkeit 433
Austauschverhältnis 470, 472
– Kosten der Entgeltfortzahlung 472
– negative Zukunftsprognose 472
Ausübung des Widerspruchsrechts 119
Auswahlentscheidung 86
Auswahlfehler 431

Auswahlmerkmale 441
Auszubildende 147

Beendigung des Arbeitsverhältnisses 43, 244, 330, 333, 551
– gesetzlicher Mindesturlaubsanspruch 43
– in der zweiten Jahreshälfte 44
– Zwölftelanspruch 43
Beendigungstatbestand 333
Beförderungsstellen 321
Befristete Einstellung 81
Befristete Neueinstellung 300
Befristeter Arbeitsvertrag 269
Befristetes Arbeitsverhältnis 103
Befristung 100, 296, 333
– mit älteren Beschäftigten 308
Befristungsabrede 280, 298
Befristungsgründe 268
– Befristung im Anschluss an eine Ausbildung oder das Studium 269
– Eigenart der Arbeitsleistung 269
– Erprobung 269
– gerichtliche Gründe in der Person des Arbeitnehmers 269
– gerichtlicher Vergleich 269
– Haushaltsmittel 269
– Vertretung 269
– vorübergehender betrieblicher Bedarf 269
Befristungskontrolle 285
Befristungsmöglichkeiten 304
Befristungsrecht des TzBfG 278
Befristungsvereinbarung 281
Begehung einer Straftat 363
Beginn der Verjährungsfrist 552
Begründung des Arbeitsverhältnisses 321
Behinderung 86

Stichwortverzeichnis

Belegschaft 109
Beleidigung 377
– des Arbeitgebers 378
– grobe Beleidigung 378
Benachteiligung 87, 99
– Alter 87
– Behinderung 87
– Einstellung 85
– ethnische Herkunft 87
– Geschlecht 87
– hypothetische 88
– mittelbare 87
– Rasse 87
– Religion 87
– sexuelle Identität 87
– ungerechtfertigte 88
– unmittelbare 87
– Weltanschauung 87
Benachteiligungsverbote des AGG 101
Berechnung des Urlaubsentgelts 227
Berechtigtes Interesse 73
Bereitschaftsdienst 179, 180, 182, 184
– Arbeitsbereitschaft 180
– Betriebsgelände 181
– Rufbereitschaft 180
Berufliche Fortbildung 323
Berufliche Kenntnisse 72
Berufliche Qualifikation 322
– angemessene Beschäftigung 323
Beruflicher Aufstieg 100
Beruflicher Werdegang 72
Berufsanfänger 93
Berufsausbildung 28, 147
Berufsausbildungsverhältnis 28
Berufsbildung 100
Berufsbildungsgesetz 147
Berufserfahrung 224

Berufsförderung 323
Berufsgruppe 429, 432
Beschäftigungsbedarf 129
Beschäftigungsbedingungen 100
Beschäftigungschancen 309
Beschäftigungsverbot 81
Bescheid über die Eigenschaft als Schwerbehinderter 514
Bescheinigte Arbeitsunfähigkeit 212
Beschränkung der Arbeitnehmerhaftung 267
Besitzstandswahrung 128
Besonders schwerer Vertragsverstoß 460
– Bestand des Arbeitsverhältnisses gefährdendes Fehlverhalten 460
Bestandsstreitigkeiten 230
Bestandteile der laufenden Vergütung 162
Bestehen einer Schwangerschaft 523
Bestenauslese 93
Bestimmtheitsgrundsatz 45, 493
Betätigungsbereich des Arbeitgebers 267
Betrieb 182
– des Entleihers 409
Betrieblich veranlasster Schaden 249, 251
– bisheriges Verhalten 252
– Dauer der Betriebszugehörigkeit 251
– einkalkuliertes und versicherbares Risiko 251
– Einzelfallabwägung 251
– Familienverhältnisse 252
– Gefahrgeneigtheit 251
– Höhe des Schadens 251
– Lebensalter 252

Betriebliche Auswirkungen 390
Betriebliche Erfordernisse 413
Betriebliche Gründe 380, 407
- Arbeitsablauf 287
- Einwendungsmöglichkeit 287
- Organisation 287
- Sicherheit im Betrieb 287
- unverhältnismäßige Kosten 287
Betriebliche Interessen 474
Betriebliche Regelung 383
Betriebliche Tätigkeit 250, 251
Betriebliche Übung 157, 158, 161, 367
Betriebliche Umsetzung des bEM 485
Betriebliches Eingliederungsmanagement 481
- Anforderungen 483
- Rechtsfolgen 483
Betriebliches Rauchverbot 221
Betriebs(teil)übergang 109
Betriebsänderung 506
Betriebsarzt 486
Betriebsbedingte Gründe 379
Betriebsbedingte Kündigung 124, 411, 416, 498
- Abbau einer Hierarchieebene 413
- Arbeitsplatz fällt weg 411
- betriebliche Gründe 412
- Beurteilungsspielraum 412
- Freiheit der unternehmerischen Entscheidung 412, 418
- Gründe der Sozialauswahl 412
- Sozialauswahl 425
- vergleichbare Arbeitnehmer 412
- Verlust des Arbeitsplatzes 412
- Vorrang einer Änderungskündigung 420

- Wiedereinstellungsanspruch 422
Betriebsbeeinträchtigung 473
Betriebseinheit 108
- funktionsfähige 108
- Identität 108
Betriebsfrieden 375
Betriebsinhaber 126, 410
Betriebsmittel 110, 117
- einzelne Betriebsmittel 108
- wesentliche Betriebsmittel 110
Betriebsmittelarme Betriebe 114
Betriebsrat 506
Betriebsratsanhörung 359, 364, 518
- Tatsachenbereich 365
Betriebsteil 110
Betriebstreue 48
Betriebsübergang 107, 111
- Betriebs(teil)erwerber 108
- Betriebsmittel 111
- EU-Richtlinie zur Definition des Betriebsübergangs 109
- Gesamtheit von Arbeitnehmern 111
- individuelle Unterrichtung 118
- Informationspflicht 117
- konkrete Planungen 120
- mittelbare Folgen 119
- Organisationsstruktur 111
- sachliche Betriebsmittel 108
- sachliche oder immaterielle Betriebsmittel 108
- Sozialplanpflicht 119
- Teilbetriebsübergang 108
- Widerspruch des Arbeitnehmers 122
Betriebsübernahmetatbestand 123
Betriebsunfall 82, 199, 476

569

Stichwortverzeichnis

Betriebsurlaub 231
Betriebsveräußerer 122, 129
Betriebsvereinbarung 59, 119, 156, 181, 182, 191, 199, 506
Betriebszugehörigkeit 425
Betriebszweck 112
Beweis von Überstunden 173
Beweiserleichterung 106
Beweisgründe 29
Beweislast 97
– für das Verschulden bei unselbstständiger Tätigkeit 261
Beweismittel 173, 451
– eigene Aufzeichnungen 173
– gesetzlich zulässige oder betriebliche Arbeitszeit 173
– Überstunden 173
– vom Arbeitgeber angeordnete oder geduldete Mehrarbeit 174
Beweisverwertungsverbot 325
Bewerberstatus 91
Bewerbungsgespräch 75
Bewerbungsverfahren 324
Bezug der Gratifikation 192
Bezugszeitraum 193
Bildung von Arbeitnehmergruppen 192
Bildveröffentlichungen 329
Billiges Ermessen 64, 162, 228
Billigkeitsgesichtspunkte 62
Billigkeitskontrolle 162
– bei der Urlaubsfestlegung 231
Billigung von Überstunden 177
Bisherige berufliche Tätigkeit 73
Bisheriger Verdienst 73
– Gehaltsvorstellungen 74
Briefdienstleister 148
Bruttoarbeitslohn 141
Bruttoarbeitsstunden 141
Bundesagentur für Arbeit 334

Darlegung des Kausalzusammenhangs 298
Darlegungs- und Beweislast 169, 183, 474, 476
Darstellung des Unternehmens 331
Datenschutzrecht 79
Dauer des Urlaubs 222
– Urlaubsanspruch 222
Dauerhafter Auftragsrückgang 416
Dauernde Leistungsunfähigkeit 473
Dauernde Unmöglichkeit der Erbringung der Arbeitsleistung 473
Dauertatbestand 370
Deklaratorische Formvorschrift 282
Detektivkosten 262
Deutsche Sprache 53
Diebstahl 380
Diebstahlsvorwurf 342
Dienstleistungsbetrieb 111
Dienstvereinbarung 59
Dienstwagengestellung 37, 42
Direktionsrecht 62, 64, 309, 478
Diskriminierung 80, 470
– aufgrund des Geschlechts 159
– wegen einer Behinderung 471
Diskriminierungsmerkmale 88
Diskriminierungsverbot 470
Domino-Theorie 430
Doppelter Freiwilligkeitsvorbehalt 57
Dreitagesfrist 365
Dreiwochenfrist 131
– zur Klageerhebung 285
Dringlichkeit 413

Stichwortverzeichnis

Drittschäden 257
Drohung mit einer außerordentlichen Kündigung 350
Drucktechnische Hervorhebung 52
Durchführung der Sozialauswahl 441
Durchführung und Leitung des bEM 486
Durchschnittsverdienst 198, 227
Durchsuchung 452

Ehrenamtliche 147
Ehrenamtliche Tätigkeit 26
Eigenkündigung 48, 102, 221, 333
Eigenkündigungsfrist 397
Eigenmächtiger Urlaubsantritt 450
Einbringung des Urlaubs in der Kündigungsfrist 230
Eingeschränktes Leistungsvermögen 323
Eingriff in die Persönlichkeitssphäre 74
Einhaltung der Arbeitszeit 462
Einheit
– organisatorische Einheit 109
– wirtschaftliche Einheit 109, 112
Einrichtung 182
Einsatzmöglichkeiten des Arbeitnehmers 415
Einseitiges Leistungsbestimmungsrecht 65
Einstellung 80, 89, 132
– Anspruch 89
– zur Vertretung 296
Einstellungsanspruch
– diskriminierende Nichteinstellung 89
– Schadensersatzanspruch 89

Einstellungsvereinbarungen 133
Einwilligung 329, 331, 452
– Begriff 330
Einzelarbeitsvertrag 161, 224
Einzelhandel 558
Einzelvertragliche Urlaubsregelungen 223
Einzelvertragliche Vereinbarung 106, 199
Entfristungsklage 303
Entgegenstehende betriebliche Gründe 289
– betriebliche Interessen 289
– Einsatz von Teilzeitkräften 289
– Mehraufwand 289
– unüberwindbare Schwierigkeiten 291
– unüberwindbare unverhältnismäßige Kosten 290
Entgeltdiskriminierung 159
Entgeltfortzahlung im Krankheitsfall 22, 386
Entgeltfortzahlungskosten 470, 477
Entschädigung 88, 327
– Haftungsbegrenzung 88
Entschädigungsanspruch 95
Entschädigungspflicht 327
Entscheidung des Integrationsamts 519
Entscheidung des Widerspruchsausschusses 519
Entwürdigungen 377
Erben 240
Erfolgsaussichten einer Kündigungsschutzklage 458
Erfordernisse des Nachweisgesetzes 104
– tarifliche Ausschlussfrist 104
Erholungsbedarf 224

571

Stichwortverzeichnis

Erholungsurlaub 104, 219
- rechtlicher Bestand des Arbeitsverhältnisses 219

Erkrankung 74
- Ankündigung 385

Erlaubnisvorbehalt 523
Erlaubte Vorbereitungshandlung 397
Ermittlungen 370
Ermittlungsverfahren 75
Erprobungszweck 410
Ersatzurlaubsanspruch 241
Erste Stufe
- Ausschlussfrist 555

Erwerber 118
EU-Nachweisrichtlinie 106
EU-Richtlinie zum Schwangerenschutz 82
EU-Richtlinie zur Festlegung eines allgemeinen Rahmens für die Verwirklichung der Gleichbehandlung in Beschäftigung und Beruf 85
Europäischer Gerichtshof 80, 116, 179, 182, 183
Europarecht 140

Facharbeiter 429
Fachkenntnisse 117
Fachmedizinisches Gutachten 210
Fahrerlaubnis 257, 315
Fahrlässigkeit 42
Fälligkeit des Lohns 145
Fälligkeitszeitpunkt 138, 142, 143
Familiäre Verhältnisse des Arbeitnehmers 477
Fehlbestand 260
Fehlverhalten 458
- Beleidigung 458
- Störung im Leistungsbereich 458
- Störung im Vertrauensbereich 458
- Störungen des Betriebsfriedens 458

Feiertagslohnzahlung 198
- berechtigte Gründe für das Fernbleiben 198

Feiertagszahlung 197
Festlegung der zeitlichen Lage des Urlaubs 228
- Erfüllungshandlung des Arbeitgebers 228
- Wünsche des Arbeitnehmers 228

Folgebescheinigung 206
Folgen eines Widerspruchs 119
Förderungspflicht 323
Formulararbeitsverträge 62
Formfreiheit 28
Förmliche Abmahnung 465
Formlose Abmahnung 465
Formulararbeitsvertrag 37, 47, 54, 142, 163, 201, 553, 554, 555
- Allgemeine Geschäftsbedingungen 164
- Arbeitsverträge 163
- Auslegung 55
- Hauptleistungspflichten 40
- Inhaltskontrolle 40
- Überstunden 39
- Urlaub 43
- Vertragswortlaut 55

Formularmäßig vorformulierter Aufhebungsvertrag 339
Formularmäßige Vereinbarung von Vertragsstrafen 45
Fortbildungskosten 47, 48
Fortbildungsmaßnahmen 417
Fortbildungsvertrag 51

Stichwortverzeichnis

Fortsetzung des Arbeitsverhältnisses 521
Foto 329
Frachtführer 24
– im Güternahverkehr 24
Frage nach AIDS 75
Fragen zum Tarifrecht 547
Fragen zur Beendigung des Arbeitsverhältnisses 332
Fragerecht 72
– nach Alkohol- und Drogensucht 74
Franchisenehmer 26
Freier Arbeitsplatz 323, 417
Freier Mitarbeiter 22
Freiheit der unternehmerischen Entscheidung 290, 407, 418, 419
– Notwendigkeit 419
– Rationalisierungsmaßnahmen 419
– Zweckmäßigkeit 419
Freistellung 301
Freistellungsanspruch 257
Freistellungsphase 397
Freiwillige Leistung 55, 59
Freiwillige Leistungszulagen 161
– Anerkennung besonderer Leistungen des Arbeitnehmers 161
– Bindungswirkung 161
– Leistungszuschläge 161
– Vorbehalt des jederzeitigen Widerrufs 161
– Widerrufsvorbehalt 162
Freiwillige Praktika 147
Freiwilligkeitsvorbehalt 55, 59
Freizeitaktivitäten 212
Freizeitausgleich 172
Fremdvergabe 109
Frist zur Geltendmachung
– Entgeltfortzahlung 555

Frist zur gerichtlichen Geltendmachung
– Ausschlussfrist 555
Frist zur Klageerhebung 285
Fristen für die Kündigung 104
Fristlose Kündigung 46, 343, 372
– Abkehrwille 373
– Abwerbung 373
– Alkoholmissbrauch 373
– Anzeigen gegen den Arbeitgeber 374
– Arbeitspflichtverletzungen 374
– Ausschlussfrist 369
– außerdienstliches Verhalten 375
– Ausspruchsfrist 369
– Beleidigungen, Auseinandersetzungen, sexuelle Belästigungen 376
– Betriebsfrieden, betriebliche Ordnung 380
– Diebstahl, Unterschlagungen, Vermögensdelikte 380
– Ehrlichkeit des Arbeitnehmers, Annahme von unberechtigten Vorteilen 382
– Erfolglosigkeit der Arbeitsleistung, low performer 383
– Extremismus 383
– Internetnutzung 383
– Kenntniserlangung 369, 370
– Krankheit, Erschleichen von Zeiten der Arbeitsunfähigkeit 386
– Maßnahmen zur Aufklärung des Kündigungssachverhalts 370
– materiell-rechtliche Ausschlussfrist 369
– Mobbing 386
– Nutzung von Arbeitgeberein-

Stichwortverzeichnis

richtungen zu Privatzwecken 388
– private Nutzung betrieblicher elektronischer Kommunikationsanlagen 383
– Störung des Betriebsfriedens 375
– strafbare Handlungen 388
– Suchtmittelerkrankungen 373
– Verdachtskündigung 390
– wichtiger Grund 379
– Zeugenaussagen gegen den Arbeitgeber 392
– Zweiwochenfrist 369
Führungsposition 77
Funktion 462, 465
– Dokumentationsfunktion 466
– Warnfunktion 466
Funktionsnachfolge 111
Fürsorgepflicht 266, 423

Ganz offensichtliche Unterschiede in sozialen Gesichtspunkten 407
Gegenstand des Betriebsübergangs 118
Gehaltstarifvertrag 77
Geldanspruch 244
Geltendmachung von Ansprüchen wegen Diskriminierung 97
– Klagefrist 97
– zwei Monate nach Kenntniserlangung 97
Geltungserhaltende Reduktion 46, 146
Gemeinnützige Organisation 148
Gemeinsamer Betrieb 405
Geordnete Vermögensverhältnisse 73
Gerichtliche Missbrauchskontrolle 419

– abgestufte Darlegungs- und Beweislast 419
– keine Vermutung der Richtigkeit der Arbeitgeberentscheidung 420
– missbräuchliche Gründe 419
Gerichtlicher Rechtsschutz 233
Gerichtlicher Vergleich 146
Geringe Schuld 250
Geringfügiges Reduzierungsverlangen 288
Geringwertigere Tätigkeit 61
Gesamtschuldnerschaft des Übernehmers und des Veräußerers 118
Gesamtwürdigung 369
Geschäftsinhalt 36
Gesetzliche Kündigungsfrist 366, 400
Gesetzlicher Feiertag 198
Gesetzlicher Mindesturlaub 244
Gesetzliches Beschäftigungsverbot 82
Gesetzliches Schriftformerfordernis 280
Gestaltung der Arbeitszeit 433
Gestaltungs- und Ermessensspielraum 224
Gestaltungsfreiheit 53
Gestaltungsrecht 126
Gesundheitsförderndes Verhalten 211
Gesundheitsschutz 486
Gesundheitsstörung 337
Gesundheitszustand 74, 473
– des Arbeitnehmers 504
– krankheitsbedingte Beeinträchtigung der Leistungsfähigkeit 74
Gewerkschaft 77, 367
Gewerkschaftsmitglied 157

Stichwortverzeichnis

Gewerkschaftszugehörigkeit 77, 78
Gewünschter Urlaub 233
Glaubwürdigkeit der ärztlichen Arbeitsunfähigkeitsbescheinigung
– Abwägung sämtlicher Umstände des Einzelfalls 215
– ernsthafte und begründete Zweifel 215
– hoher Beweiswert 215
– krankheitsbedingte Arbeitsunfähigkeit 215
Gleichartigkeit des Abmahn- und Kündigungssachverhalts 463
Gleichbehandlungsgrundsatz 80, 157, 159, 161, 506, 507
– Freiheit des Arbeitgebers bei der Gruppenbildung 507
– freiwillige Leistungen 507
– Leistungsvoraussetzungen 507
– Lohnhöhe 159
– sachfremde Gründe 159
– sachliche Rechtfertigung der Gruppenbildung 508
– unterschiedliche Behandlung 507
– Voraussetzung der Gewährung der Leistung 159
– willkürliche Gründe 159
Gleichstellung 83, 520
Grad der Behinderung 83
Gratifikation 142, 190, 193
– Anspruchsvoraussetzung 190
– arbeitsvertragliche Regelung 191
– betriebliche Übung 191
– Betriebsvereinbarung 191
– Eigenkündigung 194
– Fürsorgepflicht 190
– Gewohnheitsrecht 190
– Gleichbehandlungsgrundsatz 191
– neu eingestellte Arbeitnehmer 190
– Rückzahlungsklauseln 193
– tarifrechtliche Anspruchsgrundlage 190
– unterschiedliche Höhe 190
Gratifikationszahlung 193
Grobe Fahrlässigkeit 250, 254, 258
Grund des Übergangs 117
Grund des Widerrufs 165
– ausdrücklicher Widerrufsvorbehalt 165
– freiwillige Leistungen 165
– Interessen des Arbeitgebers 164
– Widerrufsvorbehalt 165
Grund für den Betriebsübergang 117
Gründe des Widerrufs 165
– Widerrufsgründe 166
Grundlohn 137
Grundrecht auf informationelle Selbstbestimmung 330
Grundrechte der Vertragsfreiheit 359
Grundsatz der Gleichbehandlung von Männern und Frauen 80
Grundsatz der Tarifautonomie 367
Grundsätze der Berechnung des Urlaubsanspruchs 225
Grundsätze der Sozialauswahl 424
– Auswahlrichtlinie 425
– betriebliche Herausnahme einzelner Arbeitnehmer aus der Sozialauswahl aus berechtigten Gründen 430

575

Stichwortverzeichnis

- hierarchische Ebene 425
- Kreis der vergleichbaren Arbeitnehmer 425
- Namensliste 425
- persönliche Vergleichbarkeit 425
- Prüfung der Auswahlmerkmale 425
- Weiterbeschäftigung 425

Gruppenbildung 159
Gruppenfoto 328

Haftpflichtversicherung 252, 267
Haftung 251
- für Vorsatz 552
Haftungsausschluss 552
Haftungshöchstgrenzen 257
Haftungsmaßstab im Arbeitsverhältnis 250
Haftungsvereinbarung 261
Handelsvertreter 26
Häufige Kurzerkrankungen 468
- Darlegungslast bei der Zukunftsprognose 470
- Fehltage 469
- Gesundheitsprognose 469
- Interessenabwägung 470
- Krankheitstage 469
- negative Zukunftsprognose 470
- unzumutbare Dauer der Arbeitsunfähigkeit 469
- wirtschaftliche Belastungen 470

Hauptbelegschaft 110, 112
Hauptleistungspflichten 40, 65
Haustürgeschäft 339
Heiliger Abend 358
Heimliche Videoaufzeichnung 325

Herausnahme aus dem gesetzlichen Kündigungsschutz 407
Herausnahme aus der Sozialauswahl 435
- besondere Anforderungsprofile 436
- betriebliche Ergebnisse 436
- fachliche Qualifikation 436
- Fähigkeiten 435
- Gründe 435
- Kenntnisse 435
- Leistungen 435
- Sicherung einer ausgewogenen Personalstruktur 435
- technische Arbeitsabläufe 436
- Verbesserung der Ertragslage 436
- vergleichbare Arbeitnehmer 435
- Weiterbeschäftigung bestimmter Arbeitnehmer 436

Hilfsantrag 504
Hinweispflicht 240
Höhe der Entgeltfortzahlung 216
- Berechnung der Provision 218
- Grundgehalt und Provision 217
- Urlaubsentgelt 217
Höhe des Arbeitsentgelts 104, 182

Individuell ausgehandelte Arbeitsverträge 53
- verhandlungsmäßige Disposition 53
- Vertragsbedingung 53
Individuell ausgehandelte Vereinbarungen 62
Informationelle Selbstbestimmung 330, 331
Informationsgleichgewicht 339
Informationspflichten des Arbeit-

Stichwortverzeichnis

gebers beim Betriebsübergang 117
- bisheriger Betriebsinhaber 117
- neuer Betriebsinhaber 117
Inhaberschaft 116
Inhalt des Arbeitsverhältnisses 29, 132
Inhalt des Leistungsversprechens 478
Inhaltskontrolle 40, 47, 65
Innerbetrieblicher Schadensausgleich 261
Insolvenz 399
Insolvenzeröffnung 400
Insolvenzfall 400
Integrationsamt 83, 521
Interessenabwägung 165, 382, 448, 450, 474, 475, 476, 480
- Zumutbarkeit der Klausel 165
Interessenausgleichsverfahren 120
Internetauftritt 329
Internetnutzung zu privaten Zwecken 383
- ausdrückliche Genehmigung 384
Irrtumsanfechtung bei Eigenkündigung 524
- Anfechtungsgrund 524

Jugendliche 148

Kaufvertrag 118
Kausalzusammenhang 92, 300
Kenntnis vom Bestehen einer Schwangerschaft 523
Kenntnis von der Schwerbehinderteneigenschaft 515
Kernbereich privater Lebensgestaltung 452
Kfz-Überlassung 313
- altersbedingter Erhaltungszustand 314
- dienstliche Fahrten 313
- gestattete private Nutzung 314
- Kfz-Steuer 315
- laufende Kosten 315
- Leasingfahrzeug 315
- monatliche Pauschale 313
- Schäden 315
- Schadensersatzforderungen 314
- steuerliche Bestimmungen 314
- Treibstoffkosten 315
- Übernahme-/Rückgabeprotokoll 315
- Verkehrsordnungswidrigkeit 315
- verkehrssicherer Zustand 315
- Verschleißreparaturen 315
- Versicherung 315
- Verwarnungen, Bußgelder, Geldstrafen 315
Kilometerpauschale 267
Klageabweisungsantrag 557
Klagefrist 131, 285, 556
Klageverzicht 351
Klageverzichtsklausel unter Drohung 350
Klageverzichtsvereinbarungen 345
Klarheit der Formulierung 133
Kleinstbetrieb 101, 130, 278, 357, 519
Kleinstbetriebsklausel 406
Koalitionsbetätigungsfreiheit 78
Kollektivrechtliche Vereinbarungen 161
Konkrete Schadensersatzposten 263
Konkurrenz 398, 533
Konkurrenztätigkeit 396

Stichwortverzeichnis

- des Arbeitnehmers in der Kündigungsfrist 396
Konkurrenzunternehmen 373
Konstitutive Regelung 282
Krankenkontrolle 326
Krankenversicherungsschutz 497
Krankheit 99, 301, 337
Krankheit im rechtlichen Sinne 202
- Arbeitsunfähigkeit 202, 203
- Erkrankung 202
- Notwendigkeit einer ärztlichen Behandlung 202
Krankheitsbedingte Arbeitsunfähigkeit
- Anspruch auf Entgeltfortzahlung 202
Krankheitsbedingte Fehlzeiten 80, 199
Krankheitsbedingte Kündigungen 388
Krankheitsbedingte Leistungsminderung 471
Krankheitsrisiko 80
Krankheitsursache 474
Krankheitsvertretung 297
Krankheitszeiten 471, 472, 476
Krankschreibung
- Erschleichen von Zeiten der Arbeitsunfähigkeit 386
KSchG nicht anwendbar 404
KSchG teilweise anwendbar 404
Kündigung 38, 44, 100, 107, 198, 211, 332, 333, 352, 356, 359, 364, 456, 461, 466
- Ablehnung 489
- AIDS-Infizierung 358
- dauernde Unmöglichkeit, Arbeitsleistung zu erbringen 473
- in der Wartezeit 364
- krankheitsbedingt 100

- maßgebende Tatsachen 517
- nichtig 357
- sittenwidrig 357
- verhaltensbedingte Kündigung 457
- Vorbehaltsannahme 489
- Zugang 364
Kündigung aus Anlass des Betriebsübergangs 129
- Anlasskündigung 130
- Betriebsinhaber 130
- enger zeitlicher Zusammenhang 130
- Kündigungsverbot 130
- Umgehung des Bestandsschutzes 130
Kündigung aus betriebsbedingten Gründen in Kleinstbetrieben 407
Kündigung des Insolvenzverwalters 400
Kündigung in der Probezeit 28
- gesetzlicher Mindesturlaubsanspruch 29
Kündigungsandrohung 198
Kündigungsentschluss 365
Kündigungserklärung 102, 488, 498
- betriebsbedingte Gründe 498
Kündigungsfrist 73, 230, 366, 367, 399, 400, 471, 510
- Länge 510
Kündigungsgrund 369
Kündigungsrecht 100
Kündigungsrechtsstreit 451
Kündigungssachverhalt 462
Kündigungsschreiben 366
Kündigungsschutz 100, 410
- auflösende Bedingungen 100
Kündigungsschutz außerhalb des Kündigungsschutzgesetzes 406

Stichwortverzeichnis

Kündigungsschutzgesetz 22, 364, 401, 409
– persönlicher Anwendungsbereich 409
Kündigungsschutzklage 335, 499, 504, 506, 508, 510, 522, 551
– außerhalb des KSchG liegende Unwirksamkeitsgründe 509
– Beginn der Klagefrist 510
– Dreiwochenfrist zur Klageerhebung 509
– Einhaltung der Kündigungsfrist 510
– fehlende behördliche Zustimmung 509
– fehlerhafte Anhörung des Betriebsrats 509
Kündigungsschutzprozess 508, 557
Kündigungswille 417
Kündigungszeitpunkt 510
Kurzarbeit 231
Kurzfristige Auftragsschwankungen 416
Kürzung einer Sondervergütung 199, 200
– Quote 200
– unangemessen hohe Kürzung 200

Landestariftreuegesetz 140
Lang andauernde Einzelerkrankung 472
Längere Erkrankung 359
Langzeitarbeitslose 148
Langzeiterkrankung 474
Lebensalter 88, 425
Leichteste Fahrlässigkeit 42, 250
Leidensgerechter Arbeitsplatz 473
Leiharbeitnehmer 409
Leiharbeitsverhältnis 410

Leistung von Überstunden 177
Leistungsbereich 356
Leistungsbestimmung 56, 59, 162
Leistungsbonuszahlungen 58
– Leistungsbestimmung 59
– Leistungsziele 58
Leistungsfähigkeit des Arbeitnehmers 479
Leistungsmangel 359
Leistungsminderung 471, 477
– personenbedingte Kündigung 478, 479
– Pflichtverletzung 478
– Prognoseprinzip 479
– Schlechtleistung 478
– verhaltensbedingte Kündigung 478
Leistungsverdichtung 420
Leistungsziele 58
Lizenznehmer 26
Lohn 132
Lohnausfallprinzip 198, 227
Lohnbemessung 159
Lohngleichheit 133
Lohnkostenreduzierung 491
– nichttarifgebundene Betriebe 491
– Notwendigkeit 491
– Unternehmerentscheidung 492
Lohnpfändung 73
Lohnzahlungspflicht 390
low performer 383

Machtbereich des Arbeitgebers 366
Mangelnde Eignung 481
Mankohaftung 259, 261
– Klausel 262
– Vereinbarung 260
Manteltarifvertrag 77, 103, 366

579

Stichwortverzeichnis

Maßgebende Tatsachen
– Kündigung 517
Maßregelungsverbot 136
Maßstab des Kündigungsschutzgesetzes 279
Maximale Ruhezeit 496
Mehrarbeit/Überstunden 167
– gesetzliche Arbeitszeit 167
– Höchstarbeitszeit 167
– Vergütungspflicht des Arbeitgebers 168
Mehrarbeitszuschlag 169
Mehrere Betriebe 405
Menschenwürde 359
Minderleistungen 373
Mindestanspruch 223
Mindestentgelt 184, 185
Mindestkündigungsschutz 406
– Kleinstbetrieb 406
Mindestlohn 137, 184
Mindestlohnwidrige Vereinbarungen 137
Mindestlohnwirksame Leistungen 140
Mindesturlaubsanspruch 243
Mischbetrieb 111
Missbräuchliche Gestaltung 303
Missbräuchlichkeit der Befristung 304
Mitbestimmungsrecht 171
Mitteilung der Schwangerschaft 523
Mittelbare Diskriminierung 95
Mitverschulden 42, 267
– Selbstbeteiligung 42
Mobbinghandlungen 337, 386
Modifiziertes Lohnausfallprinzip 217
– individuelle Arbeitszeit des erkrankten Arbeitnehmers 217

– Schwankungen der individuellen Arbeitszeit 217
– vergangenheitsbezogene Betrachtung 217
Multikausalität 210
Mündliche Abrede 30
Mündliche Nebenabreden 31, 133
Musterarbeitsverträge 37
Mutterschaftsurlaub 80
Mutterschutzgesetz 522

Nachträgliche Genehmigung 177
Nachträgliche Zulassung verspäteter Klagen 285
Nachvertragliche Treuepflicht 398, 399
Nachvertragliches Wettbewerbsverbot 397
Nachweisgesetz 102, 103
Nachweispflicht 105, 206
– rechtzeitige Einreichung der Arbeitsunfähigkeitsbescheinigung 206
Nachweisrichtlinie 106
Negative betriebliche Auswirkung 447
Negative Prognose 474, 479
Neu eingestellte Mitarbeiter 134
Neuer Betriebsinhaber 108
Nichtausübung des Widerspruchsrechts 119
Nichteinhaltung der richtigen Kündigungsfrist 510
Nichtigkeit 521
– des Arbeitsvertrags 30
Niederschrift 103
Normalarbeitszeit 177
Normale Fahrlässigkeit 250
Normalleistung 144

Stichwortverzeichnis

Objektiver Wert der Leistung 139
Objektivierung der Prognose 379
Observationen am Arbeitsplatz 327
Offenbarungspflicht 79
Offensichtliche Schwerbehinderteneigenschaft 85
Öffnungsklausel 138, 145
Ordentliche Kündigung 335, 471
Ordentliche Kündigungsfrist 335
Ordentliche verhaltensbedingte Kündigung 449
Ordentlicher, verhaltensbedingter Kündigungsgrund 457
– Erkrankung 457
– Pflichtverletzung 457
Ordnungsvorschrift 105
Organisationsanweisungen 22
Organisationsentscheidung 290, 417, 434
– Umorganisation 289
Organisationsgrad 78
Organisationsstruktur 111, 117
Örtliche Versetzungsklausel 61, 63

Pachtvertrag 118
Parkplätze 265, 266
Pausen 156
Personalakten 22
Personenbedingte Kündigung 467
– Haftstrafen 467
– Kurzerkrankungen 468
– lang dauernde Einzelerkrankung 472
– Leistungsminderung 477
– Ursachen der Erkrankung 475
Personenbedingter Kündigungsgrund 389

Personenbezogene Werturteile 365
Personenschäden 552
Personenstand 72
Persönliche Abhängigkeit 22
Persönliche Gründe 407
Persönlichkeitsrecht 326, 329
Pfändbarkeit des Abgeltungsanspruchs 221
– Geldforderung 221
– Pfändungsbeschluss 221
– Urlaubsabgeltungsanspruch 221
– Urlaubsvergütung 221
Pflegebedarf 317
Pflegerischer Bereich 184
Pflegeversicherung 497
Pflicht zur Rücksichtnahme 378
Pflichtverletzung 379, 449, 463
Pflichtwidrigkeit 342
Politische Tätigkeit 375, 447
Politischer Extremismus am Arbeitsplatz 447
Praktikanten 147
– Definition 147
Privatsphäre 452
– des Arbeitnehmers 375, 447
Probezeit 28, 44, 411
Probezeitkündigungsfrist 46
Produktions- oder Auftragsschwankungen 413
Produktionsbetrieb 111
Prognose 295, 301, 388, 417
Prognoseprinzip 378
Provisionen 142, 143
Prozessuales Verwendungs- bzw. Verwertungsverbot 452
Prüfungsabschluss 95
Prüfungsergebnisse 95
Prüfungsmaßstab beim Teilzeitverlangen 291

Stichwortverzeichnis

– Arbeitszeitregelung 291
– entgegenstehende betriebliche Belange 292
– Organisationskonzept 291
– unternehmerische Aufgabenstellung 291
Punkteschema 431
Punktesystem 442
– Umstände des Einzelfalls 442

Qualifikation 135, 417
Qualifikationsmerkmale 429, 432
– Arbeitnehmer ist nur eingeschränkt versetzbar 430
– Berufsausbildung 429
– vertikale Austauschbarkeit 432
Qualifiziertes Arbeitszeugnis 541

Rachsucht 358
Recht am eigenen Bild 328, 329
Recht der Allgemeinen Geschäftsbedingungen 164, 554
Rechtliche Folgen des Betriebsübergangs 117, 118
Rechtsfolgen der Verletzung des Nachweisgesetzes 106
– Nebenpflichten 106
– Sanktionsregelungen 106
Rechtsfolgen des Betriebsübergangs 128
Rechtsgeschäft 108
Rechtsgeschäftlicher Übergang 116
– konkreter Zeitpunkt 116
Rechtsirrtum 374
Rechtsmissbrauch 288, 304
Rechtsmissbräuchliches Verhalten 303
Rechtsmissbräuchliches Verringerungsverlangen 289

Rechtsmissbrauchskontrolle 124
– Verhinderung des Arbeitgeberwechsels 123
– Zweck der Widerspruchsausübung 124
Rechtsrat 119
– Prüfung der Rechtslage 119
Reduzierung der Arbeitsvergütung 62, 65
Reduzierung der Arbeitszeit durch das Direktionsrecht 64
Reduzierungsverlangen 288
Referenzzeitraum 140
Regulärer Stundenlohn 184
Rehabilitationsträger 486
Reichweite der Schriftformklausel 281
Reisezeiten 41
Religionsgemeinschaft 77
Rentenversicherung 497
Resozialisierung 75
Restliche Urlaubsansprüche 240
Risikovorsorge 258
Rückfall 210
Rücktrittsmöglichkeit 338, 339
Rücktrittsrecht 339
Rückzahlung überzahlten Arbeitsentgelts 552
Rückzahlung von Ausbildungskosten 38
Rückzahlungsklausel 48
Rückzahlungskosten 50
– Transparenzgebot 50
Rückzahlungspflicht 48
Rückzahlungsrisiko 51
Rückzahlungsvorbehalt 142
Ruhen bei Nichteinhaltung der Kündigungsfrist 495
Ruhen des Anspruchs auf Arbeitslosengeld 495

Stichwortverzeichnis

Ruhenstatbestand 495
Ruhezeit 183

Sachgrundbefristung 303
Sachlicher Grund der Befristung 296
– Befristungsgrund 297
Sanktion für eine Vertragspflichtverletzung 479
Schäden an eingebrachten Sachen 267
Schäden im Arbeitsverhältnis 248
– fahrlässige Weise 249
– Schaden 249
Schaden, der nicht Vermögensschaden ist 88
Schadensersatz 88, 268
Schadensersatzanspruch 105, 241, 265
Schadensersatzpflicht 38, 45, 267
Schadensersatzposten 263
Schadensrisiko 258, 267
Schadensverhütung 263
Schätzung 169
Scheinwerkvertrag 35
Schichtzulage 145
Schlechterbringung der Arbeitsleistung 260
Schlechtleistung 250
– alkoholbedingte 373
Schlüssiges Verhalten 28
Schlusstag der Ruhezeit 497
Schmerzensgeld 327
Schrankkontrolle 452
Schriftform 280, 330, 333, 489
Schriftformklausel 30, 333, 550
– bei Befristung 280
– deklaratorische Bedeutung 30
– doppelte 30
– konstitutiv 30
Schriftlicher Arbeitsnachweis 103

Schriftlicher Arbeitsvertrag 103
Schuldhaftes Verhalten 210
Schutz älterer Beschäftigter 224
Schwangerschaft
– Beschäftigungsverbot 79
– Frage nach der Schwangerschaft 79
– Schutz der Arbeitnehmerin 81
– Schutz der Gesundheit 81
– unmittelbare Diskriminierung 80
– Unzulässigkeit der Frage 80
Schwangerschaftsbestätigung 523
Schwebendes Ermittlungsverfahren 76
Schwellenwert der Anwendung des KSchG 402
Schwerbehinderteneigenschaft 83, 441
– Antragstellung 514
– Arbeitsleistung 84
– Ausgleichsabgabe 85
– Beeinträchtigung der auszuübenden Tätigkeit 83
– Begründung des Arbeitsverhältnisses 83
– betriebliches Eingliederungsmanagement 514
– Schutz der behinderten Menschen 83
– Schwerbehindertenschutz 83
– Sonderkündigungsschutz 84, 513
Schwerbehinderter 513
– 50 % des Grads der Behinderung 513
– Anerkennungsantrag beim Versorgungsamt 513
– Bescheid über die Schwerbehinderteneigenschaft 513

583

Stichwortverzeichnis

Schwerbehinderung 320, 425
- Benachteiligung 321
- Benachteiligungsverbot 321
- Diskriminierung 321

Schwere der Pflichtwidrigkeit 450

Schwere Persönlichkeitsrechtsverletzung 327

Scientology 76, 77

Sektenzugehörigkeit 76

Selbstbeteiligung 42
- Haftung des Arbeitnehmers 42

Selbstbeurlaubung 233, 234
- eigenmächtiger Urlaubsantritt 233

Selbstbindung des Arbeitgebers 450

Selbstständige Tätigkeit 22, 23, 260
- Abführung von Steuern und Sozialversicherungsbeiträgen 22
- Modalitäten der Entgeltzahlung 22

Selbstständiger Gewerbetreibender 21

Selbstständiger Versicherungsvermittler 26

Selbstständiges Gewerbe 25

Selbsttötungsversuch 359

Sexuell bestimmte Verhaltensweisen 359, 377

Sicherung einer ausgewogenen Personalstruktur 436

Sittenwidrige Lohngestaltung 140

Sittenwidrige Lohnvereinbarung 150

Sittenwidrigkeit 139, 150, 261, 358
- subjektive Komponente 139

Sonderkündigungsschutz 520
- Gleichstellung 520
- nach dem Schwerbehindertenrecht 512

Sonderverpflichtung 171

Sonderzahlung 142, 193, 194, 218, 227
- arbeitsvertragliche 227
- Durchschnittsverdienst 227
- Kürzung bei Krankheit 199
- Leistungsprämie 227
- Mischcharakter 195
- tarifliche 227
- Vereitelung des Anspruchs 194
- Vergütungsbestandteil 218

Sonstige berechtigte Gründe 407

Sorgfaltspflichtverletzung 255
- unentschuldbare Pflichtverletzung 255
- verkehrserforderliche Sorgfalt 254

Sozialauswahl 436
- verschiedene Arbeitszeiten 430
- zahlenmäßige Eingrenzung des Begriffs 437

Sozialauswahlkriterien 441
- Auswahlmerkmale 441
- auswahlrelevanter Personenkreis 426
- eng beieinander liegende Sozialdaten 442
- konkrete Gewichtung 442
- Lebensalter 425
- Teilzeitbeschäftigte 431

Soziale Belange 407

Soziale Folgen des Betriebsübergangs 117, 118

Soziale Gesichtspunkte 437

Sozialplan 119, 120

Sozialplanabfindung 506

Sozialplanpflicht 119

Sozialwidrige Kündigung 504, 510
Sperrwirkung eines Tarifvertrags 156
Sperrzeit 334, 336
– wegen Arbeitsaufgabe 335
Sperrzeittatbestand 335
Spesen 28, 29
Spezieller Tarifvertrag 367
Sphäre der Pflichtwidrigkeit 462
Sprachrisiko 53
Staatsanwaltschaftliches Ermittlungsverfahren 392
Staatsbürgerliche Pflicht 392
Stellenanzeigen 89
Stichtagsregelung 58
Stillschweigende Duldung 465
Störung des Betriebsablaufs 375
Störung des Vertrauensverhältnisses 408, 454
Störung im Leistungsbereich 172
Störung im Vertrauensbereich 344
Störungsfreier Produktionsverlauf 480
Strafanzeige 342, 344
Straftat 452
Straßenverkehr 266
Streitigkeit über die Befristung 295
Streupflicht 265, 266
Subjektive Determination 365
Subsidiäre Geltung 140
Substantiierbare Tatsachen 365
Substantiierte Geltendmachung von Überstunden 175
Substantiierungspflicht 364
Suchtmittelerkrankungen 373
Suchtmittelmissbrauch 388, 453
Surrogatstheorie 244
Suspendierung 244, 354

Tarifbindung 547
Tarifgebundenheit 103, 547
– allgemeinverbindlich 547
– betriebliche Übung 548
– Bezug im Arbeitsvertrag 548
– Bezugnahme 548
– Gleichbehandlungsgrundsatz 548
– Landesarbeitsministerium 547
– Mitglied der tarifschließenden Gewerkschaft/des Verbands 548
Tarifliche Ausschlussklausel 550
Tarifliche Bestimmungen 223
Tarifliche Kündigungsfrist 366
Tarifliche Verfallsfrist 242, 243
Tariflohn 139
Tarifspezialität 368
Tarifvertrag 28, 102, 104, 119, 128, 138, 199, 227, 367, 491, 495, 556
– maßgebliche Arbeitsbedingungen 104
Tarifvertragspartei 30, 367
Tätigkeit 104
Tatsächliche Beschäftigung 22
– Status eines Beschäftigten 22
Tatsächliche Durchführung des Vertragsverhältnisses 22
– Geschäftsinhalt 22
Tatverdacht 263, 264
Teilarbeitsunfähigkeit 203
– Entgeltfortzahlungsrecht 203
Teilbetrieb 115
– betrieblicher Gesamtzweck 115
– Teilzweck 115
Teilbetriebsübergang 110
Teilnahme an Maßnahmen der beruflichen Fortbildung 323

Stichwortverzeichnis

Teilorganisation 115
Teilzeit 293
Teilzeit- und Befristungsgesetz 269
Teilzeitanspruch 290
Teilzeitbeschäftigte 179, 225, 293, 402, 404
Teilzeitnahme 287
Teilzeitverlangen 288
Therapie 210
Tod des Arbeitnehmers 239
Transparenzgebot 50, 66
Treu und Glauben 164, 261, 329
Treuwidrige Kündigung 357
Treuwidrigkeitstatbestand 200

Überbrückungsmaßnahmen 390
Übergang der Kundschaft 112
Übergang des Arbeitsverhältnisses 123
Übergang eines Betriebsteils 112, 115
Übernahme 410
Übernahmevereinbarung 129
Überraschende Klauseln 52
Überstunden 37, 103, 106, 167, 168, 170, 171, 172, 173, 174, 175, 178, 216, 217
– bei EDV-mäßiger Erfassung 178
– Darlegung 174
– Entgeltfortzahlung 217
– Geltendmachung 176
– Grundlohn 217
– nachträgliche Genehmigung 177
– Zuschläge 179
Überstundenleistung 177
Überstundenschätzung 168, 170
Überstundenvergütung 170
Überstundenzuschläge 179, 217

– für Überstunden gezahltes Entgelt 217
Übertragung 61, 219
Übertragungszeitraum 233
Überwachung des Arbeitnehmers 263
Übliche Vergütung 137
Umfang der Vertragsänderung 288
Umfassende Interessenabwägung 444
Umgehung des Kündigungsschutzes 65
Umorganisation 300
Umsatzrückgang 420
Umschulungsmaßnahmen 417
Umsetzungsbefugnis 297
Umstände des Einzelfalls 210, 251
Umwandlung 118
Unangemessene Benachteiligung 46, 60, 62, 65, 164
Unbezahlter Sonderurlaub 244
Unfallrisiko 474
Unfallverhütung 486
Ungekündigtes Arbeitsverhältnis 72
Unklarheit 48
Unkündbarkeit 471
Unpfändbarkeit des Urlaubsgelds 221
Unrichtige Kündigungsfrist 363
Unselbstständige Arbeit 23, 260
– Eingliederung in die Arbeitsorganisation 23
– Weisungsgebundenheit 23
Unterhaltspflicht 73, 425, 477
Unternehmenswechsel 411
Unternehmerische Entscheidung 417
Unternehmerisches Konzept 434
– zur Arbeitszeitgestaltung 433

Stichwortverzeichnis

Unterrichtungsschreiben 119
Unterschiedliche Leistungen 192
Unterschlagungsvorwurf 342, 380
Untersuchungshaft/Strafhaft 389
Ununterbrochene Beschäftigung 304
Unverzüglichkeit 519
Unwiderrufliche Befreiung von der Arbeitspflicht 231
Unwirksamkeit
– der Befristung 285
– der Kündigungserklärung 510
– der Mankoabrede 261
Unzeit 357
Urlaub 37, 218, 301, 550
– eigenmächtiger Antritt 450
– einzelvertraglicher 222
– gesetzlicher 222
– gesetzlicher Mindesturlaubsanspruch 43
– Kurzarbeit 231
– tariflicher 222
– Teilzeitbeschäftigte 225
– übertragen 235
Urlaubsabgeltung 221, 241, 242
Urlaubsanspruch 218, 221, 224, 225, 239, 242, 243
– Differenzierung nach dem Alter 224
– Ende des Übertragungszeitraums 240
– Fehlverhalten des Arbeitnehmers 220, 221
– Freistellung von der Arbeit 219
– Gewährung der Urlaubstage 219
– Krankheitszeiten 238
– Kurzarbeit 231
– Selbstbeurlaubung 234

– Übertragung 236
– Verfallsfrist 242
Urlaubsbewilligung 234
Urlaubsdauer 43
Urlaubseinbringung 228
Urlaubsentgelt 226
– Ausgleichszahlung 227
– Bezugszeitraum 226
– durchschnittlicher Arbeitsverdienst 227
– vermögenswirksame Leistungen 227
Urlaubsfestlegung und Betriebsurlaub 231
Urlaubsgeld 55, 60
Urlaubsrecht 22
Urlaubstage 240
– nicht genommene 240
Ursächlicher Zusammenhang 300

Variable Arbeitszeit 66
Variable Vergütungskomponente 59
Verantwortlichkeit mehrerer Arbeitnehmer 252
Verbotene Konkurrenztätigkeit 397
Verbraucher 65, 339
Verdacht 342
Verdachtskündigung 363, 371
Verdachtsmomente 326, 327
Verdiente Arbeitsvergütung 60
Vereinbarung über die einheitliche Leitung 405
Verfahrensfehler 519
Verfallfrist 234, 554
Verfallklausel 557
Vergleich 230
Vergleichbarkeit 428, 429
– arbeitsplatzbezogene Merkmale 429, 432

Stichwortverzeichnis

- Bestimmung des Kreises der vergleichbaren Arbeitnehmer 429
- hierarchische Ebene 432
- in die Sozialauswahl einzubeziehende Arbeitnehmer 432
- Vergleich von Vollzeit- und Teilzeitbeschäftigten 433
- verschiedene Arbeitszeiten und Sozialauswahl 430, 433

Vergleichsabschluss 243
Vergleichsperson 88
Vergütungsabrede 169
Vergütungsanspruch 106
Vergütungscharakter 143
Vergütungspflichtige Arbeitszeit 184
Vergütungsvereinbarung 137, 169
Verhaltensbedingte Kündigung 361, 364, 373, 444, 508
- arbeitsrechtliche Pflichtwidrigkeit 444
- arbeitsvertragliche Nebenpflichten 444
- außerdienstliches Verhalten 446
- Auswirkungen in der betrieblichen Verbundenheit 444
- betriebliche Ordnung 444
- Betriebsablaufstörungen, Beeinträchtigungen des Betriebsfriedens 444
- Betriebsratsanhörung 445
- Interessenabwägung 448
- Pflichtwidrigkeiten im Leistungsbereich 444
- Schlecht- oder Nichterfüllung der Arbeitsleistung 444
- Störungen im Vertrauensbereich 444

- unentschuldigtes Fehlen 444
- Vertragsverletzung 444

Verhältnismäßigkeitsgrundsatz 379, 408, 413, 473, 485
Verjährung von Ansprüchen 552, 555
Verjährungsfrist 554
- Beginn 552
Verkehrsflächen 266
Verkehrssicherheit 266
Verkehrssicherungspflicht 265
Verkehrsweg 266
Verkürzungszeitraum 497
Verleiharbeit 116
Verleiharbeitnehmer 409
Verletzung arbeitsvertraglicher Pflichten 263
Verletzung des Nachweisgesetzes 106
- Beweiserleichterung 106
Verletzung des Persönlichkeitsrechts 327
Verlust des allgemeinen Kündigungsschutzes 430
Vermögensverhältnisse 73
Vermögensverwalter 75
Vermögenswirksame Leistungen 143
Vermutung der Richtigkeit und Vollständigkeit 132
- des schriftlichen Arbeitsvertrages 31
- Wortlaut des Arbeitsvertrages 31
Vermutungswirkung 420
Veröffentlichungsinteresse 331
Verschiedene Arbeitszeiten 430, 434
Verschulden 42, 205, 285
- Überbringung der Meldung der Krankheit 205

Verschulden gegen sich selbst 207
- Arbeitssicherheitsbestimmungen 208
- Fehlverhalten 208
- Privatbereich 208
- Schutzeinrichtungen bei Maschinen 208
- Sorglosigkeit 208
Verschuldensbegriff im Entgeltfortzahlungsbereich 206
Verschuldensvorwurf 255
Verschuldeter Rückfall 211
Verschwiegenheitspflicht 398
Versetzung 63
Versetzungsbefugnis 297
Versetzungsklauseln 61
Versicherbarkeit des Risikos 252
Versicherung 258
Versicherungsvertreter 26
Verstoß gegen Treu und Glauben 552
Vertraglich vereinbarte Arbeitszeit 184
Vertraglich vereinbarte Tätigkeit 62
Vertragsbedingungen 493
Vertragsbeziehungen 22
Vertragsbruch des Arbeitnehmers 45
Vertragsbruchtatbestand 73
Vertragsfreiheit 100, 193
Vertragsgleichgewicht 479
Vertragspflichtverletzung 264
Vertragsstrafe 45
Vertragsunterzeichnung 282
Vertragsverlängerung 281
Vertragsverstöße 455
Vertragswortlaut 55
Vertrauensbereich 380, 517
Vertrauensgrundlage 387
Vertrauensstellung 73

Vertrauenstatbestand 158, 191
Vertretung 296
- mittelbare Vertretung 299
- Neuorganisation der Aufgaben 302
- unmittelbare Vertretung 298
- Vertretung eines vorübergehend ausfallenden Arbeitnehmers 296
Vertretungsgrund 298
Vertretungskette 301
Verurteilung 75, 76
Verwahrungs- und Auftragsrecht 260
Verwaltungsstruktur 117
Verwaltungsverfahren 518
Verweigerung
- betriebsnotwendige Überstunden 171
- der Arbeit 374
Verwerfliches Motiv 358
Verwertungsverbot 451
Verwirkung 146, 356
Verwirkung der Kündigungsmöglichkeit 355, 356
- Gesamtumstände 356
- Umstandsmoment 356
- Zeitmoment 356
Verwirkung des Mindestlohnanspruchs 146
Verzicht 146
Verzögerung der Gesundung 214
Videoaufzeichnungen 324
- am Arbeitsplatz 324
Vollzeitarbeitsverhältnis 226
Vorbehalt der Überprüfung der sozialen Rechtfertigung der Änderung der Arbeitsbedingungen 488
- billigenswerte Maßnahme 488

Stichwortverzeichnis

- dringende betriebliche Erfordernisse 488
- Interessenabwägung 488
- zweistufige Prüfung 488
Vorbereitungshandlungen 398
Vorherige förmliche Abmahnung 462
Vorsatzhaftung 146, 552
Vorsätzliche Schädigungen 552
Vorsorgekosten 263
Vorstrafen 75, 76
Vortäuschen einer Arbeitsunfähigkeit 327
Vorübergehende Leistungsminderung 473
Vorübergehender Bedarf an Arbeitskräften 294
Vorübergehender betrieblicher Bedarf 295
Vorübergehender Mehrbedarf 295

Wahlrecht 129
Wahrung der Identität 113
Wahrung der Vermögensverhältnisse des Arbeitgebers 73
Wartefrist 411
Wartezeitkündigung 365
Wegfall des Arbeitsplatzes 414, 415
- Berücksichtigung aller möglichen Umstände 415
- betriebliche Sphäre 415
- betriebsbedingte Kündigung 415
- dringende betriebliche Erfordernisse 415
Wegfall des Beschäftigungsbedarfs 413
Weigerung der Leistung von Überstunden 107

Weihnachtsgeld 55
Weihnachtsgratifikation
- Bestimmtheit der Klausel 194
Weisungsgebundene, abhängige Arbeit 22
Weisungsrecht 304, 330
Weiterbeschäftigung 410
Weiterbildungskosten 50
Weitergehender Schadensersatzanspruch 46
- Formulararbeitsvertrag 46
Weltanschauungsgemeinschaft 77
Werbezwecke 331
Werktage 223
Werkunternehmer 36, 268
Werkvertrag 35, 36
- Auftraggeber 36
Wertguthaben 145
Wertung der einzelnen Kriterien 442
- Dauer der Betriebszugehörigkeit 442
- Lebensalter 443
- Schwerbehinderung 443
- Unterhaltspflicht 443
Wesentliche Vertragsbedingungen 103, 106
Wettbewerbsbeschränkungen 398
Wettbewerbshandlungen 396
Wettbewerbsverbot 397, 398
- erlaubte Vorbereitungshandlung 397
Wettbewerbsverstoß 397
Wettbewerbswidrige Tätigkeiten 396
Wichtiger Grund 337
Widerrechtlichkeit der Drohung 341, 343
- Aufhebungsvertrag 343

Widerruf von Vergütungsbestandteilen 163
- Anforderungen 166
- Regelung 166
- Widerruf 163
Widerrufsrecht 339
Widerspruch 119, 120, 123, 521
- kollektiver 124
Widerspruch gegen den Übergang des Arbeitsverhältnisses 123
- Auswechslung des Arbeitgebers 123
- Begründung 123
- Erhaltung des bisherigen Status 123
Widerspruchsrecht 119
Wideruftsgründe, Konkrete Ausübung des Widerrufsrechts 166
Wiedereinstellungsanspruch 422
- Auswahl bei der Wiedereinstellung 423
- berechtigte Interessen des Arbeitgebers 424
- betriebsbedingte Gründe 422
- Interessenabwägung 422
- nach Ablauf der Kündigungsfrist 423
- Reihenfolge der Wiedereinstellung 423
- Weiterbeschäftigung 422
Wiederholung bestimmter Verhaltensweisen 191
Willenserklärung 191, 350, 488
Wirksamkeit der Befristung 281
Wirtschaftliche Einheit 112, 113
- Identität 112
- materielle Betriebsmittel 112
- vorhandene Organisation 112
- Wirtschaftsgüter 112

Wirtschaftliche Folgen des Betriebsübergangs 117, 118
Wochenfrist 365

Zahl der regelmäßigen Arbeitstage 226
Zahl und Sachkunde 111
Zählfaktor 404
Zeitdruck 340
Zeitpunkt 117
- der Kündigungserklärung 503
- des Abschlusses des Arbeitsvertrags 294
Zeitungszusteller 148
Zerrüttungsgründe
- nachträglich auftretende 503
Zeugenaussagen gegen den Arbeitgeber 392
Zeugnisberichtigungsanspruch 550
Zielvereinbarung 58
Zivilrechtliche Generalklausel 101
Zugang der Kündigung 415, 489, 519
- Ablauf der Kündigungsfrist 415
- betriebswirtschaftliche Prognose 415
Zugang zur Erwerbstätigkeit 100
Zulagen 143
Zumutbare Arbeit 61
Zusammenarbeit 502, 504
Zusätzliche Sonderleistung 193
Zusatzurlaub 83
Zuschläge 143
Zustimmung des Integrationsamts 489, 515, 518, 521
Zustimmungsbescheid 517, 521
Zuweisung einer anderen (zumutbaren) Arbeit 62

Stichwortverzeichnis

- Ausübung des billigen Ermessens 62
- Wertigkeit der Arbeit 62

Zweckbefristung 294
Zweistufige Ausschlussfrist 550
Zweite Abmahnung 464
Zweite Stufe einer Ausschlussfrist 557
Zwingende Wirkung eines Tarifvertrags 262
Zwingendes Recht 42